GITA AS SHE IS
In Krishna's Own Words

Book 1 of 3
(a three volume set)

A Critical Study of
Gita Chapters 1, 2 & 12
With Ratnakar's Gitopanishad

B/W-Soft Cover Edition

Learn Gita through Sanskrit and Sanskrit through Gita

Prof. Ratnakar Narale

Ratnakar
PUSTAK BHARATI
BOOKS - INDIA

Author :

Dr. Ratnakar Narale, Ph.D (IIT), Ph.D. (Kalidas Sanskrit Univ.)

Prof. Hindi. Ryerson University, Toronto.

Title :

Gita As She Is, In Krishna's Own Words, Volume I (of III)

This is a **critical research work**. This book is a **lifetime study** for one who has dedication and patience to learn and **contemplate** on every word of the divine Gita. May you be **a New learner, a Scholar, an Author, a Swami, a Professor or an Institution**, this is the right resource **for a critical study** for those who wish to go beyond. If one wants **to learn or teach** Gita through Sanskrit and Sanskrit through Gita, there is no substitute. From an elementary level to most scholarly level, to know the "Gita As She is in Krishna's Own Sanskrit Words," this book is the **sole authority**. Regardless of how many books on Gita you may have read, studied or written, while going through this **treasure of information**, you will discover **many** Surprises, **Interesting** facts **and Important** points, which you would never have known without going through this book. This books removes all the **misconceptions and wrong notions** one has collected without properly knowing what the Sanskrit words of Krishna truly mean. **Seeing is believing.**

Published by :

Pustak Bharati (Books-India)

www.books-india.com

Published for :

Sanskrit Hindi Research Institute, Toronto

Available at :

Wholesale : Ingram. Retail : Amazon, Barnes and Noble, Books-India

ISBN 978-1-897416-56-3
90000
9 781897 416563

Printed (प्रकाशन संस्करण) Mar. 2019

ISBN : 978-1-897416-11-2

Soft Cover, BsW Edition, with Illustrations.

Dedicated to

My Caring Wife
Sunita Narale
and my Loving Grandchildren
Samay Narale
Sahas Narale
Saanjh Narale
Saaya Narale
Naksh Narale
Nyra Narale

A PRAYER
TO THE GODDESS OF LEARNING
सरस्वति वन्दना

शारदा सदा शरणीया ।
स्वरदा वरदा स्मरणीया ।
भारतजननी स्तवनीया ।
संस्कृतवाणी श्रवणीया ।
हृदि अनुकम्पा धरणीया ।
सेवा मनसा करणीया ।
शारदा सदा शरणीया ।
स्वरदा वरदा स्मरणीया ॥

जातिकुप्रथा त्यजनीया ।
बन्धुभावना भजनीया ।
अखिलसङ्गता करणीया ।
विश्वे समता भरणीया ।
हृदि अनुकम्पा धरणीया ।
सेवा मनसा करणीया ।
शारदा सदा शरणीया ।
स्वरदा वरदा स्मरणीया ॥

नहि सुखशय्या शयनीया ।
न नीचचिन्ता चयनीया ।
रजःकामना शमनीया ।
तमोवासना दमनीया ।
हृदि अनुकम्पा धरणीया ।
सेवा मनसा करणीया ।
शारदा सदा शरणीया ।
स्वरदा वरदा स्मरणीया ॥

प्रमत्तकुमतिर्दहनीया ।
आगतहानिस्सहनीया ।
प्रजाप्रतिष्ठा वहनीया ।
मया प्रतिज्ञा ग्रहणीया ।
हृदि अनुकम्पा धरणीया ।
सेवा मनसा करणीया ।
शारदा सदा शरणीया ।
स्वरदा वरदा स्मरणीया ॥

सततसुबुद्धिर्धरणीया ।
मानसशुद्धिर्वरणीया ।
शुभा सरणिरनुचरणीया ।
सत्सङ्गतिरभिलषणीया ।
हृदि अनुकम्पा धरणीया ।
सेवा मनसा करणीया ।
शारदा सदा शरणीया ।
स्वरदा वरदा स्मरणीया ॥

रत्नाकरः

THE COVER STORY

दिव्यौ शंखौ प्रदध्मतुः।

Scene of Lord Krishna's dialogue with Arjuna according to the verses of the Gītā

for story explanation, see the next page

Scene of Lord Krishna's dialogue with Arjuna, according to the verses of the Gītā

श्रीमद्भगवद्गीतायाः प्रसङ्गः ।

1. During the dialogue (संवादमिदम् अद्भुतम् Gita 18.76), horses of the chariot were standing, they were NOT running. Gītā was not spoken in a running chariot (स्थापयित्वा रथोत्तमम् Gita 1.24).
2. Krishna and Arjuna were sitting in the chariot (रथोपस्थ उपाविषत् Gita 1.47). Even though the pose looks very nice for a sketch, they were NEITHER standing or sitting on the ground nor standing on the chariot. During the dialogue, Arjuna was sitting in the middle part of the chariot. Krishna was sitting at the front, talking to Arjuna. At the behest of Krishna (तस्मात् उत्तिष्ठ Gita 11.33), finally at the end of the last chapter, Arjuna said, "I will stand up" (करिष्ये वचनं तव Gita 18.73)
3. Arjuna was sitting sadly in the middle part of the chariot. He was NOT sitting at the back or in the front chambers of the chariot (रथोपस्थे उपाविषत् Gita 1.47, upastha = middle part) . It means Arjuna had a big chariot (महति स्यन्दने स्थितौ Gita 1.14 and रथोत्तमम् Gita 1.24), and it had three chambers. It had white horses (श्वेतैर्हयैर्युक्ते Gita 1.14).
4. Arjuna removed and kept his bow and quivers of arrows in the chariot itself. They were NOT thrown on the ground (विसृज्य सशरं चापं Gita 1.47).
5. During the dialogue, Arjuna's face was dejected (शोकसंविग्नमानसः Gita 1,47). He was NOT excited like a mad warrior, standing at the front of the chariot eager to fight (न योत्स्ये Gita 2.9). Lord Krishna had a pleasant face (प्रहसन्निव Gita 2.10), sitting on the chariot.
6. During the dialogue, both armies were standing quitely in the background, oblivious and non-functional. No one was engaged in fighting, arrows were not flying, slaughtered men were not lying in the pool of blood...etc. Gita is NOT a book on war. It is book of righteous (धर्मक्षेत्रे Gita 1.1) spiritual guidance (धर्म्यं संवादमावयोः Gita 18.70), for all times.
7. It was a day time.
8. Arjuna's chariot had a flag bearing Hanumana's image (कपिध्वजः Gita 1.20)
9. Lord Krishna's divine (दिव्यौ Gita 1.14) conch shell (पाञ्चजन्यम् हृषीकेषः Gita 1.15) and Arjuna's divine conch shell (देवदत्तं धनञ्जयः Gita 1.15) are part of the scene. Lord Krishna was nor bearing the *Sudarshana-chakra.* During the Gita, Krishna was only an unarmed charioteer.
10. The Pandavas were on the 'right' side (धर्म्यं Gita 18.70).

INDEX

anukramaṇikā अनुक्रमणिका

The Cover Story	मुखपृष्ठम्	i
The *anuṣṭubh* metre	अनुष्टुभ्-छन्दः	iv
Preface	आमुखम्	v
List of Abbriviations	संक्षेपसूचिः	ix
Background of the Gita	पार्श्वभूमिः	1
The Great Family Tree from Mahabharata	महाभारतीयविशालवंशवृक्षः	29
Krishna's 301 Names as they appear in the Gita	कृष्णनामानि	36
Basic Grammar of the Gita	गीताव्याकरणम्	53
Rules for Proper Transliteration		53
Euphonic Conjugations, the 25 Rules	संधिः	55
THE GITA	गीता	72
Background of the Gita	गीतोपनिषद्	72
Gita Chapter 1, Vishādyogopaniṣhat	विषादयोगोपनिषत्	81
Gita Chapter 2, The Crux of Karmayoga	सांख्ययोगोपनिषत्	156
The Introductory Essay		158
Renunciation of Authorship of Karma		193
Gita Chapter 12, The Bhaktiyogopaniṣhat	भक्तियोगोपनिषत्	312
References	आधारसूचिः	343
Books by Ratnakar Narale		344

Chapters 3-11 in Volume II

Chapters 13-18 in Volume III

The Anuṣṭubha Metre

The earliest and most important work on the Saṁskṛt prosody is the *Piṅgala-ćhanda-śāstra.* Most popular among the metres used for the *śloka*s of the Saṁskṛt epics, such as Rāmayaṇa and Mahābhārata, is the celebrated *anuṣṭubh* metre.

In general a meter with 32 syllables is *anuṣṭubh* metre. For their lyrical value and in order to maintain uniformity, *Ratnakar-Bhagavad-Gita* composed in the *anuṣṭubh* metre is included in this book.

There are many types of the *anuṣṭubh* metre, however, the one that is used in the composition of the Saṁskṛt *śloka*s (√*ślok*, to praise in verses) follows the following definition, itself written in the *anuṣṭubh* metre.

श्लोके षष्ठं सदा दीर्घं लघु च पञ्चमं तथा ।
अक्षरं सप्तमं दीर्घं तृतीये प्रथमे पदे ।

चतुष्पादस्य श्रीयुक्तो वाल्मीकिकविना कृतः ।
द्वात्रिंशद्वर्णयुक्तो हि छन्दोऽनुष्टुभ् स कथ्यते ।।

– रत्नाकरः

In the above definition I say that, in a *śloka* (verse), there are four quarters (*pāda*), each with eight syllables. The fifth syllable of each quarter should be short (*laghu*), the sixth long (*dīrhga*), and the seventh alternately long and short in the odd and even quarters. e.g. (गीता : 1.1)

धर्मक्षेत्रे कुरुक्षेत्रे समवेता युयुत्सवः ।
मामकाः पाण्डवाश्चैव किमकुर्वत संजय ।।

सत्यमेव जयते

डा. मुरली मनोहर जोशी
DR. MURLI MANOHAR JOSHI

मानव संसाधन विकास मंत्री
भारत
नई दिल्ली - ११० ००१
MINISTER OF
HUMAN RESOURCE DEVELOPMENT
INDIA
NEW DELHI-110 001

FOREWORD

Swami Madhusudan Saraswati has written nine beautiful verses entitled *'Gitadhyanam'*. The very first verse is illuminating and highlights the profundity of Gita. The sermon of Gita was delivered by Narayana Himself to his dear disciple Arjuna and this sermon has been made part of Mahabharat by the great Vedvyasa. Gita showers the nectar of philosophy of non-duality (Advaita) in 18 chapters and delivers those who meditate on it from the cycle of birth and death.

Parthaya pratibodhitam Bhagwata Narayanena Swayam
Vyasena grathitam puranmunina Madhye Mahabharatam
Advaitamritavarshinim Bhagawatim ashtadashadhyanim
Amb twamanusandhami Bhagwatgite Bhawadveshinim.

The essence of Indian philosophical thought is contained in the Brahmasutras, Upanishad and Bhagwadgita. However, Bhagwadgita is the single repository of Bhrahmavidya, Yogshastra and the Upanishads. Aldous Huxley says, *"The Gita is one of the clearest and most comprehensive summaries of the Perennial Philosophy ever to have been made. Hence its enduring value, not only for Indians, but for all mankind.....".*

Innumerable commentaries have been written on Bhagwadgita. The great masters like Adi Shankara, Anandgiri, Shridhara, Ramanuja and Madhwacharya etc. have explained Bhagwadgita in their own way. Many great men of our times Lokmanya Tilak and Gandhiji have been inspired by this great text. Millions all over the world read Bhagwadgita as a matter of discipline.

Gita teaches us to have faith in the Lord and oneself and engage in action without being obsessed of the result. In the course of life we are always in the midst of action. It is important to understand that the binding quality of action lies in the motive or the desire that prompts it. Gita shows us the path of detachment from desires along with devotion to our work. Action alone is our right but we have no control on the fruits of action because success and failure do not depend on individual but on many other factors. To accept happiness and sorrow, success and failure and continue to do ones duty with the evenness on mind is called Yoga. This is illustrated in a beautiful parable of Sri Ramakrishna *"Be in the world as a maid servant in a rich man's house. For all intents and purposes she claims her master's children and property as her own. But at the core of her heart she knows that they do not belong to her. As the maid servant can with ease relinquish her assumed ownership of the master's property, be prepared for separation from earthly possession".*

Gita teaches us to learn equanimity of mind to rid of selfishness and achieve devotion and excellence in our actions. Swami Vivekananda said, *"A Yogi seated in Himalayan cave allows his mind to wander on unwanted things. A Cobbler in a corner at the crossing of several busy streets of the city, is absorbed in mending a shoe, as an act of service. Of these two the latter is a better Yogi than the former".*

The rich nations and the people with all the resources at their command to fulfill their desire are ever striving for more and more but in the process have lost peace and happiness. In a situation like this all the world has to be aware that peace and happiness is not achieved by pursuing and satisfying desires. Peace is enjoyed by those in whom desires are merged even as rivers flow into the ocean which is full and unmoving.

"Apuryamanam acalapratistham samudramapah pravisanti yadvat
tadvat kama yam pravisanti sarve sa santim apnoti na kama-kami"

In the context of modern problems I am deeply concerned about the quality of the human beings. The winds of change are devastating and in our present day situation people have hardly any time to think. It is a mad rush of materialism. Bhagwad Gita shows us the way out of the predicament and to be on the path of spirituality. One has to endear oneself to the Divine to be merged in Him.

Gita Darshan in 3 volumes is a profound study of Gita. In addition to normal explanation of each verse the author has explained each word and has analyzed each and every word grammatically. Thus the work is unique for those who wish to understand the nuances of Gita. The volumes are also useful for cross-reference.

I am deeply impressed by the scholarship of Dr. Ratnakar Narale, which shows his command on Sanskrit, English, Hindi, Marathi etc. Gita Darshan is in Hindi. The Foreword in English is to comply with the request of Dr. Narale.

In Bhagwatgita chapter 18 verses 68 & 69 Krishna says *"Those who teach this supreme mystery of the Gita to all who love me perform the greatest act of love; they will come to me without a doubt. No one can render me more devoted service; no one on earth can be more dear to me".*

I feel that the grace of Lord Krishna is already on Dr. Narale.

(Dr. Murli Manohar Joshi)

New Delhi.

PREFACE

आमुखम् ।

Śrīmadbhagavadgītā is a science (*śāstra*). She is a unique faculty of the divine knowledge for mankind. For she is a part of the epic song of Mahābhārata, she is called Gītā (Song Celestial). It is unquestionable that the original purity, clarity, peculiarity, style and sweetness of a song (or poem) can only be relished by reading the song itself and never through a substitute translation - prose or poetic!

Many writers have translated and commented upon the Gītā and they have provided a great service to the people in general. But, consequently, the average reader, instead of actually reading *shrī* Vyāsa's original Saṁskṛt text, imagines its beauty through a translation rendered by someone. The helpless readers, without reading the pious words of Vyāsa, in which he has set the divine words of *Bhagavān* Śrī Kṛṣṇa, treat the interpretational skill of a translator as the divine poetry of *Mahāmaharṣi* Vyāsa.

Before learning Saṁskṛt good enough, I had read many translations, skipping the Saṁskṛt text. Of course, confounded with a thought that, for a reader who reads a translation and skipping the Saṁskṛt text, it makes no difference to him if the author of the Gītā was Kṛṣṇa or anybody else; and whether it was a prose or a poetry in any meter in any language! Also, I was concerned that because all the translations do differ from each other, they must differ from the original *saṁhitā* too. Therefore, bewildered with these questions, I wanted to understand the original text by myself for myself. Perplexed by reading some of the grave misinterpretations of Lord Sri Krishna's words (see the footnotes in this book), I have introduced a method by which the Sanskrit of the Gītā is made clear, as an interesting experience, and on that foundation the meaning of Krishna's own words along is clarified, with the footnotes.

Colourful translations, reviews and criticisms of the Gītā have already been made available by great men. In 1983 Callewaert and Hemraj have reported 1891 interpretations and translations of the Gītā in 75 different languages. There must be numerous more known and unknown works. Therefore, rather than adding one more of my own interpretation, here I am taking the readers back to the original basic Saṁskṛt foundation and from there assisting them to understand each word of Kṛṣṇa as they would see it themselves. It is hoped that after this study, the readers will then be able and eager to digest the writings of the great writers properly.

While reading the scriptures of different world religions I was not aiming specifically at studying the

Gītā in such a depth. However, Gītā was the only book that attracted my attention strongly; and I felt like reading her translations one after other. In those days I took help of the translations alone. But, while reading various translations, I was surprised to see the differences among them and the variation in each of them from the original Saṁskṛt text. Suddenly one day I decide to study the Gītā properly from the original Saṁskṛt text. At that time I had no intension of writing a book on Gītā. But, the amazingly happy experience I gained from the step by step study gave rise to a compelling desire in my heart to share my experience with other Gītā lovers. Today I am putting it in front of the readers with a great pleasure.

The reason I was attracted to the Gītā was that, 'Vyāsa's words which are already sweet, are adorned with the beautiful attributes of the Lord!' Also, there perhaps is no scripture in the world to equal in the pure sublimity of its teachings and noble yet practical nature of the ideal Gītā places before a common man. Gītā is a science unique. She is neither a perception of some thinker nor a word of a middleman. In her is the divine word from the mouth of the Lord Himself.

Gītā is holy. In her, the important and uncommon subjects like *amṛt, ahimsā, ātmā, karma, tapa, tyāga, dāna, buddhi, brahma, bhakta, bhakti, jñāna, mokṣa, om, yajña, yoga, vidyā, vibhūti, veda, satya, sadāćāra, samatā, saṁyama, svādhyāya, siddhi,* ...etc. are told not as commandments but as an advice full of love and care. Gītā is *nirguṇa, nirdvandva and nitya.* She is a practical, implementable and useful science. She is model. She is easy to understand yet deep to fathom and comprehend. She is *sanātana.* She is the most suitable guide. She is best to follow. In warmth, She is a mother.

Gītā sugītā kartvyā kimanyaiḥ śāstravistaraiḥ,
yā svayaṁ padmanābhasya mukhapadmādviniḥsṛtā.

Gītā of Lord Kṛṣṇa is a pleasure giving and beneficial word, however, is not possible to comprehend her true essence without regular contemplation with full faith in the Lord. For the Saṁskṛt is not our everyday language, we are mostly compelled to study her with the help of the available translations and commentaries. And for this convenience we must first thank those great souls who have painstakingly worked life time for their own curiosity and for the benefit of the people. And, therefore, I honourably mention a few important names, in order to appreciate them.

Sarvaśrī jagadguru Śankarāćārya (788-820), Bhaskarācārya, Abhinava Gupta, Yamunāćārya (918-1038), Rāmānuja (1017-1137), Hemaćandra Sūri (1077-1172), Āandatīrtha Mādhava (1199-1278), Nimbārka, Brahmānanda Ānanda Giri, Sant Jñāneśvara (1275-1296), Rāmānanda (1299-1410), Vidyādhirāja Tīrtha (1388-1412), Swāmī Śivadayālu Śrīdhara (1350-1450), Ćaitanya Mahāprabhu (1486-1534), Appayā

Dikṣitar (1554-1626), Vallabhāćārya (1479-1531), Rāghavendratīrtha Yati (1623-1671), Swāmī Jagannāthadāsa (1728-1809), Sir Charles Wilkins (1750-1836), Prof. John Muir (1810-1862), Swāmī Rāmakṛṣṇa Paramahaṁsa (1836-1886), Ralph Thomas Hotchkin Griffith (1826-1910), Kāśināth Trimbak Telang (1850-1893), James Talboys Wheeler (1824-1897), Sir Monir Monirwilliam (1819-1899), Swāmī Vivekānanda (1863-1902), Sir Edwin Arnold (1832-1904), Ānanda Ćaralu Panambakam (1843-1908), Romesh Ćandra Dutta (1848-1920), Lokmānya Bāḷ Gaṅgādhar Ṭiḷak (1856-1920), Subramanya Bhāratī (1882-1921), Dr. Annie Besant (1847-1933), Poet Rāmarāyā (1875-1935), Āćārya Mahāvīr Prasād Dvivedī (1862-1938), Swāmī Akhaṇḍānanda (1874-1942), Mahādev Haribhāī Desāī (1892-1942), Vāsudevśāstrī Mahādev (1862-1948), Mahātmā Mohandās Karamćand Gāndhī (1869-1948), Arvind Ghośa (1872-1950), Ramaṇa Maharṣi (1879-1950), Maithiliśaraṇ Gupta (1886-1964), Sādhu Thanvardās Līlārām Vāsvāṇī (1897-1966), Dr. Gokul Ćand Nārang (1878-1969), Dr. Sarvapallī Rādhākṛṣṇan (1888-1975), Swāmī Bhaktivedānta Prabhupāda (1896-1977), Ćakravartī Rājagopālāćārī (1879-1978), Āćārya Vinobā Narhari Bhāve (1895-1982), Ćintāmaṇ Dvārkānāth Deśmukh (1896-1982), Bāburāo Paṭel (1904-1982), Bhagavān Śrī Ćandra Mohan Rajnīś (1931-1990), Morārjī Bhāī Raṇćhoḍajī Desāī (1896-1995), ...etc.

It is also my honest duty to express thanks to my caring wife Sunītā for the unending encouragement and constant assistance she gave me and the sacrifice she made at every step, year after year, during the long course of this work. I would also like to express my sincere thanks to *Śāstrījī* Jagdish Chandra Śāradā, Mr. Sunīl Narāle and all other good people who have given me help and encouragement during the course of this work.

Based on my own experience I can certainly say that if one systematically analyzes each compound word into simpler component words and carefully understands it's form and meaning, it is easy to enjoy the sweetness and the beauty of the teachings of the Gītā. After this basic study, the reader is ready to tackle the great commentaries and essays written by the great authors like Ṭiḷak, Dr. Rādhākṛṣṇan, Swāmī Vivekānana, Swāmī Prabhupāda, Swāmī Ćinmayānanda, Arvind Ghośa, Swāmī Rajniś, etc. But, at the same time, it must be remembered that for the proper study of the Gītā, along with the reading, it is equally important to have full faith in the Lord.

The present work is prepared with the objective of providing a complete reference book for the readers who are interested in understanding the original Gītā as She is, in Kṛṣṇa's words. It is arranged in the same fashion and order as I studied the Gītā from Saṁskṛt and the Saṁskṛt from the Gītā. Therefore, a layman in Saṁskṛt can also study both Gītā and Saṁskṛt with the help of this book. I have endeavoured to make this work as self-sufficient, self-explanatory and self-evident as possible, so that the reader may not need to go outside this book for any reference. Nonetheless, I beg the discreet readers to excuse me if they find any deficiency, error or omission.

With the above framework in mind, first I have given the historical background and short sketches of all character that appear in the Gītā. With it, I have given a unique family tree of all these important people to show their interrelation, based mainly on the information available in the Mahābhārata. After this, for a starter, I have introduced the Saṁskṛt alphabet and the rules of compounding the words (*sandhi*) used in the Gītā. Then I have shown the analysis of how these rules apply to each of the compound words in the entire Gītā.

Following this, I have clarified the basics of how the cases, tense and moods work in Saṁskṛt. Having explained all these basics, the readers are systematically brought to the most important part of - seeing for themselves the exact nature of each word of the Gītā- so that they can precisely discern what is a proper translation from an improper interpretation of each word. This is done by showing a complete analysis of each compound and component word of the Gītā with respect to its gender, number, person, case, tense, mood and root, so that the reader can see for himself-herself how each word has originated from its root and developed into the given form.

The grammatical meaning of each word and the composite meaning of each verse are then given. But, spoon feeding a premade English translation of the verses is not the aim of this book. Helping readers see the true meaning of Gītā's each Sanskrit word themselves, is the aim. This book could thus be used for teaching Gita through Sanskrit and teaching Sanskrit through the Gita. Based on my success in teaching the Gītā and Saṁskṛt (to the Gītā lovers who do not know Sanskrit well enough, but have curiosity and patience), I can say that this work is a good guide to learn the original Gītā, in Kṛṣṇa's own words. This work is in three volumes, encompassing a complete study of the Gītā, *as She is*, in Kṛṣṇa's own words. Appended to the Lord Krishna's divine **Shrimad-Bhagavad-Gita**, I have given my own rendering called **Ratnakar-Bhagavad-Gita** in 1110 anuṣṭubh shlokas, for the purpose of explaining the details and answering possible questions to help the Gita loving readers.

Hati Om Tat Sat,
Ratnakar

List of Abbreviations

1◦ The 1st Class of verbs भ्वादि – √भू (to be, become)

भवामि (आमि) भवाव: (आव:) भवाम: (आम:) *bhavāmi bhavāvaḥ bhavāmaḥ*

2◦ The 2nd Class of verbs अदादि – √अद्(to eat)

अद्मि (मि) अद्व: (व:) अद्म: (म:) *admi advaḥ admaḥ*

3◦ The 3rd Class of verbs जुहोत्यादि – √हु (to offer)

जुहोमि (ओमि) जुहुव: (व:) जुहुम: (म:) *juhomi juhuvaḥ juhumaḥ*

4◦ The 4th Class of verbs दिवादि – √दिव् (to shine)

दीव्यामि (आमि) दीव्याव: (आव:) दीव्याम: (आम:) *dīvyāmi dīvyāvaḥ dīvyāmaḥ*

5◦ The 5th Class of verbs स्वादि – √सु (to sprinkle, bathe)

सुनोमि (आमि) सुनुव: (व:) सुनुम: (म:) *sunomi sunuvaḥ sunumaḥ*

6◦ The 6th Class of verbs तुदादि – √तुद् (to strike)

तुदामि (आमि) तुदाव: (आव:) तुदाम: (आम:) *tudāmi tudāvaḥ tudāmaḥ*

7◦ The 7th Class of verbs रुधादि – √रुध् (to stop)

रुणध्मि (मि) रुन्ध्व: (व:) रुन्ध्म: (म:) *ruṇadhmi rundhvaḥ rundhmaḥ*

8◦ The 8th Class of verbs तनादि – √तन् (to spread)

तनोमि (ओमि) तन्व:–तनुव: (व:) तन्म:–तनुम: (म:) *tanomi tanuvaḥ tanumaḥ*

9◦ The 9th Class of verbs क्रयादि – √क्रय् (to buy)

क्रीणामि (आमि) क्रीणीव: (आव:) क्रीणीम: (आम:) *krīṇāmi krīṇīvaḥ krīṇīmaḥ*

10◦ The 10th Class of verbs चुरादि – √चुर् (to steal)

चोरयामि (यामि) चोरयाव: (याव:) चोरयाम: (याम:) *ćorayāmi ćorayāvaḥ ćorayāmaḥ*

11◦ The 11th Class of verbs कण्ड्वादि – √कण्डु (to itch)

कण्डूयामि (यामि) कण्डूयाव: (याव:) कण्डूयाम: (याम:) *kaṇḍūyāmi kaṇḍūyāvaḥ kaṇḍūyāmaḥ*

1nom◦	Nominative Case	प्रथमा–विभक्ति:,	कर्ता–कारकम्
2acc◦	Accusative Case	द्वितीया–विभक्ति:,	कर्म–कारकम्
3inst◦	Instrumental Case	तृतीया–विभक्ति:,	करण–कारकम्
4dat◦	Dative Case	चतुर्थी–विभक्ति:,	सम्प्रदान–कारकम्
5abl◦	Ablative Case	पञ्चमी–विभक्ति:,	अपादान–कारकम्
6pos◦	Possessive Case or Genetive Case	षष्ठी–विभक्ति:,	सम्बन्ध:
7loc◦	Locative Case	सप्तमी–विभक्ति:,	अधिकरण–कारकम्
8voc◦	Vocative Case	सम्बोधनम्	
1st-per◦	First Person, the speaker	उत्तम–पुरुष:	

2nd-per◦	Second Person, to whom the speaker is talking	मध्यम-पुरुष:
3rd-per◦	Third Person, about whom the speaker is talking	प्रथम-पुरुष:
act◦	Active, Active Voice	कर्तरि-प्रयोग:
adj◦	Adjective	विशेषणम्
adv◦	Adverb	क्रियाविशेषणम्
ātmane◦	*ātmanepadī,* when the fruit of action accrues to the doer	आत्मनेपदी
caus◦	Causative	प्रयोजकम्
des◦	Desiderative Mood	इच्छार्थकम्, सन्नन्तप्रक्रिया
dual◦	Dual Number	द्विवचनम्
f◦	Feminine Gender	स्त्रीलिङ्गम्
fut1◦	Definite, Periphrastic Future, First Future or Future	अनतने लुट्
fut2◦	Future Tense, Second Future, Indefinite Future	अपूर्ण-भविष्यति लृट्
imperative◦	Imperative Mood	विध्यादौ लोट्
ind◦	Indeclinable	अव्ययम्
inf◦	Infinitive	तुमुन्, तुमन्त-अव्ययम्
ipp◦	Indeclinable Past Participle, Gerund	पूर्वकालिक-धातुसाधित- अव्ययम्
lyp◦	Past Participle with an indeclinable prefix other than अ;	(ल्यप्, ल्यबन्त-अव्ययम्)
m◦	Masculine Gender	पुल्लिङ्गम्
n◦	Neuter Gender	नपुंसकलिङ्गम्
num◦	Numerical	संख्याविशेषणम्
potential◦	Potential Mood	विध्यर्थी, वाख्यातम्, विधिलिङ्म्
parasmai◦	*Parasmaipadī,* fruit of the action accrues to someone other than the subject	परस्मैपदी
pass◦	Passive, Passive Voice	कर्मणि-प्रयोग:
past◦	Past Tense	भूतकाल:
past-imp◦	Imperfect Tense, Imperfect Past Tense	अनद्यतने भूते लङ्
pastind◦	Past Indefinite tense, Aorist or Third Preterite	भूते लुङ्
past-perf◦	Perfect, Perfect Tense	परोक्षे लिट्
pl◦	Plural	बहुवचनम्
ppp◦	Past Passive Participle	भूतभूतसाधितम्
pres◦	Present tense	वर्तमाने लट्
pron◦	Pronoun	सर्वनामन्, सर्वनाम, सार्वनामिक-
prop◦	Proper noun, given name	
s-avyayi◦	Adverbial Compound	अव्ययीभाव-समास:

s-bahuvrī◦	Attributive or Relative Compound	बहुव्रीहि–समासः
s-dvandva◦	Dual or Aggregative Compound	द्वंद्व–समासः
s-dvigu◦	Numeral or Collective Compound	द्विगु–समासः
s-karmadha◦	Appositional Compound	कार्मधारय–समासः
s-n.bahuvrī◦	Negative *Attributive* Compound	नञ्–बहुव्रीहि–समासः
s-n.tatpu◦	Negative Determinitive Compound	नञ्–तत्पुरुष–समासः
s-sbahuvrī◦	Instrumental Attributive Compound	सहबहुव्रीहि–समासः
s-tatpu◦	Determinitive, Dependent Compound	तत्पुरुष–समासः
śatṛ◦	Present Participle of *parasmaipada* (शतृ) formed with suffix अत्	
śānać◦	Present Participle of *ātmanepada* (शानच्) formed with affix आन, मान	
sing◦	Singular Number	एकवचनम्
ubh◦	*ubhayapadī,* where the action applies both to the subject and the object उभयपदि	
v◦	Verb	क्रियापदम् ।
vi◦	Intransitive Verb	अकर्मक–क्रिया ।
vt◦	Transitive Verb	सकर्मक–क्रिया

Elsewhere◦	In other translations, commentaries or books on the Gītā.
←	The term on left side comes from the one on right.
→	The term on right side comes from the one on left.
↑	Please see above, Referred above. (↑) See above in this paragraph itself.
↓	Please see below, Referred later.

NOTE :

The ̖ : and ́ accent-marks used with the Roman Sam̃skṛt characters such as ḥ:, ḍ, ḳ, m̃, m̖, n̖, s̖, t̖, ć and ćh in this book are employed only for the purpose of the ease of their corelation with the *devanāgarī* Sam̃skṛt counterparts. The discreet readers may simply ignore them if they do not need this improvisation. However, some readers may find it to be a very useful innovation over the common systems of transliteration.

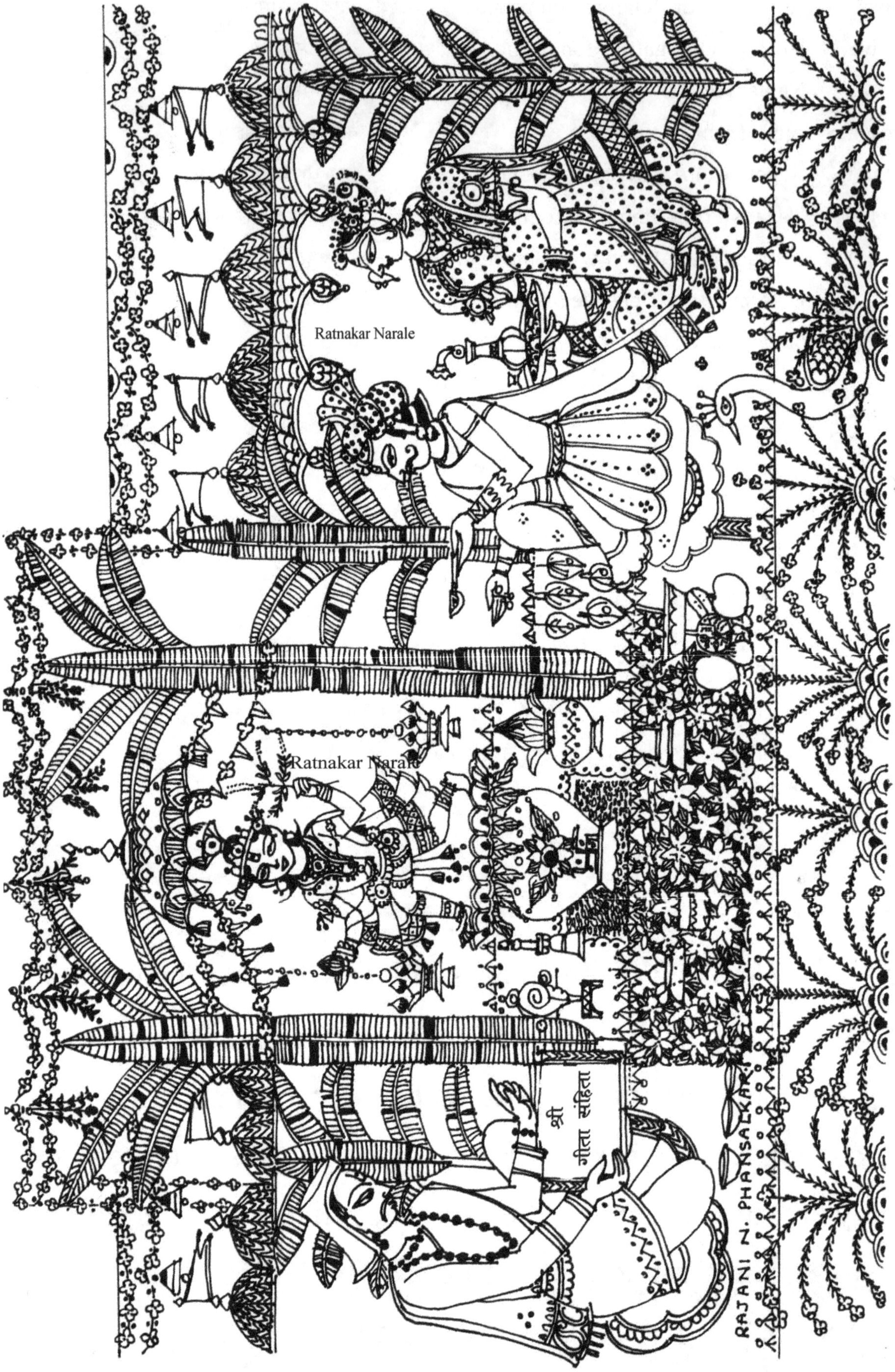
Ratnakar Narale
श्री
गीता संहिता
RAJANI N. PHANSALKAR

Background
and
The Character Sketches

1. The Background

According to the history of the Mahābhārata, the great Somavaṁśī dynasty of the Hastināpura was blessed with such illustrious kings as Yayāti, Puru, Janmejaya, Duṣyanta, Bharata, Ajmidh, Saṁvarṇa, Kuru, Janhu, Sārvabhauma, Śantanu, etc. (for reference please see the Great Family tree given at the end of this section)

King Yayāti had two wives, Śarmiṣṭhā and Devayānī. Śarmiṣṭhā's son Puru became the founder of the great *Kuru* dynasty of the *pāṇḍavas* and *kauravas*; and Devayānī's son Yadu founded the Vṛṣṇi dynasty of Śrī Kṛṣṇa.

King Śantanu's two sons, Devavrata and Vićitravīrya, became very famous in the history of Mahābhārata. Devavrata remained *brahmaćārī* and became well known as Bhīṣmāćārya. Vićitravīrya had three sons namely, Dhṛtarāṣṭra, Pāṇdu and Vidura.

Dhṛtarāṣṭra being blind from the birth, Pāṇdu became the king of Hastināpura after the death of Vićitravīrya. However, after some period Pāṇdu abdicated the throne, as a result of a disease, and retired in the forest of Śataśṛnga.

Now the blind Dhṛtarāṣṭra came to the throne of Hastināpura with the aid of Bhīṣmāćārya. Dhṛtarāṣṭra had married Gāndhārī, the daughter of Subala, the king of Gāndhāra. Therefore, Subala's eldest son Śkuni became the most trusted advisor of the blind king.

Dhṛtarāṣṭra had one hundred sons, a daughter named Duśśīlā and an illegitimate son named Yuyutsu (ādi◦ 67.93-105). These one-hundred-and-one sons, collectively known as *kauravas*, became very infamous in the history of Mahābhārata. Among the *kauravas*, Duryodhana was the eldest and most despicable. With him, his younger brother Duśśāsana had also ruined his name. Duśśīlā had married Jayadratha, the notorious king of Sindhu (ādi◦ 116.17).

Pāṇdu had two wives namely, Kuntī and Mādrī. Kuntī was the daughter of Śūrasena, the king of

Mathurā, and she was the sister of Vasudeva, the father of Śrī Kṛṣṇa. Kunti had three great sons namely, Yudhiṣṭhira, Bhīma and Arjuna. Mādrī was the sister of king Śalya, the whimsical king of Madra. The ancient name of the kingdom of Madra was Uttara-kuru, which spread South-west between rivers Rāvī and Jhelum. She had two sons, Nakula and Sahadeva. Pāṇḍu's five sons became well known as *pāṇḍavas*. The *kauravas* and the *pāṇḍavas* were collectively known as *kurus*. Yudhiṣṭhira was the eldest among the *kurus*. All these *kurus* took their education and training under the tutorship of the great instructors Śukrāćārya, Kṛpāćārya and Droṇāćārya.

After the death of Pāṇḍu, Kuntī settled down in Hastināpura with her five sons. Yudhiṣṭhira being the **eldest** and **most righteous** among the one-hundred-and-six *kurus*, Dhṛtarāṣṭra had anointed him on the throne of Hastināpura (ādi◦ 138.1-2). Yudhiṣṭhira had performed the *Rājasūyayajña* to proclaim his kingship.

1. Ādi-parva

Jealous of the rapid progress of the *pāṇḍava* brothers, in every sphere, Duryodhana, instigated by Śakuni, made several attempts to kill them. He poisoned Bhīma (ādi◦ 127.25-59), but Bhīma did not die. He tried to burn the *pāṇḍavas* alive in a highly flammable house especially built at Vārṇāvat (ādi◦ 143.8-18), but thanks to the timely warning signal from Vidura, they could secretly escape from the burning house and go to Pañćāla, the kingdom of Drupada. Here, they came to the *svayaṁvara* (wedding) ceremony of Draupadī. Arjuna was able to defeat all other contestants and win Draupadī. In this gathering, in the kingdom of Pāñćāla, the *pāṇḍava* brothers met Śrī Kṛṣṇa (ādi◦ 183.188).

Vidura telling Niti to Duryodhana

In Hastināpura, Bhīṣmāćārya, Droṇāćārya, Vidura and all other respectable seniors tried to counsel Duryodhana and Dhṛtarāṣṭra to invite the *pāṇḍavas* back to Hastināpura and to return their rightful half of the kingdom. But, rejecting these advices, Duryodhana and Karṇna, on the contrary challenged the *pāṇḍavas* for a war (ādi◦ 200-203).

On such irrational behaviour of the *kauravas*, the honourable elders opined as follows : To Duryodhana, who has just been disgraced in the misdeed of unclothing Draupadī, Bhīṣmāćārya said, "O Duryodhana, you are also guilty of trying to burn the *Pāṇḍava* brothers alive. They have as much right over this

Bhishma telling Niti to Duryodhana

kingdom as much you do. In fact, their right is more valid, for they are righteous. They are removed from their kingdom unjustly. Please give them their kingdom with your own hands, otherwise you will bring calamity upon us and cause your own ruin. Do not spoil your name. Protect the *dharma* with intelligence. Man is immortal only as long as his fame is alive" (ādi◦ 202).

In agreement with Bhīśma, Droṇāćārya said, "O Duryodhana, in accordance with our lofty traditions please return the lawful half of the kingdom to the *pāṇḍavas* on your own accord" (ādi◦ 203.1-12). Vidura said to Dhṛtarāṣṭra, "O King, truly the *pāṇḍavas* are as much your sons as the *kauravas* are. Please listen to the advice of Bhīṣma. Duryodhana, Karṇna and Śakuni are reckless trouble makers. Do not entertain their ideas."

Then Vidura said to Duryodhana, "how will you overcome Yudhiṣṭhira who is paramount in righteousness, truth, charity, tolerance and bravery? And, do not forget that Lord Kṛṣṇa Himself is his protector. Therefore, who else but the one who desires Lord's displeasure, will choose the path of war when the matter can be resolved with peace? Please call the *pāṇḍavas* back to Hastināpura, and restore their share to them" (ādi◦ 204-205).

In response to these advices, Śakunī said, **"O Duryodhana, Arjuna is invincible only because of the power of Bhīma. Without Bhīma the *pāṇḍavas* will not dare to claim their kingdom. Therefore, first you must kill Bhīma secretly."**

At the end, under the pressure from all noble men, Dhṛtarāṣṭra allowed Vidura to bring the *pāṇḍavas* to Hastināpura. Bhīṣma advised the *pāṇḍavas* to build their capital at Indraprastha, away from the *kauravas* (ādi◦ 206). Here Draupadi gave birth to her five sons from the five *pāṇḍavas*.

Dronacharya telling Niti to Duryodhana

2. Sabhā-parva

In a short period Bhīma, Arjuna, Nakula and Sahadeva conquered east, north, south and west respectively. They filled the treasuries of Indraprastha with immense wealth (sabhā◦ 25-33). Jealous and covetous of the riches of the *pāṇḍavas*, the *kauravas* began planning schemes to rob that massive wealth. Śakuni arranged the game of *dyūta* (dice) and by rigging the dice, he snatched Yudhiṣṭhira's kingdom. Then, on winning Draupadī in the *dyūta*, Duśśāsana tried to make her naked in front of the gathering, but Lord Śrī Kṛṣṇa divinely saved her from the disgrace (sabhā◦ 48-65). On the order from Dhṛtarāṣṭra, the *kauravas* again invited the *pāṇḍavas* for the *dyūta* and exiled them to Kāmākhya forest for twelve years and bound them to stay one additional year incognito (sabhā 76). Dhaumya *ṛṣi* went to the forest with the *pāṇḍavas*. Other people returned to Indraprastha on the request from Yudhiṣṭhira (sabhā 80.8).

Draupadi Vartraharanam

3. Vana-parva

The *kauravas* and other wicked devils tried to annihilate the *pāṇḍavas* while they were in the exile of twelve years, but were unable to do them any harm. In the thirteenth year, the *pāṇḍavas* slipped in to Matsya, the kingdom of Virāṭa.

4. Virāṭa-parva

Pandavas in Incognito Exile

In the incognito exile, Yudhiṣṭhira disguised himself as *kaṅk brahmaṇa*; Bhīma became Ballava, the cook, in the palace-kitchen; Arjuna veiled himself as Bṛhannaḍā, the female dance teacher in the palace; Nakula dressed as an ostler and worked in the stable; Sahadeva took work as a cowherd for King Virāṭa; and Draupadī became Sairandhrī, the maid for queen Sudeṣṇā.

From Hastināpura Duryodhana sent spies and detective agents everywhere to search for the *pāṇḍavas*, but for the whole year they got no clue. The thirteenth year was just about to finish when Kīćaka, the mighty brother of queen Sudeṣṇā, tried to molest Sairandhrī. As soon as this account reached Bhīma, he attacked Kīćaka. In the battle that ensued, Kīćaka got killed. From the news of mighty Kīćaka's death, the *kauravas* guessed that Bhīma is the only strongman who could kill Kīćaka. Immediately they marched on Virāṭa Nagarī, the capital of Matsya. King Virāṭa could not defend the city, but with Bṛhannaḍā's help he defeated the *kauravas*. Now the *kauravas* knew that Bṛhannaḍā was none other than Arjuna in disguise. Fortunately thirteen years were just completed before they could discover the *pāṇḍavas* in the Virāṭa Nagarī.

5. Udyoga-parva

After completing the thirteen years of exile, the *pāṇḍavas* camped in Upalavya Nagarī. According to previously agreed conditions, they demanded their kingdom of Indraprastha from the *kauravas*. In response, the *kauravas* sent Sañjaya as a middleman to the camp of *pāṇḍavas* (udyo◦ 22). From *pāṇḍavas'* side, Yudhiṣṭhira said, "whatever Śrī Kṛṣṇa will say is acceptable to us." On this Śrī Kṛṣṇa said, "we want peace, but with honour. Thus, *kauravas* should keep the kingdom of Hastināpura and give Indraprastha to *pāṇḍavas*" (udyo◦ 29.1-49). To this Yudhiṣṭhira added, "if this is not acceptable to the *kauravas*, then they should at least give one town to each of the five *pāṇḍavas*" (udyo◦ 26,31.18.20). Vidura, Sanjaya, Sanatsujāta, Kaṇva, Nārada, Bhīṣma, Droṇa, Śrī Kṛṣṇna, Paraśurāma, Sātyakī, Gāndhārī and all other noblemen tried their best to sway Dhṛtarāṣṭra and Duryodhana away from the path of war (udyo◦ 32-42; 106, 125-26; 129-130; 139), but they did not heed to any of the warnings.

Yudhiṣṭhira wanted to avoid the war. Thus, as a last resort, he sent Śrī Kṛṣṇna with Sātyakī, to Dhṛtarāṣṭra for mediation (udyo◦ 72-95; 124-128). However, in order to foil the mediation, Duryodhana, Karṇa and Śakuni attempted to kidnap Lord Śrī Kṛṣṇna (udyo◦ 130.2-10). Sātyakī found out the conspiracy and prevented the mishap. In the assembly of *kauravas*, Śrī Kṛṣṇna tried to counsel Dhṛtarāṣṭra, Duryodhana and Karṇa. But in response, Duryodhana said, "O Keśava, while alive I will not allow the *pāṇḍavas* to get even that bit of earth as could be pierced with the fine tip of a needle" (udyo◦ 127.25). In return, Kṛṣṇna said, O Duryodhana, after this if war occurs, it will not be the fault of the *pāṇḍavas*, but yours alone" (udyo◦ 128). Having exhausted all peaceful avenues, Śrī Kṛṣṇna allowed the *pāṇḍavas* to use force (udyo◦ 150.1-8). Being unable in all attempts of peace, finally Yudhiṣṭhira ordered the *pāṇḍavas* to prepare for the war.

Armies of both the camps assembled on the sacred field of Kurukṣetra. In the ***Kauravas*'** camp stood eleven *akṣauhiṇī*[1] armies from Gāndhara, Sauvāra, Madra, Kamboja, Sindhu, Dwārakā etc., under the command of Kṛpāćārya, Droṇāćārya, Aśvatthāmā, Shalya, Jayadratha, Sudakṣiṇa, Kṛtavarmā, Karṇa, Bhuriśravā, Śakuni and Vāhnik (udyo◦ 155.31-33). In the ***Pāṇḍavas*'** camp stood seven *akṣauhiṇī* armies from Chedī, Karūpa, Magadha, Mathurā, Pañcāla, Matsya, Saurāṣtra, etc., under the command of Drupada, Virāṭa, Dhṛṣṭadyumna, Śikhaṇḍī, Ćekitāna and Bhīma (udyo◦ 151.4-5). The *kauravas* chose Bhīṣma as their supreme commander and the *pāṇḍavas* chose Dhṛṣṭadyumna.

---

[1] 1 *akṣauhiṇī* warriors = 109350 foot, 65610 horse, 21870 chariot and 21870 elephant.

6. Bhīṣma-parva

Everyone was ready on the battlefield and the sirens began to blare. Yudhiṣṭhira got down from his chariot and went with his brothers to Bhīṣma for blessings. Bhīṣma was overwhelmed. He said, "O Dharmarāja, I wish you the victory" (bhī◦ 43.38-40).

Now, as the weapons were about to clash, Arjuna, seeing his kins facing him, began to loose his guts. He said to Śrī Kṛṣṇna, "O Aććyuta, please place my chariot in the middle of the two armies, while I observe the eager warriors who have come to fight!" (Gītā◦ 1.21-23). And seeing his folks in both the armies, he lost his heart and saying, "I shall not fight," he sat down (Gītā◦ 1.47). Seeing this untimely and improper conduct, the mysterious discourse Lord Śrī Kṛṣṇna gave to the mankind, through the medium of the dejected Arjuna, forms the *Upaniṣad* of Gītā, in the epic poem of Mahābhārata of Vyāsa (bhī◦ 23-40).

In order to introduce all the characters and to portray a realistic picture of the background of the Gītā in the minds of the readers, a short sketch of each person mentioned in the Gītā is given below, primarily based on the information extracted from the Mahābhārata. A unique graphical presentation of the interrelation between all these people is then given in the form of a Great Family Tree. It is followed by a cross index of these names with their actual references in the Gītā.

2. The Characters in the Gītā

Abhimanyu :

Vikirañśaravarṣāṇi vāridhārā ivāmbudaḥ

Na śekuḥ samare kruddhaṁ saubhadramarisūdanaṃ (mahabhāratam, bhi◦ 100.2)

To that angry Prince of Subhadra, the Destroyer of enemies, who was showering arrows like the rains from cloud, no one could stop on the battlefield.)

Abhimanyu

The youngest but most shining star in the Mahābhārata is Subhadrā's intrepid son Abhimanyu. For he was the son of Subhadrā, he is referred as *saubhadra* in the Gītā (1.6,18). He spent his childhood with his father at Hastināpura and with his maternal cousin Pradyumna at Dwārkā. After the thirteen years of exile of the *pāṇḍavas*, he married princess Uttrā of Virāṭa Nagarī. The distinctive achievements of Abhimanyu are mentioned in great details in the *Bhīṣm-aparva* (55,63,64,69,94) and *Droṇa-parva* (38,40) of Mahābhārata. His bravery was so glorious that even his sworn enemies like Duryodhana and Dhṛtarāṣṭra were compelled to praise it (dro◦ 10.47-52) in nicer words. And Sañjaya addressed him as second-Arjuna (*dvi-phalgunamimaṁ loke menire*, bhi◦ 100.18), and equated him with the Lord Indra Himself (*savajra iva vāsava*, bhi◦ 100.12).

Tasya tatkurvataḥ karma mahatsaṅkhye mahībhṛtaḥ

Pūjayāñćakrire hṛṣṭā praśaśaṁsuśća phālguniṃ **(mahabhāratam, bhi◦ 100.7)**

(Alll kings pleased with the great and heroic deeds of the Son of Arjuna, praised and worshipped him on the battlefield). Eventually he was trapped in the *ćakravyūha* and was killed by the blow of a mace by Duśśasanī (dro◦ 49.12-14). His posthumous son Parikṣita came to the throne of Hastināpura, after retirement of the *pāṇḍavas*. The first discourse on the complete story of Mahābhārata was performed by Vyāsa's disciple Vaiśampāyana at the court of Janmejaya, the son of Parikṣita (ādi◦ 1.20).

Arjuna : In the Gītā and Mahābhārata, the central figure is the most valiant hero Arjuna. Notwithstanding, in the Gītā Arjuna has the role of an innocent disciple (2.7), friend and devotee (4.3), instead of a brave warrior. In the dialogue between *nara* (man) and *narāyaṇa* (God), he has a role of a *nara*. Confused on the battlefield (1.26-30), he refused the duty of a *kṣatriya* (1.31-47) and began talking like a *pundita* but with irrelevant talk (2.11). But, with the caring advice from Śrī Kṛṣṇna↓, he came to his senses (18.73).

Arjuna had four wives namely, Draupadī↓, Ulupī, Ćitrāngadā and

Subhadrā↓. From them he had four sons namely, Śṛtakīrti, Irāvat, Babhruvāhana and Abhimanyu↑. From a *yakṣa* named Maya he had acquired the divine conch shell named Devadatta (sabhā◦ 224.6-10), from Lord Agni he had received Gaṇḍīva bow, inexhaustible quiver, white horses and Nandighoṣa chariot (ādi◦ 224.6-10). The standard of Hanūmāna↓ adorned his grand chariot, for which it was also known as *kapidhvaja* chariot. Arjuna rose to heaven at the age of 106 years.

In the Gītā he is referred with the following adjectives : ***anagh (3.3), anasūyave (9.1), arjuna (1.4), kapidhvaja (1.20), kirīṭī (11.35), kurunandana (2.41), kurupravīra (11.48), kuruśreṣṭha (10.19), kurusattama (4.31), kaunteya (1.27), guḍākeśa (1.24), dehbhṛtaṁ vara (8.4), dhanañjaya (1.15), parantapa (2.3), pāṇḍava (1.14), pārtha (1.25), puruṣarṣabha (2.15), puruṣavyāghra (18.4), bharatarṣabha (3.41), bharataśreṣṭha (17.12), bharatasattama (18.4), bhārata (2.14), mahābāhu (2.26), savyasāćī (11.33),*** etc. In other places in the Mahābhārata he is also referred as *phālguna, indrasuta, kṛṣṇasārathī, gāṇḍivadhanvā,* etc.

Aryamā (10.29) : *Prajāpati* Kaśyap and his wife Aditi's children included twelve *ādityas*, eight *vasus* and eleven *rudras*. Among the twelve *ādityas*, Aryama is counted as a *pitreśvara* (the noble ancestor). He is one of the *devatās* of the *vedas*. In Ṛgveda his name appears in more than one hundred *ṛćās* (verses). In *purāṇas* also his name comes in many places.

Asita (10.13) : *Prajāpati* Marići's son Kaśyap's son Asita↓ *muni* was one of the most famous disciples of Vyāsa↓. Asita had explained the doctrines of rebirth and transmigration to king Janaka↓. He also had expounded the story of the Mahābhārata through his disciples. Yudhiṣṭhira's↓ anointment and kingship ceremonies were performed in auspicious attendance of Asita, Nārada↓ and Vyāsa.

Aśvatthāmā (1.8) : Kṛpāćārya's sister Kṛpī was the wife of *guru* Droṇāćārya↓. Droṇa's gallant son was Aśvatthāmā. In the great war he was the last commander of the armies of *kauravas*. By birth he was a *brāhmaṇa*, nevertheless he chose to be *kṣatriya* all his life. His unlawful act of sneaking in the *pāṇḍava* camp at night, with Kṛpāćārya's and Kṛtavarmā, to slaughter the sleeping men, was the meanest act in his illustrious career.

Aśvinīkumar (11.6) : Vivasvāna *āditya* and his wife Sañjña's twin sons, Satya and Dasra, are known as *aśvinīkumārs* or *aśvins*. They were called the doctors and the helpers of the heavens. They had restored the lost vision of Ćyavana *ṛṣi*.

Bhīma : Strongest among all the human beings (ādi◦ 122.14), he was the second son of Kuntī↓. He was as old as Duryodhana↓. *Kauravas* were very jaelous of him for they considered him to be the real power behind Arjuna's↑ unparalled valour, They tried to kill him several times but were never able to cause him any harm.

He had obtained his all-powerful mace from the *yakṣa* (demigod) named Maya (sabhā◦ 3.18). With this mace he vanquished the demons such as Bakāsura, Ghaṭotkaća, Kīćaka, and the mighty elephant Aśvatthāmā. Hiḍimbā was his second wife. From her he had a demonic son named Ghaṭotkaća. Bhīma's great valour in the war was highly praised even by Dhṛtarāṣṭra↓ (droṇa◦ 10.13-14).

Mahakayo mahotsāho nāgāyutasamo bale
Taṁ bhīnasenamāyāntaṁ ke śūrāḥ paryavārayan. mahābhāratam droṇa◦ 14

(To that Bhīma of Great Body, Immense Energy, Powerful as elephents, which heros could stop?)

In the Gītā he is referred with such adjectives as *vṛkodara* (1.15), and *bhīma* (1.4,10,15).

Bhīṣma : The most respectable, valiant and senior among the *kurus*, was the great Bhiśmāćārya. For this reason the *kauravas* chose him to be their first commander. His birth was caused as a result of a

boon bestowed to King Śantanu by Śrī Gangā, therefore, in the Mahābhārata he is sometimes referred as *gāngaeya.* Bhīṣma had warned Karṇa↓, "you are making a grave mistake in waging war against the *paṇḍavas*" (udyo◦ 21.6-7). Also, he had reproached Duryodhana↓ and Dhṛtarāṣṭra↓, "it is a disgrace upon you to have attempted to kidnap and imprison Śrī Kriśṇaī" (udyo◦ 88.13-23). In the Gītā he is addressed as *bhīśma* (1.8,10,11,25; 2.8; 11.26,34) and *pitāmaha* (1.12).

Bhṛgu (10.25) : The twenty one *prajapatis* Brahmā produced at the time of the creation were namely, Angirasa, Atrī, Kardama, Kaśyapa, Kratu, Ariṣṭanemī, Dakṣa, Dahrma, Pulastya, Pulaha, Praheti, Prāćetasa, Bhṛgu, Manu↓, Marīći, Vasiṣṭha, Vikṛta, Śeṣa, Saṁsraya, Sthāṇū and Heti. *Prajāpati* Bhṛgu had two wives, Divyā and Paulomā. From Divyā he had a son named Śukra and from Pauloma he had Ćyavana. Both these sons became renowned in the history. Śukra is also known as Uśanā↓. Ćyavana's linage was adorned with such great seers as Dadhići, Sārasvata, Jamadagni, Śaunaka, Bhārgava, Paraśurāma, etc.

Brahmā (11.15) : In the Gītā he is referred as *kamalāsanastha* (sitting in lotus 11.15). He is also called *prajāpati* (3.10) and *adhiyajña* (8.1). Brahmā first produced 21 *prajapatis* (see Bhṛgu↑) and from them the rest of the progenies of the beings originated. With this in mind, Brahmā is referred as *sarvalokapitāmaha* (father of all beings), in opening chapter of the *manusmṛti*. In the other offsprings of Brahmā are counted the Sanatkumaras↓, Kandarpa↓, Nārada↓, Svāyambhūva, etc.

In the holy trinity, Brahmā is the beginner of the cycle of nature, Viṣṇu↓ is the sustainer of the creation and Śiva is the dissolver. After dissolution Brahmā initiates a new cycle of creation. The explanation of this cycle is found in the Gītā. The four faced Brahmā recites the four *vedas* with his four mouths. In the *vedas* and *purāṇaas* Brahmā is referred as *dhātā, vidhatā, sṛṣṭā, sṛjanakartā,* etc.

Bṛhaspati (10.24) : Bṛhaspati, the son of *parjāpati* Angirasa and his wife Khyāti, is regarded as the *purohita* (priest) of gods. He was very erudite and expert in political science. He had taught philosophy to the great sage Yājñavalkya. His wife Tārā had a son named Kaća. Kaća had learnt the art of *mṛtasañjīvanī* (raising the dead) from Uśana↓.

Ćekitāna (1.5) : This *yādava* was one of the greatest archers among the *vṛṣṇīs* of Ayodhyā. In the great war he commanded one *akṣauhiṇī* armies on the side of the *pāṇḍavas*. His great achievements are recorded in the Mahābhārata in many places (bhi◦ 45.60; 84.31; 110.8; droṇ◦ 14.48, 125.68, etc).

Ćitraratha (10.26) : *Parjāpati* kaṣyapa's son, Ćtraratha, is the most learned and austere among the sixteen *gandharvas* (ādi◦ 65.43). *Gandharvas* are the musicians of Gods. He is one of the most devoted member of the assembly of Kubera↓. In Mahābhārata he is also called *angāraparṇa* and *dagdharatha.*

Devala (10.13) : He was the most erudite son of Asita↑ *muni.* His younger brother, Dhaumya *ṛṣi* went with the exiled *pāṇḍavas* as their *purohita* (sabhā◦ 80.8). Ekaparṇā, the daughter of Himavāna, was his wife. His daughter, Suvarćalā, was married to Śvetaketu, the son of Āruṇi.

Dhṛṣṭadyumna : This great warrior from Pāñćala was son of king Drupada↓ and brother of Draupadī↓. He had taken training along with the *pāṇḍavas* under Droṇāćārya↓ and like them he also had become very skilful and righteous warrior. In the great war he was the supreme commander of the *pāṇḍavas*. In that war he had created the *krauñćvyūha* and the *makaravyūha.* In the Gītā he is referred as *drupadaputra, dhīmata* (1.3) and *dhṛṣṭadyumna* (1.17).

Dhṛṣṭaketu (1.5) This mighty warrior was son of Śiśupāla, the king of Ćedī. Although Śiśupāla was a bitter enemy of Śrī Kṛṣṇa↓, he stayed loyal to the *pāṇḍavas* till the end. In the great war he was one among the seven great commanders of the *pāṇḍava* armies (udyo◦ 157.11). The details of his illustrious performance are given in the Mahābhārata in several chapters (udyo◦ 157.11; bhī◦ 54,84,116; droṇ◦ 14,25,107,125, etc.).

Dhṛtarāṣṭra : By birth he was blind, love for own children intoxicated his mind, justice-injustice was not his bind, such was he one of a kind, that the history ever will find!

He was advised, warned and given opportunity over and over to avert and prevent the great war, but he chose to welcome and foster the intrigue and designs of Duryodhana↓, Śakuni and Karṇa↓, and caused the destruction of his own people.

After the war he had retired to the forest along with Gāndhari, where he had perished in the wildfire. With his death, the *kaurava* dynasty was terminated and *pāṇḍava* dynasty was again established at Hastināpura. In the Gītā he is referred as ***dhṛtarāṣṭra*** (11.26), ***parantapa*** (2.9), ***prithvīpati*** (1.21), ***Bhārata*** (2.10), ***rājan*** (11.9,18.76,77), etc.

Draupadeya : In Gītā, each of Draupadī's↓ five sons is called *draupadeya* (1.6,18). From Yudhiṣṭhira↓ Draupadī had first son called Prativindhya, from Bhīma↑ she had Sutasoma, from Arjuna↑ she had Śṛtakīrti, from Nakula↓ she had Śatānika and from Sahadeva↓ she had Śṛtasena (ādi◦ 95.75).

Draupadī : Kṛṣṇā, the daughter of king Drupada↓ of Pāñćāla, became well known as Draupadī in the history of Mahābhārata. In Mahābhārata she is also often referred as *pāñćālī*.

When the *pāṇḍava* brothers escaped from the burning house, they came to a place called Ekaćakra in king Drupada's kingdom. Here they received the news that Drupada is arranging the *svayamvara* (wedding contest) for his daughter. Hearing that news, they went to Pañćāla and, defeating all other contestants, they won Draupadi in the *svayamvara*.

Darupadī's one brother, Dhṛṣṭadyumna↑, was the supreme

commander of the *pāṇḍava* armies, and the other brother, Sikhaṇḍī↓, was a commander of *akṣauhiṇī* army.

Droṇa : He was the famous son of Bhāradvāja *muni.* He had obtained magnificent weapons from Parśurāma, from whom he had learnt *dhanurvedā* (archery). Bhīṣma↑ had employed him to teach *dhanurvidyā* (archery) to the *kauravas* and *pāṇḍavas* at Hadtināpura (ādi◦ 130.7). With them his son, Aśvatthāmā↑, as well as Śikhaṇḍī↓ and Eklavya also learnt that art. In spite of being a supporter of the *pāṇḍavas*, he had taken the side of the *kauravas* in the great war, for being their paid servant (bhī◦ 43.56).

Arthasya puruṣo dāso dāsastvartho na kasyaćit

Iti satyaṁ mahārāja baddho'smyarthena kauravaiḥ (mahābhāratam bhīṣma◦ 43.56)

(Man is the slave of money, money is nobody's slave. This is truth. With money I am bound by the kauravas.)

After the fall of Bhīṣma, he became the commander of the *kaurava* armies. In the Gītā he is referred as *āćārya* (1.2,3), *dvijottama* (1.7), Droṇa (1.25, 2.4, 11.26,34), etc.

Drupada (1.4,18) : This celebrated king of south Pāñćāla belonged to the Somaka family of the *yadu* linage of king Ajmīḍha. He completed his schooling with Droṇa↓, In the *aśrama* (hermitage) of Droṇāćārya's↑ father Bhāradvāja *muni,* but in later life he was in bad terms with Droṇa. In the great war, he commanded the head wing of the *krauñćvyūha* of the *pāṇḍavas.* His all three children, Dhṛṣṭadyumna↑, Śikhaṇḍdī↓ and Draupadī↑, became very distinguished in the history.

Duryodhana : This eldest son of Dhṛtarāṣṭra↑ and Gāndharī is condemned in the history for being **the root, leader and villain** of the great war of Mahābhārata. Though the history has held him responsible for the war (udyo◦ 128), Śakuni and Karṇa↓ were his main advisors and instigators. Though he was the eldest among *kauravas,* he was of same age as Bhīma↑ was.

Being defeated at the hands of the *gandharvas*, he had relinquished his throne of Hastināpura to the *pāṇḍavas* in exchange for paṇdavas' help in rescue and deliverance from the clutches of the *gandharvas.* As agreed, the *pāṇḍavas* had rescued him from the imprisonment (vana◦ 248-249), nonetheless, disregarding this favour, his envy and loathe against them grew steadily, with the growing strength of the *pāṇḍavas*. Dazzled with the glitter of the riches of the *pāṇḍavas*, at the time of Yudhiṣṭhira's↓ *rājasūyayajña*, he was burnt up with the crave to grab it away from them. From then on, all his life, he constantly ventured to kill them and possess their wealth. Not only that, he even tried to kidnap and imprison Śrī Kṛṣṇa↓ (udyo◦ 130.3-5). However, thanks to his bad luck, nothing ever became possible for him and he always fell flat on his face.

Before the commencement of the great war, he had cursed at Śrī Kṛṣṇa, Virāṭa↓, Drupada↑, Dhṛṣṭadyumna↑ and the *pāṇḍavas*. He was very impudent, arrogant, stubborn and adamant person, nevertheless, he believed himself to be a very brave, strong and able man. However, in the war, when his lieutenants fell one after another, he had fled the battle field. Hearing the news of the slaughter of the sleeping *pāṇḍavas* at the night time by Aśvatthamā↑, he became joyful and died (sau◦ 9). In the Gītā he is addressed as *durbuddī* (wicked minded, 1.23) and in the Mahābhārata he has received such epithets as *manda* (dull), *mūrkha* (fool), *śaṭha* (rascal), *pāpācārī* (sinner), etc. (udyo◦ 30.17; 106.1-2) everywhere and in everybody's mouth. From this his true character can be ascertained. In the Gītā he has received such addresses as *rājā* (1.2) and Dhārthrāṣṭra (1.23).

Hanūmāna : Anjani's son Hanūmāna has attained Godhood through his profound devotion to Lord Rāma↓. For he is the Lord of monkeys, he is referred as *kapi* in the Gītā (1.20). In the Rāmāyaṇa his life is pictured very unique, dedication, colourful, exciting and interesting.

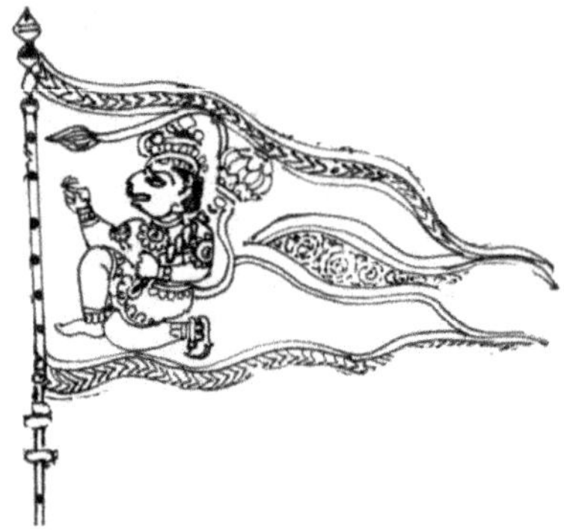

The great chariot of Arjuna↑ bore the standard of Hanumana (kapidhvaja 1.20), representing boundless courage and devotion. Śrī Tulsīdasa's Hanūmāna Chalisā and Śrī Rāmadāsa's Mārutistotra are the most glorious works on Hanūmāna.

Indra : Indra, the son of *Prajāpati* Dakṣa's daughter Aditi and her husband *prajāpati* Kaśyapa's, is the *devatā* (divinity) of more than two hundred *mantras* (verses) of Ṛgveda. In this *veda*, Indra has importance only next to *agni* (fire). Although the triad of Brahmā↑, Viṣṇu↓ and Maheśa is regarded as paramount in the heavens, the *vedas* consider Indra as the king of the heavens. In *vedas* and the *purāṇas* Indra is portrayed as bright as sun and very brave, able, affluent, charitable and ageless. In the Gītā he is referred as *surendra* (9.20) and *vāsava* (10.22).

Ikṣvāku (4.1) : Manu↓ Vaisvata's son Ikṣvāku was the founder of the *sūryavaṁsa* (Sun dynasty) of Lord Rama↓ of Ayodhyā. He brought this Sun dynasty to distinction and prestige. The policies and ethics in his kingship were just, exact and exemplary. Therefore, he is considered as the main founder of the Indian ethos and polity.

Janaka : The great king Ikṣavāku↑ had three sons namely Vikukṣi, Nimi and Daṇḍa, Vikukṣi founded the *rāghav* dynasty of Śrī Rāma↓ of Ayodhyā and Nimi founded the *videha* dynasty of Mithila. King Janaka was born in the *videha* linage, therefore, his daughter, Sitā, became known as *vaidehī* or *jānakī.* King Janaka was also known as Śiradhvaja. He had appointed his brother, Kuśadhvaja, as the king of Sankāśya. Kuśadhvaja's three daughters, Urmilā, Maṇḍavī and Sṛtakīrti, were married to Śrī Rāma's three brothers, Lakṣamaṇa, Bharata and Śatṛghna, respectively. In the *paurānic* literature, king Janaka is considered as an incarnation of the virtuousness (vana◦ 207.28-38) and, therefore, his model is exemplified in the Gītā (3.20). He himself was a great thinker and he always held debates with such great philosophers and wise persons as, Yājñavalkya, Aṣṭāvakra, Parāśara, Asita↑ etc.

Jayadratha (11.34) : This king of Sindhu, was the descendent of Ajmīḍha of *puru* dynasty. From the childhood he was a bitter antagonist of the *pāṇḍavas*, and therefore, as a trusted character, Duryodhana had married his only sister, Duśśilā, to him. In the game of *dyūta*, when Śakuni was rigging the dice and hoodwinking the *pāṇḍavas*, he was right beside him (sabhā◦ 58.25). During the twelve years of exile of the *pāṇḍavas*, he had tried to kidnap Draupadī↑, but Bhima↑ had caught and trounced him. In the war, faced with Arjuna↑, he had ran away from the battlefield but Arjuna had caught and finished him off (droṇa◦ 74.4-5). In Mahābhārata he is referred also as *sindhurāja* (droṇa◦ 42.9).

Kandarpa (10.28) : Born from the mind of Brahmā↑, he is variously known as *kāmadeva, madana, manmatha, ananga, darpaka,* etc. From the birth he was extremely handsome and charming, so he asked Brahma, '*kaṁ darpayāmi*' (who should I make proud ?). Therefore, he is known as *kandarpa.*

For he is the Lord of love, he pierces the hearts with the flowery bow and arrow. Having struck Lord Śankara's↓ heart with his arrow, he caused Śiva to come out of his deep meditation and open his third eye. Kandarpa got burnt with the fire from Śiva's eye. However. he remains immortal in the bodyless state.

Kapila (10.26) : *Prajāpati* Kardama and his wife Devahūti, daughter of Manu Svāyambhuva, were blessed with a great son called Kapila *muni.* Devahūti's brother, Uttānapāda, was father of Dhruva, the distinguished devotee of Lord Viṣṇu↓. Kapila was a prodigious *yogī.* He was a founder of the *sāṅkhya* system of philosophy. He was also a distinguished vedic scholar. He was known to be a devotee of Lord

Śiva. Kapila's two disciples, Āsurī and Pañćaśikha, were profound scholars of the *sāṅkhya* system.

Karṇa (1.8; 11.26) : Born as a result of the *mantra* bestowed by Durvasa *muni*, Kunti's↓ first son Karṇa was not counted among the *pāṇḍavas*, for he was not a Pāṇḍu's↓ child. Because he was born with an armour and rings in his ears, he was named Karṇa. And, because, as an infant abandoned by his mother, he was raised by a *sūta* (charioteer) he was called *sūtaputra*. He was also referred as *rādheya*, for the name of the charioteer's wife, who raised him, was Rādhā. Even if he was Kuntī's eldest son, he had developed brotherhood with evil minded Duryodhana↑ to possess the kingship of Anga. Śrī Kṛṣṇa↓ and other noble men had urged him to join the *pāṇḍavas'* side but he remained stubborn and proud of his own prowess to listen to anybody's advice. Till the end he stayed loyal to Duryodhana and opposed the *pāṇḍavas* (udyo◦ 140-143). In the Mahābhārata, although the team of Dhṛtarāṣṭra↑, Duryodhana, Karṇa and Śakuni has the role of villain, he is portrayed with a greatly heroic and charitable character.

Kāśya : This famous king of Kāśī was a great archer and strongman. At the time of the wedding of Uttarā and Abhimanyu↑, he and Śaibya↓ had commaded one *akṣauhiṇī* army each to defended the Virāṭa's↓ kingdom from any surprise attack by the *kauravas* (vira◦ 4.25). His daughter, Balandharā, was the second wife of Bhīma↑ (ādi◦ 95.77). The kings of Kāśī had always been loyal to *pāṇḍavas*. In the Gītā he is referred with the adjectives of *kāśirāja* (1.5) and *parameṣvāsa* (1.17).

Kṛpācharya (1.8) : Before the appointment of *guru* Droṇāćārya↑, the training of the *pāṇḍava* and *kaurava* princes was performed by Kṛpāćārya. In the midst of the thick of the battle, he had advised Dhṛtarāṣṭra↑, Duryodhana↑ and Karṇa↑ to stop the war and make peace with the *pāṇḍavas*. Nevertheess, stubborn, scornful and gomaniac as they were, they all rejected any such proposals (śalya◦ 4-5).

In spite of being a respectable *aćhārya* and a well wisher of the *pānadvas*, he had performed the despicable act of slaughtering the sleeping *pāṇḍava* princes by sneaking in their camp in the dark of the night, along with Kṛtavarmā and Droṇāchārya's son Aśvatthāmā↑ (saup◦ 3-8).

Kripacharya telling Niti to Dhritarashtra

Kṛṣṇa (1.28) : In the Yadu linage of king Yayāti, the well known descendants included such kings as Sahasrajita, Kuṇi, kārtavīryajuna, Vṛṣni, Ćitraratha, Viduratha, Vasudeva, Śrī Kṛṣṇa, Pradyumna, Aniruddha, etc. King Vṛṣṇi had two sons namely, Viduratha and Ćekitāna. Viduratha's descendent Vasudeva↓ and Ćekitāna's descendent Kukura were contemporaries. Kukura had two sons namely, Ugrasena and Devaka. Devaka's daughter, Devakī, had married Śurasena's son Vasudeva.

When Ugrasena's wicked son Kaṁsa had imprisoned Vasudeva and Devakī, Lord Viṣṇu↓ had personified Himself as their Eigth Child, with the name of Śrī Kṛṣṇa. With his divine powers Śrī Kṛṣṇa had escaped from Mathurā and had spent his childhood at Gokula, in the loving care of the cowherd Nanda and his wife Yaśodā. Kaṁsa had sent such evil demons as Pūtanā, Śaṭakāsura, Tṛṇnāvrata, Vatsāsura, Bakāsura, Aghāsura, Dhenukāsura, Kāliyā, Pralamba, Ariṣṭāsura, Keśī, Vyomāsura, Ćāṇura, Muṣṭika, Kuvalayāpīḍa, etc. to kill young Kṛṣṇa, but all of them perished, including Kaṁsa himself. In later life also many devils including Jarāsandha, Śiśupāla, Kālayavana, Murāsura, Narakāsura, Bāṇāsura, Puṇḍarika had attempted to kill Kṛṣṇna.

Because His entire life was saturated with sensational and interesting events, there appears no other being in the world history whose whole life was as colourful as well as thrilling and divine as of Kṛṣṇna.

In the great war, he vowed not to hold any weapon in His hands, still Suśarmā had shot three arrows into Kṛṣṇa's right hand (karna◦ 53.7, *janārdanaṃ tribhirvaṇairhanaddakṣiṇe bhuje*). In Mahābhārata (udyo◦ 70; śānti◦ 341) one can see the derivations of Kṛṣṇna's lofty attributes such as, *vasu, deva, vāsudeva, viṣṇu, kṛṣṇa, madhusūdana, mādhava, puṇḍarikākṣa, janārdana, īśa, hriṣīkeśa, mahābāhu, sātvata, ārṣabha, vṛṣamekṣaṇa, aja, udara, dāmodara, adhokṣaja, nārāyaṇa, puruṣa, sarva, satya, puruśottama, govinda, ananta, pṛśinagarbha, etc.*

In the Gītā some of the Śrī Kṛṣṇa's many attributes can be seen, such as : ***aćyuta (1.21), ananta (11.11), anantavīrya (11.19), amitavikramī (11.40), arisūdana (2.4), kamalapatrākṣa (11.2), kṛṣṇa (1.28), keśava (1.31), keśiniṣūdana (18.1), govinda (1.32), jagatpati (10.15), jagannivāsa (11.25), janārdana (1.36), devadeva (10.15), devavara (11.31), deveśa (11.25), parameśvara (11.3), puruṣottama***

(8.1), prabhu (11.4), bhagavan (10.14), madhusūdana (1.35), mahātman (11.12), mahābāhu (6.38), mahāyogeśvara (11.9), mādhava (1.14), yādava (11.41), yogeśvara (11.4), vārṣṇeya (1.41), vāsudeva (11.50), viśvamūrti (11.46), viśvarūpa (11.16), viśveśvara (11.16), viṣṇu (11.240, śrībhagavān (2.2) sahasrabāhu (11.46), hari (11.9), hṛṣikeśa (1.15), etc. (for other attributes, see the chapter on 301 names↓)

Kubera : Viśrvasa, the son of *Prajāpati* Pulastya, had four *yakṣa* (demigod) sons namely, Kubera, Rāvaṇa, Kumbhakarṇa and Vibhiṣaṇa. Through a severe penance Kubera had acquired immense riches and the *puṣpak vimāna* (airplane) from Brahmā↑. For this reason in the Gītā he is referred as *vitteśa* (10.23). Viśrvasa had constructed a golden city for Kubera in Śrī Lankā and had employed at his service the most beautiful maids, such as Urvaśī, Menakā, and Rambhā. The discription of the Kubera's impressive court can be seen in the Mahābhārata (sabhā◦ 10).

With a great propitiation of Brahmā, Rāvaṇa had obtained ten heads and inordinate power. Soon after becoming supreme powerful, Rāvaṇa had wrenched Kubera's *puṣpak vimāna,* wealth, and the golden city. In the war of *Rāmāyaṇa,* Vibhiṣaṇa and Kubera had helped Śrī Rāma↓ against Rāvaṇa. After the death of Rāvaṇa, Kubera had regained the golden city and the remaining wealth of Rāvaṇa. The name of Kubera's wife was Bhadrā and his son's name was Nalakubera.

Kuntī : Prithā, the illustrious daughter of the great Yādava king Śūrasena of Mathurā, is more popularly known as Kuntī and is considered as the heroine in the history of the Mahābhārata. Prithā was the sister of Vasudeva↓ and paternal aunt of Śrī Kṛṣṇa↑.

KUNTI telling Niti to Yudhishthira

Because she had spent her childhood at the palace of her assumed father Kuntibhoja↓, she became well known as Kuntī.

Because the *pāṇḍava* brothers Yudhiṣṭhira↓, Bhīma↑ and Arjuna↑ were her children, in Mahābhārata they are referred as *pārtha, kaunteya* and *kuntīputra.*

Kuntibhoja : This Kuntibhoja was the son of king Kuntibhoja, the nephew of Yādava king Śūrasena of Mathurā, and the assumed father of Kuntī↑. For this reason he was considered as maternal uncle of the *pāṇḍava* brothers (karṇa◦ 6.22). This Kuntibhoja and his brother Purujit↓ became very famous in the great war. Kuntibhoja had very bravely guarded the *krauñćavyūha* of Dhṛṣṭadyumna↑ (bhī◦ 50.72). Kuntibhoja and Śatānika, the son of Draupadī↑, had protected the hind wing while Śikhaṇḍī↓ defended the tail wing of the *makaravyūha* (bhī◦ 75.11-12). In the war he served the *pāṇḍavas* with his ten sons.

Kuru (1.1) : He was one of the most well known descendants of king Bharata↑. The Gītā clearly mentions him as the founder of Kuru dynasty of the *pāṇḍavas* and the *kauravas*. Indirectly also, Vyāsa↓ has used his name to coin various adjectives such as, *kurukṣetra (1.1), kuruvṛddha (1.12), kurunandana (2.41, 6.43, 14.13), kurupravīra (11.48), kuruśreṣṭha (10.19), kurusattama (4.31),* etc. The holy land which he had watered with the waters of the sacred river Sarasvatī and on which he had performed the great *yajñas*, has become well known in the history of Mahābhārata as *dharmakṣetra* (śalya◦ 38.26-27).

Lakṣmī (18.78) : It is said in the *purāṇas* that Lakṣmī was one of the fourteen jewels that came out at the time of the churning of the milky ocean. Lord Brahmā↑ gave her to Śrī Viṣṇu↓, and she became the other half of His body. Śrī Lakṣmī is the Goddess of wealth and prosperity. Like Viṣṇu, Śrī Lakṣmī also has several reincarnations such as, Sītā, Rukmiṇī, etc. Lakṣmī is always present at the court of Brahmā (sabhā◦ 11.41). She had bestowed her mercy on Kubera↑ and had appeared at his court (sabhā◦ 10.19). The places and persons suitable and unsuitable for the association of Lakṣmī are enumerated in the Mahābhārata.

Manu (4.1; 10.6) : Vivasvāna's son Manu Vaisvāna is also known as the Seventh-Manu. Manu is known as the founder of the *sūrya* (sun) dynasty and the foremost king of the Ayodhyā. At the commencement of the *tretāyuga*, he had learnt the *sāttvadharma* (discourse on righteousness) from Vivasvāna and the *sahasranāma* (thousand names) of Śiva from Gautama. The information on these thousand names can be seen in the Mahābhārata (anu◦ 17.1-153). His wife's name was Śraddhā. From Śraddhā he had a very famous son named Ikṣavāku↑ and a daughter named Iḍā. Ikṣavāku continued the *sūrya* dynasty; while from Iḍā originated the *ćandra* (moon) dynasty.

Nakula (1.16) : In the Mahābhārata, Madri's sons, Nakula and Sahadeva↓, are praised as *'sarvabhūtamanoharau'* (ādi◦ 67.112) to portray them as most handsome men on the earth. Kareṇumati, the princess of Ćedī, was his wife. From her he had a son named Niramitra (ādi◦ 95.79).

Nārada (10.13,26) : The urāṇas as well as the Mahābhārata make mention of many births of Shri Nārad muni, the holiest of the sages. He first took birth as a son of Brahmā↑, after which he had several rebirths.

Narada muni telling Niti to Duryodhana

He appeared on the earth not only as a *muni*, but from time to time he also took birth as a *gandharva, dakṣa,* monkey, worm and even as a woman.

In the Gītā he is referred as *devarṣi* (10.26), He had visited the *pāṇḍava* assembly to advise Yudhiṣṭhira↓ (sabhā◦ 5-11).

He also had advised Duryodhana↑ and tried to counsel him several times (udyo◦ 106) and tried to avert the war, but the mahamuni's words fell on the deaf ears. He travelled through air ans skied in the three worlds.

Pāṇḍu (1.13) : He was born in the **kuru dynasty** after the death of his father Vićitravīrya. Therefore, he was fostered by Bhīṣma↑. Elder brother, Dhṛtarāṣṭra↑, was blind from the birth and Pāṇḍu was skilful in all faculties (ādi◦ 102.15-19), therefore, the latter became the king of Hastināpura. He had two wives, First Pṛthā and second Mādrī. Pṛthā was the sister of Vasudeva of Mathurā and Mādrī was the daughter of king Śalya of Madra. Pṛthā was fostered by Kuntibhoja↑, therefore, she became known as Kuntī↑. Yudhiṣṭhira, Bhīma↑ and Arjuna↑ were sons of Kuntī and Nakula↑ and Sahadeva↓ were sons of Mādrī. After a period of time, Pāṇḍu abdicated the throne, for being affected by a disease, and he installed Dhṛtarāṣṭra on the throne of Hastināpura. In the Gītā, his name is used through the adjectives of *pāṇḍava* (1.1) and *pāṇḍuputra* (1.3).

Prahlāda (10.30) : Hiraṇyakaśyapu, father of Prahlāda, was one of the eight *daityas* produced by Diti, the wife of *parjāpati* Kaśyapa. Although his father was a very wicked *daitya*, Prahlāda was the foremost among the steadfast devotees of Śrī Viṣṇu↓. By performing a hard penance, Hiraṇyakaśyapu had acquired a boon from Lord Brahmā↑ that, 'he may not be killed by any weapon, by any human or animal, neither inside the house nor outside of it.' Puffed with such invincibility he became atheist and began to torture the three worlds. He tried to sway Prahlāda away from his devotion to Lord Viṣṇu. Seeing that Prahlāda's devotion growing stronger and stronger, he made many attempts to kill him. At the end, when *adharma* (unrighteousness) took over *dharma*, Lord Viṣṇu took *nṛsiṁha* (lionman) *avatāra* (incarnation) and killed Hiraṇyakaśyapu. Prahlāda's son Voroćana's son Mahābali's son Bāṇa's

daughter Uṣā was married to Śrī Kṛṣṇa's↑ grandson Aniruddha (ādi∘ 19.65)

Prajāpati (3.10,11.39) : Prajāpati is considered as the originator of the worldly creatures. In this sense he is the Brahmā↑. Brahma's 21 sons were also called *prajāpatis*, for they have created the different *prajās*. He originated the *prajās* through *yajña*.

Purujit (1.5) : This *yādava* warrior was the son of king Kuntibhoja, and therefore the foster brother of kuntī↑. His brother was the Kuntibhoja↑ referred above. It is said that the his chariot bore very colourful and beautiful horses. In the great war he was appointed at the front wing of the *krauñchvyūha*, along with Dhṛṣṭaketu↑ (bhī∘ 50.47).

Rāma (10.31) : The *sūrya* dynasty of Ayodhyā founded by Ikṣavaku was glorified with such illustrious kings as, Vikukṣi, Māndhātā, Ambarīṣa, Satyavrata, Hariśćandra, Rohita, Dilīpa, Bhagīratha, Raghu, Aja, Daśaratha, Śrī Rāma, etc. The linage of Śrī Rāma, being continued through king Raghu, is known as *raghu* dynasty.

King Daśaratha had three wives namely, Kausalyā, Sumitrā and Kaikeyī. Kausalyā's son was Rāma. Sumitra had two sons, Lakṣamaṇa and Śatrughna. Kaikeyī's son was Bharata. Rāma was eldest in all four brothers. Rāma's complete story is written by *mahārṣi* Vālmīki in an epic poem called 'Rāmāyaṇa,' in seven chapters of 24,000 *shlokas* (verses).

(1) Rāma and his brothers completed their schooling and training at the *āśrama* (hermitage) of *mahārṣi* Visvāmitra. Rāma was married to Sītā, the daughter of king Janaka↑ of Mithilā.

(2) Daśaratha had anointed Rāma on the throne of Ayodhyā, for he was the eldest and *puruṣottama* (most virtuous). Nevertheless, Kaikeyī wanted her son, Bharata, to be the king. Therefore, she coerced Daśaratha to send Rāma into an exile of 14 years in the forest and install Bharata on the throne, in Rāma's absence. With Rāma went Sītā and Lakṣamaṇa to the forest.

(3) There, Rāvaṇa, the demon king of Lankā, kidnapped Sītā and flew her to Lankā. Jaṭāyu, Sugriva, Hanūmāna↓ and other devotees helped Rāma in the search of Sītā.

(4) After a long and hard search full of sensational events, Hanūmāna found Sītā in the Lankā. He invited Rāvaṇa to return Sītā with honour and peace.

(5) However, Rāvaṇa, puffed with the ego of his extraordinary powers, challenged Rāma for a war. Hanūmāna, with his army of monkeys, built a bridge over the sea and attacked Lankā.

(6) At the end Rāma killed Rāvaṇa with the help of Rāvaṇa's brother, Vibhiṣaṇa. Sītā was won over.

(7) Rāma returned to Ayodhyā after fourteen years and became the king. After Rāma, the *raghu* dynasty continued through his twin sons, Lava and Kuśa.

Sahadeva (1.16) : Youngest among the *pāṇḍavas*, he was ever ready in the service of his brothers. With Nakula↑ he had protected both the sides of the chariot of Arjuna↑ in the great war. Vijayā, the daughter of king Dyutimāna of Madra, was his second wife. From her he had a son named Suhotra (ādi◦ 95.80). At the time of Yudhiṣṭhira's anointment and the *rājasūyayajña*, he was his minister.

Sanatkumār (10.4) : Born out of Brahmā's↑ mind, as an incarnation of *sattva*, the four children namely, Sanatsujāta, Sanaka, Sanandana and Sanātana are collectively called *sanatkumārs*. It is said that they were *veda* knowers right from their childhood.

Sañjaya (1.1) : He was the son of a *sūta* (charioteer) named Gavalgaṇa. He was the charioteer, attache and personal advisor of Dhṛtarāṣṭra↑, nevertheless, it was not necessary that Dhṛtarāṣṭra will harken to his advice. That authority belonged to the crafty Śakuni only.

Disgusted with the crimes committed by Duryodhana against the *pāṇḍavas*, he tried to avert the war by warning Dhṛtarāṣṭra again and again, but it had no effect. At last he warned Dhritarāṣṭra clearly that if there will be a war, the *pāṇḍavas* will surely win it (18.78). However, Dhṛtarāṣṭra did not heed to his warning to compromise with the *pāṇḍavas*, and supported the schemes of Śakuni and Karṇa↑.

After ten days of the war, receiving the news of Bhīṣma's↑ death, made him worried about the welfare of his dear children, he asked Sañjaya to tell him what had happened? (Gītā 1.1) Then Vyāsa↓ gave sublime vision to Sañjaya so that he could narrate the first hand news from the battlefield to the blind king.

Sātyakī : His name at the birth was Yuyudhāna, but for he was the son of Satyaka, the famous *yādava* of *vṛṣṇi* dynasty, he became more popularly known as Sātyakī. He became charioteer as well as helped Śrī Kṛṣṇa↑ immensely at every opportunity he had. After the great war he returned to Dvārakā (aśva◦ 52.57). Droṇāćārya↑ had praised his valour in the great war. In the Gītā he is referred with his both names, Yuyudhāna (1.4) and *sātyakī* (1.17).

Saumadatti : Bhuriśravā, the son of the *kuru* warrior Somadatta, is referred in the Gītā as *saumadatti* (1.8). He was one of the brave heros on the side of the *kauravas*.

Skanda (10.24) : He was born to Śankara↑ with the benedictions of *agni* and Gangā. In the childhood itself he had defeated the might demon, Tārakāsura, and saved the Gods from destruction, therefore, he is known as *surssenāpati*. Fron Lord Viṣṇu↑ he had received *garuda* (eagle) and *mayura* (peacock) as his vehicles. He had obtained *viṇā* from Goddess Sarasvatī. He was raised by the *vṛttikas*, for which he is called *kārtikeya*.

Subhadrā : She was the daughter of Vasudeva↑ and Devakī, sister of Śrī Kṛṣṇa↑ and wife of Arjuna↑. Her young son Abhimanyu↑ was the brightest star in the great war of Mahābhārata. When Arjuna was in the exile for thirteen years, Subhadrā and Abhimanyu were at Dwārakā with Śrī Kṛṣṇa (vana◦ 25.47-48). After the period of exile, Subhadrā came to the city of Upalavya for the marriage of Abhimanyu and Uttarā (viraṭ◦ 72.15-22) and after that she stayed at Hastināpura. But after the death of Abhimanyu in the great war, she returned to Dwārakā (aśva◦ 52.85). At the time of the *aśvamedhayajña* of Yudhiṣṭhira she returned back to Hastināura. After the departure of the *paṇḍavas*, Subhdrā, Ulupī and Ćtrāngada took care of the child king Parikṣita at Hastināpura (ādi◦ 49).

Uśanā (10.37) : In the history of Mahābhārata, this great man is known by many names such as, Uśanas, Ekākṣa, Kavi, Śukra, Śukrāćārya, etc. He was a son of *Prajāpati* Bhṛgu↑ from his wife Divyā. In the literature he is better known as a *kavi* (poet) and, therefore, he is also called as *kāvya*.

Uttānapāda's brother Priyavrat's daughter Urjasvati was his wife. Urjasvati's daughter was devayānī. Bṛhaspati's↑ son, Kaća, had learnt the science of *mṛtasañjīvanī* from Uśanā *kavi*. Devayānī wanted to marry Kaća, but saying that 'Devayānī is my *guru's* daughter, so she is my sister,' he refused to marry her.

Śaibya : Gowāsana Śaibya was the king of Sibi. He was a great archer and an intrepid warrior on the side of the *pāṇḍavas*. His daughter, Devakī, was the second wife of Yudhiṣṭhira↓ (ādi◦ 95.76). In the great war Śaibya, Virāṭa↑ and Kāśya↑ had protected the *kraunćvyūha* (bhī◦ 50.56). In the Gītā this great man is referred as *narapungava* (1.5).

Śankara (10.23) : In the triad of Brahmā↑, Viṣṇu↓ and Maheśa, the Lord of dissolution is Maheśa, that is Śankara or Śiva. Śankara and His śakti (wife) Parvati had two sons namely Ganeśa and Skanda↑.

Śankara has three eyes, and thus, He is called *trilochana*. This third eye produces fire, that causes *pralaya* (dissolution). He bears Gaṅgā on His head, moon on His forehead, snake and *rudrākṣa* around His throat that had become blue as a result of drinking venom, *triśūla* in His hand and *nandi* (bull) as His vehicle, and therefore, He is referred as *gangādhara, bhālaćandra, nīlakaṇṭha, viṣadhara, rudra, śūlapāṇi, nandīśvara,* etc.

Śikhaṇḍī (1.17) : Śikhandinī, the daughter of king Drupada↑, had a sex change and became the mighty warrior Śikhandī with the dexterity of a *yakṣa* (demigod) named Sthūṇākarṇa (udyo◦ 192). Śikhandī then married the daughter of king Hiraṇyavarmā of Daśarṇa.

In the great war he was a commander of one *akṣauhinī* armies of the *pāṇḍavas*. In this war Bhīṣma↑ could be killed only by the hermaphrodite Śikhandī.

Uttamaujā (1.6) : This brave hero from the Pāñćala country of King Drupada↑ was defending the *pāṇḍva's* side in the great war. He had protected the right wing of the Arjuna's↑ army (bhi◦ 15.19). Detailed discription of his heroic acts in the war are recorded in many chapters of the Mahābhārata (dro◦ 28.38-39; 92.27-32; 130.30-43; karṇa◦ 75.13; sau◦ 8.35-36).

Varuṇa (10.29) : Lord Indra has appointed Aditi's son, Varuṇa, as the king of the waters. Indra has fixed Varuṇa's capital at Śraddhāvatī. He possesses Homaketu, the cow celebrated in the *purāṇas*; and Vaiṣṇava, the bow once borne by Śrī Rāma↑. He is a minister at the court of Brahmā↑.

Vasudeva (10.37) : Vasudeva, the idol in the Yadu dynasty, and his wife Devakī are considered as the reincarnations of *parjāpati* Kaṣyap and Aditi. Kaṣyapa's second wife, Surasā, reincarnated as Vasudeva's second wife, Rohiṇī. Śrī Kṛṣṇa↑ was Devakī's son and Balarāma was Rohiṇī's son. Vasudeva's brother, Śurasena, was Kunti's↑ brother.

Śurasena was a minister at the court of king Ugrasena of Mathurā. Devakī was a niece of Ugrasena. The wicked Kaṁsa was the son of king Ugrasena. Vasudeva and Devakī's daughter, Subhadrā↑, was married to Arjuna↑. Subhadrā's brave son was Abhimanyu↑.

Vikarṇa (1.8) : Among the one hundred and one sons of the blind king Dhṛtarāṣṭra↑, Vikarṇa was the only brave person in the true sense, on the Kauravas' side.

Vikarna, ashamed of his brothers' acts

He was one of the very few people among the *kauravas* who somewhat cared for justice and righteousness.

He had cared and dared to openly accuse his wicked brothers in the Kuru assembly, when Duśśasana was unclothing Darupadi↑ on the orders from Duryodhana↑, for which the Mahābhārata has adequately praised him.

Virāṭa (1.4) : He was the eminent king of Matsya country. His capital city of Vitāṭa Nagarī was very renowned in the history of Mahābhārata, therefore, he became known to the history as king Virāṭa. *Pāṇḍavas* had spent their one year of incognito exile in his capita city, the Virāṭa Nagarī. After that Virāṭa's daughter, Uttarā, was married to Abhimanyu↑, the brave son of Subhadrā.

Viṣṇu (10.24,30) : Brahmā↑, Viṣṇu and Śaṅkara↓ are the creator, sustainer and dissolver of this perishable world. They are considered as the three principles of *raja, tama* and *sattava guṇas* (principles) of the *prakṛti* (nature).

Whenever the *adharma* (unrighteousness) takes over the *dharma* (righteousness), Lord Viṣṇu takes an *avatāra* (manifestation) in this world to destroy the evil and protect the virtuous (4.7). The seventh manifestation of Lord Viṣṇu is the Śrī Rāma↑ *avatāra* and the eighth manifestation is the Śrī Kṛṣṇa↑ *avatāra*. The two hundred attributes with which Nārada↑ had praised Śrī Viṣṇu can be seen in the Mahābhārata (shānti◦ 338).

Vivasvāna (4.1,17) : Vivasvāna was one of the twelve *ādityas* born to Aditi from *prajapati* Kaśyapa. For he was an *āditya*, he is also known as *sūrya*. Viśvakarmā's daughter, Sañjñā, was the wife of Manu Vivasvāna. From her he had such celebrated children as, Manu Vaivasvat↑, Yama↑, Yamī, Aśvinikumāra↑, etc. Vivasvāna is considered to be the foremost knower of the *yajñas*.

Vyāsa (10.13; 18.75) : Sage Vyāsa was the great erudite son of Parāśara *muni*. His mother, Satyavatī, was better known as Kālī, and therefore, in childhood his name was Kṛṣṇa. For he was born on a *dvīpa* (island), he was also known as dvaipāyana (ādi◦ 1.17) or *kṛṣṇadvaipāyana* (ādi◦ 10). In later life, because he had done the great work of classifying the original text of the *vedas*, he became well known as vedavyāsa kṛṣṇadvaipāyana *(ādi◦ 1.2)*, vedavyāsa or vyāsa (ādi◦ 1.1).

Within three years after the great war, he wrote the epic poem covering the complete history of the *kaurava-pāṇḍavas*, and produced the greatest work ever in the world literature. For this reason he is also known as *viśālabuddhi*. In the beginning this great work was known as 'Jaya.' Later on it became known as 'Bhārata,' after which the great work of over 100,000 verses became well known in the world as the 'Mahābhārata.' The chapters 25-42 of the *bhiśmaparva* of this work are collectively known as 'Śrīmadbhagavadgītā,' 'Bhagavadgītā' or 'Gīta.'

While systematizing the Ṛgveda, Vyāsa chose the opening verse starting with the most seemly word *'agni,'* for *agni* is the main deity of the Ṛgveda. The Mahābhārata of Vyāsa starts with the sacred word *'narāyaṇa,'* similarly, the Gītā starts with the most appropriate word *'dharma,'* for the main teaching of the Gītā is *dharma* (righteousness). Vyāsa's disciples included such great seers as, Śukra, Vaiśampāyana, Jaimini, Asita↑, Devala↑, etc.

Yama (10.29; 11.39) : Yama was the son of Manu Vivasvāna and his wife Sañjñā. He is the God of Death, and thus, he is also known as *kāla.* He explained the secrets of dharma (anu∘ 130), and had taught righteousness to Gautama (śānti∘ 129.11). Yama is regarded as the governor of the life of the beings and the protector of the dharma, and therefore, he is variously addressed as, *dharma, rājā, dharmarājā, adhipa, śāstā,* etc. His two servants, Uluka and Kapota, and their two dogs are known as *yamadūtas* (angels of death). In *vedas* the *agni, vāyu* and *sūrya* are also called as *yama.* Yama is a member of the court of Brahmā↑ (sabha∘ 11.51), and Lord Indra had appointed him to be the king of *pitṛs* (udyo∘ 16.14).

Yudhāmanyu (1.6) : This great hero from Pañcala is embellished in the Mahābhārata with such epithets as, *mahādhanurdhara* (great archer), *gadādhārī* (mace bearer), *mahārathī* (great charioteer), etc. It is said that his unique chariot was equipped with beautiful horses of variegated colours (droṇ∘ 23.3). In the great war he had guarded the left side of Arjuna↑ (bhī∘ 15.19). The details of his valour in that war can be seen in the *droṇaparva* (92) and the *karṇaparva* (61) of the Mahābhārata.

Yudhiṣṭhira : The eldest and the most righteous among the *kauravas* and the *pāṇḍavas* was Kunti's↑ son Yudhiṣṭhira. Even though Dhṛtarāṣṭra↑ had anointed him as king and successor to the throne of Hastināpura, Duryodhana↑, Karṇa↑ and Śakuni struggled to keep the throne from him till their ignominious end. In order to obey the orders from king Dhṛtarāṣṭra, he had taken part in the game of *dyūta* against his own wish, and lost everything and earned thirteen years of exile. Devikā, the daughter of king Govāsana of Śibī↑, was his second wife. From her he had a son named Yaudheya (ādi∘ 95.76). After the great war he himself had taken Śrī Kṛṣṇa↑ from Indraprastha to Dwārkā in his own chariot (sabhā∘ 2.16-17). For he was the most righteous king in the world history, he is often referred as *dharmaraja, dharmaputra, dharma,* etc. In the Mahābhārata he is distinguished as the icon of *dharma* itself (ādi∘ 67.110). In the Gītā he is referred as *rājā, kuntīputra and yudhiṣṭhira* (1.26).

Yuyudhāna : (see under Sātyakī↑)

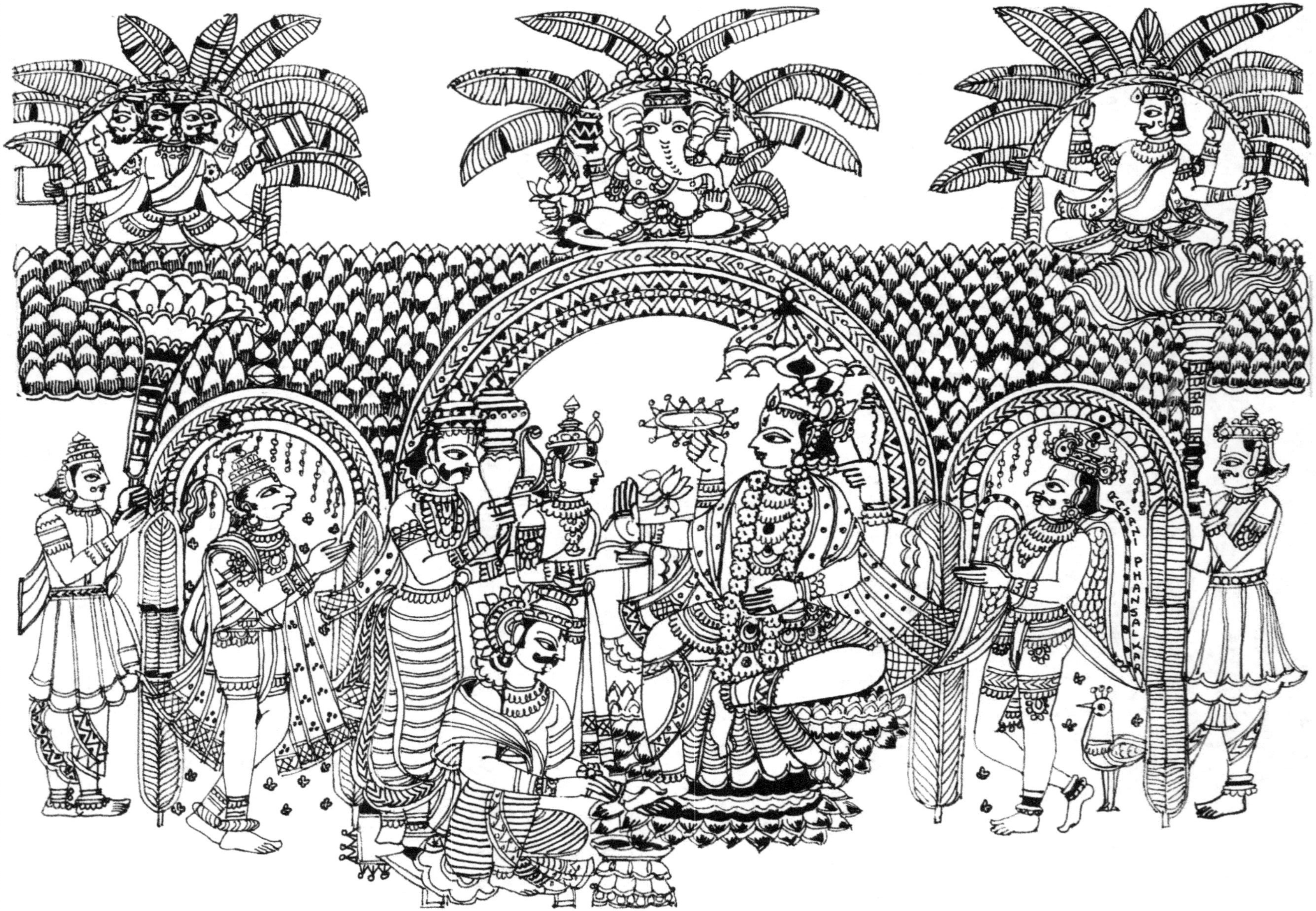

यान्ति मद्याजिनोऽपि माम्।

THE GREAT FAMILY-TREE FROM THE MAHABHARATA *

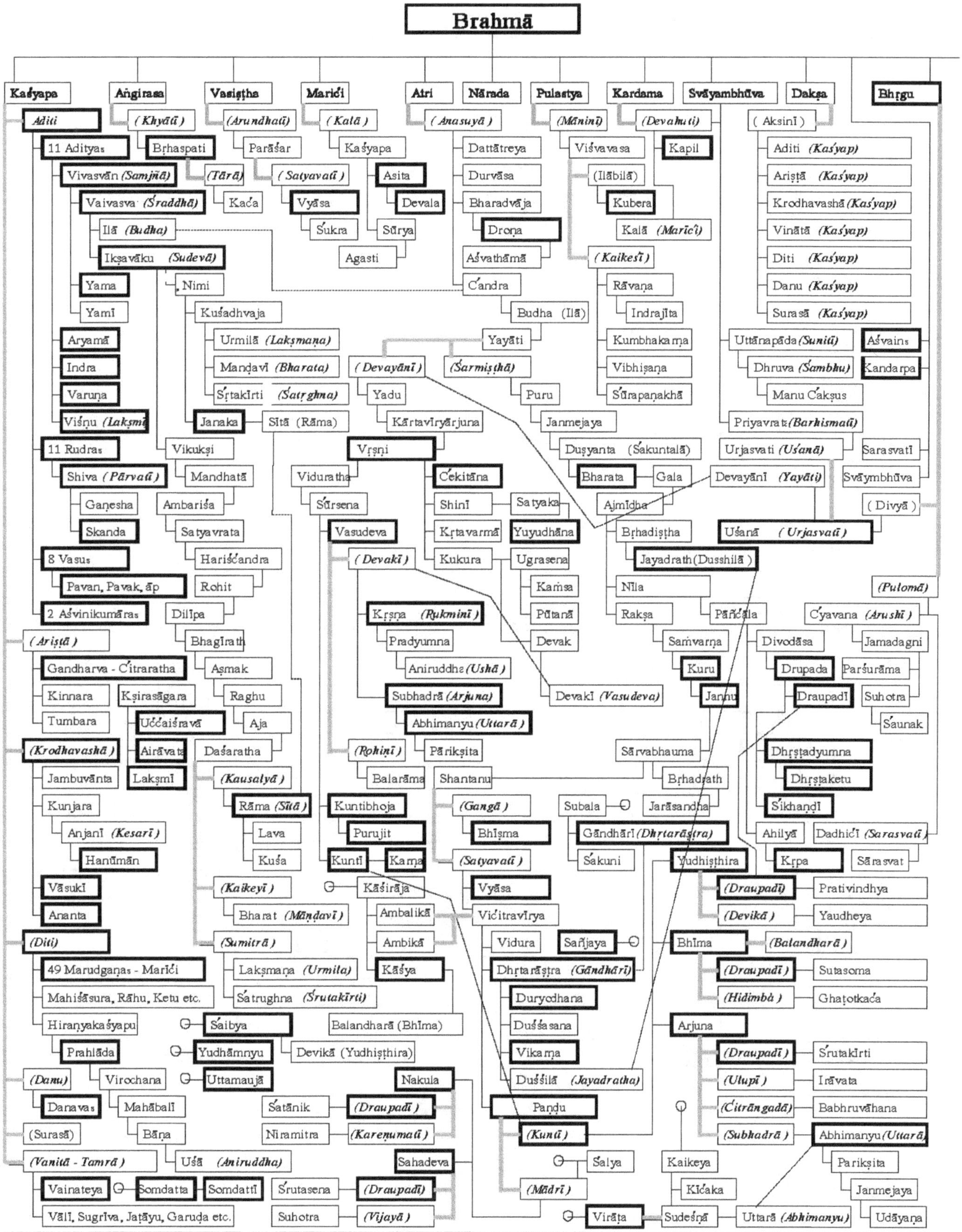

INDEX		
1 ——— OR └───	Descendant, Son or Daughter	
2 ═══ OR *(Italized Name)*	Spouse's Name	
3 ⊖───	The ancestors of this person are obscure	
4 [Name]	This Name has a reference in the Gita	

* This family-tree is shown here in a greatly reduced version to indicate its relation to the Gita only.

THE GREAT FAMILY-TREE FROM THE MAHABHARATA *

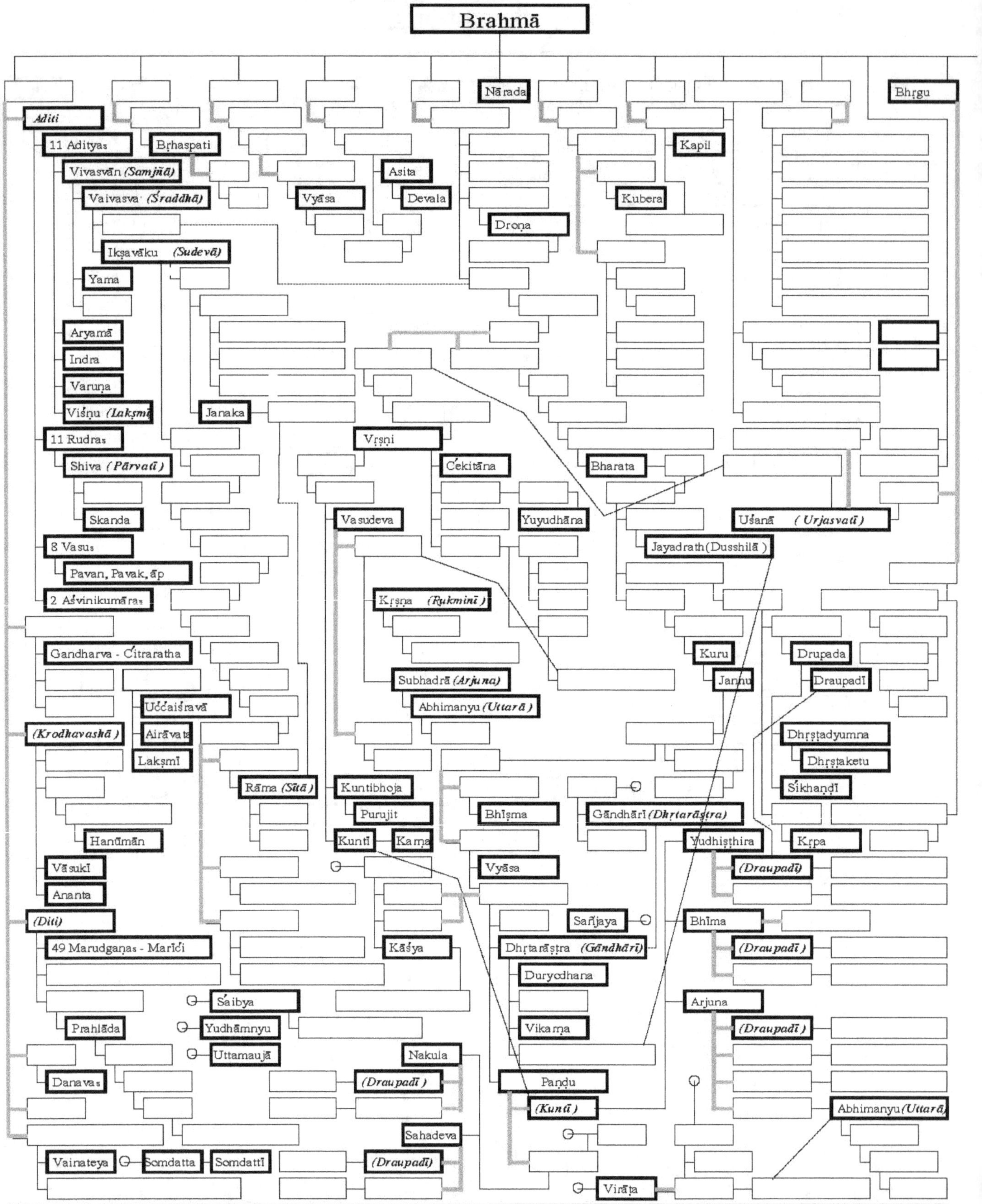

INDEX 1 ——— OR └——— Descendant, Son or Daughter

2 ═══ OR (*Italized Name*) Spouse's Name

3 ⊖——— The ancestors of this person are obscure

4 [Name] This Name has a reference in the Gita

* This family-tree is shown here in a greatly reduced version to indicate its relation to the Gita only.

महाभारतीय विशाल वंशवृक्ष

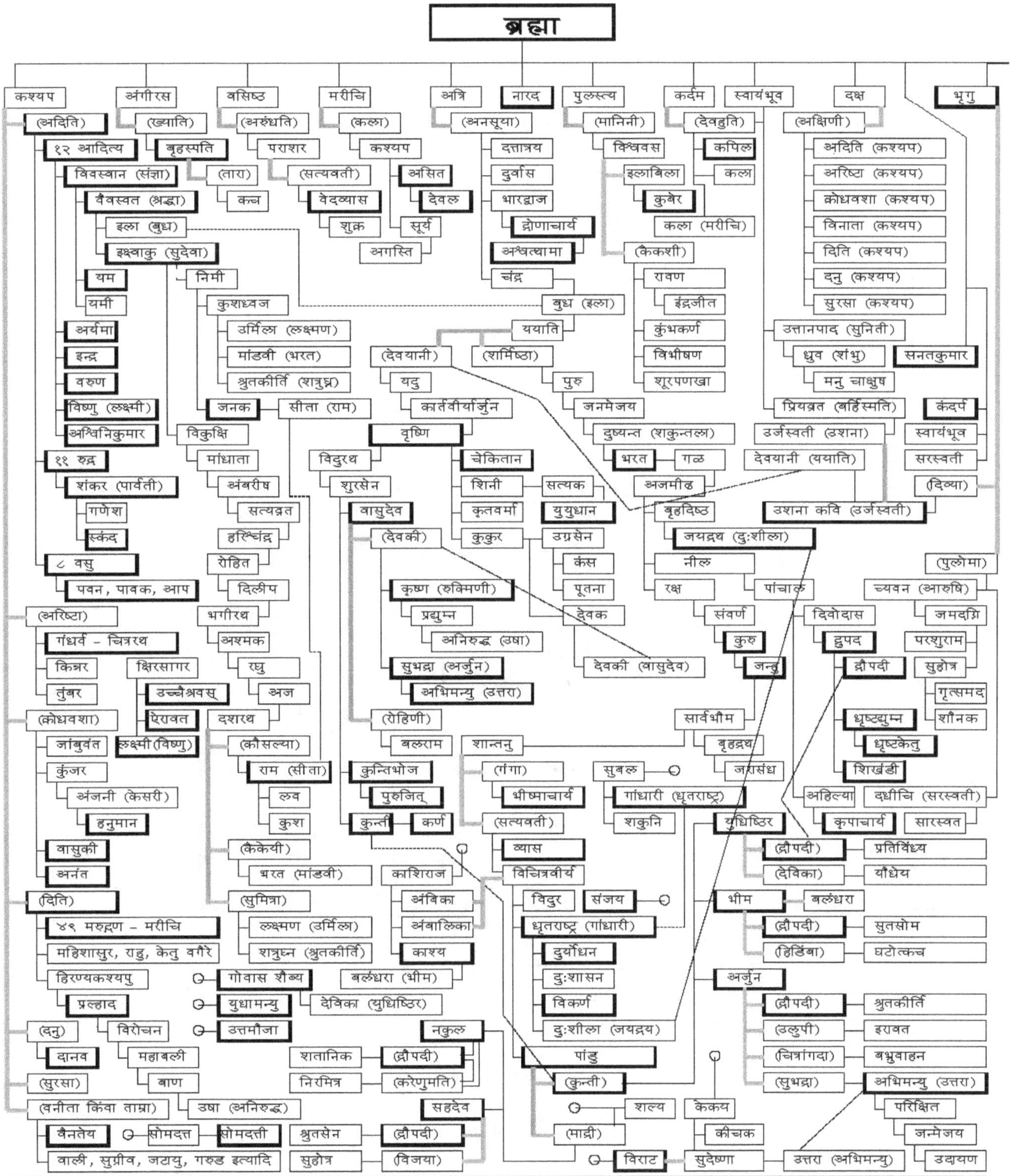

खुलासा १ ——— अथवा └——	वंशज, पुत्र अथवा पुत्री	३ ○——	अपरिचित पूर्वज की व्यक्ति
२ ━━━ अथवा	पत्नी अथवा पति का नाम	४ [नाम]	इस नाम का संदर्भ भगवद्गीता में है.

* यह महाभारतीय विशाल वंशवृक्ष यहां केवल श्रीगीता की मर्यादा में सीमित अतिसंक्षिप्त रूप से दिखाया गया है ।

महाभारतीय विशाल वंशवृक्ष

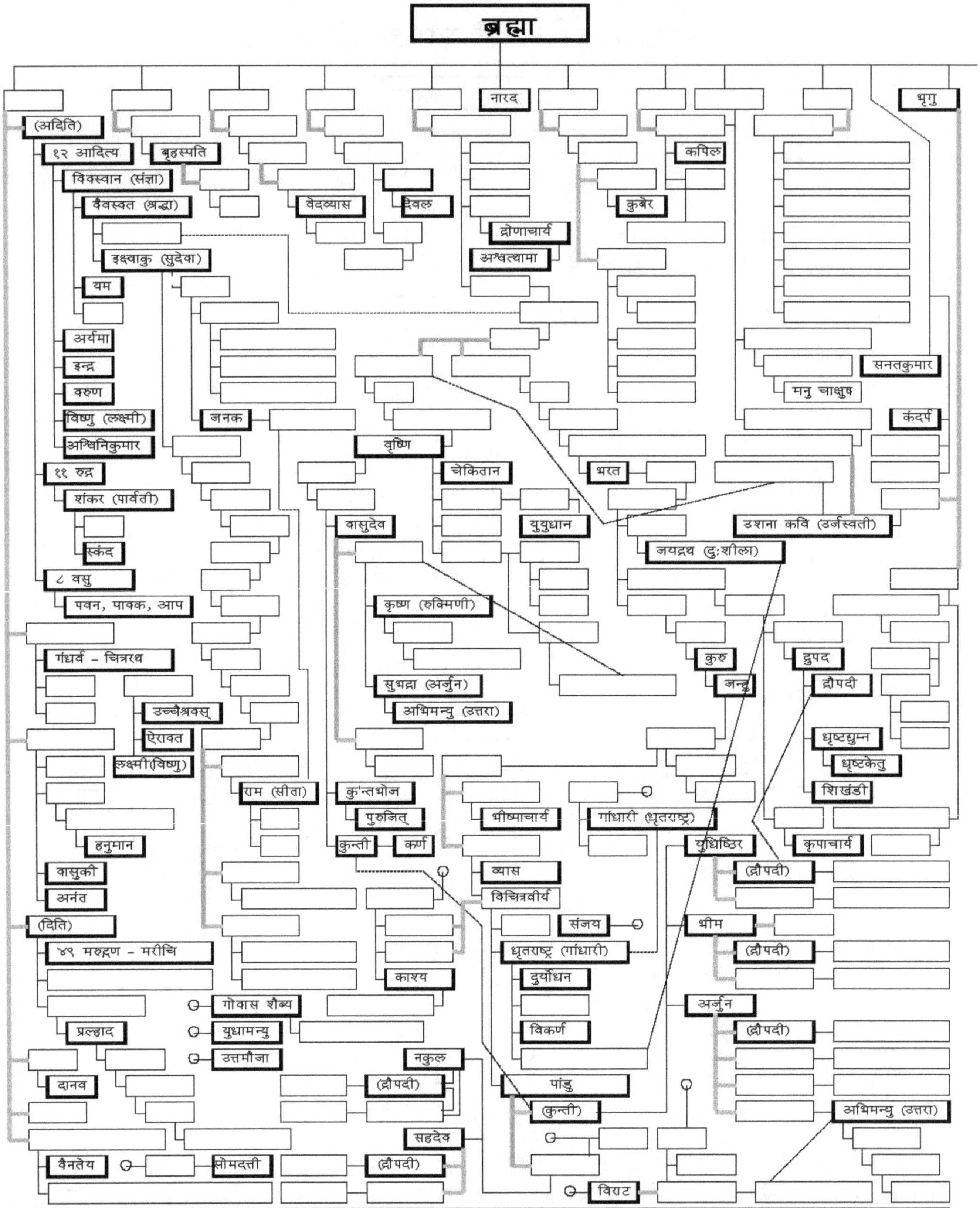

खुलासा * ——— अथवा └── वंशज, पुत्र अथवा पुत्री * —O— अपरिचित पूर्वज की व्यक्ति

* ═══ अथवा पत्नी अथवा पति का नाम * [नाम] इस नाम का संदर्भ भगवद्गीता में है.

 * यह महाभारतीय विशाल वंशवृक्ष यहां केवल श्रीगीता की मर्यादा में सीमित अतिसंक्षिप्त रूप से दिखाया गया है ।

The Characters in the Great Family Tree and their reference in the Gītā

Person	Verse	Example	उदाहरणम्
abhimanyu	1.6	saubhadro draupadeyāśća	सौभद्रो द्रौपदेयाश्च
aditi	11.6	paśyādityān	पश्यादित्यान्
airāvata	10.27	airāvataṁ gajendrāṇām	ऐरावतं गजेन्द्राणाम्
ananta	10.29	anantaśćāsmi nāgānām	अनन्तश्चास्मि नागानाम्
arjuna	1.4	bhīmārjunasamā yudhi	भीमार्जुनसमा युधि
aryaman	10.29	pitṛṇāmaryamā ćāsmi	पितृणामर्यमा चास्मि
aśvatthāman	1.8	aśvatthāmā vikarṇaśća	अश्वत्थामा विकर्णश्च
aśvinikumāra	11.6	vasūnrudrānaśvinau	वसून्रुद्रानश्विनौ
asit	10.13	asito devalo vyāsaḥ	असितो देवलो व्यास:
āditya	10.21	ādityānāmahaṁ viṣṇuḥ	आदित्यानामहं विष्णु:
bharata	3.41	niyamya bharatarṣabha	नियम्य भरतर्षभ
bhīma	1.4	bhīmārjunasamā yudhi	भीमार्जुनसमा युधि
bhīṣmāćārya	1.8	bhavānbhīṣmaśća	भवान्भीष्मश्च
bhṛgu	10.25	maharṣiṇāṁ bhṛguraham	महर्षिणां भृगुरहम्
brahmā	11.15	brahmāṇamīśam	ब्रह्माणमीशं
bṛhaspati	10.24	viddhi pārtha bṛhaspatim	विद्धि पार्थ बृहस्पतिम्
ćekitāna	1.5	dhṛṣṭaketuḥ ćekitānaḥ	धृष्टकेतुश्चेकितान:
ćitraratha	10.26	gandharvāṇāṁ ćitrarathaḥ	गन्धर्वाणां चित्ररथ:
dānava	10.14	vidurdevā na dānavāḥ	विदुर्देवा न दानवा:
devala	10.13	asito devalo vyāsaḥ	असितो देवलो व्यास:
dhṛṣṭadyumna	1.17	dhṛṣṭdyumno virāṭaśća	धृष्टद्युम्नो विराटश्च
dhṛṣṭaketu	1.5	dhṛṣṭaketuḥ ćekitānaḥ	धृष्टकेतुश्चेकितान:
dhṛtarāṣṭra	11.27	dhṛtarāṣṭrasya putrāḥ	धृतराष्ट्रस्य पुत्रा:
diti	10.10	prahlādaśćāsmi daityānām	प्रह्लादश्चास्मि दैत्यानाम्
drupada	1.4	drupadaśća mahārathaḥ	द्रुपदश्च महारथ:
draupadi	1.6	saubhadro draupadeyāśća	सौभद्रो द्रौपदेयाश्च

droṇāćārya	1.25	bhīṣmadroṇaparmukhataḥ	भीष्मद्रोणप्रमुखतः
duryodhana	1.2	duryodhanastadā	दुर्योधनस्तदा
hanūmān	1.20	dhārtarāṣṭrānkapidhvajaḥ	धार्तराष्ट्रान्कपिध्वजः
ikṣvāku	4.1	manurikṣvākave'bravīt	मनुरिक्ष्वाकवेऽब्रवीत्
indra	9.20	surendralokamaśnanti	सुरेन्द्रलोकमश्नन्ति
janaka	3.20	āsthitā janakādayaḥ	आस्थिता जनकादयः
janhu	10.31	srotasāmasmi jāhnavī	स्रोतसामस्मि जाह्नवी
jayadratha	11.34	jayadrathaṁ ća karṇam	जयद्रथं च कर्णम्
kapila	10.26	siddhānaṁ kapilo muniḥ	सिद्धानां कपिलो मुनिः
karṇa	1.8	bhīṣmaśća karṇaśća	भीष्मश्च कर्णश्च
kāśya	1.5	kāśirājaśća vīryavān	काशिराजश्च वीर्यवान्
kubera	10.23	vitteśo yakṣarakṣasām	वित्तेशो यक्षरक्षसाम्
kuntī	1.16	kuntīputro yudhiṣṭhiraḥ	कुन्तीपुत्रो युधिष्ठिरः
kuntibhoja	1.5	purujitkuntibhojaśća	पुरुजित्कुन्तिभोजश्च
kuru	1.12	kuruvṛddhaḥ pitāmahaḥ	कुरुवृद्धः पितामहः
kṛpāćārya	1.8	kṛpaśća samitiñjayaḥ	कृपश्च समितिञ्जयः
kṛṣṇa	1.28	dṛṣṭvemaṁ svajanaṁ kṛṣṇa	दृष्ट्वेमं स्वजनं कृष्ण!
lakṣmī	18.78	tatra śrīḥ vijayaḥ bhūtiḥ	तत्र श्रीर्विजयो भूतिः
manu	10.6	pūrve ćtvāro manavastathā	पूर्वे चत्वारो मनवस्तथा
marīći	10.21	marīćirmarutāmasmi	मरीचिर्मरुतामस्मि
marut	11.6	aśvinau marutastathā	अश्विनौ मरुतस्तथा
nakula	1.16	nakulaḥ sahadevaśća	नकुलः सहदेवश्च
nārada	10.26	devarṣīṇāṁ ća nāradaḥ	देवर्षीणां च नारदः
pāṇḍu	1.3	pasyaitāṁ pāṇḍuputrāṇām	पश्यैतां पाण्डुपुत्राणाम्
pavana	10.31	pavanaḥ pavatāmasmi	पवनः पवतामस्मि
prahlāda	10.30	prahlādaśćāsmi daityānām	प्रह्लादश्चास्मि दैत्यानाम्
purujit	1.5	purujitkuntibhojaśća	पुरुजित्कुन्तिभोजश्च
rāma	10.31	rāmaḥ śastrabhṛtāmahm	रामः शस्त्रभृतामहम्
rudra	11.6	paśyādityānvasūnrudrān	पश्यादित्यान्वसून्रुद्रान्
śaibya	1.5	saibyaśća narapuṅgavaḥ	शैब्यश्च नरपुङ्गवः
śaṅkar	10.23	rudrāṇāṁ śaṅkaraśćāsmi	रुद्राणां शङ्करश्चास्मि

śikhaṇḍin	1.17	śikhaṇḍī ća mahārathaḥ	शिखण्डी च महारथ:
sahadeva	1.16	nakulaḥ sahadevaśća	नकुल: सहदेवश्च
sañjay	1.1	kimakurvata sañjaya	किमकुर्वत सञ्जय!
sanatkumāra	10.6	pūrve ćtvāro manavastathā	पूर्वे चत्वारो मनवस्तथा
saumadatti	1.8	saumadattistathaiva ća	सौमदत्तिस्तथैव च
skanda	10.24	senānīnāmahaṁ skandaḥ	सेनानीनामहं स्कंद:
subhadrā	1.6	saubhadro draupadeyāśća	सौभद्रो द्रौपदेयाश्च
uććaiḥśravas	10.27	uććaiḥśravasamaśvānām	उच्चै:श्रवसमश्वानाम्
uśanā, uśanas	10.37	kavīnāmuśanā kaviḥ	कवीनामुशना कवि:
uttamaujas	1.6	uttamaujāśća vīryavān	उत्तमौजाश्च वीर्यवान्
vaineteta	10.30	vainateyaśća pakṣiṇām	वैनतेयश्च पक्षिणाम्
vaivasvata	4.1	vivasvānmanave prāha	विवस्वान्मनवे प्राह
varuṇa	10.29	varuṇo yādasāmaham	वरुणो यादसामहम्
vasu	11.6	paśyādityānvasūnrudrān	पश्यादित्यान्वसून्रुद्रान्
vāsudeva	10.37	vṛṣṇināṁ vāsudevo'smi	वृष्णीनां वासुदेवोऽस्मि
vāsuki	10.28	sarpāṇāmasmi vāsukiḥ	सर्पाणामस्मि वासुकि:
vikarṇa	1.8	aśvatthāmā vikarṇaśća	अश्वत्थामा विकर्णश्च
virāṭa	1.4	yuyudhāno virāṭaśća	युयुधानो विराटश्च
viṣṇu	10.21	ādityānāmahaṁ viṣṇuḥ	आदित्यानामहं विष्णु:
vivasvān	4.1	vivasvānmanave prāha	विवस्वान्मनवे प्राह
vṛṣṇi	10.37	vṛṣṇināṁ vāsudevo'smi	वृष्णीनां वासुदेवोऽस्मि
vyāsa	10.13	asito devalo vyāsaḥ	असितो देवलो व्यास:
yama	10.29	yamaḥ saṁyamatāmaham	यम: संयमतामहम्
yudhāmanyu	1.6	yudhāmanyuśća vikrāntaḥ	युधामन्युश्च विक्रान्त:
yudhiṣṭhira	1.16	kuntīputro yudhiṣṭhiraḥ	कुन्तीपुत्रो युधिष्ठिर:
yuyudhāna	1.4	yuyudhāno virāṭaśća	युयुधानो विराटश्च

LORD KRISHNA'S 301 NAMES AS THEY APPEAR IN THE GITA

Arranged in the same order as they appear in the 18 chapters of the Gītā

कृष्णः (1.28), माधवः (1.14), हृषीकेशः (1.15), अच्युतः (1.21), केशवः (1.31), गोविन्दः (1.32), मधुसूदनः (1.35), जनार्दनः (1.36), वार्ष्णेयः (1.41), अरिसूदनः (2.4), * अविनाशी (2.17), अक्षरः (3.15), अजः (4.6), अव्ययात्मा (4.6), ईश्वरः (4.6), ब्रह्मसनातनः (4.31), ज्ञेयः (5.3), ब्रह्म (5.10), प्रभुः (5.14), विभुः (5.15), * परः (5.16), भोक्ता यज्ञतपसाम् (5.29), सर्वलोकमहेश्वरः (5.29), सुहृद् सर्वभूतानाम् (5.29), महाबाहुः (6.38), रसोऽप्सु (7.8), प्रभा शशिसूर्ययोः (7.8), प्रणवः सर्ववेदेषु (7.8), शब्दः खे (7.8), पौरुषं नृषु (7.8), * पुण्यो गन्धः पृथिव्याम् (7.9), तेजो विभावसौ (7.9), जीवनं सर्वभूतेषु (7.9), तपस्तपस्विषु (7.9), बीजं सर्वभूतानां सनातनम् (7.10), बुद्धिर्बुद्धिमताम् (7.10), तेजस्तेजस्विनाम् (7.10), बलं बलवतां कामरागविवर्जितम् (7.11), धर्माविरुद्धो भूतेषु कामः (7.11), परमव्ययः (7.13), * वासुदेवः (7.19), अव्यक्तः (7.24), अव्ययोऽनुत्तमः (7.24), न प्रकाशः सर्वस्य (7.25), योगमायासमावृतः (7.25), अव्ययः (7.25), पुरुषोत्तमः (8.1), अक्षरः परमः (8.3), अधियज्ञः (8.4), कविः (8.9), * पुराणः (8.9), अनुशासिता (8.9), अणोरणीयान् (8.9), सर्वस्य धाता (8.9), अचिन्त्यरूपः (8.9), आदित्यवर्णः (8.9), तमसः परः (8.9), परः पुरुषः (8.10), ॐ (8.13), परमा गतिः (8.21), * पुरुषः परः (8.22), अव्यक्तमूर्तिः (9.4), भूतभावनः (9.5), उदासीनवदासीनमसक्तः (9.9), भूतमहेश्वरः (9.11), भूतादिः (9.13), विश्वतोमुखः (9.15), क्रतुः (9.16), यज्ञः (9.16), स्वधा (9.16), * औषधम् (9.16), मन्त्रः (9.16), आज्यम् (9.16), अग्निः (9.16), हुतम् (9.16), पिता अस्य जगतः (9.17), माता (9.17), धाता (9.17), पितामहः (9.17), वेद्यः (9.17), * पवित्रमोङ्कारः (9.17), ऋक् (9.17), साम (9.17), यजुः (9.17), गतिः (9.18), भर्ता (9.18), साक्षी (9.18), निवासः (9.18), शरणम् (9.18), सुहृत् (9.18), * प्रभवः (9.18), प्रलयः (9.18), स्थानम् (9.18), निधानम् (9.18), बीजमव्ययम् (9.18), अमृतम् (9.19), मृत्युः (9.19), सदसत् (9.19), सर्वयज्ञानां भोक्ता (9.24), समः सर्वभूतेषु (9.29), * अनादिः (10.3), सर्वस्य प्रभवः (10.8), आत्मभावस्थः (10.11), परं ब्रह्म (10.12), परं धाम (10.12), पवित्रः परमः (10.12), पुरुषः शाश्वतः (10.12), दिव्यः (10.12), आदिदेवः (10.12), भगवान् (10.14), * भूतेशः (10.15), देवदेव (10.15), जगत्पति (10.15), आत्मा सर्वभूताशयस्थितः (10.20), योगी (10.17), विष्णुः (10.21), रविरंशुमान् (10.21), मरीचिः (10.21), शशी (10.21), वासवः (10.22) * इन्द्रियाणां मनः (10.22), भूतानां चेतना (10.22), शङ्करः (10.23), वित्तेशः (10.23), पावकः (10.23), मेरुः (10.23), बृहस्पतिः (10.24), स्कन्दः (10.24), सागरः (10.24), भृगुः (10.25) * गिरामेकमक्षरम् (10.25), यज्ञानं जपयज्ञः (10.25), स्थावराणां हिमालयः (10.25), अश्वत्थः सर्ववृक्षाणाम् (10.26), नारदः (10.26), चित्ररथः (10.26), कपिलः (10.26), उच्चैःश्रवा (10.27), ऐरावतः (10.27), नराधिपः (10.27) * आयुधानां वज्रम् (10.28), कामधुक् (10.28), कन्दर्पः (10.28), वासुकिः (10.28), अनन्तः (10.29), वरुणः (10.29), पितॄणामर्यमा (10.29), यमः (10.29), प्रह्लादः (10.30), कालः कलयताम् (10.30) * मृगाणां मृगेन्द्रः (10.30), वैनतेयः पक्षिणाम् (10.30), पवनः पवताम् (10.31), रामः (10.31), झषाणां मकरः (10.31), जाह्नवी (10.31), अध्यात्मविद्या विद्यानाम् (10.32), वादः प्रवदताम् (10.32), अक्षराणामकारः (10.33), द्वन्द्वः सामासिकस्य (10.33) * अक्षयः कालः (10.33), मृत्युः सर्वहरः (10.34), उद्भवो भविष्यताम् (10.34), कीर्तिः (10.34), श्रीः (10.34), वाक् (10.34), स्मृतिः (10.34), मेधा (10.34), धृतिः (10.34), क्षमा (10.34), * बृहत्साम साम्नाम् (10.35), गायत्री छन्दसाम् (10.35), मासानां मार्गशीर्षः (10.35), ऋतूनां कुसुमाकरः (10.35), द्यूतं छलयताम् (10.36), जयः (10.36), व्यवसायः (10.36), सत्त्वं सत्त्ववताम् (10.36), धनञ्जयः (10.37), व्यासः (10.37) * कवीनामुशना कविः (10.37), दण्डो दमयताम् (10.38), नीतिर्जिगीषताम् (10.38), मौनं गुह्यानाम् (10.38), ज्ञानं ज्ञानवताम् (10.38), कमलपत्राक्षः (11.2), परमेश्वरः (11.3), योगेश्वरः (11.4), महायोगेश्वरः (11.9), हरिः (11.9) * अनेकवक्त्रनयनः (11.10), अनेकाद्भुतदर्शनः (11.10),

अनेकदिव्याभरण: (11.10), दिव्यानेकोद्यतायुध: (11.10), दिव्यमाल्याम्बरधर: (11.11), दिव्यगन्धानुलेप: (11.11), सर्वाश्चर्यमय: (11.11), देव: (11.11), विश्वतोमुख: (11.11), महात्मा (11.12) * **अनेकबाहूदरवक्त्रनेत्र:** (11.16), **सर्वतोऽनन्तरूप:** (11.16), **विश्वेश्वर:** (11.16), **विश्वरूप:** (11.16), **किरीटी** (11.17), **गदी** (11.17), **चक्री** (11.17), **तेजोराशि:** (11.17), **दुर्निरीक्ष्य:** (11.17), **दीप्तानलार्कद्युति:** (11.17) * अप्रमेय: (11.17), वेदितव्य: (11.18), अनन्तवीर्य: (11.19), अनन्तबाहु: (11.19), शशिसूर्यनेत्र: (11.19), दीप्तहुताशवक्त्र: (11.19), रूपं महत् (11.23), बहुवक्त्रनेत्र: (11.23), बहुबाहूरुपाद: (11.23), नभ:स्पृश: (11.24) * **अनेकवर्ण:** (11.24), **दीप्तविशालनेत्र:** (11.24), **देवेश:** (11.25), **जगन्निवास:** (11.25), **उग्ररूप:** (11.31), **देववर:** (11.31), **आद्य:** (11.31), **कालो लोकक्षयकृत्प्रवृद्ध:** (11.32), **गरीयान्ब्रह्मणोऽपि** (11.37), **आदिकर्ता** (11.37), * सदसत्तत्पर: (11.37), पुरुष: पुराण: (11.38), अनन्तरूप: (11.38), वायु: (11.39), शशाङ्क: (11.39), प्रजापति: (11.39), प्रपितामह: (11.39), अमितविक्रम: (11.40), सर्व: (11.40), सखा (11.41), * **यादव** (11.41), **पिता लोकस्य चराचरस्य** (11.43), **पूज्य:** (11.43), **गुरुर्गरीयान्** (11.43), **अप्रतिमप्रभाव:** (11.43), **ईश ईड्य:** (11.44), **चतुर्भुज:** (11.46), **सहस्रबाहु:** (11.46), **विश्वमूर्ति:** (11.46), **तेजोमय:** (11.47), * विश्वम् (11.47), अनिर्देश्य: (12.3), सर्वत्रग: (12.3), अचिन्त्य: (12.3), कूटस्थ: (12.3), अचल: (12.3), ध्रुव: (12.3), समुद्धर्ता मृत्युसंसारसागरात् (12.7), क्षेत्रज्ञ: (13.3), सर्वत: पाणिपाद: (13.14), * **सर्वतोऽक्षिशिरोमुख:** (13.14), **सर्वत: श्रुतिमल्लोके** (13.14), **सर्वमावृत्य तिष्ठत:** (13.14), **सर्वेन्द्रियगुणाभास:**(13.15), **सर्वेन्द्रियविवर्जित:** (13.15), **असक्त:** (13.15), **सर्वभृत्** (13.15), **निर्गुण:** (13.15), **गुणभोक्ता** (13.15), **अचरश्च चर:** (13.16), * सूक्ष्मत्वादविज्ञेय: (13.16), दूरस्थ: (13.16), अन्तिक: (13.16), अविभक्त: (13.17), विभक्त: (13.17), ग्रसिष्णु: (13.17), प्रभविष्णु: (13.17), ज्योतिषामपि ज्योतिस्तमस: पर: (13.18), ज्ञानगम्य: (13.18), हृदि सर्वस्य विष्ठित: (13.18), * **प्रकृति:** (13.20), **उपद्रष्टा** (13.23), **अनुमन्ता** (13.23), **महेश्वर:** (13.23), **परमात्मा पुरुष: पर:** (13.23), **सम: सर्वेषु भूतेषु** (13.28), **विनश्यत्स्वविनश्य:** (13.28), **समवस्थित:** (13.29), **परमात्मा शरीरस्थ:** (13.32), **महद्योनि:** (14.4) * बीजप्रद: पिता (14.4), यत: प्रवृत्ति: प्रसृता पुराणी (15.4), आद्य: पुरुष: (15.4), पदमव्ययम् (15.5), वैश्वानर: (15.14), वेदान्तकृत् (15.15), वेदविद्देव: (15.15), अक्षर: (15.16), उत्तम: पुरुष: (15.17), क्षरादतीतोऽक्षरादुत्तम: (15.18), * **केशिनिषूदन:** (18.1).

VERSES OF LORD KRISHNA'S 301 NAMES

Arranged in the same order as listed above

अथ अनुष्टुप्-छन्दसि गीतोपनिषद् प्रारभ्यते ।

1/1110 = 1 of 1110 shlokas

अथ अनुष्टुप्-छन्दसि 301-कृष्णनामावलिः ।	
1. कृष्णः (1.28) **कृष्णवर्णः स श्रीकृष्णः कृष्णरात्रावजायत ।** **कृष्णसर्पोऽभवच्छत्रं कृष्णाजले स वासुकिः ।। 1/1110** **गायामः कृष्णनामानि सुन्दराणि वयं प्रभोः ।** **विकसितानि गीतायां पुष्परूपेण यानि हि ।। 2/1110**	2. माधवः (1.14) **लक्ष्म्या माया धवो यः स माधव इति कथ्यते ।** **लक्ष्मीनारायणौ तस्मात्-माधवः खलु सङ्घशः ।। 3/1110**
3. हृषीकेशः (1.15) **ज्ञानेन्द्रियाणि ज्ञायन्ते हृषीकाणि च विग्रहे ।** **हृषीकाणां य ईशः स हृषीकेशो मतो बुधैः ।। 4/1110**	4. अच्युतः (1.21) **च्युतो यो नहि केनापि श्रीकृष्णोऽच्युत उच्यते ।** **नीतिरीतिमतिभिर्यः सदा धीरो दृढश्च सः ।। 5/1110**
5. केशवः (1.31) **दृष्ट्वा लीलां जनास्तस्य कृष्णस्य विस्मयाकुलाः ।** **ब्रुवन्ति "स क ईशो वा," तस्माज्ज्ञातः स केशवः ।। 6**	6. गोविन्दः (1.32) **गा विन्दति स गोविन्दः, केशी गा हर्तुमागतः ।** **गावो वेण्वा प्रचोदिताः, केशी गोभिर्हतः खलः ।। 7/1110**
7. मधुसूदनः (1.35) **मधुवने मधुर्नाम्नो भूत एको नु राक्षसः ।** **तमहन्बालकृष्णः स मध्वरिर्मधुसूदनः ।। 8/1110**	8. जनार्दनः (1.36) **दुष्टानामर्दनो देवः कृष्णो ज्ञातो जनार्दनः ।** **रक्षकश्च स भद्राणां लोकनाथः स एव हि ।। 9/1110**
9. वार्ष्णेयः (1.41) **कृष्णो वृष्णिकुले जातो वार्ष्णेयः स प्रकीर्तितः ।** **वृष्णिर्यदुकुले जातः कार्तवीर्यार्जुनीय यः ।। 10/1110**	10. अरिसूदनः (2.4) **अरिर्विषयरूपो सः गात्रेभ्यो येन सूदितः ।** **तेनैव कंसचाणूरपूतनाकेशिनो हताः ।। 11/1110**
11. अविनाशी (2.17) **विद्ध्यविनाशिनं कृष्णं त्वं येन सर्वमिदं कृतम् ।** **सदा सर्वेषु भूतेषु नाना रूपैः स विष्ठितः ।। 12/1110**	12. अक्षरः (3.15) **आत्मा यथा स देहेषु कृष्णो विश्वे चराचरे ।** **अक्षरः शाश्वतो नित्यः सर्वगश्च सनातनः ।। 13/1110**
13. अजः (4.6) **जानीहि ब्रह्म त्वं कृष्णम्-अजमव्ययमक्षरम् ।** **भवति प्राणिवद्यन्न जन्म तदजमुच्यते ।। 14/1110**	14. अव्ययात्मा (4.6) **हरिरव्यय आत्माऽस्ति भूतानामीश्वरोऽपि सः ।** **आविर्भवति श्रीकृष्णो युगे युगे स्वमायया ।। 15/1110**
15. ईश्वरः (4.6) **ईशः कृष्णो हि देवेश ईश्वरः परमेश्वरः ।** **योगेश्वरो हृषीकेशो व्रजेशो जगदीश्वरः ।। 16/1110**	16. ब्रह्मसनातनम् (4.31) **अनन्तः स मतः कृष्णो ब्रह्मरूपः सनातनः ।** **तर्हि कृष्णं दिवा नक्तं भज ब्रह्मसनातनम् ।। 17/1110**

17. ज्ञेयः (5.3) **ज्ञेयः स कृष्णयोगेशः मोहनः मुरलीधरः ।** **सर्वज्ञः सर्वभूतानां सर्वगो भक्तवत्सलः ।। 18/1110**	18. ब्रह्म (5.10) **पुरुषप्रकृती ब्रह्म जीवश्च पुरुषोत्तमः ।** **बीजं स सर्वभूतानां कृष्णो विश्वस्य कारणम् ।। 20/1110**
19. प्रभुः (5.14) **प्रभावो यस्य दैवी स श्रीकृष्णः प्रभुरुच्यते ।** **दाता माता विधाता च धाता भ्राता सखा तथा ।। 19/1110**	20. विभुः (5.15) **विभुर्ब्रह्मा विभुर्विष्णुः-विभुरिन्द्रो विभुः शिवः ।** **विभुर्रामो विभुः कृष्णो देवाय विभवे नमः ।। 21/1110**
21. परः (5.16) **कृष्णः परात्परो देवः परमः परमेश्वरः ।** **परब्रह्म स कृष्णश्च कृष्णो भक्त्या हि लभ्यते ।। 22/1110**	22. यज्ञतपसां भोक्ता (5.29) **स यज्ञतपसां भोक्ता साक्षी कृष्णो महेश्वरः ।** **प्राप्यः स ज्ञानयज्ञेन कर्मभक्तिगुणैस्तथा ।। 23/1110**
23. सर्वलोकमहेश्वरः (5.29) अनुप्रासकाव्यचित्रम् **सर्वज्ञः सर्वगः कृष्णः सर्वव्यापी सनातनः ।** **सर्वबीजः स सर्वेशः सर्वलोकमहेश्वरः ।। 24/1110**	24. सुहृत्सर्वभूतानाम् (5.29) **सुहृत्स सर्वभूतानां समश्च सर्वप्राणिषु ।** **विद्यते सर्वहृद्देशे सर्वत्र समवस्थितः ।। 25/1110**
25. महाबाहुः (6.38) **गिरिधरो महाबाहुः कृष्णचन्द्रो धनुर्धरः ।** **शङ्खचक्रगदाधारी वेणुधारी सुदर्शनः ।। 26/1110** **मुरारिः पूतनारिश्च कृष्णः केशिनिषूदनः ।** **मध्वरिः कालियारिश्च कंसचाणूरमर्दनः ।। 27/1110**	26. रसोऽप्सु (7.8) **अप्सु रसः स श्रीकृष्णः पावनो निर्मलो द्रवः ।** **हरेर्दैवी विभूतिर्या पञ्चभूतेषु सा मता ।। 28/1110**
27. प्रभा शशिसूर्ययोः (7.8) **तेजश्च प्राप्नुतो यस्मात्-सूर्यश्च च चन्द्रमा तथा ।** **ओजो यदि हि कस्मिंश्चित्-विद्धि कृष्णाद्धि सर्वशः ।। 29**	28. प्रणवः सर्ववेदेषु (7.8) **ओंङ्कारः प्रणवो ज्ञातो वेदेषु शब्दपावनः ।** **प्रणवो हि परब्रह्म श्रीकृष्णः प्रणवस्तथा ।। 30/1110**
29. शब्दः खे (7.8) **अन्तरिक्षरवः कृष्ण ॐशब्दस्य खमण्डले ।** **पवित्रो ब्रह्मनादः स सुश्राव्यश्च सुमङ्गलः ।। 31/1110**	30. पौरुषं नृषु (7.8) **ज्ञानिनः शूरवीरस्य धीरस्य पौरुषं नृणाम् ।** **ऊर्जस्तेजो बलं तेषां कृष्णरूपेण विद्यते ।। 32/1110**
31. पुण्यो गन्धः पृथिव्याम् (7.9) **सुगन्धो मृत्तिकायाञ्च पुष्पेषु सौरभो हरेः ।** **सुवासश्चन्दने पुण्यः कस्तुरिका मृगेषु च ।। 33/1110**	32. तेजो विभावसौ (7.9) **तेजो विभावसौ कृष्णः कृशानुश्शुचिकारकः ।** **पवित्रः पावनो वह्निः-आभा कृष्णस्य निर्मला ।। 34/1110**
33. जीवनं सर्वभूतेषु (7.9) **कृष्णो मध्यश्च भूतानाम्-आदिरन्तस्तथा हि सः ।** **जीवनं सर्वभूतानां त्रिभुवने स प्राणिनाम् ।। 35/1110**	34. तपस्तपस्विषु (7.9) **ज्ञानं स ज्ञानिनः कृष्णः कृष्णो योगश्च योगिनाम् ।** **ध्यानञ्च ध्यानिनः कृष्णः कृष्णस्तपस्तपस्विषु ।। 36/1110**
35. बीजं सर्वभूतानां सनातनम् (7.10) **कृष्णेन मायया व्याप्तं कृत्स्नं विश्वं चराचरम् ।** **बीजं स सर्वभूतानां ब्रह्मभूतं सनातनम् ।। 37/1110**	36. बुद्धिर्बुद्धिमताम् (7.10) **बुद्धिर्बुद्धिमतां कृष्णो ज्ञानञ्च ज्ञानिनां तथा ।** **सद्विवेकः सदाचारः शुभः स सद्विवेकिनाम् ।। 38/1110**
37. तेजस्तेजस्विनाम् (7.10) **ज्योतिः स ज्योतिषां कृष्णः-तमोऽज्ञानविनाशकः ।** **प्रभा प्रभवतां कृष्णः-तेजस्तेजस्विनां तथा ।। 39/1110**	38. बलं बलवतां कामरागविवर्जितम् (7.11) **बलं बलवतां कृष्णः साधूनाञ्च स रक्षणम् ।** **सद्धर्मस्य हि रक्षायै कामरागविवर्जितम् ।। 40/1110**

39. धर्माविरुद्धो भूतेषु कामः (7.11) कृष्णः स धार्मिका बुद्धिः सद्विचारपरायणा । अधर्मिणाञ्च हन्ता स कृष्णो हि धर्मरक्षकः ।। 41/1110	40. परमव्ययः (7.13) चित्रकाव्यश्लोकः अच्युतः श्रीधरः कृष्णः शाश्वतः परमव्ययः । जनार्दनः सदानन्दः श्रीधरः केशवः प्रभुः ।। 42/1110
41. वासुदेवः (7.19) वसुदेवसुतं देवं वासुदेवं नमाम्यहम् । देवकीपरमानन्दं यशोदानंद नंदनम् ।। 43/1110	42. अव्यक्तः (7.24) वन्देऽहं मस्तकं नत्वा सुन्दरं तमगोचरम् । अव्यक्तञ्च निराकारं श्रीकृष्णं तं महाप्रभुम् ।। 44/1110 अव्यक्तं कृष्ण ते रूपं नृणां नेत्रैर्न दृश्यते । रूपं व्यक्तं मनोहारि मानुषं रोचते वरम् ।। 45/1110
43. अव्ययोऽनुत्तमः (7.24) निराकारञ्च साकारम्-अगोचरञ्च गोचरम् । वन्देऽहं परमानन्दं कृष्णमव्ययमुत्तमम् ।। 46/1110	44. न प्रकाशः सर्वस्य (7.25) न प्रकाशः स सर्वस्य दानेन तपसा तथा । लभ्यते किन्तु भक्तेन श्रद्धायुक्तेन चेतसा ।। 47/1110
45. योगमायासमावृतः (7.25) लीलाभिर्विस्मितं विश्वम्-अपूर्वाभिस्तु विस्तृतम् । अतो मतः स योगेशो योगमायासमावृतः ।। 48/1110 जना कृष्णं न जानन्ति न च देवा न दानवाः । दुर्वेद्यो हि मतः कृष्णः सदाचारोपदेशकः ।। 49/1110	46. अव्ययः (7.25) अव्ययं कृष्ण ते रूपं शाश्वतमजमव्ययम् । अक्षरमक्षयं नित्यम्-अविनाशि च दैवि च ।। 50/1110
47. पुरुषोत्तमः (8.1) दिव्यस्त्वमेव देवेशः पुरुषः पुरुषोत्तमः । त्वमेव ब्रह्म ब्रह्माण्डम्-ईश्वरः परमेश्वरः ।। 51/1110	48. अक्षरः परमः (8.3) सर्वज्ञः सर्वगः कृष्णः सर्वव्यापी सुलक्षणः । अक्षरः परमः कृष्णो ब्रह्मरूपः परात्परः ।। 52/1110
49. अधियज्ञः (8.4) योगो जीवनमेतद्धि पुरोहितो जनार्दनः । अधियज्ञः स तस्माद्धि कृष्णो देहेषु प्राणिनाम् ।। 53/1110	50. कविः (8.9) सर्वज्ञानी कविः कृष्णः सर्वगः सर्वतोमुखः । सर्वशास्ता स सर्वेषां सर्वेशः श्यामसुन्दरः ।। 54/1110
51. पुराणः (8.9) आदिदेवः पुराणः स देवदेवो महेश्वरः । अस्य कृत्स्नस्य विश्वस्य कृष्णो मूलं सनातनम् ।। 55	52. अनुशासिता (8.9) अस्य विश्वस्य पूर्णस्य कृष्ण त्वमनुशासिता । आज्ञया तव दैविन्या जगद्विपरिवर्तते ।। 56/1110
53. अणोरणीयान् (8.9) हरिरणोरणीयान्स गुरूणां स गुरुस्तथा । कृष्णो दीर्घश्च द्राघीष्ठो बहुरूपः स माधवः ।। 57/1110	54. सर्वस्य धाता (8.9) ब्रह्मा सृजति भूतानि करोति प्रलयं शिवः । कृष्णो धाता स सर्वस्य मात्रा समश्च पालकः ।। 58/1110
55. अचिन्त्यरूपः (8.9) अचिन्त्यो वर्णनातीतः कृष्णोऽगम्यो महाप्रभुः । सर्वे यद्यपि स्निह्यन्ति वेत्ति कोऽपि न तं परम् ।। 59/1110	56. आदित्यवर्णः (8.9) मयूरमुकुटं माला पीताम्बरञ्च कुण्डले । आदित्यवर्णकः कृष्णो मोहनः स मनोहरः ।। 60/1110
57. तमसः परः (8.9) माया कृष्णस्य लीलाया दैविनी तमसः परा । आभा कृष्णस्य वर्णस्य पूर्णे जगति प्रसृता ।।	58. परः पुरुषः (8.10) आत्मा च पुरुषो देही श्रीकृष्णः पुरुषः परः । प्रकृतेर्गुणभूतानि वशे कृष्णस्य सर्वशः ।।

59. ॐ (8.13) **ओमेवैकाक्षरं ब्रह्म तदेव कृष्णसंज्ञकम् ।** **ॐशब्दः पावनः पूज्यः पवित्रः पुण्यदायकः ।। 61/1110** **भवेदोमिति शब्देन प्रारम्भः शुभकर्मणाम् ।** **ओमोमिति हि व्याहृत्य तरसि भवसागरात् ।। 63/1110**	60. परमा गतिः (8.21) **सर्वेषां भवभूतानां श्रीकृष्णः परमा गतिः ।** **जन्मदः पालकः कृष्णो विसर्गश्च स एव हि ।। 62/1110**
61. पुरुषः परः (8.22) **ईशश्च पुरुषः कृष्ण आत्मा च स बुधैर्मतः ।** **परमपुरुषः कृष्ण ईश्वरः परमेश्वरः ।। 64/1110**	62. अव्यक्तमूर्तिः (9.4) **अव्यक्ता मूर्तिरीशस्य व्यक्तरूपेण श्रीहरिः ।** **अव्यक्तस्य गतिर्दुःखं कायवद्भिरवाप्यते ।। 65/1110**
63. भूतभावनः (9.5) **जन्मदाता स कृष्णश्च स एव भूतभावनः ।** **तस्मात्स पूज्यते कृष्णो भक्तिभावेन ज्ञानिभिः ।। 66/1110**	64. उदासीनवदासीनमसक्तः (9.9) **उदासीनो निरासक्तः कृष्णः सर्वेषु कर्मसु ।** **वीतरागस्तटस्थश्च समः सर्वेषु प्राणिषु ।। 67/1110**
65. भूतमहेश्वरः (9.11) **सर्वाधारः प्रभुः कृष्णः सर्वभूतमहेश्वरः ।** **सर्वदेवनमस्कारः–तमेव प्रति गच्छति ।। 68/1110**	66. भूतादिः (9.13) **आदिः स सर्वभूतानां पिता धाता च रक्षकः ।** **सर्वनाथाय कृष्णाय नमस्तस्मै नमो नमः ।। 69/1110**
67. विश्वतोमुखः (9.15) चित्रकाव्यश्लोकः **सर्वं स्मरति सर्वस्य सर्वकालेषु सर्वदा ।** **सर्वत्र सर्वव्यापी स श्रीकृष्णः सर्वतोमुखः ।। 70/1110**	68. क्रतुः (9.16) **ज्ञानयज्ञेन बुद्ध्या च सर्वं समर्पणं भवेत् ।** **तपो ध्यानं मतः कृष्णो यतीनां तपसां क्रतुः ।। 71/1110**
69. यज्ञः (9.16) **ज्ञानं ध्यानं तपो योगः श्रीकृष्णो यज्ञ एव च ।** **पूजयन्ति च यं देवाः कृष्णो यज्ञस्य देवता ।। 72/1110**	70. स्वधा (9.16) **ॐ भूर्भुवः स्वधा कृष्णं यज्ञदेवं जनार्दनम् ।** **सर्वदेववरेण्यं तं सर्वकर्म समर्पणम् ।। 73/1110**
71. औषधम् (9.16) **औषधानां वने वासः कृष्णो ज्ञातो वनस्पतिः ।** **तस्मात्पतिं वनानां तं वृणोति वनदेवता ।। 74/1110**	72. मन्त्रः (9.16) **यज्ञमन्त्रो मतः कृष्णो मन्त्रो मन्त्रयते मखम् ।** **भृशं करोति कल्याणं मन्त्रस्य पावना ध्वनिः ।। 75/1110**
73. आज्यम् (9.16) **कृष्ण आज्यञ्च यज्ञस्य मङ्गलं पावनं घृतम् ।** **सुरभेः शुचिदुग्धञ्च कृष्णस्य दयितं प्रियम् ।। 76/1110**	74. अग्निः (9.16) **पावनः पावकः कृष्णो यज्ञस्य चाग्निदेवता ।** **तस्मादग्निरथी कृष्णो नित्यं यज्ञे प्रतिष्ठितः ।। 77/1110**
75. हुतम् (9.16) **यद्यदपि हुतं यज्ञे मतं तत्तत्स केशवः ।** **स्वहा च यज्ञसाकल्यं क्षौद्रं समिद्धुतं घृतम् ।। 78/1110**	76. पिता अस्य जगतः (9.17) **माया सर्वेषु कृष्णस्य वात्सल्यं पोषणं तथा ।** **कृष्णो मतो जगन्माता श्रीकृष्णो हि जगत्पिता ।। 79/1110**
77. माता (9.17) **सहृन्माता मतः कृष्णो जगतश्चास्य पालकः ।** **वन्देऽहं तं प्रियं प्राणं यशोदानन्दनन्दनम् ।। 80/1110**	78. धाता (9.17) **कृष्णो धाता विधाता च विश्वस्य स जनार्दनः ।** **पालकश्चालको विष्णुः–विश्वाधारो महामना ।। 81/1110**
79. पितामहः (9.17) **अस्य विश्वस्य श्रीकृष्णः पिता वन्द्यः पितामहः ।** **जनकः स प्रजानाथः सदानन्दो रमापतिः ।। 82/1110**	80. वेद्यः (9.17) **वेदनीयः प्रभुः कृष्णो माया तस्य महत्तमा ।** **वेत्ति सर्वस्य सर्वं स कोऽपि वेत्ति न तं ननु ।। 83/1110**

81. पवित्रमोङ्कारः (9.17) कृष्णः पवित्र ओङ्कारः शब्दः खे पावनः खलु । मतः स ब्रह्मरूपश्च ब्रह्मनादोऽपि कथ्यते ।। 84/1110	82. ऋक् (9.17) ऋग्वेदः कृष्णरूपः स आदिवेदो मतस्त्रिषु । सर्वज्ञानामृतं यस्मात्-सृष्टः स ब्रह्मणो मुखात् ।। 85/1110
83. साम (9.17) सामवेदस्य सङ्गीतं शिवं कृष्णात्मकं शुभम् । तस्मात्सङ्गीतशास्त्रञ्च नाट्यशास्त्रञ्च निर्गतम् ।। 86/1110	84. यजुः (9.17) यजुर्वेदो मतः कृष्णः कर्मश्रेणीप्रवर्तकः । गद्यपद्यात्मको वेदो मन्त्रनियमसंग्रहः ।। 87/1110
85. गतिः (9.18) जन्ममृत्य्वोर्गतिः कृष्णो भूतानां भवसागरे । भज कृष्णं प्रजानाथं सन्तरितुं भवं सुखम् ।। 88/1110	86. भर्ता (9.18) त्रिभुवनस्य स्वामी स श्रीकृष्णः परमेश्वरः । वन्दे तं सर्वभर्तारं लक्ष्मीनारायणप्रभुम् ।। 89/1110
87. साक्षी (9.18) आत्मा स सर्वभूतानां श्रीकृष्णो हृदयस्थितः । गुणैस्तु कार्यते कर्म कर्माणि साक्षी स सर्वकर्मणाम् ।। 90	88. निवासः (9.18) अन्तिमं परमं धाम कृष्णो हि देहधारिणाम् । गत्वा यतः प्रयाताय निर्गन्तव्यं न वै पुनः ।। 91/1110
89. शरणम् (9.18) परमं शरणं कृष्णो भक्तानामाश्रयः शुभः । नित्यं चरणयोस्तस्य सुस्थं नः संश्रयो भवेत् ।। 92/1110	90. सुहृत् (9.18) श्रीकृष्णः सर्वभूतानां सुहृद्बन्धुः सखा तथा । दयालु हृदयं तस्य कृष्णः स भक्तवत्सलः ।। 93/1110
91. प्रभवः (9.18) श्रीकृष्णः प्रभवः सृष्टेः-बीजं चराचरस्य हि । तस्माद्धि जायते सर्वं सर्वाकारं मनोहरम् ।। 94/1110	92. प्रलयः (9.18) सृष्टेः स प्रलयः कृष्णो जन्मदाता यथा हि सः । सृष्टिचक्रं विनाखण्डं कृतं तेन निरन्तरम् ।। 95/1110
93. स्थानम् (9.18) निवासः परमं स्थानं कृष्णो विश्वस्य मातृवत् । सर्वेषां पितृवत्कृष्णः सर्वे तस्यैव बालकाः ।। 96/1110	94. निधानम् (9.18) निधानमन्तिमं कृष्णः सर्वेषां परमा गतिः । वन्दे तं सच्चिदानन्दं विश्वाधारं निरञ्जनम् ।। 97/1110
95. बीजमव्ययम् (9.18) चराचरस्य विश्वस्य दिव्यञ्च परमात्मकम् । कृष्णो हि भवभूतानां सर्वेषां बीजमव्ययम् ।। 98/1110	96. अमृतम् (9.19) श्रीकृष्ण एव गीताया उपदेशामृतं शुभम् । सदाचारस्य रूपेण कृष्णो मार्गोपदेशकः ।। 99/1110
97. मृत्युः (9.19) मृत्युः सर्वहरः कृष्णः पृथिव्यां जीवधारिणाम् । यथा कर्माणि भूतानां यान्ति तानि तथा गतिम् ।। 100/1110	98. सदसत् (9.19) भूमेर्येयेऽपि गच्छन्ति कृष्णो हि सदसद्गती । भद्राणां सद्गतिस्तस्माद्-अभद्राणां च दुर्गतिः ।। 101/1110
99. सर्वयज्ञानां भोक्ता (9.24) कृष्णो हि सर्वयज्ञानां भोक्ता साक्षी तथा प्रभुः । आहुतिर्यजमानश्च यज्ञश्च कृष्ण एव हि ।। 102/1110	100. समः सर्वभूतेषु (9.29) समः स सर्वभूतेषु यथा तुला सदा समा । न भेदः शत्रुमित्रेषु प्रियाप्रियेषु विद्यते ।। 103/1110
101. अनादिः (10.3) आदिर्न यस्य कोऽप्यस्ति कृष्णोऽनादिः सनातनः । अन्तोऽपि यस्य नास्ति स मतोऽनन्तश्च ज्ञानिभिः ।। 104	102. सर्वस्य प्रभवः (10.8) सर्वस्य प्रभवः कृष्णो येन सर्वं कृतञ्जगत् । मूलं सर्वस्य विश्वस्य प्रभुः कृष्णः सनातनः ।।105/1110
103. आत्मभावस्थः (10.11) श्रीकृष्ण आत्मभावस्थः सर्वस्य हृदि तिष्ठति । अन्तर्ज्ञानी मतो देही देहे सर्वस्य माधवः ।।106/1110	104. परं ब्रह्म (10.12) ब्रह्म स च परब्रह्म तेन सर्वमिदं ततम् । तस्माद्धि जायते सर्वं तस्मिन्सर्वं विलीयते ।। 107/1110

105. परं धाम (10.12) **कृष्णो गतिर्हि सर्वेषां परं धाम परत्र सः ।** **सूर्येण न च चन्द्रेण स्वयं भृशं प्रकाशितम् ।। 108/1110**	106. पवित्रः परमः (10.12) **पवित्रं परमं नाम स्मरणं पावनं तथा ।** **कृष्ण कृष्णेति गोविन्दं केशवं भज माधवम् ।। 109/1110**
107. पुरुषः शाश्वतः (10.12) **पुरुषः शाश्वतः कृष्णः प्रकृतेः पूरको मतः ।** **कृष्णः स देहिनां देही प्राणः स प्राणिनां तथा ।। 110/1110**	108. दिव्यः (10.12) **कृष्णस्तेजोमयो दिव्यः प्रदीप्तो रविरंशुमान् ।** **आभा कृष्णस्य योगस्य तस्मादपि हि भासुरा ।। 111/1110**
109. आदिदेवः (10.12) **आदिदेवो महादेवो देवदेवः स यादवः ।** **ईश्वरः सर्वदेवानां श्रीकृष्णः परमेश्वरः ।। 112/1110**	110. भगवान् (10.14) **अनाद्यन्तं दयावन्तं वन्दे नारायणं प्रभुम् ।** **भगवन्तं सदाशान्तं लक्ष्मीकान्तं नमाम्यहम् ।। 113/1110**
111. भूतेशः (10.15) **ईशो यः सर्वभूतानां भक्तानाञ्च महेश्वरः ।** **समः सर्वेषु भूतेषु भूतेशः समवस्थितः ।। 114/1110**	112. देवदेव (10.15) **देवदेवश्चिरञ्जीवो माधवः करुणार्णवः ।** **ईश्वरः सर्वदेवानां श्रीकृष्णः परमेश्वरः ।। 115/1110**
113. जगत्पति (10.15) **विश्वदेवो जगन्नाथो देवदेवो जगत्पतिः ।** **स्वामी स सर्वलोकस्य श्रीकृष्णो गरुडध्वजः ।। 116/1110**	114. आत्मा सर्वभूताशयस्थितः (10.20) **स प्राणधारिणामात्मा सर्वभूताशयस्थितः ।** **अंशः स ब्रह्मणः कृष्णः–तस्मात्प्राणः स प्राणिनाम् ।।** **117/1110**
115. योगी (10.17) **सान्दीपनिर्गुरुः कृष्णम्– अकरोद्बालयोगिनम् ।** **योगेशो दत्तवान्पार्थं पुनर्योगं सनातनम् ।। 118/1110**	116. विष्णुः (10.21) **जाता यदा यदा हानिः सतो धर्मस्य भूतले ।** **तदा रामश्च कृष्णश्च भूत्वा विष्णुरजायत ।। 119/1110** **अवतारोऽष्टमो विष्णोः कृष्णरूपेण माधवः ।** **कृपाकारी मनोहारी सदाचारी सुदर्शनः ।। 120/1110**
117. रविरंशुमान् (10.21) **कृष्णेन काशितं विश्वं कृष्णः स रविरंशुमान् ।** **रविः कृष्णः शशी कृष्णः कृष्णो ज्योतिश्च ज्योतिषाम् ।।**	118. मरीचिः (10.21) **ज्ञाता दितेर्मरुत्पुत्राः–चत्वारिंशन्नवाधिकाः ।** **मरीचिस्तेषु श्रीकृष्णः पावनः पवनः शुभः ।। 122/1110**
119. शशी (10.21) **नक्षात्राणां शशी कृष्णः प्रकाशो यस्य शीतलः ।** **गगनं शोभितं येन कृष्णरूपः स चन्द्रमा ।। 123/1110**	120. वासवः (10.22) **देवानामधिपः स्वर्गे कृष्णः सुरेन्द्रवासवः ।** **इन्द्रः स इन्द्रियाणाञ्च सर्वभूतेष्ववस्थितः ।। 124/1110**
121. इन्द्रियाणां मनः (10.22) **इन्द्रियाणां मनः कृष्णः षष्ठं यदिन्द्रियं मतम् ।** **एकादशेन्द्रियग्रामे ज्ञानेन्द्रियमगोचरम् ।। 125/1110**	122. भूतानां चेतना (10.22) **भूतानाञ्चेतना कृष्णः–चेतनानां स देहिनाम् ।** **आत्मा प्राणश्च जीवश्च जीवनं स तथा मतः ।। 126**
123. शङ्करः (10.23) **कृष्णो ब्रह्मा च विष्णुश्च कृष्णो हि शिवशङ्करः ।** **जन्मदाता विधाता च कृष्णो हि लयकारकः ।। 127/1110**	124. वित्तेशः (10.23) **कृष्णः नृपः कुबेरश्च वित्तेशो यक्षरक्षसाम् ।** **लक्ष्म्याः पतिश्च वित्तेशः श्रीलक्ष्मीर्वित्तदेवता ।। 128/1110**
125. पावकः (10.23) **पावकः पावनः कृष्णो दहति पातकानि यः ।** **अग्निदेवः स यज्ञानां ज्ञानयज्ञेन शोभते ।। 129/1110**	126. मेरुः (10.23) **विश्वमध्यं मतो मेरुः–गिरीशो पर्वतेश्वरः ।** **गिरिधरः स श्रीकृष्णो मेरुरूपो हि कथ्यते ।। 130/1110**

127. बृहस्पतिः (10.24) **पुरोधसां मतो मुख्यः श्रीकृष्णः स बृहस्पतिः । अधिष्ठाता च देवानां धार्मिकाणां सुकर्मणाम् ।। 131/1110**	128. स्कन्दः (10.24) **स्कन्दः सेनानिनां कृष्णः सुरसेनापतिर्मतः । शिवपुत्रो महावीरः–तारकासुरभञ्जकः ।। 132/1110**
129. सागरः (10.24) **रत्नाकरः स श्रीकृष्णो रत्नभाण्डारसागरः । यस्माद्रत्नानि प्राप्तानि समुद्रमन्थनात्सुरैः ।। 133/1110**	130. भृगुः (10.25) **सूक्तद्रष्टा भृगुः कृष्णो यज्ञस्य स प्रचारकः । अथर्ववेदनिर्माता सोऽग्निपूजाप्रवर्तकः ।। 134/1110**
131. गिरामेकमक्षरम् (10.25) **ओमिति संज्ञितः कृष्ण ओङ्गिरामेकमक्षरम् । तेन शब्देन दिव्येन दिव्या गीर्वाणभारती ।। 135/1110**	132. यज्ञानं जपयज्ञः (10.25) **द्रव्ययज्ञस्तपोयज्ञः–ज्ञानयज्ञादयः श्रुतौ । जपयज्ञो मतः कृष्णः सर्वेषु यो विशिष्यते ।। 136/1110**
133. स्थावराणां हिमालयः (10.25) **गिरिवरेषु मुख्यो यः स्थावरेषु महत्तमः । किरीटो हिन्दुमातुः स कृष्णरूपो हिमालयः ।। 137/1110**	134. अश्वत्थः सर्ववृक्षाणाम् (10.26) **अश्वत्थो विश्ववृक्षः स कृष्णरूपः सनातनः । नृपः स सर्ववृक्षाणां शाश्वतः पावनः परः ।। 138/1110**
135. नारदः (10.26) **सर्वर्षिणाञ्च देवर्षिः कृष्णरूपः स नारदः । मनसोऽतीतगत्या स त्रिषु लोकेषु भ्राम्यति ।। 139/1110**	136. चित्ररथः (10.26) **हाहार्हूहूश्च गोमायुः चित्ररथश्च तुम्बरुः । नन्दीर्विश्ववसुर्हंसो गन्धर्वा गायका मताः ।। 140/1110** **गन्धर्वः स मतः कृष्णः–चित्ररथः सुदर्शनः । सौन्दर्यं यस्य स्वर्गीयं गायनं सुन्दरं तथा ।। 141/1110**
137. कपिलः (10.26) **कपिलः सांख्यतत्त्वज्ञः कृष्णरूपो महामुनिः । कर्दमस्य सुतो ज्ञानी सर्वसिद्धीः स प्राप्तवान ।। 142/1110**	138. उच्चैःश्रवा (10.27) **चतुर्दशेषु रत्नेषु सर्वेषु तुरगेषु च । उच्चैःश्रवा हयः कृष्णः शुभ्रमिन्द्रस्य वाहनम् ।। 143/1110**
139. ऐरावतः (10.27) **ऐरावतो गजो दिव्यो जातः सागरमन्थनात् । कृष्णरूपश्चतुर्दन्तो गजेन्द्र इन्द्रवाहनम् ।। 144/1110**	140. नराधिपः (10.27) **कृष्णो नरावतारेण भूमौ नृणां नराधिपः । कृष्णो नृपो नरेन्द्राणां देवानामपि देवता ।। 145/1110**
141. आयुधानां वज्रम् (10.28) **सर्वायुधेषु घोरं यत्–शस्त्रास्त्रेषु भयानकम् । वज्रमेवायुधं चण्डं कृष्णरूपं दुरासदम् ।। 146/1110** **इन्द्रवज्रं मतं तीव्रं ब्रह्मास्त्रादपि भीषणम् । धृष्टञ्च दुर्जयं तीक्ष्णं–अदम्यञ्च भयङ्करम् ।। 147/1110**	142. कामधुक् (10.28) **समुद्रमन्थनाज्जाता सुरभिः कामधुग्मता । ददाति वाञ्छितं सर्वं पूर्यते च मनोरथान् ।। 148/1110**
143. कन्दर्पः (10.28) **यो भ्रमयति स्नेहेन क्षिप्त्वा प्रेमशरं हृदि । कृष्णरूपः स कन्दर्पः कामदेवो मतः खलु ।। 149/1110** **अनङ्गो मदनः प्रीतिः–मन्मथश्च मनोहरः । कामदेवः स प्रद्युम्नः पञ्चबाणो मतस्तथा ।। 15/1110**	144. वासुकिः (10.28) **कृष्णवर्णो महासर्पः कृष्णरूपः स वासुकिः । मित्रं स देवसङ्घस्य शिवभक्तो महामना ।। 151/1110** **वर्षायामभवच्छत्रं वासुदेवस्य वासुकिः । समुद्रमन्थने रज्जुः–ग्रीवायाञ्च शिवस्य सः ।। 152/1110**

145. अनन्त: (10.29) **नवनागेषु विस्तीर्णः शेषनागः फणीश्वरः ।** **सहस्रशीर्षवान्सर्पः शिरसि पृथिवीधरः ।। 153/1110** **अनन्तः शेषशय्या यो लक्ष्मीनारायणस्य हि ।** **कृष्णरूपो महाकायः कृष्णवर्णः सरीसृपः ।। 154/1110**	146. वरुण: (10.29) **वरुणो मकरारूढो वैदिकी जलदेवता ।** **श्रीकृष्णस्य विभूतिः स शङ्खपद्मविभूषितः ।। 155/1110**
147. पितॄणामर्यमा (10.29) **पितॄणामर्यमा मुख्यः कश्यपस्य मुनेः सुतः ।** **श्रीकृष्णः पद्मनाभः स पितॄणामर्यमा मतः ।। 156/1110**	148. यम: (10.29) **अहिंसा परमो धर्मः-चास्तेयमपरिग्रहः ।** **सत्यञ्च ब्रह्मचर्यञ्च यमश्च संयमा मताः ।। 157/1110** **षडेत[2] संयमा ज्ञाता योग इति विवेकिभिः ।** **यमः संयमतां कृष्णो यमो मृत्योश्च देवता ।। 158/1110**
149. प्रह्लाद: (10.30) **विष्णुभक्तः स प्रह्लादो मतो भक्तशिरोमणिः ।** **विभूतिः पद्मनाभस्य सुहृदो वत्सलप्रभोः ।। 159/1110**	150. काल: कलयताम् (10.30) **कालः कलयतां कृष्णो विभूतिः शाश्वता हि सः ।** **सर्वभूतानि नश्यन्ति त्वक्षयः काल एव सः ।। 160/1110** **यमो देवोऽपि कालश्च सर्वजीवा नमन्ति तम् ।** **जायन्ते ते निवर्तन्ते यमस्य नियमो हि सः ।। 161/1110**
151. मृगाणां मृगेन्द्र: (10.30) **मृगाणां केसरी कृष्णो मृगाधिपो वनेषु सः ।** **सर्वे शंसन्ति तं सिंहं दुर्गादेव्या हि वाहनम् ।। 162/1110**	152. वैनतेय: पक्षिणाम् (10.30) **खगेन्द्रः कृष्णरूपः स वैनतेयो हि पक्षिणाम् ।** **विनतातनयो धन्यो गरुडो विष्णुवाहनम् ।। 163/1110** **कश्यपस्य सुपुत्राय गरुडाय नमो नमः ।** **विष्णुदासं महापक्षं वक्रवक्त्रं नमाम्यहाम् ।। 164/1110**
153. पवन: पवताम् (10.31) **पवनः पवतां कृष्णः पुष्पसौरभवाहकः ।** **वायुरूपो जगद्गामी सर्वलोकस्य जीवनम् ।। 165/1110**	154. राम: (10.31) **श्रीकृष्णस्य हि रूपः स मतो रामो धनुर्धरः ।** **श्रीविष्णोरवतारौ द्वौ रामकृष्णौ महाबलौ ।। 166/1110**

[2] षडेते **संयमा:** = गितायाम् आत्मसंयमहेतवे षड्संयामा निरूपिता: सन्ति । पातञ्जलयोगसूत्रे समाधये अष्टाङ्गानि वर्णितानि सन्ति । अष्टाङ्गै: षड्संयमा योगसिद्धिं ददति ।

155. झषाणां मकरः (10.31) झषाणां मकरः कृष्णो मुख्यो जलचरेषु यः । मीना जलचरा नक्राः कच्छपा दर्दुरा झषाः ।। 167/1110 देवी भागीरथी गंगा मन्दाकिनी त्रिमार्गगा । जाह्नव्यलकनन्दा च सुरतरङ्गिणी तथा ।। 168/1110	156. जाह्नवी (10.31) नदीनां जाह्नवी कृष्णः पवित्रा पावना शुभा । रामलक्ष्मणयोः पादैः–तस्याः स्पृष्टं यतो जलम् ।। 169/1110
157. अध्यात्मविद्या विद्यानाम् (10.32) अध्यात्मज्ञानमाहुस्ते ज्ञानानां कृष्णमेव हि । अध्यात्मादतिरिक्तं यत्–तदज्ञानं[3] मतं मया ।। 170/1110	158. वादः प्रवदताम् (10.32) तर्कः प्रवदतां कृष्णो वदन्ति तर्कज्ञानिनः । तर्को हि सर्व वादानां मतो मूलञ्च सर्वदा ।। 171/1110
159. अक्षराणामकारः (10.33) गिरो मूलमकारोऽस्ति वदति शारदा गिरा । अकारः कृष्ण ओङ्कारो यस्माद्वर्णाः समुद्भुताः ।। 172/1110 अकारः सर्ववर्णानां मूलमित्युच्यते बुधैः । यथा कृष्णञ्च देवानां मूलमिति वदन्ति ते ।। 173/1110	160. द्वन्द्वः सामासिकस्य (10.33) सर्वं हि प्रकृतौ द्वन्द्वं सर्वं द्वन्द्वात्मकं खलु । कृष्णरूपं हि द्वन्द्वं तत्–किञ्चित् द्वन्द्वं विना नहि ।। 174
161. अक्षयः कालः (10.33) कृष्णरूपोऽक्षयः कालः शाश्वतः सततश्चिरः । न कालेन समः कश्चित्–अनाद्यन्तो नु विद्यते ।। 175/1110	162. मृत्युः सर्वहरः (10.34) मृत्युः सर्वहरः कृष्णो लयकारी शिवात्मकः । ध्रुवं जन्म च मर्त्यस्य मृत्युर्जातस्य वै ध्रुवः ।। 176/1110
163. उद्भवो भविष्यताम् (10.34) सर्वेषामुद्भवः कृष्णो योनिरन्या न काऽपि हि । भविष्यतां च भूतानां भविष्यं कृष्ण एव सः ।। 177/1110	164. कीर्तिः (10.34) कीर्तिः स्त्रैणो गुणो नार्याः कृष्णरूपो बहूत्तमः । दत्तः कृष्णेन नारिभ्यो विश्वकल्याणकारणात् ।। 178/1110
165. श्रीः (10.34) श्रीः स्त्रीगुणो महामूल्यः कृष्णरूपेण वर्तते । लक्ष्म्या हि वरदानं स विश्वे गौरवकारकः ।। 179/1110	166. वाक् (10.34) स्त्रीगुणः कृष्णरूपो वाग्–यस्मादोजश्च मार्दवम् । सरस्वती गिरा वाणी ज्ञानदा शारदा तथा ।। 180/1110
167. स्मृतिः (10.34) स्मृतिश्च कृष्णरूपेण गणेशस्य वरो मतः । विशालो ज्ञानभाण्डारः सम्पन्नः स्त्रीगुणो मतः ।। 181/1110	168. मेधा (10.34) धीः स्त्रीगुणः सरस्वत्याः कृष्णरूपो वरो वरः । मेधा बुद्धिश्च सद्बुद्धिः–धनधान्यं हि धीमताम् ।। 182/1110
169. धृतिः (10.34) धृतिर्नरेषु धीरेषु कृष्णरूपेण स्त्रीगुणः । भीमोऽर्जुनोऽभिमन्युश्च रामसीते धृतिर्धराः ।। 183/1110	170. क्षमा (10.34) क्षमा च स्त्रीगुणः कृष्णो गौर्या दत्तो वरो मतः । यत्र दया क्षमा शान्तिः–तत्र धर्मो दृढः सदा ।। 184/1110
171. बृहत्साम साम्नाम् (10.35) कृष्णः साम्नां बृहत्साम साममन्त्रो बृहत्तमः । तुष्टिमन्त्रः पुष्टिमन्त्रः शान्तिमन्त्रः स उच्यते ।। 185/1110	172. गायत्री छन्दसाम् (10.35) गायन्तं त्रायते मन्त्रः कृष्णरूपः सनातनः । ऋग्वेदे च यजुर्वेदे सर्वपूज्यतमो मतः ।। 186/1110

[3] **अज्ञानम्** = निवदनम्, स्वीकृतानि तत्त्वानि ।

173. मासानां मार्गशीर्ष: (10.35) **मासानां मार्गशीर्ष: स कृष्णो गीतोपदेशक: ।** **शीतलो मङ्गलो मास एषोऽग्रहायणो मत: ।। 187/1110** **मत: पुण्यतमो मासो मार्गशीर्षो महाजना:! ।** **अस्मिन्मासेऽभवत्पूज्य: संवाद: कृष्णपार्थयो: ।। 188/1110**	174. ऋतूनां कुसुमाकर: (10.35) **सुन्दरश्च मनोहारी मास: स कुसुमाकर: ।** **कृष्णरूप: प्रियो मासो वसन्त इति कथ्यते ।। 189/1110**
175. द्यूतं छलयताम् (10.36) **द्यूतं छलयतां कृष्णो रहस्यं कैतवस्य च ।** **अक्षक्रीडाविलासश्च देवित्रे भाग्यदेवनम्**[4] **।। 190/1110**	176. जय: (10.36) **कृष्णो जयो विजेतॄणां द्वन्द्वे जयपराजयो: ।** **यत्र योगेश्वर: कृष्ण:-तत्रैव विजयो ध्रुव: ।। 191/1110**
177. व्यवसाय: (10.36) **व्यवसायो मत: कृष्णो निश्चितो व्यवसायिनाम् ।** **निश्चयो नित्यसङ्कल्पो निग्रहो निर्णयस्तथा ।। 192/1110**	178. सत्त्वं सत्त्ववताम् (10.36) **सत्त्वं सत्त्ववतां कृष्ण: सद्गुणस्य च रक्षक: ।** **तस्मात्सर्वेषु कालेषु जयते सत्यमेव हि ।। 193/1110**
179. धनञ्जय: (10.37) **सद्धर्मी धर्मवीराणां योगी निष्कामकर्मणाम् ।** **कृष्णो हि पार्थरूपेण पाण्डवानां धनञ्जय: ।। 194/1110**	180. व्यास: (10.37) **कृष्णद्वैपायनो व्यास: कृष्णरूपो महाकवि: ।** **कालीपुत्र: महाज्ञानी वेदव्यासो महामुनि: ।। 195/1110**
181. कवीनामुशना कवि: (10.37) **कवीनामुशना कृष्ण: ज्ञानितम: स ज्ञानिषु ।** **धर्मज्ञ: स्मृतिकर्ता च शुक्राचार्यश्च संज्ञित: ।। 196/1110**	182. दण्डो दमयताम् (10.38) **दण्डो दमयतां कृष्णो मनुस्मृतौ निरूपित: ।** **यथा दोषस्तथा दण्डो राज्ञे च दोषिणे तथा ।। 197/1110**
183. नीतिर्जिगीषताम् (10.38) **नीतिर्मनुस्मृते: कृष्ण: कृष्णो नीतिर्जिगीषताम् ।** **नीतिधर्म: सदाचार: सत्यधर्मस्य साधनम् ।। 198/1110**	184. मौनं गुह्यानाम् (10.38) **मौनं कृष्ण: स गुह्यानां संयमिनाञ्च लक्षणम् ।** **मौनं मतं मुनेर्भावो रहस्यं मितभाषिनाम् ।। 199/1110** **रसनानिग्रहो मौनं मौनं तटस्थता तथा ।** **मौनं व्रतं मतं दुर्गं मौनं हि सात्त्विकं तप: ।। 200/1110**
185. ज्ञानं ज्ञानवताम् (10.38) **ज्ञानं ज्ञानवतां कृष्णो विदुषां ज्ञानयोगिनाम् ।** **आत्मज्ञानं मतं ज्ञानं शिवञ्च परमात्मकम् ।। 201/1110**	186. कमलपत्राक्ष: (11.2) **कृष्ण: कमलपत्राक्षो नीलवर्ण: सुदर्शन: ।** **कर्माणि तं न लिम्पन्ति पद्मपत्रमिवाम्भसा ।। 202/1110**
187. परमेश्वर: (11.3) **श्रीविष्णोरवतार: स रामस्य प्रतिरूपक: ।** **अस्मान्रक्षति देवेश: श्रीकृष्ण: परमेश्वर: ।। 203/1110**	188. योगेश्वर: (11.4) **सांख्ययोगं च ज्ञानं च, बुद्धियोगसमानताम् ।** **कर्मयोगस्य निष्कामं, भक्तियोगस्य साधनम् ।। 204/1110** **यज्ञयोगस्य संसिद्धिम्, अभ्यासयोगपद्धतिम् ।** **गीताऽमृतस्य रूपेण योगेश्वर: स दत्तवान् ।। 205/1110**

[4] **देवितृ** = द्यूतकार: । **देवनम्** = द्यूतम् ।

189. महायोगेश्वर: (11.9) **कृष्णो योगी महायोगी राजयोगी स योगदः ।** **योगेश्वरश्च योगेश: महायोगेश्वरस्तथा ।। 206/1110**	190. हरि: (11.9) **हरिः कृष्णो हरिर्रामो हरिर्विष्णुर्हरिर्रविः ।** **हरिरिन्द्रो हरिर्ब्रह्म हरिश्चन्द्रो हरिशिशखी ।। 207/1110** **हरिर्वायुर्हरिः सिंहो हरिरश्वो हरिः कपि ।** **हरिर्हंसो हरिस्सर्पो हरिर्यमो हरिश्शुकः ।। 208/1110** **हरिर्हरति पापानि भक्तानां यानिकानि हि ।** **हरिभक्तः सदा सुस्थो नमोस्तुते हरे हरे ।। 209/1110**
191. अनेकवक्त्रनयन: (11.10) **हरेर्विराटरूपं तद्-अद्भुतं विस्मयावहम् ।** **यस्मिन्ननेकवक्त्राणि बहूनि नयनानि च ।। 210/1110**	192. अनेकाद्भुतदर्शन: (11.10) **कृष्ण विराटरूपं ते विस्मयकारकं बहु ।** **अद्भुतं दर्शनं तस्य कृष्णं वदति पाण्डवः ।। 211/1110**
193. अनेकदिव्याभरण: (11.10) **आभरणानि दिव्यानि भूषयन्ति कलेवरम् ।** **सुगन्धितानि पुष्पाणि माला वस्त्राणि ते प्रभो ।। 212/1110**	194. दिव्यानेकोद्यतायुध: (11.10) **उद्यतानि च दिव्यानि शस्त्रास्त्राणि त्वया सखे ।** **गदा चक्रञ्च खड्गञ्च प्रहरणानि पाणिषु ।। 213/1110**
195. दिव्यमाल्याम्बरधर: (11.11) **दिव्या मालाः शरीरे ते सुन्दरा विविधास्तथा ।** **पुष्पसौरभयुक्ताश्च स्वर्णयुक्ताश्चकाशिताः ।। 214/1110**	196. दिव्यगन्धानुलेप: (11.11) **सुवासितं शरीरे ते दिव्यगन्धानुलेपनम् ।** **स्नेहः सौरभयुक्तश्च परिमलश्च चन्दनम् ।। 215/1110**
197. सर्वाश्चर्यमय: (11.11) **सर्वाश्चर्यमयं कृष्ण रूपं ते सर्वमङ्गलम् ।** **अद्भुतं भासुरं दिव्यं प्रदीप्तं परमं प्रभो ।। 216/1110**	198. देव: (11.11) **सर्वं द्यु व्यावृतं येन सर्वं विश्वं चराचरम् ।** **देवो दिव्यः स श्रीकृष्णः सर्वभूतैश्च वन्दितः ।। 217/1110**
199. विश्वतोमुख: (11.11) **सर्वज्ञं सर्वगं कृष्णं पश्यामि विश्वतोमुखम् ।** **उवाच पाण्डवो देवं हृषीकेशं कृताञ्जलिः ।। 218/1110**	200. महात्मा (11.12) **आत्मा कृष्णो महात्मा च परमात्मा मतस्तथा ।** **धर्मात्मा सर्वभूतात्मा पुण्यात्मा मननात्परः ।। 219/1110**
201. अनेकबाहूदरवक्त्रनेत्र: (11.16) **देहे मुखानि नेत्राणि पिचिण्डा बहवो भुजाः ।** **विश्वरूपं विराटञ्च कृष्ण तव भयानकम् ।। 220/1110**	202. सर्वतोऽनन्तरूप: (11.16) **सर्वतोऽनन्तरूपस्त्वं नादिर्मध्यं च लभ्यते ।** **अपर्याप्तं हि रूपं ते कृष्णमुवाच पाण्डवः ।। 221/1110**
203. विश्वेश्वर: (11.16) **विश्वेश्वरो मतः कृष्णो विश्वदेवो मतस्तथा ।** **विश्वाधारो जगत्पालो विश्वमूर्तिस्तथा च सः ।। 222/1110**	204. विश्वरूप: (11.16) **सर्वगतो हि श्रीकृष्णो येन व्याप्तमिदं जगत् ।** **विराटरूपधारी स विश्वरूपः स एव हि ।। 223/1110**
205. किरीटी (11.17) **मयूरमुकुटं शीर्षे बालकृष्णस्य शोभते ।** **वनमाला च ग्रीवायां कृष्णस्य मुरली करे ।। 224/1110** **किरीटं नृपकृष्णस्य स्वर्णमयञ्च सुन्दरम् ।** **रत्नानि बहुरङ्गाणां मयूराकारपङ्क्तिषु ।। 225/1110**	206. गदी (11.17) **कृष्णरूपं गदाधारि मोहकं सुन्दरं शुभम् ।** **आसीनं कमलारूढं कान्तियुक्तं चतुर्भुजम् ।। 226/1110**

207. चक्री (11.17) **सर्वमङ्गलमाङ्गल्यं हस्ते चक्रं सुदर्शनम् ।** **रूपञ्च मोहनं यस्य चक्रपाणिः स उच्यते ।। 227/1110**	208. तेजोराशिः (11.17) **तेजोराशिर्भवान्कृष्ण तेजःपुञ्जश्च काशितः ।** **भासते वै जगत्सर्वं श्रीकृष्ण तव तेजसा ।। 228/1110**
209. दुर्निरीक्ष्यः (11.17) **दुर्निरीक्ष्यो महातेजो दीप्तिमांश्च हरे भवान् ।** **मूर्तिमांश्च रविः कृष्ण तेजस्वी त्वं रवेरपि ।। 229/1110**	210. दीप्तानलार्कद्युतिः (11.17) **कृष्ण तव द्युतिर्दीप्ता रविवच्चाग्निवत्प्रभो ।** **औज्ज्वल्यं खलु सर्वत्र समन्ततः प्रविसृतम् ।। 230/1110**
211. अप्रमेयः (11.17) **असीमश्चाप्रमेयस्त्वं–अगम्यो मधुसूदन ।** **श्रीकृष्ण त्वं गुणातीतो वन्देऽहं करुणाकर ।। 231/1110**	212. वेदितव्यः (11.18) चित्रकाव्यश्लोकः **वार्ष्णेयो वेदितव्यश्च वेदविद्वेददेवता ।** **वेद्यश्च वेदस्तुत्यश्च वेदाङ्गो वेदवन्दितः ।। 232/1110**
213. अनन्तवीर्यः (11.19) चित्रकाव्यश्लोकः **मुकुन्दोऽनन्तवीर्यश्च महाबाहुर्महाबली ।** **महावीरो महादेवो महायोगेश्वरस्तथा ।। 233/1110**	214. अनन्तबाहुः (11.19) **विष्णुरनन्तबाहुः स विश्वरूपश्च केशवः ।** **अमितविक्रमी कृष्णः–तेजस्वी धर्मरक्षकः ।। 234/1110**
215. शशिसूर्यनेत्रः (11.19) **श्रीकृष्णस्य विराटस्य नेत्रे शशी रविस्तथा ।** **चन्द्रमा शीतलो भावो मार्तण्डो भासुरस्तथा ।। 235/1110**	216. दीप्तहुताशवक्त्रः (11.19) **मुखं विराटकृष्णस्य प्रज्वलितं कृशानुवत् ।** **ज्वालामुख्या समा ज्वाला भासयन्ति त्रिलोकिनः ।। 236/1110**
217. रूपं महत् (11.23) **दृष्ट्वा हरेर्महद्रूपं विराटं विघ्नहारकम् ।** **भयभीतोऽभवत्पार्थो नतशीर्षः कृताञ्जलिः ।। 237/1110**	218. बहुवक्त्रनेत्रः (11.23) **कृष्णस्य विश्वरूपस्य दर्शनं परमद्भुतम् ।** **तस्यानेकानि वक्त्राणि बहूनि लोचनानि च ।। 238/1110**
219. बहुबाहूरुपादः (11.23) **बहुबाहूरुपादस्य कृष्णस्य रूपमद्भुतम् ।** **कान्तियुक्तं महाचण्डम्–उग्ररूपं भयानकम् ।। 239/1110**	220. नभःस्पृशः (11.24) **विशालकायकृष्णः स मेरुरूपो नभस्स्पृशः ।** **विश्वरूपो विराटश्च श्रीकृष्णो विश्ववन्दितः ।। 240/1110**
221. अनेकवर्णः (11.24) **ज्वाला विविधरङ्गाणां मुखेभ्यो गगनस्पृशाः ।** **कृष्णो विविधवर्णः स विराटरूप ईश्वरः ।। 241/1110**	222. दीप्तविशालनेत्रः (11.24) **दीप्तविशालनेत्रः स तेजःपूर्णो भयावहः ।** **नेत्राणि रक्तवर्णानि भयानकानि श्रीहरेः ।। 242/1110**
223. देवेशः (11.25) **कृष्ण देवो महादेवो देवेशः परमेश्वरः ।** **ईशः स ईश्वरः कृष्णः परमेशः परात्परः ।। 243/1110**	224. जगन्निवासः (11.25) **कृष्णो जगन्निवासः स भूतचराचरस्य हि ।** **परमं धाम भूतानां सर्वभूतमहेश्वरः ।। 244/1110**
225. उग्ररूपः (11.31) **उग्ररूपो महाकायो विश्वरूपो महेश्वरः ।** **अर्दनो दुष्टलोकानां श्रीकृष्णो हि जनार्दनः ।। 245/1110**	226. देववरः (11.31) **कृष्णो देववरो ज्ञातः पुरुषः पुरुषोत्तमः ।** **ईश्वरश्च स देवेषु नरेषु च नरोत्तमः ।। 246/1110**
227. आद्यः (11.31) **मूलं स जगतः कृष्णो मतः स ब्रह्मणः परः ।** **आद्य आदीश्वरः कृष्ण आदिदेवो मतस्तथा ।। 247/1110**	228. कालो लोकक्षयकृत्प्रवृद्धः (11.32) **प्रवृद्धः सोऽर्दनं कर्तुं कालो भूत्वा जनार्दनः ।** **कुरुवीरा हतास्तेन विना युद्धं क्षितिं विना ।। 248/1110**
229. गरीयान्ब्रह्मणोऽपि (11.37) **ईश्वरश्च सुरेन्द्रश्च गरीयान्ब्रह्मणोऽपि सः ।** **देवदेवः स श्रीकृष्णः सर्वदेवा नमन्ति यम् ।। 249/1110**	230. आदिकर्ता (11.37) **आदिकर्ता भवान्कृष्ण सृष्टेरादिर्मतो भवान् ।** **मूलबीजञ्च सर्गाणां ब्रह्मणश्च गतिर्भवान् ।। 250/1110**

231. सदसत्तत्पर: (11.37) **न कृष्णः सन्न चासच्च श्रीकृष्णः सदसत्परः ।** **कृष्ण एव सतो भावो नाभावो विद्यतेऽसतः ।। 251/1110**	232. पुरुष: पुराण: (11.38) **अनादिः पुरुषः कृष्णः पुराणो ब्रह्मणोऽपि सः ।** **कृष्णाद्धि सर्वमुद्भूतं कृष्णे सर्वं विलीयते ।। 252/1110**
233. अनन्तरूप: (11.38) **श्रीकृष्णोऽनन्तरूपः स विश्ववृक्षः सनातनः ।** **न तस्यादिर्न मध्यञ्च दृश्यते सकलैर्जनैः ।। 253/1110**	234. वायु: (11.39) **पवनः पवतां कृष्णो गन्धानां वाहकश्च सः ।** **पञ्चभूतेषु वायुश्च भूमिरग्निर्जलं नभः ।। 254/1110**
235. शशाङ्क: (11.39) **भास्करश्च शशाङ्कश्च मतौ कृष्णस्य चक्षुषी ।** **कृष्णः सूर्यः शशाङ्कश्च सर्वञ्च विश्वमण्डलम् ।। 255/1110**	236. प्रजापति: (11.39) **कृष्णः प्रजापतिर्ब्रह्मा भूतचराचरस्य हि ।** **कृष्णस्तेषां पिता माता जन्मदाता जगत्पतिः ।। 256/1110**
237. प्रपितामह: (11.39) **श्रीकृष्णो जन्मदाता स माता पिता पितामहः ।** **पितॄणां हि पिता कृष्णः-तस्मात्कृष्णः प्रपितामहः ।। 257**	238. अमितविक्रम: (11.40) **विघ्नविनाशकः कृष्णः स चासुरनिकन्दनः ।** **अमितविक्रमः कृष्णः कृष्णः सकलशक्तिमान् ।। 258/1110**
239. सर्व: (11.40) **कृष्णः सर्वो हि सर्वस्य सर्वञ्च कृष्ण एव हि ।** **सर्वस्मात्सृज्यते सर्वं सर्वं सर्वेषु लीयते ।। 259/1110**	240. सखा (11.41) **सर्वभूतसखा कृष्णः सुखदुःखेषु सर्वदा ।** **सुहृच्च सदयः कृष्णः सच्चिदानन्द ईश्वरः ।। 260/1110**
241. यादव (11.41) चित्रकाव्यश्लोक: **यादवो यदुवीरः स यादवो यदुनन्दनः ।** **यदाऽऽहूतस्तदाऽऽयाति स यदुकुलभूषणः ।। 261/1110**	242. पिता लोकस्य चराचरस्य (11.43) **भूतानां स हि सर्वेषां कृष्णः पिता त्रिलोकिनः ।** **पिता तथा च माता स परमो वत्सलः प्रभुः ।। 262/1110**
243. पूज्य: (11.43) चित्रकाव्यश्लोक: **पवित्रः पावनः पूज्यः प्रद्युम्नः परमेश्वरः ।** **पातु मां सर्वपापेभ्यः पापहा प्रियदर्शनः ।। 263/1110**	244. गुरुर्गरीयान् (11.43) **कृष्णो गुरुर्गरीयान्स गुरूणाञ्च गुरुस्तथा ।** **पूज्यते गुरुभिः कृष्णः कृष्णस्तस्माज्जगद्गुरुः ।। 264/1110**
245. अप्रतिमप्रभाव: (11.43) **सर्वेशः सर्वदेवश्च देवदेवो महेश्वरः ।** **अप्रतिमप्रभावश्च श्रीकृष्णः सर्वशक्तिमान् ।। 265/1110**	246. ईश ईड्य: (11.44) **श्रीकृष्णमीशमीड्यञ्च पूजार्हं तं प्रभुं विभुम् ।** **मुरारिं वन्दनीयञ्च गोविन्दं तं नमाम्यहम् ।। 266/1110**
247. चतुर्भुज: (11.46) **सौम्यरूपः स श्रीकृष्णः शान्तमूर्तिश्चतुर्भुजः ।** **नीलसरसिजारूढः-चक्रपाणिः सुदर्शनः ।। 267/1110**	248. सहस्रबाहु: (11.46) **कृष्ण सहस्रबाहो त्वं विश्वरूपो महाबलः ।** **नेत्राणि ते सहस्राणि वक्त्राणि चरणास्तथा ।। 268/1110**
249. विश्वमूर्ति: (11.46) **विश्वमूर्तिः स श्रीकृष्णो यस्मिन्विश्वं समाहितम् ।** **कृष्णः सर्वस्य विश्वस्य प्रतिमा सुमनोहरा ।। 269/1110**	250. तेजोमय: (11.47) **तेजोमयो भवान्कृष्ण दीप्तियुक्तश्च सूर्यवत् ।** **तेजसा तव हे कृष्ण विश्वं सर्वं प्रकाशितम् ।। 270/1110**

251. विश्वम् (11.47) **कृष्णो ब्रह्मा च विष्णुश्च शिवो देवाश्च देवताः ।** **प्रकृतिः पुरुषः कृष्णः परमात्मा तथा च सः ।। 271/1110** **पृथिव्यां पादपा नद्यो गिरिवराश्च सागराः ।** **प्राणिनः पक्षिणः कीटाः कृष्ण त्वं सर्वमानवाः ।। 272/1110** **विश्वमेतद्भवानेव तत्त्वमसि हरे खलु ।** **त्वया सर्वमिदं व्याप्तं त्वयि सर्वं समाहितम् ।। 273/1110**	252. अनिर्देश्यः (12.3) **कृष्ण त्वं वर्णनातीतो ध्यानगम्यस्तु योगिभिः ।** **अनिर्देश्यो गुणातीतः कृपाशीलश्च केशव ।। 274/1110**
253. सर्वत्रगः (12.3) चित्रकाव्यश्लोकः **श्रीकृष्णः सर्वगामी स सर्वथा समवस्थितः ।** **सर्वस्य सर्वदा साक्षी सद्भावः सुहृदः सखा ।। 275/1110**	254. अचिन्त्यः (12.3) **यदि हि वर्णितः सर्वैः सर्वैश्च वन्दितस्तथा ।** **श्रीकृष्णो मननातीतः शब्दातीतश्च सर्वथा ।। 276/1110** **मतोऽचिन्त्यः स श्रीकृष्णः स्वप्नगम्यो हि यद्यपि ।** **तथापि चिन्तनं कार्यं कृष्णस्य सर्वदा सदा ।। 277/1110**
255. कूटस्थः (12.3) **श्रीकृष्णो ब्रह्मरूपेण कूटस्थः स्थावरो ध्रुवः ।** **अगोचरो निराकारो निर्गुणो दुर्गमस्तथा ।। 278/1110**	256. अचलः (12.3) **ब्रह्मरूपोऽचलः कृष्णो यथा मेरुर्हिमाचलः ।** **दर्शनं ब्रह्मरूपस्य विनाऽऽयासं न लभ्यते ।। 279/1110**
257. ध्रुवः (12.3) **ब्रह्मरूपो ध्रुवः कृष्णः–चिरः स्थिरश्च शाश्वतः ।** **अविनाशी च नित्यश्च दृढोऽमरश्च स्थावरः ।। 280/1110**	258. समुद्धर्ता मृत्युसंसारसागरात् (12.7) **श्रीकृष्णो हि समुद्धर्ता मृत्युसंसारसागरात् ।** **नौका भवति भक्ताय श्रीकृष्णो भवसागरे ।। 281/1110**
259. क्षेत्रज्ञः (13.3) **कलेवरमिदं क्षेत्रं कीर्तितं ब्रह्मज्ञानिभिः ।** **ज्ञाता क्षेत्रस्य क्षेत्रज्ञः श्रीकृष्ण एक एव सः ।। 282/1110**	260. सर्वतः पाणिपादः (13.14) **विराटं परमं रूपं कृष्णः पार्थमदर्शयत् ।** **सर्वतः पाणिपादं तत्–विश्वरूपं महाजनाः! ।। 283/1110**
261. सर्वतोऽक्षिशिरोमुखः (13.14) **दिव्यरूपः स श्रीकृष्णः सर्वतोऽक्षिशिरोमुखः ।** **सर्वं पश्यति सर्वेषां सर्वं जानाति सर्वदा ।। 284/1110**	262. सर्वतः श्रुतिमल्लोके (13.14) **सर्वतः श्रुतिमल्लोके श्रीकृष्णो जगदीश्वरः ।** **मतो विश्वे स लोकेशः शास्त्रेषु परमेश्वरः ।। 285/1110**
263. सर्वमावृत्य तिष्ठतः (13.14) **श्रीकृष्णः सर्वव्यापी स सर्वमावृत्य तिष्ठितः ।** **भूतानि तस्य छायायां सकलाश्चाश्रिता जनाः ।। 286/1110**	264. सर्वेन्द्रियगुणाभासः(13.15) **सर्वेन्द्रियगुणाभास आत्मा भूत्वा तनौ स्थितः ।** **श्रीकृष्णः सर्वगात्रेषु सौक्ष्म्येन हि समावृतः ।। 287/1110**
265. सर्वेन्द्रियविवर्जितः (13.15) **स्थितो यद्यपि गात्रेषु सर्वेन्द्रियविवर्जितः ।** **देहेषु सर्वभूतानां कृष्णश्चरति आत्मवत् ।। 288/1110**	266. असक्तः (13.15) **कृत्वाऽपि सर्वकर्माणि तैरलिप्तस्तथाऽपि सः ।** **लिप्तो न कर्मभिः कृष्णः पद्मपत्रमिवाम्भसा ।। 289/1110**
267. सर्वभृत् (13.15) **कर्ता स सर्वभूतानां भर्ता च परमेश्वरः ।** **माता पिता च श्रीकृष्णः सर्वेषां पालकस्तथा ।। 290/1110**	268. निर्गुणः (13.15) **निर्गुणब्रह्मरूपः स श्रीकृष्णः सगुणो भुवि ।** **ब्रह्मैव निर्गुणं तत्त्वं नान्यत्किञ्चिद्विना गुणम् ।। 291/1110**

269. गुणभोक्ता (13.15) **निर्गुणः सगुणे देहे गुणभोक्ता स केशवः ।** **साक्षी भूत्वा हि लीलां स पश्यति गुणकर्मणाम् ।। 292/1110**	270. अचरश्च चरः (13.16) **यद्यद्धि जायते भूमौ सर्वं कृष्णस्य मायया ।** **भूत्वा चरोऽचरः कृष्णः प्रादुर्भवति भूतले ।। 293/1110**
271. सूक्ष्मत्वादविज्ञेयः (13.16) **अणुरूपमविज्ञेयं सूक्ष्मत्वाद्गगनं यथा ।** **तथा ह्यणोरणीयान्स कृष्णः सर्वैर्न ज्ञायते ।। 294/1110**	272. दूरस्थः (13.16) **दूरस्थो मननातीतः श्रीकृष्णो दुर्गमस्तथा ।** **विना श्रद्धां विना भक्तिं दृश्यते न स लोचनैः ।। 295/1110**
273. अन्तिकः (13.16) **सर्वगामी स श्रीकृष्णो दूरस्थश्चान्तिकस्तथा ।** **अभक्ताय स दूरस्थो भक्ताय त्वन्तिकः सदा ।। 296/1110**	274. अविभक्तः (13.17) **अविभक्तः स श्रीकृष्णः सर्वभूतेषु विष्ठितः ।** **एको भिन्नेषु भूतेषु सर्वभूतेषु संततः ।। 297/1110**
275. विभक्तः (13.17) **विभक्त इव भूतेषु भिन्नेषु भिन्नरूपकः ।** **अविभक्तः स श्रीकृष्णः सर्वेषु संस्थितः ।। 298/1110**	276. ग्रसिष्णुः (13.17) **प्रभो विराटरूपस्त्वं ग्रसिष्णुरघनाशकः ।** **खादसि योधवीरांस्त्वं श्रीकृष्ण विविधैर्मुखैः ।। 299/1110**
277. प्रभविष्णुः (13.17) **श्रीकृष्ण प्रभविष्णुस्त्वं सृष्टेः कर्ता पितामहः ।** **तेजस्वी च प्रभावी त्वं विष्णुरूपो गणाधिपः ।।**	278. ज्योतिषामपि ज्योतिस्तमसः परः (13.18) **ज्योतिषामपि ज्योतिस्त्वं श्रीकृष्ण तमसः परः ।** **अज्ञानं निर्गतं सर्वं तेजसस्तव केशव ।।**
279. ज्ञानगम्यः (13.18) **अचिन्त्यो वर्णनातीतो गम्यस्त्वं ज्ञानयोगिभीः ।** **न तपसा न ध्यानेन न च दानेन कृष्ण त्वम् ।। 300/1110**	280. हृदि सर्वस्य विष्ठितः (13.18) **श्रीकृष्णः सर्वगामी स हृदि सर्वस्य विष्ठितः ।** **सकलभूतभूतात्मा सर्वस्य परमेश्वरः ।। 301/1110**
281. प्रकृतिः (13.20) **प्रकृतिः पुरुषः कृष्णः श्रीकृष्णो विश्वव्यापकः ।** **श्रीकृष्णो ब्रह्म ब्रह्माण्डं निर्गुणः सगुणास्तथा ।। 302/1110**	282. उपद्रष्टा (13.23) **आत्मा भूत्वा हृषीकेशो भूतदेहे समावृतः ।** **उपद्रष्टा हि साक्षी स न करोति न कार्यते ।।**
283. अनुमन्ता (13.23) **हृद्देशे सर्व भूतानां स्थितः कृष्णो जनार्दनः ।** **अनुमन्ता च साक्षी स श्रीकृष्णः पुरुषः परः ।।**	284. महेश्वरः (13.23) **ईश्वर ईश्वराणां स कृष्णो मतो महेश्वरः ।** **भूतेशः सर्वभूतानां कृष्णो भूतमहेश्वरः ।। 303/1110**
285. परमात्मा पुरुषः परः (13.23) **आत्मा च परमात्मा स श्रीकृष्णः पुरुषः परः ।** **ईशः स ईश्वरः कृष्णो देवेशः परमेश्वरः ।। 304/1110**	286. समः सर्वेषु भूतेषु (13.28) **समः सर्वेषु भूतेषु श्रीकृष्णः सर्वदा हि सः ।** **तस्य नारिर्न मित्रञ्च तटस्थः सर्वप्राणिषु ।। 305/1110**
287. विनश्यत्स्वविनश्यः (13.28) **अविनश्यो विनश्यत्सु श्रीकृष्णः शाश्वतश्चिरः ।** **सर्वभूतानि नश्यन्ति देही तेषां न नश्यति ।। 306/1110**	288. समवस्थितः (13.29) **देहिरूपेण श्रीकृष्णो देहेषु समवस्थितः ।** **सदा सर्वेषु भूतेषु समः सङ्गविवर्जितः ।। 307/1110**
289. परमात्मा शरीरस्थः (13.32) **सर्वभूतशरीरस्थः श्रीकृष्णः परमेश्वरः ।** **देही भूत्वा स देहेषु तिष्ठति भूतभावनः ।। 308/1110**	290. महद्योनिः (14.4) **श्रीकृष्णः सर्वभूतानां महद्योनिर्हि प्राणिनाम् ।** **बीजदाता पिता कृष्णः-तथा माता मतश्च सः ।। 309/1110** **महद्योनिर्मतः कृष्णः ब्रह्मयोनिस्तथा च सः ।** **यस्मात्सर्वाणि जायन्ते भूतानि भवसागरे ।। 310/1110**

291. बीजप्रदः पिता (14.4) **बीजं कृष्णो हि सर्वेषां भूतानां जन्मदायकम् ।** **बीजप्रदो मतः कृष्णो ब्रह्मयोनिस्तथा च सः ।। 311/1110**	292. यतः प्रवृत्तिः प्रसृता पुराणी (15.4) **कृष्णः पुरातना योनिः सृष्टिः सा प्रसृता यतः ।** **प्रवृत्तिः स हि सर्वेषां निवृत्तिश्च गतिस्तथा ।। 312/1110**
293. आद्यः पुरुषः (15.4) **अनादिः पुरुषः कृष्णो बीजमाद्यञ्च निर्मितेः ।** **संयोगात्प्रकृतेस्तेन ब्रह्माण्डं सकलं कृतम् ।। 313/1110**	294. पदमव्ययम् (15.5) **पावनं मुक्तिस्थानं यत्-सुन्दरं शांतिदायकम् ।** **स्वर्गादपि गरीयान्यत्-कृष्णस्तत्पदमव्ययम् ।। 314/1110**
295. वैश्वानरः (15.14) **कृष्णो वैश्वानरो भूत्वा देहे सर्वस्य सर्वदा ।** **पचत्यन्नानि सर्वाणि चतुर्विधानि देहिनाम् ।। 315/1110**	296. वेदान्तकृत् (15.15) **भवानुपनिषत्कर्ता गीतोपनिषदः प्रभो ।** **वन्दे वेदान्तकृत्कृष्णं योगदं पार्थसारथिम् ।। 316/1110**
297. वेदविद्देवः (15.15) **ज्ञातव्यो वेदविद्देवो वेदज्ञाता च त्वं प्रभो ।** **वेदेषु स्तवनं येषां सर्वदेवा भवान्हरे ।। 317/1110**	298. अक्षरः (15.16) **त्वमक्षरो हृषीकेश रत्नाकरः परात्परः ।** **ईश्वरस्त्वं गदाधारी सुन्दरः परमेश्वरः ।। 318/1110**
299. उत्तमः पुरुषः (15.17) **उत्तमः पुरुषाणां त्वं श्रीकृष्ण पुरुषोत्तमः ।** **त्वमेव वन्दितः सर्वैः परमानन्दमाधव ।। 319/1110**	300. क्षरादतीतोऽक्षरादुत्तमः (15.18) **भूते द्वे नु मते विश्वे स्वर्गेऽपि च क्षराक्षरे ।** **अक्षरादुत्तमः कृष्णः क्षरादतीत ईश्वरः ।। 320/1110**
301. केशिनिषूदनः (18.1) **मुख्यः कंसस्य मन्त्री स केशी कंसेन प्रेषितः ।** **अघ्नन्दुष्टं तु गावस्तं कृष्णः केशिनिषूदनः ।। 321/1110**	

THE BASIC GRAMMAR OF THE GITA

RULES FOR PROPER TRANSLITERATION OF SANSKRIT CHARACTERS INTO ENGLISH, WITH DIACRITICAL MARKS

m̐ (अं), ṁ, m (म्); ma (म), ṅ (ङ्), ñ (ञ्), ṇ (ण्), n (न्), na (न)

Character *m̐* (अं) or *ṁ* (म्) is the nasal dot (अनुस्वारः) placed over any character in a word :

(i) ṁ → Within a word, when the nasal dot is followed by any consonant from p-class (p ph b bh m प फ ब भ म), then and then only that nasal dot means half character म् (m).

e.g. *saṁpadā* संपदा = सम्‌पदा = सम्पदा । *guṁphana* गुंफन = गुम्‌फन = गुम्फन, *aṁbara* अंबर = अम्‌बर = अम्बर । *daṁbha* दंभ = दम्‌भ = दम्भ । *saṁmati* संमति = सम्‌मति = सम्मति ।

NOTE : संस्कृत is *sam̐skṛta* not saṁskṛta, because स् (of स्कृतम्) is not a p-class character.

(ii) m̐ → Within a word, when the nasal dot is followed by any non-class consonant (*y r l v ś ṣ s h* य र ल व श ष स ह), **that nasal dot means *m̐* अं** (just a nasal sound, even though it is generally inaccurately transliterated as *ṁ* or *n*). e.g. संस्कृतं पठ = स्अंस्कृतम् पठ = *sam̐skṛtaṁ paṭha* NEITHER *samskṛtam paṭha* सम्स्कृतम् पठ NOR *sanskṛtam paṭha* सन्स्कृतम् पठ (NOTE : the nasal dots in *sam̐s* संस् and in *kṛtam* कृतम् both have different pronunciations, and thus must be transliterated differently (as *m̐* and *ṁ*, but NOT both as *m*). *Same is true for words like* मांसम् = म्आंसम् *mām̐sam etc.*

Similarly, संयत = sam̐yata, not सम्‌यत samyata; संरक्षण = sam̐rakṣaṇa, not सम्‌रक्षण samrakṣaṇa; संलग्न = sam̐lagna, not सम्‌लग्न samlagna; संवाद = sam̐vāda, not सम्‌वाद samvada; वंश = vam̐śa, not वम्‌श vamśa; मांसं = mām̐saṁ, not माम्‌सम् māmsam; कंस = kam̐sa, not कम्‌स kamsa, nor kansa; संहार = sam̐hara, not सम्‌हार samhāra ...etc. There is no *m* in these words.

(iii) m → The half character *m* म् may come (1) at the end of any word that is followed by any word that is starting with a vowel, e.g. *bho Rāma māṁ tvam uddhara!* भो राम मां त्वम् उद्धर! or (2) it may come at the end of a sentence. e.g. *bho Rāma māṁ uddhara tvam!* भो राम माम् उद्धर त्वम्! भो राम मामुद्धर त्वम्!

(iv) ma →The full character *ma* म (म् + अ = म *m + a = ma*) may come anywhere in a sentence. e.g. *bho*

Rāma mām̐ tvam uddhara! भो राम मां त्वम् उद्धर! भो राम मां त्वमुद्धर! भो राम माम् उद्धर त्वम्! भो राम मामुद्धर त्वम्! = भो रामोद्धर त्वं माम् । भो राम त्वमुद्धर माम् ।

(v) ṁ → Within a sentence, when character *m* (म्) comes **at the end of any word** that is followed by a word that begins with any consonant, **only that nasal dot means *ṁ* (म्)**

e.g. *aham kim karomi = ahaṁ kiṁ karomi* अहम् किम् करोमि = अहं किं करोमि ।

(vi) m → Within a sentence, when *m* (म्) comes at the end of a sentence, it stays as म् (m).

e.g. *kim kromi aham = kiṁ kromi aham* किम् करोमि अहम् = किं करोमि अहम् ।

Anuswara = ṅ (ङ्), ñ (ञ्), ṇ (ण्), n (न्), ṁ (म्), m̐ (अं)

For transliterating the nasal dot (*anusvāraḥ* अनुस्वारः) within a word, into English,

the following six rules apply

(1) When the nasal dot is followed by any character from k-class (क्, ख्, ग्, घ् k, kh, g, gh), that nasal dot is transliterated as → ṅ (ङ्) e.g. *raṅka* रङ्क, *raṅga* रङ्ग etc.

(2) When the nasal dot is followed by any character from ć-class (च्, छ्, ज्, झ् ć, ćh, j, jh), that nasal dot is transliterated as → ñ (ञ्) e.g. *pañća* पञ्च, *rañja* रञ्ज etc.

(3) When the nasal dot is followed by any character from ṭ-class (ट्, ठ्, ड्, ढ् ṭ, ṭh, ḍ, ḍh), that nasal dot is transliterated as → ṇ (ण्) e.g. *kaṇṭaka* कण्टक, *kaṇṭha* कण्ठ etc.

(4) When the nasal dot is followed by any character from t-class (त्, थ्, द्, ध् t, th, d, dh), that nasal dot is transliterated as → n (न्) *anta* अन्त, *pantha* पन्थ etc.

(5) When the nasal dot is followed by any character from p-class (प्, फ्, ब्, भ् p, ph, b, bh), that nasal dot is transliterated as → m (म्) *aṁba* अम्ब, *daṁbha* दम्भ etc.

(6) When the nasal dot is followed by any non-class character (य् र् ल् व श् ष् स ह् y, r, l, v, ś, ṣ, s), that nasal dot is transliterated as → m̐ (अं) *vam̐śaḥ* वंशः, व्अंशः ।

Euphonic Conjunctions used in Gītā
सन्धिमीमांसा

The coalescence of the two letters coming in immediate contiguity to form a compound letter or word, in order to avoid the occurance of incongrous sounds or the unpleasent haitus, is a सन्धि (*sandhi* Euphonic conjunction); and such contiguity, closeness or contact of the letters is संहिता (*saṁhitā* extreme adjacence). (*paṛḥ sannikarṣaḥ saṁhitā* परः सन्निकर्षः संहिता । -aṣṭādhyāyī 1:4.104)

Conjunction in the internal structure of words is necessary, so it is necessary between the root and its prefix; it is also necessary in the समासः (two words being compounded). However, though it is not necessary, conjunction between the congruent words of a sentense makes it a good prose; and not doing so - is a fault for the poetry. (*saṁhitaikapade nityā nityā dhātūpasargayoḥ, nityā samāse vākye tu sā vivakṣāmapekṣte.* संहितैकपदे नित्या नित्या धातूपसर्गयोः । नित्या समासे वाक्ये तु सा विवक्षामपेक्षते ।। (सिद्धान्तकौमुदिः)

For the interest of those inquisitive Gītā lovers who feel that they do not have full knowledge of the Saṁskṛt language to understand the Gītā from its original text, the following section contains 25 *sandhi* rules especially tailored to self-help them to disjoin each compound word of the entire Gťā into its easy to understand component words.

For this study, while giving each rule, only the examples that appear in the Gītā are given. And within that too, to maintain the uniformity and discipline, as is typical in every chapter of this book, here also in each case referrance is made only to the example that appears very first time in the Gītā.

Please remember that : In this chapter the numbers with the slant character (/) indicate the *sandhi* rule number, e.g. 2/3 means sub-rule 3 of the *sandhi* rule 2. But, everywhere else in this book, the numbers with period mark (.) indicate the verse reference, e.g. 2.3 means verse 3 of the chapter 2.

The 25 Rules of Conjunction required to understand the Gītā

सन्धिनियमाः ।

(1) Conjunction between similar letters :

📖 When a short vowel (a, i, u, ṛ अ, इ, उ, ऋ) or a long vowel (ā, ī, ū, ṝ आ, ई, ऊ, ॠ) is followed by a similar short or long vowel, the two similar vowels combine together to produce one long vowel (ā, ī, ū, ṝ आ, ई, ऊ, ॠ). This conjunction is also called **long conjunction** (दीर्घसन्धिः). e.g.

1/1 अ + अ = आ) एव अभिरक्षन्तु → एवाभिरक्षन्तु a + a = ā eva abhirakṣantu → evābhirakṣantu (1.11)

1/2 अ + आ = आ) एव आश्रयेत् → एवाश्रयेत् a + ā = ā eva āśrayet → evāśrayet (1.36)

1/3 आ + अ = आ) उक्त्वा अर्जुनः → उक्त्वार्जुनः ā + a = ā uktvā arjunaḥ → uktvārjunaḥ (1.47)

1/4 आ + आ = आ) परया आविष्टः → परयाविष्टः ā + ā = ā parayā āviṣṭaḥ → parayāviṣṭaḥ (1.27)

1/5 इ + इ = ई) भ्रमति इव → भ्रमतीव i + i = ī bhramati iva → bhramatīva (1.30)

1/6 इ + ई = ई) उत्क्रामति ईश्वरः → उत्क्रामतीश्वरः i + ī = ī utkramati īśvaraḥ → utkramatīśvaraḥ (15.8)

1/7 ई + इ = ई) त्यागी इति → त्यागीति ī + i = ī tyāgī iti → tyāgīti (18.11)

1/8 उ + उ = ऊ) तेषु उपजायते → तेषूपजायते u + u = ū teṣu upajāyate → teṣūpajāyate (2.62)

📖 when any consonant (k, t, n क्, त्, न्) is followed by a similar consonant (ka, ta, na क, त, न), the two similar consonants conjunct to form a compound consonant (kka, tta, nna क्क, त्त, न्न)

1/9 क् + क = क्क पृथक् केशिनिषूदन → पृथक्केशि॰ k + k = kk pṛthak keśiniṣūdana → pṛthakkeśi॰ (18.1)

1/10 त् + त = त्त हस्तात् त्वक् → हस्तात्त्वक् t + t = tt hastāt tvak → hastāttvak (1.30)

त् + त्र = त्त्र एतत् त्रयम् → एतत्त्रयम् t + tr = ttr etat trayam → etattrayam (16.21)

1/11 न् + न = न्न तान् निबोध → तान्निबोध n + n = nn tān nibodha → tānnibodha (1.7)

(2) Conjunction between dissimilar vowels :

📖 When the vowel a or ā (अ, आ) is followed by a dissimilar short vowel i, u or ṛ (इ, उ, ऋ) or a dissimilar long vowel sauch as ī, ū or ṝ (ई, ऊ, ॠ) then the two dissimilar vowels form letters e, o or r (ए, ओ, र्), respectively. e.g.

2/1 अ + इ = ए न इमे → नेमे a + i = e na ime → neme (2.12)

2/2 अ + उ = ओ विनद्य उच्चैः → विनद्योच्चैः a + u = o vinadya uccaiḥ → vinadyoccaiḥ (1.12)

अ + ऊ = ओ च + ऊर्ध्वम् → चोर्ध्वम् a + ū = o ca ūrdhvam → cordhvam (15.1)

2/3 आ + इ = ए दृष्ट्वा इमम् → दृष्ट्वेमम् ā + i = e dṛṣṭvā imam → dṛṣṭvemam (1.28)

2/4 आ + उ = ओ त्यक्त्वा उत्तिष्ठ → त्यक्त्वोत्तिष्ठ ā + u = o tyaktvā uttiṣṭha → tyaktvottiṣṭha (2.3)

(3) *Vriddhi* Conjunction :

📖 When the vowel a or ā (अ, आ) is followed by a dipthong e, ai, o or au (ए, ऐ, ओ, औ) then this vowel a or ā (अ, आ) undergoes *vriddhi* to form a compound letters ai or au (ऐ, औ) respectively.

3/1 अ + ए = ऐ च एव → चैव a + e = ai ća eva → ćaiva (1.1)

3/2 अ + ओ = औ च ओषधि: → चौषधि: a + o = au ća oṣadhīḥ → ćauṣadhīḥ (15.13)

3/1 आ + ए = ऐ तथा एव → तथैव ā + e = ai tathā eva → tathaiva (1.8)

(4) *Yaṇa* Conjunction :

📖 When a short vowel i, u or ṛ (इ, उ, ऋ) or a long vowel ī, ū or ṝ (ई, ऊ, ॠ) is followed by any dissimilar vowel, this vowel i, ī, u, ū, ṛ, ṝ (इ, ई, उ, ऊ, ऋ, ॠ) becomes y, y, v, v, r, r (य्, य्, व्, व्, र्, र्) respectively. This group of letters y, y, v, v, r, r (य्, य्, व्, व्, र्, र्) is called as ***yaṇa*** by Pāṇini (इको यणचि । -aṣṭādhyāyī 6:1.76). e.g.

4/1 इ + अ = य् + अ = य शक्नोमि अवस्थातुम् → शक्नोम्यवस्थातुम्

i + a = ya śaknomi avasthātuṁ → śaknomyavasthātuṁ (1.30)

4/2 इ + आ = य् + आ = या क्लेदयन्ति आप: → क्लेदयन्त्याप:

i + ā = yā kledayanti āpaḥ → kledayantyāpaḥ (2.23)

4/3 इ + उ = य् + उ = यु अभिभवति उत → अभिभवत्युत

i + u = yu abhibhavati uta → abhibhavatyuta (1.40)

4/4 इ + ए = य् + ए = ये यद्यपि एते → यद्यप्येते i + e = ye yadyapi ete → yadyapyete (1.38)

4/5 ई + अ = य् + अ = य इन्द्रियाणी अन्ये → इन्द्रियाण्यन्ये ī + a = y indriyāṇi anye → indriyāṇyanye (4.26)

4/6 उ + अ = व् + अ = व तु अनयो → त्वनयो u + a = va tu anayoḥ → tvanayoḥ (2.16)

4/7 उ + आ = व् + आ = वा तु आत्मरति: → त्वात्मरति: u + ā = vā tu ātmaratiḥ → tvātmaratiḥ (3.17)

4/8 उ + इ = व् + इ = वि तु इदम् → त्विदम् u + i = vi tu idaṁ → tvidaṁ (1.10)

4/9 उ + ए = व् + ए = वे तु एव → त्वेव u + e = ve tu eva → tveva (2.12)

(5) *Ayādi* Conjugation :

📖 When the compound vowel e or ai (ए, ऐ) coming at the end of a word is followed by any vowel other than the short vowel a (अ), then this vowel e or ai (ए, ऐ) is replaced by letters ay and āy (अय्, आय्) respectively. The y (य्) in the letters ay and āy (अय्, आय्) may optionally be deleted.

5/1 (आ) श्रीकृष्णार्जुनसंवादे आत्मसंयमयोग: → श्रीकृष्णार्जुनसंवाद आत्मसंयमयोग:

(ā) śrīkṛṣṇārjunasaṁvāde ātmasaṁyamayogaḥ → śrīkṛṣṇārjunasaṁvāda ātmasaṁyamayogaḥ (6.47)

5/2 (इ) ते इमे → त इमे (i) te ime → ta ime (1.33)

5/3 (उ) रथोपस्थे उपाविशत् → रथोपस्थ उपाविशत् (u) rathopasthe upāviśat → rathopastha upāviśat (1.47)

5/4 (ए) सर्वे एव → सर्व एव (e) sarve eva → sarva eva (1.6)

📖 When the compound vowel o or au (ओ, औ) coming at the end of a word is followed by any vowel other than the short vowel a (अ), then this vowel o or au (ओ, औ) is replaced by letters av and āv (अव्, आव्) respectively. The va (va`) in the letters av and āv (अव्, आव्) may optionally be deleted.

NOTE : The resulting letters in the group 5 *sandhi* are ay, āy, av, āv, etc. (अय्, आय्, अव्, आव् आदि), therefore, this sandhi is called ***ayādi*** (अय् आदि, अयादि) by Pāṇini (एचोऽयवायाव: । -aṣṭādhyāyī 6:1.77).

5/5 (अ) पूजार्हौ अरिसूदन → पूजार्हावरिसूदन (a) pūjārhau arisūdana → pūjārhāvarisūdana (2.4)

5/6 (इ) द्वौ इमौ → द्वाविमौ (i) dvau imau → dvāvimau (15.16)

5/7 (उ) नि:श्रेयसकरौ उभौ → नि:श्रेयसकरावुभौ (u) niḥśreyasakarau ubhau → niḥ-śreyasakarāvubhau (5.2)

(6) *Pūrvarūpa* Conjugation :

📖 When the compound vowel e or o (ए, ओ) at the end of a word is followed by short vowel a (अ), then this short vowel a (अ) is replaced with an *avagraha* ‘ (ऽ). This group of compound vowel e or o (ए, ओ) is called as ***eḍh*** (एङ) by Pāṇini (एङ: पदान्तादति । -aṣṭādhyāyī 6:1.107). e.g.

6/1 (ए) मे अच्युत → मेऽच्युत (e) me aćyuta → me‘ćyuta (1.21)

(7) *Prgṛhya* exception in the case of dual number words :

📖 When a word of dual number (whether noun, pronoun or verb) that ends in vowel ī, ū or e (ई, ऊ, ए) is followed by any vowel, there is no sandhi (blending) between the two opposite vowels. Such vowel as ī, ū or e (ई, ऊ, ए) that does not congugate, or the word that ends in such non-blending vowel, is termed as ***pragṛhya*** by Pāṇini (ईदूदेद्द्विवचनं प्रगृह्यम् । aṣṭādhyāyī 1:1.11). e.g.

7/1 (उ) अनादी उभौ → अनादी उभौ (u) anādī ubhau → anādī ubhau (13.20)

(8) Third-Consonant and Vowel Conjugation :

📖 When any consonant from any of the five classes (k, ć, ṭ, t, p, क्, च्, ट्, त्, प्), except any nasal consonant, is followed by any vowel, this consonant from a class is replaced by the third consonant from the same class and this third consonant then conjugates with vowel that follows it. e.g.

Consonant k (क्)

8/1 (उ) क् + उ = ग् + उ = गु सम्यक् उभयोः → सम्यगुभयोः

(u) k + u = g + u = gu samyak ubhayoḥ → samyagubhayoḥ (5.4)

Consonant t (त्)

8/2 (अ) त् + अ = द् + अ = द तत् अस्माकम् → तदस्माकाम्

(a) t + a = d + a = da tat asmākam → tadasmākam (1.10)

8/3 (आ) त् + आ = द् + आ = दा स्यात् आत्मतृप्तः → स्यादात्मतृप्तः

(ā) t + ā = d + ā = dā syāt ātmatṛptaḥ → syādātmatṛptaḥ (3.17)

8/4 (इ) त् + इ = द् + इ = दि बलात् इव → बलादिव (i) t + i = d + i = di balāt iva → balādiva (3.36)

8/5 (ई) त् + ई = द् + ई = दी यत् ईदृशम् → यदीदृशम् (ī) t + ī = d + ī = dī yat īdṛśam → yadīdṛśam (6.42)

8/6 (उ) त् + उ = द् + उ = दु रणात् उपरतम् → रणादुपरतम्

(u) t + u = d + u = du raṇāt uparatam → raṇāduparatam (2.35)

8/7 (ऊ) त् + ऊ = द् + ऊ = दू श्रीमत् ऊर्जितम् → श्रीमदूर्जितम्

(ū) t + ū = d + ū = dū śrīmat ūrjitam → śrīmadūrjitam (10.41)

8/8 (ऋ) त् + ऋ = द् + ऋ = दृ एतत् ऋतम् → एतदृतम् (ṛ) t + ṛ = d + ṛ = dṛ etat ṛtam → etadṛtam (10.14)

8/9 (ए) त् + ए = द् + ए = दे यावत् एतान् → यावदेतान् (e) t + e = d + e = de yāvat etān → yāvadetān (1.22)

8/10 (ॐ) त् + ॐ = द् + ॐ (ओम्) = दोम् तस्मात् ॐ (ओम्) → तस्मादोम्

(om) t + om = d + om = dom tasmāt om → tasmādom (17.24)

📖 When a nasal consonant n or m (न्, म्) is followed by a vowel, they form a full letter as given below. But, if a short vowel precedes the nasal consonant n (न्), it conjugates according to the sandhi rules 13/1-5.

Consonant n (न्)

8/11 (अ) योद्धुकामान् अवस्थितान् → योद्धुकामानवस्थितान्

(a) yoddhukāmān avasthitān → yoddhukāmānavasthitān (1.22)

8/12 (आ) एतान् आततायिनः → एतानाततायिनः (ā) etān ātatāyinaḥ → etānātatāyinaḥ (1.36)

8/13 (इ) कुरून् इति → कुरूनिति (i) kurun iti → kuruniti (1.25)

8/14 (ई) श्रीभगवान् उवाच → श्रीभगवनुवाच (ī) śrībhagavān uvāća → śrībhagavānuvāća (2.2)

8/15 (उ) यान् एव → यानेव (u) yān eva → yāneva (2.6)

Consonant m̧ (म्)

8/16 (अ) किम् अकुर्वत् → किमकुर्वत् (a) kim̧ akurvata → kimakurvata (1.1)

8/17 (आ) पाण्डुपुत्राणाम् आचार्य → पाण्डुपुत्राणामाचार्य (ā) pāṇḍuputrāṇām̧ āćārya → ◦putrāṇāmāćārya (1.3)

8/18 (इ) वाक्यम् इदम् → वाक्यमिदम् (i) vākyam̧ idam̧ → vākyamidam̧ (1.21)

8/19 (ई) भूतानाम् ईश्वर: → भूतानामीश्वर: (ī) bhūtānām̧ īśvaraḥ → bhūtānāmīśvaraḥ (4.6)

8/20 (उ) आचार्यम् उपसङ्गम्य → आचायमुपसङ्गम्य (u) āćāryam̧ upasaṅgamya → āćāryamupasaṅgamya (1.2)

8/21 (ऋ) असपत्नम् ऋद्धम् → असपत्नमृद्धम् (ṛ) asapatnam̧ ṛddham̧ → asapatnamṛddham̧ (2.8)

8/22 (ए) भीष्मम् एव → भीष्ममेव (e) bhīṣmam̧ eva → bhīṣmameva (1.2)

8/23 (ऐ) योगम् ऐश्वरम् → योगमैश्वरम् (ai) yogam̧ aiśvaram̧ → yogamaiśvaram̧ (9.5)

8/24 (ओ) पवित्रम् ओङ्कार:→ पवित्रमोङ्कार: (o) pavitram̧ oṅkāraḥ → pavitramoṅkāraḥ (9.17)

8/25 (औ) अहम् औषधम् → अहमौषधम् (au) aham̧ auṣadham̧ → ahamauṣadham̧ (9.16)

(9) Third-Consonant and Consonant Conjugation :

📖 When a consonant, other than any nasal consonant, comes after a hard consonant from any of the five classes (k, ć, ṭ, t, p, क्, च्, ट्, त, प्), then this hard consonant from a class is replaced by the third consonant from the same class or optionally by the last (nasal) consonant from that class. e.g.

Consonant k (k')

9/1 (ब) पृथक् बाला: → पृथग्बाला: (b) pṛthaķ bālāḥ → pṛthagbālāḥ (5.4)

9/2 (म) ईदृक् मम → ईदृङ्मम (m) idṛķ mama → idṛṅmama (11.49)

9/3 (व) सम्यक् व्यवसित: → सम्यग्व्यवसित: (v) samyaķ vyavasitaḥ → samyagvyavasitaḥ (9.30)

Consonant t (त्) : Consonant t (त्) follows the *sandhi* rules 9 and 11

9/4 त् + ग् = द् + ग् = द्ग् यत् गत्वा → यद्गत्वा t + g = d + g = dg yaţ gatvā → yadgatvā (15.6)

9/5 त् + द् = द् + द् = द्द् विद्यात् दु:खसंयोगवियोगम् → विद्याद्दु:खसंयोगवियोगम्
t + d = d + d = dd vidyāţ duḥkhasam̐yogaviyogam̧ → vidyādduḥkhasam̐yogaviyogam̧ (6.23)

9/6 त् + ध् = द् + ध् = द्ध् बुद्धियोगात् धनञ्जय → बुद्धियोगाद्धनञ्जय
t + dh = d + dh = ddh buddhiyogaţ dhanañjaya → buddhiyogaddhanañjaya (2.49)

9/7 त् + ब् = द् + ब् = द्ब् स्मृतिभ्रंशात् बुद्धिनाश: → स्मृतिभ्रंशाद्बुद्धिनाश:
t + b = d + b = db smṛtibhram̐śāţ buddhināśaḥ → smṛtibhram̐śādbuddhināśaḥ (2.63)

9/8 त् + भ् = द् + भ् = द्भ् क्रोधात् भवति → क्रोधाद्भवति
t + bh = d + bh = dbh krodhāţ bhavati → krodhādbhavati (2.63)

9/9 त् + य् = द् + य् = द्य् अपनुद्यात् यत् → अपनुद्याद्यत् t + y = d + y = dy (apanudyāţ yaţ → ◦nudyādyaţ)(2.8)

9/10 त् + र् = द् + र् = द्र्   यत् राज्यसुखलोभेन → यद्राज्यसुखलोभेन

t + r = d + r = dr   yat rājyasukhalobhena → yadrājyasukhalobhena (1.45)

9/11 त् + व् = द् + व् = द्व्   एतत् विद्मः → एतद्विद्मः   t + v = d + v = dv etat vidmaḥ → etadvidmaḥ (2.6)

9/12 त् + ह् = द् + ह् = द्ध्   धर्म्यात् हि → धर्म्याद्धि   t + h = d + h = ddh dharmyāt hi → dharmyādhi (2.31)

(10) First-Consonant Conjugation :

📖 When a consonant from any of the five classes (k, ć, ṭ, t, p, क्, च्, ट्, त, प्), except a nasal consonant, is followed by any dissimilar hard consonant (k, kh, ć, ćh, ṭ, ṭh, t, th, p, ph, ś, ṣ s क्, ख्, च्, छ्, ट्, ठ्, त, थ्, प्, फ्, श्, ष्, स्), that consonant from any class is replaced by the first (hard) consonant from the same class. However, if the consonant t (त्) is followed by ć or ćh (च्, छ्) then the congugation follows the *sandhi* rule number 11↓

Consonant k (क्) :

10/1 (च्) त्वक् च → त्वक्च   (ć) tvak ća → tvakća (1.30)

10/2 (प्) पृथक् पृथक् → पृथक्पृथक्   (p) pṛthak pṛthak → pṛthakpṛthak (1.18)

10/3 (श्) प्राक् शरीरविमोक्षणात् → प्राक्शरीरविमोक्षणात्   (ś) prāk śarīravimokṣaṇa → prākśarīravimokṣaṇa (5.23)

10/4 (स्) ऋक् साम → ऋक्साम   (s) ṛk sāma → ṛksāma (9.17)

Consonant t (त्) : Consonant t follows the *sandhi* rules 10 and 11

10/5 (क्) पुरुजित् कुन्तिभोजः → पुरुजित्कुन्तिभोजः   (k) purujit kuntibhojaḥ → purujitkuntibhojaḥ (1.5)

(क्ष्) अन्यत् क्षत्रियस्य → अन्यत्क्षत्रियस्य   (kṣ) anyat kṣatriyasya → anyatkṣatriyasya (2.31)

10/6 (प्) आश्चर्यवत् पश्यति → आश्चर्यवत्पश्यति   (p) āśćaryavat paśyati → āśćaryavatpaśyati (2.29)

10/7 (स्) अपश्यत् स्थितान् → अपश्यत्स्थितान्   (s) apaśyat sthitān → apaśyatsthitān (1.26)

(11) Same order Consonant-Consonant Conjugation :

📖 When any consonant from t (त्) class (t, th, d, dh, n त्, थ्, द्, ध्, न्), is followed by any consonant from ć (च्) class (ć, ćh, j, jh, ñ च्, छ्, ज्, झ्, ञ्), then that consonant from t (त्) class is replaced by the consonant of same order from the ć (च) class. However, if the consonant n (न्) is followed by ć (च्) then the congugation follows the *sandhi* rule number 13/6↓

Consonants t (त्) and n (न्)-

11/1 (च) त् + च् = च् + च् = च्च्   आश्चर्यवत् च → आश्चर्यवच्च

(ć) t + ć = ć + ć = ćć   āśćaryavat ća → āśćaryavaćća (2.29)

11/2 (ज) त् + ज् = ज् + ज् = ज्ज् स्यात् जनार्दन → स्याज्जनार्दन

(j) t + j = j + j = jj syāt janārdana → syājjanārdana (1.36)

(ज्ञ) त् + ज्ञ् = ज् + ज्ञ् = ज्ज्ञ् यत् ज्ञात्वा → यज्ज्ञात्वा

(jñ) t + jñ = j + jñ = jjñ yat jñātvā → yajjñātvā (4.16)

11/3 (न) न् + ज् = ञ् + ज् = ञ्ज् सपृशन् जिघ्रन् → सपृशञ्जिघ्रन्

(n) n + j = ñ + j = ñj spṛśan jighran → spṛśañjighran (5.8)

📖 When any consonant from t (त्) class (t, th, d, dh, n त्, थ्, द्, ध्, न्), is followed consonant ś (श्), then that consonant from t (त्) class (t, th, d, dh, n त्, थ्, द्, ध्, न्), is replaced by the consonant of same order from the ć (च्) class (ć, ćh, j, jh, ñ च्, छ्, ज्, झ्, ञ्). And the following consonant ś (श्) is optionally replaced by consonant ćh (छ) e.g.

11/4 (त) यत् शोकम् → यच्छोकम् yat śokam → yaććhokam (2.8)

युद्धात् श्रेय: → युद्धाच्छ्रेय: yuddhāt śreyaḥ → yuddhāććhreyaḥ (2.31)

11/5 (न) पश्यन् शृण्वन् → पश्यञ्छृण्वन्, पश्यन्शृण्वन्, पश्यञ्श्रुण्वन्, पश्यञ्शृण्वन्

paśyan śṛṇvan → paśyañćhṛṇvan, paśyanśṛṇvan, or paśyañśruṇvan, paśyañśṛṇvan (5.8)

महानुभावान् श्रेय: → महानुभावान्श्रेय: mahānubhāvān śreyaḥ → mahānubhāvāñśreyaḥ (2.5)

📖 But, When the consonant t (त्) or d (द्) is followed by consonant l (ल्) then that consonant t (त्) or d (द्) is always replaced by consonant l (ल्). e.g.

11/6 (त) आब्रह्मभुवनात् लोका: → आब्रह्मभुवनाल्लोका: (t) ābrahmabhuvanāt lokāḥ → ◦bhuvanāllokāḥ (8.16)

(12) *Anunāsic* (nasal) Conjugation :

📖 When any consonant, other than a nasal consonant, from any of the five classes (k, ć, ṭ, t, p क्, च्, ट्, त् प्), is followed by a nasal consonant, then this consonant from that class is optionally replaced by the nasal (last) consonant from the same class. e.g.

Consonant *t* (त्)

12/1 त् + न = न् + न = न्न तस्मात् न → तस्मान्न t + n = n + n = nn tasmāt na → tasmānna (1.37)

12/2 त् + म = न् + म = न्म तत् मे → तन्मे t + m = n + m = nm tat me → tanme (1.46)

Consonant d (द्)

12/3 द् + म = न् + म = न्म सुहृद् मित्र → सुहृन्मित्र d + m = n + m = nm suhṛd mitra→ suhṛnmitra (6.9)

(13) Conjugation of the word ending in n̦ (न्)

📖 When a word ending in n̦ (न्) is preceeded by any short vowel and is followed by any vowel, the ending n̦ (न्) is doubled and becomes nn (न्न). e.g.

13/1 (अ) अनिच्छन् अपि → अनिच्छन्नपि (a) aniććhn̦ api → aniććhnnapi (3.36)

13/2 (आ) पश्यन् आत्मनि → पश्यन्नात्मनि (ā) paśyan̦ ātmani → paśyannātmani (6.20)

13/3 (इ) विषीदन् इदम् → विषीदन्निदम् (i) viṣīdan̦ idam̦ → viṣīdannidam̦ (1.27)

13/4 (उ) गृह्णन् उन्मिषन् → गृह्णन्नुन्मिषन् (u) gṛhṇan̦ unmiṣan̦ → gṛhṇannunmiṣan̦ (5.9)

13/5 (ए) युञ्जन् एवम् → युञ्जन्नेवम् (e) yuñjan̦ evam̦ → yuñjannevam̦ (6.15)

📖 When a word ending in n̦ (न्) is followed by ć, ćh, ṭ, ḍ, t or th (च्, छ्, ट्, ड्, त्, थ्), then the ending n̦ (न्) is replaced by an *anusvāra* (ं the nasal dot) and a *visarga* (:). This visarga then may change to ś, ṣ or s (श्, ष्, स्) according to the *sandhi* rules 17 and 18↓. e.g.

13/6 (च्) प्रज्ञावादान् च → प्रज्ञावादांश्च (ć) prajñāvādān̦ ća → prajñāvādām̐śća (2.11)

13/7 (त्) सखीन् तथा → सखींस्तथा (t) sakhin̦ tathā → sakhim̐stathā (1.26)

📖 When a word ending in consonant n̦ (न्) is followed by a word starting with l (ल्), then a *ćandra-anusvāra* (ँ the special nasal dot) comes on the letter that is before n̦ (न्), and that n̦ (न्) is replaced with letter l (ल्) e.g.

13/8 श्रद्धावान् लभते → श्रद्धावाँल्लभते śraddhāvān̦ labhate → śraddhāvām̐llabhate (1.26)

📖 When a word ending in consonant n̦ (न्) is followed by any consonant other than ć, ćh, ṭ, ḍ, t, th, n, l or ś (च्, छ्, ट्, ड्, त्, थ्, न्, ल्, श्), then the n̦ (न्) and the following consonant conjugate to fom a compound nasal consonant.

13/9 न् + क = न्क धार्तराष्ट्रान् कपिध्वजः → धार्तराष्ट्रान्कपिध्वजः

n + k = nk dhārtarāṣṭrān̦ kapidhvajaḥ → dhārtarāṣṭrānkapidhvajaḥ (1.20)

13/10 न् + ग = न्ग् अश्नन् गच्छन् → अश्नन्गच्छन् n + g = ng aśnan̦ gaććhan̦ → aśnangaććhan̦ (5.8)

13/11 न् + द = न्द् शङ्खान् दध्मुः → शङ्खान्दध्मुः n + d = nd śaṅkhān̦ dadhmuḥ → śaṅkhāndadhmuḥ (1.18)

13/12 न् + ध = न्ध् धर्मकामार्थान् धृत्या → धर्मकामार्थान्धृत्या

n + dh = ndh arthān̦ dhṛtyā → arthāndhṛtyā (18.34)

13/13 न् + प न्प् स्थितान् पार्थः → स्थितान्पार्थः n + p = np sthitān̦ pārthaḥ → sthitānpārthaḥ (1.26)

13/14 न् + ब न्ब् तान् ब्रवीमि → तान्ब्रवीमि n + b = nb tān̦ bravīmi → tānbravīmi (1.7)

13/15 न् + भ = न्भ् भवान् भीष्मः → भवान्भीष्मः n + bh = nbh bhavān bhīṣmaḥ → bhavānbhīṣmaḥ (1.8)

13/16 न् + म = न्म् आचार्यान् मातुलान् → आचार्यान्मातुलान्

n + m = nm āćāryān mātulān → āćāryānmātulān (1.26)

13/17 न् + य न्य् अस्मिन् यथा → अस्मिन्यथा n + y = ny asmin yathā → asminyathā (2.13)

13/18 न् + र = न्र् अस्मिन् रणसमुद्यमे → अस्मिन्रणसमुद्यमे n + r = nr asmin raṇa◦ → asminraṇa◦ (1.22)

13/19 न् + व = न्व् बहून् वदिष्यन्ति → बहून्वदिष्यन्ति n + v = nv bahūn vadiṣyanti → bahūnvadiṣyanti (2.36)

13/20 न् + स न्स् एतान् समवेतान् → एतान्समवेतान् n + s = ns etān samavetān → etānsamavetān (1.25)

न् = श ञ्श पश्यन् शृण्वन् → पश्यञ्शृण्वन् n + ś = ñś paśyan śṛṇvan → paśyañśṛṇvan (5.8)

13/21 न् + ह = न्ह् सञ्जनयन् हर्षम् → सञ्जनयन्हर्षम्

n + h = nh sañjanayan harṣam → sañjanayanharṣam (1.12)

(14) m (ma`) becomes a nesal dot (ं *anusvāra*)

When a word ending in letter m (म्) is followed by a word strating with any consonant, then that letter m (म्) becomes a nasal dot (ं) that is placed over the character that is before m (म्). e.g.

14/1 पाण्डवानीकम् व्यूढम् → पाण्डवानीकं व्यूढम् pāṇḍavānīkam vyūḍham → pāṇḍavānīkaṁ vyūḍham (1.2)

However, when the word ending in letter m (म्) is at the end of the sentence, then that letter m (म्) remains unchanged.

14/2 पश्यैतां पाण्डुपुत्राणामाचार्य महतीं चमूम् । (1.3) अपर्याप्तं तदस्माकं बलं भीमाभिरक्षितम् ।। (1.10)

paśyaitāṁ pāṇḍuputrāṇāmāćārya mahtiṁ ćamūm (1.3)

paryaptaṁ tvidameteṣaṁ balaṁ bhīmābhirakṣitam (1.10)

(15) *Visarga* (:) becomes letter o (ओ)

When vowel 'a' (अ) comes before and after the *visarga* (:), then that *visarga* (:) becomes letter u (उ). This letter u (उ) then joins with the vowel a (अ) that came before the *visarga* (:) and becomes letter o (ओ) according to the *sandhi* rule 2/2↑. And the letter a (अ) that came after the *visarga* (:) becomes an *avagraha* ‘ (ऽ), e.g.

15/1 तुमुलः अभवत् → तुमुलोऽभवत् tumulaḥ abhavat → tumulo‘bhavat (1.13)

When vowel a (अ) comes before the *visarga* (:) and any soft consonant comes after *isarga* (:), then that *visarga* (:) becomes letter u (उ). This letter u (उ) then joins with the vowel a (अ) that came before the *visarga* (:) and becomes letter o (ओ) according to the *sandhi* rule 2/2↑

15/2 (ग) हृषीकेशः गुडाकेशेन → हृषीकेशो गुडाकेशेन (g) hṛṣīkeśaḥ guḍākeśena → hṛṣīkeśo guḍākeśena (1.24)

15/3 (ज) नः जयेयुः → नो जयेयुः (j) naḥ jayeyuḥ → no jayeyuḥ (2.6)

(ज्ञ) बहवः ज्ञानतपसा → बहवो ज्ञानतपसा (jñ) bahavaḥ jñānatapasā → bahavo jñānatapasā (4.10)

15/4 (द) सौभद्रः द्रौपदेयाः → सौभद्रो द्रौपदेयाः (d) saubhadraḥ draupadeyāḥ → saubhadro draupadeyāḥ (1.6)

15/5 (ध) घोषः धार्तराष्ट्राणाम् → घोषो धार्तराष्ट्राणाम्

(gh) ghoṣaḥ dhārtarāṣṭrāṇam → ghoṣo dhārtarāṣṭrāṇam (1.19)

15/6 (न) सङ्करः नरकाय → सङ्करो नरकाय (n) saṅkaraḥ narakāya → saṅkaro narakāya (1.42)

15/7 (ब) बुद्धिनाशः बुद्धिनाशात् → बुद्धिनाशो बुद्धिनाशात्

(b) buddhināśaḥ buddhināśāt → buddhināśo buddhināśāt (2.63)

15/8 (भ) वासः भवति → वासो भवति (bh) vasaḥ bhavati → vaso bhavati (1.44)

15/9 (म) धृवः मुत्युः → धृवो मुत्युः (m) dhruvaḥ mṛtyuḥ → dhruvo mṛtyuḥ (2.27)

15/10 (य) कुन्तीपुत्रः युधिष्ठिरः → कुन्तीपुत्रो युधिष्ठिरः

(y) kuntīputraḥ yudhiṣṭhiraḥ → kuntīputro yudhiṣṭhiraḥ (1.16)

15/11 (र) नः राज्येन → नो राज्येन (r) naḥ rājyena → no rājyena (1.32)

15/12 (ल) प्रवृद्धः लोकान् → प्रवृद्धो लोकान् (l) pravṛddhaḥ lokān → pravṛddho lokān (11.32)

15/13 (व) युयुधानः विराटः → युयुधानो विराटः (v) yuyudhānaḥ virāṭaḥ → yuyudhāno virāṭaḥ (1.4)

15/14 (ह) उक्तः हृषीकेशः → उक्तो हृषीकेशः (h) uktaḥ hṛṣīkeśaḥ → ukto hṛṣīkeśaḥ (1.24)

(16) ***Visarga* (:) becomes letter r (र्) -**

📖 When any vowel other than a or ā (अ, आ) comes before a *visarga* (:) and any vowel comes after the *visarga* (:), then that *visarga* (:) becomes r (र्) and this r (र्) conjugates with the vowel following that *visarga* (:). e.g.

16/1 (इ) मुनिः उच्यते → मुनिरुच्यते (i) muniḥ ućyate → munirućyate (2.56)

16/2 (ई) निराशीः अपरिग्रहः → निराशीरपरिग्रहः (ī) nirāśīḥ aparigrahaḥ → nirāśīraparigrahaḥ (6.10)

16/3 (उ) धनुः उद्यम्य → धनुरुद्यम्य (u) dhanuḥ udyamya → dhanurudyamya (1.20)

16/4 (ऐ) दोषैः एतैः → दोषैरेतैः (ai) doṣaiḥ etaiḥ → doṣairetaiḥ (1.43)

16/5 (ओ) सेनयोः उभयोः → सेनयोरुभयोः (o) senayoḥ ubhayoḥ → senayorubhayoḥ (1.21)

📖 If a vowel other that a or ā (अ, आ) comes before a *visarga* (:) and any soft consonant comes after the *visarga* (:), then that *visarga* (:) becomes r (र्) and this r (र्) is placed as a sofr r (ˆ) over the letter following that *visarga* (:)

16/5 (इ) प्रपश्यद्भिः जनार्दन → प्रपश्यद्भिर्जनार्दन

(i) prapaśyadbhiḥ janārdana → prapaśyadbhir janārdana (1.39)

16/6 (ई) स्थितधीः मुनिः → स्थितधीर्मुनिः (ī) sthitadhīḥ muniḥ → sthitadhīrmuniḥ (2.56)

16/7 (उ) मृत्युः ध्रुवम् → मृत्युर्ध्रुवम् (u) mṛtyuḥ dhruvam → mṛtyurdhruvam (2.27)

16/8 (ऊ) भूः मा → भूर्मा (ū) bhūḥ mā → bhūrmā (2.47)

16/9 (ए) दुर्बुद्धेः युद्धे → दुर्बुद्धेर्युद्धे (e) durbuddheḥ yuddhe → durbuddheryuddhe (1.23)

16/10 (ऐ) श्वेतैः हयैः → श्वेतैर्हयैः (ai) śvetaiḥ hayaiḥ → śvetairhayaiḥ (1.14)

16/11 (ओ) उभयोः मध्ये → उभयोर्मध्ये (o) ubhayoḥ madhye → ubhayormadhye (1.21)

(17) *Visarga* (:) becomes letter ś (श)

📖 When ć or ćh (च्, छ्) comes after a *visarga* (:), then that *visarga* (:) changes to ś (श्). But, if ṭ or ṭh comes, then that *visarga* (:) becomes ṣ (ष्). e.g.

17/1 (च) पाण्डवाः च → पाण्डवाश्च (ć) pāṇḍavāḥ ća → pāṇḍavāśća (1.1)

17/2 (छ) उभयविभ्रष्टः छिन्नाभ्रम् → उभयविभ्रष्टश्छिन्नाभ्रम्

(ćh) vibhraṣṭaḥ ćhinnābhram → vibhraṣṭaśćhinnābhram (6.38)

(18) *Visarga* (:) becomes letter s (स्)

📖 When letter t or th (त्, थ्) comes after a *visarga* (:) then that *visarga* (:) changes to s (स्). e.g.

18/1 (त) दुर्योधनः तदा → दुर्योधनस्तदा (t) duryodhanaḥ tadā → duryodhanastadā (1.2)

(त्र) लिङ्गैः त्रीन् → लिङ्गैस्त्रीन् (tr) liṅgaiḥ trīn → liṅgaistrīn (14.21)

(त्य)कर्मफलत्यागः त्यागात् → कर्मफलत्यागस्त्यागात् (ty) tyāgaḥ tyāgāt → tyāgastyāgāt (12.12)

(त्व)कुतः त्वा → कुतस्त्वा (tv) kutaḥ tvā → kutastvā (2.2)

(19) *Visarga* (:) after vowel a (अ) is deleted

📖 When vowel a (अ) comes before a *visarga* (:) and any vowel other than a (अ) comes after the *visarga* (:) then that *visarga* (:) is deleted.

19/1 (आ) निर्योगक्षेमः आत्मवान् → निर्योगक्षेम आत्मवान् (ā) yogakṣemaḥ ātmavān → ◦kṣema ātmavān (2.45)

19/2 (इ) अन्तवन्तः इमे → अन्तवन्त इमे (i) antavantaḥ ime → antavanta ime (2.18)

19/3 (ई) अव्ययः ईश्वरः → अव्यय ईश्वरः (ī) avyayaḥ īśvaraḥ → avyaya īśvaraḥ (15.17)

19/4 (उ) धृतराष्ट्रः उवाच → धृतराष्ट्र उवाच (u) dhṛtarāṣṭraḥ uvāća → dhṛtarāṣṭra uvāća (1.1)

19/5 (ऊ) अतः ऊर्ध्वम् → अत ऊर्ध्वम् (ū) ataḥ ūrdhvam → ata ūrdhvam (12.8)

19/6 (ऋ) ओङ्कारः ऋक् → ओङ्कार ऋक् (ṛ) oṅkāraḥ ṛksāma → oṅkāra ṛksāma (9.17)

19/7 (ए) यः एनम् → य एनम् (e) yaḥ enam → ya enam (2.19)

(20) *Visarga* (:) after vowel ā (आ) is deleted

When vowel ā (आ) comes before a *visarga* (:) and any vowel comes after the *visarga* (:) then that *visarga* (:) is deleted. e.g.

20/1 (अ) देवाः अपि → देवा अपि (a) devāḥ api → devā api (11.52)

20/2 (आ) अपहृतज्ञानाः आसुरम् → अपहृतज्ञाना आसुरम् (ā) apahṛtajñānāḥ āsuram → ◦jñānā āsuram (7.15)

20/3 (इ) मणिगणाः इव → मणिगणा इव (i) maṇigaṇāḥ iva → maṇigaṇā iva (7.7)

20/4 (उ) षण्मासाः उत्तरायणम् → षण्मासा उत्तरायणम् (u) ṣaṇmāsāḥ uttarāyaṇam → ṣaṇmāsā uttarāyaṇam (8.24)

20/5 (ए) कामोपभोगपरमाः एतावत् → कामोपभोगपरमा एतावत्

(e) kāmopabhogaparamāḥ etāvat → kāmopabhogaparamā etāvat (16.11)

When vowel ā (आ) comes before a *visarga* (:) and any soft consonant comes after the *visarga* (:) then that *visarga* (:) is deleted.

20/6 (ग) गुणाः गुणेषु → गुणा गुणेषु (g) guṇāḥ guṇeṣu → guṇā guṇeṣu (3.28)

20/7 (ज) स्वर्गपराः जन्मकर्मफलप्रदाम् → स्वर्गपरा जन्मकर्मफलप्रदाम्

(j) svargaparāḥ janmakarmaphalapradām → svargaparā janmakarmaphalapradām (2.43)

20/8 (द) देवाः दास्यन्ते → देवा दास्यन्ते (d) devāḥ dāsyante → devā dāsyante (3.12)

20/9 (ध) पुरुषाः धर्मस्य → पुरुषा धर्मस्य (dh) paruṣāḥ dharmasya → paruṣā dharmasya (9.3)

20/10 (न) देहाः नित्यस्य → देहा नित्यस्य (n) dehāḥ nityasya → dehā nityasya (2.18)

20/11 (ब) व्यवसायात्मिकाः बुद्धि → व्यवसायात्मिका बुद्धि

(b) vyavasāyātmikāḥ buddhiḥ → vyavasāyātmikā buddhiḥ (2.41)

20/12 (भ) महेश्वासाः भीमार्जुनसमाः → महेश्वासा भीमार्जुनसमाः

(bh) maheṣvāsāḥ bhīmārjunasamāḥ → maheṣvāsā bhīmārjunasamāḥ (1.4)

20/13 (म) शूराः महेश्वासाः → शूरा महेश्वासाः (m) śūrāḥ maheṣvāsāḥ → śūrā maheṣvāsāḥ (1.4)

20/14 (य) समवेताः युयुत्सवः → समवेता युयुत्सवः (y) samavetāḥ yuyutsavaḥ → samavetā yuyutsavaḥ (1.1)

20/15 (र) धार्तराष्ट्राः रणे → धार्तराष्ट्रा रणे (r) dhārtarāṣṭrāḥ raṇe → dhārtarāṣṭrā raṇe (1.46)

20/16 (ल) कामकामाः लभन्ते → कामकामा लभन्ते (l) kāmakāmāḥ labhante → kāma-kāmā labhante (9.21)

20/17 (व) अर्हाः वयम् → अर्हा वयम् (v) arhāḥ vayam → arhā vayam (1.37)

20/18 (ह) बहुशाखाः हि → बहुशाखा हि (h) bahuśākhāḥ hi → bahu-śākhā hi (2.41)

📖 However, when vowel ā (आ) comes before a *visarga* (:) and any hard consonant comes after the *visarga* (:) then that *visarga* (:) is not deleted. e.g.

मामकाः पाण्डवाः → मामकाः पाण्डवाः māmakāḥ pāṇḍavāḥ → māmakāḥ pāṇḍavāḥ (1.1)

(21) *Visarga* (:) after eṣaḥ and saḥ (एषः, सः) is deleted

📖 When any consonant or any vowel other than letter a (अ), comes before a *visarga* (:) then that *visarga* (:) is deleted.

21/1 (एषः) एषः वः → एष वः eṣaḥ eṣaḥ vaḥ → eṣa vaḥ (3.10)

21/2 (सः) सः शब्द → स शब्द saḥ saḥ shabdaḥ → sa shabdaḥ (1.13)

(22) *Visarga* (:) remains unchanged

📖 When any vowel comes before a *visarga* (:) and a hard consonant such as k, kh, p, ph, ś, ṣ or s (क्, ख्, प्, फ्, श्, ष्, स्) comes after the *visarga* (:) then that *visarga* (:) is remains unchanged. e.g.

22/1 (क्) चेकितानः काशिराजः → चेकितानः काशिराजः (k) ćekitānaḥ kāśirājaḥ→ ćekitānaḥ kāśirājaḥ (1.5)

(क्ष्) सुखिनः क्षत्रियाः → सुखिनः क्षत्रियाः (ks) sukhinaḥ kṣatriyāḥ → sukhinaḥ kṣatriyāḥ (2.32)

22/2 (ख्) वायुः खम् → वायुः खम् (kh) vāyuḥ khaṃ → vāyuḥ khaṃ (7.4)

22/3 (प्) मामकाः पाण्डवाः → मामकाः पाण्डवाः (p) māmakāḥ pāṇḍavāḥ → māmakāḥ pāṇḍavāḥ (1.1)

22/4 (फ्) कृपणाः फलहेतवः → कृपणाः फलहेतवः (ph) kṛpaṇāḥ phalahetavaḥ → kṛpaṇāḥ phala◦ (2.49)

22/5 (श्) बहवः शूराः → बहवः शूराः (ś) bahvaḥ śūrā → bahvaḥ śūrā (1.9)

22/6 (ष्) शुक्लः षण्मासाः → शुक्लः षण्मासाः (ṣ) śuklaḥ ṣaṇmāsā → śuklaḥ ṣaṇmāsā (8.24)

22/7 (स्) नानाशस्त्रप्रहरणाः सर्वे → नानाशस्त्रप्रहरणाः सर्वे

(s) nānāśastrapraharaṇāḥ sarve → nānāśastrapraharaṇāḥ sarve (1.9)

📖 When a *visarga* (:) comes at the end of a sentence, then that *visarga* (:) remains unchanged. e.g.

22/8 धर्मक्षेत्रे कुरुक्षेत्रे समवेताः युयुत्सवः । (1.1) युयुधानो विराटश्च द्रुपदश्च महारथः ।। (1.4)

dharmakṣetre kurukṣetre samavetā yuyutsavaḥ (1.1) yuyudhāno virāṭaśća drupadaśća mahārathaḥ (1.4)

(23) Conjugation within and between sentences

📖 As said above, conjunction in the internal structure of words is necessary. Conjunction between the root and its prefix is also required. Conjugation is also necessary in the समास (two words being compounded). Though it is not necessary, conjunction between the congruent words of a sentense makes it a good prose; but not doing so in the poetry is a fault.

(*saṁhitaikapade nityā nityā dhātūpasargayoḥ, nityā samāse vākye tu sā vivakṣāmapekṣte.* संहितैकपदे नित्या नित्या धातूपसर्गयोः । नित्या समासे वाक्ये तु सा विवक्षामपेक्षते ।। –सिद्धान्तकौमुदिः) e.g.

23/1 दृष्ट्वा तु पाण्डवानीकं व्यूढं दुर्योधनस्तदा आचार्यमुपसङ्गम्य राजा वचनमब्रवीत् ।

drṣṭvā tu pāṇḍavānīkaṁ vyūḍhaṁ duryodhanastadā áćāryamupasaṅgamya rājā vaćanamabravīt ।। (1.2)

(24) Change of n (न्) to ṇ (ण्) at the end of a word

📖 When letter n (न्) at the end of a word is preceeded by letter ṛ, ṛ́, r or ṣ (ऋ, ॠ, र्, ष्); and between this n (न्) and the letter ṛ, ṛ́, r or ṣ (ऋ, ॠ, र्, ष्) even if any vowel or *anusvāra* (nasal dot) or a consonant from class k (क) or a consonant from class p (प) or letter y, r, v or h (य्, र्, व् ह्) comes, in all these cases the n (न्) changes to ṇ (ण्).

24/1	(एन) गुडाकेशेन (1.24) द्रुपदपुत्रेण (1.3)	(ena) guḍākeśena (1.24) drupadapautreṇa (1.3)
24/2	(नः) सम्बन्धिनः (1.34) शरीरिणः (2.18)	(naḥ) sambandhinaḥ (1.34) śarīriṇaḥ (2.18)
24/3	(नम्) वचनम् (1.2) अश्रुपूर्णाकुलेक्षणम् (2.1)	(nam) vaćanam (1.2) aśrupūrṇākulekṣaṇam (2.1)
24/3	(ना) आत्मना (2.55) कर्मणा (3.20)	(nā) ātmanā (2.55) karmaṇā (3.20)
24/3	(नाः) अनुद्विग्नमनाः (2.56) नानाशस्त्रप्रहरणाः (1.9)	(nāḥ) anudvignamanāḥ (2.56) śastrapraharaṇāḥ (1.9)
24/3	(नाम्) कुलीनाम् (1.42) पाण्डुपुत्राणाम् (1.3)	(nām) kulaghnānām (1.42) pāṇḍuputrāṇām (1.3)
24/3	(नि) हृदयानि (1.19) गात्राणि (1.29)	(ni) hṛdayāni (1.19) gātrāṇi (1.29)
24/3	(नी) ज्ञानी (7.16) अव्यभिचारिणी (13.10)	(nī) jñānī (7.6) avyabhićāriṇī (13.10)
24/3	(ने) स्यन्दने (1.14) रणे (1.46)	(ne) syandane (1.14) raṇe (1.46)

(25) Change of s (स्) to ṣ (ष्) at the end of a word

📖 When letter any vowel other than a or ā (अ, आ) or any consonant from the class k (क्) or letter r (र्) comes after a word ending in the case suffixes such as saḥ, sā, sāma, si, su, syati, syate, syanti, syāmi, sye, sva, etc. (सः, सा, साम्, सि, सु, स्यति, स्यते, स्यन्ति, स्यामि, स्ये, स्व), then in all these cases the s (स्) in these suffixes changes to ṣ (ष्). e.g.

25/1	(सः) सः (1.13) एषः (3.10)	(saḥ) saḥ (1.13) eṣaḥ (3.10)
25/1	(सा) सा (2.69) एषा (2.39)	(sā) sā (2.69) eṣā (2.39)
25/1	(साम्) अपहृतचेतसाम् (2.44) एतेषाम् (1.10)	(sām) apahṛtaćetasām (2.44) eteṣam (1.10)

25/1	(सि) वासांसि (2.22) करोषि (9.27)	(si) vāsānsi (2.22) karoṣi (9.27)
25/1	(सु) दुष्टासु (1.41) अयनेषु (1.11)	(su) duṣṭāsu (1.41) ayaneṣu (1.11)
25/1	(स्यति) स्थास्यति (2.53) परिशुष्यति (1.29)	(syati) sthāsyati (2.53) pariśuṣyati (1.29)
25/1	(स्यन्ति) नमस्यन्ति (11.36) कथयिष्यन्ति (2.34)	(syanti) namasyanti (11.36) kathayiṣyanti (2.34)
25/1	(स्यते) मंस्यन्ते (2.35) विशिष्यते (7.17)	(syate) mansyante (2.35) viśiṣyate (7.17)
25/1	(स्यामि) प्रतियोत्स्यामि (2.4) कथयिष्यामि (10.19)	(syāmi) pratiyotsyāmi (2.4) kathayiṣyāmi (10.19)
25/1	(स्ये) योत्स्ये (2.9) हनिष्ये (16.14)	(sye) yotsye (2.9) haniṣye (16.14)
25/1	(स्व) तितिक्षस्व (2.14) कुरुष्व (9.27)	(sva) titikṣasva (2.14) kuruṣva (9.27)

NOTE : Once any ***sandhi*** rule is applied between two words, those two words do not congugate again with any of the other ***sandhi*** rules. e.g.

vikrāntaḥ uttamaujāḥ → vikrānta uttamaujāḥ (1.6)

In this case, vikrāntaḥ and uttamaujāḥ are congugated into vikrānta uttamaujāḥ using *sandhi* rule 19/1. Now, vikrānta uttamaujāḥ can not be conjugated as vikrāntottamaujāḥ using *sandhi* rule 2/2.

EXCEPTION TO THIS RULE : THE PARASAVARNA SANDHI
परसवर्णसंधिः ।

Once a *sandhi* is made according to Rule no. 14/1, the *anuswara* (nasal dot) may be changed to the corresponding nasal consonant and this new nasal consonant will form a ***parasavarṇa sandhi*** with the next consonant. e.g.

(ञ्) उक्तम् च → उक्तं च → उक्तञ्च । (ñ) uktam ća → uktaṁ ća → uktañća

सर्वेषाम् च महीक्षिताम् → सर्वेषां च महीक्षिताम् → सर्वेषाञ्च महीक्षिताम् →

sarveṣām ća mahīkṣitām → sarveṣāṁ ća mahīkṣitām → sarveṣāñća mahīkṣitām → (1.25)

(ङ) पापम् कर्तुम् → पापं कर्तुम् → पापङ्कर्तुम् । (ṅ) pāpam kartūm → pāpaṁ kartum → pāpaṅkartum (1.45)

पदम् गच्छन्त्यनामयम् → पदं गच्छन्त्यनामयम् → पदङ्गच्छन्त्यनामयम् ।

padam gaćchantyanāmayam → padaṁ gaćchantyanāmayam → padaṅgaćchantyanāmayam

(न) कृतम् दोषं → कृतं दोषं → कृतन्दोषं (n) kṛtam doṣam → kṛtaṁ doṣam → kṛtandoṣam (1.39)

NOTE : For All Aspects of the GRAMMAR OF THE GITA, see my "Sanskrit Grammar and Reference Book" at www.books-india.com

Here starts the Gītā as She is, in Kṛṣṇa's own words, alongwith the ratnākar-bhagavad-gītā in anuṣṭubh meter.

In the preface of this book it has been admitted that nice translations and commentaries on the Gītā have been rendered by many great authors. Nevertheless, for the reasons given below, it has been deemed appropriate in this book to show the grammar and grammatically ascertained meaning of each word of the Gita, for the clearer understanding and benefit of the readers, so that they can see **the *Gītā as She is, in Kṛṣṇa's own Sanskrit words.***

On careful scrutiny we can see that in the translations of the Gītā, while authors are keen on the ornamental language, dogmatic point of view, religious glorification, philosophical weightiness, fantastic concepts, etc., they partially ignore the grammatical accuracy with respect to tense, case, number, gender, etc. For this reason, even though they are the translations of the same Saṁskṛt text, they many times differ from each other and, thus from the original text also. And, unfortunately, the reader not versed in Saṁskṛt, has no way of knowing how far he/she is from what Vyāsa actually wrote!

Many times, in order to attain an erudition, the flowery language is so heavily ornamented that the reader can not tell what is fantastic and what is real. Often, in order to attain a certain idea, extraneous words are inserted in the translation; and sometimes the original divine words of Kṛṣṇa are completely deleted in the translation; while many times there is no correlation between the grammar of the word and the translation of it; other times Kṛṣṇas words are even altered to suite a personal point of view. Such diverse variations in the translations, even when done with best of the intensions or even inadvertently, prevent the readers from knowing where and how much is forthright as compared to the original Saṁskṛt text.

It is, of course, different case with the poetic renderings, where the poet has limited syllables, metre, words, letters, etc, to work with. Similarly too, a critic has to develop his own axiom and annotation. But translators do not necessarily have to deviate from the original text other than to a small degree.

Therefore, even when there are fine translations of the Gītā available easily, a presentation of word for word meaning - **supported with its full grammar** - became an unavoidable duty for this work.

As the background, character sketches, grammatical explanations and footnotes are intergal part of this book, (i) it has become unnecessary to repeat the explanatory details during the course of simple translation; (ii) flowery or ornamental embellishment became unnecessary, because the word meanings are tied to their grammar; (iii) religious or orthodox glorification finds no scope; (iv) Kṛṣṇa's words from original text could not be removed; (v) neither they could be altered; (vi) nor the outside words, (other than connecting particles, prepositions and understood words) could safely be inserted. It is only for this reason this critical work is called *"Gita as She is, in Krishna's Own Words."*

After gaining benefit from this basic study, the reader will **then** be able to better understand the commentaries and essays written by such great authors.

THE BACKGROUNG OF THE BHAGAVAD-GITA

अनुष्टुभ्-छन्दसि रत्नाकररचितं गीतोपनिषद् ।

भगवद्गीतीतायाः पार्श्वभूमिकाः ।

अनुष्टुप्-छन्दसि गीतोपनिषद् । अथ भगवद्गीतीतायाः पार्श्वभूमिका ।	(रत्नाकर उवाच) दर्शयतीतिवृत्तं, किं कुत्र केन कदा कृतम् । नो चेदन्धो विना दण्डं स्खलति निर्बुधो यथा ।। 322/1110
(इतिवृत्तम्) इतिवृत्तं च गीताया लिखितमस्ति भारते । पात्रपरिचयोऽप्यस्ति व्यासेन तत्र वर्णितः ।। 323/1110	इतिहासः सदाऽस्माकं मार्गदीपो नियन्त्रकः । सुकर्मणां स निर्व्याजो दोषाणां च हि दर्शकः ।। 324/1110
कथा या लिखिता रम्या मठेषु मुनिभिः पुरा । पुरुकुले यथा दैवम्-आरब्धा हस्तिनापुरे ।। 325/1110	अस्मिन्पुरुकुले जातो निष्कपटः कुरुर्नृपः । प्रपौत्रः शान्तनुस्तस्य पाण्डवानां पितामहः ।। 326/1110
शान्तनोर्हि त्रयः पुत्राः प्रसिद्धा भूरिशः खलु । नृपो विचित्रवीर्यश्च भीष्मो व्यासो महामुनिः ।। 327/1110	विचित्रस्य त्रयः पुत्राः सर्वे भिन्नर्गुणान्विताः । पाण्डुर्ज्ञानी धृतः कूटो नीतिज्ञो विदुरो महान् ।। 328/1110
धृतराष्ट्रस्तु जन्मान्धोऽवैधश्च विदुरः सुतः । नृपतिरभवत्पाण्डुः तस्माद्धि हस्तिनापुरे ।। 329/1110	मथुरानन्दिनी कुन्ती शूरसेनस्य कन्यका । अग्रजा वसुदेवस्य कुन्तिभोजेन पालिता ।। 330/1110
युधिष्ठिरश्च भीमश्चार्जुनः कुन्त्याः सुतास्त्रयः । नकुलः सहदेवश्च च सुतौ माद्र्या हि युग्मजौ।। 331/1110	अन्धस्य धृतराष्ट्रस्य पुत्रा दुष्टा खलाः शतम् । धार्तराष्ट्राः सुताः सर्वे संज्ञिताः शतकौरवाः ।। 332/1110
आसीत्कर्णः सुतः कुन्त्याः किन्तु कौरवपक्षकः । राज्यमङ्गस्य देशस्य तेनतस्मादधिष्ठितम् ।। 333/1110	शुक्रद्रोणकृपाचार्याः शिक्षका हस्तिनापुरे । कौरवान्पाण्डवाञ्छात्रान्-अपाठयद्गुरुत्रयम् ।। 334/1110
छात्रैर्गुणानुसारेण विद्या सर्वैरुपार्जिता । इच्छा यथा यथा यस्य तेन लब्धा कला तथा ।। 335/1110	(वर्णाश्रमः) द्रोणाचार्यो द्विजो जात्या क्षात्रस्तस्य सुतोऽभवत् । अश्वत्थामा गुणी पुत्रः क्षात्रधर्ममपालयत् ।। 336/1110
ब्रह्मणे स कुले जातः स्वभावेन तु क्षत्रियः । क्षत्रियो गुणकर्मभ्यां विप्रो यद्यपि जन्मनः ।। 337/1110	(सुभाषितम्) गुणेभ्यो जायते वर्णो वर्णे कोऽपि न जायते । वर्णो नैसर्गिको ज्ञातः स्वार्थाज्जातिस्तु निर्मिता ।। 338/1110
तेषु छात्रेषु प्रावीण्यं सर्वे हि पाण्डवा गताः । कौरवा ईर्षया पृक्ता रताः सर्वे कुकर्मसु ।। 339/1110	उद्यताः पाण्डवान्हन्तुं मूढा ज्वलितमानसाः । रचिताः कपटास्तस्मात्-दुर्योधनेन छद्मना ।। 341/1110
(दुर्भाग्येन यदा) पीडितो व्याधितो पाण्डुः-राज्याधिकारमत्यजत् । अन्धस्ततः समारोहत्-धृतराष्ट्रो नृपासनम् ।। 341/1110	(अन्धो धृतराष्ट्रः सिंहासनमरूढः) ऐच्छदुर्योधनो राज्यं राज्ये च परिवर्तनम् । युवराजपदं किन्तु सोऽनुजो नहि प्राप्तवान् ।। 342/1110

अधिकारः स धर्मस्य सर्वे चेच्छन्ति यं जनाः । अग्रजं ते पदं तस्मात्-दत्तवन्तो युधिष्ठिरम् ।। 343/1110	अभिषेचितवन्तस्ते युवराजं युधिष्ठिरम् । दुर्योधनः खलो दुष्टो राज्यपदं न प्राप्तवान् ।। 344/1110
(सुवचनम्) जित्वा राज्यानि सर्वत्र पाण्डवा भारते ततः । प्राप्तवन्तो धनं मानं बलं कीर्तिं च पुष्कलाम् ।। 345/1110	(कौरवैर्दुष्टाचारः) अरचच्छकुनिर्भिन्नान्-कपटाञ्छलनाटकान् । षड्यन्त्रान्स दिवानक्तं मारयितुं हि पाण्डवान् ।। 346/1110
भीमे विषप्रयोगं च नित्यमाक्रममर्जुने । ज्वालिता पाण्डवास्तेन, सर्वमसफलं परम् ।। 347/1110	कोऽपि हन्तुं न शक्नोति तं यं रक्षति श्रीहरिः । व्यर्थं तत्र सदा सर्वं कुर्यात्कोऽपि यथा मतिः ।। 348/1110
(किन्तु) द्वारिकां नगरीं दूरे कृष्ण आसीद्गतो यदा । अशठन्द्यूतक्रीडायां धर्ममाहूय कौरवाः ।। 349/1110	भीष्माचार्यः कृपाचार्यो द्रोणाचार्यश्च धार्मिकाः । न कोऽपि शकुनिं किन्तु प्रत्यकरोद्धि प्रेक्षकाः ।। 350/1110
कदा कं किं भवेत्कोऽपि नहि जानाति मानवः । पाण्डवानां तथा जातं ललाटे लिखितं यथा ।। 351/1110	श्वानपुच्छं सदा वक्रम्-ऋजुं कर्तुं न शक्यते । गर्दभो ज्ञानशून्यो हि विद्वान्स न च जायते ।। 352/1110
पयः पीत्वाऽपि नागस्य विषमेव हि वर्धते । तथा दुष्टस्य क्रोधोऽपि प्रेम्णा न हि निवर्तते ।। 335	(अत एव) एवमेव स्थितिस्तेषां कौरवाणां हि सर्वथा । विघ्नं कर्तुं सुखं तेषां भद्रकार्ये व्यथा तथा ।। 353 1110
समे वृक्षे उभौ जातौ भिन्ने तु प्रकृती तयोः । एकं सुगन्धितं पुष्पम्-अन्यं तत्रैव कण्टकम् ।। 355 1110	(दुष्टाचारः) लुण्ठितं देवनैर्धूर्तैः-तेषां राज्यमशेषतः । धृतराष्ट्रसमक्षं तैः पाण्डवानां नु कौरवैः ।। 356/1110
भीष्मद्रोणसमक्षं तैः-नग्नीकृता च द्रौपदी । सभायां रक्षिता लज्जा तस्याः कृष्णेन दूरतः ।। 357/1110	(त्रयोदशवर्षीयो वनवासः) दुर्योधनस्ततो घोरं वनवासं च दत्तवान् । तेभ्यो द्वादशवर्षीयम्-एकं चाज्ञातरूपिणम् ।। 358/1110
"त्रयोदशानि वर्षाणि यदि जीवन्ति ते वने" । राज्यार्धं पाण्डवानां स पाण्डवेभ्यो ददिष्यते ।। 359/1110	तां ते वनेऽप्यचेष्टन्तो हन्तुं पाण्डवबान्धवान् । द्रौपदीमपहर्तुं स चाचेष्टत जयद्रथः ।। 360/1110
(एकवर्षस्याज्ञातवासः) एवं द्वादशवर्षाणि भुक्त्वा ते सङ्कटं वने । ततश्चाज्ञातवासाय विराटपुरिमागताः ।। 361/1110	(युधिष्ठिरः) कङ्के पुरोहिते रूपे युधिष्ठिरोऽभवद्द्विजः । भीमश्च बल्लवो भूत्वा राजप्रासादमागतः ।। 362/1110
(अर्जुनः) स्त्रीवेषमर्जुनो धृत्वा शालायां नृत्यशिक्षिका । वीरः स नर्तकी भूत्वा नृत्यगानानि चाकरोत् ।। 363/1110	(नकुलः सहदेवश्च) नकुलो गजशालायां तुरङ्गगजधावने । सहदेवश्च गोपालो रतो धेन्वजपालने ।। 364/1110
(द्रौपदी) प्रासादे द्रौपदी चापि दासी भूत्वा समागता । राज्ञाः सेवां च स्नेहेन कृत्वा प्रासीदयच्च ताम्।। 365/1110	तथा च सेवकान्सर्वान्-कृतवती स्वपक्षिणः । एवं राज्यस्य सर्वं हि प्राविशत्खलु द्रौपदी ।। 366/1110
(ततः) त्रयोदशे व्यतीते ते हस्तिनापुरमागताः । तदा दुर्योधनो भीत्या विस्मयेन च व्यावृतः ।। 367/1110	यथोक्तं वचनं पूर्वं वनवासगमे तदा । राज्यमर्धमयाचंस्ते दुर्योधनं हि पाण्डवाः ।। 368/1110

(दुर्योधं च धृतं चोपदेशः) दुर्योधनं च कर्णं च धृतराष्ट्रं महाजनाः । ददध्वं राज्यमर्धं तान्-ऐक्येनैतदुपादिशन् ।। 369/1110	(भीष्म उवाच) धृतराष्ट्रं नृपं भीष्म उवाच शृणु मे वचः । दुर्योधनस्य कर्णस्य शकुनेर्मा वचः शृणु ।। 370/1110
त्रयस्ते युवका धूर्ता अस्ति वृद्धो नृपो भवान् । नीतिमार्गे स्वयं स्थित्वा दर्शनीयः पथः स तान् ।। 371/1110	आह दुर्योधनं भीष्मो वैरेण कुरुतादलम् । छलेनानेन कीर्तिस्ते गतास्ति खलु पश्यतात् ।। 372/1110
यत्किमप्यभवत्पूर्वम्-अलं वैरेण तैः सह । तेषां हि भद्रता युष्मान्-अरक्षत्कौरवान्सदा ।। 373/1110	यावत्तवास्ति राज्यं भोः-तावद्युधिष्ठिरस्य च । वस्तुतस्त्वां खलं दुष्टं सिंहासनं न शोभते ।। 374/1110
न त्यजसि कुमार्गं चेत्-फलं कटु भविष्यति । अधोगतिं च नीत्वा त्वां कुलं कृत्स्नं च धक्ष्यति ।। 54	तावदेव हि नुः कीर्तिः-यावत्कर्म शुभं भवेत् । तस्मादस्त्यशुभं यस्मिन्-कर्म तन्नहि साध्नुयात् ।। 55/1110
द्रोणो भीष्मं च स्वीकृत्योवाच दुर्योधनं ततः । अस्माकं परमां नित्यां पालयतां परम्पराम् ।। 375	राज्यार्धं देहि तेषां त्वं राज्यमर्धं च भुङ्क्ष्व स्वम् । सुकृतस्य फलं मिष्टम्-आस्वादस्व च कौरव ।। 376/1110
(धृतं कर्ण उवाच) ततः कर्णोऽब्रवीदन्धं ममैव वचने हितम् । एते गुरुजनाः सर्वे पाण्डुपक्षसमर्थकाः ।। 377/1110	अभक्ता गुरवः सर्वे शृणुताद्वचनं मम । वयं हि भवतो दासा वयमेव सहायकाः ।। 378/1110
(धृतं विदुर उवाच) विदुर आह राजानं बन्धो शृणु वचो मम । कौरवास्ते यथा पुत्राः-तथैव पाण्डवाः सुताः ।। 379/1110	कर्णशकुनिदुर्योधा मूर्खा मूढाश्च दुर्जनाः । विपरीता मतिस्तेषां नास्ति सा हितदायिका ।। 380/1110
(सञ्जय उवाच) उवाच सञ्जयः स्वामिन्-कुरु कर्म तदेव त्वम् । जनैर्यत्सुकृतं ज्ञातं, कुकर्म परिवर्जयेत् ।। 381/1110	लिखितं येन दुर्भाग्यं स्वललाटे कुकर्मभिः । ऋजुमार्गं शुभं त्यक्त्वा वाममार्गं स गच्छति ।। 382/1110
लब्ध्वाऽपि कृष्णसङ्गं वै शकुनिं हि वृणोति सः । दुर्जना बान्धवास्तस्य यो न वाञ्छति सज्जनान् ।। 383/1110	स्वामिन्वदति सद्धर्मः कपटं कर्म वर्जयेत् । दुराचारं महापापं सर्वजनविनाशकम् ।। 384/1110
(शकुनिं सनत्सुजात उवाच) आह सनत्सुजातश्च शकुनिं वचनं शृणु । स्वं तु कुलमनश्यस्त्वम्-एतेषां मा विनाशय ।। 385/1110	दम्भो दर्पो मदो गर्वः-छद्म द्यूतं छलं बलम् । अत्याचारश्च कापट्यं कौरव स्तेयमुच्यते ।। 386/1110
(सुभाषिते ।) श्वः कार्यं कुरुतादद्य दीर्घसूत्री विनश्यति । यस्य नास्ति भयं कालात्-कथं राज्यं करिष्यति ।। 387/1110	पयः पीत्वाऽपि मर्त्यः स रक्तं यस्य विषं गतम् । लब्ध्वाऽपि स्वर्गराज्यं स मृत्युसंसारमिच्छति ।। 388/1110
(दुर्योधं विदुर उवाच) उवाच विदुरो ज्ञानी दुर्योधन वचः शृणु । ईर्ष्यां मा कुरु पार्थाय युधिष्ठिराय त्वं सदा ।। 389/1110	स्वयं कृष्णः सखा तस्य त्वमरिं मन्यसे हरिम् । अस्मिन्स्थितौ कथं पार्थं योत्स्यसे त्वं युधिष्ठिरम् ।। 390
शान्तिर्दद्याद्यदा सिद्धिम्-अशान्तिं तु वृणोति सः । आत्मघाते रुचिर्यस्य बुद्धिस्तस्य निरर्थका ।। 391/1110	सन्ध्या हितं नु ज्ञात्वाऽपि युद्धं कर्तुं स चेष्टते । कुलध्वंसस्य बीजं यो नाशस्तस्य सुनिश्चितः ।। 392/1110
यस्मिन्मार्गे भवेत्सिद्धिः-मार्गमन्यं स गच्छति । अधर्मस्य वशे यस्तु धर्मस्तस्मिन्हि निर्बलः ।। 393/1110	सर्व ऊचुर्यदा शान्तिं हिंसामेव स वाञ्छति । आत्मघाते सुखं यस्य सर्वघाती स उच्यते ।। 394/1110

यदा सन्तस्तु शिक्षन्ते कर्णौ सुप्तौ करोति यः । शुभशब्दे घृणा तस्य सुखशान्त्योर्भयस्तथा ।। 395/1110	सुरसङ्गं च त्यक्त्वा यो सदाऽसुरवदाचरेत् । अहङ्कारो महापापो हिंसाचारः स उच्यते ।। 396/1110
क्रोधपृक्तं मनो यस्य सद्वाचायाः पराङ्मुखम् । रोचते यं न सत्कर्म मन्त्रणा तं न बाधते ।। 397/1110	शिरसि प्रेङ्खते खड्गे दुर्मेधसा स तिष्ठति । पापफलैर्हि तृप्तः स पुण्यफलं च नेच्छति ।। 398/1110
सख्यं शक्त्वाऽपि सम्भाव्यं क्रोधाग्नौ स ज्वलिष्यति । यस्य कायस्तमोयुक्तः-विषं पातुं न भेष्यति ।। 399/1110	प्राप्य गङ्गापयः पातुं विषं पातुं स निर्भयः । पुण्यं न लिखितं भाग्ये पापे मृत्युः सुनिश्चितः ।। 400
साधुसङ्गं परित्यज्य तस्मै दुष्टजना वराः । विघ्नचिह्नं न यो वेत्ति हितं न प्रतिपद्यते ।। 401/1110	विवृते स्वर्गद्वारेऽपि रसातलं स गच्छति । लयकाले वृथा बुद्धिः सुमतेर्मूर्ध्नि तिष्ठति ।। 402/1110
(श्रीकृष्णसञ्जयोः संवादः) सञ्जयमाह श्रीकृष्णः शान्तिमार्गं वदामि त्वाम् । शान्तिं तामहमिच्छामि सम्मानं या च दास्यति ।। 403/1110	प्रभो वदसि सत्यं त्वम्-उवाच सञ्जयस्ततः । अशान्तिदायकं निन्द्यं पुण्ये पापस्य शासनम् ।। 404/1110
(दुर्योधनं शकुनेर्मन्त्री कणिक उवाच) कणिकेन स प्रोद्दीप्तो मूढो दुर्योधनस्ततः । छलं बलं किमर्थं ते प्रयोगं न करोषि चेत् ।। 405/1110	शल्यं सूक्ष्मं तनोर्ज्ञात्वा नोत्सारणं हि दोषवत् । पूतिर्भूत्वा तनुं व्याप्य तद्विषस्य हि कारणम् ।। 406/1110
अग्नेः सूक्ष्मः कणश्चापि दावाग्नेर्मूलमुच्यते । शत्रुपक्षे दया तद्वद्-आत्मघातस्य कारणम् ।। 407/1110	दर्शयित्वा बलं शत्रुं गूहयित्वा छलं तथा । ध्येयसिद्धिं समाधातुं राज्यं सम्पादितं कुरु ।। 408/1110
बलेन पाण्डवा वध्याः शठेन ह्यथवा सखे । नोचेत्स जीवितो भीमो राज्याय योत्स्यते तु श्वः ।। 409	अर्जुनादपि भीतिर्नो बलं तस्य भयङ्करम् । भीमस्तु रक्षकस्तस्य तस्माद्वध्यो वृकोदरः ।। 410/1110
(कर्णदुर्योधनयोः संवादः) कर्णो दुर्योधनं शीघ्रं प्राबोधयच्च दारुणम् । अर्धं चतुर्थराज्यं वा बन्धो जातु न देहि तान् ।। 411/1110	कुकर्म स्यादधर्मो वा दद्या भूं वा धनं न तम् । युधिष्ठिरं विनायुद्धं त्वं दुर्योधन भारतम् ।। 412/1110
(युधिष्ठिर उवाच) अर्धराज्याधिकारो नो युद्धं नेच्छामि बान्धवाः । दुःखेन पाण्डवानाह कुन्तीपुत्रो युधिष्ठिरः ।। 413/1110	अर्धं नेच्छति दातुं चेत्-दद्याद्ग्रामान्स पञ्च नः । दुर्योधनो विना युद्धं, युद्धे सर्वं हि नश्यति ।। 414/1110
(दुर्योधन उवाच) श्रुत्वा तु धर्मराजं तम्-आह दुर्योधनस्तदा । राज्यं ममास्ति कृत्स्नं भोः पञ्च दास्याम्यहं न त्वाम् ।। 415	सूक्ष्माऽणिर्भिद्यते यावत्-सूचेर्भूमिं युधिष्ठिर । तावदपि न दास्यामि भूमिकणं कदाऽपि त्वाम् ।। 416
हनिष्यामो वयं सर्वान्-नाशयिष्यामि पाण्डवान् । त्वं वा कोऽपि न शक्नोति रोद्धुमस्मान्युधिष्ठिर ।। 417	योत्स्यसे वा न वा बन्धो मरणं निश्चितं तव । सूचनां स्पष्टशब्देभ्यः पूर्वमेव ददामि त्वाम् ।। 418/1110
(दुर्योधस्य कुमतिः) अथ दूर्योधनो मूढो धर्मं वचनमब्रवीत् । शृणु ज्ञानं परं गुह्यं मम मुखाद्युधिष्ठिर ।। 419/1110	"अल्पं प्राप्य च तृप्तो यो न स प्राप्नोति वैभवम् । दया चिन्ता क्षमा शान्तिः-दास्यन्ति न यशस्सुखे ।। 420
"मोदे सुखे च मत्तो यः प्रमादे च रतः सदा । ईर्ष्या क्रोधस्तमो यस्य, दुःखानि न कदाऽपि तम् ।। 421	"धर्मकर्माणि मूर्खाणां सर्वे चैव मनोरथाः । हठी दुराग्रही धृष्टः पुरस्सरति सर्वदा ।। 422/1110
"ज्ञानमेतन्मया प्रोक्तं स्मरणीयं च प्रेरकम् । खेदं भयं च हानिं च शोकं दुःखं च हन्ति तम् ।। 423	"मानं धनं च गर्वं च सुखं यशो हठं मदम् । छलं बलं हितं हर्षम्-अहङ्कारं च दास्यति ।। 424/1110

"चिन्ताङ्करोति सर्वेभ्यो नरो दुःखी सदा हि सः । निर्दयो निर्भयः स्वार्थी निर्लज्जो हि सदा सुखी" ।। 425	(धृतं गान्धार्युवाच) दुर्योधनस्य ज्ञानस्य कौरवेषु स्तुतिर्बहुः । एकाक्षः पतिरन्धेषु वायसोऽवकरे सदा ।। 426/1110
पुत्रप्रेम्णा महाराज पापं पुत्रस्य शंससि । गान्धार्याहास्य पापस्य भवानेव हि कारणम् ।। 427/1110	(धृतराष्ट्रो नाटकं करोति) नाहं राज्याधिकार्यासं राजपुत्रोऽपि त्वं नहि । सत्ता सा पाण्डुपुत्राणां सुत नीत्या च देहि तान् ।। 428
कुरुकुलस्य त्रातारः-बान्धवाः खलु पाण्डवाः । पूर्णं वा राज्यमर्धं वा देहि तांस्त्वं विना युधम् ।। 429/1110	(परन्तु) द्विधावाची द्विधाजिह्वी मिथ्या पाण्डवरक्षकः । मधु वामे च जिह्वाग्रे दक्षिणे तु हलाहलम् ।। 430/1110
नृपः स नाटकं कुर्वन्-दुःखेषु वत पाण्डवाः । यद्यपि स प्रजापालः प्रजायाः खलु घातकः ।। 431/1110	(सुतं गान्धार्युवाच) दुर्योधनं च गान्धारी वचनमब्रवीदिदम् । सुत शृणूपदेशं मे नूनं हि शकुनेर्वरम् ।। 432/1110
(सूक्तिः) अलं स्वप्नेन राज्यस्य राज्यमेवं न लभ्यते । युद्धाऽपि च जयं तस्मात्-निश्चितं नास्ति पुत्रक ।। 433	 निश्चयो यदि ते युद्धे युध्यस्व शत्रुनात्मकान् । देहे तिष्ठन्ति ते गुप्ता भ्रामयन्ये मतिं तव ।। 434/1110
जित्वा क्रोधं मदं कामम्-अहङ्कारं च वासनाम् । सुखं राज्यं धनं मानं यशः प्राप्नोषि कौरव ।। 435/1110	इच्छसि यदि राज्यं त्वं भूमौ स्वर्गात्मकं सुत । सम्पदं देहि तेभ्यस्तान्-राज्यमर्धं गृहाण त्वम् ।। 436/1110
अतीतं विस्मृतं कृत्वा जनन्या वचनं शृणु । सङ्गे हितं हि सर्वेषाम्-असङ्गे क्षीयते कुलम् ।। 437/1110	(सुतं कुन्त्युवाच) कुन्ती युधिष्ठिरं ब्रूते, स्वर्गे गच्छन्ति धार्मिकाः । अधर्मचारिणां वासो निश्चितो नरके सदा ।। 438/1110
(सूक्तिः) कालो वा कारणं राजा कलियुगस्य कारकः । जानीहि त्वं विनाशङ्कां, "नृपः कालस्य कारणम्" ।। 439	 तस्मादस्य नृपान्धस्य कुनीतिः कलिकारिका । अन्धनीतिं पदच्युत्य नीतेर्युगं पुनः कुरु ।। 440/1110
रणे त्वं कौरवाञ्जित्वा सम्प्रति हस्तिनापुरे । सद्भावं रामराज्यं च स्थापिते कुरु पाण्डव ।। 441/1110	(युधिष्ठिरं द्रुपद उवाच) उवाच द्रुपदो धर्मं शान्तिं नेच्छति कौरवः । आकर्णत्युपदेशान्स कर्णस्य शकुनेः सदा ।। 442/1110
अन्धस्तिष्ठति मौनेन पुत्रस्य सहते वचः । भीष्मादयोऽर्थदासाश्च करिष्यन्ति यथा धृतः ।। 443/1110	(धृतं दुर्योधं च सात्यकिरुवाच) अभणद्धृतराष्ट्रं च दुर्योधं सात्यकिस्ततः । अर्धं हि युवयोरस्ति तद्वत्तेषां च कौरवौ! ।। 444/1110
नोचेद्युद्धा रणे सर्वे यूयं तत्र मरिष्यथ । अलं दुराग्रहेणातः सन्धिः श्रेष्ठा मतिर्मम ।। 445/1110	(दुर्योधनमर्जुन उवाच) पार्थ उवाच दुर्योधं शृणु मे वचनं सखे । सदाऽहं चिन्तयामि यत्-करोषि त्वं छलं कथम् ।। 446/1110
जना वदन्ति त्वां दुष्टो दुरात्मा दुर्दमः खलः । अधर्मी कुमतिः पापी दुर्बुद्धिर्घातकस्तथा ।। 447/1110	अहङ्कारं तु स्वं त्यक्त्वा शृणु सत्यं वचः सखे । वदन्ति गुरवः सर्वे श्रेष्ठानि वचनानि त्वाम् ।। 448/1110

श्रुत्वा तानुपदेशांस्त्वं चेच्छान्तिं स्वीकरोषि त्वम् । मन्यन्ते त्वां नृपं सर्वे बान्धवाः कुरुपाण्डवाः ।। 449/1110	(धृतं भीम उवाच) उवाच धृतराष्ट्रं स भीमसेनो महावपुः । कलियुगं त्वयाऽऽनीतं, पुत्रश्च कुलघातकः ।। 450/1110
अष्टादश पुराऽतीताः कुलविनाशका यथा । कलियुगे भवानस्ति कुरुकुलस्य नाशकः ।। 451/1110	कलियुगं कृतं येन युगकर्ता नृपो भवान् । उद्विग्नाश्च जनाः भ्रान्ताः, किं राजा कलिकारकः ।। 452
माता कुन्ती पुरोवाच राजा कालस्य कारणम् । कुलध्वंसस्य मार्गेण मृत्युमिच्छन्ति कौरवाः ।। 453/1110	(नकुल उवाच) ततः स नकुलो ब्रूते कृताञ्जलिः स पाडण्वः । धृतश्च धार्तराष्ट्रश्च सत्कुर्यातां स्पृहा मम ।। 454/1110
(सहदेव उवाच) अहो वत महापापं सहदेव उवाच ह । दुःशासनेन द्रौपद्या लज्जा भग्ना सभान्तरे ।। 455/1110	(कृष्णं द्रौपद्युवाच - सूक्तिः) पापिनः सहनं पापं ज्ञातं शास्त्रेषु पातकम् । पापिनः सहते पापं पापं स कुरुते स्वयम् ।। 456/1110
हत्वाऽहन्यं हि यत्पापं शास्त्रेषु विदितं हरे । हन्यं तदेव चाहत्वा कृष्णमुवाच द्रौपदी ।। 457/1110	(धृतं परशुराम उवाच) ततः परशुरामश्च धृतमुवाच शान्तये । पार्थकृष्णौ न युद्धार्हौ नरनारायणौ हि तौ ।। 458/1110
यथा च सञ्जयेनोक्तं धृतराष्ट्र प्रभो पुरा । अजेयौ कृष्णपार्थौ द्वौ युद्धार्हौ तौ न जातु भोः ।। 459/1110	(दुर्योधं कण्वमुनिरुवाच) कण्वो दुर्योधनं ब्रूते कृतं गर्वेण कौरव । पाण्डुपक्षेऽपि भूयिष्ठा वीराः सन्ति महाबलाः ।। 460/1110
अहङ्कारोऽस्ति व्यर्थस्ते दुर्जेया खलु पाण्डवाः । शान्तिरपरिहार्याऽस्ति शृणु त्वं वचनं मम ।। 461/1110	(दुर्योधं नारद उवाच) तत उवाच दुर्योधं नारदः कुरुनन्दन! । कुरु शान्तिं हठं त्यक्त्वा युद्धे हानिर्भविष्यति ।। 462/1110
कुरु कर्म सुबुद्ध्या त्वं मनो निग्रहितं कुरु । अन्तकाले जडाबुद्धिः पुराणानि वदन्ति च ।। 463/1110	(दुर्योधं श्रीकृष्ण उवाच) कृष्णो दुर्योधनं ब्रूते शृणुतात्कुरुनन्दन । शृणोषि चेद्वचस्त्वं मे वन्दिष्यन्ति प्रजाजनाः ।। 464/1110
(हे नरेश्वर!) अहो नरेश शीघ्रं त्वं निद्राया जागृतो भव । गुरून्बन्धून्सुतान्पौत्रान्-नाशात्संरक्ष कौरव ।। 465/1110	(हे राजन!) भद्राणामसदिष्ट्वा च नाशः कुलस्य निश्चितः । यथा दण्डः कुठारस्य काष्ठः काष्ठस्य घातकः ।। 466
(हे परन्तप!) मदे मनो न नन्दित्वा गर्वं त्यज परन्तप । भूर्मा त्वं कुलघाती वै कुरुवंशः सनातनः ।। 467/1110	स्नेहेन हि प्रजानाथ नाम नित्यं करिष्यसि । यौवराज्यपदं तुभ्यं दास्यन्ति पाण्डवाः सुखम् ।। 468/1110
स्वेच्छया राज्यमर्धं त्वं पाण्डवेभ्यो ददातु भोः । धनं मानं च कीर्तिं च भुङ्क्ष्वल्लक्ष्मीकृपां ततः ।। 469/1110	(हे भूपते!) सन्धिं शान्तिं सुखं कर्तुं समयः साम्प्रतं खलु । आह्वयति शुभं कर्तुं धर्मपुत्रो युधिष्ठिरः ।। 470/1110
विद्वांसो ज्ञानिनः सर्वे सद्वदन्ति नरेश्वर । माऽश्रौषीर्विपरीतानि शकुनेर्वचनानि त्वम् ।। 471/1110	(हे भरतश्रेष्ठ! सुभाषितम्) अरोचकं तु सद्वाक्यं नाकर्णं खलु पातकम् । मधुरमपि वाक्यञ्च दुर्जनस्य हि घातकम् ।। 472/1110

मैत्र्यामेव सुखं तुभ्यं यदाऽहमुपदिष्टवान् । विषं युद्धस्य व्यर्थं तु राज्ये प्रसारितं त्वया ।। 473/1110	(हे दुर्योधन!) शान्त्या सर्वं हि प्राप्नोषि युद्धस्य किं प्रयोजनम् । शान्तिमार्गं च स्वीकृत्य रणे गन्तुं निरर्थकम् ।। 474/1110
(प्रबोधनम्) नीतिमार्गेण गन्तुं त्वां जनाः सर्वे वदन्ति भोः । योत्स्यसे चेदतः पश्चात्-दोषः सर्वस्तवैव हि ।। 475/1110	(श्रीकृष्णं दुर्योधन उवाच) भीष्मो द्रोणः कृपः कर्णो रणे यत्र जनार्दन । भेष्यन्ति देवतास्तत्र योत्स्यन्ते पाण्डवाः कथम् ।। 476
ध्रुवो मे विजयः कृष्ण सन्धिस्तस्मान्निरर्थका । युद्ध्वा सर्वं हि प्राप्स्येऽहं सन्धिं कृत्वा कुतो हितम् ।। 477	(अतः) नीतिं त्यक्त्वा नृपान्धेन दत्तहस्तश्च पुत्रकः । दुर्योधनश्च कर्णेन शकुनिना पुरस्कृतः ।। 478/1110
(अपि च) धार्तराष्ट्रस्य कर्णे च शकुनौ च दृढा मतिः । अनीतौ धृतराष्ट्रस्य स्नेहभावो विशेषतः ।। 479/1110	(तस्मात्, श्रीकृष्णः) साम दाम यदा तेन कृते व्यर्थे महाजनाः । दण्डनीतिर्मुकुन्देन पाण्डवाननुमोदिता ।। 480/1110
अपि चाज्ञापयत्सर्वान्-दण्डनीतिमुपासितुम् । नीतियुद्धस्य सूत्राणाम्-अनुष्ठानमुपादिशत् ।। 481/1110	(सामान्य-नीतियुद्धयोर्भेदः) युद्धे चलति सामान्ये सर्वं न तु पराजयः । क्षात्रधर्मस्य रक्षायै क्षात्राय किं जयाजयौ ।। 482/1110
नीतिबद्धा वयं सर्वे मर्तुं मारयितुं तथा । एषा नीतिः सतो धर्मः क्षात्रस्य क्षात्रकर्म च ।। 483/1110	(नीतियुद्धस्य नियमाः) नीतिसूत्राणि श्रीकृष्णः सकलान्स्पष्टमब्रवीत् । उवाच नियमानेतान्-पालयन्तु हि सैनिकाः ।। 484/1110
सूर्योदयाच्च सूर्यास्तं युद्धाय विहितो भवेत् । सूर्यास्तादुदयः कालो युद्धाय निषिधो भवेत् ।। 485/1110	सन्ध्याकाले भवेयुश्च प्रेम्णा कौरवपाण्डवाः । बन्धुभावेन सर्वे हि सम्मिलेयुः परस्परम् ।। 486/1110
घोषयित्वाऽऽह्वयेयुर्हि बलमिच्छां च योग्यताम् । न च हन्यादसज्जं च क्लान्तं भीतं बहिर्गतम् ।। 487/1110	आहतं शरणाधीनं न कोऽपि सैनिकस्तुदेत् । भग्नं स्यादायुधं यस्य योद्धव्यो न स सैनिकः ।। 488
न च पलायिनो हत्या न घातो रणत्यागिनः । मृतदेहतिरस्कारो विखण्डनं च पातकम् ।। 489/1110	प्रबुद्धः शब्दयुद्धे यः शब्दयुद्धं स साध्नुयात् । रथी रथिभिरश्वोऽश्वैः-गजो गजैः पदः पदैः ।। 490/1110
सविषं निभृतं शस्त्रम्-अवैधं नीतिविग्रहे । अग्निं क्षिप्त्वा समूहा च हत्या क्षात्रं न शोभते ।। 4901	धर्मक्षेत्रे समं सर्वं लाभालाभौ जयाजयौ । एवमाज्ञाऽस्ति शास्त्राणां पालयेयुर्दृढं भटाः ।। 492/1110
आज्ञां प्राप्य च युद्धाय दलौ द्वौ रणमागतौ । कौरवा वाममार्गेण दक्षिणेन च पाण्डवाः ।। 493/1110	(धर्मक्षेत्रम्) सिक्ता पवित्रनीरेण सरस्वत्याः पुरातना । यज्ञानां कुरुभूमिर्या धर्मभूमीति विश्रुता ।। 494/1110
योद्धारो देशदेशेभ्यः कुरुक्षेत्रे समागताः । अश्वारूढा गजारूढाः पत्तयश्च महारथाः ।। 495/1110	(कौरवाः) आगत्य वाममार्गेण रणभूमौ च कौरवाः । पङ्क्तिष्वरचयंस्तत्र शिबिरं पटवेश्मनाम् ।। 496/1110
घोरं द्वंद्वं हि कर्तुं ते कौरवा योद्धुमुत्सुकाः । व्यूहांस्तु रचयित्वा च चक्रुः सर्वे महारवम् ।। 497/1110	एकादशचमूवाहा नियुक्ताः कौरवा भटाः । मुख्यसेनापतिर्भीष्मः सर्वैः परमपूजितः ।। 498/1110
द्रोणो जयद्रथः शल्यः शकुनिर्वाह्लिकः कृपः । अश्वत्थामा च कम्बोजः सौमदतिः सुदक्षिणः ।। 499/1110	(पाण्डवचमू) रणे दक्षिणमार्गेण धर्मबद्धाः समागताः । श्रद्धायुक्ता महावीरा नीतियुक्ताश्च पाण्डवाः ।। 500/1110

तत्सप्ताक्षौहिणं सैन्यं धृष्टद्युम्नेन रक्षितम् । पाण्डवानामनीकं च भक्षकं हि कुकर्मिणाम् ।। 501/1110	षट्सेनापतयस्तस्य विराटश्च धनुर्धरः । शिखण्डी द्रुपदो भीमः-चेकितानश्च सात्यकिः ।। 502
अन्ये च बहवो वीराः पाण्डुपक्षे महाबलाः । अवस्थिता रणे धीरा नियुक्ता यत्र यत्र ये ।। 503/1110	(सेनयोरुभयोर्मध्ये) नीतिज्ञः पाण्डुपक्षस्य सेनानृपो युधिष्ठिरः । नृपः कौरवपक्षस्य दुर्योधनो महाखलः ।। 504/1110
यद्यपि गुरवः सर्वे युद्धे कौरवपक्षिणः । समीपं पाण्डुपक्षस्य द्रोणाचार्यस्य केणिका ।। 505/1110	(तदा) योद्धुं सज्जे दले द्वेऽपि सम्मुखे च परस्परम् । सङ्केतस्य प्रतीक्षायां निश्चले च स्थिते रणे ।। 506/1110
युद्धारम्भं तदा कर्तुं शङ्खो भीष्मेन ध्मापितः । रणे भीष्मो हि सर्वेषु वृद्धतमः पितामहः ।। 507/1110	सिंहवत्तारशब्देन भीष्मेण गर्जना कृता । सङ्केतः स महाघोरो जागृता येन कौरवाः ।। 508/1110
(ततः) कृष्णेन ध्मापितः शङ्खः कम्बुस्ततोऽर्जुनेन च । पाण्डवास्ते ध्वनी शृत्वा मुदिता मङ्गले शुभे ।। 509/1110	समये शस्त्रपाते च पार्थो धृत्वा धनुः करे । अपश्यत्सुहृदः सर्वान्-योद्धुं तत्र समागतान् ।। 510/1110
दृष्ट्वा तु बान्धवान्सर्वान्-पार्थः प्रियजनान्खलु । कृष्णं ब्रूते "न योत्स्येऽहं मां हनिष्यन्ति यद्यपि" ।। 511/1110	निर्बलो धैर्यहीनः स पार्थो विमूढमानसः । धनुर्विसृज्य निःशस्त्रः रथमध्य उपाविशत् ।। 512/1110
खिन्नो विषादयुक्तः स हतबुद्धिः कपिध्वजः । व्याकुलो मोहितः पार्थो धर्मकर्म च व्यस्मरत् ।। 513/1110	अधर्मं धर्मवन्मत्वा ज्ञात्वा स्वं पण्डितं तथा । दत्तवानुपदेशान्स केशवाय निरर्थकान् ।। 514/1110
(ततः) दृष्ट्वा तु कातरं पार्थम्-अश्रुपूर्णाकुलेक्षणम् । प्रेम्णा च शान्तचित्तेन श्रीभगवानुवाच तम् ।। 515/1110	(अपि च) क्षात्रधर्मस्य बीजञ्च कर्मयोगनिरूपणम् । भक्तियोगं च संन्यासं विश्वरूपस्य दर्शनम् ।। 516/1110
(तस्मात्) श्रुत्वा हि कृष्णवाक्यानि मनसो मूढतागतः । धर्मस्य ज्ञानयोतिश्च तस्य प्रज्वलिता हृदि ।। 517/1110	रणयागत्य किं कार्यं ज्ञातं पार्थेन तद्यदा । युद्धं स स्व्यकरोत्पार्थः कृत्वा जयाजयौ समौ ।। 518/1110
(महायुद्धस्य प्रथमे दिने) दृष्ट्वा सैन्यं बृहत्तेषां भीताः किञ्चिन्नु पाण्डवाः । कौरवाश्च जयं प्राप्ता युद्धस्य प्रथमे दिने ।। 519/1110	पाण्डवानां दृढानितिः-धर्मराजे तथापि हि । गोप्तारौ कृष्णपार्थौ यान्-तेषां हि विजयो ध्रुवः ।। 520/1110
(द्वितीय दिने) द्वितीये दिवसे भीष्मो द्रौपदेयं पराजयत् । द्रोणं तु धृष्टद्युम्नेन रुद्धो भीष्मोऽर्जुनेन च ।। 521/1110	(तृतीये दिने) तृतीये दिवसे कृष्णः पाण्डवानादिशत्पुनः । यथा चाज्ञापितः पार्थो धार्तराष्ट्रानताडयत् ।। 522/1110
(चतुर्थे दिने) चतुर्थे दिवसे भीमो दुर्योधनमताडयत् । भूरि कौरवसैन्यं च व्यनशच्च पराजयत् ।। 523/1110	दृष्ट्वा कौरवहानिं तां भीष्म उवाच कौरवम् । शांतिरेव पथस्तुभ्यं धर्मराजोऽपराजितः ।। 524/1110
अमनुत न भीष्मं स न सोऽजानाद्धितं च स्वम् । ब्रूते दुर्योधनो भीष्मं हनिष्यामि हि पाण्डवान् ।। 525/1110	(पञ्चमे दिने) अर्जुनमाक्रमत् द्रोणो युद्धस्य पञ्चमे दिने । पराजितः स पार्थेन रणादुपरतस्ततः ।। 526/1110

(षष्ठमे दिने) पार्थः कौरवमक्षेणोत्-युद्धस्य षष्ठमे दिने । दुर्योधनेन रुष्ट्वा तु भीष्मोऽवमानितः पुनः ।। 527/1110	(सप्तमे दिने) अभर्त्सयत भीष्मं स युद्धस्य सप्तमे दिने । द्रोणश्च कुत्सितस्तेन कृष्णपार्थौ च निन्दितौ ।। 528
आहतास्ताडिता भूरि पार्थेन कौरवाः पुनः । क्रुद्धो दुर्योधनस्तस्माद्-अगर्हत गुरून्पुनः ।। 529/1110	(अष्टमे दिने) कौरवास्ताडिता भूयः पार्थेन चाष्टमे दिने । दुर्योधनेन दुष्टेन भूरि भीष्मोऽपमानितः ।। 530/1110
श्रुत्वा कटु वचस्तस्य भीष्म उवाच तं शठम् । शृणु नृप प्रतिज्ञां मे श्वो हनिष्यामि पाण्डवान् ।। 531/1110	यथा यस्य भवेत्सङ्गो भाग्यं तस्य तथा हि वै । दुर्योधनस्य सङ्गो यं दुर्दैवं तस्य निश्चितम् ।। 532/1110
(नवमे दिने) अनशत्पाण्डवान्भीष्मो युद्धस्य नवमे दिने । ताडिताः पाण्डवाः सर्वे दूरे तस्मात्पलायिताः ।। 533/1110	(तदा) कृष्ण उवाच स्नेहेन धर्म! मा विभिहि युधिष्ठिर । शिखण्डी योत्स्यते भीष्मं भीष्मं स एव ज्येष्यति ।। 534
(दशमे दिने) अयुध्यत शिखण्डी स कृष्णेन ज्ञापितो यथा । तं न प्रत्यकरोद्भीष्मो भूत्वाऽपीषुभिराहतः ।। 535/1110	अपतच्छरशय्यायां श्रीभीष्मो दशमे दिने । वीरा विरमिताः सर्वे सेनयोरुभयोरपि ।। 536/1110
(इदानीम्) भीष्मपतनवार्तां तां श्रुत्वाऽऽह धृतराष्ट्र उ । मन्ये दुर्योधनस्यापि समीपे मरणं खलु ।। 537/1110	आश्चर्यचकितो भूत्वा नृप उवाच सञ्जयम् । दशदिनेषु किं वृत्तं ब्रूहि तन्मे सुनिश्चितम् ।। 538 / 1110

चित्रकाव्यश्लोकः

(भगवद्गीता)

भणिता भगवद्गीता भद्रा भगवता भवे ।
भाविकी भास्वरा भूरि भारती भाग्यदायिनी ।।
भञ्जनाय भ्रमं भक्त भावेन भजनं भज ।
भेदभावो भयं भामो भ्रान्तिर्भूतेषु भिद्यते ।।

रत्नाकरः

ॐ

atha śrīmadbhagavadgītā prārabhyate

अथ श्रीमद्भगवद्गीता प्रारभ्यते ।

CHAPTER 1

prathamo'dhyāyaḥ:[5]

प्रथमोऽध्यायः ।

YOGA OF THE MELANCHOLY[6]

(THE YOGA THAT OVERWHELMED AND HUMBLED ARJUNA)

viṣādayogopaniṣhat

विषादयोगोपनिषत् ।

Dhritarashtra Said to Sanjaya

Vyāsa's divine saṁskṛt words :

Dhṛtarāṣṭra said (Dhṛtarāṣṭra uvāca धृतराष्ट्र उवाच ।)

1.1 धर्मक्षेत्रे कुरुक्षेत्रे समवेता युयुत्सवः ।

---

[5] NOTE : The additional innovative accent marks attached with the characters such as (... ed only for associating these English characters closely with their Saṁskṛt counterparts च् च् द् : म् न् त् स् respectively, and to differentiate them from the common English characters C, c, d, h, k, m, n, s and t that appear elsewhere in the English text. e.g. (i) 'vacanam is a collective noun;' as against (ii) 'vacanam is a collective noun.' These accents are purposefully innovated **as a visual help** for the discreet readers. The readers who do not need them, or refuse to adopt or accept them, may simply ignore them.

[6] Elsewhere◦ *arjunaviṣādayoga* → Arjuna's Vishad Yooga, Yoga of Arjuna's Despondency, Arjuna Yoga, Arjuna's Melancholy ...etc.

📖 Each chapter in the Gītā is an Upaniṣhat. This Upaniṣhad in the Gītā is the ***yoga* of 'melancholy.'** The Melancholy, that affected Arjuna. The **'melancholy,'** that overwhelmed and humbled Arjuna, should affect you and me to make us benevolent to hear an advise from elders. It is **not** given by Lord Krishna as the yoga of **only** 'od Arjuna' or 'Arjuna's melancholy.' Remember : Lord Krishna gave the 'Yoga of Melancholy' to Vivasvān much before he gave it to Arjuna.

मामकाः पाण्डवाश्चैव किमकुर्वत सञ्जय ।।

dharmakṣetre kurukṣetre samavetā yuyutsavaḥ:,

māmakāḥ: pāṇḍavāśćaiva kimakurvata sañjaya. (verse 1.1)

PLEASE NOTE THAT, in all verses of in this book :

(§1) = Analysis of the verse, with the 25 Sandhi Rules explained above,

(§2) = Grammatical analysis of each Sanskrit word with the rules given earlier,

(§3) = Plain grammatical English meaning of each Sanskrit word of the shloka based on the grammar given in Step §2. These exact English words are used in step §5 below,

(§4) = Sanskrit words re-arranged in the order of English syntax,

(§5) = English meaning of the shloka, exactly as translated in step (§3) above.

(§1) Dissection of the verse, with the 25 Sandhi Rules explained above :

अथ श्रीमत् भगवत् गीता प्रारभ्यते । प्रथमः अध्यायः । अर्जुन-विषाद-योगः । धृतराष्ट्रः उवाच । धर्मक्षेत्रे कुरुक्षेत्रे समवेताः युयुत्सवः । मामकाः पाण्डवाः च एव किम् अकुर्वत सञ्जय ।

atha śrīmat (rule 9/sub-rule 8) bhagavat (r◦ 9/4)[7] gītā prārabhyate. prathamaḥ: (r◦ 15/1) adhyāyaḥ:. arjunaviṣādayogaḥ:. dhṛtarāṣṭraḥ: (r◦ 19/4) uvāća.

dharmakṣetre kurukṣetre samavetāḥ: (r◦ 20/14) yuyutsavaḥ: (r◦ 22/8) māmakāḥ: (r◦ 22/3) pāṇḍavāḥ: (r◦ 17/1) ća (r◦ 3/1) eva kiṃ (r◦ 8/16) akurvata sañjaya (1.1)

(§2) **Grammatical Analysis of Each Sanskrit Word with the Rules given earlier :**

atha (see verse 1.20[8]↓); *śrīmadbhagavadgītā* (f◦ 1nom◦ sing◦ ←tatpu◦ *śrīmat*-

---

[7] PLEASE NOTE : In each Section (§1), the r◦ (for example : r◦ 9/4) refers to rule◦ number, i.e. one of the 25 the Sandhi Rules mentioned in the Euphonic Conjunctions used in Gītā सन्धिमीमांसा section in the chapter on "THE BASIC GRAMMAR OF THE GITA," earlier in this book. For detailed grammar, see my "*Sanskrit Grammar and Reference Book.*"

[8] PLEASE NOTE : In each Section (§2), the 1◦ in the expressions such as ←1◦अधि√इ refers to one of the Eleven classes of the of Verbs mentioned in the List of Abbreviations. Here (in 1◦अधि√इ), the 1◦ indicates that the root verb √इ belongs to

bhagavaṭ-gītā, श्रीमत: भगवत: गीता ←adj∘ *śrīmaṭ* 6.41 ↓ + adj∘ *bhagavaṭ* 10.14 ↓ + f∘ *gītā* ←ppp∘ adj∘ *gīta* 13.5 ↓); *prārabhyate* (3rd-per∘ sing∘ pres∘ वर्तमान्-लट् ātmane∘ ←1∘प्र–आ–√रभ् (to brgin)). *prathamaḥ:* (m∘ 1nom∘ sing∘ ←num∘ adj∘ *prathama* ←1∘√प्रथ् (to grow) 1.18↓); 📖*adhyāyaḥ:* (chapter) (1nom∘ sing∘ ←m∘ *adhyāya* ←1∘अधि√इ (to enter, come, go).[9] *arjunaviṣādayogaḥ:* (m∘ 1nom∘ sing∘ ←tatpu∘ *arjuna-viṣāda-yoga,* अर्जुनम् अभिभूतस्य विषादस्य योग: ←m∘ prop∘ *arjuna* 1.4 ↓ + m∘ 📖*viṣāda* (melancholy) 1.27 ↓ + m∘ *yoga* 2.39 ↓). 📖*dhṛtarāṣṭraḥ:* (m∘ 1nom∘ sing∘ ←bahuvrī∘ adj∘ or prop∘ *dhṛtarāṣṭra,* धृतम् राष्ट्रम् राजपालयति य: ←ppp∘ adj∘ *dhṛta* ←1∘√धृ (to bear) + n∘ rāṣṭra ←1∘√राज् (to rule); 📖*uvāća* (said) (1.25 ↓).

dharmakṣetre (n∘ 7loc∘ sing∘ ←tatpu∘ *dharma-kṣetra,* धर्मयुक्तकर्माणाम् क्षेत्रम् । धार्मिकम् क्षेत्रम् । धर्मयुक्तकर्मेभ्य: प्रसिद्धं क्षेत्रम् ←m∘ 📖***dharma***[10] (what ought to be done) ←1∘√धृ (to bear) + n∘ 📖**kṣetra** (land) ←6∘√क्षि (to stay); *kurukṣetre* (n∘ 7loc∘ sing∘ ←tatpu∘ *kuru-kṣetra,* कुरुणां क्षेत्रम् । कुरुणा वा कुरुभि: वा धर्मयुक्तकुरुभि: प्रस्थापितम् क्षेत्रम् ←m∘ adj∘ ***kuru,*** कुरो: गोत्रापत्यम् + n∘ *kṣetra* ↑);[11] 📖*samavetāḥ:* (m∘ 1nom∘ plu∘ ←ppp∘ adj∘ ***samaveta*** (assembled) ←2∘सम्–अव√इ (to enter) ←ind∘ ***sam*** ←4∘√सो (to complete) + ind∘ *ava* ←1∘√इ (to come); 📖*yuyutsavaḥ:* (m∘ 1nom∘ plu∘ ←desi∘ adj∘ ***yuyutsu*** ←f∘ ***yudh*** ←4∘√युध् (to fight) + सन्); 📖*māmakāḥ:* (m∘ 1nom∘ plu∘ ←adj∘ ***māmaka*** (my) ←pron∘ *asmad* 1.7↓); *pāṇḍavāḥ:* (1nom∘ plu∘ ←m∘ -taddhita∘ ***pāṇḍva,*** पाण्डो: अपत्यम् ←prop∘ ***pāṇḍu*** ←10∘√पण्ड् (to be learned) ; ***ća*** (and) (ind∘ aggregative ←5∘√चि (to gather) ; ***eva*** (ind∘ ←1∘√इ (to come); ***kim*** (what?) (ind∘ adv∘ or n∘ 2acc∘

Class 1, the भ्वादि गण: of the verbs.

[9] PLEASE NOTE : In each Section (§2), the numer in the expressions such as (1.20) refers to the Gita Chapter Number and The verse number in that Chapter. Therefore, 1.20 = Verse 20 in Chapter 1, and so on. This is done to avoid the repetition of the same explanation over and over in the subsequent chapters.

[10] PLEASE NOTE : In each Section (§2), the underline suggests that this word appears for the first time in the Gītā in this verse and that it also appears at more places ahead after this verse. Its grammatical analysis is given only in this shloka. And after this point, wherever it appears again, it is referred to this shloka for its grammatical analysis. This method is used in all sholkas, to avoid unnecessary repetitions of the explanations.

[11] कुरुक्षेत्रम् : निमिषं निमिषार्धं वा यत्र तिष्ठन्ति योगिन: । तत्र तत्र कुरुक्षेत्रं प्रयागो नैमिषं वनम् ।। (uttaragītā 3.9)

sing∘ ←pron∘ *kiṁ*, -what?); *akurvata* (did) (3rd-per∘ plu∘ -past-imper∘ लङ् भूत∘ ātmane∘ ←8∘√कृ (to do); *sañjaya* (m∘ 8voc∘ sing∘ ←prop∘ ***sañjaya*** ←1∘सम्√जि (to win) (1.1)

HOW TO READ THE ANALYSIS GIVEN IN STEP (§2)

for example :

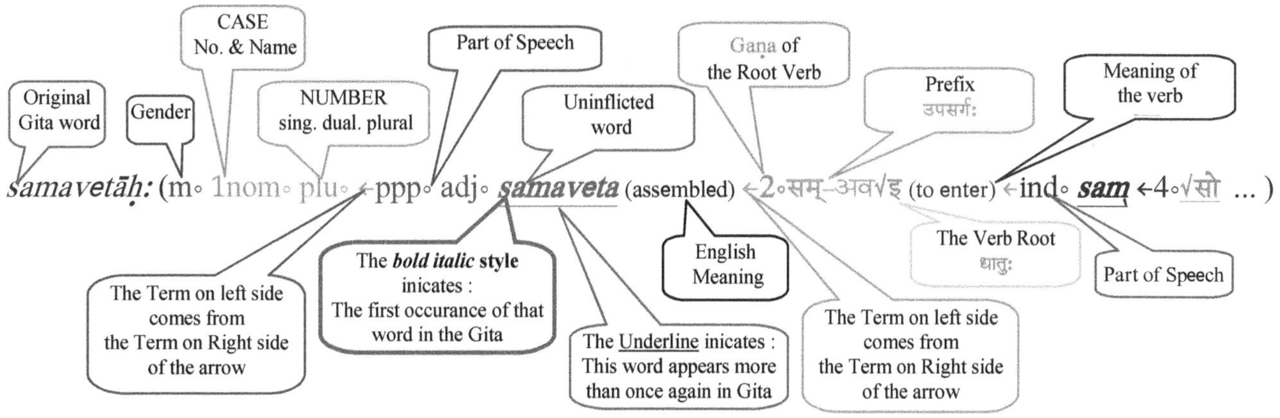

Key Words : (the key words are provided for the readers to choose the meaning that suits better for their own style and understanding)

📖 adhyāyaḥ: अध्यायः, पाठः, उल्लासः, उच्छ्वासः, सर्गः, वर्गः, परिच्छेदः, उद्धातः, परिवर्तः, पटलः, काण्डः, प्रकरणम्, पर्वः, स्कन्धः ।

📖 viṣādaḥ: विषादः, विषण्णता, निर्विण्णता 6.23, दौर्मनस्यम्, निर्वेदः 2.52, नैराश्यम्, अवसादः 1.5, उद्वेगः 5.20, शोचनम्, मनस्तापः, परिवेदनम्, परिदेवना 2.28 ।

📖 dhṛtarāṣṭraḥ: धृतराष्ट्रः, परन्तपः 2.9, भारतः 1.24, भरतश्रेष्ठः, भरतशार्दूलः, भरतर्षभः, भरतसत्तमः, कुरुशार्दूलः, कुरुश्रेष्ठः, पृथिवीपतिः 1.18, महीपतिः 1.20 ।

📖 uvāca (लिट्) उवाच, अब्रवीत् 1.2, अभणयत्, अकथयत्, अभाषत 11.14, कथयञ्चकार, कथयाम्बभूव, कथयामास, जगाद; (लट्) आह 1.21, गदति, भणति, कथयति ।

📖 dharmaḥ धर्मः, सदाचारः, न्यायः, कर्तव्यं 3.22, कार्यं 3.17, करणीयम् ।

📖 kṣetraṁ क्षेत्रम्, स्थानम्, स्थलम्, देशः, प्रदेशः, भूः 2.47, भूमिः 7.4 ।

📖 samavetāḥ: समवेताः 1.1, समागताः 1.23, मिलिताः, सम्मिलिताः, समेताः, समुपागताः, संहताः ।

📖 yuyutsavaḥ: युयुत्सवः, रणोत्सुकाः, युद्धदुर्दमाः, योद्धुकामः 1.22 ।

📖 māmakāḥ: मामकाः, मम 1.7, मदीयाः, मामकीनः, अस्मदीयाः ।

(§3) Plain Grammatical Meaning of each one of the Sanskrit words of the shloka

(exact same English words to be used in step 5 below) :

atha (Now, as follows); *śrīmadbhagavadgītā* (subj◦ the Celestial Gītā); *prārabhyate* (vi◦ it begins). *prathamaḥ:* (adj◦-subj◦ the first); *adhyāyaḥ:* (subj◦ the chapter). *arjunaviṣādayogaḥ:* (The Yoga of the Melancholy that overwhelmed Arjuna). *dhṛtarāṣṭraḥ:* (subj◦ Dhṛatarāṣṭra); *uvāća* (vt◦ he said).

dharmakṣetre kurukṣetre (on the sacred land of Kurukṣetra, on the place established by the Kurus for righteous works);[12] *samavetāḥ:* (adj1◦-subj1-2◦ assembled) *yuyutsavaḥ:* (adj2◦-subj1-2◦ those who are eager for battle); *māmakāḥ:* (subj1◦ mine); *pāṇḍavāḥ:* (subj2◦ sons of Pāṇḍu; Pāṇḍu's sons); *ća* (and); *eva* (and, also); *kiṃ* (what?); *akurvata* (did they do); *sañjaya* (O Sañjaya!). (1.1)

(§4) Sanskrit words re-arranged in the order of English Syntax :

atha prārabhyate śrīmadbhagavadgītā. prathamaḥ: adhyāyaḥ:. arjunaviṣādayogaḥ:. dhṛtarāṣṭraḥ: uvāća. sañjaya! kiṃ māmakāḥ: ća pāṇḍavāḥ: -yuyutsavaḥ: eva samavetāḥ: dharmakṣetre kurukṣetre-akurvata? (1.1)

(§5) English Meaning of the shloka, exactly "as translated" in step (§3) above[13]

(additional connecting or filler words, if any, are enclosed in brackets) :

Now begins the Celestial Gītā. The first chapter. The Yoga of the Melancholy (The Yoga that overwhelmed Arjuna).

Dhṛatarāṣṭra said :

O Sañjaya! What did mine[14] and Pāṇḍu's sons --eager for battle[15] and assembled[16] on

---

[12] A note for the readers who know Hindī language: For *the essential history and background* of the Gītā, answers to your questions, clarification of your doubts and definitions of the key words, please read my 'संगीत-कृष्ण-रामायण' ISBN 978-1-897416-43-3).

[13] **The true meaning of an original verse, as it is, lies ONLY within Kṛṣṇa's and Vyāsa's Sanskṛt words, and nowhere else.** It can only be obtained by understanding the original Saṁskṛt words and then deducting your own heartfelt meaning. There is no better way. No translation or commentary is a substitute. For your help, alternate *Saṁskṛt* words are provided for most of the KEY WORDS. They are your second best guide.

PLEASE treat English meaning of *Saṁskṛt* text as an approximation only. Do not depend solely on translation and defeat the purpose of this book. Please use it only as a guide, if and when you need help. Giving the English translation is not within the objectives of this book, however, it is provided just to complete the step-by-step flow and proper termination of the process of explanation. Notwithstanding, to render an honest translation in step 5, care is taken to use the same English words given as meaning in step 3 above. It holds good for the entire book.

[14] Elsewhwre◦ *māmakāḥ* → my sons

the sacred land[17] of Kurukṣetra-- do? (verse 1.1)

अथ अनुष्टुप्-छन्दसि गीतोपनिषद् । 1.1	(रत्नाकर उवाच) अन्धश्रीर्मन्दबुद्धिश्च मलिनो मनसा तथा । उवाच कौरवो मूढो दुःखेन सञ्जयं नृपः ।। 539/1110
(धृतराष्ट्र उवाच) धर्मभूमिः कुरुक्षेत्रं विश्वे ज्ञातं हि पावनम् । सर्वे समागतास्तत्र युद्धं कर्तुं तु धार्मिकम् ।। 540/1110	पाण्डवाः पञ्च वीरास्ते सुताश्च शत मामकाः । तत्राकुर्वत किं किं ते ब्रूहि तन्मे सविस्तरम् ।। 541/1110

Sanjaya said (sañjaya uvāća सञ्जय उवाच ।)

1.2 दृष्ट्वा तु पाण्डवानीकं व्यूढं दुर्योधनस्तदा ।
आचार्यमुपसङ्गम्य राजा वचनमब्रवीत् ।।

dṛṣṭvā tu pāṇḍavānīkaṁ vyūḍhaṁ duryodhanastadā,
āćāryamupasaṅgamya rājā vaćanamabravīt. (1.2)

(§1) सञ्जयः उवाच । दृष्ट्वा तु पाण्डवानीकम् व्यूढम् दुर्योधनः तदा । आचार्यम् उपसङ्गम्य राजा वचनम् अब्रवीत् । *sañjayaḥ:* (r◦ 19/4) *uvāća. dṛṣṭvā tu pāṇḍavānīkam* (r◦ 14/1) *vyūḍham* (r◦ 14/1) *duryodhanaḥ:* (r◦ 18/1) *tadā* (r◦ 23/1) *āćāryam* (r◦ 8/20) *upasaṅgamya rājā vaćanam* (r◦ 8/16) *abravīt* (1.2)

(§2) *sañjayaḥ:* (m◦ 1nom◦ sing◦ ←prop◦ *sañjaya* 1.1); *uvāća* (1.25). 📖**dṛṣṭvā** (ipp◦ ind◦ ←1◦√दृश् (to see); **tu** (ind◦ ←6◦√तुद् (to strike); *pāṇḍavānīkam* (n◦ or m◦ 2acc◦ sing◦ ←tatpu◦ *pāṇḍavānīka*, पाण्डवानाम् अनीकम् or अनीकः ←m◦ *pāṇḍava* 1.1 + n◦ or m◦ 📖**anīka** (army) ←4◦√अन् (to move); *vyūḍham* (n◦ m◦ 2acc◦ sing◦ ←ppp◦ adj◦ **vyūḍha** (arrayed) ←1◦√वह् (to carry); *duryodhanaḥ:* (m◦ 1nom◦ sing◦ ←prop◦ *duryodhana* ←adj◦ *duryodha* ←ind◦ **dur** ←5◦√दु (be bad) + f◦ *yudh* 1.1); **tadā** (then) (ind◦ ←pron◦ **tad**, -that ←8◦√तन् (to spread); *āćāryam* (m◦ 2acc◦ sing◦ ←taddhita◦ **āćāraya,** (guru) आचारयति यः ←m◦ **āćāra** ←1◦आ√चर् (to move);

📖 मामक adj◦ = my, mine, belonging to me, belonging to my side ...etc.)

[15] Elsewhere◦ *yuyutsavaḥ* → desiring (gerund)

📖 युयुत्सु is not a gerund or verb. It is a desederative adj◦ → he who is desirous or eager for the battle.

[16] Elsewhere◦ *Samavetāḥ* → they are assembled, when they assembled ...etc. (verb).

📖 समवेताः is not a verb. It is a ppp◦ adj◦ → assembled people, as an adjective. समवेताः युयुत्सवः मामकाः किम् अकुर्वत?

[17] Elsewhere◦ धर्मक्षेत्रम् = धर्मस्य क्षेत्रम् । कुरुक्षेत्रम् = कुरोः क्षेत्रम् ।

📖 *upasaṅgamya* (past-participle lyp∘ ind∘ ←1∘उप-सम्√गम् (to go); 📖 *rājā* (1nom∘ sing∘ ←m∘ *rājan* (king) ←1∘√राज् (to rule); 📖 *vaćanam* (2acc∘ sing∘ ←n∘ *vaćana* (expression) ←2∘√वच् (to speek); *abravīt* (said) (3rd-per∘ sing∘ -past-imper∘ लङ् भूत∘ parasmai∘ ←2∘√ब्रू (to speak) (1.2)

📖 dṛṣṭvā दृष्ट्वा, अवलोक्य, समीक्ष्य 1.27

📖 anīkam अनीकम्, बलं 1.10, सैन्यं 1.7, सेनां 1.21, चमूं 1.3, वाहिनीम्, दण्डम्, चक्रम्, ध्वजिनीम्, योधसमूहम्, पृतनाम्, वरूथिनीम् ।

📖 upasaṅgamya उपसङ्गम्य, अभिगम्य; समीपं गत्वा, निकटं गत्वा ।

📖 rājā राजा, जनाधिप: 2.12, पृथिवीपति: 1.18, महीपति:, भूपाल:, भूपति:, भूमिन्द्र:, धराधीश:, नरपति:, पृथ्वीपाल:, भूमीश:, भूमिपति:, नरेश्वर:, नराधिप:, नरेश:, नरेन्द्र:, लोकपाल:, लोकेश:, लोकनाथ:, अवनिपाल:, अवनीश:, क्षितीश:, राट्, इन्द्र:, इरावान्, स्वामी, छत्रप:, छत्रपति: ।

📖 vaćanam वचनम्, भाषणम्, उक्तिम्, व्याहारम्, वक्तव्यम्, कथनम्, निदेशम्, वच: 2.10, लापम्, लपनम्, भाषणम्, वाक्यं 1.21, व्याहृतिम् ।

📖 *abravīt* अब्रवीत्, उवाच see 1.1↑) (1.2)

(§3) *sañjayaḥ:* (subj∘ Sañjaya); *uvāća* (said). *dṛṣṭvā* (having seen, seeing, beholding); *tu* (an emphatic expletive particle; and then); *pāṇḍavānīkam* (obj1∘ the army of the Pāṇḍavas) *vyūḍham* (adj∘-obj1∘ strategically arranged, arrayed in phalanx); *duryodhanaḥ:* (subj∘ Duryodhana); *tadā* (at that time); *āćāryam* (obj2∘ āćārya, Droṇāćārya); *upasaṅgamya* (having approached); *rājā* (adj∘-subj∘ King); *vaćanam* (obj3∘ the expression); *abravīt* (said). (1.2)

(§4) tadā dṛṣṭvā pāṇḍavānīkam vyūḍham tu upasaṅgamya āćāryam rājā duryodhanaḥ: abravīt vaćanam

(§5) At that time, beholing the army[18] of the Pāṇḍavas, arrayed in phalanx, and then having approached[19] Droṇāćārya, King Duryodhana said (this) expression.[20] (1.2)

---

[18] Elsewhere∘ *anīkam* → soldiers
 📖 It should be (collective) singular, e.g. army
[19] Elsewhere∘ *upasaṅgamya* → went, approached ...etc. (past tense)
 📖 उपसङ्गम्य is not a tense. It is a उप-सम्√गम् lyp∘ ipp∘ gerund participle → having gone, having approached.
[20] Elsewhere∘ *vaćanam* → words, these words (plural)
 📖 वचनम् should be translated singular, may be as a colloective singular noun, such as : word, expression, utterance,

अथ अनुष्टुप्-छन्दसि गीतोपनिषद् । 1.2 (सञ्जय उवाच)	पाण्डवानां बलं दृष्ट्वा व्यूहबद्धं परन्तप[21] । द्रोणाचार्यमुपागत्य दुर्योधनोऽब्रवीदिति ।। 542/1110

1.3 पश्यैतां पाण्डुपुत्राणामाचार्य महतीं चमूम् ।
व्यूढां द्रुपदपुत्रेण तव शिष्येण धीमता ।।

paśyaitāṁ pāṇḍuputrāṇāmāćārya mahtīṁ ćamūm,
vyūḍhāṁ drupadaputreṇa tava śiṣyeṇa dhīmatā. (1.3)

(§1) पश्य एताम् पाण्डुपुत्राणाम् आचार्य महतीम् चमूम् । व्यूढाम् द्रुपदपुत्रेण तव शिष्येण धीमता । *paśya* (r◦ 3/1) *etām* (r◦ 14/1) *pāṇḍuputrāṇām* (r◦ 24/6, 8/17) *āćārya mahtīm* (r◦ 14/1) *ćamūm* (r◦ 14/2) *vyūḍhām* (r◦ 14/1) *drupadaputreṇa* (r◦ 24/1) *tava śiṣyeṇa* (r◦ 24/1) *dhīmatā* (1.3)

(§2) ***paśya*** (2nd-per◦ sing◦ imperative◦ निवेदनार्थ-लोट् parasmai◦ ←1◦√दृश् (to see); ***etām*** (f◦ 2acc◦ sing◦ ←pron◦ ***etad***, (to this) ←1◦√इ (to come); *pāṇḍuputrāṇām* (6pos plu◦ ←m◦ tatpu◦ *pāṇḍu-putra*, पाण्डोः पुत्रः ←prop◦ *pāṇḍu* 1.1 + m◦ ***putra*** (son) ←1◦पुत्√त्रै (to protect); *āćārya* (8voc◦ sing◦ ←m◦ *āćārya* 1.2); *mahtīm* (f◦ 2acc◦ sing◦ ←adj◦ ***mahat*** (great) ←1◦√मह (to respect); 📖*ćamūm* (2acc◦ sing◦ ←f◦ *ćamū* (army) ←1◦√चम् (to eat); *vyūḍhām* (f◦ 2acc◦ sing◦ ←ppp◦ adj◦ *vyūḍha* 1.2); *drupadaputreṇa* (m◦ 3inst◦ sing◦ ←tatpu◦ *drupada-putra*, द्रुपदस्य पुत्रः ←prop◦ ***drupada*** ←1◦√द्रु (to flow) + m◦ *putra* ↑); ***tava*** (6pos sing◦ ←personal pron◦ ***yuṣmad***, (you) ←1◦√युष् (to serve); 📖*śiṣyeṇa* (3inst◦ sing◦ ←m◦ ***śiṣya*** (disciple) ←2◦√शास् (to rule); 📖*dhīmatā* (m◦ 3inst◦ sing◦ ←adj◦ ***dhīmat*** (talented) ←f◦ ***dhī*** (talent) ←1◦√ध्यै (to meditate) + taddhita◦ suffix *matup*, ***mat*** मत्) (1.3)

📖 ćamūm चमूम्, see अनीकं 1.2↑

📖 śiṣyeṇa शिष्येण, अन्तेवासिना, अध्येत्रा, अध्यायिना, छात्रेण ।

📖 dhīmatā धीमता, विदग्धेन, चतुरेण, कुशलेन, निपुणेन, मेधाविना, विज्ञेन, प्राज्ञेन, अभिज्ञेन, बुद्धिमता, ज्ञानिना,

---

statement, wording. The same is true for the word *vākyam* वाक्यम् in 1.21 and 2.1; and *vaćaḥ* वचः in 2.10

[21] परन्तप = पर √तप् + खच्, मुम् = परान् शत्रून तापयति यः सः धृतराष्ट्रः (महाभारते अर्जुनः कृष्णश्च) ।

विचक्षणेन, कोविदेन, कुशलबुद्धिना ।

(§3) ***paśya*** (behold); ***etāṃ*** (adj1∘-obj∘ this); ***pāṇḍuputrāṇāṃ*** (of the sons of Pāṇḍu; of the Pāṇḍavas); ***āćārya*** (O Āćārya!; O Āćārya Droṇa); ***mahtiṃ*** (adj2∘-obj∘ great); ***ćamūṃ*** (obj∘ army); ***vyūḍhāṃ*** (adj3∘-obj∘ the one that is arrayed in phalanx); ***drupadaputreṇa*** (subj∘ by the son of king Drupada; by Dhṛṣṭadyumna, the son of Drupada); ***tava*** (your); ***śiṣyeṇa*** (adj1∘-subj∘ by the disciple); ***dhīmatā*** (adj2∘-subj∘ by the talented)

(§4) paśya! āćārya! etāṃ mahtiṃ ćamūṃ pāṇḍuputrāṇāṃ, vyūḍhāṃ tava dhīmatā śiṣyeṇa drupadaputreṇa

(§5) O Āćārya Droṇa! behold this great army of the Pāṇḍavas, arrayed in phalanx by your talented disciple Dhṛṣṭadyumna, the son of Drupada. (1.3)

अथ अनुष्टुप्-छन्दसि गीतोपनिषद् । 1.3	चमूमेतां गुरो पश्य व्यूहयुक्तां महत्तमाम् । धृष्टद्युम्नोऽकरोद्धीमान्-शिष्यस्ते द्रुपदात्मजः ।। 543/1110

1.4 अत्र शूरा महेष्वासा भीमार्जुनसमा युधि ।
युयुधानो विराटश्च द्रुपदश्च महारथः ।।
atra śūrā maheṣvāsā bhīmārjunasamā yudhi,
yuyudhāno virāṭaśća drupadaśća mahārathaḥ:; (1.4)

(§1) अत्र शूराः महेष्वासाः भीमार्जुनसमाः युधि । युयुधानः विराटः च द्रुपदः च महारथः । *atra śūrāḥ:* (r∘ 20/13) *maheṣvāsāḥ:* (r∘ 20/12) *bhīmārjunasamāḥ:* (r∘ 20/14) *yudhi yuyudhānaḥ:* (r∘ 15/13) *virāṭaḥ:* (r∘ 17/1) *ća drupadaḥ:* (r∘ 17/1) *ća mahārathaḥ:* (r∘ 22/8);

(§2) *atra* (place or time indicating ind∘ ←pron∘ *idaṃ* 1.10 or *tad* 1.3); 📖***śūrāḥ:*** (m∘ 1nom∘ plu∘ ←adj∘ ***śūra*** (brave) ←10∘√शूर् (to be brave); 📖*maheṣvāsāḥ:* (m∘ 1nom∘ plu∘ ←adj∘ *maheṣvāsa* इष्वासेषु महान् ←adj∘ *mahā* (great) 1.15↓ + bahuvrī∘ 📖*iṣvāsa* (archer) ←इषुम् अस्यति यः । इषुः अस्यते येन । ←m∘ 📖***iṣu*** (arrow) ←1∘√ईष् (to fly) + m∘ 📖***āsa*** (bow) ←2∘√आस् (to sit); *bhīmārjunasamāḥ:* (m∘ 1nom∘ plu∘ ←bahuvrī∘ adj∘ *bhīmārjuna-sama*, भीमस्य वा अर्जुनस्य वा समः यः । ←m∘ prop∘ ***bhīma*** ←3∘√भी (to fear) + m∘ prop∘ ***arjuna***

←1◦√अर्ज् (to earn) + adj◦ ***sama*** (such as) ←1◦√सम् (to be equanimous, equal); *yudhi* (7loc◦ sing◦ ←f◦ *yudh* 1.1); *yuyudhānaḥ:* (m◦ 1nom◦ sing◦ ←prop◦ *yuyudhāna* ←4◦,3◦युध्√धा (to put); ***virāṭaḥ:*** (m◦ 1nom◦ sing◦ ←prop◦ *virāṭa* ←ind◦ prefix ***vi*** वि -indicating excess or uniqueness ←2◦√वा (to move) + m◦ *rāṭ* ←1◦√राज् (to rule); *ća* (and); *drupadaḥ:* (m◦ 1nom◦ sing◦ ←prop◦ *drupada* 1.3); *ća* (and); ***mahārathaḥ:*** (m◦ 1nom◦ sing◦ ←bahuvrī◦ ***mahāratha*** महान् रथी यः ←adj◦ *mahā* (great) 1.3 + m◦ ***ratha*** or adj◦ ***rathin*** (charioteer) ←1◦√रम् (to rejoice); (1.4)

śūrāḥ: शूराः, वीराः, धीराः, साहसिकाः, पराक्रमिणः, पराक्रान्ताः, विक्रान्ताः, निर्भयाः, प्रवीराः ।

maheṣvāsāḥ: महेष्वासाः, महाधनुर्धराः, महाधन्विनः, महाधनुष्मन्तः, महाधानुष्काः, महानिषङ्गिनः, महाधनुर्योद्धाः

iṣvāsaḥ: इष्वासः, धनुर्धरः 18.78, धन्वी, धनुष्मतः, धानुष्कः, इषुधरः, निषङ्गी, धन्वा, धनुष्मान्, धनुर्धारी, काण्डीरः ।

iṣuḥ: इषुः, शरः, बाणः, सायकः, काण्डः, भल्लः, नाराचः, मार्गणः, विशिखः, शल्यः, रोपः, आशुगः, पृषाकः ।

āsa आसः, धनुः 1.20, चापः 1.47, कोदण्डः, कार्मुकम्, शरासनम्, इष्वासः, शरावापः ।

mahārathaḥ: महारथः, अधिरथः, अतिरथः, महायन्ता, सूतः, सव्येष्टा, सारथिः ।

(§3) *atra* (here); *śūrāḥ:* (adj1◦-subj1-13◦ brave men); *maheṣvāsāḥ:* (adj2◦-subj1-13◦ great archers); *bhīmārjunasamāḥ:* (such as Bhima and Arjuna) *yudhi* (on the battle field, in the war); *yuyudhānaḥ:* (subj1◦ Yuyudhāna); *virāṭaḥ:* (subj2◦ Virāṭa, king Virāṭa); *ća* (and); *drupadaḥ:* (subj3◦ Drupada, king Drupada); *ća* (and); *mahārathaḥ:* (adj◦-subj3◦ the great charioteer, the great commander); (1.4)

(§4) atra yudhi maheṣvāsāḥ: śūrāḥ: ća bhīmārjunasamāḥ: yuyudhānaḥ: virāṭaḥ: ća mahārathaḥ: drupadaḥ:;

(§5) Here, on the battlefield, (there are) great archers[22] and brave men, such as Bhima and Arjuna,[23] (and) Yuyudhāna, Virāṭa and the great charioteer[24] Drupada;[25] (1.4)

---

[22] Elsewhere◦ *maheṣvāsāḥ:* → mighty bowed, big bowed...etc.

The adj◦ महा in the *bahuvrīhi samāsa* महेष्वासाः does not glorify or clasify the bows (tatpurusha samāsa), but it rather qualifies the bowmen or the archers, because a great bow is not as important as a great archer.

[23] Elsewhere◦ *bhīmārjunasamāḥ:* → equal to Bhīma and Arjuna, equals of Bhima and Arjuna, equal of Bhima and Arjuna.

If we say each of them is equal to Bhīma and Arjuna, it would mean that each of these men is equal in power to Bhīma + Arjuna added together i.e. double than Bhīma or Arjuna, which means Bhima and Arjuna were the weakest among them. Therefore, it should be SUCH AS Bhima AND Arjuna. Not, he is equal to Bhima + Arjuna. No warrior was equal to Bhima or to Arjuna, let alone Bhima + Arjuna.

अथ अनुष्टुप्-छन्दसि गीतोपनिषद् । 1.4

सेनामस्यां महावीरौ भीमार्जुनौ रणाङ्गणे ।
विराटसात्यकी शूरौ द्रुपदश्च महारथः ।। 544/1110

1.5 धृष्टकेतुश्चेकितानः काशिराजश्च वीर्यवान् ।
पुरुजित्कुन्तिभोजश्च शैब्यश्च नरपुङ्गवः ।।

dhṛṣṭaketuśćekitānaḥ kāśirājaśća vīryavān,
purujitkuntibhojaśća śaibyaśća narapuṅgavaḥ:; (1.5)

(§1) धृष्टकेतुः चेकितानः काशिराजः च वीर्यवान् । पुरुजित् कुन्तिभोजः च शैब्यः च नरपुङ्गवः । *dhṛṣṭaketuḥ:* (r◦ 17/1) *ćekitānaḥ:* (r◦ 22/1) *kāśirājaḥ:* (r◦ 17/1) *ća vīryavān* (r◦ 23/1) *purujit* (r◦ 10/5) *kuntibhojaḥ:* (r◦ 17/1) *ća śaibyaḥ:* (r◦ 17/1) *ća narapuṅgavaḥ:* (r◦ 22/8)

(§2) *dhṛṣṭaketuḥ:* (m◦ 1nom◦ sing◦ ←prop◦ *dhṛṣṭaketu* ←1◦धृष√चाय् (to discern)or 1◦√चित् (to percceive); *ćekitānaḥ:* (m◦ 1nom◦ sing◦ ←prop◦ *ćekitāna* ←चि1◦√कित् (to examine); *kāśirājaḥ:* (m◦ 1nom◦ sing◦ ←bahuvrī◦ *kāśi-rāja,* काश्याः राजा यः ←f◦ prop◦ ***kāśi*** + m◦ *rājan* 1.2); *ća* (and); ***vīryavān*** (m◦ 1nom◦ sing◦ ←taddhita◦ adj◦ *vīryavat* (mighty) ←n◦ ***vīrya*** (might) ←10◦√वीर् (to be brave) + taddhita◦ affix *vatup,* ***vat*** वत् – indicating an inclusion of one thing into another thing); *purujit* (m◦ 1nom◦ sing◦ ←prop◦ *purujit* ←5◦√पृ (to be pleased); *kuntibhojaḥ:* (m◦ 1nom◦ sing◦ ←prop◦ *kuntibhoja* ←1◦√कम् (to desire); *ća* (and); *śaibyaḥ:* (m◦ 1nom◦ sing◦ ←taddhita◦ *śaibya,* शिब्याः राजा ←f◦ prop◦ *śibi* + m◦ *rājan* 1.2); *ća* (and); *narapuṅgavaḥ:* (m◦ 1nom◦ sing◦ ←bahuvrī◦ *nara-puṅgava,* नरेषु पुङ्गवः इव यः ←m◦ ***nara*** (man) ←9◦√नॄ (to take away) + m◦ *puṅgava* (bull) ←1◦√पू (to cleanse) (1.5)

---

[24] Elsewhere◦ *mahārathaḥ* → great fighters, great chariot fighters, chariot warriors, great warriors, great charioteers; one who has a great chariot, the master of a great chariot, ...etc.

महारथः is a singular adj◦ a great charioteer. It should be attached to one nearest singular person i.e. Drupada. Similarly, in the next verse the adjectives वीर्यवान् and नरपुङ्गवः qualify kāśya and śaibya only. NOTE : महारथः is not just a great charioteer, but a great charioteer who is the commander (महारथी) of a great army composed of all four wings of the combat (चतुरांगिणी सेना).

[25] NOTE : In this book, the semicolon (;) at the end of a verse indicates that the present verse continues into the following verse or verses.

vīryavān वीर्यवान्, समर्थः, सामर्थ्यवान्, प्रतापवान् 1.12, शक्तिमान्, बलवान्, बली, प्रबलः, महाबलः, सबलः, महाबली, बलाढ्यः, शक्तः, प्रतापी ।

narapuṅgavaḥ: नरपुङ्गवः, परुषर्षभः 2.15, नरवृषः, नरशार्दूलः, नरकेसरी, पुरुषव्याघ्रः, नृसिंहः, नरसिंहः ।

puṅgava पुङ्गवः, ऋषभः, वृषभः, वृषः, बलीवर्दः ।

narḥ: नरः, पुरुषः 2.15, जनः 3.21, मनुष्यः 1.44, मानवः 3.17, व्यक्तिः 7.24, पुमान् 2.71, पूरुषः 3.19; मानुषः 4.12, मनुजः, लोकः 3.9 ।

(§3) ***dhṛṣṭaketuḥ:*** (subj4◦ Dhṛṣṭaketu); ***ćekitānaḥ:*** (subj5◦ Ćekitāna); ***kāśirājaḥ:*** (subj6◦ Kāśirāja, the king of Kāśi); ***ća*** (and); ***vīryavān*** (adj◦-subj6◦ mighty, powerful); ***purujit*** (subj7◦ Purujit); ***kuntibhojaḥ:*** (subj8◦ Kuntibhoja); ***ća*** (and); ***śaibyaḥ:*** (subj9◦ Śaibya, King of Śibi); ***ća*** (and); ***narapuṅgavaḥ:*** (adj◦-subj9◦ the one who is powerful like a bull among men) (1.5)

(§4) ća dhṛṣṭaketuḥ: ćekitānaḥ: vīryavān kāśirājaḥ: purujit ća kuntibhojaḥ: ća śaibyaḥ: narapuṅgavaḥ:;

(§5) and Dhṛṣṭaketu; Ćekitāna; mighty Kāśirāja, the king of Kāśi; Purujit and Kuntibhoja and King of Śibi, the one who is powerful like a bull among men; (1.5)

अथ अनुष्टुप्-छन्दसि गीतोपनिषद् । 1.5	चेकितानः शिखण्डी च काशिराजो महाबली । पुरुजिद्धृष्टकेतुश्च कुन्तिभोजः शिबीनृपः ।। 545/1110

1.6 युधामन्युश्च विक्रान्त उत्तमौजाश्च वीर्यवान् ।
सौभद्रो द्रौपदेयाश्च सर्व एव महारथाः ।।
yudhāmanyuśća vikrānta uttamaujāśća vīryavān,
saubhadro draupadeyāśća sarva eva mahārathāḥ:. (1.6)

(§1) युधामन्युः च विक्रान्तः उत्तमौजा च वीर्यवान् । सौभद्रः द्रौपदेयाः च सर्वे एव महारथाः । *yudhāmanyuḥ:* (r◦ 17/1) *ća vikrāntaḥ:* (r◦ 19/4) *uttamaujāḥ:* (r◦ 17/1) *ća vīryavān* (r◦ 23/1) *saubhadraḥ:* (r◦ 15/4) *draupadeyāḥ:* (r◦ 17/1) *ća sarve* (r◦ 5/4) *eva mahārathāḥ:* (r◦ 22/8)

(§2) *yudhāmanyuḥ:* (m◦ 1nom◦ sing◦ ←prop◦ *yudhāmanyu* ←4◦युध्√मन् (to think) ; *ća* (and); *vikrāntaḥ:* (m◦ 1nom◦ sing◦ ←ppp◦ adj◦ *vikrānta* (valorous) ←1◦वि√क्रम् (to step) ; *uttamaujāḥ:* (1nom◦ sing◦ ←m◦ prop◦

uttamaujas ←5∘√उ (ask); *ća* (and); *vīryavān* (1.5); 📖***saubhadraḥ:*** (m∘ 1nom∘ sing∘ ←taddhita∘ m∘ *saubhadra*, सुभद्रायाः अपत्यम् ←f∘ prop∘ 📖*subhadrā* ←1∘सु√भन्द् (to be fortunate); 📖***draupadeyāḥ:*** (m∘ 1nom∘ plu∘ ←taddhita∘ m∘ *draupadeya*, द्रौपद्याः अपत्यम् ←f∘ prop∘ 📖 *draupadī* ←1∘√द्रु (to flow); *ća* (and); ***sarve*** (m∘ 1nom∘ plu∘ ←pron∘ 📖*sarva* (all) ←1∘√सृ (to go); *eva* (1.1); ***mahārathāḥ:*** (m∘ 1nom∘ plu∘ ←adj∘ *mahāratha* 1.4) (1.6)

📖 vikrāntaḥ: शूरः, वीरः, पराक्रमी ।

📖 saubhadraḥ: सौभद्रः, अभिमन्युः, आर्जुनिः, फाल्गुनिः, कार्ष्णिः, महाबाहुः 1.18

📖 draupadeyaḥ: द्रौपदेयः, प्रतिविन्ध्यः, श्रुतसोमः, श्रुतकीर्तिः, शतानीकः, श्रुतकर्मा ।

📖 draupadī द्रौपदी, पाञ्चाली, कृष्णा, सैरन्ध्री, पञ्चधवा ।

📖 sarva सर्व, कृत्स्न 1.40, अखिल 4.33, निखिल, समग्र 4.23, सकल, समस्त, विश्व ।

(§3) ***yudhāmanyuḥ:*** (subj10∘ Yudhāmanyu); ***ća*** (and); ***vikrāntaḥ:*** (adj∘-subj10∘ valorous); ***uttamaujāḥ:*** (subj11∘ Uttamaujas); ***ća*** (and); ***vīryavān*** (adj∘-subj11∘ powerful); ***saubhadraḥ:*** (subj12∘ Saubhadra; Abhimanyu, son of Subhadra); ***draupadeyāḥ:*** (subj13∘ five sons of Draupadī); ***ća*** (and); ***sarve*** (adj1∘-subj1-13∘ all of them); ***eva*** (indeed); ***mahārathāḥ:*** (adj2∘-subj1-13∘ great charioteers) (1.6)

(§4) ća vikrāntaḥ: yudhāmanyuḥ: vīryavān ća uttamaujāḥ: saubhadraḥ: ća draupadeyāḥ: sarve eva mahārathāḥ:

(§5) and, valorous Yudhāmanyu; powerful Uttamaujas and Abhimanyu, the son of Subhadrā and the sons of Draupadī, all of them[26] indeed great charioteers. (1.6)

अथ अनुष्टुप्-छन्दसि गीतोपनिषद् । 1.6	युधामन्युर्महेष्वास उत्तमौजाः पराक्रमी । सौभद्रेयोऽभिमन्युश्च द्रौपदेयाश्च पञ्च ते ।। 546/1110

1.7 अस्माकं तु विशिष्टा ये तान्निबोध द्विजोत्तम ।

[26] *sarve eva mahārathāḥ:* may only qualify subj∘ 13 (दौपदेयाः), however, better still, along with अत्र शूराः, महेश्वासाः, भीमार्जुनसमाः, the adjecties सर्वे and महारथाः must qualify all subjects 1-13 (युयुधानः, विराटः, द्रुपदः, धृष्टकेतुः, चेकितानः, काशिराजः, पुरुजित्, कुन्तिभोजः, शैब्यः, युधामन्युः, उत्तमौजा, सौभद्रः, द्रौपदेयाः), and thereby perform the function of tying the shlokas 1.4 to 1.6 together. Otherwise, these three verses remain unconnected, independent.

नायका मम सैन्यस्य संज्ञार्थं तान्ब्रवीमि ते ।।

asmākaṁ tu viśiṣṭā ye tānnibodh dvijottama,

nāyakā mama sainyasya sañjñārthaṁ tānbravīmi te. (1.7)

(§1) अस्माकम् तु विशिष्टाः ये तान् निबोध द्विजोत्तम । नायका मम सैन्यस्य संज्ञार्थम् तान् ब्रवीमि ते । *asmākam* (r◦ 14/1) *tu viśiṣṭā* (r◦ 20/14) *ye tān* (r◦ 1/11) *nibodha dvijottama nāyakāḥ:* (r◦ 20/13) *mama sainyasya sañjñārtham* (r◦ 14/1) *tān* (r◦ 13/14) *bravīmi te*

(§2) ***asmākam*** (6pos plu◦ ←personal pron◦ ***asmad***, (I, we) ←2◦√अस् (to be); *tu* (1.2); 📖*viśiṣṭāḥ:* (m◦ 1nom◦ plu◦ ←ppp◦ adj◦ *viśiṣṭa* (distinguished) ←7◦वि√शिष् (to leave remainder); ***ye*** (m◦ 1nom◦ plu◦ ←pron◦ adj◦ ***yad***, (which) ←1◦√यज् (to offer); ***tān*** (m◦ 2acc◦ plu◦ ←pron◦ tad 1.2); 📖***nibodha*** (please take note!) (2nd-per◦ sing◦ imperative◦ लोट् parasmai◦ ←1◦नि√बुध् (to comprehend); *dvijottama* (m◦ 8voc◦ sing◦ ←bahuvrī◦ adj◦ *dvijottama*, द्विजेषु उत्तमः यः ←bahuvrī◦ adj◦ ***dvija***, द्वौ जन्मसंस्कारौ जायेते यस्य ←adj◦ ***dvi*** (twice) ←1◦√द्रु (to hinder) + m◦ ***ja*** (born) ←4◦√जन् (to be born, give birth) + adj◦ ***uttama*** (noblest) ←ind◦ *ud* ←4◦√उ (ask) + superlative affix *tama* तम); 📖*nāyakāḥ:* (1nom◦ plu◦ ←m◦ *nāyaka* (learer) ←1◦√नी (to carry); ***mama*** (ind◦ or 6pos◦ sing◦ ←pron◦ *asmad* ↑); 📖*sainyasya* (6pos sing◦ ←n◦ or m◦ *sainya* (army) ←5◦√सि (to bind); 📖*sañjñārtham* (m◦ 2acc◦ sing◦ ←tatpu◦ *sañjñārtha*, संज्ञायाः अर्थः ←f◦ ***sañjñā*** (information) ←9◦सम्√ज्ञा (to know) + m◦ 📖***artha*** (for) ←10◦√अर्थ् (to want); *tān* (↑); 📖*bravīmi* (1st-per◦ sing◦ pres◦ वर्तमान्-लट् parasmai◦ ←2◦√ब्रू (to speak); ***te*** (2acc◦ sing◦ ←pron◦ *yuṣmad* 1.2) (1.7)

📖 viśiṣṭāḥ: विशिष्टाः, विश्रुताः, प्रसिद्धाः, उत्कटाः, विशेषिताः, विविक्ताः, ख्याताः, विख्याताः ।

📖 nibodha निबोध, अवगच्छतु, जानातु, जानीतात्, विदाङ्करोतु, विदाङ्कुरुतात् ।

📖 nāyakāḥ: नायकाः, प्रधानाः, नेतारः, मुख्याः, प्रमुखाः. मुखराः, नेत्राः, नेतारः, अधिपाः, चमूपतयः, योधमुख्याः, अधिष्ठातारः, अग्रेसराः, पुरस्सराः, शिरस्थाः ।

📖 sainyasya सैन्यस्य, अनीकस्य, बलस्य, सेनायाम्, चम्वाः, वाहिन्याः, दण्डस्य, चक्रस्य, ध्वजिन्याः, योधसमूहस्य, पृतनायाः, वरूथिन्याः ।

📖 sañjñārtham संज्ञार्थम्, निबोधनार्थम्, सूचनायै, अवगन्तुम्, संज्ञायाः हेतौ-उद्देशेन-निमित्तेन-कृते-कारणात्-प्रयोजनेन ।

📖 artha अर्थः, हेतुः 13.21, उद्देशः, निमित्तम्, कारणम् 6.3, प्रयोजनम् ।

📖 bravīmi ब्रवीमि, कथयामि, भणामि, गदामि, भाषे, वदामि ।

(§3) ***asmākam*** **(among us);** ***tu*** **(and now);** ***viśiṣṭāḥ:*** **(adj1◦-subj◦ those who are distinguished);** ***ye*** **(adj2◦-**

subj∘ those who are); ***tān*** (obj∘ to them); ***nibodha*** (please know, take note of); ***dvijottama*** (O Noblest of the twice-born!); ***nāyakāḥ:*** (subj∘ the leaders); ***mama*** (my); ***sainyasya*** (of army); ***sañjñārtham*** (for information); ***tān*** (obj∘ them, to them); ***bravīmi*** (I tell; I name); ***te*** (obj∘ to you) (1.7)

(§4) tu dvijottama nibodha ye asmākam viśiṣṭāḥ: nāyakāḥ: mama sainyasya bravīmi tān te sañjñārtham

(§5) And now, O Noblest of the twice-born![27] please take note of those who are distinguished among us, the leaders of my army.[28] I name them[29] to you for (your) information. (1.7)

एषा-अनुष्टुप्-छन्दसि गीतोपनिषद् । 1.7	एते पाण्डवनेतारो मयोक्ता भवतः कृते । अस्माकमपि नेतॄंश्च हे गुरुद्रोण मे शृणु ।। 547/1110

1.8 भवान्भीष्मश्च कर्णश्च कृपश्च समितिञ्जयः ।
अश्वत्थामा विकर्णश्च सौमदत्तिस्तथैव च ।।

bhavānbhīṣmaśća karṇaśća kṛpaśća samitiñjayaḥ:,
aśvatthāmā vikarṇaśća saumadattistathaiva ća; (1.8)

---

[27] Elsewhere∘ *dvijottama*→ best of the Brāhmaṇas, Best among the Brāhmaṇas, Best Among the Brahmins ...etc.

📖 The word dvija द्विज is not dependent upon one's actual birth, second birth, but on *saṁskara karma* (civilization) only, so also the words *vipra* and *brāhmaṇa*.

जन्मनि जायते शूद्रः संस्कारात् द्विज उच्यते । वेदाभ्यासाद्भवेद्विप्रो ब्रह्मज्ञानात्तु ब्राह्मणः ।।

By birth everyone is *śūdra*, by becoming civilized one is *dvija* (that is his second birth into civilized stage), by study of scriptures one becomes *vipra* and by knowing Supreme self (brahma), one becomes *brāhmaṇa*.

[28] Elsewhere∘ *asmākaṁ tu viśiṣṭā ye* ***tānnibodh*** *dvijottama, nāyakā* ***mama*** *sainyasya* → let me tell you about the captains who are especially qualified to lead my military force, let me introduce you the highly qualified commanders of our army,

📖 The words अस्माकम्, तान्निबोध, मम and तान्ब्रवीमि need to be translated carefully with respect to their associated grammar. अस्माकम् and मम in Possessive 6th case singular, तान् in Accusative 2nd case, निबोध in Imperative लोट् mood, and ब्रवीमि in a Present tense (simple or continuous).

[29] Elsewhere∘ *bravīmi* → I will name them, I shall name them, I shall mention, let me introduce, let me tell ...etc.

📖 ब्रवीमि is not a future tense or a potential mood, it is a present tense.

(§1) भवान् भीष्मः च कर्णः च कृपः च समितिञ्जयः । अश्वत्थामा विकर्णः च सौमदत्तिः तथा एव च । *bhavān* (r◦ 13/15) *bhīṣmaḥ:* (r◦ 17/1) *ća karṇaḥ:* (r◦ 17/1) *ća kṛpaḥ:* (r◦ 17/1) *ća samitiñjayaḥ:* (r◦ 22/8) *aśvatthāmā vikarṇaḥ:* (r◦ 17/1) *ća saumadattiḥ:* (r◦ 18/1) *tathā* (r◦ 3/3) *eva ća*

(§2) ***bhavān*** (m◦ 1nom◦ sing◦ ←honorific pron◦ adj◦ ***bhavat*** (you) ←2◦√भा (to shine); 🕮***bhīṣmaḥ:*** (m◦ 1nom◦ sing◦ ←prop◦ ***bhīṣma*** ←3◦√भी (to fear); *ća* (and); 🕮*karṇaḥ:* (m◦ 1nom◦ sing◦ ←prop◦ ***karṇa*** ←10◦√कर्ण् (to pierce); *ća* (and); *kṛpaḥ:* (m◦ 1nom◦ sing◦ ←prop◦ *kṛpa* ←1◦√कृप् (to imagine); *ća* (and); 🕮*samitiñjayaḥ:* (m◦ 1nom◦ sing◦ ←bahuvrī◦ *samitiñjaya*, समितिं जयति यः ←m◦ *samiti* (battle) ←1◦सम्√इ (to enter, come, go) + m◦ ***jaya*** (victory) ←1◦√जि (to win); *aśvatthāmā* (m◦ 1nom◦ sing◦ ←bahuvrī◦ prop◦ *aśvatthāman*, अश्वस्य इव स्थाम धैर्यं यस्य ←m◦ ***aśva*** (horse) ←5◦√अश् (to pervade) + adj◦ *sthāman* (steadiness) ←1◦√स्था (to stay); *vikarṇaḥ:* (m◦ 1nom◦ sing◦ ←prop◦ *vikarṇa* ←10◦वि√कर्ण् (to pierce); *ća* (and); *saumadattiḥ:* (m◦ 1nom◦ sing◦ ←taddhita◦ *saumadatti*, सोमदत्तस्य अपत्यम् ←1◦√सु (to deliver); ***tathā*** (as well) (ind◦ ←pron◦ tad 1.2); *eva* (1.1); *ća* (and) (1.8)

🕮 bhīṣmaḥ: भीष्मः, पितामहः 1.12, देवदत्तः, गाङ्गेयः, कौरवः, कुरुश्रेष्ठः, कुरुनन्दनः ।

🕮 karṇaḥ: कर्णः, अङ्गराजः, भरतर्षभः, गोपुत्रः, कौन्तेयः, कुन्तीसुतः, कुरुवीरः, पार्थः, राधेयः, सौतिः, सूतः, सूतपुत्रः 11.26, सूतसुतः, वृषः, वसुषेणः ।

🕮 samitiñjayaḥ: समितिञ्जयः, रणजेता, युद्धजयी ।

(§3) *bhavān* (subj1◦ Your honour, Droṇāćārya); *bhīṣmaḥ:* (subj2◦ Bhīṣma, Bhīṣmāćārya); *ća* (and); *karṇaḥ:* (subj3◦ Karṇa); *ća* (and); *kṛpaḥ:* (subj4◦ Kṛpa, Kṛpāćārya); *ća* (and); *samitiñjayaḥ:* (adj◦-subj4◦ ever victorious, ever victorious in the battles); *aśvatthāmā* (subj5◦ Aśvatthāman); *vikarṇaḥ:* (subj6◦ Vikarṇa); *ća* (and); *saumadattiḥ:* (subj7◦ Somadatta's son Bhūriśravas); *tathā* (as well as); *eva* (also); *ća* (and) (1.8)

(§4) bhavān ća bhīṣma ća karṇaḥ: ća samitiñjayaḥ: kṛpaḥ: ća aśvatthāmā ća vikarṇaḥ: tathā saumadattiḥ: eva

(§5) Your honour and Bhīṣmāćārya and Karṇa and ever victorious[30] Kṛpāćārya and

---

[30] Elsewhere◦ *samitiñjayaḥ* → who are always victorious in battle.

🕮 समितिञ्जयः is singular adj◦ and should qualify only one nearest noun, subj4◦ i.e. Kṛpa.

Aśvatthāman and Vikarṇa as well as Somadatta's son Bhūriśravas also; (1.8)

अथ अनुष्टुप्-छन्दसि गीतोपनिषद् । 1.8	द्रोणाचार्य भवान्नत्र तत्र भीष्मः कृपस्तथा । अश्वत्थामा च कर्णश्च विकर्णः सोमदत्तजः ।। 548/1110

1.9 अन्ये च बहवः शूरा मदर्थे त्यक्तजीविताः ।
नानाशस्त्रप्रहरणाः सर्वे युद्धविशारदाः ।।
anye ća bahvaḥ: śūrā madarthe tyaktajīvitāḥ:,
nānāśastrapraharaṇāḥ: sarve yuddhaviśāradāḥ:. (1.9)

(§1) अन्ये च बहवः शूराः मदर्थे त्यक्तजीविताः । नानाशस्त्रप्रहरणाः सर्वे युद्धविशारदाः । *anye ća bahvaḥ:* (r◦ 22/5) *śūrāḥ:* (r◦ 20/13) *madarthe tyaktajīvitāḥ:* (r◦ 22/8) *nānāśastrapraharaṇāḥ:* (r◦ 24/5, 22/7) *sarve yuddhaviśāradāḥ:* (r◦ 22/8)

(§2) **anye** (m◦ 1nom◦ plu◦ ←adj◦ 🕮**anya** (other) ←4◦√अन् (to move); *ća* (and); 🕮**bahvaḥ:** (m◦ 1nom◦ plu◦ ←num◦ adj◦ **bahu** (many) ←1◦√बंह् (to make firm); *śūrāḥ:* (intrepid fighters) (1.4); 🕮*madarthe* (= mama-**arthe**, m◦ 7loc◦ sing◦ ←tatpu◦ **madartha** (for my sake) मम अर्थः ←5abl◦ sing◦ pron◦ **mat** ←pron◦ *asmad* 1.7 + m◦ *artha* 1.7); 🕮*tyakta-jīvitāḥ:* (m◦ 1nom◦ plu◦ ←bahuvrī◦ adj◦ *tyakta-jīvita* त्यक्तम् जीवितम् यस्य । समर्पितम् जीवनम् येन सः ←ppp◦ adj◦ **tyakta** (abandoned) ←1◦√त्यज् (to renounce) + n◦ *jīvita* (life) ←1◦√जीव् (to live); 🕮**nānā** (various) (num◦ adj◦ or ind◦ ←ind◦ *na* 1.30); *śastrapraharaṇāḥ:* (m◦ 1nom◦ plu◦ ←bahuvrī◦ *śastra-praharaṇa*, one who is armed with weapons शस्त्राणि प्रहरणानि यस्य सः ←n◦ 🕮**śastra** = (weapon) ←1◦√शस् (to leap) + n◦ 🕮*praharaṇa* = (arm, weapon) ←1◦प्र√हृ (to take); *sarve* (1.6); *yuddhaviśāradāḥ:* (m◦ 1nom◦ plu◦ ←tatpu◦ *yuddha-viśārada*, युद्धे विशारदः ←n◦ 🕮**yuddha** (warfare) ←4◦√युध् (to fight) + adj◦ 🕮*viśārada* (skillful) ←1◦वि-शाल√दा (to give) (1.9)

🕮 anya अन्य, इतर 3.21, पर 4.40, अपर 4.25, अन्यदीय, अन्यतर ।
🕮 bahavaḥ बहवः, बहुलः 2.43, अनेकाः 6.45, प्रचुराः, नैकाः, पुष्कलाः ।
🕮 madarthe मदर्थे, ममहेतौ, ममोद्देशे, मत्कृते, मत्कारणात्, मम निमित्तेन ।
🕮 tyakta-jīvitāḥ त्यक्तजीविताः, प्राणसमर्पिताः ।
🕮 nānā नाना, विविधाः 17.25, नानाविधाः, व्याविधाः, पृथग्विधाः ।

📖 śastram शस्त्रम्, आयुधम् 10.28, अस्त्रम्, प्रहरणम्, हेतिः ।

📖 praharaṇam प्रहरणम्, आयुधम्, हेतिः, अस्त्रम्, वधत्रम्, शस्त्रम्↑, शस्त्रास्त्रम् ।

📖 yuddhaṁ युद्धम्, समितिः, रणम् 1.22, विग्रहः, सङ्ग्रामः 2.33, समरः, संयुगः, आहवः 1.31, संख्यम् 1.47, सङ्गरः

📖 viśārada विशारद, प्रवीण, निपुण, विचक्षण 18.2, विदग्ध, कुशल, विज्ञ, चतुर, पटु ।

(§3) ***anye*** (adj1◦-subj◦ other); ***ća*** (and); ***bahvaḥ:*** (adj2◦-subj◦ many); ***śūrāḥ:*** (subj◦ intrepid fighters); ***madarthe*** (for my sake); ***tyakta-jīvitāḥ:*** (bahuvrī◦ adj3◦-subj◦ those who have abandoned their lives) ***nānā*** (various); ***śastrapraharaṇāḥ:*** (bahuvrī◦ adj4◦-subj◦ those with arms and weapons); ***sarve*** (adj5◦-subj◦ all); ***yuddhaviśāradāḥ:*** (adj6◦-subj◦ skillful in warfare) (1.9)

(§4) ća bahvaḥ: anye śūrāḥ: nānā śastrapraharaṇāḥ: tyakta-jīvitāḥ: madarthe sarve yuddhaviśāradāḥ:

(§5) And, many other intrepid fighters, with various arms with various weapons,[31] those who have abandoned their lives[32] for my sake, all skillful in warfare (are here). (1.9)

अथ अनुष्टुप्-छन्दसि गीतोपनिषद् । 1.9	अन्ये च बहवो वीरा मह्यं प्राणार्पिताः खलु । युक्ता विविधशस्त्रैस्ते युद्धे च कुशला हि ये ।। 549/1110

1.10 **अपर्याप्तं तदस्माकं बलं भीष्माभिरक्षितम् ।**
पर्याप्तं त्विदमेतेषां बलं भीमाभिरक्षितम् ।।
aparyāptaṁ tadasmākaṁ balaṁ bhīṣmābhirakṣitam,
paryāptaṁ tvidameteṣaṁ balaṁ bhīmābhirakṣitam. (1.10)

---

[31] Elsewhere◦ *nānāśastrapraharaṇāḥ:* → weilding various weapons for attack, all of them are well equipped with..., who possess various kinds of weapons and missiles, they are equipped with..., attacking with various weapons ...etc.
📖 प्रहरण is not a verb, gerund or ppp◦ It is a n◦ noun. प्रहरण प्र√हृ + ल्युट् = arm, weapon, आयुधम् ।

[32] Elsewhere◦ *tyaktajīvitāḥ* → are prepared to lay down their lives, are ready to die, are determined to give up their lives, prepared to risk life, renouncing their lives ...etc.
📖 Being prepared or determined to die is not a त्यक्तजीवित । There is a difference between त्यक्त and सज्ज, विचारित or निर्णित । *tyaktajīvita* is a ppp◦ adj◦ → he who has layed down his life.

(§1) अपर्याप्तम् तदस्माकम् बलम् भीष्माभिरक्षितम् । पर्याप्तम् तु इदम् एतेषाम् बलम् भीमाभिरक्षितम् । *aparyāptam* (r◦ 14/1) *taṭ* (r◦ 8/2) *asmākaṃ* (r◦ 14/1) *balaṃ* (r◦ 14/1) *bhīṣmābhirakṣitaṃ* (r◦ 14/2) *paryāptaṃ* (r◦ 14/1) *tu* (r◦ 4/8) *idaṃ* (r◦ 8/22) *eteṣāṃ* (r◦ 25/3, 14/1) *balaṃ* (r◦ 14/1) *bhīmābhirakṣitaṃ* (r◦ 14/2)

(§2) 📖*aparyāptaṃ* (n◦ 1nom◦ sing◦ ←n.tatpu◦ *a-paryāpta* (limitless) नास्ति पर्याप्तम् इति ←negative affix *a* (अ) ←1◦√अव् (to protect) + ppp◦ adj◦ ***paryāpta*** (just enough) ←5◦परि√आप् (to attain, get); ***taṭ*** (n◦ 1nom◦ sing◦ ←pron◦ *taḍ* (that) 1.2); *asmākaṃ* (1.7); 📖***balaṃ*** (1nom◦ sing◦ ←n◦ ***bala*** (army) ←10◦√बल् (to support); *bhīṣmābhirakṣitaṃ* (n◦ 1nom◦ sing◦ ←adj◦ tatpu◦ *bhīṣmābhirakṣita*, भीष्मेन अभिरक्षित ←m◦ *bhīṣma* 1.8 + ppp◦ adj◦ 📖***abhirakṣita*** (protected) ←1◦अभि√रक्ष् (to protect); 📖*paryāptaṃ* (n◦ 1nom◦ sing◦ ←adj◦ *paryāpta* (limited) ↑); *tu* (1.2); ***idaṃ*** (n◦ 1nom◦ sing◦ ←pron◦ ***idaṃ*** (it, this) ←1◦√इन्द् (to be lofty); *eteṣāṃ* (m◦ 6pos◦ plu◦ ←pron◦ *etaḍ* (this) 1.3); *balaṃ* (↑); *bhīmābhirakṣitaṃ* (n◦ 1nom◦ sing◦ ←adj◦ tatpu◦ *bhīmābhirakṣita*, भीमेन अभिरक्षित ←m◦ 📖*bhīma* 1.4 + adj◦ *abhirakṣita* ↑) (1.10)

📖 aparyāptaṃ अपर्याप्तम्, अमितम्, असीमम्, अनन्तम् 11.11, अपारम्, अमर्यादम्, अपरिमाणम् ।

📖 balaṃ बलं see अनीकम् 1.2↑

📖 abhirakṣita अभिरक्षित, संरक्षित, परिरक्षित, सुरक्षित ।

📖 paryāptaṃ पर्याप्तम्, मितम्, सीमितम्, समर्यादम्, ससीमम्, सपरिमाणम्, सान्तम् ।

📖 bhīmaḥ भीमः, जयः, पार्थः, पाण्डवः, मारुतिः, कौन्तेयः, कौरवः, मारुतात्मजः, वायुसुतः, वायुपुत्रः, वृकोदरः 1.15, राक्षसकण्टकः, प्रभञ्जनसुतः ।

(§3) ***aparyāptaṃ*** **(adj1◦-subj1◦ limitless, boundless, endless; extensive, infinite, vast);** ***taṭ*** **(adj2◦-subj1◦ that, the one that is further from here);** ***asmākaṃ*** **(adj3◦-subj1◦ our);** ***balaṃ*** **(subj1◦ army);** ***bhīṣmābhirakṣitaṃ*** **(adj4◦-subj1◦ the one that is protected by Bhīṣma);** ***paryāptaṃ*** **(adj1◦-subj2◦ limited, measurable);** ***tu*** **(but);** ***idaṃ*** **(adj2◦-subj2◦ this, the one that is closer to us);** ***eteṣāṃ*** **(adj3◦-subj2◦ of these people);** ***balaṃ*** **(subj2◦ army);** ***bhīmābhirakṣitaṃ*** **(adj4◦-subj2◦ the one that is protected by Bhīma)** (1.10)

(§4) taṭ asmākaṃ balaṃ bhīṣmābhirakṣitaṃ aparyāptaṃ tu idaṃ balaṃ eteṣāṃ bhīmābhirakṣitaṃ paryāptaṃ

(§5) That our army, protected by Bhīṣma, (is) limitless; but this army of these people,[33] protected by Bhīma,[34] (is) limited.[35] (1.10)

अनुष्टुप्-छन्दसि गीतोपनिषद् । 1.10	सप्तैवाक्षौहिणं सैन्यमेतद्भीमेन रक्षितम् । एकादशौक्षिणी सेना मे तद्भीष्मेन गोपिता ।। 550/1110

1.11 अयनेषु च सर्वेषु यथाभागमवस्थिताः ।
भीष्ममेवाभिरक्षन्तु भवन्तः सर्व एव हि ।।

ayaneṣu ća sarveṣu yathābhāgamavasthitāḥ:,
bhīṣmamevābhirakṣantu bhavantaḥ: sarva eva hi. (1.11)

(§1) अयनेषु च सर्वेषु यथाभागमवस्थिताः । भीष्मम् एव अभिरक्षन्तु भवन्तः सर्वे एव हि । *ayaneṣu* (r◦ 25/5) *ća sarveṣu* (r◦ 25/5) *yathābhāgam* (r◦ 8/16) *avasthitāḥ:* (r◦ 22/8) *bhīṣmam* (r◦ 8/22) *eva* (r◦ 1/1) *abhirakṣantu bhavantaḥ:* (r◦ 22/7) *sarve* (r◦ 5/4) *eva hi*

(§2) *ayaneṣu* (7loc◦ plu◦ ←n◦ ***ayana*** (enerance point) ←1◦√अय् (to go); *ca* (1.1); ***sarveṣu*** (n◦ 7loc◦ plu◦ ←pron◦ *sarva* 1.6); *yathābhāgam* (adv◦ ←ind◦ *yathā* (as) ←pron◦ *yad* 1.7 + *bhāga* (appointment) ←1◦√भज् (to divide); यथा + भागम् = यथाभागम्; samas.avyayi◦); ***avasthitāḥ:*** (m◦ 1nom◦ plu◦ ←ppp◦ adj◦ ***avasthita*** (firmly stood) ←1◦अव√स्था (to stay); ***bhīṣmam*** (m◦ 2acc◦ sing◦ ←prop◦ *bhīṣma* 1.8); *eva* (1.1); *abhirakṣantu* (3rd◦ plu◦ imperative◦ आज्ञार्थ-लोट् parasmai◦ ←1◦ अभि√रक्ष् (to protect); *bhavantaḥ:* (honorific pron◦ m◦ 1nom◦ plu◦ ←adj◦ *bhavat* 1.8); *sarve* (1.6); *eva* (1.1); ***hi*** (ind◦ ←3◦√हा (to go) (1.11)

ayaneṣu अयनेषु, मार्गेषु, सरणिषु, द्वारेषु ।

---

[33] While standing near and talking to Droṇa about the two facing armies, Duryodhana calls his own army THAT (तत्) and the army of the Pāṇḍavas as THIS (इदम्) army of THESE people (एतेषाम्). Similarly in 1.3 also, he refers to the Pāṇḍavas' army as THIS army (एताम्). It shown that even though Droṇa was fighting for the Kauravas, he had stationed himself on the side of the Pāṇḍavas' army, away from the Kauravas'.

[34] Elsewhere◦ *bhīṣmābhirakṣitam* and *bhīṣmābhirakṣitam* → is protected by Bhīṣma and is or are protected by Bhīma.

बलं भीमाभिरक्षितम् and भीष्माभिरक्षितम् are not लट् present tense. They are ppp◦ adj◦ of the two armies. They mean → the army that is protected by Bhīṣma and the army that is protected by Bhīma.

[35] Elsewhere◦ (i). *aparyāptaṁ tadasmākaṁ balam* → That army of ours...is insufficient and incapable of fighting, Our army...is insufficient ...etc. (ii) *paryāptaṁ tvidameteṣāṁ balam* → That army of theirs...is sufficient and capable of fighting, their army...is sufficient ...etc.

📖 yathābhāgam यथाभागम्, यथापदम्, यथानियोजितम्, यथानियुक्तम्, यथाव्यापृतम्, यथाव्यावृतम्, यथाकार्यम्, यथाकरणीयम्, यथा अधिकृतम्, यथाप्रहितम् ।

📖 avasthitāḥ: अवस्थिताः, स्थायिनः, अवलम्बिताः, स्थापिताः, नियोजिताः, नियुक्ताः, अधिकृताः ।

📖 abhirakṣantu अभिरक्षन्तु, रक्षन्तु, संरक्षन्तु

(§3) ***ayaneṣu*** (in the gates, at the entrance points); ***ća*** (and); ***sarveṣu*** (in all); ***yathābhāgam*** (as appointed); ***avasthitāḥ:*** (adj1◦-subj◦ firmly stood); ***bhīṣmam*** (obj◦ Bhīṣma); ***eva*** (only); ***abhirakṣantu*** (please protect from all sides); ***bhavantaḥ:*** (subj◦ you); ***sarve-eva*** (adj2◦-subj◦ all); ***hi*** (by all means)

(§4) ća avasthitaḥ: yathābhāgam sarveṣu ayaneṣu bhavantaḥ: sarve eva hi abhirakṣantu bhīṣmam eva

(§5) And, firmly stood[36] as appointed, in all the entrance points, you all protect Bhīṣma only, by all means. (1.11)

अनुष्टुप्-छन्दसि गीतोपनिषद् । 1.11	नियुक्तिर्यस्य यत्रास्ति दृढस्तिष्ठेद्धि तत्र सः । भीष्मत्राणाय सर्वे हि यतध्वं सर्वथा भटाः ।। 551/1110

1.12 तस्य सञ्जनयन्हर्षं कुरुवृद्धः पितामहः ।
सिंहनादं विनद्योच्चैः शङ्खं दध्मौ प्रतापवान् ।।

tasya sañjanayanharṣam kuruvṛddhaḥ: pitāmahaḥ:,
siṁhanādam vinadyoććaiḥ: śankham dadhmau pratāpavān. (1.12)

(§1) तस्य सञ्जनयन् हर्षम् कुरुवृद्धः पितामहः । सिंहनादम् विनद्य उच्चैः शङ्खम् दध्मौ प्रतापवान् । *tasya sañjanayan* (r◦ 13/21) *harṣam* (r◦ 14/1) *kuruvṛddhaḥ:* (r◦ 22/3) *pitāmahaḥ:* (r◦ 22/8) *siṁhanādam* (r◦ 14/1) *vinadya* (r◦ 2/2) *uććaiḥ:* (r◦ 22/5) *śankham* (r◦ 14/1) *dadhmau pratāpavān* (1.12)

---

[36] Elsewhere◦ *yathābhāgamavasthitaḥ:* → staying at strategic points (क्त्वा), keeping to your respective stations (क्त्वा), stand at your strategic points (लोट्), as differently situated (क्रिवि◦) ...etc.

📖 यथाभागम् अवस्थित is not a क्त्वा gerund, adverb or an imperative verb. It is a ppp◦ adj◦ tatpu◦ → stood, stood firmly, firmly stood etc.

(§2) ***tasya*** (m◦ 6pos◦ sing◦ ←pron◦ *tad* 1.2); 🕮*sañjanayan* (m◦ 1nom◦ sing◦ ←śatṛ◦ caus◦ *sañjanayat* (increasing) ←1◦सम्√जन् (to beget); 🕮*harṣam* (2acc◦ sing◦ ←m◦ ***harṣa*** (joy) ←1◦√हृष् (to be joyful); *kuru-vṛddhaḥ:* (m◦ 1nom◦ sing◦ ←bahuvrī◦ adj◦ *kuruvṛddha,* कुरुषु वृद्धतम: य: ←m◦ *kuru* 1.1 + ppp◦ adj◦ *vṛddha* (old) ←1◦√वृध् (to grow); ***pitāmahaḥ:*** (m◦ 1nom◦ sing◦ ←taddhita◦ ***pitā-maha*** (grandsire) पितु: पिता or bahuvrī◦ पितृषु महान् य: ←m◦ ***pitṛ*** ←2◦√पा (to protect) + adj◦ *mahat* 1.3); 🕮*siṁhanādam* (m◦ 2acc◦ sing◦ ←tatpu◦ *siṁha-nāda,* सिंहस्य इव नाद: ←m◦ *siṁha* (lion) ←7◦√हिंस् (to be violent) + m◦ *nāda* (roar) ←1◦√नद् (to make sound); *vinadya* (deriv◦ greund ←1◦वि√नद् (to make sound); 🕮*uccaiḥ:* (adv◦ ←3inst◦ plu◦ ←adj◦ ucca (loud) ←5◦उद्√चि (to gather); 🕮***śaṅkham*** (2acc◦ sing◦ ←m◦ ***śaṅkha*** (conch shell) ←4◦√शम् (to be calm); ***dadhmau*** (3rd-per◦ sing◦ past-perf◦ लिट् भूत◦ parasmai◦ ←1◦√ध्मा (to blow); 🕮*pratāpavān* (m◦ 1nom◦ sing◦ ←adj◦ *pratāpavat* (valiant) ←m◦ *pratāpa* ←4◦प्र√तप् (to do penance, heat up) + suffix *vat* 1.5) (1.12)

🕮 sañjanayan सञ्जनयन्, संवर्धयन्, प्रोत्सहयन् ।

🕮 harṣam हर्षम्, उत्साहम्, आनन्दम्, ह्लादम्, ह्लादम्, आह्लादम्, आमोदम्, प्रमोदम्, नन्दम्, मोदम्, हृष्टिम्, तोषम्, उल्लासम् ।

🕮 siṁhanādam सिंहनादम्, सिंहगर्जनाम्, सिंहगर्जनम्, सिंहनर्दनम्, सिहनादकम् ।

🕮 uccaiḥ: उच्चै:, उच्चकै:, प्रोच्चै:, महास्वरै:, गुरुस्वरै:, बहुघोषै:, तारशब्दै:, दीर्घनादै:, स्वनवत् ।

🕮 śaṅkham शङ्खम्, शङ्खकम्, शचूकम्, शसूकम्, शुक्रिम्, कम्बु, कम्बुम् ।

🕮 pratāpavān प्रतापवान्, प्रवीर:, वीर्यवान् 1.5, शूर: 1.14 ।

(§3) *tasya* (his); *sañjanayan* (adj1◦-subj◦ while causing to increase, while bringing forth); *harṣam* (obj1◦ joy); *kuru-vṛddhaḥ:* (adj2◦-subj◦ the oldest among the Kurus); *pitāmahaḥ:* (subj◦ grandsire; grandsire Bhīṣma); *siṁha-nādam* (obj2◦ a sound like a lion); *vinadya* (having made a roar, roaring); *uccaiḥ:* (loudly); śaṅkham (obj3◦ conch shell); *dadhmau* (he blew); *pratāpavān* (adj3◦-subj◦ the valiant) (1.12)

(§4) sañjanayan tasya harṣam pratāpavān pitāmahaḥ: kuru-vṛddhaḥ: uccaiḥ: vinadya siṁha-nādam dadhmau śaṅkham

(§5) While increasing Duryodhana's joy,[37] the valiant grandsire Bhīṣma, the oldest

---

[37] Elsewhere◦ *tasya sañjanayanharṣam* → giving Duryodhana joy (क्त्वा), cheering Duryodhana (क्त्वा), to the great joy of Duryodhana (accusative or dative), in order to cheer him (dative) ...etc.

among the Kurus, roaring loudly like a lion, blew (his) conch shell. (1.12)

अनुष्टुप्-छन्दसि गीतोपनिषद् । 1.12	स एव रक्षकोऽस्माकमस्माकं स हि तारकः । तस्य रक्षां हितं बुद्ध्वा लक्ष्यं तं करवामहै ।। 552/1110
दुर्योधं मुदितं कर्तुं भीष्मोऽगर्जच्च सिंहवत् । शङ्खं दध्मौ च प्रोच्चैः स जागृयुर्येन कौरवाः ।। 553/1110	ध्वनिं तां कर्कशां श्रुत्वा शङ्खस्य कर्णभेदिकाम् । कौरवाश्चोदिताः सर्वे बभूवुस्तत्परा द्रुतम् ।। 554/1110

1.13 ततः शङ्खाश्च भेर्यश्च पणवानकगोमुखाः ।
सहसैवाभ्यहन्यन्त स शब्दस्तुमुलोऽभवत् ।।
tataḥ: śaṅkhāśca bheryaśca paṇavānakagomukhāḥ:,
sahasaivābhyahanyanta sa shabdastumulo'bhavaṭ. (1.13)

(§1) ततः शङ्खाः च भेर्यः च पणवानकगोमुखाः । सहसा एव अभ्यहन्यन्त सः शब्दः तुमुलः अभवत् । ***tataḥ:*** (r∘ 22/5) ***śaṅkhāḥ:*** (r∘ 17/1) ***ća bheryaḥ:*** (r∘ 17/1) ***ća paṇavānakagomukhāḥ:*** (r∘ 22/8) ***sahasā*** (r∘ 3/3) ***eva*** (r∘ 1/1) ***abhyahanyanta saḥ:*** (r∘ 21/2) ***shabdaḥ:*** (r∘ 18/1) ***tumulaḥ:*** (r∘ 15/1) ***abhavaṭ***

(§2) ***tataḥ:*** (time indicating ind∘ *tataṣ* (thereuopn) ←pron∘ *taḍ* 1.2); *śaṅkhāḥ:* (1nom∘ plu∘ ←m∘ *śaṅkha* 1.12); *ća* (and); *bheryaḥ:* (1nom∘ plu∘ ←f∘ *bherī* (kettle-drum) ←3∘√भी (to fear); *ća* (and) ; *paṇavānaka-gomukhāḥ:* (m∘ 1nom∘ plu∘ ←dvandva∘ पणवाः च आनकाः च गोमुखाः च ←m∘ *paṇava* (trumpet) ←2∘पण√वा (to move) + m∘ *ānaka* ←4∘√अन् (to move) + m∘ or n∘ *gomukha* (cow horn) ←1∘√गम् (to go) + 1∘√खन् (to dig); 📖*sahasā* (immediately) (adv∘ ind∘ ←4∘सह√सो (to complete); *eva* (1.1); *abhyahanyanta* (pass∘ -past-imper∘ लङ् भूत∘ 3rd-per∘ plu∘ ←2∘अभि-आ√हन् (to hurt); ***saḥ:*** (m∘ 1nom∘ sing∘ ←pron∘ *taḍ* 1.2); 📖***shabdaḥ:*** (1nom∘ sing∘ ←m∘ ***śabda*** (noise) ←10∘√शब्द् (to sound); 📖***tumulaḥ:*** (m∘ 1nom∘ sing∘ ←adj∘ *tumula* (tumultuous) ←2∘√तु (to thrive); *abhavaṭ* (became) (3rd-per∘ sing∘ -past-imper∘ लङ् भूत∘ parasmai∘ ←1∘ √भू (to be, become) (1.13)

📖 सञ्जनयन् to the great? सञ्जनयत् is a present active participle → increasing, while increasing. It should be : Increasing or while increasing his (तस्य, Duryodhana's - 6th case, not 4th or 2nd case) joy (हर्षम् m∘ 2nd case - object); NOTE : सञ्जनयत् is not the adjective of the object हर्षम्, but it is one of the three adjectives of the subject पितामहः । e.g. सञ्जनयन् कुरुवृद्धः प्रतापवान् पितामहः ।

PLEASE REMEMBER : If you understand which ones are the subjects and which ones are the objects and which ones are their corresponding adjectives in each *shloka*, you just can not go wrong. You will not make such mistakes.

📖 sahasā सहसा, अकस्मात्, सद्यः, एकपदे, हठात्, युगपत् 11.12

📖 shabdaḥ: शब्दः, नादः, रवः, संरावः, विरावः, आरवः, घोषः 1.19, निनादः, निनदः, स्वरः, स्वनः, स्वानः, निस्वानः, निह्रादः, ध्वनः, ध्वानः, ध्वनिः ।

📖 tumulaḥ: तुमुलः, सङ्कुलः, क्षुब्धः, माकुलः, भयङ्करः, घोरः, दारुणः, भयावहः 3.35, भयानकः ।

(§3) ***tataḥ:*** **(after this, thereupon);** ***śankhāḥ:*** **(subj1◦ conch shells);** ***ća*** **(and);** ***bheryaḥ:*** **(subj2◦ kettle-drums);** ***ća*** **(and);** ***paṇavānaka-gomukhāḥ:*** **(subj3◦ cymbals, trumpets and cow horns);** ***sahasā*** **(adv◦ just immediately, suddenly, all together);** ***abhyahanyanta*** **(vi◦ blared forth, sounded);** ***saḥ:*** **(adj1◦-subj4◦ that);** ***shabdaḥ:*** **(subj4◦ sound, noise);** ***tumulaḥ:*** **(adj2◦-subj4◦ tumultuous);** ***abhavaṭ*** **(vi◦ became)** (1.13)

(§4) sahasā tataḥ: śankhāḥ: ća bheryaḥ: ća paṇavānaka-gomukhāḥ: abhyahanyanta saḥ: shabdaḥ: abhavaṭ tumulaḥ:

(§5) Just immediately thereupon, conch shells and kettle-drums and cymbals, trumpets and cow-horns blared forth. That noise became[38] tumultuous. (1.13)

अनुष्टुप्-छन्दसि गीतोपनिषद् । 1.13	शङ्खाश्च पणवा भेर्यो डिण्डिमा गोमुखास्तथा । प्रदध्मुस्तारशब्देन स रवः सङ्कुलोऽभवत् ।। 555/1110

1.14 ततः श्वेतैर्हयैर्युक्ते महति स्यन्दने स्थितौ ।
माधवः पाण्डवश्चैव दिव्यौ शङ्खौ प्रदध्मतुः ।।
tataḥ: śvetairhayairyukte mahati syandane sthitau,
mādhavaḥ: pāṇḍavaśćaiva divyau śankhau pradadhmatuḥ:. (1.14)

(§1) ततः श्वेतैः हयैः युक्ते महति स्यन्दने स्थितौ । माधवः पाण्डवः च एव दिव्यौ शङ्खौ प्रदध्मतुः । *tataḥ:* (r◦ 22/5) *śvetaiḥ:* (r◦ 16/11) *hayaiḥ:* (r◦ 16/11) *yukte mahati syandane sthitau mādhavaḥ:* (r◦ 22/3) *pāṇḍavaḥ:* (r◦ 17/1) *ća* (r◦ 3/1) *eva divyau śankhau pradadhmatuḥ:* (r◦ 22/8)

---

[38] Elsewhere◦ *abhavat* → was.

📖 √भू = to become; अभवत् = became.

(§2) *tataḥ:* (1.13) *śvetaiḥ:* (m∘ 3inst∘ plu∘ ←adj∘ *śveta* (white) ←1∘√श्वित् (to brighten); 📖*hayaiḥ:* (3inst∘ plu∘ ←m∘ *haya* (horse) ←5∘√हि (to impel); *yukte* (m∘ 7loc∘ sing∘ ←ppp∘ adj∘ 📖***yukta*** (equipped with) ←7∘√युज् (to unite); 📖*mahati* (m∘ 7loc∘ sing∘ ←adj∘ *mahat* (magnificent) 1.3); 📖*syandane* (7loc∘ sing∘ ←m∘ *syandana* (chariot) ←1∘√स्यन्द् (to carry); 📖*sthitau* (m∘ 1nom∘ dual∘ ←ppp∘ adj∘ ***sthita*** (seated) ←1∘√स्था (to stay); *mādhavaḥ:* (m∘ 1nom∘ sing∘ ←bahuvrī∘ ***mādhava,*** मायाः धवः यः ←f∘ *mā* (lakshmī) ←3∘√मा (to measure) + m∘ *dhava* (husband) ←5∘√धु (to shake); ***pāṇḍavaḥ:*** (m∘ 1nom∘ sing∘ ←taddhita∘ *pāṇḍava,* पाण्डोः अपत्यम् 1.3); *ća* (and); *eva* (1.1); *divyau* (m∘ 2acc∘ dual∘ ←pot∘ adj∘ ***divya*** (celestial) taddhita∘ दिवः भावः । देवस्य भावः । ←4∘√दिव् (to shine); *śaṅkhau* (2acc∘ dual∘ ←m∘ n∘ 📖*śaṅkha* 1.12); *pradadhmatuḥ:* (3rd-per∘ dual∘ past-perf∘ लिट् भूत∘ parasmai∘ ←1∘प्र√ध्मा (to blow)

📖 hayaiḥ: हयैः, अर्वैः, आजानेयैः, कर्कैः, कियाहैः, गन्धर्वैः, घोटकैः, तुरगैः, तुरङ्गैः, तुरङ्गमैः, भूमिरक्षकैः, वाजिभिः, वाहैः, वीतिभिः, सप्तिभिः, साधुवाहिभिः, सिन्धुवारैः, सैन्धवैः, अश्वैः ।

📖 yukt युक्त, सञ्जीकृत, सज्ज, संहित, सज्जित, सम्पन्न ।

📖 mahati महति, बृहति, विशाले, विस्तीर्णे ।

📖 syandane स्यन्दने, हयने, रथे 1.21;

📖 sthitau स्थितौ, आरुढौ ।

📖 śaṅkhaḥ: शङ्खः, शङ्खकः, शचूकः, शसूकः, शुक्रिः, कम्बुः, कम्बु ।

(§3) ***tataḥ:*** **(after this, threupon);** ***śvetaiḥ:*** **(with spotless);** ***hayaiḥ:*** **(with horses);** ***yukte*** **(in equipped);** ***mahati*** **(in the magnificent);** ***syandane*** **(in the chariot);** ***sthitau*** **(adj∘-subj1-2∘ seated both);** ***mādhavaḥ:*** **(subj1∘ Mādhava, Śrī Kṛṣṇa);** ***pāṇḍavaḥ:*** **(subj2∘ Pāṇḍava, Arjuna);** ***ća-eva*** **(and);** ***divyau*** **(adj∘-obj∘ divine, celestial);** ***śaṅkhau*** **(obj∘ two conch shells);** ***pra-dadhmatuḥ:*** **(they both blew loudly)** (1.14)

(§4) tataḥ: sthitau mahati syandane yukte śvetaiḥ: hayaiḥ: mādhavaḥ: ća pāṇḍavaḥ: eva pradadhmatuḥ: divyau śaṅkhau

(§5) After this, seated in the magnificent chariot equipped with spotless horses, Śrī Kṛṣṇa and Arjuna both blew (their) celestial conch shells loudly. (1.14)

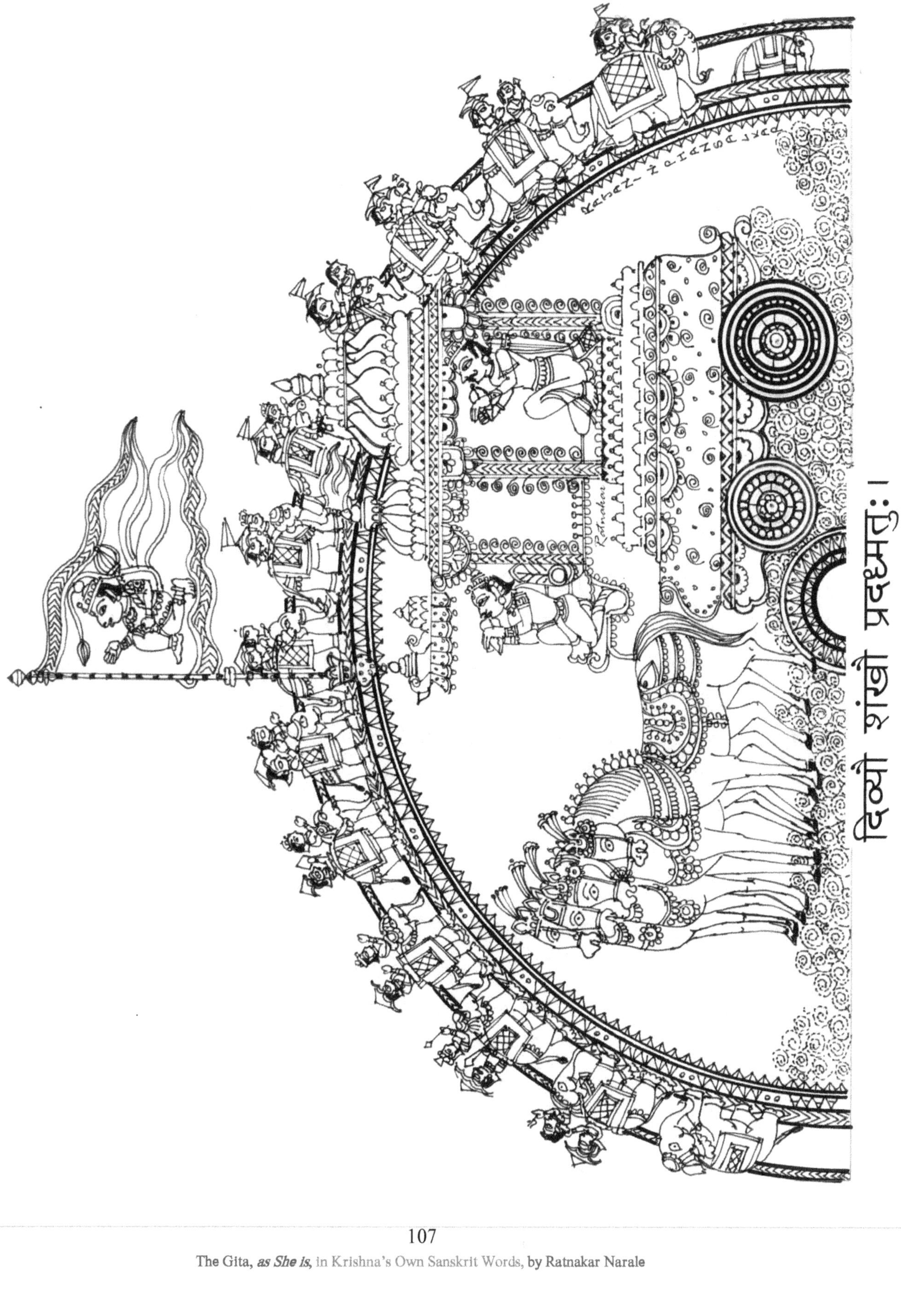
दिव्यौ शंखौ प्रदध्मतुः।

अनुष्टुप्-छन्दसि गीतोपनिषद् । 1.14	
अग्रे पाण्डुदले तत्र नन्दिघोषः कपिध्वजः । अश्वाश्च स्यन्दने श्वेताः सारथिर्यस्य माधवः।। 556/1110	स्थतौ बृहद्रथे तस्मिन्-नरनारायणौ ततः । प्रबुद्धान्पाण्डवान्कर्तुं शङ्खौ दिव्यौ प्रदध्मतुः।। 557/1110

1.15 पाञ्चजन्यं हृषीकेशो देवदत्तं धनञ्जयः ।
पौण्ड्रं दध्मौ महाशङ्खं भीमकर्मा वृकोदरः ।।
pāñćajanyaṁ hṛṣīkeśo devadattaṁ dhanañjayaḥ:,
pauṇḍraṁ dadhmau mahāśaṅkhaṁ bhīmakarmā vṛkodaraḥ:; (1.15)

(§1) पाञ्चजन्यम् हृषीकेशः देवदत्तम् धनञ्जयः । पौण्ड्रम् दध्मौ महाशङ्खम् भीमकर्मा वृकोदरः । *pāñćajanyam̩* (r∘ 14/1) *hṛṣīkeśaḥ:* (r∘ 15/4) *devadattam̩* (r∘ 14/1) *dhanañjayaḥ:* (r∘ 22/8) *pauṇḍram̩* (r∘ 14/1) *dahdmau mahāśaṅkham̩* (r∘ 14/1) *bhīmakarmā vṛkodaraḥ:* (r∘ 22/8)

(§2) *pāñćajanyam̩* (m∘ 2acc∘ sing∘ ←prop∘ *pāñćajanya*, name of the celestial conch shell); ***hṛṣīkeśaḥ:*** (m∘ 1nom∘ sing∘ ←bahuvrī∘ ***hṛṣīkeśa***, हृषीकाणाम् ईशः यः ←n∘ *hṛṣīka* (sense organ) ←1∘√हृष् (to be joyful) + adj∘ ***īśa*** (lord) ←2∘√ईश् (to prosper); *devadattam̩* (m∘ 2acc∘ sing∘ ←prop∘ *devadatta*, name of a conch shell); ***dhanañjayaḥ:*** (m∘ 1nom∘ sing∘ ←bahuvrī∘ ***dhanañjaya***, धनं जयति यः ←n∘ ***dhana*** (wealth) ←1∘√धन् (to scurry) + m∘ *jaya* (win) 1.8); *pauṇḍram̩* (m∘ 2acc∘ sing∘ ←prop∘ *pauṇḍra*, name of a conch shell); *dahdmau* (1.12); ***mahā*** (the expression of word mahat̩ महत् to be used in a samāsa is *mahā* महा ←adj∘ *mahat̩* 1.3); *śaṅkham̩* (1.12); *bhīmakarmā* (m∘ 1nom∘ sing∘ ←bahuvrī∘ *bhīma-karman̩*, भीमं कर्म यस्य ←adj∘ *bhīma* (scary) 1.4 + n∘ ***karman̩*** (deed) ←8∘√कृ (to do); *vṛkodaraḥ:* (m∘ 1nom∘ sing∘ ←bahuvrī∘ adj∘ *vṛkodara*, वृकस्य इव उदरं यस्य ←m∘ *vṛka* (jackal) ←1∘√वृक् (to hold) + n∘ ***udara*** (stomach) ←1∘उद्√ऋ (to attain, get) (1.15)

(§3) ***pāñćajanyam̩*** (obj1∘ the Pāñćajanya); ***hṛṣīkeśaḥ:*** (subj1∘ Hṛṣīkeśa, Śrī Kṛṣṇa); ***devadattam̩*** (obj2∘ the Devadatta); ***dhanañjayaḥ:*** (subj2∘ Dhanañjaya; Arjuna); ***pauṇḍram̩*** (obj3∘ Pauṇḍra); ***dahdmau*** (he blew); ***mahā*** (adj∘-obj3∘ the great); ***śaṅkham̩*** (obj3∘ conch shell); ***bhīmakarmā*** (adj1∘-subj3∘ Bhīmakarman̩; the performer of scary deeds); ***vṛkodaraḥ:*** (adj2∘-subj3∘ Vṛkodara, Bhīma) (1.15)

(§4) hṛṣīkeśaḥ: pāñćajanyam̩ dhanañjayaḥ: devadattam̩ vṛkodaraḥ: bhīmakarmā dahdmau pauṇḍram̩ mahā śaṅkham̩

(§5) Śrī Kṛṣṇa (blew) the Pāñćajanya; Arjuna (blew) the Devadatta; Bhīma, the performer of scary deeds, blew Pauṇḍra, the great conch shell; (1.15)

अनुष्ठुप्-छन्दसि गीतोपनिषद् । 1.15	पाञ्चजन्यो मुकुन्देन पार्थेन देवदत्त उ । पौण्ड्रो नाम्नो महाशङ्खः प्रोच्चैर्भीमेन ध्मापितः ।। 558/1110

1.16 अनन्तविजयं राजा कुन्तीपुत्रो युधिष्ठिरः ।
नकुलः सहदेवश्च सुघोषमणिपुष्पकौ ।।

anantavijayaṁ rājā kuntīputro yudhiṣṭhiraḥ:,
nakulaḥ: sahadevaśća sughoṣamaṇipuṣpakau; (1.16)

(§1) अनन्तविजयम् राजा कुन्तीपुत्रः युधिष्ठिरः । नकुलः सहदेवः च सुघोषमणिपुष्पकौ । *anantavijayam* (r◦ 14/1) *rājā kuntīputraḥ:* (r◦ 15/10) *yudhiṣṭhiraḥ:* (r◦ 22/8) *nakulaḥ:* (r◦ 22/7) *sahadevaḥ:* (r◦ 17/1) *ća sughoṣamaṇipuṣpakau*

(§2) *anantavijayam* (m◦ 2acc◦ sing◦ ←prop◦ *anantavijaya,* name of a conch shell); *rājā* (1.2); *kuntīputraḥ:* (m◦ 1nom◦ sing◦ ←bahuvrī◦ *kuntīputra,* कुन्त्याः पुत्रः ←f◦ prop◦ ***kuntī*** ←1◦√कम् (to desire) + m◦ *putra* 1.3); *yudhiṣṭhiraḥ:* (m◦ 1nom◦ sing◦ ←aluk-tat◦ samāsa, *yudhiṣṭhira,* युधि स्थिरः ←f◦ *yudh* 1.1 + adj◦ ***sthira*** (unwavering) ←1◦√स्था (to stay); *nakulaḥ:* (m◦ 1nom◦ sing◦ ←prop◦ *nakula* ←1◦न√कुल् (to related); *sahadevaḥ:* (m◦ 1nom◦ sing◦ ←prop◦ *sahadeva* ←4◦सह√दिव् (to shine); *ća* (1.1); *sughoṣa-maṇipuṣpakau* (m◦ 2acc◦ dual◦ dvandva◦ सुघोषम् च मणिपुष्पकम् च ←prop◦ *sughoṣa* + prop◦ *maṇipuṣpaka,* names of the two conch shells) (1.16)

(§3) ***anantavijayam*** (obj4◦ the Anantavijaya); ***rājā*** (adj1◦-subj4◦ king); ***kuntīputraḥ:*** (adj2◦-subj4◦ the son of Kuntī); ***yudhiṣṭhiraḥ:*** (subj4◦ Yudhiṣṭhira); ***nakulaḥ:*** (subj5◦ Nakula); ***sahadevaḥ:*** (subj6◦ Sahadeva); ***ća*** (and); ***sughoṣa-maṇipuṣpakau*** (obj5◦ the Sughoṣa and obj6◦ the Maṇipuṣpaka) (1.16)

(§4) rājā yudhiṣṭhiraḥ: kuntīputraḥ: anantavijayam nakulaḥ: ća sahadevaḥ: sughoṣa-maṇipuṣpakau

(§5) King Yudhiṣṭhira, the son of Kuntī (blew) the Anantavijaya; Nakula and Sahadeva (blew) the Sughoṣa and the Maṇipuṣpaka; (1.16)

अनुष्टुप्-छन्दसि गीतोपनिषद् । 1.16	
नकुलसहदेवाभ्यां सुघोषमणिपुष्पकौ । अनन्तविजयः शङ्खो युधिष्ठिरेण प्रभृति ।। 559/1110	योधवीरास्ततः सर्वे बभूवुराशु तत्पराः । स्वं स्वं शङ्खं ततो धृत्वा दध्मुस्ते विविधैः स्वरैः।। 560/1110

1.17 काश्यश्च परमेष्वासः शिखण्डी च महारथः ।
धृष्टद्युम्नो विराटश्च सात्यकिश्चापराजितः ।।
kāśyaśća parameṣvāsaḥ: śikhaṇḍī ća mahārathaḥ:,
dhṛṣṭadyumno virāṭaśća sātyakiśćāparājitaḥ:; (1.17)

(§1) काश्यः च परमेष्वासः शिखण्डी च महारथः । धृष्टद्युम्नः विराटः च सात्यकिः च अपराजितः । ***kāśyaḥ:*** (r◦ 17/1) ***ća parameṣvāsaḥ:*** (r◦ 22/5) ***śikhaṇḍī ća mahārathaḥ:*** (r◦ 22/8) ***dhṛṣṭadyumnaḥ:*** (r◦ 15/13) ***virāṭaḥ:*** (r◦ 17/1) ***ća sātyakiḥ:*** (r◦ 17/1) ***ća*** (r◦ 1/1) ***aparājitaḥ:*** (r◦ 22/8)

(§2) *kāśyaḥ:* (m◦ 1nom◦ sing◦ ←taddhita◦ *kāśya* काश्या: राजा ←f◦ prop◦ *kāśi* 1.5); *ća* (and); 📖*parameṣvāsaḥ:* (m◦ 1nom◦ sing◦ ←bahuvrī◦ *parameṣvāsa,* परम: इष्वासः यः ←adj◦ ***parama*** (great) ←5◦√पृ (to be pleased) + m◦ *iṣu* 1.4 + m◦ *āsa* 1.4); *śikhaṇḍī* (m◦ 1nom◦ sing◦ ←adj◦ *śikhaṇḍin* ←m◦ *śikhaṇḍ* ←1◦शिखा√अम् (to afflict); *ća* (and); *mahārathaḥ:* (1.4); *dhṛṣṭadyumnaḥ:* (m◦ 1nom◦ sing◦ ←bahuvrī◦ prop◦ *dhṛṣtdyumna,* धृष्टम् द्युम्नम् यस्य ←ppp◦ adj◦ *dhṛṣta* (courageous) ←5◦√धृष् (to be proud) + n◦ *dyumna* (prowess) ←1◦द्यु√म्ना (to remember); *virāṭaḥ:* (1.4); *ća* (and); *sātyakiḥ:* (m◦ 1nom◦ sing◦ ←taddhita◦ *sātyaki,* सत्यकस्य अपत्यम् पुमान् ←prop◦ *satyaka* ←2◦√अस् (to be) + m◦ *putra* 1.3); *ća* (and); 📖*aparājitaḥ:* (m◦ 1nom◦ sing◦ n.tatpu◦ *a-parājita,* न पराजितः ←ppp◦ adj◦ *parājita* (defeated) ←1◦परा√जि (to win) (1.17)

📖 parameṣvāsaḥ: परमेष्वासः, महेष्वासः 1.4, महाधनुर्धरः etc...see 1.4

📖 aparājitaḥ: अपराजितः, अपराभूतः अपरास्तः, अजितः, अपराहतः, अनभिभूतः, अकृतध्वंसः ।

(§3) ***kāśyaḥ:*** (subj7◦ Kāśya, king of Kāśi); ***ća*** (and); ***parameṣvāsaḥ:*** (adj◦-subj7◦ the great archer); ***śikhaṇḍī*** (subj8◦ Śikhaṇḍīn); ***ća*** (and); ***mahārathaḥ:*** (adj◦-subj8◦ the great charioteer); ***dhṛṣṭadyumnaḥ:*** (subj9◦ Dhṛṣṭadyumna); ***virāṭaḥ:*** (subj10◦ Virāṭa, king Virāṭa, king Virāṭa of Pāñćāla); ***ća*** (and); ***sātyakiḥ:*** (subj11◦ Sātyaki, son of Satyaka); ***ća*** (and); ***aparājitaḥ:*** (adj◦-subj11◦

ever victorious) (1.17)

(§4) ćа kāśyaḥ: parameṣvāsaḥ: śikhaṇḍī mahārathaḥ: ćа dhṛṣṭadyumnaḥ: ćа virāṭaḥ: ćа aparājitaḥ: sātyakiḥ:

(§5) And, king of Kāśi, the great archer;[39] Śikhaṇḍīn, the great charioteer; and Draupadī's brother Dhṛṣṭadyumna; and king Virāṭa of Pāñćāla; and ever victorious son of Satyaka; (1.17)

अनुष्टुप्-छन्दसि गीतोपनिषद् । 1.17	काशिराजो धनुर्धारी शिखण्डी च महारथी । धृष्टद्युम्नश्चमूनाथो विराटो नृपकेसरी ।। 561/1110

1.18 द्रुपदो द्रौपदेयाश्च सर्वशः पृथिवीपते ।
सौभद्रश्च महाबाहुः शङ्खान्दध्मुः पृथक्पृथक् ।।
drupado draupadeyāśća sarvaśaḥ: pṛthivīpate,
saubhadraśća mahābāhuḥ: śaṅkhāndadhmuḥ: pṛthakpṛthak. (1.18)

(§1) द्रुपदः द्रौपदेयाः च सर्वशः पृथिवीपते । सौभद्रः च महाबाहुः शङ्खान् दध्मुः पृथक् पृथक् । *drupadaḥ:* (r◦ 15/4) *draupadeyāḥ:* (r◦ 17/1) *ća sarvaśaḥ:* (r◦ 22/3) *pṛthivīpate saubhadraḥ:* (r◦ 17/1) *ća mahābāhuḥ:* (r◦ 22/5) *śaṅkhān* (r◦ 13/11) *dadhmuḥ:* (r◦ 22/3) *pṛthak* (r◦ 10/2) *pṛthak*

(§2) *drupadaḥ:* (m◦ 1nom◦ sing◦ ←prop◦ *drupada* 1.3); *draupadeyāḥ:* (1.6); *ća* (and); ***sarvaśaḥ:*** (adv◦ ←ind◦ *sarvaśaṣ* (from all sides) ←pron◦ *sarva* 1.6 + adverb forming affix *śas); pṛthivīpate* (m◦ 8voc◦ sing◦ ←bahuvrī◦ *pṛthivīpati* (king) पृथिव्याः पतिः इव यः ←f◦ ***pṛthivī*** (earth) ←1◦√प्रथ् (to grow) + m◦ ***pati*** (lord) ←2◦√पा (to protect); *saubhadraḥ:* (1.6); *ća* (1.1); *mahābāhuḥ:* (m◦ 1nom◦ sing◦ ←bahuvrī◦ ***mahābāhu,*** महान्तौ बाहू यस्य ←adj◦ *mahā* (mighty) 1.3 + m◦ ***bāhu*** (arm) **←1◦√बाध्** (to opress); *śaṅkhān* (2acc◦ plu◦ ←m◦ *śaṅkha* 1.12); *dadhmuḥ:* (3rd-per◦ plu◦ past-perf◦ लिट् भूत◦ parasmai◦ ←1◦√ध्मा (to blow); *pṛthak-pṛthak* (adv◦ ind◦ ***pṛthak*** (distinct) ←1◦√प्रथ् (to grow) (1.18)

---

[39] Elsewhere◦ *parameṣvāsaḥ:* → mighty bowed.
परमेष्वासः = महेष्वासः see the footnote in 1.4

📖 pṛthivīpate पृथिवीपते, महीपते, भूपाल, भूपते, भूमिन्द्र, धराधीश, अवनिभृत, मेदिनीभुज् ।

📖 pṛthak-pṛthak पृथक्पृथक्, पृथक्त्वेन, भिन्नरूपेण, नानाप्रकारेण, पृथग्विधा, बहुधा, विविक्तरूपेण, एकैकशः ।

(§3) ***drupadaḥ:*** (subj12◦ Drupada; king Drupada); ***draupadeyāḥ:*** (subj13◦ five sons of Draupadī); ***ća*** (and); ***sarvaśaḥ:*** (adv◦ from all sides); 📖***pṛthivīpate*** (O Pṛthivīpati! O King Dhṛtarāṣṭra!); ***saubhadraḥ:*** (subj14◦ son of Subhadrā; Abhimanyu); ***ća*** (and); ***mahābāhuḥ:*** (adj◦-subj14◦ mighty armed); ***śaṅkhān*** (obj◦ conch shells); ***dadhmuḥ:*** (they blew); ***pṛthak-pṛthak*** (each differently, distinctly) (1.18)

(§4) ća pṛthivīpate! drupadaḥ: draupadeyāḥ: ća mahābāhuḥ: saubhadraḥ: dadhmuḥ: śaṅkhān pṛthak-pṛthak sarvaśaḥ:

(§5) And, O King Dhṛtarāṣṭra! King Drupada; sons of Draupadī; mighty armed son of Subhadrā blew conch shells each distinctly,[40] from all sides.[41] (1.18)

अनुष्टुप्-छन्दसि गीतोपनिषद् । 1.18	
द्रुपदोऽतिरथी ज्ञातः सात्यकिर्रणविक्रमी । उत्तमौजा महावीरो युधामन्युश्च नायकः ।। 562	सौभद्रेयोऽभिमन्युश्च द्रौपदेयाश्च सैनिकाः । शङ्खान्पृथग्विधान्ध्मात्वा चक्रुः कर्कशगर्जनम् ।। 563/1110

1.19 **स घोषो धार्तराष्ट्राणां हृदयानि व्यदारयत् ।**
नभश्च पृथिवीं चैव तुमुलो व्यनुनादयन् ।।
sa ghoṣo dhārtarāṣṭrāṇāṁ hṛdayāni vyadārayat,
nabhaśća pṛthivīṁ ćaiva tumulo vyanunādayan. (1.19)

---

[40] Elsewhere◦ *pṛthak-pṛthak* → respective, स्व स्व, each his own, several, ...etc. (adj◦ qualifying noun शङ्खान्)

📖 पृथक् is not an adjective, so it can not qualify a noun. It is an ind◦ adv◦ It must qualify the verb दध्मुः (e.g. separately, singly, severally; differently, distinctly ...etc.), not the noun शङ्खान् (e.g. own, respective, several). Therefore, not सर्वशः पृथक्पृथक् शङ्खान् but सर्वशः पृथक्पृथक् दध्मुः ।

[41] Elsewhere◦ *sarvaśaḥ:* → all (adj◦)

📖 सर्वशः is not an adjective. It is an ind◦ adv◦ It must qualify the verb दध्मुः, not the subjects ...द्रुपदः, द्रौपेयाः, सौभद्रः ...etc.

(§1) सः घोषः धार्तराष्ट्राणाम् हृदयानि व्यदारयत् । नभः च पृथिवीम् च एव तुमुलः व्यनुनादयन् । *saḥ:* (r◦ 21/2) *ghoṣaḥ:* (r◦ 15/5) *dhārtarāṣṭrāṇam* (r◦ 24/6, 14/1) *hṛdayāni vyadārayat* (r◦ 23/1) *nabhaḥ:* (r◦ 17/1) *ća pṛthivīm* (r◦ 14/1) *ća* (r◦ 3/1) *eva tumulaḥ:* (r◦ 15/13) *vyanunādayan*

(§2) *saḥ:* (1.13); 🕮*ghoṣaḥ:* (1nom◦ sing◦ ←m◦ *ghoṣa* (sound) ←1◦√**घुष्** (to rub); *dhārtarāṣṭrāṇām* (m◦ 6pos◦ plu◦ ←taddhita◦ ***dhārtarāṣṭra***, धृतराष्ट्रस्य पुत्रः ←prop◦ *dhṛtarāṣṭra* 1.1 + m◦ *putra* 1.3); *hṛdayāni* (2acc◦ plu◦ ←n◦ ***hṛdaya*** (heart) ←1◦√हृ (to take); 🕮*vyadārayat* (3rd-per◦ sing◦ -past-imper◦ लङ् भूत◦ parasmai◦ caus◦ ←9◦वि√**दॄ** (to rip); 🕮*nabhaḥ:* (2acc◦ sing◦ ←m◦ ***nabhas*** (sky) ←4◦√**नह्** (to bind), or m◦ *nabhasa* (sky) ←1◦√**नभ्** (not to be); *ća* (and); 🕮*pṛthivīm* (2acc◦ sing◦ ←f◦ *pṛthivī* (earth) 1.18); *ća* (and); *eva* (1.1); *tumulaḥ:* (1.13); 🕮*vyanunādayan* (1nom◦ sing◦ caus◦ ←śatṛ◦ adj◦ *vyanunādayat* ←1◦वि–अनु√नद् (to make sound, play) (1.19)

🕮 ghoṣaḥ: घोषः, शब्दः see 1.13↑;

🕮 vyadārayat व्यदारयत्, बिभेदयत्, विभञ्जयत् ।

🕮 nabhaḥ: नभः, आकाशम् 13.33, अम्बरम्, गगनम्, व्योम, अन्तरिक्षम्, दिगन्तरम्, अन्तरालम् ।

🕮 pṛthivīm पृथिवीम्, महीम्, पृथ्वीम्, वसुधाम्, उर्वीम्, उर्वराम्, धराम्, धरित्रीम्, धरणीम्, धारिणिम्, मेदिनीम्, वसुमतीम्, अवनिम्, अवनीम्, वसुन्धराम्, द्यावम्, भूमिम्, क्षितिम्, अचलाम्, अनन्ताम्, रसाम्, स्थिराम्, ज्याम्, गोत्राम्, जगतीम्, क्षौणिम्, निश्चलाम् ।

🕮 vyanunādayan व्यनुनादयन्, अनुकम्पयन्, आन्दोलयन्, व्यनुगार्जयन्, प्रतिध्वनयन् ।

(§3) ***saḥ:*** (adj1◦-subj◦ that); ***ghoṣaḥ:*** (subj◦ sound, uproar); ***dhārtarāṣṭrāṇām*** (of the Kauravas; of the sons of Dhṛtarāṣṭra); ***hṛdayāni*** (obj1◦ hearts); ***vyadārayat*** (it caused to shake; caused to burst asunder) ***nabhaḥ:*** (obj2◦ the sky); ***ća*** (and); pṛthivīm (obj3◦ the earth); ***ća eva*** (and); ***tumulaḥ:*** (adj2◦-subj◦ tumultuous); ***vyanunādayan*** (adj3◦-subj◦ causing to reverberate, resonate, resound) (1.19)

(§4) saḥ: tumulaḥ: ghoṣaḥ: vyanunādayan pṛthivīm ća-eva nabhaḥ: vyadārayat hṛdayāni dhārtarāṣṭrāṇām

(§5) That tumultuous sound, causing to reverberate the earth and the sky, caused to burst asunder[42] hearts of the Kauravas. (1.19)

अनुष्टुप्-छन्दसि गीतोपनिषद् । 1.19	तीव्रेण तेन शब्देन निनादिते धरा नभः । तथैव धार्तराष्ट्राणां क्रूराणि हृदयानि च ।। 564/1110

1.20 अथ व्यवस्थितान्दृष्ट्वा धार्तराष्ट्रान्कपिध्वजः ।
प्रवृत्ते शस्त्रसम्पाते धनुरुद्यम्य पाण्डवः ।।
atha vyavasthitāndṛṣṭvā dhārtarāṣṭrānkapidhvajaḥ:,
pravṛtte śastrasampāte dhanurudyamya pāṇḍavaḥ:; (1.20)

(§1) अथ व्यवस्थितान् दृष्ट्वा धार्तराष्ट्रान् कपिध्वजः । प्रवृत्ते शस्त्रसम्पाते धनुः उद्यम्य पाण्डवः । *atha vyavasthitān* (r◦ 13/11) *dṛṣṭvā dhārtarāṣṭrān* (r◦ 13/9) *kapidhvajaḥ:* (r◦ 22/8) *pravṛtte śastrasampāte dhanuḥ:* (r◦ 16/3) *udyamya pāṇḍavaḥ:* (r◦ 22/8)

(§2) **atha** (after this) (time indicating ind◦ ←10◦√अर्थ् (to want); 🕮*vyavasthitān* (m◦ 2acc◦ plu◦ ←ppp◦ adj◦ ***vyavasthita*** (prepared to act) ←1◦वि-अव√स्था (to stay); *dṛṣṭvā* (1.2); ***dhārtarāṣṭrān*** (2acc◦ plu◦ ←m◦ *dhārtarāṣṭra* 1.19); *kapidhvajaḥ:* (m◦ 1nom◦ sing◦ ←bahuvrī◦ *kapidhvaja*, कपिः ध्वजे यस्य ←m◦ *kapi* (Hanumāna) ←1◦√कम्प् (to tremble) + m◦ 🕮*dhvaja* (flag) ←1◦√ध्वज् (to go); *pravṛtte* (m◦ 7loc◦ sing◦ ←ppp◦ adj◦ ***pravṛtta*** (commencement) ←4◦प्र√वृत् (to choose); *śastrasampāte* (m◦ 7loc◦ sing◦ ←tatpu◦ *śastra-sampāta* (clash of weapons) शस्त्राणाम् सम्पातः ←n◦ *śastra* (weapon) *1.9* + m◦ *sampāta* (clash) ←1◦सम्√पत् (to fall); 🕮*dhanuḥ:* (2acc◦ sing◦ ←n◦ ***dhanus*** (bow) ←1◦√धन् (to scurry); 🕮*udyamya* (lyp◦ past-participle ←1◦उद्√यम् (to restrain); *pāṇḍavaḥ:* (1.14) (1.20)

🕮 vyavasthitān व्यवस्थितान्, व्यवस्थापितान्; सज्जीभूतान्, सिद्धिभूतान्, उद्यतान् ।
🕮 dhvajaḥ: ध्वजः, केतुः ।

---

[42] Elsewhere◦ *vyadārayat* → became uproarious (v.i◦) ..etc.
🕮 v*yadaryat* is not an v.i◦ It is a v.t◦ causative verb. The non-causative verb would be वि-अददरत्, व्यददरत्; but it is a causative व्यदारयत् → caused to shatter. It is not, the sound itself became (अभवत्) uproarious (an intransitive action), but it should be, the sound caused the hearts to shatter (a transitive causative action). The hearts are the object; sound is the subject, the causative performer of the verb shake; on the hearts, the object; through fear, the causative agent.

📖 dhanuḥ: धनु:, आस: see 1.4

📖 udyamya उद्यम्य, गृहीत्वा 15.8, उद्धृत्य ।

(§3) ***atha*** (after this, thereupon); ***vyavasthitān*** (adj∘-obj1∘ those who are reunited, repositioned, poised, prepared to act); ***dṛṣṭvā*** (having seen, seeing); ***dhārtarāṣṭrān*** (obj1∘ the sons of Dhṛtarāṣṭra; the Kauravas); ***kapidhvajaḥ:*** (adj∘-subj∘ the bearer of the standard with the image of Hanūmāna); ***pravṛtte*** (at the commencement of); ***śastrasampāte*** (at the clash of weapons); ***dhanuḥ:*** (obj2∘ the bow; the Gāṇḍīva bow); ***udyamya*** (having raised); ***pāṇḍavaḥ:*** (subj∘ Pāṇḍava; Arjuna) (1.20)

(§4) atha dṛṣṭvā dhārtarāṣṭrān vyavasthitān pāṇḍavaḥ: kapidhvajaḥ: udyamya dhanuḥ: pravṛtte śastrasampāte

(§5) After this, having seen[43] the Kauravas prepared to act, Arjuna, the bearer of the standard with the image of Hanūmāna, having raised the Gāṇḍīva bow,[44] at the commencement of the clash of weapons;[45] (1.20)

अनुष्टुप्-छन्दसि गीतोपनिषद् । 1.20	
नभोधरे यदा शान्ते पुनर्भूते शनैः शनैः । तदनु कुरुपुत्राणां चित्तं स्थिरं च पूर्ववत् ।। 565/1110	स्थिरांस्तान्कौरवान्दृष्ट्वा रणे तस्मिन्यदा पुनः । उत्थितः सशरः पार्थो युद्धं कर्तुं हि धार्मिकम् ।। 566/1110

1.21 हृषीकेशं तदा वाक्यमिदमाह महीपते ।
सेनयोरुभयोर्मध्ये रथं स्थापय मेऽच्युत ।।

hṛṣīkeśaṁ tadā vākyamidamāha mahīpate,
senayorubhayormadhye rathaṁ sthāpaya me'cyuta. (1.21)

---

[43] Elsewhere∘ *atha...dṛṣṭvā* → when he saw, then the son of Pāndu (Arjuna) saw, then Arjuna looked at ...etc.

📖 'saw or looked' is a perfect action अपश्यत्, दृष्टवान् । But दृष्ट्वा is an ind∘ क्त्वा∘ participle.

[44] Elsewhere∘ *dhanurudyamya* → took up his bow.

📖 'took up' is a perfect verb, but उद्यम्य is an ind∘ lyp∘ participle.

[45] Elsewhere∘ *pravṛtte śastrasampāte* → when the missiles were about to be discharged, prepared to shoot his arrows, realized that missiles were about to be discharged,

(§1) हृषीकेशम् तदा वाक्यम् इदम् आह महीपते । सेनयोः उभयोः मध्ये रथम् स्थापय मे अच्युत । ***hṛṣīkeśam*** (r◦ 14/1) ***tadā vākyam*** (r◦ 8/18) ***idam*** (r◦ 8/17) ***āha mahīpate senayoḥ:*** (r◦ 16/5) ***ubhayoḥ:*** (r◦ 16/12) ***madhye rathaṃ*** (r◦ 14/1) ***sthāpaya me*** (r◦ 6/1) ***aćyuta***

(§2) ***hṛṣīkeśam*** (2acc◦ sing◦ ←m◦ *hṛṣīkeśa* 1.15); *tadā* (1.2); 📖***vākyam*** (2acc◦ sing◦ ←collective noun n◦ ***vākya*** (utterance) ←1◦√वच् (to speek); *idam* (1.10); 📖***āha*** (3rd-per◦ sing◦ pres◦ वर्तमान्-लट् parasmai◦ ←5◦**√अह्** (to speak) or optional form ←2◦√ब्रू (to speak); 📖*mahīpate* (m◦ 8voc◦ sing◦ ←bahuvrī◦ *mahīpati* (king) मह्याः पतिः इव यः ←f◦ ***mahī*** ←1◦√मह् (to respect) + m◦ *pati* 1.18); ***senayoḥ:*** (6pos◦ dual◦ ←f◦ ***senā*** (army) ←5◦√सि (to bind); ***ubhayoḥ:*** (f◦ 6pos◦ dual◦ ←pronominal adj◦ *ubhaya* (opposing two) ←6◦**√उभ्** (to join two); 📖***madhye*** (7loc◦ sing◦ ←adj◦ m◦ ***madhya*** (middle) ←1◦√मह् (to respect); 📖*ratham* (2acc◦ sing◦ ←m◦ *ratha* (chariot) 1.4); *sthāpaya* (place!) (2nd-per◦ sing◦ imperative◦ प्रार्थनार्थक-लोट् parasmai◦ caus◦ ←1◦√स्था (to stay); ***me*** (6pos sing◦ ←pron◦ *asmad* 1.7); ***aćyuta*** (m◦ 8voc◦ sing◦ ←n.bahuvrī◦ *aćyuta,* न च्युतः यः ←negative affix अ 1.10 + ppp◦ adj◦ *ćyuta* ←1◦**√च्यु** (to drop) (1.21)

📖 vākyam वाक्यम्, वचनम् 1.2, उक्तिम्, वक्तव्यम्, व्याहारम्, व्याहृतिम्, भाषणम्, लापम्, लपनम्, निदेशम्, वचः 2.10, कथनम् ।

📖 āha आह 1.21, उवाच see 1.25;

📖 mahīpate महीपते, पृथिवीपते see 1.18;

📖 madhye मध्ये, उपस्थे 1.47, अभ्यन्तरे, मध्यस्थाने, अन्तरे, तन्मध्ये ।

📖 ratham रथम्, स्यन्दनम् see 1.14;

(§3) ***hṛṣīkeśam*** (obj1◦ to Hṛṣīkeśa; to Śrī Kṛṣṇa); ***tadā*** (at that time, then); ***vākyam*** (obj2◦ utterance); ***idam*** (adj◦-obj2◦ this); ***āha*** (subj◦ he said); ***mahīpate*** (O Mahīpati! O King! O Dhṛtarāṣtra!); ***senayoḥ:*** (in the middle of two armies); ***ubhayoḥ:*** (in the middle of both, the opposing); ***madhye*** (in the middle of); ***ratham*** (obj3◦ the chariot); ***sthāpaya*** (please position, place!); ***me*** (adj◦ 4dat◦ for me; 6pos◦ my); ***aćyuta*** (O Aaćyuta! O Śrī Kṛṣṇa!) (1.21)

(§4) mahīpate tadā āha hṛṣīkeśam idam vākyam me aćyuta sthāpaya ratham madhye ubhayoḥ: senayoḥ:

(§5) O King! at that time, (Arjuna) said to Śrī Kṛṣṇa this[46] utterance, "O My Aaćyuta![47] please place the chariot in the middle of the opposing two armies;" (1.21)

Arjuna said (arjuna uvāća अर्जुन उवाच ।)

अनुष्ठुप्-छन्दसि गीतोपनिषद् । 1.21	उवाच स हृषीकेशमर्जुनः शृणु केशव । सेनयोरुभयोर्मध्ये हरे स्थापय स्यन्दनम् ।। 567/1110

1.22 यावदेतान्निरीक्षेऽहं योद्धुकामानवस्थितान् ।
कैर्मया सह योद्धव्यमस्मिन्रणसमुद्यमे ।।
yāvadetānnirīkṣe'haṁ yoddhukāmānavasthitān,
kairmayā saha yoddhavyamasminraṇasamudyame. (1.22)

(§1) यावत् एतान् निरीक्षे अहम् योद्धुकामान् अवस्थितान् । कैः मया सह योद्धव्यम् अस्मिन् रणसमुद्यमे । arjuna (r◦ 19/4) uvāća. *yāvat* (r◦ 8/9) *etān* (r◦ 1/11) *nirīkṣe* (r◦ 6/1) *aham* (r◦ 14/1) *yoddhukāmān* (r◦ 8/11) *avasthitān* (r◦ 23/1) *kaiḥ:* (r◦ 16/11) *mayā saha yoddhavyam* (r◦ 8/16) *asmin* (r◦ 13/18) *raṇasamudyame*

(§2) *arjunaḥ:* (m◦ 1nom◦ sing◦ ←prop◦ *arjuna* 1.4); *uvāća* (1.25). ***yāvat*** (meanwhile) (limit indicating ind◦ ←pron◦ *yad* 1.7); ***etān*** (m◦ 2acc◦ plu◦ ←pron◦ *etad* (this) 1.3); 📖*nirīkṣe* (1st-per◦ sing◦ pres◦ वर्तमान्-लट् ātmane◦ ←1◦निर्√ईक्ष् (to see); ***aham*** (1nom◦ sing◦ ←pron◦ *asmad* 1.7); 📖*yoddhukāmān* (m◦ 2acc◦ plu◦ adj◦ ←bahuvrī◦ *yoddhu-kāma*, योद्धुम् अस्ति कामः यस्य, कामना यस्य ←f◦ *yudh* (fight) 1.1 + m◦ ***kāma*** (desire) ←1◦√कम् (to desire); 📖***avasthitān*** (m◦ 2acc◦ plu◦ ←ppp◦ adj◦ *avasthita* 1.11); ***kaiḥ:*** (m◦ 3inst◦ plu◦ ←pron◦

---

[46] Elsewhere◦ *idaṁ vākyam* → these words (plu◦), the following words (plu◦) ...etc.

📖 इदम् = singular n◦ this (इदम् this, इमे, इमानि these), वचनम् = singular - saying, speech, oration, talk, utterence, expression (see footnote in 1.2).

[47] Elsewhere◦ *me'ćyuta!* मेऽच्युत! → O Aćtuta! my chariot.

📖 The pronominal adjective मे being just previous to the noun अच्युत! and Śrī Kṛṣṇa being very dear to Arjuna, the expression *me'ćyuta!* should naturally and appropriately mean → मे अच्युत! O My Aćyuta! Like Rāmānuja's त्वमेव विद्या द्रविण त्वमेव, त्वमेव सर्वम्, मम (मे) देव देव!

kim 1.1); ***mayā*** (m◦ 3inst◦ sing◦ ←pron◦ *asmad* 1.7); ***saha*** (with) (aggregative adj◦ or ind◦ ←1◦√सह् (to endure); *yoddhavyam* (n◦ 1nom◦ sing◦ ←potential◦ विधि◦ adj◦ -*yoddhavya* ←4◦√युध् (to fight) ; ***asmin*** (m◦ 7loc◦ sing◦ ←pron◦ *idam* (this) 1.10); 📖*raṇasamudyame* (m◦ 7loc◦ sing◦ ←tatpu◦ *raṇa-samudyama* (battle) रणस्य समुद्यमः ←n◦ ***raṇa*** (battle field) ←1◦√रण् (to rattle, battle) + derivative noun m◦ *samudyama* (assemble) ←1◦सम्-उद्√यम् (to restrain) (1.22)

📖 nirīkṣe निरीक्षे, परीक्षे, अवेक्षे 1.23, समीक्षे ।

📖 avasthitān अवस्थितान् 1.20, व्यवस्थितान्, सञ्जीभूतान्, सुसिद्धान्, सन्नद्धान् ।

📖 yoddhukāmān योद्धुकामान्, ययुत्सून्, राणोत्सुकान्, युद्धदुर्दमान् ।

📖 raṇasamudyame रणसमुद्यमे, रणे 1.46, आहवे 1.37, युद्धे 1.23, सङ्ग्रामे, समितौ, समरे, संख्ये 1.47 ।

(§3) *yāvat* (Meanwhile; until); *etān* (obj◦ these people); *nirīkṣe aham* (subj1◦ I observe); *yoddhukāmān* (adj1◦-obj◦ who are desirous of fighting); *avasthitān* (adj2◦-obj◦ those who are arrayed in formations); *kaiḥ:* (subj2◦ by whom); *mayā saha* (with me); *yoddhavyam* (adj3◦-obj◦ ought to be fought, fighting should be done); *asmin* (in this); *raṇasamudyame* (in this battle, on this battlefield) (1.22)

(§4) yāvat nirīkṣe aham etān yoddhukāmān avasthitān kaiḥ: (yuddham) yoddhavyam mayā saha asmin raṇasamudyame

(§5) Meanwhile I observe these people, who are desirous of fighting (and) are arrayed in formations, by whom fighting should be done with me[48] in this battle. (1.22)

अनुष्टुप्-छन्दसि गीतोपनिषद् । 1.22	तत्पर्यन्तं निरीक्षेऽहं योद्धव्यं कैर्मया सह । योद्धुकामश्च कः कः स मर्तुमस्त्युद्यतो रणे ।। 568/1110

[48] Elsewhere◦ *kaiḥ: mayā saha yoddhavyam* → with whom (obj◦) I (subject) should fight (active◦), with whom I shall have to fight (future◦), with whom I have to contend (active◦) with whom I should fight at the commencement of the battle, with whom I must contend, with whom I must strive, with whom I must fight, let me know with whom I have to fight, those who are going to engage in battle with me ...etc.

📖 प्रयोगे कर्मवाच्यस्य तृतीया स्यात्तु कर्तरि – (कैः) । by whom (subj◦) fighting should to be done (adjective of the subject) with me (object).

1.23 योत्समानानवेक्षेऽहं य एतेऽत्र समागताः ।
धार्तराष्ट्रस्य दुर्बुद्धेर्युद्धे प्रियचिकीर्षवः ।।
yotsamānānavekṣe'haṁ ya ete'tra samāgatāḥ:,
dhārtarāṣṭrasya durbuddheryuddhe priyaćikīrṣavaḥ:. (1.23)

(§1) योत्समानान् अवेक्षे अहम् ये एते अत्र समागताः । धार्तराष्ट्रस्य दुर्बुद्धेः युद्धे प्रियचिकीर्षवः । *yotsamānān* (r◦ 8/11) *avekṣe* (r◦ 6/1) *aham* (r◦ 14/1) *ye* (r◦ 5/4) *ete* (r◦ 6/1) *atra samāgatāḥ:* (r◦ 22/8) *dhārtarāṣṭrasya durbuddheḥ:* (r◦ 16/10) *yuddhe priyaćikīrṣavaḥ:* (r◦ 22/8)

(§2) *yotsamānān* (m◦ 2acc◦ plu◦ ←śānać◦ -desi◦ adj◦ *yotsamān* ←3rd-per◦ sing◦ pres◦ वर्तमान्-लट् ātmane◦ *yotsate* ←4◦√युध् (to fight); *avekṣe* (sing◦ 1st-per◦ pres◦ वर्तमान्-लट् ātmane◦ ←1◦अव√ईक्ष् (to see); *aham* (1.22); *ye* (1.7); ***ete*** (m◦ 1nom◦ plu◦ ←pron◦ *etad* (this) 1.3); *atra* (here) (1.4); *samāgatāḥ:* (m◦ 1nom◦ plu◦ ←ppp◦ adj◦ *samāgata* (assembled) ←1◦सम्-आ√गम् (to go); *dhārtarāṣṭrasya* (m◦ 6pos◦ sing◦ ←bahuvrī◦ *dhārtarāṣṭra* 1.19); *durbuddheḥ:* (m◦ 6pos◦ sing◦ ←bahuvrī◦ *durbuddhi* दुर् वा दुष्टा वा बुद्धिः यस्य सः ←derogatory ind◦ *dur* (evil) 1.2 + f◦ ***buddhi*** (mind) ←1◦√बुध् (to comprehend); ***yuddhe*** (7loc◦ sing◦ ←n◦ *yuddha* (battle) 1.9); *priyaćikīrṣavaḥ:* (m◦ 1nom◦ plu◦ ←tatpu◦ *priya-ćikīrṣu* ←adj◦ ***priya*** (good, well) ←9◦√प्री (to please) + desi◦ adj◦ *ćikīrṣu* (wisher) ←8◦√कृ (to do) (1.23)

avekṣe अवेक्षे, निरीक्षे see 1.22;

samāgatāḥ: समागताः, see समवेताः 1.1

dhārtarāṣṭrasya धार्तराष्ट्रस्य, दुर्योधनस्य, दुर्बुद्धेः see →

durbuddheḥ: दुर्बुद्धेः, कुबुद्धेः, कुमतेः, दुर्मतेः, पापमतेः, कुचित्तस्य, दुष्टबुद्धेः, दुरात्मनः, पापात्मनः ।

priyaćikīrṣavaḥ: प्रियचिकीर्षवः, हितकामाः, हितैशिनः, हितवांछिनः, हितेप्सवः ।

ćikīrṣuḥ चिकीर्षुः, इच्छुः, इच्छुकः, अभिलाषुकः, वाञ्छी, अर्थी, ईप्सुः, अभिप्सुः, जातस्पृहः, तृष्णकः, कामुकः ।

(§3) ***yotsamānān*** (obj◦ the people who wish to fight) ***avekṣe aham*** (subj1◦ I observe; I am observing, viewing); ***ye*** (adj1◦-subj2◦ who); ***ete*** (adj2◦-subj2◦ these, these people); ***atra*** (here); ***samāgatāḥ:*** (adj3◦-subj2◦ those who are assembled); ***dhārtarāṣṭrasya*** (of Dhṛtarāṣṭra's son; of Duryodhana); ***durbuddheḥ:*** (of the one who is evil minded); ***yuddhe*** (in the battle); ***priyaćikīrṣavaḥ:*** (adj4◦-subj2◦ with the desire of wishing well) (1.23)

(§4) avekṣe ahaṃ yotsamānān ete ye samāgatāḥ: atra priyaćikīrṣavaḥ: durbuddheḥ: dhārtarāṣṭrasya yuddhe.

(§5) I am observing the people who wish to fight.[49] These people[50] (are) assembled here with the desire of wishing well of evil-minded Duryodhana in the battle. (1.23)

अनुष्टुप्-छन्दसि गीतोपनिषद् । 1.23	योत्स्यमानाश्च के सन्ति धर्मयुद्धे समागताः । दुर्योधनस्य दुष्टस्य दुर्मतेश्च हिताय के ।। 569/1110

Sanjaya said (sañjaya uvāća सञ्जय उवाच ।)

1.24 एवमुक्तो हृषीकेशो गुडाकेशेन भारत ।
सेनयोरुभयोर्मध्ये स्थापयित्वा रथोत्तमम् ।।

evamukto hṛṣīkeśo guḍākeśena bhārata,
senayorubhayormadhye sthāpayitvā rathottamam; (1.24)

(§1) एवम् उक्तः हृषीकेशः गुडाकेशेन भारत । सेनयोः उभयोः मध्ये स्थापयित्वा रथोत्तमम् । *sañjayaḥ:* (r∘ 19/4) *uvāća. evaṃ* (r∘ 8/20) *uktaḥ:* (r∘ 15/14) *hṛṣīkeśaḥ:* (r∘ 15/2) *guḍākeśena bhārata senayoḥ:* (r∘ 16/5) *ubhayoḥ:* (r∘ 16/12) *madhye sthāpayitvā rathottamaṃ* (r∘ 14/2)

(§2) *sañjayaḥ:* (1.2); *uvāća* (1.25). 🕮***evaṃ*** (in this manner) (mode indicating ind∘ ←1∘√इ (to enter, come, go);

---

[49] Elsewhere∘ *yotsyamānān* → with the object of fighting, those who will be fighting ...

[50] Elsewhere∘ *ye ete* → I desire to discern those that throng here to fight, let me see those who have come to fight, I desire to have a glance at those who are assembled here to fight, I wish to look at those who are assembled here, I see those who are gathered here ready ...etc. (like the object)

🕮 If we say I desire to see (discern, glance, look) those who are gathered (throng, have come, assembled), then in that case, those and who become pronominal adjectives of the objective in Accusative case, यान् and एतान्. But, ये and एते both are Nominative case subj∘, and therefore, can not be connected to the verb of the subject अवेक्षे अहम् । *ye* (ये) and *ete* (एते) are adjectives of the subject in Nominative case समागताः (independent of अवेक्षे अहम्). It is, 'these people (who) are assembled here' ये एते अत्र समागताः (subj∘), 'to them' *yotsyamānān* (obj∘), 'I am observing' (तान् योत्स्यमानान् अवेक्षे अहम् ।)

NOTE : The thing to remember is that योत्स्यमानान् relates to obj∘ and समागताः relates to subj∘ as its adjective ये – एते ।

📖 ***uktaḥ:*** (m◦ 1nom◦ sing◦ ←ppp◦ adj◦ ***ukta*** (addressed) ←2◦√वच् (to speek); *hṛṣīkeśaḥ:* (m◦ 1nom◦ sing◦ ←m◦ *hṛṣīkeśa* 1.15); *guḍākeśena* (m◦ 3inst◦ sing◦ ←bahuvrī◦ ***guḍākeśa,*** गुडाकाया: ईश: य: ←f◦ *guḍākā* (sleep) ←1◦गुड–आ√कै (to sound) + adj◦ *īśa* (lord) 1.15); ***bhārata*** (m◦ 8voc◦ sing◦ ←taddhita◦ *bhārata,* भरतस्य गोत्रापत्यम् ; in 1.24 = dhṛtarāṣṭra); *senayoḥ:* (1.21); *ubhayoḥ:* (1.21); *madhye* (1.21); *sthāpayitvā* (ipp◦ ind◦ caus◦ ←1◦√स्था (to stay); 📖*rathottamam* (m◦ 2acc◦ sing◦ ←bahuvrī◦ *rathottama,* रथेषु उत्तम: य: ←m◦ *ratha* (chariot) 1.4 + superlative adj◦ *uttama* (grand) 1.7) (1.24)

📖 evam एवम्, इत्थम्, अनेन प्रकारेण, अनया रीत्या, अनयर्या, अतएव, एतादृशम्, इति 1.25, एताहि ।

📖 uktaḥ: उक्त:, प्रवदित:, भणित:, भाषित:, आलापित: ।

📖 rathottamam रथोत्तमम्, रथश्रेष्ठम्, रथवरम्, रथपरमम् ।

(§3) *evam* (in this manner); *uktaḥ:* (adj◦-obj1◦ the one who was addressed) *hṛṣīkeśaḥ:* (obj◦ Hṛṣīkeśa; Śrī Kṛṣṇa); *guḍākeśena* (subj◦ by Guḍākeśa, by Arjuna); *bhārata* (O Bharata! O Dhṛtarāṣṭra!); *senayoḥ:* (in the midst of the two armies;); *ubhayoḥ:* (in the midst of both, opposing); *madhye* (in the midst of); *sthāpayitvā* (having caused to be placed) *rathottamam* (obj2◦ the grand chariot) (1.24)

(§4) bhārata! hṛṣīkeśaḥ:, uktaḥ: guḍākeśena evam, sthāpayitvā rathottamam madhye ubhayoḥ: senayoḥ:;

(§5) O Dhṛtarāṣṭra! Śrī Kṛṣṇa, the one who was addressed[51] by Arjuna in this manner, having caused the grand chariot to be placed[52] in the midst of the two opposing armies; (1.24)

अनुष्टुप्-छन्दसि गीतोपनिषद् । 1.24	पार्थस्य तद्वच: श्रुत्वा माधवेन परन्तप । अनीकयोर्द्वयोर्मध्ये स्थापित: स बृहद्रथ: ।। 570/1110

---

[51] Elsewhere◦ *evam ukth:* उक्त: → having been addressed (gerund◦), was addressed (present tense◦) ...etc.

📖 उक्त: is not a gerund or a verb. It is a Nominative case ppp◦ adjective, and thus it qualifies the Nominative case noun हृषीकेष: । Thus addressed, Hṛṣīkeṣa, (i.e. Hṛṣīkeṣa, who was addressed thus, ...)

[52] Elsewhere◦ *sthāpayitvā* → drew up, placed, stationed ...etc. (perfect tense)

📖 स्थापयित्वा is not a past tense. It is a क्त्वा◦ Past Participle, indicating a subordinate action having done, before the following main action began → having caused to be placed, drawn, stationed ..etc.

1.25 भीष्मद्रोणप्रमुखतः सर्वेषां च महीक्षिताम् ।
उवाच पार्थ पश्यैतान्समवेतान्कुरूनिति ।।

bhīṣmadroṇapramukhataḥ: sarveṣām ća mahīkṣitām,
uvāća pārtha pasyaitānsamavetānkurūniti. (1.25)

(§1) भीष्मद्रोणप्रमुखतः सर्वेषाम् च महीक्षिताम् । उवाच पार्थ पश्य एतान् समवेतान् कुरून् इति । *Bhīṣmadroṇapramukhataḥ:* (r◦ 22/7) *sarveṣām* (r◦ 25/3, 14/1) *ća mahīkṣitām* (r◦ 14/2) *uvāća pārtha paśya* (r◦ 3/1) *etān* (r◦ 13/20) *samavetān* (r◦ 13/9) *kurūn* (r◦ 8/13) *iti*

(§2) 🕮*Bhīṣma-droṇa-pramukhataḥ:* (adv◦ भीष्मस्य च द्रोणस्य च प्रमुखतः ←m◦ prop◦ *bhīṣma* 1.8 + m◦ prop◦ ***droṇa*** ←1◦√द्रु (to flow) + adj◦ ***pramukha*** (presense) ←1◦प्र√खन् (to dig); ***sarveṣām*** (m◦ 6pos◦ plu◦ ←pron◦ *sarva* 1.6); *ća* (and); *mahīkṣitām* (6pos plu◦ ←m◦ *mahīkṣit* (king) मही क्षियते येन ←f◦ *mahī* 1.21 + affix *kṣit*, क्षीयते येन); ***uvāća*** (3rd-per◦ sing◦ past-perf◦ लिट् भूत◦ parasmai◦ ←2◦√वच् (to speek); ***pārtha*** (m◦ 8voc◦ sing◦ ←taddhita◦ ***pārtha***, पृथायाः पुत्रः ←f◦ prop◦ *pṛthā* ←1◦√प्रथ् (to grow) + m◦ *putra* 1.3); *paśya* (1.3); *etān* (1.22); 🕮*samavetān* (m◦ 2acc◦ plu◦ ←ppp◦ adj◦ *samaveta* (assembled) 1.1); *kurūn* (m◦ 2acc◦ plu◦ ←bahuvrī◦ *kuru* 1.1); ***iti*** (that) (mode indicating ind◦ or ind◦ used for closing a quotation ←1◦√इ (to enter, come, go) (1.25)

🕮 pramukhataḥ: प्रमुखतः, अग्रतः, पुरतः, पुरस्तात्, समक्षम् 11.42, प्रत्यक्षम्, अभिमुखे, अग्रे, साक्षात् 18.75

🕮 uvāća (लिट्) उवाच, अब्रवीत् 1.2, अभणयत्, अकथयत्, कथयञ्चकार, कथयाम्बभूव, कथयामास, जगाद् । (लट्) आह 1.21, प्राह 4.1, गदति, भणति, कथयति ।

🕮 samavetān समवेतान्, समागतान्, सम्मिलितान्, समेतान्, समुपागतान्, समूढान्, संहतान् ।

(§3) ***Bhīṣma-droṇa-pramukhataḥ:*** **(in front of or in the presense of Bhīṣma and Droṇa)** ***sarveṣām*** **(of all);** ***ća*** **(and);** ***mahīkṣitām*** **(of the kings);** ***uvāća*** **(he said);** ***pārtha*** **(O Pārtha!; O Arjuna!);** ***paśya*** **(please see!);** ***etān*** **(adj1◦-obj◦ these);** ***samavetān*** **(adj2◦-obj◦ those who are assembled);** ***kurūn*** **(obj◦ Kurus);** ***iti*** **(that, so, thus)** (1.25)

(§4) uvāća bhīṣma-droṇa-pramukhataḥ: ća sarveṣām mahīkṣitām iti pārtha! paśya! etān kurūn samavetān

(§5) (Śrī Kṛṣṇa) said, in the presense of[53] Bhīṣma and Droṇa and of all the kings, that O Arjuna! please see these Kurus[54] who are assembled (here)! (1.25)

अनुष्टुप्-छन्दसि गीतोपनिषद् । 1.25	
विद्यमानाश्च पार्थेन दृष्टाः सम्बन्धिनो भटाः । उभयसैन्ययोर्मध्ये भीष्मद्रोणादयस्तथा ।। 571/1110	सर्वेषां च समक्षं हि तमुवाच जनार्दनः । "पश्य सर्वान्कुरून्पार्थ युद्धं कर्तुं समागतान्" ।। 572/1110

1.26 तत्रापश्यत्स्थितान्पार्थः पितॄनथ पितामहान् ।
आचार्यान्मातुलान्भ्रातॄन्पुत्रान्पौत्रान्सखींस्तथा ।।
श्वशुरान्सुहृदश्चैव सेनयोरुभयोरपि ।

tatrāpaśyatsthitānpārthaḥ: pitṝnatha pitāmahān,
āćāryānmātulānbhrātṝnputrānpautrānsakhīṁstathā;
śvaśurānsuhṛdaśćaiva senayorubhayorapi. (1.26)

(§1) तत्र अपश्यत् स्थितान् पार्थः पितॄन् अथ पितामहान् । आचार्यान् मातुलान् भ्रातॄन् पुत्रान् पौत्रान् सखीन् तथा । श्वशुरान् सुहृदः च एव सेनयोः उभयोः अपि । *tatra* (r◦ 1/1) *apaśyat* (r◦ 10/7) *sthitān* (r◦ 13/13) *pārthaḥ:* (r◦ 22/3) *pitṝn* (r◦ 8/11) *atha pitāmahān* (r◦ 23/1) *āćāryān* (r◦ 13/16) *mātulān* (r◦ 13/15) *bhrātṝn* (r◦ 13/13) *putrān* (r◦ 13/13) *pautrān* (r◦ 13/20) *sakhin* (r◦ 13/7) *tathā śvaśurān* (r◦ 13/20) *suhṛdaḥ:* (r◦ 17/1) *ća* (r◦ 3/1) *eva senayoḥ:* (r◦ 16/5) *ubhayoḥ:* (r◦ 16/5) *api*

---

[53] Elsewhere◦ *pramukhataḥ* → facing (gerund).

◦प्रमुखतः is not a gerund, adj◦ or an ipp◦, it is an adverb qualifying the verb उवाच ।

[54] Elsewhere◦ *kurūn* कुरून् → behold all the Karuavas, see the Kauravas, look at these assembled Kauravas ...etc.

Only the Kauravas were not the Kurus. Pāṇḍavas also belonged to the Kuru dynasty. When Kṛṣṇa said see these Kurus, he clearly ment **'behold these Kauravas and Pāṇḍavas.'** And, therefore, to follow Kṛṣṇa's instruction dutifully, the obedient devotee Arjuna looked at both the armies (सेनयोरुभयोरुपि). It is not possible that Kṛṣṇa asked Arjuna to look at the Kauravas, and he looked at the Pāṇḍavas. In the Gītā, Vyāsa has used the word 'Kuru कुरु' for Kaurava-Pāṇḍavas in 1.1 कुरुक्षेत्र; for Bhīṣma कुरुवृद्ध (1.12); for Arjuna कुरुनन्दन (2.42, 6.43, 14.13), कुरुप्रवीर (11.48), कुरुश्रेष्ठ (10.19), कुरुसत्तम (4.31). Remember that in the Gītā, in order to address only the Kauravas, Vyāsa has used words धार्तराष्ट्र (1.19-20, 1.36-37, 1.46, 2.6) and धृरातष्ट्रस्य पुत्राः (11.26).

(§2) *tatra* (there) (ind∘ ←pron∘ *tat* 1.10); **apaśyat** (3rd-per∘ sing∘ -past-imper∘ लङ् भूत∘ parasmai∘ ←1∘√दृश् (to see); **sthitān** (m∘ 2acc∘ plu∘ ←ppp∘ adj∘ *sthita* (stood) 1.14); **pārthaḥ:** (1nom∘ sing∘ ←m∘ *pārtha* 1.25); **pitṝn** (2acc∘ plu∘ ←m∘ *pitṛ* 1.12); *atha* (1.20); *pitāmahān* (2acc∘ plu∘ ←m∘ *pitāmaha* 1.12); *ācāryān* (2acc∘ plu∘ ←m∘ *ācārya* 1.2); *mātulān* (2acc∘ plu∘ ←m∘ -taddhita∘ **mātula** (uncle) मातु: भ्राता, ←f∘ **mātṛ** ←10∘√मान् (to worship); *bhrātṝn* (2acc∘ plu∘ ←m∘ *bhrātṛ* ←1∘√भ्राज् (to shine); *putrān* (2acc∘ plu∘ ←m∘ *putra* 1.3); *pautrān* (2acc∘ plu∘ ←m∘ taddhita∘, **pautra** (grandson) पुत्रस्य पुत्र: ←m∘ *putra* 1.3); *sakhīn* (2acc∘ plu∘ ←m∘ **sakhi** (friend) ←2∘√ख्या (to declare); *tathā* (1.8); *śvaśurān* (2acc∘ plu∘ ←m∘ **śvaśura** (father-in-law) ←9∘शु√अश् (to eat); *suhṛdaḥ:* (2acc∘ plu∘ ←m∘ **suhṛd** (companion) ←1∘सु√ह (to take); *ca* (and); *eva* (1.1); *senayoḥ:* (1.21); *ubhayoḥ:* (1.21); **api** (aggregative ind∘ ←2∘√पा (to protect) (1.26)

📖 apaśyat अपश्यत्, ऐक्षत्, अलोचत्, अलक्षत् ।
📖 sthitān स्थितान्, उपस्थितान्, तिष्ठितान्, समाहितान्, सन्निहितान्, विद्यमानान् ।

(§3) *tatra* (there); *apaśyat* (saw, he saw); *sthitān* (adj∘-obj1-10∘ those who were standing); **pārthaḥ:** (subj∘ Pārtha); *pitṝn* (obj1∘ fathers; fatherly people); *atha* (and); *pitāmahān* (obj2∘ grandfathers; elderly people); *ācāryān* (obj3∘ Gurus; tutors, venerable people); *mātulān* (obj4∘ maternal uncles); *bhrātṝn* (obj5∘ brothers); *putrān* (obj6∘ sons; young people); *pautrān* (obj7∘ grandsons, very young people); *sakhīn* (obj8∘ friends); *tathā* (as well); *śvaśurān* (obj9∘ father-in-laws); *suhṛdaḥ:* (obj10∘ companions); *ca* (and); *eva* (also); *senayoḥ:* (in both armies); *ubhayoḥ:* (in both; in opposing); *api* (even, also) (1.26)

(§4) tatra pārthaḥ: apaśyat pitṝn pitāmahān ca ācāryān mātulān bhrātṝn putrān pautrān sakhīn eva śvaśurān tathā suhṛdaḥ: sthitān api senayoḥ: ubhayoḥ:

(§5) There Arjuna saw[55] fatherly, elderly and venerable people, uncles, brothers, young people, very young people, friends, also father-in-laws, as well as companions, standing even in both opposing armies. (1.26)

---

[55] Elsewhere∘ *apaśyat* → Arjuna could see, he could see ...etc.
📖 अपश्यत् is 1st preterite past tense, he saw.

अनुष्टुप्-छन्दसि गीतोपनिषद् । 1.26	आज्ञया च तया तेन चम्वोर्मध्ये तयोस्तदा । दृष्टाः सम्बन्धिनः स्निग्धाः पुत्राः पौत्राश्च बान्धवाः । आचार्या मातुलाः श्यालाः श्वसुराः पितरस्तथा ।। 573/1110

1.27 तान्समीक्ष्य स कौन्तेयः सर्वान्बन्धूनवस्थितान् ।
कृपया परयाविष्टो विषीदन्निदमब्रवीत् ।।

tānsamīkṣya sa kaunteyaḥ: sarvānbandhūnavasthitān,
kṛpayā parayāviṣṭo viṣīdannidamabravīt. (1.27)

(§1) तान् समीक्ष्य सः कौन्तेयः सर्वान् बन्धून् अवस्थितान् । कृपया परया आविष्टः विषीदन् इदम् अब्रवीत् । *tān* (r◦ 13/20) *samīkṣya saḥ:* (r◦ 21/2) *kaunteyaḥ:* (r◦ 22/7) *sarvān* (r◦ 13/14) *bandhūn* (r◦ 8/11) *avasthitān* (r◦ 23/1) *kṛpayā parayā* (r◦ 1/4) *āviṣṭaḥ:* (r◦ 15/13) *viṣīdan* (r◦ 13/3) *idam* (r◦ 8/16) *abravīt*

(§2) *tān* (1.7); *samīkṣya* (lyp◦ past-participle gerund ind◦ ←f◦ *samīkṣā* (observation) ←1◦सम्√ईक्ष् (to see); *saḥ:* (1.13); *kaunteyaḥ:* (m◦ 1nom◦ sing◦ ←taddhita◦ ***kaunteya***, कुन्त्याः पुत्रः ←f◦ prop◦ *kuntī* 1.16 + m◦ *putra* 1.3); ***sarvān*** (m◦ 2acc◦ plu◦ ←pron◦ *sarva* 1.6); *bandhūn* (2acc◦ plu◦ ←m◦ ***bandhu*** (brother) ←m◦ ***bandha*** (tie) ←9◦**√बन्ध्** (to tie); *avasthitān* (1.22); ***kṛpayā*** (3inst◦ sing◦ ←f◦ *kṛpā* (pity) ←1◦√कृप् (to imagine); ***parayā*** (3inst◦ sing◦ ←f◦ ***parā*** (deep) ←5◦√पृ (to be pleased); *āviṣṭaḥ:* (1nom◦ sing◦ ←ppp◦ adj◦ ***āviṣṭa*** (possessed) ←3◦आ**√विष्** (to detach); *viṣīdan* (adv◦ or 1nom◦ sing◦ ←śatṛ◦ adj◦ *viṣīdat* (desponding) ←m◦ ***viṣāda*** (melancholy) ←6◦वि**√सद्** (to sit); *idam* (1.10); *abravīt* (1.2) (1.27)

samīkṣya समीक्ष्य, दृष्ट्वा see 1.2;

āviṣṭaḥ: आविष्टः, ग्रस्तः, अन्वितः 9.23, व्याप्तः 11.20, उपेतः 6.37, अधीनः, हस्तगतः, आकुलीभूतः, आक्रान्तः, उपहतः, उपसृष्टः, अधिष्ठितः ।

viṣādaḥ: विषादः, निर्वेदः 2.52, उद्वेगः, नैराश्यम्, अवसादः, विषण्णता, त्यक्ताशा ।

(§3) ***tān*** (adj1◦-obj◦ them, to those); ***samīkṣya*** (having observed); saḥ: (adj1◦-subj◦ he, that); kaunteyaḥ: (subj◦ Kaunteya; Arjuna); ***sarvān*** (adj2◦-obj◦ all); ***bandhūn*** (obj◦ brothers); avasthitān (adj3◦-obj◦ arrayed in battle formation); ***kṛpayā*** (with pity); ***parayā*** (with deep); ***āviṣṭaḥ:*** (adj2◦-subj◦ overwhelmed, posessed); ***viṣīdan*** (adj3◦-subj◦ despairing); ***idam*** (this); ***abravīt*** (he said) (1.27)

(§4) samīkṣya sarvān tān bandhūn avasthitān saḥ: kaunteyaḥ: āviṣṭaḥ: parayā kṛpayā viṣīdan abravīt idam -

(§5) Having observed all those[56] brothers arrayed in battle formation, that Arjuna, possessed with deep pity[57] (and) desponding,[58] said this : (1.27)

अनुष्टुप्-छन्दसि गीतोपनिषद् । 1.26	गुरून्बन्धूंश्च सर्वान्स समक्षं समुपस्थितान् । कारुण्येनान्वितः क्रन्दनुवाच कुरुनन्दनः ।। 574/1110

Arjuna said (arjuna uvāća अर्जुन उवाच ।)

1.28 दृष्ट्वेमं स्वजनं कृष्ण युयुत्सुं समुपस्थितम् ।

drṣṭvemaṁ svajanaṁ kṛṣṇa yuyutsuṁ samupasthitam; (1.28)

(§1) दृष्ट्वा इमम् स्वजनम् कृष्ण युयुत्सुम् समुपस्थितम् । *arjunaḥ:* (r∘ 19/4) *uvāća. dṛṣṭvā* (r∘ 2/3) *imam* (r∘ 14/1) *svajanam* (r∘ 14/1) *kṛṣṇa yuyutsum* (r∘ 14/1) *samupasthitam* (r∘ 14/2)

(§2) *arjunaḥ:* (m∘ 1nom∘ sing∘ ←prop∘ *arjuna* 1.4); *uvāća* (1.25). *dṛṣṭvā* (1.2); ***imam*** (m∘ 2acc∘ sing∘ ←pron∘ *idam* 1.10); 📖***svajanam*** (m∘ 2acc∘ sing∘ ←s-karm∘ *sva-jana* (kinsmen) स्वेषाम् जनाः or aggregative noun स्वेषाम् जनानाम् समहारः । स्वस्य जनः । ←pron∘ ***sva*** (own) ←1∘√**स्वन्** (to sound) + m∘ ***jana*** (people) ←4∘√जन् (to be born, give birth); ***kṛṣṇa*** (m∘ 8voc∘ sing∘ ←prop∘ ***kṛṣṇa*** ←adj∘ ***kṛṣṇa*** ←6∘√**कृष्** (to cultivate); *yuyutsum* (m∘ 2acc∘ sing∘ ←des∘ adj∘ *yuyutsu* 1.1); 📖***samupasthitam*** (m∘ 2acc∘ sing∘ ←ppp∘ adj∘ *samupasthita* (present) ←1∘सम्-उप्√स्था (to stay)

(1.28)

📖 svajanam स्वजनम्, स्वजनान्, स्वबान्धवान् 1.37, बन्धुजनान्, स्वजातीयान्, स्ववंशीयान्, ज्ञातीन्, सगोत्रान्, सम्बन्धिनः, सकुल्यान्, गोत्रजान् ।

---

[56] Elsewhere∘ *tān sarvān bandhūn samīkṣya* → seeing all these kinsmen, when Arjuna saw all these different grades of friends and relatives, he saw all these kinsmen, when Arjuna saw all these linsmen ...etc.

[57] Elsewhere∘ *āviṣṭaḥ:* → he became overwhelmed, he was overcome ...etc. (past tense∘)

📖 आविष्टः is not an Indefinite Past लङ् tense. It is a ppp∘ adjective of the subject.

[58] Elsewhere∘ *viṣidan* → in grief (adv∘), in sadness (adv∘), out of grief (adv∘), in dejection (adv∘), sorrowfully (adv∘), ...etc.

📖 विषीदत् is not an adverb qualifying the verb अब्रवीत् । It is an ipp∘ adjective of the subject Arjuna. विषीदन् अर्जुनः इदम् अब्रवीत् ।

samupasthitam̦ समुपस्थितम्, उपस्थितम्, विद्यमानम्, वर्तमानम्, समागतम् ।

(§3) ***dṛṣṭvā*** **(having seen, seing);** ***imam̦*** **(adj1∘-obj∘ this);** ***svajanam̦*** **(obj∘ the mass of kinsmen);** ***kṛṣṇa*** **(O Kṛṣṇa!);** ***yuyutsum̦*** **(adj2∘-obj∘ anxious to fight)** ***samupasthitam̦*** **(adj3∘-obj∘ the one that has come; the one that is present)** (1.28)

(§4) kṛṣṇa dṛṣṭvā imam̦ samupasthitam̦ svajanam̦ yuyutsum̦;

(§5) O Kṛṣṇa! seeing this mass of kinsmen that is present (here, and) anxious to fight;[59] (1.28)

अनुष्ठुप्-छन्दसि गीतोपनिषद् । 1.27–28	धर्मक्षेत्रे स्थितांस्तत्र क्षत्रियान्योद्धुमागतान् । दृष्ट्वा वै सुहृदः सर्वान्-दुःखेनोवाच सोऽर्जुनः ।। 575/1110

1.29 सीदन्ति मम गात्राणि मुखं च परिशुष्यति ।
वेपथुश्च शरीरे मे रोमहर्षश्च जायते ।।
sīdanti mama gātrāṇi mukhaṁ ća pariśuṣyati,
vepathuśća śarīre me romaharṣaśća jāyate; (1.29)

(§1) सीदन्ति मम गात्राणि मुखम् च परिशुष्यति । वेपथुः च शरीरे मे रोमहर्षः च जायते । *sīdanti mama gātrāṇi* (r∘ 24/7) *mukham̦* (r∘ 14/1) *ća pariśuṣyati* (r∘ 25/6) *vepathuḥ:* (r∘ 17/1) *ća śarīre me romaharṣaḥ:* (r∘ 17/1) *ća jāyate*

(§2) *sīdanti* (3rd-per∘ plu∘ pres∘ वर्तमान्-लट् parasmai∘ ←6∘√सद् (to sit); *mama* (1.7); *gātrāṇi* (1nom∘ plu∘ ←n∘ *gātra* (limb) ←1∘√गम् (to go); *mukham̦* (1nom∘ sing∘ ←n∘ ***mukha*** (mouth) ←1∘√खन् (to dig); *ća* (and); *pariśuṣyati* (3rd-per∘ sing∘ pres∘ वर्तमान्-लट् parasmai∘ ←4∘परि√शुष् (to dry); *vepathuḥ:* (1nom∘ sing∘ ←m∘ *vepathu* (shiver) ←1∘√वेप् (to quiver); *ća* (and); ***śarīre*** (7loc∘ sing∘ ←n∘ ***śarīra*** (body) ←9∘√शॄ (to smash); *me* (1.21); *romaharṣaḥ:* (m∘ 1nom∘ sing∘ ←tatpu∘ ***romaharṣa*** (horripillation) रोमनि हर्षः ←n∘

---

[59] Elsewhere∘ *yuyutsum̦* → in a fighting spirit (adv∘), prompted by war (instrumental∘)...etc.
युयुत्सुम् is a Desiderative Accusative adjective → desirous, anxious, eager, wishing to fight.

roman (hair) ←2∘√रु (to cry) + m∘ *harṣa* 1.12); *ća* (and); ***jāyate*** (3rd-per∘ sing∘ pres∘ वर्तमान्-लट् ātmane∘ ←4∘√जन् (to be born, give birth) (1.29)

📖 sīdanti सीदन्ति, शिथिलयन्ति, शिथिलीभवन्ति, प्रश्लथयन्ति ।

📖 gātrāṇi गात्राणि, इन्द्रियाणि 1.58, अङ्गानि 2.58, अवयवाः, अपघनाः ।

📖 mukham मुखम्, वदनम् 11.30, आस्यम्, वक्त्रम् 11.27, आननम्, तुण्डम् ।

📖 vepathuḥ: वेपथुः, कम्पः, शीत्कारः, सीत्कारः, कम्पनम्, विकम्पनम् ।

📖 śarīram शरीरम्, देहः 2.13, गात्रम्, अङ्गम्, वपुः, कलेवरम् 8.5, वर्ष्म, विग्रहः, तनुः, काया, कायः ।

📖 romaharṣaḥ: रोमहर्षः, रोमहर्षणम्, पुलकः, रोमाञ्चः, लोमहर्षणम्, संहर्षः, उद्धर्षणम्, उद्धूषणम् ।

(§3) *sīdanti* (they are failing); *mama* (my); *gātrāṇi* (subj1∘ limbs); *mukham* (subj2∘ mouth); *ća* (and); *pariśuṣyati* (it is drying up); *vepathuḥ:* (subj3∘ a shiver); *ća* (and); *śarīre* (in the body); *me* (my); *romaharṣaḥ:* (subj4∘ horripillation); *ća* (and); *jāyate* (it is occuring) (1.29)

(§4) mama gātrāṇi sīdanti ća mukham pariśuṣyati ća vepathuḥ: me śarīre ća romaharṣaḥ: jāyate

(§5) My limbs are failing; and mouth is drying up;[60] and (there is) a shiver in my body; and horripillation is occuring;[61] (1.29)

अनुष्टुप्-छन्दसि गीतोपनिषद् । 1.29	मम गात्राणि सीदन्ति शुष्यति कृष्ण मे मुखम् । देहे च रोमहर्षोऽस्ति पीडायुक्तं वपुर्बहु ।। 576/1110

1.30 गाण्डीवं स्रंसते हस्तात्त्वक्चैव परिदह्यते ।

---

[60] Elsewhere∘ *pariśuṣyati* → is parched, has dried, is parched up, is dried up ...etc. (perfect∘ or ppp∘)

📖 परिशुष्यति is not a perfect tense or ppp∘. It is a present, simple or continuous वर्तमान्-लट् tense.

[61] Elsewhere∘ (1) *vepathuśća śarīre me* → my body is trembling, my body quivers, my whole body quivers, my body trembles, my body shakes, a tremor comes on my body ...etc. and (2) *romaharṣaśća jāyate* → hair stands on end, my hairs stand, my hair is standing ...etc.

📖 In वेपथुश्च शरीरे मे रोमहर्षश्च जायते, body (शरीरं) and hair (रोम) are not the two subjects performing the verb जायते । The nouns वेपथुः (shiver) and रोमहर्षः (horripillation) are the subjects, performing the two separate verbs अस्ति and जायते. NOTE : शरीरे (in the body) is Locative 7th case.

न च शक्नोम्यवस्थातुं भ्रमतीव च मे मनः ॥

gāṇḍīvaṁ sraṁsate hastāttvakćaiva paridahyate,
na ća śaknomyavasthātuṁ bhramatīva ća me manaḥ:. (1.30)

(§1) गाण्डीवम् स्रंसते हस्तात् त्वक् च एव परिदह्यते । न च शक्नोमि अवस्थातुम् भ्रमति इव च मे मनः । *gāṇḍīvam* (r◦ 14/1) *sraṁsate hastāt* (r◦ 1/10) *tvak* (r◦ 10/1) *ća* (r◦ 3/1) *eva paridahyate na ća śaknomi* (r◦ 4/1) *avasthātum* (r◦ 14/1) *bhramati* (r◦ 1/5) *iva ća me manaḥ:* (r◦ 22/8)

(§2) *gāṇḍīvam* (1nom◦ sing◦ ←n◦ prop◦ *gāṇḍīva* bow); 📖*sraṁsate* (3rd-per◦ sing◦ pres◦ वर्तमान्-लट् ātmane◦ ←1◦√स्रंस् (to fall); *hastāt* (5abl◦ sing◦ ←m◦ 📖***hasta*** (hand) ←1◦√हस् (to laugh); *tvak* (1nom◦ sing◦ *tvak* or *tvag* ←f◦ *tvać* (skin) ←6◦√त्वच् (to cover); *ća* (and); *eva* (1.1); 📖*paridahyate* (3rd-per◦ pres◦ वर्तमान्-लट् ātmane◦ ←1◦परि√दह् (to burn); ***na*** (negative ind◦ ←4◦√नह् (to bind); *ća* (and); *śaknomi* (1st-per◦ sing◦ pres◦ वर्तमान्-लट् parasmai◦ ←4◦√शक् (to be able); 📖*avasthātum* (inf◦ ind◦ ←1◦अव√स्था (to stay); *bhramati* (*bhramati* or *bhramyati* ←3rd-per◦ sing◦ pres◦ वर्तमान्-लट् parasmai◦ ←4◦√भ्रम् (to be deluded); ***iva*** (as if) (mode indicating ind◦ ←1◦√इ (to enter, come, go); *ća* (and); *me* (1.21); 📖***manaḥ:*** (1nom◦ sing◦ ←n◦ ***manas*** (mind) ←4◦√मन् (to think) (1.30)

📖 sraṁsate स्रंसते, स्खलति, निर्गलति, पतति, विसृपति ।

📖 hastaḥ हस्तः, करः, पाणि 13.13

📖 paridahyate परिदह्यते, ज्वलयति, परिप्लुषति, तपति, प्लोषति ।

📖 avasthātum अवस्थातुम्, स्थातुम्, वर्तितुम्, उत्थातुम् ।

📖 manaḥ: मनः, मानसम् 17.16, मतिः 6.36, चित्तम् 6.18, चेतः ।

(§3) ***gāṇḍīvam*** (subj1◦ **Gāṇḍīva bow); *sraṁsate* (it is slipping); *hastāt* (from hand); *tvak*** (sub2◦ **the skin); *ća* (and); *eva* (also); *paridahyate* (is burning); *na* (not); *ća* (and); *śaknomi*** (subj3◦ **I am able); *avasthātum* (for standing, to stand); *bhramati* (it is whirling, reeling, confusing); *iva* (as if); *ća* (and); *me* (my); *manaḥ:*** (subj4◦ **mind)** (1.30)

(§4) gāṇḍīvam sraṁsate hastāt ća tvak eva paridahyate ća na śaknomi avasthātum ća me manaḥ: bhramati iva

(§5) Gāṇḍīva bow is slipping from hand; and the skin is also burning; and I am not able to stand; and my mind is as if whirling; (1.30)

अनुष्टुप्-छन्दसि गीतोपनिषद् । 1.30	
शक्तिहीनौ गतौ पादौ त्वग्मे च परिदह्यते । हस्तात्स्खलति गाण्डीवं मनश्च मम भ्राम्यति ।। 577	तथा स व्याकुलः पार्थः क्षात्रधर्मं हि विस्मृतः । तस्मात्पण्डितमात्मानं मत्वा चक्रे स वल्गनाम् ।। 578

1.31 निमित्तानि च पश्यामि विपरीतानि केशव ।
न च श्रेयोऽनुपश्यामि हत्वा स्वजनमाहवे ।।

nimittāni ća paśyāmi viparītāni keśava,
na ća śreyo'nupaśyāmi hatvā svajanamāhave. (1.31)

(§1) निमित्तानि च पश्यामि विपरीतानि केशव । न च श्रेयः अनुपश्यामि हत्वा स्वजनम् आहवे । *nimittāni ća paśyāmi viparītāni keśava na ća śreyaḥ:* (r◦ 15/1) *anupaśyāmi hatvā svajanam* (r◦ 8/17) *āhave*

(§2) *nimittāni* (2acc◦ plu◦ ←n◦ **nimitta** (omen) ←4◦नि√मिद् (to be soft); *ća* (and); ***paśyāmi*** (1st-per◦ sing◦ pres◦ वर्तमान्-लट् parasmai◦ ←1◦√दृश् (to see); *viparītāni* (n◦ 2acc◦ plu◦ ←ppp◦ adj◦ **viparīta** (adverse) ←1◦वि-परि√इ (to enter, come, go); ***keśava*** (m◦ 8voc◦ sing◦ ←bahuvrī◦ prop◦ **keśava** कः ईशः वा ←m◦ *kaḥ:* (is he) 8.2 + m◦ *īśa* (a god) 1.15 + ind◦ *vā* (or what?) 1.32); *na* (1.30); *ća* (and); ***śreyaḥ:*** (n◦ 2acc◦ sing◦ ←comparative adj◦ **śreyas** (better) ←2◦√ई (to go); *anupaśyāmi* (1st-per◦ sing◦ pres◦ वर्तमान्-लट् parasmai◦ ←1◦अनु√दृश् ↑); ***hatvā*** (ipp◦ ind◦ ←2◦√हन् (to hurt); *svajanam* (1.28); *āhave* (7loc◦ sing◦ ←m◦ *āhava* (battle) ←1◦आ√ह्वे (to call) (1.31)

nimittāni निमित्तानि, चिह्नानि, लक्षणानि, शकुनानि, अजन्यानि, उत्पातान्, लिङ्गानि, लाञ्छनानि, सङ्केतान् ।

viparītāni विपरीतानि, प्रतिकूलानि, विरुद्धानि ।

viparītāni nimittāni विपरितानि निमित्तानि = अपशकुनानि, दुर्लक्षणानि, दुश्चिह्नानि, अवचिह्नानि, अवलक्षणानि, अनिष्टलक्षणानि, अशुभचिह्नानि, उपलिङ्गानि, अमङ्गललाञ्छनानि, प्रतिकूलसङ्केतान् ।

śreyaḥ: श्रेयः, अधिकतरः 12.5, श्रेयांसः, गुरुतरः, श्रेष्ठः वरम् 1.37, भद्रतरम्, गरीयः 2.6, प्रशस्तम्, अर्हत्तरम्, साधीयः, ज्यायः 3.8, अतिरिक्तम्, ज्येष्ठः, प्रकृष्ठः, प्रधानः, परम् 2.12 ।

hatvā हत्वा, नष्ट्वा, निषूद्य, निहत्य 1.36;

📖 āhave आहवे, रणसमुद्यमे see 1.22

(§3) ***nimittāni*** (obj1◦ omens, signs); ***ća*** (and); ***paśyāmi*** (I see); ***viparītāni*** (adj◦-obj1◦ adverse, bad); ***keśava*** (O Keśava! O Śrī Kṛṣṇa!); ***na*** (not, do not); ***ća*** (and, moreover); ***śreyaḥ:*** (obj2◦ a better, a better gain); ***anupaśyāmi*** (I anticipate); ***hatvā*** (having slayed); ***svajanam̧*** (obj3◦ the kinsmen); ***āhave*** (in the battle) (1.31)

(§4) ća keśava paśyāmi viparītāni nimittāni ća na anupaśyāmi śreyaḥ: hatvā svajanam̧ āhave

(§5) And, O Śrī Kṛṣṇa! I see adverse omens; moreover, I do not anticipate a better[62] gain having slayed[63] the kinsmen in the battle. (1.31)

अनुष्टुप्-छन्दसि गीतोपनिषद् । 1.31	"विपरीतानि चिह्नानि पश्याम्यहं नु माधव । अस्मिन्न दृश्यते मह्यं लाभः कोऽपि जनार्दन ।। 579/1110

1.32 न काङ्क्षे विजयं कृष्ण न च राज्यं सुखानि च ।
किं नो राज्येन गोविन्द किं भोगैर्जीवितेन वा ।।
na kāṅkṣe vijayam̐ kṛṣṇa na ća rājyam̐ sukhāni ća
kim̐ no rājyena govinda kim̐ bhogairjīvitena vā. (1.32)

(§1) न काङ्क्षे विजयम् कृष्ण न च राज्यम् सुखानि च । किम् नः राज्येन गोविन्द किम् भोगैः जीवितेन वा । *na kāṅkṣe vijayam̧* (r◦ 14/1) *kṛṣṇa na ća rājyam̧* (r◦ 14/1) *sukhāni ća kim̧* (r◦ 14/1) *naḥ:* (r◦ 15/11) *rājyena govinda kim̧* (r◦ 14/1) *bhogaiḥ:* (r◦ 16/11) *jīvitena vā*

---

[62] Elsewhere◦ *śreyaḥ:* → good.

📖 श्रेयस् is a comparative expression (comparison between two attributes) - better.

[63] Elsewhere◦ *hatvā* → from killing, from the slaughter, from slaying, by slaying, out of the killing, in killing, in destroying ...etc.

📖 हत्वा is not an Ablative or Locative or any other case of gerund 'killing, slaying or destroying'. It is a क्त्वा ind◦ participle = having killed, slayed etc.

(§2) *na* (1.30); *kāṅkṣe* (1st-per∘ sing∘ pres∘ वर्तमान्-लट् ātmane∘ ←1∘√काङ्क्ष् (to desire); *vijayam* (2acc∘ sing∘ ←m∘ ***vijaya*** (victory) ←1∘वि√जि (to win); *kṛṣṇa* (1.28); *na* (1.30); *ća* (and); ***rājyam*** (2acc∘ sing∘ ←n∘ ***rājya*** (kingdom) ←1∘√राज् (to rule); ***sukhāni*** (2acc∘ sing∘ ←n∘ or adj∘ ***sukha*** (pleasure) ←10∘√सुख् (to please); *ća* (and); *kim* (1.1); ***naḥ:*** (4dat∘ plu∘ ←pron∘ *asmad* 1.7); *rājyena* (3inst∘ sing∘ ←n∘ *rājya* ↑); *govinda* (m∘ 8voc∘ sing∘ ←bahuvrī∘ ***govinda,*** गाम् विन्दति य: ←f∘ ***go*** (cow) ←5∘√गै (to sing) + adj∘ *vindati* (secures) 4.38↓); ***kim*** (ind∘ ←pron∘ *kim* (what?) 1.1); *bhogaiḥ:* (3inst∘ plu∘ ←m∘ *bhoga* (pleasure) ←7∘√भुज् (to enjoy, experience); *jīvitena* (n∘ 3inst∘ sing∘ ←ppp∘ adj∘ *jīvita* (alive) ←1∘√जीव् (to live, stay alive); ***vā*** (ind∘ ←2∘√वा (to move) (1.32)

vijayam विजयम्, जयम्, जयनम्, जयश्रीम्, विजयश्रीम् ।

rājyam राज्यम्, आधिपत्यम्, प्रभुत्वम्, माहिनम्, राज्याधिकारम्, राजाधिकारम्, राष्ट्रम् ।

bhoga भोग, उपभोग, सुख, सौख्य, आनन्द, तुष्टि, सन्तोष. मोद, आमोद, नन्द, रति, ह्लाद, तोष ।

(§3) ***na*** (neither); ***kāṅkṣe*** (I do wish); ***vijayam*** (obj1∘ a victory); ***kṛṣṇa*** (O Śrī Kṛṣṇa!); ***na*** (not); ***ća*** (and); ***rājyam*** (obj2∘ a kingdom); ***sukhāni*** (obj3∘ the pleasures); ***ća*** (and); ***kim*** (what?); ***naḥ:*** (for us, to us); ***rājyena*** (with kingdom); ***govinda*** (O Govinda! O Śrī Kṛṣṇa!); ***kim*** (what is?); ***bhogaiḥ:*** (with pleasures); ***jīvitena*** (with being alive); ***vā*** (or) (1.32)

(§4) ća kṛṣṇa na kāṅkṣe vijayam na rājyam ća sukhāni govinda kim rājyena vā kim jīvitena bhogaiḥ: naḥ:

(§5) And, O Śrī Kṛṣṇa! neither do I wish[64] a victory not a kingdom and the pleasures; O Śrī Kṛṣṇa! what is kingdom or what is being alive with pleasures, for us? (1.32)

अनुष्टुप्-छन्दसि गीतोपनिषद् । 1.32	"नाहं विजयमिच्छामि न च राज्यं न वा सुखम् । राज्यभोगे सुखं किं मे जीविते किं प्रयोजनम् ।। 580/1110

---

[64] Elsewhere∘ *na kāṅkṣe* → nor can I desire ...etc.

'Nor can I' would mean, I wish to desire the victory, kingdom and pleasures... but I am not able to .... Like न शक्नोमि अवस्थातुम् I wish to stand, but I can not stand.

1.33 येषामर्थे काङ्क्षितं नो राज्यं भोगाः सुखानि च ।
त इमेऽवस्थिता युद्धे प्राणांस्त्यक्त्वा धनानि च ।।

yeṣāmarthe kāṅkṣitaṁ no rājyaṁ bhogāḥ: sukhāni ća,
ta ime'vasthitā yuddhe prāṇānstyaktvā dhanāni ća. (1.33)

(§1) येषाम् अर्थे काङ्क्षितम् नः राज्यम् भोगाः सुखानि च । ते इमे अवस्थिताः युद्धे प्राणान् त्यक्त्वा धनानि च । *yeṣām* (r◦ 25/3, 8/16) *arthe kāṅkṣitam* (r◦ 14/1) *naḥ:* (r◦ 15/11) *rājyam* (r◦ 14/1) *bhogāḥ:* (r◦ 22/7) *sukhāni ća te* (r◦ 5/2) *ime* (r◦ 6/1) *avasthitaḥ:* (r◦ 20/14) *yuddhe prāṇān* (r◦ 13/7) tyaktvā dhanāni ća

(§2) ***yeṣām*** (m◦ n◦ 6pos◦ plu◦ ←pron◦ *yad* 1.7); *arthe* (1.9); *kāṅkṣitam* (1nom◦ sing◦ ←desi◦ ppp◦ adj◦ *kāṅkṣita* (desired) ←1◦√काङ्क्ष् (to desire); ***naḥ:*** (6pos plu◦ ←pron◦ *asmad* (we) 1.7); *rājyam* (2acc◦ 1.32); ***bhogāḥ:*** (1nom◦ plu◦ ←m◦ *bhoga* 1.32); *sukhāni* (2acc◦ 1.32); *ća* (and); ***te*** (m◦ 1nom◦ plu◦ ←pron◦ *tad* (that) 1.2); ***ime*** (m◦ 1nom◦ plu◦ ←pron◦ *idam* (this) 1.10); *avasthitāḥ:* (1.11); *yuddhe* (1.23); ***prāṇān*** (2acc◦ plu◦ ←m◦ ***prāṇa*** (life) ←4◦प्र√अन् (to move); ***tyaktvā*** (ipp◦ ind◦ ←1◦√त्यज् (to renounce); *dhanāni* (2acc◦ plu◦ ←n◦ *dhana* (wealth) 1.15); *ća* (and) (1.33)

kāṅkṣitam काङ्क्षितम्, ईप्सितम्, वाञ्छितम्, अभिलाषितम्, स्पृहितम्, अपेक्षितम्, लिप्सितम्, लोभितम् ।
tyaktvā त्यक्त्वा, विसृज्य 1.47

(§3) ***yeṣām*** (of whose); ***arthe*** (in sake, for sake); ***kāṅkṣitam*** (adj◦-obj1-3◦ the one that is desired - collective); ***naḥ:*** (of us); ***rājyam*** (obj1◦ the kingdom); ***bhogāḥ:*** (obj2◦ enjoyments); ***sukhāni*** (obj3◦ pleasures); ***ća*** (and); ***te*** (adj1◦-subj◦ they, those); ***ime*** (subj◦ these, they); ***avasthitāḥ:*** (adj2◦-subj◦ arrayed); ***yuddhe*** (in battle); ***prāṇān*** (obj4◦ lives); ***tyaktvā*** (having abandoned, sacrificed); ***dhanāni*** (obj5◦ riches); ***ća*** (and) (1.33)

(§4) te, yeṣām arthe rājyam bhogāḥ: ća sukhāni kāṅkṣitam naḥ: ime avasthitaḥ: yuddhe tyaktvā prāṇān ća dhanāni

(§5) They, of whose sake the -kingdom, enjoyments and pleasures- is desired of us,[65]

---

[65] Elsewhere◦ *kāṅkṣitam naḥ:* → we desire, we may have desire, we seek, we covet ...etc.

they, arrayed[66] in battle, having abandoned (their) lives and riches; (1.33)

अनुष्टुप्-छन्दसि गीतोपनिषद् । 1.33	"येषां कृते सुखं राज्यम्-इच्छामो मनसा वयम् । तयेवात्रोद्यता: सर्वे त्यक्त्वा प्राणान्धनानि च ।। 581/1110

1.34 आचार्याः पितरः पुत्रास्तथैव च पितामहाः ।
मातुलाः श्वशुराः पौत्राः श्यालाः सम्बन्धिनस्तथा ।।
āćāryāḥ: pitaraḥ: putrāstathaiva ća pitāmahāḥ:,
mātulāḥ: śvaśurāḥ: pautrāḥ: śyālāḥ: sambandhinstathā; (1.34)

(§1) आचार्याः पितरः पुत्राः तथा एव च पितामहाः । मातुलाः श्वशुराः पौत्राः श्यालाः सम्बन्धिनः तथा । *āćāryāḥ:* (r◦ 22/3) *pitaraḥ:* (r◦ 22/3) *pautrāḥ:* (r◦ 18/1) *tathā* (r◦ 3/3) *eva ća pitāmahāḥ:* (r◦ 22/8) *mātulāḥ:* (r◦ 22/5) *śvaśurāḥ:* (r◦ 22/3) *pautrāḥ:* (r◦ 22/5) *śyālāḥ:* (r◦ 22/7) *sambandhinaḥ:* (r◦ 18/1) *tathā*

(§2) 📖*āćāryāḥ:* (1nom◦ plu◦ ←m◦ *āćārya* (tutor) 1.2); ***pitaraḥ:*** (1nom◦ plu◦ ←m◦ *pitṛ* (fatherly person) 1.12); ***putrāḥ:*** (1nom◦ plu◦ ←m◦ *putra* (son) 1.3); *tathā* (1.8); *eva* (1.1); *ća* (and); 📖*pitāmahāḥ:* (1nom◦ plu◦ ←m◦ *pitāmaha* (elderly person) 1.12); *mātulāḥ:* (1nom◦ plu◦ ←m◦ *mātula* (uncle) 1.26); *śvaśurāḥ:* (1nom◦ plu◦ ←m◦ *śvaśura* (father-in-law) 1.26); *pautrāḥ:* (1nom◦ plu◦ ←m◦ *pautra* (young person) 1.26); *śyālāḥ:* (1nom◦ plu◦ ←m◦ *śyala* (brother-in-law) ←1◦√श्यै (to go, be conjested); 📖*sambandhinaḥ:* (1nom◦ plu◦ ←m◦ *sambandhin* (kinsman) ←9◦सम्√बन्ध् (to tie); *tathā* (1.8) (1.34)

📖 āćāryāḥ: आचार्याः, उपदेशकाः, शिक्षकाः, बोधकाः, उपदेष्टारः, उपदेशिनः, शासितारः, अनुशासितारः, उपाध्यायाः, गुरवः, पाठकाः, अध्यापकाः, शिक्षाकराः ।

📖 pitāmahāḥ: पितामहाः, महापिताः, ज्येष्ठाः, वरीयांसः, वरिष्ठाः, आर्य्यकाः, वृद्धाः ।

📖 sambandhinaḥ: सम्बन्धिनः, अनुषंगिनः, आनुषंगिकाः, सम्पर्किनः, सापेक्षाः, बान्धवः, ससम्बन्धाः, सम्पर्काः, सुसम्पर्काः ।

📖 काङ्क्षितम् is not a verb of Active voice. Therefore, in the passive construction in Sanskrit (even though in English it differs), ppp◦ काङ्क्षितम्, the adj◦ of the obj◦1-3 is in Nominative case → desired of us, desired by us (passive).

[66] Elsewhere◦ *avasthitāḥ:* → they stand, they are now arrayed, they are standing, are here standing ...etc.

📖 अवस्थित is not a present tense or any other verb. It is a ppp◦ adjective of pronoun ते (*te*)

(§3) ***āćāryāḥ:*** (subj1∘ tutors, gurus); ***pitaraḥ:*** (subj2∘ fatherly people); ***putrāḥ:*** (subj3∘ sons, youthful people); ***tathā eva*** (also); ***ća*** (and); ***pitāmahāḥ:*** (subj4∘ grandfathers, elderly people); ***mātulāḥ:*** (subj5∘ maternal uncles); ***śvaśurāḥ:*** (subj6∘ fathers in law); ***pautrāḥ:*** (subj7∘ grandsons, young people); ***śyālāḥ:*** (subj8∘ brothers in law); ***sambandhinaḥ:*** (subj9∘ kinsmen); ***tathā*** (as well as) (1.34)

(§4) āćāryāḥ: pitaraḥ: putrāḥ: tathā ća eva pitāmahāḥ: mātulāḥ: śvaśurāḥ: śyālāḥ: sambandhinaḥ: tathā pautrāḥ:

(§5) Tutors, fatherly people, youthful people and also elderly people, uncles, father-in-laws, brothers-in-law, kinsmen as well as young people; (1.34)

अनुष्टुप्-छन्दसि गीतोपनिषद् । 1.34	"विद्यमानाः सुताः पौत्राः पितृबन्धुपितामहाः । श्वसुरा मातुलाः श्याला गुरवः सुहृदस्तथा ।। 582/1110

1.35 एतान्न हन्तुमिच्छामि घ्नतोऽपि मधुसूदन ।
अपि त्रैलोक्यराज्यस्य हेतोः किं नु महीकृते ।।

etānna hantumiććhāmi ghnato'pi madhusūdana,
api trailokyarājyasya hetoḥ: kiṁ nu mahīkṛte. (1.35)

(§1) एतान् न हन्तुम् इच्छामि घ्नतः अपि मधुसूदन । अपि त्रैलोक्यराज्यस्य हेतोः किम् नु महीकृते । *etān* (r∘ 1/11) *na hantum* (r∘ 8/18) *iććhāmi ghnataḥ:* (r∘ 15/1) *api madhusūdana* (r∘ 23/1) *api trailokyarājyasya hetoḥ:* (r∘ 22/1) *kim* (r∘ 14/1) *nu mahīkṛte*

(§2) *etān* (1.25); *na* (1.30); **hantum** (inf∘ ind∘ ←2∘√हन् (to hurt); ***iććhāmi*** (1st-per∘ sing∘ pres∘ वर्तमान्-लट् parasmai∘ ←6∘√इष् (to desire); *ghnataḥ:* (m∘ 2acc∘ plu∘ ←śatṛ∘ pres∘ participle∘ adj∘ *ghnat* (being killed) ←adj∘ ***ghna*** √हन् + क (killer) ←2∘√हन् (to hurt); *api* (1.26); ***madhusūdana*** (m∘ 8voc∘ sing∘ ←bahuvrī∘ ***madhu-sūdana,*** मधुनामानं दैत्यं सूदितः येन ←1∘मधु√सूद् (to thrash); *api* (1.26); *trailokyarājyasya* (n∘ 6pos∘ sing∘ ←tatpu∘ *trai-lokya-rājya,* त्रैलोक्यस्य राज्यम् ←dvigu∘ n∘ *trailokya* (the three worlds) ←1∘तृ√लोक् (to see, seek) + n∘ *rājya* 1.32); *hetoḥ:* (6pos sing∘ ←m∘ **hetu** (purpose) ←5∘√हि (to impel); *kim* (1.1); **nu** (ind∘ ←6∘√नुद् (to push);

mahīkṛte (7loc∘ sing∘ ←m∘ *mahī-kṛta* ←f∘ *mahī* (earth) 1.21 + ppp∘ adj∘ ***kṛta*** (for the sake of) ←8∘√कृ (to do) (1.35)

hantum हन्तुम्, मारितुम्, सूदितुम्, निषूदितुम्, मर्दितुम्, विनष्टुम् ।

hetuḥ: हेतुः, अर्थः 2.46, उद्देशः, लक्षम्, लक्ष्यम्, ध्येयः ।

kṛta कृते, निमित्तेन, कारणात्, तदर्थम् 3.9, उद्देशेन, हेतुना, अर्थे 1.9 ।

(§3) ***etān*** (adj∘-obj∘ these, to these people); ***na*** (not); ***hantum*** (for killing, to kill); ***icchāmi*** (I do wish); ***ghnataḥ:*** (obj∘ being killed); ***api*** (also); ***madhusūdana*** (O Madhusūdana! O Śrī Kṛṣṇa!); ***api*** (even); ***trailokyarājyasya hetoḥ:*** (for the reason of the sovereignty of the three worlds); ***kim*** (what? how?); ***nu*** (then, now); ***mahīkṛte*** (for the sake of the earth) (1.35)

(§4) madhusūdana ghnataḥ: api na icchāmi hantum etān api trailokyarājyasya hetoḥ: kim nu mahīkṛte

(§5) O Śrī Kṛṣṇa! being killed[67] (by them), to them also I do not wish kill, even for the purpose of the sovereignty of the three worlds; how then[68] (would I) for the sake of the earth? (1.35)

अनुष्टुप्-छन्दसि गीतोपनिषद् । 1.35	
"प्राप्तुं त्रैलोक्यराज्यं च हन्तुं नेच्छामि मामकान् । हतोऽहं तैर्हि यद्वाऽपि न वा राज्यं मिलेद्यदि ।। 583	"कर्तुं न जातु शक्ष्येऽहं प्राप्तुमपीन्द्रवैभवम् । कथं तत्तु करिष्येऽहं भूमिराज्याय केशव ।। 584/1110

1.36 निहत्य धार्तराष्ट्रान्नः का प्रीतिः स्याज्जनार्दन ।
पापमेवाश्रयेदस्मान्हत्वैतानाततायिनः ।।

---

[67] Elsewhere∘ *ghnataḥ:* → they were to kill me (conditional∘), they might kill me (potential), I were to be killed by them (potential∘), though they kill me (conditional), even if they should kill me (potential∘) ... etc.

घ्नतः is not a verb. It is not a ppp∘ It is not singular. It is a plural (of घ्नत्) . It is a Present Tense Active Participle adjective of object 'me.' It is in Accusative case → to me, being killed by them. NOTE : Its purpose is to confirm that Arjuna was very sure that if he does not fight or if he turns his back, the Kauravas will surely kill the Pāṇḍavas; as they had tried many times before (see the Background of the Gita).

[68] Elsewhere∘ *kim nu* → much less.

nihatya dhārtarāṣṭrānnaḥ: kā prītiḥ: syājjanārdana,
pāpamevāśrayedasmānhatvaitānātatāyinaḥ:. (1.36)

(§1) निहत्य धार्तराष्ट्रान् नः का प्रीतिः स्यात् जनार्दन । पापम् एव आश्रयेत् अस्मान् हत्वा एतान् आततायिनः । *nihatya dhārtarāṣṭrān* (r∘ 1/11) *naḥ:* (r∘ 22/1) *kā* 🕮*prītiḥ:* (r∘ 22/7) *syāt* (r∘ 11/2) *janārdana pāpam* (r∘ 8/22) *eva* (r∘ 1/2) *āśrayet* (r∘ 8/2) *asmān* (r∘ 13/21) *hatvā* (r∘ 3/3) *etān* (r∘ 8/12) *ātatāyinaḥ:* (r∘ 22/8)

(§2) 🕮*nihatya* (past-participle lyp∘ ind∘ ←2∘नि√हन् (to hurt); *dhārtarāṣṭrān* (1.20); *naḥ:* (1.32 or 1.33); ***kā*** (f∘ 1nom∘ sing∘ ←pron∘ *kim* (what?) 1.1); *prītiḥ:* (1nom∘ sing∘ ←f∘ ***prīti*** (joy) ←9∘√प्री (to please); ***syāt*** (3rd-per∘ sing∘ potential∘ विधि∘ parasmai∘ ←2∘√अस् (to be); ***janārdana*** (m∘ 8voc∘ sing∘ ←bahuvrī∘ *janārdana*, दुष्टजनानाम् अर्दनः यः सः ←m∘ *jana* (people, bad people) 1.28 + n∘ *ardana* (killing) ←10√अर्द् (to afflict); 🕮***pāpam*** (1nom∘ sing∘ ←n∘ *pāpa* (sin) ←1∘√पा (to drink); *eva* (1.1); *āśrayet* (3rd-per∘ sing∘ potential∘ विधि∘ -ubhay∘ ←1∘आ√श्रि (to attain); *asmān* (2acc∘ plu∘ ←pron∘ *asmad* 1.7); *hatvā* (1.31); *etān* (1.22); 🕮*ātatāyinaḥ:* (2acc∘ plu∘ ←m∘ *ātatāyin* (offender) ←1∘√अय् (to go) (1.36)

🕮 nihatya निहत्य, हत्वा see 1.31;

🕮 prītiḥ: प्रीतिः, हितम् 18.64, शुभम्, कुशलम्, कल्याणम्, भद्रम्, सुष्ठु, बाढम् ।

🕮 pāpam पापम् see 2.33↓

🕮 ātatāyinaḥ: आततयिनः, पापाचारान्, पापाचारिनः, जिघांसवान्, वधोद्यतान्, दुष्टान्, दुर्वृत्तान् ।

(§3) ***nihatya*** **(having killed);** ***dhārtarāṣṭrān*** **(obj1∘ the sons of Dhṛtarāṣṭra, the Kauravas);** ***naḥ:*** **(for us, to us);** ***kā*** **(what?);** ***prītiḥ:*** **(sub1∘ joy);** ***syāt*** **(would be);** ***janārdana*** **(O Janārdana! O Śrī Kṛṣṇa!);** ***pāpam*** **(subj2∘ sin);** ***eva*** **(only);** ***āśrayet*** **(it may cling, stick);** ***asmān*** **(obj2∘ to us);** ***hatvā*** **(having killed);** ***etān*** **(adj∘-obj3∘ these);** ***ātatāyinaḥ:*** **(obj3∘ felons, offenders, desperados)** (1.36)

(§4) janārdana kā syāt prītiḥ: naḥ: nihatya dhārtarāṣṭrān eva pāpam āśrayet asmān hatvā etān ātatāyinaḥ:

(§5) O S'rī Kṛṣṇa! what would be joy for us having killed[69] the Kauravas? Only sin may cling us, having killed[70] these offenders. (1.36)

अनुष्टुप्-छन्दसि गीतोपनिषद् । 1.36	"अतो हत्वा शुभं किं वा कौरवान्मधुसूदन । प्राप्स्यामहे वयं पापं हत्वा युद्धेऽपि पापिनः ।। 585/1110

1.37 तस्मान्नार्हा वयं हन्तुं धार्तराष्ट्रान्स्वबान्धवान् ।
स्वजनं हि कथं हत्वा सुखिनः स्याम माधव ।।
tasmānnārhā vayaṁ hantuṁ dhārtarāṣṭrānsvabāndhavān,
svajanaṁ hi kathaṁ hatvā sukhinaḥ: syāma mādhava. (1.37)

(§1) तस्मात् न अर्हाः वयम् हन्तुम् धार्तराष्ट्रान् स्वबान्धवान् । स्वजनम् हि कथम् हत्वा सुखिनः स्याम माधव । ***tasmāt*** (r∘ 12/1) ***na*** (r∘ 1/1) ***arhāḥ:*** (r∘ 20/17) ***vayaṁ*** (r∘ 14/1) ***hantuṁ*** (r∘ 14/1) ***dhārtarāṣṭrān*** (r∘ 13/20) ***svabāndhavān*** (r∘ 23/1) ***svajanaṁ*** (r∘ 14/1) ***hi kathaṁ*** (r∘ 14/1) ***hatvā sukhinaḥ:*** (r∘ 22/7) syāma mādhava

(§2) ***tasmāt*** (ind∘ or m∘ 5abl∘ sing∘ (therefore) ←pron∘ *tad* 1.2); *na* (1.30); *arhāḥ:* (m∘ 1nom∘ plu∘ ←adj∘ 📖*arha* (suitable) ←1∘√अर्ह् (to deserve); ***vayaṁ*** (1nom∘ plu∘ ←pron∘ *asmad* 1.7); *hantuṁ* (1.35); *dhārtarāṣṭrān* (1.20); *svabāndhavān* (m∘ 2acc∘ plu∘ ←taddhita∘ *sva-bāndhava*, स्वस्य बान्धवः ←adj∘ *sva* (own) 1.28 + *taddhita*∘ *bāndhava* (brother) ← m∘ *bandhu* 1.27); *svajanaṁ* (2 acc∘ our people 1.28); *hi* (1.11); 📖***kathaṁ*** (ind∘ (how?) ←pron∘ *kiṁ* 1.1); *hatvā* (1.31); 📖***sukhinaḥ:*** (m∘ 1nom∘ plu∘ ←adj∘ *sukhin* (happy) ←10∘√सुख् (to please); ***syāma*** (1st-per∘ plu∘ potential∘ विधि∘ parasmai∘ ←2∘√अस् (to be); *mādhava* (8voc∘ sing∘ ←m∘ *mādhava* 1.14) (1.37)

📖 arha अर्ह, योग्य, युक्त 1.14, उपयुक्त, उचित, यथोचित, यथायोग्य, समुचित, औपयिक, यथार्ह, न्याय्य, कर्तव्य 3.22, करणीय, कार्य 3.17, सम्यक् 5.4, यथार्थ, समञ्जस ।

---

[69] Elsewhere∘ *nihatya* → by slaying, by doing away, from killing, we had then better, ...etc.
📖 निहत्य is not an Instrumental case. It is a lyp∘ participle.

[70] Elsewhere∘ *hatvā* → if we kill (conditional∘), even if they should kill (cond∘), by killing (inst∘), ...etc.
📖 हत्वा is not लृङ् conditional (विधि) mood. It is a क्त्वा participle gerund (having done). See the footnote in 1.37

📖 *katham* कथम्, किमर्थम्, केन हेतुना, कस्य हेतोः ।

📖 sukhinaḥ: सुखिनः, हृष्टाः, सानन्दाः, आनन्दिताः, प्रमुदिताः, तुष्टाः, शुभान्विताः ।

(§3) ***tasmāt*** (therefore); ***na*** (not); ***arhāḥ:*** (adj◦-subj1◦ suitable, justified, proper, qualified); ***vayam*** (subj1◦ we, we are); ***hantum*** (for killing, to kill); ***dhārtarāṣṭrān*** (obj1◦ the sons of Dhṛtarāṣṭra, the Kauravas;); ***svabāndhavān*** (adj◦-obj1. our brothers); ***svajanam*** (obj2◦ our own people); ***hi*** (because); ***katham*** (how? why?); ***hatvā*** (having killed); ***sukhinaḥ:*** (adj◦-subj2◦ happy); ***syāma*** (subj2◦ we would be); ***mādhava*** (O Mādhava!; O Kṛṣṇa!) (1.37)

(§4) tasmāt vayam na arhāḥ: hantum svabāndhavān dhārtarāṣṭrān hi mādhava katham syāma sukhinaḥ: hatvā svajanam

(§5) Therefore,[71] we are[72] not suitable to kill our brothers, the Kauravas; because,[73] O Kṛṣṇa! how would we be[74] happy having killed[75] our own people? (1.37)

अनुष्टुप्-छन्दसि गीतोपनिषद् । 1.37	"एतान्दुष्टान्वयं हत्वा भवेम सुखिनः कथम् । तस्मादेषा वृथा हत्या कर्तुमस्मान्न शोभते ।। 586/1110

1.38 यद्यप्येते न पश्यन्ति लोभोपहतचेतसः ।
कुलक्षयकृतं दोषं मित्रद्रोहे च पातकम् ।।
yadyapyete na paśyanti lobhopahatacetasaḥ:,

---

[71] See the footnote for *hi* (हि) in verse 2.15

[72] Elsewhere◦ *arhaḥ vayam* → it is not proper for us to kill, we should not kill, it is not right that we slay, we are not justified in killing ...etc.

📖 अर्ह is an adjective, not a verb or gerund. 'it is not proper, it is not right ...etc.' are verbs. 'should not kill, we slay ...etc.' are also verbs, they are not adjectives; 'killing' is a gerund. वयं is Nominative case, 'for us' is Dative or Possessive case.

[73] See footnote in 2.15, हि and तस्मात्

[74] Elsewhere◦ *katham syāma* → how can.

[75] Elsewhere◦ *hatvā* → by killing (inst◦), in killing (locative◦), if we kill (cond◦) ...etc.

📖 हत्वा is not Instruental case, Locative case or a conditional clause. it is a Past Participle Gerund, and thus, it should mean a subordinate action having done, *hatvā* → having killed, the main clause being सुखिनः स्याम । See footnote in 1.36

kulakṣayakṛtaṃ doṣaṃ mitradrohe ća pātakam. (1.38)

(§1) यद्यपि एते न पश्यन्ति लोभोपहतचेतसः । कुलक्षयकृतम् दोषम् मित्रद्रोहे च पातकम् । *yadyapi* (r∘ 4/4) *ete na paśyanti lobhopahataćetasaḥ:* (r∘ 22/8) *kulakṣayakṛtaṃ* (r∘ 14/1) *doṣaṃ* (r∘ 14/1) *mitradrohe ća pātakaṃ* (r∘ 14/2)

(§2) ***yadi*** (ind∘ (if) ←pron∘ *yad* 1.7); *api* (1.26); *ete* (1.23); *na* (1.30); 🕮***paśyanti*** (3rd-per∘ plu∘ pres∘ वर्तमान्-लट् parasmai∘ ←1∘√दृश् (to see); *lobhopahataćetasaḥ:* (m∘ 1nom∘ plu∘ ←bahuvrī∘ *lobhopahata-ćetas* लोभेन उपहतं चेत: यस्य स: ←m∘ 🕮***lobha*** (greed) ←4∘√लुभ् c(to covet) + ppp∘ adj∘ ***upahata*** (overpowered) ←2∘उप√हन् (to hurt) + n∘ ***ćetas*** (heart) ←1∘√चित् (to percceive); ***kulakṣayakṛtaṃ*** (m∘ 2acc∘ sing∘ ←ppp∘ adj∘ *kula-kṣaya-kṛta* ←n∘ ***kula*** (family) ←1∘√कुल् (to related) + m∘ ***kṣaya*** (destruction) ←6∘√क्षि (to stay) + ppp∘ adj∘ *kṛta* 1.35); 🕮***doṣaṃ*** (2acc∘ sing∘ ←m∘ ***doṣa*** (the evil) ←4∘√दुष् (to spoil); *mitradrohe* (m∘ 7loc∘ sing∘ ←tatpu∘ *mitra-droha*, मित्रेण मित्रस्य वा द्रोह: ←m∘ ***mitra*** (friend) ←4∘√मिद् (to be soft) + m∘ 🕮***droha*** (trechery) ←4∘√द्रुह् (to be hostile); *ća* (and); 🕮*pātakaṃ* (2acc∘ sing∘ ←n∘ *pātaka* (sin) ←1∘√पत् (to fall) (1.38)

🕮 paśyanti पश्यन्ति, अवबोधन्ति, जानन्ति, अवजानन्ति, अवगच्छन्ति 9.11, ईक्षन्ते 6.29

🕮 lobhaḥ लोभ:, गृध्रता, अत्याहार:, बुभुक्षा, घस्मरता, लोलता, लौल्यम् ।

🕮 doṣaḥ दोष:, अपराध:, अगुण:, पापम् 2.33, दूषणम्, प्रमाद:, अभद्रम्, कदर्यम्, दुष्कर्म, कलुषम्, अशुभम्, कल्कम्, किरावम् ।

🕮 drohaḥ द्रोह:, घात:, विश्वासभङ्ग:, विश्वासघात:, विसंवाद:, उपज्ञाप:, धूर्तता, वञ्चकता, कापट्यम्, विश्वासभेद: ।

🕮 pātakaṃ पातकम् see पापं 2.33

(§3) ***yadi api*** **(even though);** ***ete*** **(subj∘ these; these people);** ***na*** **(do not);** ***paśyanti*** **(see, perceive, understand);** ***lobhopahataćetasaḥ:*** **(adj∘-subj∘ those whose hearts are overpowered with greed);** ***kulakṣayakṛtaṃ*** **(adj∘-obj∘ the one that is caused by the destruction of the family);** ***doṣaṃ*** **(obj1∘ the evil);** ***mitradrohe*** **(in the treachery to a friend or friends);** ***ća*** **(and);** ***pātakaṃ*** **(obj2∘ the sin)** (1.38)

(§4) yadi api ete lobhopahataćetasaḥ: na paśyanti doṣaṃ kulakṣayakṛtaṃ ća pātakaṃ mitradrohe

(§5) Even though these people, whose hearts are overpowered with greed, do not see the evil that is caused by the destruction of the family[76] and the sin (that is) in the treachery to friends; (1.38)

अनुष्टुप्-छन्दसि गीतोपनिषद् । 1.38	"कुलघाते च को दोषो मित्रघाते च पातकम् । एतदेते न पश्यन्ति किङ्कर्तव्यविमूढिनः ।। 587/1110

1.39 कथं न ज्ञेयमस्माभिः पापादस्मान्निवर्तितुम् ।
कुलक्षयकृतं दोषं प्रपश्यद्भिर्जनार्दन ।।
kathaṁ na jñeyamasmābhiḥ: pāpādasmānnivartitum,
kulakṣayakṛtaṁ doṣaṁ prapaśyadbhirjanārdana. (1.39)

(§1) कथम् न ज्ञेयम् अस्माभिः पापात् अमात् निवर्तितुम् । कुलक्षयकृतम् दोषम् प्रपश्यद्भिः जनार्दन । *katham* (r◦ 14/1) *na jñeyam* (r◦ 8/16) *asmābhiḥ:* (r◦ 22/3) *pāpāt* (r◦ 8/2) *asmāt* (r◦ 12/1) *nivartitum* (r◦ 14/2) *kulakṣayakṛtam* (r◦ 14/1) *doṣam* (r◦ 14/1) *prapaśyadbhiḥ:* (r◦ 16/6) *janārdana*

(§2) *katham* (1.37); *na* (1.30); ***jñeyam*** (m◦ 1nom◦ sing◦ ←pot◦ adj◦ ***jñeya*** (should be known) ←9◦√ज्ञा (to know); *asmābhiḥ:* (3inst◦ plu◦ ←pron◦ *asmad* 1.7); *pāpāt* (5abl◦ sing◦ ←n◦ *pāpa* (sin) 1.36); *asmāt* (5abl◦ sing◦ ←pron◦ *idam* 1.10); *nivartitum* (inf◦ ind◦ ←4◦नि√वृत् (to choose); *kulakṣayakṛtam* (m◦ 2acc◦ 1.38); *doṣam* (1.38); *prapaśyadbhiḥ:* (m◦ 3inst◦ plu◦ ←śatṛ◦ adj◦ *prapaśyat* (knower) ←1◦प्र√दृश् (to see); *janārdana* (1.36) (1.39)

jñeyam ज्ञेयम्, ज्ञातव्यम्, ज्ञानीयम्, ज्ञापनीयम्, ज्ञपनीयम्, वेद्यम्, बोध्यम्, बोधनीयम्, बोधितव्यम् ।
nivartitum निवर्तितुम्, परिहर्तितुम्, परिवर्तितुम् ।

(§3) ***katham*** (how?); ***na*** (not); ***jñeyam*** (adj◦-obj1◦ **it should be understood, known**); ***asmābhiḥ:*** (subj◦

---

[76] Elsewhere◦ *kulakṣayakṛtam doṣam* → in killing ones's family, if we kill our, by killing our..., in destroying the family, in the extension of a fimily ...etc.
kulakṣayakṛtam is not Instrumental case, conditional mood or a gerund. It is a tatpu◦ ppp◦ adj◦ of the object *doṣa*. Therefore, कुलक्षयकृत → the doṣa that is caused by the destruction of the family or families. Same is true for verse 1.39 also.

by us); ***pāpāt*** (from the sin); ***asmāt*** (from this); ***nivartitum*** (for turning away, to refrain, to desist from); ***kulakṣayakṛtam*** (adj∘-obj2∘ the one that is caused by the destruction of the family); ***doṣam*** (obj2∘ the evil, the sin); ***prapaśyadbhiḥ:*** (adj∘-subj∘ by the discerning ones; by the knowers of) ***janārdana*** (O Janārdana!; O Kṛṣṇa!) (1.39)

(§4) janārdana! katham na jñeyam asmābhiḥ:, prapaśyadbhiḥ: kulakṣayakṛtam doṣam, nivartitum asmāt pāpāt

(§5) O Kṛṣṇa! how should it not be known by us,[77] the knowers of[78] the sin that is caused by the destruction of the family, to refrain from this sin? (1.39)

अनुष्टुप्-छन्दसि गीतोपनिषद् । 1.39	"विमूढमानसाः सर्व एते च लोभिनस्तथा । अधर्माद्भटते पापं नश्यति च कुलं ततः ।। 588/1110

1.40 कुलक्षये प्रणश्यन्ति कुलधर्माः सनातनाः ।
धर्मे नष्टे कुलं कृत्स्नमधर्मोऽभिभवत्युत ।।

kulakṣaye praṇaśyanti kuladharmāḥ: sanātanāḥ:,
dharme naṣṭe kulaṁ kṛtsnamadharmo'bhibhavatyuta. (1.40)

(§1) कुलक्षये प्रणश्यन्ति कुलधर्माः सनातनाः । धर्मे नष्टे कुलम् कृत्स्नम् अधर्मः अभिभवति उत । *kulakṣaye praṇaśyanti kuladharmāḥ:* (r∘ 22/7) *sanātanāḥ:* (r∘ 22/8) *dharme naṣṭe kulam* (r∘ 14/1) *kṛtsnam* (r∘

---

[77] Elsewhere∘ *katham na jñeyam asmābhiḥ:*→ why should we not have wisdom, why should we engage, why should not we learn, why should we not learn, why should we not know enough, how can we remain unaware, why should we not turn away, why then should we not desist, should not we learn ...etc. (active voice constructions)
📖 कथं न ज्ञेयम् अस्माभिः is a not an active voice. It is a passive Sanskrit construction, therefore, the use of the Instrumental case for the subject. अस्माभिः (by us) and its adjective दोषं-प्रपश्यद्भिः (by those who can see the evil) प्रयोगे कर्मवाच्यस्य तृतीया स्यात्तु कर्तरि । *asmābhiḥ* = 'by us' not 'we.' Thus, Instrumental case for the subj∘ and Nominative case for the object ज्ञेयम् (ought to be known).

[78] Elsewhere∘ *prapaśyadbhiḥ:* → we who see, those who can see, we who clearly see, ...etc. (present tense)
📖 प्रपश्यत् is not a present tense लट् । It is not a verb or a tense. It is a Present Participle, i.e. it is instrumental case adj∘ gerund derived from the root √दृश्। It should mean discerning, knowing, seeing; while discerning, while knowing, while seeing; knower, seer, etc. to qualify the subj∘ *asmābhiḥ:* अस्माभिः । Therefore, it is अस्माभिःप्रपश्यद्भिः ।

8/16) *adharmaḥ:* (r∘ 15/1) *abhibhavati* (r∘ 4/3) *uta*

(§2) *kulakṣaye* (m∘ 7loc∘ sing∘ ←tatpu∘ *kula-kṣaya,* कुलस्य क्षय: or कुलानाम् क्षय: ←n∘ *kula* (family) 1.38 + m∘ *kṣaya* (destruction) 1.38); *praṇaśyanti* (3rd-per∘ plu∘ pres∘ वर्तमान्-लट् parasmai∘ ←4∘प्र√नश् (to ruin); ***kuladharmāḥ:*** (m∘ 1nom∘ plu∘ ←tatpu∘ *kula-dharma,* कुलस्य धर्म: or कुलानां धर्म: ←n∘ *kula* 1.38 + m∘ *dharma* (righteousness) 1.1); *sanātanāḥ:* (m∘ 1nom∘ plu∘ ←adj∘ ***sanātana*** ←time indicating ind∘ ***sadā*** (ever) ←1∘√सद् (to sit); *dharme* (7loc∘ sing∘ ←m∘ *dharma* 1.1); *naṣṭe* (7loc∘ sing∘ ←ppp∘ adj∘ ***naṣṭa*** (downfall) ←4∘√नश् (to ruin); 🕮*kulam* (2acc∘ sing∘ ←n∘ *kula* 1.38); 🕮***kṛtsnam*** (adv∘ or n∘ 2acc∘ sing∘ ←adj∘ ***kṛtsna*** (the entire) ←7∘√कृत् (to surround); *adharmaḥ:* (m∘ 1nom∘ sing∘ ←n.tatpu∘ ***a-dharma*** (unrighteousness) ←1∘अ√धृ (to bear); 🕮*abhibhavati* (3rd-per∘ sing∘ pres∘ वर्तमान्-लट् parasmai∘ ←1∘अभि√भू (to be, become); ***uta*** (ind∘ ←5∘√उ (ask) (1.40)

🕮 kulam कुलम्, वंश:, कुटुम्बम्, प्रवरम् ।

🕮 kṛtsnam कृत्स्नम्, सकलम्, सर्वम् 2.17, अखिलम् 4.33, समस्तम्, सम्पूर्णम्, निखिलम्, समग्रम् 4.23

🕮 abhibhavati अभिभवति, अतिरिच्यते 2.34, उद्रिच्यते, पराभवति, पराजयते ।

(§3) *kulakṣaye* (in the ruin of the family or families); *praṇaśyanti* (perish, they perish); *kuladharmāḥ:* (subj1∘ the duties of the family or families; the customs of righteousness for families); *sanātanāḥ:* (adj∘-subj1∘ the ancient, the eternal); *dharme* (in the righteousness); *naṣṭe* (in the loss of, in the downfall of); *kulam* (obj∘ the family); *kṛtsnam* (adj∘-obj∘ the whole, the entire); *adharmaḥ:* (subj2∘ unrighteousness); *abhibhavati* (it dominates, it overpowers); *uta* (and, also) (1.40)

(§4) kulakṣaye sanātanāḥ: kuladharmāḥ: praṇaśyanti; uta naṣṭe dharme adharmaḥ: abhibhavati kṛtsnam kulam

(§5) In the destruction of the families, the eternal customs of the-righteousness-for-the-families perish;[79] and in the downfall of the righteousness, unrighteousness overpowers the entire family.[80] (1.40)

---

[79] Elsewhere∘ *kulakṣaye praṇaṣyanti kuladharmāḥ:* → with the destruction of families, the eternal family tradition is destroyed; the destruction of the family is bound to result in..., when the family decays...etc.

[80] Elsewhere∘ *kulaṁ adharmaḥ abhibhavati* → family yields to lawlessness, family becomes involved in irreligion, entire

अनुष्टुप्-छन्दसि गीतोपनिषद् । 1.40	"कुलक्षयाच्च नश्यन्ति कुलधर्माः सनातनाः । धर्मनाशात्कुलं कृत्स्नं नश्यत्येव न संशयः ।। 589/1110

1.41 अधर्माभिभवात्कृष्ण प्रदुष्यन्ति कुलस्त्रियः ।
स्त्रीषु दुष्टासु वार्ष्णेय जायते वर्णसङ्करः ।।

adharmābhibhavātkṛṣṇa praduṣyanti kulastriyaḥ:,
strīṣu duṣṭāsu vārṣṇeya jāyate varṇasaṅkaraḥ:. (1.41)

(§1) अधर्माभिभवात् कृष्ण प्रदुष्यन्ति कुलस्त्रियः । स्त्रीषु दुष्टासु वार्ष्णेय जायते वर्णसङ्करः । *adharmābhibhavāt* (r◦ 10/5) *kṛṣṇa praduṣyanti kulastriyaḥ:* (r◦ 22/8) *strīṣu* (r◦ 25/5) *duṣṭāsu vārṣṇeya jāyate varṇasaṅkaraḥ:* (r◦ 22/8)

(§2) *adharmābhibhavāt* (m◦ 5abl◦ sing◦ ←tatpu◦ *adharmābhibhava*, अधर्मस्य अभिभवः । दुराचारस्य प्राधान्यम् ←m◦ *adharma* (unrighteoussness) 1.40 + m◦ 🕮*abhibhava* (dominance) ←1◦अभि√भू (to be, become); *kṛṣṇa* (1.28); 🕮*praduṣyanti* (3rd-per◦ plu◦ pres◦ वर्तमान्-लट् parasmai◦ ←4◦प्र√दुष् (to spoil); *kulastriyaḥ:* (f◦ 1nom◦ plu◦ ←tatpu◦ *kula-strī*, कुलस्य स्त्री or कुलीना स्त्री ←n◦ *kula* 1.38 + f◦ ***strī*** (lady) ←1◦√स्त्यै (to gather); *strīṣu* (7loc◦ plu◦ ←f◦ *strī* ↑); *duṣṭāsu* (f◦ 7loc◦ plu◦ ←ppp◦ adj◦ *duṣṭa* (corrupted) ←4◦√दुष् (to spoil); ***vārṣṇeya*** (m◦ 8voc◦ sing◦ ←taddhita◦ *vārṣṇeya*, वृष्णि गोत्रापत्यम् ←prop◦ ***vṛṣṇi*** ←1◦√वृष् (to shower); *jāyate* (1.29); *varṇasaṅkaraḥ:* (m◦ 1nom◦ sing◦ ←tatpu◦ ***varṇa-saṅkara***, वर्णानाम् सङ्करः ←m◦ ***varṇa*** (class) ←10◦√वर्ण् + m◦ ***saṅkara*** (admixture) ←8◦सम्√कृ (to do) (1.41)

🕮 abhibhavaḥ: अभिभवः, प्राधान्यम्, प्रभूत्वम्, आधिपत्यम्, गुरुत्वम्, आधिक्यम्, प्राबल्यम् ।
🕮 praduṣyanti प्रदुश्यन्ति, पतन्ति 1.42, कलङ्कयन्ति, मलिनयन्ति, कलुषयन्ति, आविलयन्ति, भ्रष्टन्ति ।

(§3) ***adharmābhibhavāt*** (from the dominance of unrighteousness); ***kṛṣṇa*** (O Śrī Kṛṣṇa!); ***praduṣyanti***

---

family is overcome by adharma, whole family is seized with unrighteousness ...etc.

🕮 कुलं is not the subject in Nominative case. It is the object in Accusative case. Here, the subject in Nominative case is अधर्मः, the performer of the verb अभि√भू, on the accusative object कुलम् । It is activee voice construction. अधर्मः कृत्स्नं कुलं अभिभवति ।

(they become polluted; they become corrupt); ***kulastriyaḥ:*** (ladies of the family or families, ladies of good linage); ***strīṣu*** (among the ladies); ***duṣṭāsu*** (among the spoiled, corrupted); ***vārṣṇeya*** (O Vārṣṇeya! O Śrī Kṛṣṇa!); ***jāyate*** (it takes birth, it occurs); ***varṇasaṅkaraḥ:*** (subj◦ the admixture of the four classes) (1.41)

(§4) kṛṣṇa adharmābhibhavāt kulastriyaḥ: praduṣyanti vārṣṇeya duṣṭāsu strīṣu varṇasaṅkaraḥ: jāyate

(§5) O Śrī Kṛṣṇa! from the dominance of unrighteousness the ladies of good linage become corrupt. O Śrī Kṛṣṇa! among the corrupted ladies, admixture of the four classes[81] takes birth. (1.41)

अनुष्टुप्-छन्दसि गीतोपनिषद् । 1.41	"ततः स्त्रियः कुलीनाश्च पतन्ति धर्मनाशनात् । पतिताभ्यश्च नारीभ्यो भवति सङ्करः कुले ।। 590/1110

1.42 सङ्करो नरकायैव कुलघ्नानां कुलस्य च ।
पतन्ति पितरो ह्येषां लुप्तपिण्डोदकक्रियाः ।।
saṅkaro narakāyaiva kulaghnānāṁ kulasya ća,
patanti pitaro hyeṣāṁ luptapiṇḍodakakriyāḥ:. (1.42)

(§1) सङ्करः नरकाय एव कुलघ्नानाम् कुलस्य च । पतन्ति पितरः हि एषाम् लुप्तपिण्डोदकक्रियाः । *saṅkaraḥ:* (r◦ 15/6) *narakāya* (r◦ 3/1) *eva kulaghnānām* (r◦ 14/1) *kulasya ća patanti pitaraḥ:* (r◦ 15/14) *hi* (r◦ 4/4) *eṣām* (r◦ 25/3, 14/1) *luptapiṇḍodakakriyāḥ:* (r◦ 22/8)

(§2) *saṅkaraḥ:* (1nom◦ sing◦ ←m◦ *saṅkara* (admixture) 1.41); *narakāya* (4dat◦ sing◦ ←m◦ or n◦ 📖***naraka***

---

[81] Elsewhere◦ *varṇasaṅkaraḥ:* → unwanted progeny, unwanted children, intermixing of castes, confusion of castes, caste confusion, intermingling of castes, ...etc.

📖 वर्णः (√वृ to describe) is not a caste. It is one of the four discriptions, categories, groups, classes or classifications, depending on the description of one's own गुण-स्वभावः and कर्म । The caste is जातिः (√जा to be born). The classes are four, and natural. The castes are man-made and unlimited in number. They are made to suite man's self serving interest. It is utter दुर्भाग्यं that even the Hindu writers are deluded, confused, misled or unaware of the distinction between वर्णः and जातिः class and caste.

(downfall) ←9∘√नॄ (to take away); *eva* (1.1); ***kulaghnānām*** (m∘ 6pos∘ plu∘ ←tatpu∘ *kula-ghna*, कुलस्य घ्नः । कुलानां घ्नः ←n∘ *kula* (family) 1.38 + adj∘ *ghna* (destroyer) 1.35); *kulasya* (6pos sing∘ ←n∘ *kula* 1.38); *ća* (and); 📖***patanti*** (3rd-per∘ plu∘ pres∘ वर्तमान्-लट् parasmai∘ ←1∘√पत् (to fall); *pitaraḥ:* (1.34); *hi* (1.11); *eṣām* (m∘ 6pos∘ plu∘ ←pron∘ *idam* 1.10); *luptapiṇḍodakakriyāḥ:* (m∘ 1nom∘ plu∘ ←tatpu∘ *lupta-piṇḍodaka-kriyā*, लुप्ते पिण्डस्य च उदकस्य च क्रिये यस्य । लुप्ताः पिण्डोदकादयः क्रियाः यस्य ←adj∘ *lupta* (deprived) ←6∘√लुप् (to vanish) + n∘ or m∘ *piṇḍa* (an offering) ←10∘√पिण्ड् (to unite) + n∘ **udaka** (water) ←7∘√उन्द् (to wet) + f∘ ***kriyā*** (rite) ←8∘√कृ (to do) (1.42)

📖 narakaḥ नरकः, निरयः, रसातलम्, अधोलोकः, अधोगतिः, दुर्गतिः ।

📖 patanti पतन्ति, विनश्यन्ति, लीयन्ते, अधोगच्छन्ति; प्रदुष्यन्ति 1.41↑

(§3) *sankaraḥ:* (subj∘ the admixture of classes) *narakāya* (for the downfall; for going to hell); *eva* (only); *kulaghnānām* (of the destroyers of the family or families); *kulasya* (of the family); *ća* (and); *patanti* (they fall, they get defiled); *pitaraḥ:* (subj∘ the forefathers); *hi* (because); *eṣām* (of these people); *luptapiṇḍodakakriyāḥ:* (adj∘-subj∘ those who are deprived of the rites of the deceased) (1.42)

(§4) sankaraḥ: narakāya eva kulaghnānām ća kulasya; hi pitaraḥ: eṣām luptapiṇḍodakakriyāḥ: patanti

(§5) The admixture of the classes[82] (is) certainly (the reason) for the downfall of the destroyers of the family and of the family[83] (also); because the forefathers of these people, who are deprived of the rites of the deceased,[84] get defiled. (1.42)

---

[82] Elsewhere∘ *sankaraḥ:* → unwanted population, admixture of castes, intermingling of castes, caste admixture, confusion ...etc.

📖 सङ्करः ←सम्√कृ mixing together, intermixing, doing one. The word is not caste-*saṁkaraḥ*, जातिसङ्करः, the word is वर्णसङ्करः । For clear distinction between वर्णः and जातिः (class and caste), please see the footnote in verse 1.41 above.

[83] Elsewhere∘ *luptapiṇḍodakakriyāḥ:* → the performances for... are stopped, because the last rites of... are lost ...etc., treating this word as a f∘ *karmadhāraya tatpu∘ samāsa* with f∘ क्रिया as the control word and लुप्त as its adj∘

📖 लुप्तपिण्डोदकक्रिया is the m∘ plu∘ *bahuvrīhi* adj∘ of the m∘ plu∘ noun पितरः → They (the *pitaraḥ*), who are deprived of the last rites (क्रियाः) of *udaka* and *piṇḍa*...

[84] Elsewhere∘ कुलघ्नानां कुलस्य च → the family of these destroyers of families also ...etc.

अनुष्टुप्-छन्दसि गीतोपनिषद् । 1.42 | "नरके सङ्करादस्मात्कुलघाती कुलं तथा ।
स्खलन्ति पितरस्तेषां लुम्पन्ति श्राद्धभावना: ।। 591/1110

1.43 दोषैरेतै: कुलघ्नानां वर्णसङ्करकारकै: ।
उत्साद्यन्ते जातिधर्मा: कुलधर्माश्च शाश्वता: ।।

doṣairetaiḥ: kulaghnānāṁ varṇasaṅkarakārakaiḥ:,
utsādyante jātidharmāḥ: kuladharmāśća śāśvatāḥ:. (1.43)

(§1) दोषै: एतै: कुलघ्नानाम् वर्णसङ्करकारकै: । उत्साद्यन्ते जातिधर्मा: कुलधर्मा: च शाश्वता: । *doṣaiḥ:* (r◦ 16/4) *etaiḥ:* (r◦ 22/1) *kulaghnānāṃ* (r◦ 14/1) *varṇasaṅkarakārakaiḥ:* (r◦ 22/8) *utsādyante jātidharmāḥ:* (r◦ 22/1) *kuladharmāḥ:* (r◦ 17/1) *ća śāśvatāḥ:* (r◦ 22/8)

(§2) *doṣaiḥ:* (3inst◦ plu◦ ←m◦ *doṣa* (sin) 1.38); *etaiḥ:* (m◦ 3inst◦ plu◦ ←pron◦ *etaḍ* 1.3); *kulaghnānāṃ* (1.42); *varṇasaṅkarakārakaiḥ:* (m◦ 3inst◦ plu◦ ←bahuvrī◦ *varṇa-saṅkara-kāraka,* वर्णस्य सङ्करस्य कारक: य: ←m◦ *varṇasaṅkara* (admixture of the classes) 1.41 + adj◦ *kāraka* (doer) ←8◦√कृ (to do); 📖*utsādyante* (3rd-per◦ plu◦ pres◦ वर्तमान्-लट् ātmane◦ caus◦ ←6◦उद्√सद् (to sit); *jātidharmāḥ:* (m◦ 1nom◦ plu◦ ←tatpu◦ *jāti-dharma,* जात्या: धर्म: । जातीनां धर्म: ←f◦ *jāti* (custom of castes) ←4◦√जन् (to be born, give birth) + m◦ *dharma* (righteous duty) 1.1); *kuladharmāḥ:* (1.40); *ća* (and); 📖*śāśvatāḥ:* (m◦ 1nom◦ plu◦ ←adj◦ ***śāśvata*** (eternal) ←1◦√शश् (to leap) (1.43)

📖 utsādyante उत्साद्यन्ते, उन्मूलयन्ति, विनङ्क्षन्ति, उत्पटयन्ते ।

📖 śāśvatāḥ: सनातना:, सनादना:, सर्वकालिन:, नित्या:, नैत्यिका:, अनादय:, अनाद्या:, सन्तता:, ध्रुवा:, सतता:, अभीक्ष्णा:, अविसर्गिन:, अमरा:, अविरता: ।

(§3) ***doṣaiḥ:*** **(subj◦ by the sins);** ***etaiḥ:*** **(adj1◦-subj◦ by these);** ***kulaghnānāṃ*** **(of the destroyers of family or families);** ***varṇasaṅkarakārakaiḥ:*** **(adj2◦-subj◦ by the doers of the admixture of the classes);**[85]

---

[85] Elsewhere◦ *varṇasaṅkarakārakaiḥ:* → from these...that leads to a mixture of castes, together with the emergrgence of mixed castes, by creating intermixture of caste, by casste-confusing misdeeds, which cause intermingling of castes, by...bringing about caste pollution, by...and thus give rise to unwanted children, because of the caste-confusion created by the bad deeds, from these sins...that lead to a mixture of castes, through thase evils bringing about an intermixture of castes...etc.

utsādyante **(they are caused to be obliterated, uprooted);** ***jātidharmāḥ:*** (obj1◦ **the customs of the castes);** ***kuladharmāḥ:*** (obj2◦ **the righteous duties of the families);** ***ća*** **(and);** ***śāśvatāḥ:*** **(adj◦-**obj1-2◦ **the eternal);** (1.43)

(§4) doṣaiḥ: etaiḥ: kulaghnānām, śāśvatāḥ: jātidharmāḥ: ća kuladharmāḥ: utsādyante, varṇasaṅkarakārakaiḥ:

(§5) By these sins of the destroyers of families, the eternal[86] customs of the castes and the righteous duties of the families are caused to be uprooted,[87] through[88] the admixture of classes. (1.43)

अनुष्टुप्-छन्दसि गीतोपनिषद् । 1.43	
"कुले च सङ्करो भूत्वा लाञ्छनैः कुलघातिनः । पतन्ति कुलधर्माश्च जातिधर्माः पुरातनाः ।। 592/1110	(अर्थात्) "दोषेण सङ्करस्यास्य कुलस्य कुलघातिनः । नश्यन्ति जातिधर्माश्च तथा धर्माः सनातनाः ।। 593/1110

1.44 उत्सन्नकुलधर्माणां मनुष्याणां जनार्दन ।
नरकेऽनियतं वासो भवतीत्यनुशुश्रुम ।।

utsannakuladharmāṇāṁ manuṣyāṇaṁ janārdana,
narake'niyataṁ vaso bhavatityunuśuśruma. (1.44)

See footnote in 1.41 on *varṇasaṅkaraḥ:*

[86] Arjuna confirms his baffled state of mind (भ्रमतीव च मे मनः 1.30) by saying that (*śāśvata*) eternal customs are destroyed (*utsādyante*). He is so confused (भ्रमितः, भ्रष्टः) that he even forgot that if the जातिधर्माः can be destroyed, how can he call them शाश्वताः । A *śāśvata* can not be destroyed. And, therefore, the जातिधर्माः is not शाश्वतः, it is a नश्वरः (impermanent) thing. His so called 'words of wisdom' had no meaning, which Śrī Kṛṣṇa has pointed out in the next chapter (प्रज्ञावादांश्च भाषसे 2.11).

[87] Elsewhere◦ *utsādyante* → would inevitably lead to the destruction.

[88] *utsādyante* (they cause to obliterate) is a causative verb, therefore, to impart a causative meaning in the translation of this verb, *utsādyante* उत्साद्यन्ते is translated as 'through' rather than 'by' because even if both words are appropriate for an Instrumental case, the word 'by' imparts a double meaning. Thus, by sins दोषैः through admixture of classes ...

(§1) उत्सन्नकुलधर्माणाम् मनुष्याणाम् जनार्दन । नरके अनियतम् वासः भवति इति अनुशुश्रुम । *utsannakuladharmāṇām* (r◦ 24/6, 14/1) *manuṣyāṇām* (r◦ 24/6, 14/1) *janārdana narake* (r◦ 6/1) *aniyatam* (r◦ 14/1) *vāsaḥ:* (r◦ 15/8) *bhavati* (r◦ 1/5) *iti* (r◦ 4/1) *anuśuśruma*

(§2) *utsannakuladharmāṇām* (m◦ 6pos◦ plu◦ ←bahuvrī◦ *utsanna-kula-dharma*, उत्सन्नः कुलस्य धर्मः यस्य । उत्सन्नाः कुलस्य धर्माः यस्य ←ppp◦ adj◦ *utsanna* (uprooted) ←6◦उद्√सद् (to sit) + n◦ *kula* (family) 1.38 + m◦ *dharma* (righteous tradition) 1.1); ***manuṣyāṇām*** (m◦ 6pos◦ plu◦ ←taddhita◦ ***manuṣya***, मनोः अपत्यम् ←m◦ prop◦ ***manu*** ←4◦√मन् (to think); *janārdana* (1.36); ***narake*** (7loc◦ sing◦ ←m◦ *naraka* (hell) 1.42); *aniyatam* (adv◦ ←n.tatpu◦ *a-niyata* ←adj◦ ***niyata*** (perpetual) ←1◦नि√यम् (to restrain); *vāsaḥ:* (1nom◦ sing◦ ←m◦ *vāsa* (stay) ←1◦**√वस्** (to stay); ***bhavati*** (3rd-per◦ sing◦ pres◦ वर्तमान्-लट् parasmai◦ ←1◦√भू (to be, become); *iti* (1.25); *anuśuśruma* (1st-per◦ plu◦ past-perf◦ लिट् भूत◦ parasmai◦ ←1◦अनु√श्रु (to hear) (1.44)

utsanna उत्सन्न, विनिष्ट, उन्मूलित, विलुप्त, उच्छिन्न, उध्वस्त, भ्रष्ट ।

aniyatam अनियतम्, अनिश्चितम्, अनियमितम्, अलक्षितम्, अनिर्द्दिष्टम् ।

(§3) ***utsannakuladharmāṇām*** (of those whose righteous traditions of the family are uprooted or obliterated); ***manuṣyāṇām*** (of the people); ***janārdana*** (O Janārdana!, O Kṛṣṇa!); ***narake*** (in hell); ***aniyatam*** (adv◦indefinite);[89] ***vāsaḥ:*** (subj◦ the stay); ***bhavati*** (occurs, becomes); ***iti*** (this, so); ***anuśuśruma*** (we have heard) (1.44)

(§4) janārdana vāsaḥ: utsannakuladharmāṇām manuṣyāṇām bhavati aniyatam narake iti anuśuśruma

(§5) O Kṛṣṇa! the stay of those people, whose righteous traditions of the family are obliterated, becomes perpetual[90] in hell, so we have heard. (1.44)

अनुष्ठुप्-छन्दसि गीतोपनिषद् । 1.44	"धर्मा अधोगता येषां वर्णसङ्करकारणात् ।

[89] Elsewhere◦ *a-niyatam* → infinite period, is inevitable (adj◦)...etc.

[90] Elsewhere◦ अनियतम् वासः भवति → are doomed to live perpetually, are bound to live perpetually in hell, dwell in hell..., dwell always in hell, must live in hell, dwell indefinitely in hell, living becomes inevitable ...etc.

वासः is a noun; भवति is a verb of the Present tense; अनियतम् is an adverb. Therefore, वासः (noun) अनियतम् (adv◦) भवति (verb) = The stay becomes perpatual.

1.45 अहो वत महत्पापं कर्तुं व्यवसिता वयम् ।
यद्राज्यसुखलोभेन हन्तुं स्वजनमुद्यताः ।।
aho vata mahatpāpaṁ kartuṁ vyavasitā vayam,
yadrājyasukhalobhena hantuṁ svajanamudyatāḥ:. (1.45)

(§1) अहो वत महत्पापम् कर्तुम् व्यवसिताः वयम् । यत् राज्यसुखलोभेन हन्तुम् स्वजनम् उद्यताः । *aho bata mahatpāpam* (r◦ 14/1) *kartum* (r◦ 14/1) *vyavasitāḥ:* (r◦ 20/17) *vayam* (r◦ 14/2) *yat* (r◦ 9/10) *rājyasukhalobhena hantum* (r◦ 14/1) *svajanam* (r◦ 8/20) *udyatāḥ:* (r◦ 22/8)

(§2) *aho* (exclamatory ind◦ ←3◦√हा (to go)); *vata* (exclamatory ind◦); *mahatpāpam* (n◦ 2acc◦ *mahat* (great) + *pāpa* (sin) महत् + पापम् ←adj◦ *mahat* 1.3 + n◦ *pāpam* 1.36); ***kartum*** (inf◦ ind◦ ←8◦√कृ (to do); 🕮*vyavasitāḥ:* (m◦ 1nom◦ plu◦ ←ppp◦ adj◦ ***vyavasita*** (resolved) ←4◦वि–अव√सो (to complete); *vayam* (1.37); ***yat*** (n◦ 2acc◦ sing◦ ←pron◦ *yad* (that) 1.7); *rājyasukhalobhena* (m◦ 3inst◦ sing◦ ←tatpu◦ *rājya-sukha-lobha,* राज्यस्य सुखस्य लोभः ←n◦ *rājya* 1.32 + n◦ *sukha* (pleasure) 1.32 + m◦ *lobha* (greed) (1.38); *hantum* (1.35); *svajanam* (own people) (1.28); 🕮*udyatāḥ:* (m◦ 1nom◦ plu◦ ←ppp◦ adj◦ ***udyata*** (prepared to) ←1◦उद्√यम् (to restrain) (1.45)

🕮 vyavasitāḥ: व्यवसिताः, कृतनिश्चयाः, सङ्कल्पिताः, निर्णिताः, सङ्कल्पितबुद्धयः, निश्चिताः, निरताः, व्यापृताः, रताः, कर्मनिष्ठाः, कृतसङ्कल्पाः, प्रयतिताः, कृतबुद्धयः ।
🕮 udyatāḥ: उद्यताः, प्रवृत्ताः, प्रवर्तिताः, प्रवणाः, प्रेरिताः, आवर्जिताः

(§3) ***aho*** **(alas!);** ***vata*** **(how sad!);** ***mahatpāpam*** **(obj◦ a great sin);** ***kartum*** **(to do, for doing, to commit);** ***vyavasitāḥ:*** **(adj1◦-subj◦ the ones who are resolved);** ***vayam*** **(subj◦ we);** ***yat*** **(adj◦-obj1◦ that);** ***rājyasukhalobhena*** **(through the greed for the pleasures of the kingdom; through the greed for the pleasures and the kingdom);** ***hantum*** **(for killing, to kill);** ***svajanam*** **(obj2◦ our own people);** ***udyatāḥ:*** **(adj2◦-subj◦ those who are prepared, inclined)** (1.45)

(§4) aho! vata! vayam vyavasitāḥ: kartum mahatpāpam yat udyatāḥ: hantum svajanam rājyasukhalobhena

(§5) Alas! How sad! We, resolved[91] to commit a great sin, are prepared to kill our own people, through the greed for the pleasures of the kingdom. (1.45)

अनुष्टुप्-छन्दसि गीतोपनिषद् । 1.45	"कर्तुमिदं महत्पापं किमर्थमुद्यता वयम् । राज्यस्य सुखलोभेन कुलघाते रताः कथम् ।। 595/1110

1.46 यदि मामप्रतीकारमशस्त्रं शस्त्रपाणयः ।
धार्तराष्ट्रा रणे हन्युस्तन्मे क्षेमतरं भवेत् ।।
yadi māmapratīkāramaśastraṁ śastrapāṇayaḥ:,
dhārtarāṣṭrā raṇe hanyustanme kṣemataraṁ bhavet. (1.46)

(§1) यदि माम् अप्रतीकारम् अशस्त्रम् शस्त्रपाणयः । धार्तराष्ट्राः रणे हन्युः तत् मे क्षेमतरम् भवेत् । *yadi mām* (r◦ 8/16) *apratīkāram* (r◦ 8/16) *aśastram* (r◦ 14/1) *śastrapāṇayaḥ:* (r◦ 22/8) *dhārtarāṣṭrāḥ:* (r◦ 20/15) *raṇe* (r◦ 24/9) *hanyuḥ:* (r◦ 18/1) *tat* (r◦ 12/2) *me kṣemataram* (r◦ 14/1) *bhavet*

(§2) *yadi* (even if) (1.38); ***mām*** (2acc◦ sing◦ ←pron◦ *asmad* 1.7); 📖*apratīkāram* (2acc◦ sing◦ n.bahuvrī◦ ←m◦ *pratīkāra* (unresisting) ←8◦प्रति√कृ (to do); 📖*aśastram* (2acc◦ sing◦ ←adj◦ n.tatpu◦ *a-śastra* (unarmed) ←1◦अ√शस् (to leap); 📖*śastrapāṇayaḥ:* (m◦ 1nom◦ plu◦ ←bahuvrī◦ adj◦ *śastra-pāṇi,* शस्त्राणि पाण्योः यस्य ←n◦ *śastra* (arm) 1.9 + m◦ ***pāṇi*** (hand) ←1◦√पण् (to deal); ***dhārtarāṣṭrāḥ:*** (1nom◦ plu◦ ←m◦ *dhārtarāṣṭra* (Kaurav) 1.19); ***raṇe*** (7loc◦ sing◦ ←n◦ *raṇa* (battlefield) 1.22); *hanyuḥ:* (3rd-per◦ plu◦ potential◦ विधि◦ parasmai◦ ←2◦√हन् (to hurt); *tat* (pron◦ *tad* 1nom◦ 1.2); *me* (1.21); *kṣemataram* (n◦ 1nom◦ sing◦ ←comparative adj◦ *kṣema-tara* ←adj◦ ***kṣema*** (benefit) ←6◦√क्षि (to stay) + taddhitaa affix ***tara*** (more) (तर); indicating a comparison between two things ←1◦√तॄ (to swim across); ***bhavet*** (3rd-per◦ sing◦ potential◦ विधि◦ parasmai◦ ←1◦√भू (to be, become) (1.46)

---

[91] Elsewhere◦ *vyavasitāḥ:* → we have resolved (perfect), we are preparing, are perpetrating, are making ...etc. (present tense)

📖 व्यवसित is not Present tense or any other tense or a gerund. It is a ppp◦ adjective of the subject वयम् (we). The same is true for adjective उद्यताः in this śloka.

apratīkāram̦ अप्रतिकारम्, अप्रतिविरोधम्, अप्रत्याघातम्, अप्रतिरोधम् ।

aśastram̦ अशस्त्रम्, विशस्त्रम्, निरायुधम्, शस्त्रहीनम्, अनायुधम्, असन्नद्धम् ।

śastrapāṇayaḥ: शस्त्रपाणयः, सायुधाः, सन्नद्धाः, शस्त्रयुक्ताः, कृतास्त्राः, शस्त्रिणः ।

(§3) ***yadi*** **(if, even if);** ***mām̦*** **(adj1∘-obj∘ me, to me; Obj∘ Arjuna);** ***apratīkāram̦*** **(*bahuvrī∘* adj2∘-obj∘ to one who is not resisting, unresisting);** ***aśastram̦*** **(*bahuvrī∘* adj3∘-obj∘ the unarmed);** ***śastrapāṇayaḥ:*** **(adj∘-subj∘ those who are holding weapons in their hands; the armed);** ***dhārtarāṣṭrāḥ:*** **(subj∘ the sons of Dhṛtarāṣṭra; the Kauravas);** ***raṇe*** **(on the battlefield);** ***hanyuḥ:*** **(should they kill; they may kill);** ***taț*** **(subj∘2 that, that thing);** ***me*** **(for me);** ***kṣemataram̦*** **(adj∘-subj2∘ more beneficial, better);** ***bhaveț*** **(would become, would be)** (1.46)

(§4) yadi śastrapāṇayaḥ: dhārtarāṣṭrāḥ: hanyuḥ: mām̦ raṇe apratīkāram̦ aśastram̦ taț bhaveț kṣemataram̦ me

(§5) Even if the armed Kauravas should kill, the unarmed (and) unresisting me on the battlefield , that would be better for me. (1.46)

अनुष्टुप्-छन्दसि गीतोपनिषद् । 1.46	"रणे माम्यदि हन्येयुः कौरवाः शस्त्रधारिणः । क्षेमतरमहं मन्ये शस्त्रहीनं कृताञ्जलिम्" ।। 596/1110

Sanjaya said (sañjaya uvāća सञ्जय उवाच ।)

1.47 एवमुक्त्वार्जुनः सङ्ख्ये रथोपस्थ उपाविशत् ।
विसृज्य सशरं चापं शोकसंविग्नमानसः ।।
evamuktvārjunaḥ: saṅkhye rathopastha upāviśaț,
visṛjya saśaraṁ ćāpaṁ śokasaṁvignamānasaḥ:. (1.47)

(§1) एवम् उक्त्वा अर्जुनः सङ्ख्ये रथोपस्थे उपाविशत् । विसृज्य सशरम् चापम् शोकसंविग्नमानसः । *sañjayaḥ:* (r∘ 19/4) *uvāća. evam̦* (r∘ 8/20) *uktvā* (r∘ 1/3) *arjunaḥ:* (r∘ 22/7) *saṅkhye rathopasthe* (r∘ 5/3) *upāviśaț* (r∘ 23/1) *visṛjya saśaram̦* (r∘ 14/1) *ćāpam̦* (r∘ 14/1) *śokasaṁvignamānasaḥ:* (r∘ 22/8)

(§2) *sañjayaḥ:* (1.2); *uvāća* (1.25). *evaṃ* (1.24); 📖*uktvā* (ipp◦ ind◦ ←2◦√वच् (to speek); *arjunaḥ:* (1.28); 📖***saṅkhye*** (7loc◦ sing◦ ←n◦ *saṅkhya* (battlefield) ←2◦सम्√ख्या (to declare); 📖*rathopasthe* (m◦ 7loc◦ sing◦ ←tatpu◦ *rathopastha,* रथस्य उपस्थः ←m◦ *ratha* (chariot) 1.4 + m◦ *upastha* (middle part) ←1◦उप√स्था (to stay); *upāviśaṭ* (3rd-per◦ sing◦ -past-imper◦ लङ् भूत◦ parasmai◦ ←6◦उप–आ**√विश्** (to enter); 📖*visṛjya* (adv◦ -past-participle lyp◦ ind◦ ←6◦वि√सृज् (to produce); *saśaraṃ* (n◦ 2acc◦ sing◦ ←bahuvrī◦ *sa-śara* (with arrows) शरैः सह ←m◦ 📖*śara* (arrow) ←9◦**√श्री** (to prepare) + adj◦ *saha* (with) 1.22); *ćāpaṃ* (2acc◦ sing◦ ←m◦ 📖*ćāpa* (bow) ←1◦**√चप्** (to encourage); *śokasaṁvignamānasaḥ:* (m◦ 1nom◦ sing◦ ←bahuvrī◦ *śoka-saṁvigna-mānasa,* शोकेन संविग्नं मानसं यस्य सः ←m◦ 📖***śoka*** (grief) ←1◦√शुच् (to lament) + ppp◦ adj◦ 📖*saṁvigna* (overcome) ←6◦सम्**√विज्** (to tremble) + n◦ 📖*mānasa* (mind) ←1◦√मन् (to think) (1.47)

📖 uktvā उक्त्वा, उदित्वा, अनूद्य, भाषित्वा, भणित्वा, कथयित्वा, सङ्कथ्य ।

📖 saṅkhye सङ्ख्ये, रणसमुद्यमे see 1.22;

📖 rathopasthe रथोपस्थे, रथमध्यान्तरे, रथाभ्यन्तरे, रथगर्भे, रथमध्ये ।

📖 visṛjya विसृज्य, त्यक्त्वा see 1.33;

📖 śaraḥ: शरः, इषुः see 1.4;

📖 ćāpaḥ: चापः, आसः see 1.4;

📖 saṁvigna संविग्न, शोकार्त, शोकाकुल, शोकान्वित, शेकोपहत, शोकाविष्ट, शोकोद्विग्न, शोकग्रस्त, शोकावृत, शोकविषण्ण, शोकावसन्न, शोकातिक्रान्त, शोकव्यापृत

📖 śoka शोकः, खेदः, क्लेशः 12.5, सन्तापः, व्यथा 11.49, दुःखम् 5.6

📖 mānasa मानस, मनस्, चित्त 6.18, चेतस् 1.38, हृदय 11.19, हृद् 4.42, अन्तरात्मन् ।

(§3) ***evaṃ*** **(in this manner; like this);** ***uktvā*** **(having spoken);** ***arjunaḥ:*** **(subj◦ Arjuna);** ***saṅkhye*** **(on the battlefield);** ***rathopasthe*** **(in the middle part of the chariot)**[92] ***upāviśaṭ*** **(he sat);** ***visṛjya*** **(having kept**

---

[92] Elsewhere◦ *rathopasthe* → on the seat, on the chariot, on the back seat, on the front seat ...etc.

📖 1. Upa-stha = middle or inner part of anything (**Sir Monier Monier-William,** *A Sanskrrit English Dictionary*)

2. उपस्थः = the middle part in general (V. S. Apte, *The Student's Sanskrit English Dictionary*)

3. उपस्थः = (उप+स्था+क) मध्य भाग (**वा. शि. आप्टे,** 'संस्कृत–हिन्दी कोश')

4. उपस्थ (पुं◦) (उप√स्था+क) = मध्यभाग (**व्याकरणवेदान्ताचार्य पण्डित तारिणीश झा,** 'संस्कृत–शब्दार्थ–कौस्तुभ')

NOTE : The word रथोपस्थे has also been used in the Mahābhārata, Karṇa Parva, Verse 51.1, with the above meaning. Therefore, रथोपस्थे → middle part of the chariot. It also indicates that, the great chariot (महास्यन्दनः 1.14) of Pārtha had three compartments, sections, parts.

aside, casting aside); *saśaram̦* (with arrows); *ćāpam̦* (the bow); *śokasam̐vignamānasaḥ:* (bahuvri∘ adj∘-subj∘ he whose mind was overcome with grief, Arjuna); (1.47)

(§4) arjunaḥ: śokasam̐vignamānasaḥ: uktvā evam̦ saṅkhye upāviśaț rathopasthe visṛjya ćāpam̦ saśaram̦

(§5) Arjuna, whose mind was overcome with grief,[93] having spoken in this manner on the battlefield,[94] sat in the middle part of the chariot,[95] having kept aside the bow with arrows. (1.47)

अनुष्टुप्-छन्दसि गीतोपनिषद् । 1.47	रणमध्यान्तरे पार्थ एवमुक्त्वा स केशवम् ।
(सञ्जय उवाच)	विमूढोमानसः खिन्नछ क्रन्दनुपाविशद्रथे" ।। 597/1110

इति श्रीमद्भगवद्गीतासूपनिषत्सु ब्रह्मविद्यायां योगशास्त्रे श्रीकृष्णार्जुनसंवादेऽर्जुनविषादयोगो नाम प्रथमोऽध्याय: ।

iti śrīmadbhagavadgītāsūpaniṣatsu brahmavidyāyām̐ yogaśāstre,

śrīkṛṣṇārjunasam̐vāde'rjunaviṣādayogo nāma prathamo'dhyāyaḥ:..

(§1) *iti śrīmadbhagavadgītāsu* (r∘ 1/8) *upaniṣatsu brahmavidyāyām̦* (r∘ 14/1) *yogaśāstre śrīkṛṣṇārjuna-sam̐vāde* (r∘ 6/1) *arjunaviṣādayogaḥ:* (r∘ 15/6) *nāma prathamaḥ:* (r∘ 15/1) *adhyāyaḥ:* (r∘ 22/8)

(§2) *iti* (1.25); *śrīmadbhagavadgītāsu* (f∘ 7loc∘ plu∘ tatpu∘ *śrīmad-bhagavad-gītā* ←adj∘ *śrīmaț* (lofty)

---

[93] Please note that : शोकसंविग्नमानस: = Not his mind overwhelmed with grief, but he whose mind overwhelmed with grief = Arjuna, *bahuvrīhi samasa.*

[94] Elsewhere∘ एवम् उक्त्वा अर्जुन: सङ्ख्ये विसृज्य सशरम् चापम् → casting away, throwing down - his bow and arrows on the battlefield, cast aside his bow and arrows in the midst of the battle ...etc.

📖 Note that at this point the battle has not yet started. No weapon clashed. Everbody is quiet and dismayed. They are woundring why Arjuna asked Krishna to place their chariot in the middle of the two opposing armies, why he is giving 'advice' to Krishna and then why he removed and kept his bow and arrow down and moved to the inner part of the chariot. This Arjuna's dialogue with Krishna on the battlrground refers to the words, "एवम् उक्त्वा अर्जुन: सङ्ख्ये" (Arjuna, having thus spoken on the battlefield). Here, सङ्ख्ये is battlefield, not the battle which Arjuna has so far refused to start.

[95] Elsewhere∘ (उक्त्वा अर्जुन: सङ्ख्ये) रथोपस्थे उपाविशत् → sat down on the chariot in that battle, sat down on the chariot in the midst of the battle, sat down on the seat of the chariot, ...etc.

📖 रथोपस्थे see previous footnote. The phrase should be एवम् उक्त्वा अर्जुन: सङ्ख्ये or अर्जुन: सङ्ख्ये उक्त्वा (having spoken on the battlefield), not सङ्ख्ये रथोपस्थे उपाविशत् (sat on chariot in that battle, in the midst of the battle), because untill now and at this point in time there was no battle no rattle.

6.41↓ + adj∘ *bhagavaṭ* (divine) 10.14↓ + f∘ *gītā* ←5∘√गै (to sing); *upaniṣatsu* (7loc∘ plu∘ ←f∘ *upaniṣaḍ* ←6∘उप-नि√सद् (to sit); *brahmavidyāyāṃ* (f∘ 7loc∘ sing∘ ←tatpu∘ *brahma-vidyā*, ब्रह्मण: विद्या ←n∘ *brahmaṇ* 2.72↓ + *vidyā* (knowledge) 5.18↓); *yogaśāstre* (n∘ 7loc∘ sing∘ ←tatpu∘ *yoga-śāstra*, योगानाम् शास्त्रम् । योगस्य शास्त्रम् । ←m∘ *yoga* 2.39↓ + n∘ *śāstra* (science) 15.20↓); *śrīkṛṣṇārjunasaṁvāde* (m∘ 7loc∘ sing∘ ←tatpu∘ *śrī-kṛṣṇārjuna-saṁvāda*, श्रीकृष्णस्य च अर्जुनस्य च संवाद: ←adj∘ *śrī* 10.34↓ + m∘ prop∘ *kṛṣṇa* 1.28 + m∘ prop∘ *arjuna* 1.4 + m∘ *saṁvāda* (dialogue) 18.70↓); *arjunaviṣādayogaḥ:* (m∘ 1nom∘ sing∘ ←tatpu∘ *arjuna-viṣāda-yoga*, अर्जुनस्य विषादस्य योग: ←prop∘ *arjuna* 1.4 + m∘ 🕮*viṣāda* (melancholy) 1.27 + m∘ *yoga* (discipline) 2.39↓); *nāma* (1nom∘ sing∘ ←n∘ *nāmaṇ* (name) ←1∘√म्ना (to remember); *prathamaḥ:* (m∘ 1nom∘ sing∘ ←num∘ adj∘ *prathama* (first) ←1∘√प्रथ् (to grow) ; *adhyāyaḥ:* (1nom∘ sing∘ ←m∘ *adhyāya* (chapter) ←1∘अधि√इ (to enter, come, go)

🕮 viṣādaḥ: विषाद:, विषण्णता, निर्विण्णता 6.23, निर्वेद:, नैराश्यम्, निराशा 3.30, आशाहीनता, अवसन्नता, अवसाद: 6.5, उद्वेग: 12.15, दौर्मनस्यम् ।

(§3) ***iti*** **(thus);** ***śrīmadbhagavadgītāsu upaniṣatsu*** **(among the upaniṣads of Śrīmad-Bhagavadgītā);** ***brahmavidyāyāṃ*** **(of the eternal wisdoms);** ***yogaśāstre*** **(in the science of Yoga);** ***śrīkṛṣṇārjunasaṁvāde*** **(in the dialogue between Śrī Kṛṣṇa and Arjuna);** ***arjunaviṣādayogaḥ:*** **(adj1∘-**subj∘ **Arjuna-viṣāda-yoga);** ***nāma*** **(called)** ***prathamaḥ:*** **(adj2∘-**subj∘ **first);** ***adhyāyaḥ:*** (subj∘ **discourse)**

(§4) śrīmadbhagavadgītāsu upaniṣatsu yogaśāstre brahmavidyāyāṃ iti prathamaḥ: adhyāyaḥ: nāma arjunaviṣādayogaḥ: śrīkṛṣṇārjunasaṁvāde

(§5) Among the upaniṣads of the Śrīmad-Bhagavadgītā, in the science of Yoga of self realization, thus (is) the first discourse called *Arjuna-viṣāda-yoga*, in the dialogue between Śrī Kṛṣṇa and Arjuna.

शोक संविग्नमानसः।

GITA CHAPTER TWO

THE CRUX OF THE KARMAYOGA

श्रीमद्भगवद्गीताया द्वितीयोऽध्याय: कर्मयोगस्य मूलम्।

यं संन्यासमिति प्राहुर्योगं तं विद्धि पाण्डव। (Gītā 6.2)

3D Design by : Sunil Narale

ओमित्येकाक्षरं ब्रह्म Gita 8.13

AN INTRODUCTORY ESSAY

1. USE OF SANSKRIT WORDS IN A SENTENCE

The *saṁskṛt* words, when used in a sentence, must be written with their proper Case Inflection, including their Gender and Number suffixes attached to them. **The original Stem forms of the words are not to be used in a sentence. The proper forms of the words can be seen in the words used in the Sanskrit Shlokas of the Gita**, just use those forms, without deforming or altering them (e.g. use *brahma, karma* not *brahman, karman* etc.).

For example, the basic original dictionary words *brahman, karman, ātman, dharma, ćandramas, puruṣa, prakṛti* ... must be in the following forms, to be grammatically correct in a sentence. **The original dictionary words must not be used without inflections.**

Original Word Stem	Root Verb √	Gender m∘f∘n∘	Nominative (1st) case (subject)	Accusative (2nd) case (object)
brahman ब्रह्मन्	√*bṛm̃h* √बृंह्	*n∘* न∘	*brahma* ब्रह्म	*brahma* ब्रह्म
brahman ब्रह्मन्	√*bṛm̃h* √बृंह्	*m∘* पु∘	*brahmā* ब्रह्मा	*brahmāṇam* ब्रह्माणम्
brahman ब्रह्मन्	√*bṛm̃h* √बृंह्	*f∘* स्त्री∘	*brahmī* ब्रह्मी	*brahmīm* ब्रह्मीम्
karman कर्मन्	√*kṛ* √कृ	*n∘* न∘	*karma* कर्म	*karma* कर्म
ātman	√*at*	*m∘*	*ātmā*	*ātmānam*

आत्मन्	√अत्	पु०	आत्मा	आत्मानम्
dharma	***√dhṛ***	***m∘***	***dharmaḥ***	***dharmam***
धर्म	√धृ	पु०	धर्मः	धर्मम्
ćandramas	***√ćand***	***m∘***	***ćandramā***	***ćandramasam***
चन्द्रमस्	√चन्द्	पु०	चन्द्रमा	चन्द्रमसम्
puruṣa	***√pur***	***m∘***	***puruṣaḥ***	***puruṣam***
पुरुष	√पुर्	पु०	पुरुषः	पुरुषम्
prakṛti	***pra√kṛ***	***f∘***	***prakṛtiḥ***	***prakṛtim***
प्रकृति	प्र√कृ	स्त्री०	प्रकृतिः	प्रकृतिम्

2. BRAHMA

Gita is an *upaniśad.* The upaniśads are *vedānta*. Vedānta is the truth-seeking rational and philosophical explanation of the tenets of the *veda*s. According to Vedānta, *brahma* (ब्रह्म) is the Only Absolute Reality and '*brahma'* is God (ब्रह्मैव ब्रह्म-खात्मकम्। *brahmaiva brahma-khātmakam*); other notions are just the words of imagination (एकं सद्विप्रा बहुधा वदन्ति। *ekam sat-viprāḥ bahudhā vadanti*). Brahma is God. *brahma* is the Saṁskrit word and God is the English word.

Brahma is beginning-less (अनादिम् *anādim* Gītā 10.3), endless (अनन्तम् *anantam* Gītā 11.11) and eternal (अक्षरम् *akṣaram* Gītā 8.3), immutable (अक्षयम् *akṣayam* Gītā 5.21), continuous homogeneous (अखण्डम् *akhaṇḍam* Gurugītā 7);

शून्ये शून्यं समुच्छूनं ब्रह्म ब्रह्मणि बृंहितम् ।
सत्यं विजृम्भते सत्ये पूर्णे पूर्णमिव स्थितम् ।।

All spaces are contained in the endless vacuity in the immensity of the absolute brahma.

(*yogavāsiṣṭha* 3.6.3.11)

Only *brahma* is without-attributes (निर्गुणम् *nirguṇam* Gītā 13.14), everything else is attributed (सगुणम्

saguṇam). Thus, brahma is not definable (अनिर्वाच्यं खलु ब्रह्म यतो निर्वचनं विदुः। mokṣagītā 6).

The *vedānta* system is not only Monotheism, but it is Monism, or to be exact, it is non-dualism. For, *brahma* is the only Absolute reality, everything else is merely an alternate terminology or conviction that ultimately refers to the same Absolute, i.e. *brahma*.

One may imagine God to be a masculine king dwelling in a hypothetical heaven somewhere up above, but according to Vedānta, the Supreme Reality is not a man, woman or eunuch personality, it is neither knowledge nor an imagination; but rather it is impersonal.

न षण्ढो न पुमान्न स्त्री न बोधो नैव कल्पना ।

अखण्डं निर्गुणं ब्रह्म तत्पदेन तु लक्ष्यते ।।

(*avadhūtagītā* 1.42)

Everything that we call universe is **THAT, and is by THAT** (येन सर्वम् इदम् ततम् । *yena sarvam idam tatam* Gītā 2.17). THAT does 'not belong' to any imaginary heaven, but **the whole of the so called three worlds, including the heaven, is *brahma*** ITSELF (ब्रह्मैव जगत्त्रयम्। *brahmaiva jagat-trayam*).

One may think God to be separate from the Universe which 'He' has 'created,' but in *vedānta* THAT and the Universe are NOT two separate things, but One Uniform Infinite Consciousness, the Ultimate Truth (सत् *sat*).

विश्वविश्वेश्वरद्वित्वं तथैवासन्मयात्मकम् ।

सदेवासंभवद्वित्वं महाचिन्मात्रकं च तत् ।।

(vasiṣṭhagītā 4.16)

THAT is not a personality and does not need life to be alive; but **THAT is life, by which the living is alive. The life is *brahma*.**

यत् प्राणेन न प्राणिति येन प्राणः प्रणीयते तदेव ब्रह्म ।

THAT is merely a cosmic energy, **which transforms from its one form to another,** on its own accord (आत्ममायया). In 'sound' form, it is a *śabda-brahma* (शब्दब्रह्म), the monosyllable of *Om* (ॐ एकाक्षरं ब्रह्म।

Manu 2.83; ओमित्येकाक्षरं ब्रह्म। Gītā 8.13)

THAT is the cause of the attributed beings (भूतानि *bhūtāni*). THAT is the living principle of the living beings (जीवाः *jīvāḥ*). **THAT, when associated with a body, is called *ātmā* and without a body THAT is *brahma*. Therefore, *ātmā* is *brahma*** *(*māṇḍukyaopaniṣad 2*)*. Thus, you are THAT *brahma* (तत् त्वम् असि। *tat tvam asi* ćhāndogyopaniṣad 6.8.7). I am THAT *brahma* (अहम् ब्रह्मास्मि । *aham brahma-asmi* bṛhadāraṇyakopaniṣad 1.4.10). Everything IS *brahma* (सर्वमात्मैव केवलम् । *sarvamātmaiva kevalam;* सर्वं खल्विदं ब्रह्म। *sarvaṁ khalvidaṁ brahma;* प्रज्ञानं ब्रह्म। *prajñānaṁ brahma* airareyopaniṣad 3.3). Everything is NOT 'created' BY *brahma* (God), **but everything IS *brahma* (God)**. Neither ice is 'created' by water, nor ice is pervaded by water, but ice IS water and water. **Only the STATES are different.**

बुद्धं प्रतीदं ब्रह्मैव केवलं शान्तमव्ययम् ।
अबुद्धं प्रति बुद्ध्यधैतद्भासुरं भुवनान्वितम् ।।

(*yogavāsiṣṭha* 2.4.3.16)

The cosmos appears as immutable *brahma* only to the seers, but as the mutable tangible world to a lay person.

यथा न तोयतो भिन्नास्तरङ्गाः फेनबद्बुदाः ।
आत्मनो न तथा भिन्नं विश्वमात्मविनिर्गतम् ।।

(aṣṭavakragītā 2.4)Just as a wave or a bubble, though associated with air, is not different from the water, similarly the *ātmā,* even associated with a body, is not different from the *brahma.*

तन्तुमात्रो भवेदेव पटो यद्वद्विचारितः । आत्मतन्मात्रमेवेदं तद्वद्विश्वं विचारितम् ।

And just as, when carefully seen, the cloth is not different from its original fiber, so is the *ātmā* (weaved in the beings) not different from the ultimate *brahma* from which the universe has come out (विनिर्गत, evolved, in Hindi से निकला हुआ, से बना हुआ).

यथा द्रवत्वं सलिलं स्पन्दनं पवनो यथा ।
यथा प्रकाश आभासो ब्रह्मैव त्रिजगत्तथा ।।

(*yogavāsiṣṭha* 1.3.11.19)

As fluidity is naught but water personified, wind is motion personified and sunshine is light personified, **so are the three worlds naught but *brahma* personified.**

सर्वास्तरङ्गा ब्रह्माब्धेस्तेषु संवेदनं द्रवः ।
सर्गान्तरं सुखाद्यात्म द्वैतैक्यादीतरत्कुतः ।।

कुत आयाति कीदृग्वा वन्ध्यापुत्रः क्व गच्छति...वन्ध्यापुत्रनभोवृक्षकल्पना यावदस्ति हि ।। (brahmagītā 2.1)

How is a barren woman's child and wherefrom it comes and where does it go? A barren woman's child and or aerial castle are mere fictions, so is the 'creation' by *brahma*. (*yogavāsiṣṭha* 1.3.11.2-6)

तस्मादिमानि सकलानि विजृम्भितानि सोऽपीदमङ्गसकलासकलं महात्मा ।
रूपावलोकनमनोमननप्रकारा कारास्पदं स्वयमुदेति विलीयते च ।।

It is from THAT, that the beings evolve, while THAT is all and all is THAT, while it's forms appear and disappear to us. (*yogavāsiṣṭha* 1.3.11.33)

अहन्तोदेति तदनु सह वै कालसत्तया ।
भविष्यदभिदार्थेन बीजं मुख्यजगत्स्थितेः ।।

Next in order are the evolutes of *ahaṅkara* and *mahat* (duration). (*yogavāsiṣṭha* 1.3.12.10)

बीजे यथाऽनन्यदपि फलाद्यन्यदिवोदितम् ।
अच्छेदादेकसत्ताया न भेदः फलबीजयोः ।।

As the products of the seed, from its sprout to the fruit, are all of the same species, so are the beings evolved from *brahma*. By the law of continuity of the same essence, there is no difference in the seed and its fruit, except in external appearance. (*yogavāsiṣṭha* 1.3.84.11-12)

विद्यते वटबीजान्तर्यथा भाविमहाद्रुमः ।
परमाणौ तथा सगा ब्रह्मन्कस्मान्न विद्यते ।।

The future great banyan tree resides within the minute receptacle of its tiny seed, just as the vast universe in the atomic *brahma*. (*yogavāsiṣṭha* 5.6.54.19)

किं बीजमथ बीजस्य तस्य किं बीजमुच्यते ।
अथ तस्यापि किं बीजं तस्यापि किं भवेत् ।।

What is the seed that produces a tree, and what is the seed of that seed also, **the original seed of seeds is *brahma*, the seed of the mundane tree**. (*yogavāsiṣṭha* 2.5.91.6)

यस्माज्जायते स तत्सदृश एव भवति ।
यथा दीपाद्दीपः यद्ब्राण्डे तद्ब्रह्माण्डे ।।

It is **the law of production**, that anything that is produced from something, is invariably of the same nature as that of its producer, as the light produced from a flame and the Universe evolved from brahma. (*yogavāsiṣṭha* 2.4.39.10-11)

3. THE MYTH OF CREATION, THE COSMOGONIC MYTH

A thing has to be non-existent to be created. The thing that already exists can not be 'created,' but only transformes or evolves (विनिर्गतम् *aṣṭāvakragita* 2.10 से निकला हुआ, से बना हुआ) into another form. Thus, this everything is not created by *brahma* (God) but, rather, **everything IS *brahma***; and that, **its 'existence' never not-existed, does not not-exist and will never not-exist** (नासतो विद्यते भावः। ***nāsato vidyate bhāvaḥ*** Gītā 2.16); also, **its 'non-existence' never existed, does not exist and will never exist** (नाभावो विद्यते सतः । ***nābhāvo vidyate sataḥ*** Gītā 2.16). Just like the perpetual time (कालः), which never not-existed, never not-exists and will never not-exist, so *brahma,* and **thus the universe, is without a beginning and an end (अनाद्यन्तम् *anādyantam*), but merely changes STATES in cycles (परिवर्तति)**. Then what is creation and where is the room for a creator.

सत्त्वमसत्त्वं द्वित्वमेकत्वमनेकत्वमाद्यत्वमन्त त्वमिति। तच्च नान्यत्।। (*yogavāsiṣṭha* 2.4.39.3-4)

THAT is entity, non-entity, plurality, the beginning, end, and all. **There is none else**. In spite of this, prevalent are the notions (मिथ्याभावा: *mityhā-bhāvāḥ*) such as creation, creator; destruction, destroyer; beginning, end; existence, non-existence...etc. It is just a layman's language. In fact, **everything evolves from THAT and dissolves into THAT, only to be re-evolved from THAT**, through the 'cycle of transformations or manifestations or unfolding-and-folding.'

If something unfolds, is it creation? And, when it folds back, is it a destruction? **Nothing in this universe is 'created' (नेह प्रवर्तते किञ्चित् । *neha pravartate kiñćit*) and any thing is not 'destroyed' into a 'nothing' (नेह नाम निवर्तते । *neha nāma nivartate*), because non-existence of THAT has no existence (न जातु नास्ति । *na jātu nāsti*). The Beings are not 'created,' but they come forth 'from' THAT (तस्मात् भूतानि जातानि । *tasmāt bhūtāni jātāni*). The beings are not destroyed, but they dissolve back into THAT (यत्र च लीयन्ते । *yatra ća līyante*).** Just as the sugar crystals put in water when they disappear, they are not destroyed but are just dissolved; and when they again crystallize and reappear, they are not created, but they become manifest again.

What *brahma* created, if at all, are the divine cycle, the laws that govern nature, the properties of the evolutes and the flow of evolution. In this sense, yes, *brahma* is creator. When the universe is not a creation, then there is no 'creator' for it, as everything IS IT. The universe is IT. Everything is ever indestructible (सर्वदा सर्वमेवेदं प्रतिघमं ततम्। *sarvadā sarvamevaedam pratighaṁ tatam*).

There is, was and will be absolutely nothing destructible anywhere ever (नेह किंचित् न नामस्ति वस्तु सप्रतिघमं क्वचित् । *neha kiñćit na nāmasti vastu sa-pratigham kvaćit*). When there is no destruction, then there is no 'destroyer.' **All is *brahma*, from which everything evolves and into which everything dissolves; or rather, everything IS *brahma* and what is called evolution or dissolution is merely a change of STATE. Evolution of one state is itself the dissolution (or destruction?) of the previous state, as much as dissolution of one state means evolution of the next one (नासद्धि सत्सच्च नासत् । *na-asat hi sat sat ća na-asat*).** Creator, sustainer and destroyer are names attached to the three functions of one and the same *brahma*.

Turning one side of the coin down is same as turning the other side up, both are **one and the same action**. They are not two different actions. When ice melts, it is the beginning of liquid state as well as it is the end of frozen state. Same is the case when water freezes again. Similarly, one are *brahma* and universe, including the beings, living and non-living.

How *brahma* evolves into universe is explained by *guru* Vasiṣṭha to his pupil Rāma, through what is known as *yogavāsiṣṭha* of sage Vasiṣṭha. The great sage says, "the cause of the life in the living beings and also of the un-quintuplicated (not made up of five basic elements) beings is none other than unattributed-*brahma* (निर्गुणं ब्रह्म *nirguṇaṁ brahma* or परब्रह्म *parabrahma)*, but THAT is not the cause of material universe (जगत *jagat*)." "The cause of the universe is *īśaḥ* (ईश:), the attributed-*brahma* (सगुण ब्रह्म *saguṇa brahma* or अपरब्रह्म *aparabrahma*), for He is the cause of the quintuplicated (made up of five basic elements) beings of the universe," he says.

Thus, *brahma* is the cause (कारणम् *kāraṇam*), not the 'creator' of the world. **The word 'creation' implies producing something out of nothing, like a magic; which can not be the case, because there is not a thing that come forth from 'nothing' (नेह प्रवर्तते किञ्चित् । *neha pravartate kiñcit*). Formation of something new from something that already exists, which is always the case, should be called evolution (परिणाम: *pariṇāmaḥ*) or transformation (परिवर्तनम् *parivartanam*), rather than creation. but in loose language it is called creation.**

Plant is not 'created' by or from a seed, **but** it comes forth (evolves) from a seed, **or rather, the seed transforms or manifests into a plant.** The plant is a seed, and the seed is a plant. **Only the appearance or our perception is different in each case, so our expressions are different.**

4. THE PURUṢA AND PRAKṚTI

Only for the purpose of evolution, *brahma*, which is symbolized as indeclinable (अक्षर) monosyllable of *om* (ॐ), has two so called aspects, the positive and the negative. The positive aspect is called *puruṣaḥ* (पुरुष:), the life principle. The negative aspect is called *prakṛtiḥ* (प्रकृति:), the natural power.

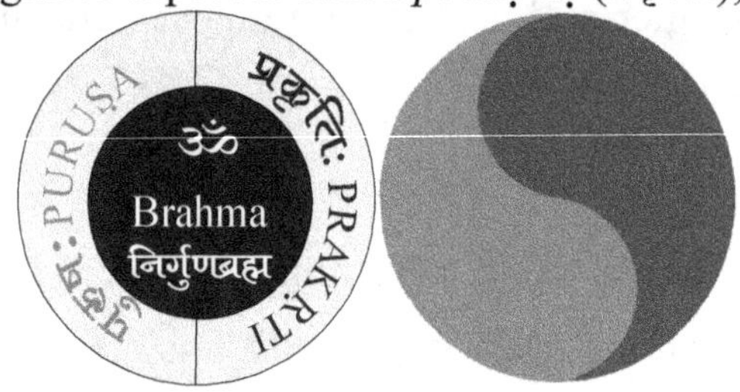

THE PURUSHA AND PRAKRITI
The figure shows *brahma* with its positive (*puruṣa*) and negative (*prakṛti*) aspects.

The *puruṣa*, also called *īśaḥ* (ईश:), is the attributed *brahma* (सगुण-ब्रह्म *saguṇa-brahma*) that, **when dwelling in a body (देह: *dehaḥ*), is called *ātmā* (आत्मा).** On leaving the body it is again *brahma* and when it re-enters a new body it is again *ātmā*. Therefore, ***ātmā* is *brahma*.**

Prakṛti is the Dynamic Equilibrium State of the three attributes (गुणाः *guṇāḥ*) **of *sattvam, rajaḥ* and *tamaḥ* (सत्त्वं, रजः, तमः), which oppose each other but always stay together in equal proportion in every finest particle of the universe,** and thus, *prakṛti* can not be split into its three constituent factors. The *prakṛti*, not the three *guṇa*s, is the ultimate cause of the physical existence of the universe. Each minute degree of preponderance (not the percentage) of each of the three *guṇa*s, in their ratio, is the cause of evolution (सर्गः *sargaḥ*) of each object of the material universe, accordingly.

THE THREE ATTRIBUTES
The figure shows balanced state of the three *guṇa*s of the *prakṛti.*

5. THE TWENTY - FOUR EVOLUTES

According to *vedānta,* the objects that form the Universe are not created out of nothing, but they cyclically evolve from and dissolve into *brahma.* Thus, each basic unit of the evolution is called an evolute. From *prakṛti* the the **first evolute** is *mahat* (महत्), the set of natural laws that govern the three basic attributes of *sat* (सत्) *rajaḥ* (रजः) and *tamaḥ* (तमः). **The perfect balance of *sat, rahaḥ* and *tamaḥ* is *prakṛtiḥ.*** The **second evolute** is *ahaṁkāraḥ* (अहंकारः), the germ of 'individuality.' The attribute of *sattvam* gives rise to next **eleven 'essential' evolutes**, namely : (1) the essence of thinking, *manaḥ* (मनः mind); (2) the **five essences of sensory perceptions**, viz◦ *sparśaḥ* (स्पर्शः tangibility), *rasanam* (रसनम् taste), *ghrāṇam* (घ्राणम् smell), and *śrotram* (श्रोत्रम् hearing), *dṛṣṭiḥ* (दृष्टिः vision); and (3) the **five essences of motor functions**, viz◦ *vāćā* (वाचा speech), *bodhaḥ* (बोधः prehension), *gatiḥ* (गतिः movement), *purīṣam* (पुरीषम् excretion) and *jananam* (जननम् reproduction). The attribute of *rajah* (रजः) gives rise to next **five generic evolutes** or the **five essences of generic senses,** namely, :- *jihvā* (जिह्वा taste), *nāsikā* (नासिका odor), *karṇaḥ* (कर्णः hearing), *dṛk* (दृक् sight) and *tvać* (त्वच् touch).

The above figure shows sixteen (6+5+5) evolutes that evolve from the *sattvam* and *tamo* guṇaḥ.

6. THE FIVE BASIC ELEMENTS,

The Pañćamahābhūtas

Different ratios of the five generic essences give rise to next **five basic evolutes** called *pañća-mahābhūta*s (पंचमहाभूतानि the five basic elements of the material world). Progressively, they are :

(1) from the ESSENCE of sound evolves **the first BASIC PROPERTY** or **element (भूतम् *bhūtam*) of space** (आकाशम् *ākāśam*), (2) from the essences of sound and touch evolves **the second basic property** or **element of ambiance (वायुः *vāyuḥ*),** (3) from the essences of sound, touch and vision evolves **the third basic property** or **element of energy (तेज् *tejaḥ*) also called temperature (energy अग्निः)**, (4) from the essences of sound, touch, vision and taste evolves **the fourth basic property** or **element of fluidity (अप्**

ap), and (5) from the essences of sound, touch, vision, taste and smell evolves **the fifth basic property** or **element of <u>mass</u> (पृथ्वी *pṛthvī*)**. NOTE : The conventionally accepted layman's English terminology for the five (essences) *mahābhūta*s is Sky (आकाशम् *ākāśam*), Air (वायुः *vāyuḥ*), Fire (तेजः *tejaḥ*), Water (अप् *ap*), and Earth (पृथ्वी *pṛthvī*), respectively.

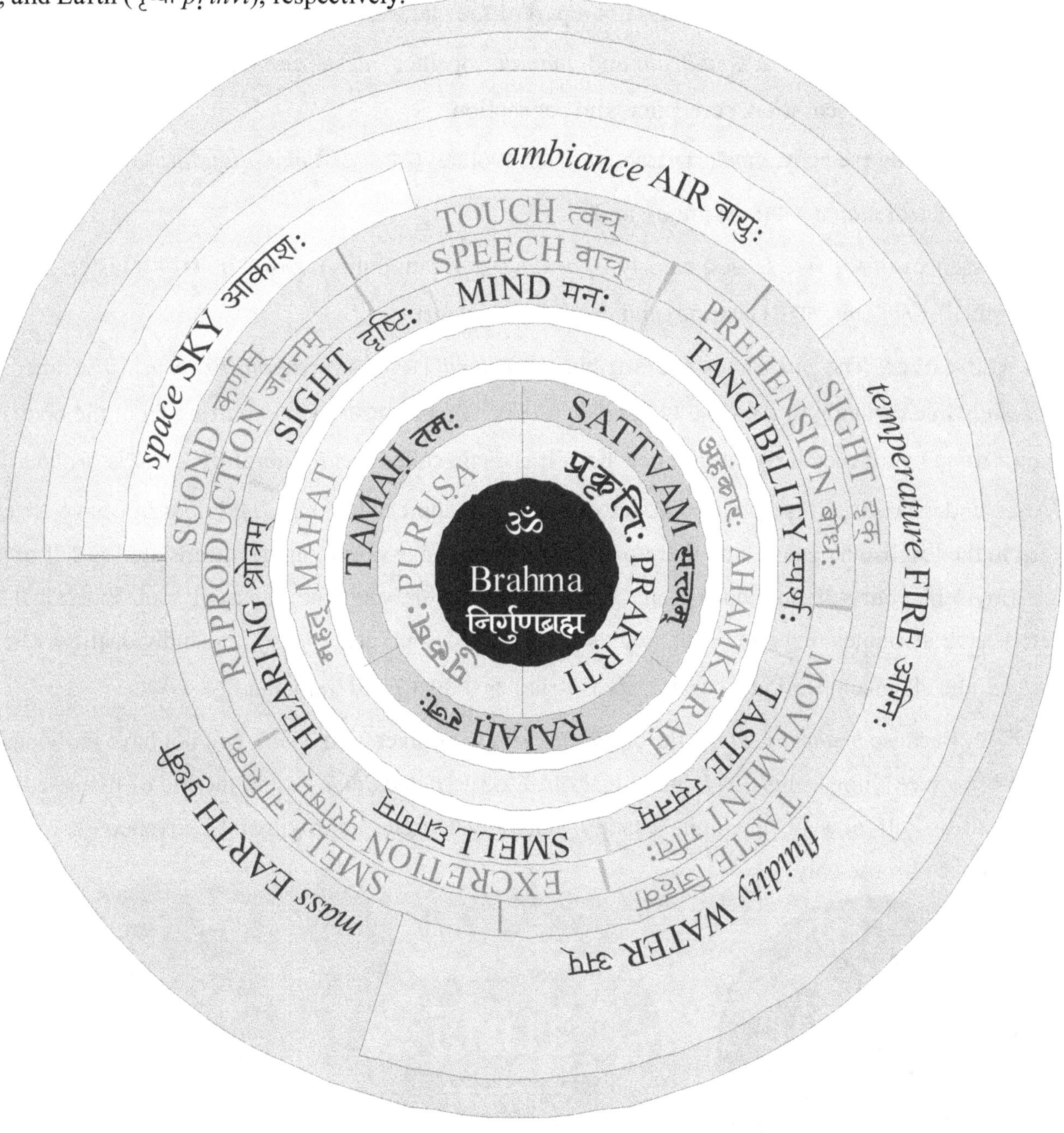

THE TWENTY-FOUR EVOLUTES

Above figure shows 24 evolutes that evolve from *prakṛti.*

7. ĀTMĀ, THE TWENTY-FIFTH EVOLUTE

Besides the twenty-four (1 + 2 + 11 + 5 + 5) evolutes, the twenty fifth principle is *ātmā* (आत्मा), which is external to the wheel of evolution, and is not a part of the material world and the body.

The evolutes of *mahat, ahaṁkāraḥ* and *manaḥ* together make ***anthkaranaṁ*** **(अन्तःकरणम्), the collective essence of sensation, perception and conception.**

While departing the body, *ātmā* carries with it six evolutes (मनःषष्ठानि *manaḥṣṣṭāni,* Gītā 15.7),

(1) the essence of *manaḥ* (मनः the mind); and

(2) the essences of the five senses, namely, *sparśaḥ* (स्पर्शः tangibility), *rasanam* (रसनम् taste), *ghrāṇam* (घ्राणम् smell), *śrotram* (श्रोत्रम् । hearing) and *dṛṣṭiḥ* (दृष्टिः sight).

As said earlier, The *puruṣa*, is the attributed *brahma* (सगुण-ब्रह्म *saguṇa-brahma*). The attributed *brahma*, while dwelling in a body (देहः *dehaḥ*), is called *ātmā* (आत्मा). On departing from the body he is again *brahma* and when it re-enters a new body it is again called *ātmā*. Therefore, *ātmā* is *brahma*.

After understanding this *upanishadic* knowledge, one appreciates that *ātmā* does not have an exact word in the English language, and therefore, *ātmā* is sometimes approximately translated as self or soul. Self (my-self, your-self, individual self ...etc.) and soul (his soul, the departed soul, individual soul ...etc.) have attributes (e.g.◦ my soul, your soul, departed soul, etc. सगुणम्) and individuality, whereas *brahma*, the all encompassing, does not have attributes (निर्गुणम्) and individuality.

NOTE : Because *brahma* is *ātmā,* the *ātmā* (*brahma* in contact with *deha*), can not have individuality. There is no such thing as his *ātmā,* individual *ātmā,* or departed *ātmā.* Ātmā, the life of living, could be translated as self or soul, not quite exactly, but only loosely, approximately, erroneously or for a convenience purpose only.

The figure shows that *brahma,* when associated with *deha*, made up of 24 evolutes of the *prakṛti*, is *ātma*.

Shown below is the cycle of the transformation or transmigration of *ātmā*. In that figure, notice the two-way arrow (at 11.00 O' Clock position) which indicates that when the *ātmā* escapes (or rather, is not in) the perpetual cycle, and joins back to the *nirguṇa brahma*, it indicates its stepping out of the cycle of reincarnation (पुनर्जन्म *punarjanma*) i.e. earthy birth and death. This escape is called *mokṣa* (मोक्ष:) or *nirvāṇaḥ* (निर्वाण:).

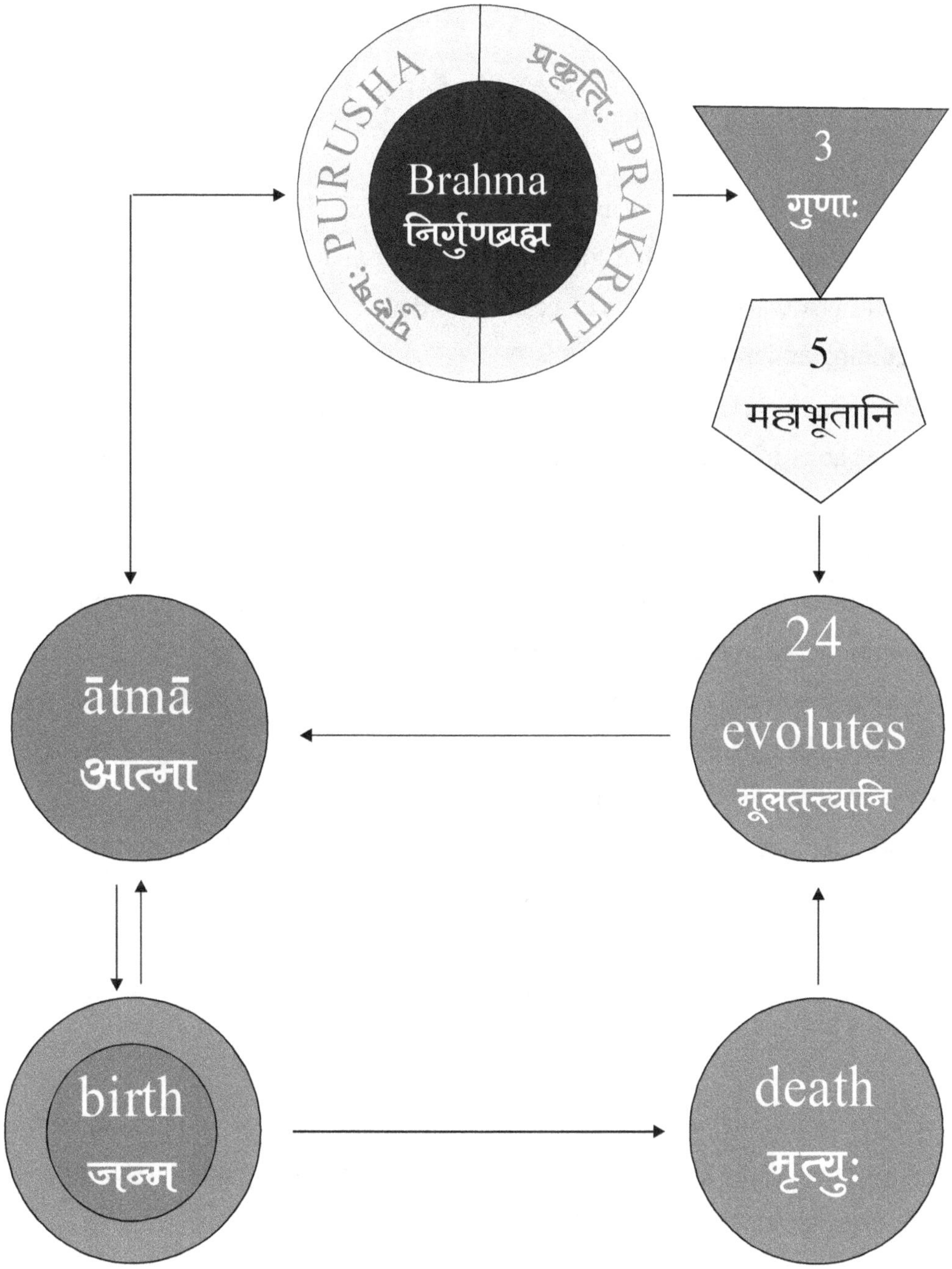

THE TRANSMIGRATION OF ĀTMĀ

The ABOVE diagram shows (1) *brahma, puruṣa* and *prakṛti*; (2) evolution of three *guṇas* and five *mahābhūta*s; (3) the 24 evolutes; (4) the *ātmā*, which is another name for *brahma* that is associated with material body; (5) At the occurrence of what we call the earthy 'birth,' *ātmā* is superimposed on the 24 evolutes; (6) and at what we call earthy 'death,' the 24 evolutes are separated from the *ātmā*. The cycle of transmigration repeats again and again, until, according to the theory of *karma*, the *ātmā* does not join with the evolutes, but when it joins *brahma*, such joining is called *mokṣa*.

8. THE BIG-BANG THEORY, A MODERN HYPOTHESIS

Some scientists have estimated that the universe was 'created' from nothing (by? was he part of nothing?) some billion-years ago through a giant explosion (of *hiraṇyagarbha,* of the old hypothesis?) called 'Big Bang,' and postulated that it will cease to exist after some billion-years. It means, **this 'creation' had a beginning and has an end. So it is सनातनम् ।**

Whether it was a big bang or a small bang, it is just a theory. They call it a "Big" bang, it means there were small or smaller bangs of so called nothing, before this "Big" or the biggest bang. While big or small are just relative terms, actually both mean the same thing. Big is small compared to a bigger one.

Also, it is only based on conclusions put forth by those professionals who have little or no knowledge and belief in **the *vedic* thought that evolved over millenniums of life-time contemplation and intuitive perception of thousands of *vedic* seers and visionaries.**

In the light of the *vedic* knowledge, what the so called Big Bang Theory, if at all, should mean that **the period estimated by the scientists as the period 'between the beginning and end of the world' is only 'one evolutionary cycle' of *brahma* (explained later).**

Such cycles have been repeated ever since in the past and will continue infinite number of times in the future, for ever. May be each with a big or small bang, or just a hum or *om* (ॐ).

9. THE VEDANTA THOUGHT

According to the *Upanishad*s, the universe is neither created nor the God is a creator of the universe. For, if the world was 'created' by God as a separate entity, the Universe and God would be a duality (विश्वविश्वेश्वर-द्वित्वम् । *viśvaviśveśvara-dvitvam*), which is unreality.

The universe is none other than just a manifestation, personification or transformation of the *brahma*

(God) itself. Therefore, the universe is not 'created' by *brahma*, but it 'evolves' from *brahma*, or rather, the universe IS *brahma* in a tangible form. And thus, everything manifest and non-manifest everywhere is *brahma* (ब्रह्म सर्वत्रसमवस्थितम्। *brahma sarvatra-samavasthitam* Gītā 13.29).

Because the *brahma* is beginning-less (अनादिम् Gītā 10.3) and endless (अनन्तम् Gītā 11.11), the creation could not take place at a particular time in the past not will it be destroyed for ever at a particular date in the future. When there is no such thing as creation, there is no 'creator;' and when there is no such thing as 'destruction,' there is no such thing as 'destroyer.' Nothing ever gets created and nothing ever gets destroyed (नेह प्रवर्तते। *neha pravartate*), **everything evolves and revolves in cycles of un-manifest and manifest states.**

What a layman calls 'creation and destruction' are merely the events of 'the beginning and the end' of one cycle of evolution or transformation, which are actually the two sides of one and the same coin. What one calls the beginning of one cycle is just another name for the end of the previous cycle, and similarly the end of that cycle itself is the beginning of the next one.

Remember, for any cycle there does not exist any particular starting (or end) point and **what one calls creation or evolution or beginning of one thing by a big explosion is actually the destruction or dissolution or end of its previous state.** Therefore, the beginning and end are merely the relative and loose terms, depending on your perspection. It is like saying, this particular point is the beginning of a circle, or of a sign wave, and this point is the end of it. Each cycle of evolution and destruction comprises of several *brahma-years* (see figure in section 10).

If the starting point or beginning of the universe was a huge explosion, then what exploded at the Big bang, where did it come from, if there was nothing, and what and when was the beginning of the thing (or nothing?) that exploded? And if the universe is to be destroyed at a future date, then where will the material go and what will happen to it, for how long; and how do we know the process will never repeat again? Does one know how many small, big or bigger bangs occurred before this so called big bang and how many small, big or bigger bangs will occur in the future? Tes! the answers are in the verses of the Gita.

10. THE PURĀṆIC THOUGHT

In contact (संसर्ग: *samsargaḥ*) with the ***puruṣa***, the ***prakṛti*** transforms the sound energy of ***brahma*** (***om*** ॐ) into five basic elements (पंचभूतानि). From the interaction of each minute degree of the three attributes (गुणा:) of the ***prakṛti*** with each minute degree of the five basic elements evolve various particles of the universe including the planets of the universe (e.g. नवग्रहा: ***navagrahaḥ***) and the bodies of the beings (भूतानि).

सूर्यश्चन्द्रो मंगलश्च बुधश्चापि बृहस्पतिः ।

शुक्रः शनैश्चरो राहुः केतुश्चेति ग्रहा नव ।।

sūryaścandro mangalaśca budhaścāpi bṛhaspatiḥ ।

śukraḥ śanaiścaro rāhuḥ ketuśceti grahā nava ।।

THE NAVA-GRAHAS

The figure shows nine of the various planetary bodies (ग्रहा:). The names of the *grahā*s are *sūryaḥ* (सूर्य: Sun), *ćandraḥ* (चन्द्र: Moon), *mangalaḥ* (मंगल: Mars), *budhaḥ* (बुध: Mercury), *bṛhaspatiḥ* (बृहस्पति: Jupiter), *śukraḥ* (शुक्र: Venus), *śaniḥ* (शनि: Saturn) *and rāhuḥ* (राहु:) and *ketuḥ* (केतु: the two comets)

Auxiliary to the philosophical model described earlier, the mythological system of the *puraṇa*s (पुराणा:), *puruṣa* manifests as Mahāviṣṇu (महाविष्णु:) and the *prakṛti* as *Mahālakṣmī* (महालक्ष्मी).

The events of evolution take place at His will (आत्ममायया), but are powered by *Mahālakṣmī*. The *Mahāviṣṇu* is called *īśa*.

The first divine Being evolved from Mahāviṣṇu is *Brahmā*. Brahmā emerged from Mahāviṣṇu's navel. Thus having not (अ *a*) born from a womb (ज *ja*), he is referred as *aja* (अज). Brahmā is the personified-*brahma* (व्यक्तब्रह्म *vyakta-brahma* = *brahmā*) (m∘); as against the un-personified *brahma* (अव्यक्तब्रह्म *avyakta-brahma* = *brahma*) (n∘). Originated from various parts of the body of Brahmā are the 24 first-fathers of the races of the beings, *prajāpati*s (प्रजापतयः). Their names are given in the following diagram.

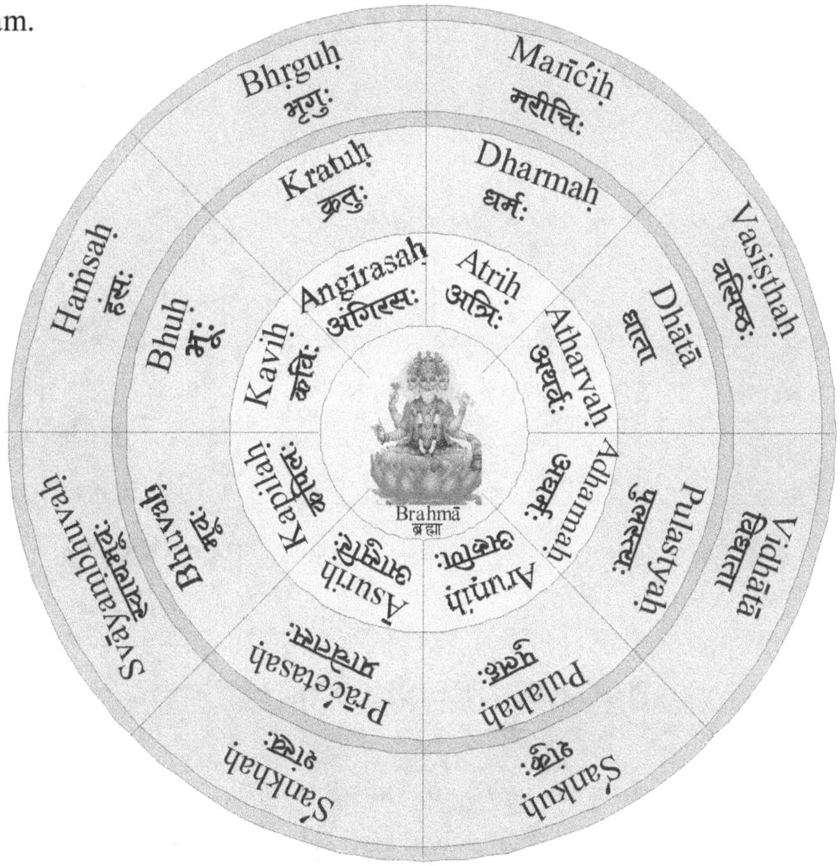

THE TWENTY-FOUR PRAJĀPATIS

The figure shows *prajāpati brahmā* and the 24 *prajapati*s (the first forefathers) arranged in Sanskrit alphabetical order, from centre to outside)

11

THE NOMENCLATURE

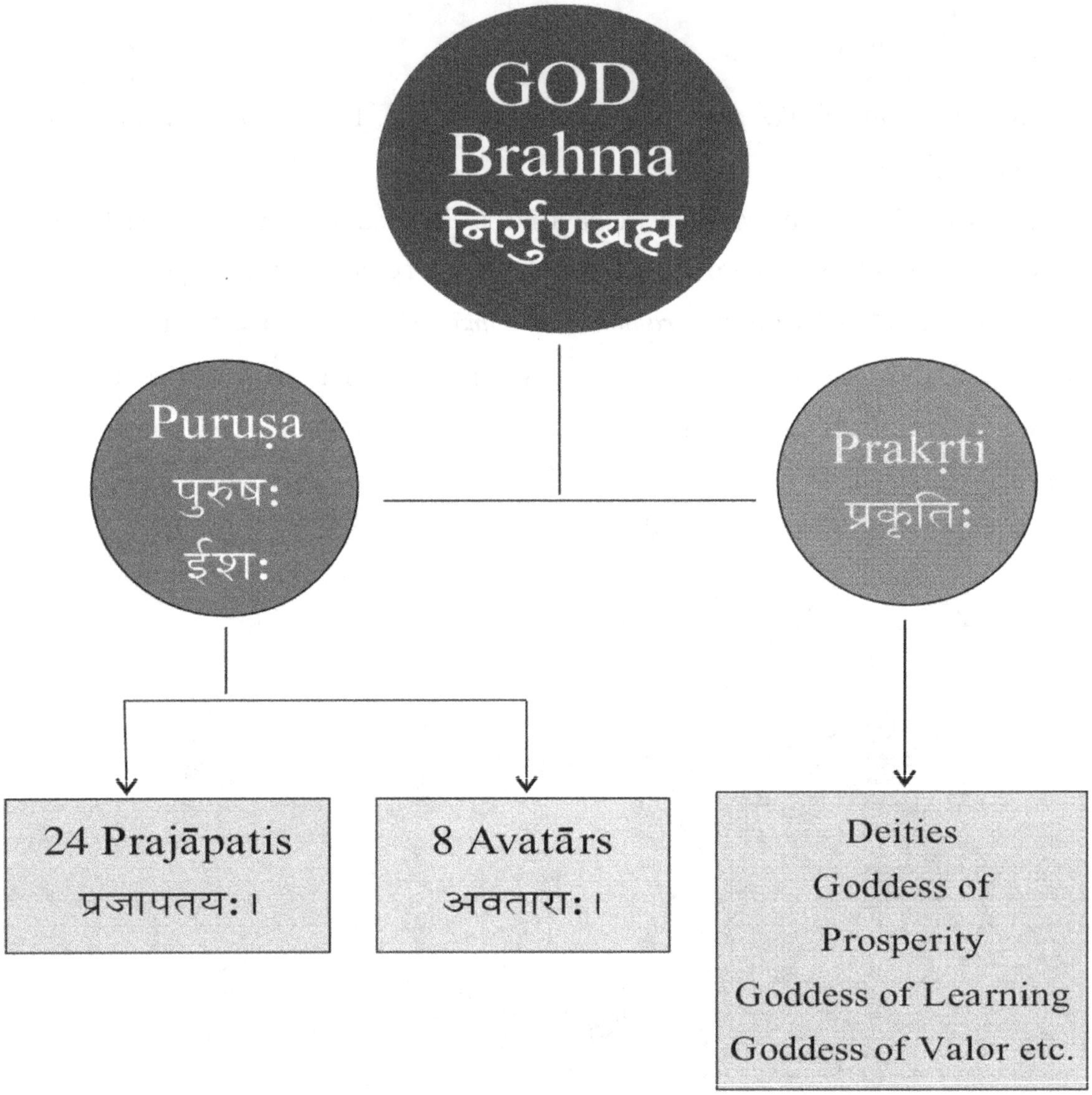

THE MONOTHEISTIC SYSTEM

एकं सद्विप्रा बहुधा वदन्ति।

ekam sat-viprāḥ bahudhā vadanti.

The figure shows the monotheistic Hindu pantheon
with its highly developed and unique system of nomenclature.

12. THE BEINGS

The *prajāpati*s are the first performers of the *yajña*s. They produced various races (प्रजा: *prajāḥ*) of the beings through the divine power of the *yajña*s (सहयज्ञा: प्रजा: सृष्ट्वा पुरा उवाच प्रजापति: Gītā 3.10).

ये महाप्रलये प्राज्ञा: सर्वे ब्रह्मादय: पुरा।
किल निर्वाणमायास्तेऽवस्यं ब्रह्मतां गता:।।

All intelligent beings, including Brahmā and all others of the past age, that attained nirvāṇa, are all absorbed in *brahma.* (2.4.3.6) **Though the beings appear to be different in shape, size and appearance, and seem to be coming and going from the face of the earth, they all are one and the same entity,** merely changing states from what we call 'living' state to 'dead' state.

Just as when we pour water in an ice-cube tray and keep it in a fridge, it is the beginning of its freezing state (or rather ending of the previous liquid state); when the ice cubes are formed it is their middle stage and when the cubes are taken out of the fridge, it is the beginning of their liquid state (or rather ending of the frozen state). All the ice cubes may look slightly different in their size, shape and individuality, but eventually in reality they are all one and the same 'water' that exists anywhere and everywhere. Similarly, all the different living beings are eventually one and the same, *i.e. brahma*.

Also, when water evaporates, it is the beginning of the vapor state and as well as it is the end of liquid state of water. In all three states it is only 'water,' though we may call it as ice, water and vapor. It is only a cycle of change of states of one and the same thing, only its appearance or rather our perception is different. The water in a glass, ice cube, iceberg, river, ocean or the clouds are not all different waters, but is just one continuous collective body, however divided or transformed.

Water must evaporate sooner or later, and the vapour must again turn into water sooner or later, again and again. In other words, just as the water evaporates only to be condensed later and it liquefies only to evaporate later, in a continuous cycle of transformations of one and the same object; **so are the living beings born only to die one day, and they die only to be born again and again (जातस्य हि ध्रुवो मृत्युर्ध्रुवं जन्म मृतस्य च। *jātasya hi dhruvo mṛtyurdhruvam janma mṛtasya ca* Gītā 2.27), unavoidably.**

It is said that "no two snow flakes are same;" so is true for the beings too. As many snow flakes are there, so many are the beings; and as many snow flakes take birth from the clouds each year, so many beings take birth from the earth each year; and as many flakes melt and return to clouds each year, so many beings dissolve back into earth each year. It is all a part of the cycle of transformations and transmigration, to which we call earthy birth and death.

The sun rises only to set later and it sets only to rise again. And both the phenomenon are unavoidable

(अपरिहार्यौ अर्थौ *aparihāryau arthau* Gītā 2.27). Sunrise is the beginning of its presence or end of its absence and the sun set is the beginning of its absence or the end of its presence. The starting point of one stage itself is the ending of the next stage. Though it is not present in the middle AvyaF stage, it does not mean that when we do not perceive the sun, it does not exist during that time.

Similarly, the earthy birth of a being is beginning of its living state (or rather end of the previous non-personified state), and its earthy death is the beginning of its non-personified dead state (or end of its personified living state मरणान्तं च जीवितं। *maraṇāntam ća jīvitam*). Though they are visible in the middle state (व्यक्तमध्यानि *vyaktamadhyāni* Gītā 2.28) only. The cyclic sign-wave of three stages of evolution, sustenance and dissolution, are personified and depicted in the *purāṇa*s in the form a trinity of Brahmā, Viṣṇu and Śiva. The Brahmā being considered as the cause of evolution of the living beings; Viṣṇu, the cause of sustenance; and Śiva, the cause of their dissolution.

13. CYCLES OF EVOLUTION, SUSTAINANCE AND DISSOLUTION

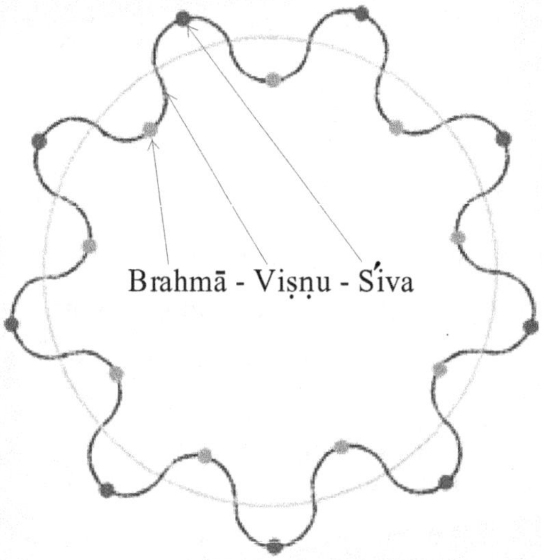

गुणमय्या स्वशक्त्यास्य सर्गस्थित्यप्ययान्विभो ।
धत्से यदा स्वदृग्भूमन्ब्रह्मविश्णुशिवाभिधाम् ।।

(śrīmadbhāgvatam 8.7.21)

एवं प्रवर्तितम चक्रम्। (gītā 3.16) 'The wheel of evolution thus set in motion.' A continuum of the cycles of evolution. Each green dot may be called start of a new cycle, represented by *brahmā* or the same point is the end of the previous red dot cycle, represented by *śiva*; the middle period represented by *viṣṇu*. **Main thing to remember is that, the locus of each imaginary point on this wheel is a continuous circle, without a specific beginning or end.**

14. THE DOCTRINE OF KARMA

While some religious dogmas claim that, man is born (passive participle) sinner (adjective), according to the *upaniṣad*s, man takes (active verb) birth (noun, the effect) as a result of his-her *karma* (कर्म noun, a cause). It means that **birth is not an imposed, accidental, inescapable, unavoidable, subservient or passive occurrence, but it occurs as a result of the *karma* one chose to perform in his previous life or lives. Man's birth is not an already written (passive) thing, but one writes (active verb) his or her own birth and the quality of life, through his-her own *karma*.**

The *upaniṣad* of the Bhagavadgītā declares, भूतभावोद्भवकरो विसर्गः कर्मसंज्ञितः (*bhūta-bhāvodbhava-karo visargaḥ karma-sañjñitaḥ* Gītā 8.3). It means, the function (विसर्गः, व्यापारः) that causes (उद्भवकरः) the birth (भावः) of a being (भूत) is known (संज्ञितः) as *karma* (कर्म); also that, the function that causes the 'state-of-the-being' (भावः) of a being (भूतं) is *karma*. The two put together, it means, the function that causes the birth and the 'state-of-the-being' of the beings, is *karma*.

When a being (भूतं *bhūtam*) takes birth, or becomes personified, it is the result of the good and bad *karma*s he-she chose to perform in previous life, and his-her state-of-being is decided by the accrued sum total of *pāpam* (पापम्) and *puṇyam* (पुण्यम्) deposited by him-her. Every bad deed deposits one bit of *pāpam* (sin) in the debit account and every good deed earns a bit of *puṇyam* (no concept in English language, but roughly speaking, a merit point) in the credit account. The sum difference determines the *yoniḥ* (योनिः type of birth) and *sukha-duḥkha* (सुख-दुःख, pleasure and pain) in the next life. Thus, while some are born sinners, if they believe so; others take birth with *puṇya*. Not all are born sinners.

Therefore, we may often see an unrighteous person enjoying affluence, while a righteous person living in misery; at which we may wonder, how is it that sometimes an evil person enjoys richness, and a good person suffers in poverty? And then, we may question, where is the punishment for the bad *karma* and the reward for good *karma*? According to the mechanism of the doctrine of *karma*, the affluent person is enjoying the sweet fruit (फलम्, *falam*) of the *puṇya* he earned in his previous life, and he will get a sweet or bitter fruit for his present good and bad deeds, in his next life. Similarly, the person in misery is tasting the bitter fruit of the *pāpa* of his previous life, while he may enjoy a good life next time around, if he earns enough *puṇya* in this life.

The punishment and reward for the bad and good deeds is called *karma-falam* (कर्मफलम् Gītā 5.12). Every deed, bad or good, has *karma-falam* attached with it. There is no *karma* without a *fala*, and you cannot renounce or avoid the *karma-falam*. What you can renounce, however, is performing a *karma* with the 'desire' for its *falam*. This renunciation (त्यागः *tyāgaḥ*) of the 'desire for the fruit' (not the fruit itself, as often misunderstood), is called *karma-fala-tyāgaḥ* (कर्मफलत्यागः Gītā 12.12), or in short, *fala-tyāgaḥ* (फलत्यागः).

It is often said that *puṇya*s do not negate the *pāpa*s and that everyone must pay for each *pāpa* once committed. **But that is not the case.** The *upaniṣad* of *Bhagavadgītā* clearly tells us ways to cleanse *pāpa*s and to become a क्षपितकल्मषः (*kṣapita- kalmaṣaḥ* Gītā 4.30), क्षिणकल्मषः (kṣīṇakalmaṣaḥ Gītā 5.25), संशुद्धकिल्बिषः (*saṁśuddhakilbiṣaḥ* Gītā 6.45), वृजिनं सन्तरिष्यसि (*vṛjinam santariṣyasi* Gītā 6.34)...etc. The Pāṇḍava-gītā also informs us हरिर्हरति पापानि (*harirharati pāpāni* Pāṇḍavagītā 70) and नरकादुद्धाराम्यहम् (*narakāduddhārāmyaham* Pāṇḍavagītā 65) ...etc.

What inspires a person to perform a bad or good deed (Gita 3:36) is **the sum total of the preponderance (not the quantity) of three *guṇa*s** (गुणाः) he chooses to maintain in himself. **The ratio of the three *guṇ*s in his/her body depends on the intake he/she chooses to take in his/her body through his/her nine intake gates (नवद्वाराणि).** It must be understood and remembered very clearly that, **while the ratio of the three *guṇas* always remain one-third-each in each individual, one can increase the preponderance (activeness) of any of the three *guṇas* in himself, by subduing (making inactive) the other two *guṇas* (Gītā 14.10).**

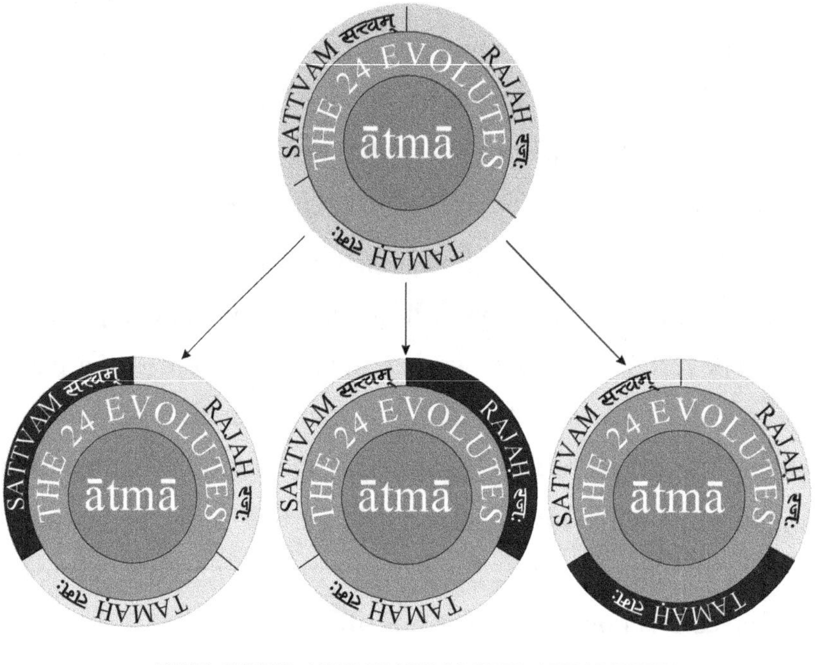

THE GUṆA AND KARMA RELATIONSHIP

SATTVIC PERSON	RAJASIC PERSON	TAMASIC PERSON
Sattva dominating, Raja & Tama subdued	Rajasa dominating, Sattva & Tama subdued	Tamasa dominating, Sattva & Raja subdued

15. ANSWERS TO SOME QUESTIONS ASKED BY MY GITA STUDENTS

Q 1 : In the Gita, as I know from various sources, Lord Krishna advocates 'renunciation of the fruit of the *karma*' (कर्मफलत्याग: 5.12, 12.12) and calls *tyāgī* to him 'who renounces of the fruit of *karma*' (कर्मफलत्यागी 18.11), while at other place he also asks Arjuna to 'enjoy the fruit of the karma' (भुङ्क्ष्व राज्यं समृद्धम् 11.33), **where is the discrepancy?** (Manoj)

A 1 : **The discrepancy lies is in your understanding. You must always remember about the Gita, that you find something doubtful or ambiguous, it is only because of your misunderstanding. There is no discrepancy in Krishna's saying and Vyāsa's writing.**

In the Gita, Lord **Krishna has advocated *tyāga* (renunciation) of *karmaphala* but not tyāga of '*phala* of *karma*.'** *karmaphalatyāga* does not mean 'renunciation of fruit of karma,' as you may have read somewhere. It is the error or ignorance of that writer.

The word *karmaphalatyāga* is not a *sandhi* between the words, *karma, phalam and tyāgaḥ*. It is a *samāsa* between these three words. The difference between a *sandhi* and *samāsa* is that while *sandhi* is a mechanical joining of words, *samāsa* is compounding of words with a logical definition. This logical definition could be just a single letter or several sentences.

While the *sandhi*-connected word *karma-phala-tyāgaḥ* does mean 'renunciation of the fruit of the karma,' the *sāmāsic* word '***karmaphalatyāgaḥ***' means 'renunciation of the selfish desire for the fruit of the *karma*.' **This logical compounding, is often missed and misunderstood.**

Lord Krishna says, when you choose to undertake a *karma*, **BEFORE UNDERTAKING THE KARMA, choose it purely as a duty and NOT FOR THE PURPOSE of its fruit. Your INTENSION before performing a *karma* defines or determines if it is a *sakāma karma* or a *niṣkāma karma*.**

Every *karma* (good or bad) has a fruit or result (good or bad), which the doer will earn. The bad karma will earn a bitter fruit, which the doer must face. The good karma will give a good fruit, which you may keep or give away. If the good karma was undertaken with a desire for fruit, it is called a *sakama-karma* which does not fall under *karma-yoga*. Also, if a bad action is performed without desire of its fruit, the action is NOT called *niṣkāmakarma,* but it is called *kukarma.* If the work was undertaken without the desire for the fruit, then that *karma* is called a *niṣkāma-karma* and the action is *niṣkāma-karma-yoga* or, in short, a *karma-yoga.* **It is the fruit** of such *niṣkāma-karma yoga* **that Lord Krishna says you may enjoy it.**

In Gitā 2.38, Lord Krishna says, सुखदुःखे लाभालाभौ जयाजयौ समे कृत्वा युद्धाय युज्यस्व। This is dutiful

niṣkāma-karma. **For the fruit of such dutiful act, he then says भुङ्क्ष्व (in** 11.33**). And, to the performer of such a dutiful *niṣ-kāma-karma,* without the desire (*niṣ-kāma* = *niṣ-kāmanā*) for its fruit, he calls** कर्मफलत्यागी **(in** 18.11**).** Therefore, **the renouncement of the *phala* AFTER the *karma* is performed is NOT a *karmaphalatyāga,* renouncement or not having a selfish desire for the fruit of the *karma*** BEFORE (and while) **it is performed, IS a *karmaphalatyāga.*** The renouncement of the desire for the fruit of karma before it is performed is *karmaphalatyāga.*

With an everyday simple example it may be explained as :

(i) If you help a poor student pay for his/her education, with an inner motivation (फलहेतुः 2.49) that when he/she graduates, I will be able to extract my desired return in the future in exchange for helping him-her. This is *sakāma karma.* This is a *sakama karma* even if you do not take or receive anything (any fruit) from him/her when he/she graduates.

(ii) If you help the poor student pay for his/her education, without a prior motivation of receiving anything in return, as your duty and not for its future fruit, then this is a *niṣkāma karma.* This is a *niṣkama karma* even if in future, when he/she graduates and offers you a present as an appreciation of your help, and you accept it to please him-her. Receiving a fruit does not negate a *niṣkāma karma,* it is the intension or desire for that fruit prior to or while performing the *karma* that negates *niṣkāma* and makes it *sakāma.*

Q 2 : I have read that the *buddhi-yoga* (2.49) is 'yoga of intelligence,' the *karma-yoga* (3.3) is 'yoga of action' and the *jñāna-yoga* (3.3) is 'yoga of knowledge,' then **is an intelligent person a *'buddhi-yogi,'* an active person a *'karma-yogī,'* an educated person a *'jñānayogī?'*** (Dr. Carl)

A 2 : As explained in previous question, the *buddhi-yoga, karma-yoga* and *jñāna-yoga* are *sāmāsic* words, and thus require appropriate logical connecting definitions between their component words.

(1) The *buddhi-yoga* is not a 'yoga of intelligence,' **the *karma-yoga* is not a 'yoga of action' and the** *jñāna-yoga* is not a 'yoga of edification,' **and thus your information in the question is improper.** When you know in Gītā sense what the *buddhi-yoga* , *karma-yoga* and *jñāna-yoga* are, you will understand who a *buddhiyogī, karmayogī* and *jñānayogī* is.

(2) The *karmayoga* is same as *niṣkāmakarmayoga* explained above in Q1. A person who practices *niṣkāma karma* is a *karmayogī.* **The** *buddhiyoga* **is the** union with equanimous thinking **or the discipline of indifference to both the positive and negative happenings.** In 2.48 Lord Krishna explains, सिद्ध्यसिद्ध्योः समो भूत्वा समत्वं योग उच्यते। Perform your duties, having become indifferent (or equanimous) to success and non-success. This **'discipline of indifference' is called *buddhi-yoga***

(buddhi = thinking, *sāmāsic* link = indifferent or equanimous, yoga = discipline).

Here, *buddhi* is same as *samabuddhi* mentioned in 6.9 and 12.4 and in समदुःखसुखं 2.15, बुद्ध्या यया 2.39 in the Gītā. A person who possesses equanimous thinking is *buddhiyogī* or a *samabuddhiyogī.* **One may be an intelligent or learned yogi, but not a *buddhiyogi.***

(3) **The** *jñānayoga* **is the discipline of** awareness (ज्ञानम्) of one's non-authorship of the *karma*. **The awareness or knowledge that you are not the 'doer' of the *karmas*, and that the *karmas* are 'done by you' through the *guṇas* you possess in you.** You are not a *jñanayogī* if you think you are the 'doer' or 'author' of a *karma*. Lord Krishna says, अहङ्कारविमूढात्मा कर्ताऽहमिति मन्यते। he who is deluded by the ego thinks 'I am the doer' (3.27). **For this renunciation (सन्यासः) of the authorship of *karma*, the *jñānayoga* is also called the *sanyāsayoga or sāṅkhyayoga*. Thus, *sanyāsayoga* is not giving up and walking away from everything, but it is the renunciation of the 'doership' of the karma, while doing what ought to be done.** Therefore, **Lord Krishna says, नैव किञ्चित्करोमीति युक्तो मन्येत तत्त्ववित्। The knower of the *jñānayoga* must think that I do not do even a little (I am not ever the author of the *karma*), while doing what ought to be done.** So, in practice, not desiring fruit (*karmayoga*) is same as not desiring the authorship and doing it selflessly (*jñanayoga*) एकं सांख्यं च योगं च (Gītā 5.4-5).

Many times *jñānayoga* is interpreted as the yoga of knowledge of *brahma* or knowledge of self. **The *Upanishads* say, everything IS *brahma* (सर्वमात्मैव केवलम्। *sarvamātmaiva kevalam;* सर्वं खल्विदं ब्रह्म। *sarvaṁ khalvidaṁ brahma;* प्रज्ञानं ब्रह्म । *prajñānaṁ brahma* airareyopaniṣad 3.3) is knowledge of *brahma*; and I am THAT *brahma* (अहम् ब्रह्मास्मि । *aham brahma-asmi* bṛhadāraṇyakopaniṣad 1.4.10), You are THAT *brahma* (तत् त्वम् असि। *tat tvam asi* c̈hāndogyopaniṣad 6.8.7), and *ātmā* is *brahma* (māṇḍukyaopaniṣad 2) is knowledge of *brahma*.** Knowing this much is not the ***jñānayoga*** of Gītā. **Also, one does not become *jñānayogī* by knowning that *brahma* is indifinable (अनिर्देश्यम् Gītā** 12.3**), eternal (अक्षरम् Gītā 8.3), immutable (अक्षयम् Gītā 5.21), continuous homogeneous (अखण्डम् Gurugītā 7).** One becomes *jñānayogī* by practicing *samabuddhiyoga* and renouncing the authorship of *niṣkāmakarma.*

In our example of the poor student as mentioned in previous question :

(iii) If you help the poor student pay for his/her education, without a prior motivation of receiving anything in return, but only as your duty, and when he/she graduates, if you do not claim that he/she graduated because of your help and you do not expect credit for his/her graduation, you help him/her with a *samabuddhi* in the result, then your such 'awareness,' that you are not the author of the karma (i.e.help) but the help was given by you as a natural aduty, **is *jñānayoga.***

Q 3 : What is the best way of removing ***rajaḥ*** and ***tamaḥ guṇa*s** from his body to become a ***sāttavic*** or ***sattavastha*** (14.18) or ***nistraiguṇya*** (2.45)? (Dr. Raghu)

A 3 : **One need not and can not remove *rajaḥ* and *tamaḥ guṇa*s from his body to become a *sāttavic, sattavastha,* or *nistraiguṇya*.** *Prakṛti* is the Dynamic Equilibrium State of the three attributes (गुणा: *guṇāḥ*) of *sattvam, rajaḥ* and *tamaḥ* (सत्त्वं, रज:, तम:), which oppose each other but always stay together in every particle of the universe. Therefore, *prakṛti* can not be split into its three constituent factors. Each minute degree of PREPONDERANCE (not the percentage) of each of the three *guṇa*s, in their RATIO, is the cause of the nature of the beings (a parson or a thing).

THE THREE ATTRIBUTES

The figure shows balanced state of the three *guṇa*s of the *prakṛti.*

In Gītā (18.40) Lord Krishṇa declares :

न तदस्ति पृथिव्यां वा दिवि देवेषु वा पुन:।

सत्त्वं प्रकृतिजैर्मुक्तं यदेभि: स्यात्त्रिभिर्गुणै:।

There is no entity in the three worlds and even among the gods in the heaven, which can be free from the three (सत्, रज: and तम:) *guṇa*s born of nature.

One can not remove or alter the quantity of the three or any of the three guṇas from any entity that exists in the nature. All one can do is alter the preponderance or activeness of any of the two guṇas to make the third *guṇa* more preponderant or active. In (Gita 14.10) Lord Krishna explains :

रजस्तश्चाभिभूय सत्त्वं भवति भारत ।

रज: सत्त्वं तमश्चैव तम: सत्त्वं रजस्तथा।।

(i) *sattvam* becomes preponderant by subduing the *rajaḥ* and *tamaḥ;* (ii) *rajaḥ* becomes preponderant by subduing *sattvam* and *tamaḥ* (iii) and *tamaḥ* becomes preponderant by subduing *sattvam* and *rajaḥ*.This is the way of the *guṇa*s.

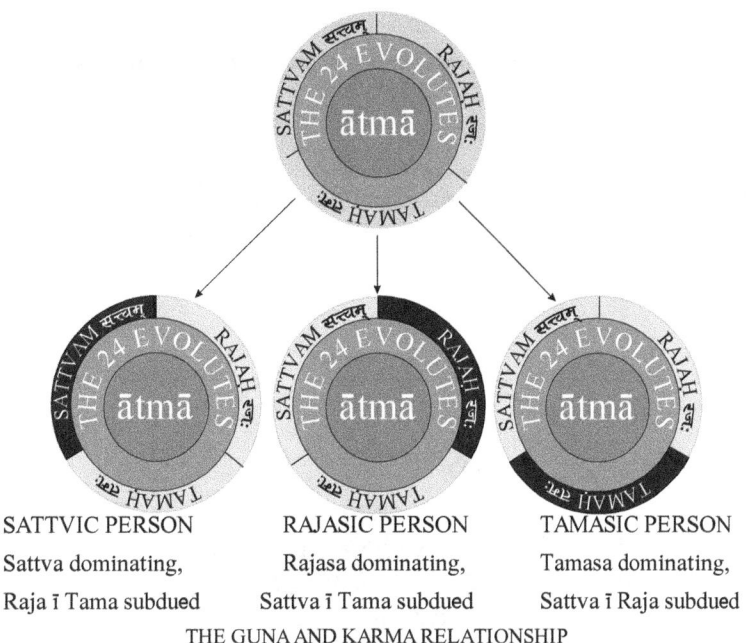

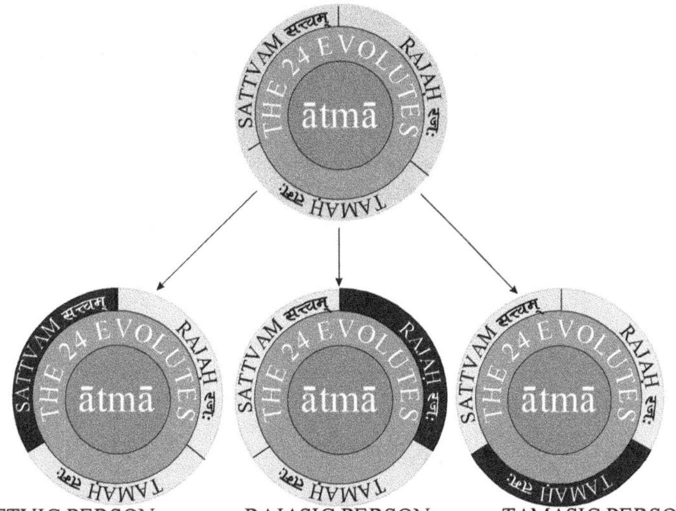

SATTVIC PERSON	RAJASIC PERSON	TAMASIC PERSON
Sattva dominating,	Rajasa dominating,	Tamasa dominating,
Raja ī Tama subdued	Sattva ī Tama subdued	Sattva ī Raja subdued

THE GUṆA AND KARMA RELATIONSHIP

First you must know the following four facts :

(i) your *guṇas* are the 'doers or authors' of the *karmas* (नान्यो गुणेभ्यः कर्ता 14.19);

(ii) your are the agents through which the *guṇss* perform the *karmas* (कार्यते ह्यवशः कर्म सर्वः प्रकृतिजैर्गुणैः। 3.5);

(iii) you can not remove a *guṇa* from the body (न तदस्ति पृथिव्यां वा दिवि देवेषु वा पुनः। सत्त्वं प्रकृतिजैर्मुक्तं यदेभिः स्यात्त्रिभिर्गुणैः।। 18.40);

(iv) and, in order to increase the dominance or activeness of a desired *guṇa,* you have to subdue or suppress the other two guṇas (रजस्तमश्चाभिभूय सत्त्वं भवति भारत। रजः सत्त्वं तमश्चैव तमः सत्त्वं रजस्तथा 14.10).

Then the question will be : How do you subdue the undesired *guṇas* that make you do undesired *karma*?

The answer will be : In order to control or gain a desired a OUTPUT of *karma* by your five output organs (five *karmendriyas*), you have to control the INPUTS that feed the five input organs (five *jñānendriyas*), and thereby subdue/activate the desired *guṇas* in your body.

The nine gates (नवद्वाराणि 5.13) are the input/output orifices. If one regulates the inputs through these gates, he/she can control the dominance or activeness of the desired *guṇa* and thereby the output of desirable *karma.*

कर्म-फलों का, होनी-योनि का, नाता जिसको दिखता है ।
नर वह *ज्ञानी होनी अपनी, स्वयं आप ही लिखता है ।।
(सविस्तार हिंदी गीता 9.9 पृष्ठ 96) *ज्ञानी = ज्ञानयोगी

The diagram on the following page illustrates the input/output system of *guṇa* and *karma.*

"AS YOU CHOOSE YOUR INTAKE, SO IS YOUR NATURE; AS YOUR NATURE IS, SO IS YOUR KARMA; AS YOUR KARMA IS, SO ACRUES THE FRUIT; AS ACRUES THE FRUIT, SO IS YOUR BIRTH"

यथा निवेशः तथा गुणाः। यथा गुणाः तथा कृतिः।

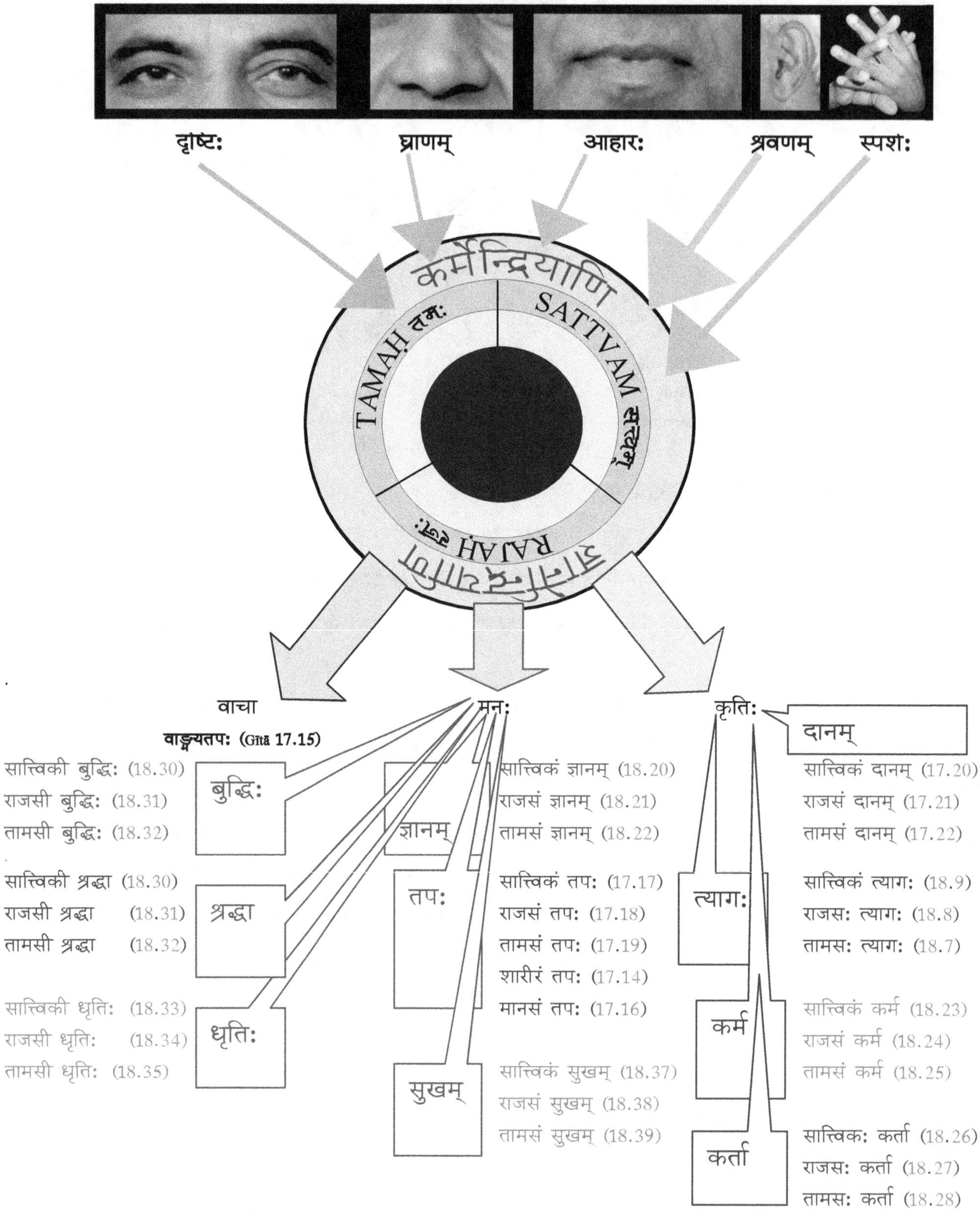

यथा कर्म तथा फलम् । यथा फलम् तथा योनिः ।।

Q 4 : How can a person do nothing, while actually performing *karma* (नैव किञ्चित्करोति 4.20, नैवकिञ्चितकरोमि 5.8)? (Mitrapal)

A 4 : Please first read the answer to Q3 and then read ahead.

As clarified in the previous question, when one says 'a person is doing a *karma*,' the reality is that : the *karma* 'is being done by him/her' as an agent, as dictated (कार्यते हि अवश: 3.5) by his/her *guṇas*. Yes, **dictated, helplessly** (अवश: अपि स: 6.44, स्वभावेन निबद्ध: करिष्यसि अवश: अपि तत् 18.58). Let us look at an example from our regular life :

If a person walking on a street finds a gold bracelet in front of a house, there are three common possibilities :

(i) the person becomes happy and keeps the bracelet, following the law of 'finders keepers...;'

(ii) the person leaves it alone, thinking 'it is not mine and I should not touch it;'

(iii) the person feels sorry for the person who lost it and thus enquires in the house if it belonged to them or asks them to please hand it over to the rightful owner when he/she comes looking for it.

The above three sentences say :

The person 'keeps it,' 'leaves it alone' or 'gives it to the owner.' That is how normally it happens. But, the fact is that a person is inspired to do (these three) different types of *karmas* as dictated by his/her *guṇas,* and then the *karma* is 'done' by him/her i.e. the bracelet is "kept by him," "left alone by him" or "given to the owner by him." He/she is not the doer (कर्ता), but the *karma* is done by him/her, according to the *guṇsas* he/she possess. And, **the *guṇas* one possesses is dependent upon the intakes he/she chooses to take through his/her input organs. This choice is his/her.**

Thus, the above three examples exhibit the influence of *tamaḥ, rajaḥ* and *sat guṇas* on one's *karmas,* and that is how, as you said, a person can do nothing, while actually performing *karma* (नैव किञ्चित्करोति 4.20, नैवकिञ्चितकारोमि 5.8).

Therefore, with this principle, Lord Krishna says (Gītā 4.18) :

कर्मणि अकर्म य: पश्येत्, पश्येत् अकर्मणि च कर्म य: ।
स: बुद्धिमान् मनुष्येषु स: युक्त: कृत्स्न-कर्म-कृत् ।।

Q 5 : In the teachings of the Gita, **is anyone a 'Born Sinner?'** (Prof. Joanne)

A 5 : Lord Krishna says, बुद्धिसंयोगं लभते पौर्वदेहिकम् (Gītā 6.43), endowed with the impression (संस्कारा:) acquired in the previous body (or lives), one attains birth accordingly.

In verses 6.41-44, Lord Krishna says, with righteous *karmas* life after life, even a downfallen person can uplift him/herself and be born as blessed (पुण्यवान्) sinless person. It also shows that people who are born sinners are those who have committed sinful acts in their previous lives and those who are committing sinful acts in this life will be born sinners in their next life.

People who follow the path of Gita in this life will not be 'born sinners' in next life and those who have followed it in previous lives, are not born sinners in this life. If one observes the behavior of some people on the present day earth, one can guess what will be their fate in their next life. All men are not born sinners, but **those who were sinners in previous life may be born sinners in this life and those who are sinners in this life may be born sinners in the next life.** That is what it means. See the 'Doctrine of *karma*' explained earlier.

Q 6 : What is the physical nature of the *ātman,* where is it located and what is its size etc., in the human body? (Prof◦ Gul)

A 6 : This is a common thought in every mind and different answers are given by different people. In the Gītā (2.25) the आत्मा (*ātmā*) is called अचिन्त्य: (inconceivable). However, you may conceive an imaginary model for the *ātmā,* and if your model fits all situations all time without a conflict, your conception is good.

To me, ***ātmā*** is 'the life of the living being and the beingness of the beings.' If we imagine *ātmā* to be located in any one organ, or even the whole body, we will negate his सर्वगत: (omnipresent Gitā 2.24) nature, unless we assume the whole body to be the *ātmā,* which is again contrary to the teachings of the Gītā. If we assign a weight or size to him, then the largest and finest animals may get assigned with a different size *ātmā,* which will make the *ātmā* a physical thing and will negate his अव्यक्त: (unmanifest, Gītā 2.25) nature. Keeping all aspects in mind, my concept of the unconceivable *ātmā* can be explained with the following example.

ātmā can be best be envisaged as the Electric Current flowing through an Electronic Circuit, **or Magnetism in a Magnet or a Certification awarded to a Professional.** For example, just as the magnetism in the a piece of iron gives it magnetic properties, without adding anything to its weight or shape or form, or just as the electric current through a circuit make it come alive **without altering its weight, shape or form**, so does *ātmā,* pervading each particle of the body, puts life into a it without causing any change in its physical properties. Like the electric current in a circuit, the body is "alive" only as long as it is associated with *ātmā.*

While alive, the being has the powers and duties of a living being, as prescribed or dictated by the गुणाः *of the* प्रकृतिः। The being is merely an agent worked by the *prakṛtiḥ.*

The Ratnakar Model :

I envisage ātmā as the current in a circuit, with the following sūtras :

(i) brahma ब्रह्म (परमेश्वरः, परमात्मा) = Power source

(ii) ātmā आत्मा (देही) = the Current

(iii) dehaḥ देहः (शरीरम, द्रव्यम् body) = the Circuit

(iv) jīvaḥ (जीवः living being) = Live circuit with current

(v) daivam (दैवम् luck) = Switch

(vi) janma (जन्म birth) = Switch "ON"

(vii) mṛtyuḥ (मृत्युः death) = Switch "OFF"

(a) brahma ब्रह्म (परमेश्वरः, परमात्मा) = puruṣaḥ (पुरुषः, ईश्वरः, आत्मा, देही) + prakṛtiḥ (प्रकृतिः)

(b) prakṛtiḥ प्रकृतिः = 5 mahābhūtāni (महाभूतानि) + 3 guṇāḥ (गुणाः)

(c) jivaḥ जीवः = dehaḥ (देहः) + daivam (दैवम्) + dehī (देही)

My 'Electronic Current' model of *ātmā* applies well for all beings, moving non-moving चराचर and satisfies all my questions, in every situation, at all times including :

अव्यक्तोऽयमचिन्त्योऽयमविकार्योऽयमुच्यते ।
तस्मादेवं विदित्वैनं नानुशोचितुमर्हसि ।।

avyakto'yamaćintyo'yamavikāryo'yamućyate, tasmādevaṁ viditvainaṁ nānuśoćitumarhasi. (Gītā 2.24-25)

Q 7 : Who am I ? (Pt. Rudy)

A 7 : Pundit ji, as we learned from the previous answers based on *vedanta,* which teach us अहं ब्रह्मास्मि, तत्त्वमसि and ब्रह्मसर्वम्, it is clear that :

पञ्चात्मकेषु भूतेषु समानेषु च वस्तुतः ।
को भवानिति वः प्रश्नो वाचारम्भो ह्यनर्थकः ।। (haṁsagītā 23)

When all the five bhūtas of (*prakṛtiḥ*) that make everything are really the same substance (the *brahma*), your question "who am I" is only words and has no significance. Therefore,

वस्तुनो यद्यनानात्वमात्मनः प्रश्नः ईदृशः ।
कथं घटेत वो विप्र वक्तुर्वा मे क आश्रयः ।।

Thus, when there is no difference in the *brahma* and *ātmā* and everything else evolved from it, O Pundit ji! Can such a question be put? On what thing the answer can be based? Can one snow flake ask other snow flake, who am I? and what would be the reply? तत्त्वमसि ।

Q 8 : In the Gita 2.15, समदुःखसुखं धीरम्, how could a pain ever be same as a pleasure, what does it really means? (Rajan)

A 8 : Pain and pleasure are same in their origin. If one becomes indifferent to the original seed, then the pain and pleasure become effectively same.

स्नेहमूलानि दुःखानि स्नेहजानि भयानि च ।
शोकहर्षौ तथायासः सर्वं स्नेहात्प्रवर्तते ।। (shaunakgītā 13)

All pains have affection as their common root. All fears also are born of affection. Unhappiness, grief, sorrow and every other pain originates from affection.

स्नेहाद्भावोऽनुरागश्च प्रजज्ञे विषये तथा ।
अश्रेयस्कावुभावेतौ पूर्वस्तत्र गुरुः स्मृतः ।। (shaunakgītā 14)

From affection arises sensation and through sensation arises attachment towards the material objects. The greatest of the three troubles is the affection. Therefore, a person who is unattached to affection, for that self-controlled person, the emotions of pain and pleasure do not bother.

Q 9 : As I understand from the books I have read on Gita that, in short, Sankhya yoga is the knowledge of self; Jnana yoga is the yoga of knowledge; Sanyasa yoga is the yoga of total renunciation; Buddhi yoga is the yoga of intelligence; and Karma yoga is yoga of action. In Gita 2.38 Lord Krishna says "having made pain and pleasure, loss and gain and winning and losing same" (सुखदुःखे समे कृत्वा लाभालाभौ जयाजयौ) which sounds like karma yoga, then how can the Lord say (Gita 2.39) "it is told from the standpoint of Sankhya, and now listen it from the standpoint of yoga?" (Dr. Madhukar)

A 9 : To begin with your understanding of the *yoga* of the Gita is not proper, therefore, you have this question. First see the answer to Q2. Then, in brief, (i) the ***sāṅkhya-yoga*** is the *yoga* of selfless *karma*; (ii) *jñāyoga* is the yoga of **knowledge (*jñāna*) that** he is not the doer of *karma*, but the *guṇas* are the doers and he is merely an instrument; (iii) ***sanyāsa-yoga*** is the *yoga* of renunciation (*sanyasa*) of authorship of *karma*; (iv) ***buddhi-yoga*** is the yoga of equanimity in thinking (*buddhi*); and (v) ***(niṣkāma)-karma-yoga*** is the *yoga* of performing duty without a prior desire (*kāma*) for the fruit of it (see footnote given in 3.3). Also, (vi) ***bhakti-yoga*** is the yoga of devotion and (vii) ***abhyāsa-yoga*** is the practice of a yoga to achive success (सिद्धिः).

Having understood the *yogas* this way, if the performer keeps in mind that समे कृत्वा is not the 'knowledge of self' but it is 'the knowledge (ज्ञानम् jñānayoga) that I am not the doer (कर्तृत्व त्यागः sanyāsayoga) of the *karma* and the fruit (loss or gain) is caused by me the duty being performed according to my guṇa,' thus not having expected only the gain, loss and gain are considered (कृत्वा) same (समे buddhiyoga) by a *sāṅkhyayogī.* This also reminds us again that the *jñāyoga, sanyāsayoga* and *buddhiyoga* make up the *sāṅkhyayoga.*

Also, the loss and gain, sorrow and happiness ...etc., are only the fearful imaginations of the brain for the unwise person who acts for its fruit. For a wise person they are just the outcomes of his duty.

शोकस्थानसहस्राणि भयस्थानानि शतानि च ।
दिवसे दिवसे मूढमाविशन्ति न पण्डितम् ।। (śaunakgītā 1)

Daily hundred reasons of fear and thousand causes of grief are for a fool. They do not exist for a wise person.

Q 10 : In the cover story you say "Gita is not a book on war. It is book of righteousness and spiritual guidance," then what is the function of the Chapter I, in the Bhagavadgita? (Rita)

A 10 : Of course the Gita is not a book on war. It is a righteous gift (सात्त्विकं दानम्) of philosophical and spiritual guidance for mankind. In Gita 18.20 Lord Krishna says,

दातव्यमिति यद्दानं दीयतेऽनुपकारिणे ।
देशे काले च पात्रे च तद्दानं सात्त्विकं स्मृतम् ।।

The righteous gift that ought to be given, must be given at right place, on proper time and to a deserving person.

It was given personally to Arjuna, because he was Lord Krishna's true devotee and friend (भक्तोऽसि मे सखा चेति 4.3). This delicate gift could have been given to Arjuna anytime before the war came upon the Pāṇḍavas, but Arjuna was a great warrior with high self-esteem. A person in high self-esteem is less receptive to a spiritual advice. The advice of Gita was not given spontaneously (एवं परम्पराप्राप्तं...एवायं मया तेऽद्य योगः प्रोक्तः पुरातनः 4.2-3) on the battle field, but the Lord has been waiting for the a right frame of mind of Arjuna, for this purpose.

Chapter I, the *viṣādayogaḥ,* sets up such proper time, place and frame of mind for Arjuna, who was up to one point (1.1-26) in his normal high-esteem. But then his disposition slowly changes (1.27-47). He loses his normal self-esteem and attains *viṣāda,* the main purpose of this chapter. Through the *'viṣādayoga'* Arjuna becomes possessed with compassion (कृपयाविष्टः 2.1) and begs Lord Krishṇa :

कार्पण्यदोषोपहतस्वभावः पृच्छामि त्वां धर्मसम्मूढचेताः ।
यच्छ्रेयः स्यान्निश्चितं ब्रूहि तन्मे शिष्यस्तेऽहं शाधि मां त्वां प्रपन्नम् ।। (Gītā 2.7)

"Disposition impaired by the feebleness of pity, mind confused in the matter of what is right and what is not, I am asking you to please tell me decisively what may be better. I am your disciple, suppliant to you (2.7). Please instruct me."

The 'viṣādayoga' (Chapter I) serves the purpose of converting the proud warrior Arjuna into an obedient suppliant (भक्तः) down on his knees, begging for advice to the *guru,* a frame of mind necessary for the purpose of a positive reception. And for the reason of faith in the *guru,* the Bhaktiyogaḥ (भक्तियोगः Chapter 12) is also an integral part of any discussion on the Gītā.

Q 11 : As Gita 12.18 says, how can you treat your friend same as you would treat your enemy, in practicle life? Your differential treatment at your heart towards your enemy and your friend itself differentiates your friend from your enemy, otherwise why is he enemy, even with just outwardly show of 'same' treatment? (Steven)

A 11 : You are correct. You can not treat 'your' friend as your ememy and *vice versa.* But, Gītā does not ask you to treat 'your' enemy and friend alike, as you may have (mis)understood from different translations.

What Gita actually says is "you be indifferent to one who thinks you as his enemy or friend." Even if one thinks you as his enemy, **you do not consider** him your ememy. Thinking you as his enemy or friend is his delusion (मूढता) due to his own *guṇas*. You, as a *buddhi yogī*, who has made his *tamo* (तमो) *guṇa* inactive, treat everyone indifferently, without considering anyone your enemy, in a righteous (सात्त्विक) manner, as Gītā says. You do not consider anyone your enemy and do not consider yourself to be anyone's enemy. You have no enemy, no one is 'your' enemy. Here are few examples from our practicle life :

Just as a doctor's duty is not to consider any patient his enemy and treat everyone indifferently in a righteous manner, without being enemy to anyone, regardless of what a patient may think of him.

Similarly, just as a wood-chopper may act as an enemy to a tree and a farmer may act as a friend to the same tree, but the tree gives an indifferential treatment to both people.

Also, just as a butcher or a beef eater may make an enemy to the cows; and a cowherd or cow worshipper as a friend, but the cows give whatever they can to everyone indifferently.

Or, just as some people treat the nature with utter disregard and disrespect, but the Mother-nature treats everyone with equanimity.

So also, even though Duryodhana always treated Krishṇa as his enemy and tried to disrespect, kidnap and kill him, Krishṇa always treated Duryodhana in a very respectful manner and tried to bring him to the righteous path (see the Background of the Gita), as he always did to Arjuna.

Q12 : From what I have read in many translations of Gītā, Lord Krishna in verse 9.4 says "beings are seated in me" (मत्स्थानि सर्व भूतानि), in 9.5 he says, "beings are not seated in me" (न च मत्स्थानि भूतानि) and again in 9.6 he says, "beings are seated in me" (सर्वाणि भूतानि मत्स्थानि). Why is such contradiction in Gita? (Avi)

A 12 : Remember what I said in the answer to Q1. There is no contradiction in Gītā, the contradiction is only because of reading improper translations.

Therefore, all three shlokas say only one thing, i.e. "beings seated in me" (मत्स्थानि भूतानि). The contradiction is created by reading the verse 9.5 incorrectly. Read the verse as **पश्य मे योगमैश्वरं** न च मत्स्थानि भूतानि । Look at my divine yoga, do not look at the beings seated in me.

Also remember, the verse is a poetic construction and the words may to be in different order (than a prose construction) to suite the rules of anuṣṭubha metre and add the poetic beauty to the writing. The reader or translator has to be wise enough to put the words in proper order to render a proper translation, without introducing his own contradiction or improper meaning.

Q13 : What is God? Is He in the heaven? Where is heaven? (Vishal)

A13 : In short, according to Gita, God is not an imaginary divine male person sitting on a throne in high up in heaven, giving you one birth, controlling you and then making you dead for ever.

THAT is the unmanifest brahma and IT is the manifest Universe (तत्सर्वं सर्वमिदम्). God is English word for brahma. Therefore, God IS everything everywhere, and **Heaven is where righteousness is, i.e. where dharma is.** God is where dharma personifies (अवतरति). God is not imaginary and up high. God is Real, Perceivable and Tangible. God is here, and heaven is where you create it, even within you.

Just as when you plant a branch or seed of a plant, it grows into a plant. This plant is not a birth of new plant, but it is just a continuation of its previous stage, so is the so called "birth" of a living being merely a continuation of its previous state. And, so called its 'death' is the end of the present state or rather the beginning of its new state. All these functions are attributed to what we call God.

Q14 : Can a person get rid of his sins or must he pay for all his sins? (Uddhav)

A14 : Yes, **one can remove his sins** and become as sinless as he was when he was born. Gita 3.13 मुच्यन्ते सर्वकिल्बिषैः, 6.27 अकल्मषम्, 6.48 विगतकल्मषः, सर्वपापेभ्यो मोक्षयिष्यामि 18.68, ...etc. are the written proofs.

For the path to remove all your sins and make yourself sinless and free, please refer to these verses in this book, chapters 3, 6 and 18.

CHAPTER 2

dvitīyo'dhyāyaḥ:
द्वितीयोऽध्यायः ।

YOGA OF KNOWLEDGE
OF RENUNCIATION OF THE AUTHORSHIP OF KARMA[96]

sāṅkhya-yogopaniṣhat
साङ्ख्ययोगोपनिषत् ।

Sanjaya said (sañjaya uvāća सञ्जय उवाच ।)

2.1 तं तथा कृपयाविष्टमश्रुपूर्णाकुलेक्षणम् ।
विषीदन्तमिदं वाक्यमुवाच मधुसूदनः ।।
taṁ tathā kṛpayāviṣṭamaśrupūrṇākulekṣaṇam,
viṣīdantamidaṁ vākyamuvāća madhusūdanaḥ:. (verse 2.1)

PLEASE NOTE THAT, in all verses of in this book :

(§1) = Analysis of the verse, with the 25 Sandhi Rules explained above,

(§2) = Grammatical analysis of each Sanskrit word with the rules given earlier,

(§3) = Plain grammatical English meaning of each Sanskrit word of the shloka based on the grammar given in Step §2. These exact English words are used in step §5 below,

(§4) = Sanskrit words re-arranged in the order of English syntax,

(§5) = English meaning of the shloka, exactly as translated in step (§3) above.

---

[96] Elsewhere: *Saṅkhyayoga* = Yoga of knowledge. Yoga of Renunciation.

(§1) तम् तथा कृपयाविष्टम् अश्रुपूर्णाकुलेक्षणम् । विषीदन् तम् इदम् वाक्यम् उवाच मधुसूदनः । ***dvitīyaḥ:*** (r◦ 15/1) ***adhyāyaḥ:*** (r◦ 22/8). ***sāṅkhyayogaḥ:*** (r◦ 22/8). ***sañjayaḥ:*** (r◦ 19/4) ***uvāća. taṃ*** (r◦ 14/1) ***tathā kṛpayā*** (r◦ 1/4) ***āviṣṭaṃ*** (r◦ 8/16) ***aśrupūrṇākulekṣaṇaṃ*** (r◦ 14/2, 24/3) ***viṣīdantaṃ*** (r◦ 8/18) ***idaṃ*** (r◦ 14/1) ***vākyaṃ*** (r◦ 8/20) ***uvāća madhusūdanaḥ:*** (r◦ 22/8)

(§2) *dvitīyaḥ:* (m◦ 1nom◦ sing◦ ←sequence indicating num◦ adj◦ *dvitīya* (second) ←adj◦ *dvi* ←1◦√द्व (to hinder); *adhyāyaḥ:* (1nom◦ sing◦ ←m◦ *adhyāya* (chapter) ←1◦अधि√इ (to enter, come, go). *sāṅkhyayogaḥ:* (m◦ 1nom◦ sing◦ ←tatpu◦ *sāṅkhya-yoga*, सांख्ययोगः । सांख्यस्य योगः । सांख्यतत्त्वस्य योगः । सांख्यसंन्यासिभ्यः योगः । सांख्यज्ञानिभ्यः योगः । सांख्ययोगिभ्यः योगः । संन्यासस्य ज्ञानस्य योगः । संन्यासयोगः । ज्ञानयोगः (see the answer to Question 9, in the previous section) ←m◦ *sāṅkhya* 2.39 + m◦ *yoga* 2.39). *sañjayaḥ:* (1.2); *uvāća* (1.25). ***taṃ*** (m◦ 2acc◦ sing◦ ←pron◦ *taḍ* 1.2); *tathā* (in that manner) (1.8); *kṛpayā* (with compassion) (1.27); *āviṣṭaṃ* (m◦ 2acc◦ sing◦ ←adj◦ *āviṣṭa* (possessed) 1.27); *aśrupūrṇākulekṣaṇaṃ* (m◦ 2acc◦ sing◦ ←bahuvrī◦ *aśrupūrṇākulekṣaṇa*, अश्रुभिः पूर्णे आकुले च ईक्षणे यस्य सः । अश्रुभिः पूर्णे अश्रुभिः च आकुले ईक्षणे यस्य सः ←n◦ *aśru* (tear) ←9◦√अश् (to eat)+ adj◦ *pūrṇa* (filled) ←6◦√पूर् (to fill) + adj◦ *ākula* (agitated) ←1◦आ√कुल् (to related) + n◦ *īkṣaṇa* (eye) ←2◦√ई (to go); ***viṣīdantaṃ*** (m◦ 2acc◦ sing◦ ←śatṛ◦ adj◦ *viṣīdaṭ* (desponding) ←6◦वि√सद् (to sit); *idaṃ* (1.10); *vākyaṃ* (word) (2acc◦ 1.21); *uvāća* (1.25); *madhusūdanaḥ:* (1nom◦ sing◦ ←m◦ bahuvrī◦ *madhusūdana* 1.35) (2.1)

kṛpayā कृपया, दयया, अनुकम्पया, करुणया, करुणार्द्रया, दयालुतया, अनुक्रोशेन ।

āviṣṭaṃ आविष्टम्, आक्रन्तम्, उपसृष्टम्, उपहतम् 1.38, धृतम्, अधिक्षितम्, समाविष्टम्, असादितम्, उपेतम् 6.37, ग्रस्तम्, अहतम्, लब्धम्, व्याप्तम्, अधिगतम्, प्राप्तम्, हस्तगतम्, अधिष्ठितम्, अध्यासितम्, अन्वितम् 9.23

ākule आकुले, उद्विग्ने, क्षुब्धे, विह्वले, धूते, प्रमाथिते, उद्भ्रान्ते, विदुरे, लुलिते, कातरे, विक्लबे, परिप्लवे, विलोडिते

īkṣaṇaṃ ईक्षणम्, चक्षुः 5.27, लोचनम्, नेत्रम् 11.16, नयनम् 1.10, अक्षि 11.2

viṣīdantaṃ विषीदन्तम्, उद्विजन्तम्, अवसीदन्तम्, परिदेवन्तम्, विलपन्तम्, क्रन्दन्तम्, शोचन्तम्, उत्कण्ठन्तम्, निराशाकुर्वन्तम्, वैक्लव्यगच्छन्तम् ।

(§3) *dvitīyaḥ:* (adj◦-subj◦ the second); *adhyāyaḥ:* (subj◦ the discourse, the chapter). *sāṅkhyayogaḥ:* (Sāṅkhya-yoga, yoga of knowledge of renunciation). *sañjayaḥ:* (subj◦ Sañjaya); *uvāća* (he said). *tam* (obj1◦ him; to that; to that Arjuna); *tathā* (thus, in that manner); *kṛpayā* (with compassion; with pity); *āviṣṭaṃ* (adj1◦-obj1◦ possessed with; engulfed with); *aśrupūrṇākulekṣaṇaṃ* (adj2◦-obj1◦ to him whose eyes were filled and agitated with tears; he whose eyes were filled with tears and were agitated); *viṣīdantaṃ* (adj3◦-obj1◦ to him who was desponding, despairing); *idaṃ* (adj◦-obj2◦ this);

vākyam (obj2∘ word; speech); ***uvāća*** (he said); ***madhusūdanaḥ:*** (subj∘ Madhusūdana; Śrī Kṛṣṇa) (2.1)

(§4) dvitīyaḥ: adhyāyaḥ:. sāṅkhyayogaḥ:. sañjayaḥ: uvāća. tathā āviṣṭam kṛpayā aśrupūrṇākulekṣaṇam viṣīdantam tam madhusūdanaḥ: uvāća idam vākyam

(§5) The Second Discourse. Sāṅkhya-yoga (Yoga of Knowledge of Renunciation of the Authorship of *karma*).

Sañjaya said : In that manner possessed with compassion (and) whose eyes were filled and agitated with tears,[97] to that desponding Arjuna Śrī Kṛṣṇa said this word.[98] (2.1)

PLEASE NOTE : As has already been said, the English words used in the translation of the verse in step (§5) are are exactly same as the English words used in giving the grammatical meaning of each Sanskrit word in step (§3). Additional filler words, if any, are enclosed in brackets. Because of this limitation, the sentences in step (§5) may not appear ornamental and smooth, but they show strictly the original Sanskrit words as said by the speaker. Same is true for all verses of all chapters of all three volumes of this book.

अनुष्ठुप्-छन्दसि गीतोपनिषद् । 2.1 (सञ्जय उवाच)	एतादृशे क्षणे सूक्ष्मे श्रुत्वा पार्थस्य वल्गनाम् । योगेश्वरो भ्रमं हर्तुं पार्थमुवाच मायया ।। 598/1110

[97] *aśrupūrṇākulekṣaṇam* अश्रुभिः पूर्णे अश्रुभिः च आकुले ईक्षणे यस्य → he whose eyes were filled and agitated with tears; अश्रुभिः पूर्णे आकुले च ईक्षणे यस्य → he whose eyes were filled with tears and were agitated.

[98] See footnote in verse 1.2

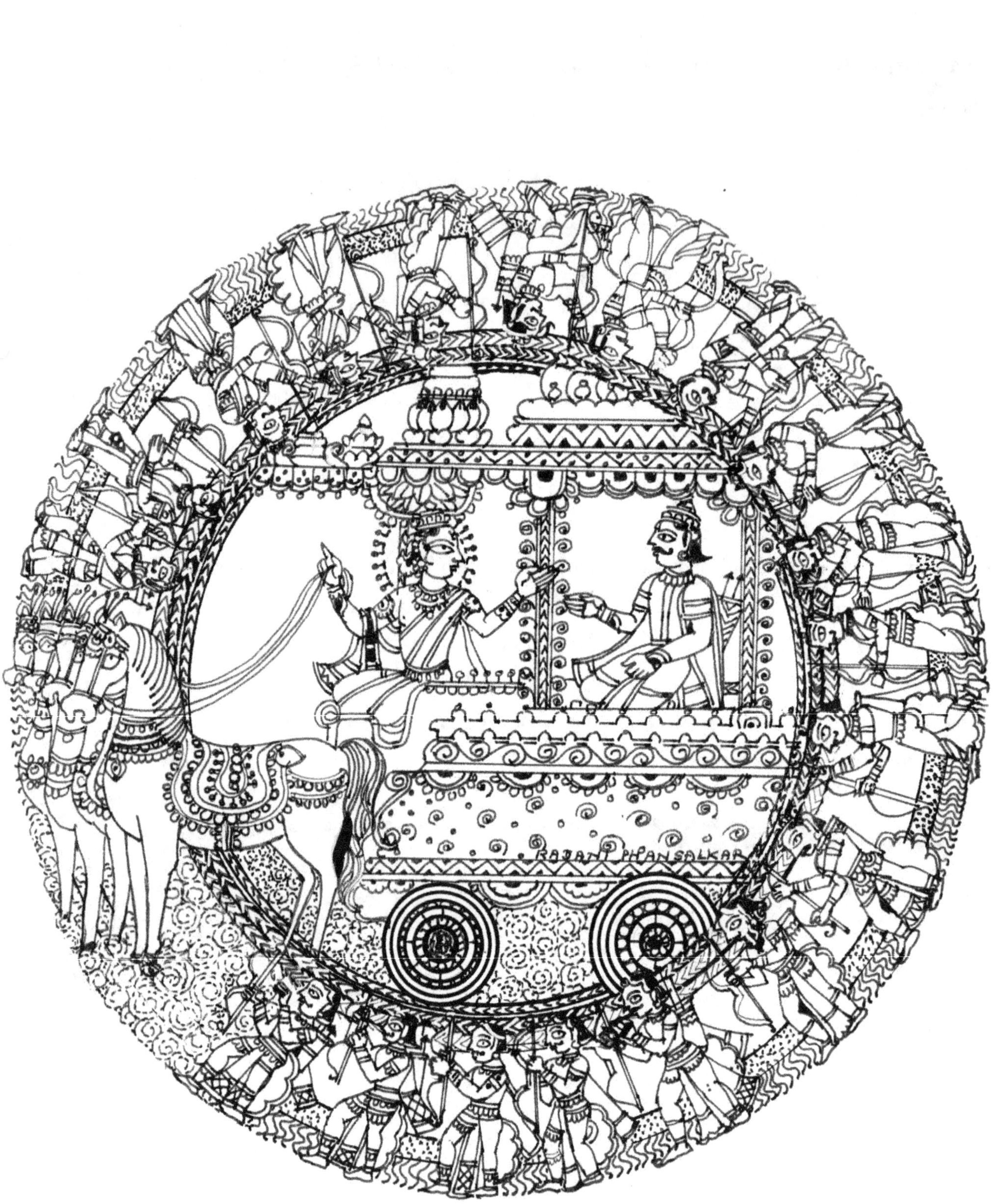

विषिदन्तमिदं वाक्यमुवाच मधुसूदनः ।

The Lord said - (śrībhagavānuvāća श्रीभगवानुवाच)

2.2 कुतस्त्वा कश्मलमिदं विषमे समुपस्थितम् ।
अनार्यजुष्टमस्वर्ग्यमकीर्तिकरमर्जुन ।।

kutastvā kaśmalamidaṁ viṣame samupasthitam,
anāryajuṣṭamasvargyamakīrtikaramarjuna. (2.2)

(§1) कुतः त्वा कश्मलम् इदम् विषमे समुपस्थितम् । अनार्यजुष्टम् अस्वर्ग्यम् अकीर्तिकरम् अर्जुन । *śrībhagavān* (r∘ 8/14) *uvāća. kutaḥ:* (r∘ 18/1) *tvā kaśmalam* (r∘ 8/18) *idam* (r∘ 14/1) *viṣame samupasthitam* (r∘ 14/2) *anāryajuṣṭam* (r∘ 8/16) *asvargyam* (r∘ 8/16) *akīrtikaram* (r∘ 8/16) *arjuna*

(§2) *śrī-bhagavān* (m∘ 1nom∘ sing∘ ←adj∘ *śrī* (10.34); + m∘ 1nom∘ sing∘ ←adj∘ *bhagavat* 10.14); *uvāća* (1.25). 📖**kutaḥ:** (time or place indicating interrogatory ind∘ *kutas* (from where) ←pron∘ *kim* 1.1); **tvā** (= *tvām* (to you) त्वाम्; 2acc∘ sing∘ ←pron∘ *yuṣmad* 1.3); 📖*kaśmalam* (1nom∘ sing∘ ←n∘ *kaśmala* (cowardice) ←1∘√**कश्** (to sound); *idam* (this) (1.10); 📖*viṣame* (n∘ or m∘ 7loc∘ sing∘ वि-समे, वि-समये, समस्य विरुद्धे, सामान्यस्य विरुद्धे ←adj∘ *viṣama* (wrong juncture) ←1∘वि√सम् (to be equanimous, equal); *samupasthitam* (came) (n∘ 1nom∘ 1.28); *anāryajuṣṭam* (n∘ 1nom∘ sing∘ ←tatpu∘ adj∘ *anārya-juṣṭa*, अनार्यः जुष्टः यस्मिन् । अनार्यः जुषते येन । आर्य न जुष्टः यस्मिन् । आर्यः न जुषते येन –इति ←adj∘ *anārya* (not noble) ←1∘अन्√ऋ (to attain) + ppp∘ adj∘ 📖*juṣṭa* (pleased) ←6∘√**जुष्** (to inspire); 📖*asvargyam* (n∘ 1nom∘ sing∘ ←n.tatpu∘ -pot∘ adj∘ *a-svargya* (unheavenly) न स्वर्ग्यम् ←m∘ ***svarga*** (heaven) ←1∘सु√**ऋज्** (to attain); 📖*akīrtikaram* (n∘ 1nom∘ sing∘ ←n.tatpu∘ *a-kīrti-kara,* न कीर्तिः करोति इति ←n.tatpu∘ ***akīrti*** (infamy) ←f∘ ***kīrti*** (fame) ←10∘√कृत् (to announce) + affix ***kara*** or adj∘ ***kāra*** or adj∘ *kāraka* (causer) ←8∘√कृ (to do); ***arjuna*** (m∘ 8voc∘ sing∘ ←prop∘ *arjuna* 1.4) (2.2)

📖 kutaḥ: कुतः, कस्मात् 11.37

📖 kaśmalam कश्मलम्, कातर्यम्, दीनत्वम्, भीरुता, कार्पण्यम् 2.7, दैन्यम्, भयशीलता, कातरता, क्षुद्रता, क्लैब्यम् 2.3

📖 viṣame विषमे, विसमते, अपकाले, अकाले, अकालकाले, प्रतिकूले ।

📖 juṣṭam जुष्टम्, प्रसन्नम्, सम्पन्नम् ।

📖 asvargyam अस्वर्ग्यम्, अदिविष्ठम्, नरकीयम्, नारकीयम् ।

📖 akīrtikaram अकीर्तिकरम्, परिवादकम्, अपमानकरम्, अवमानकरम् ।

(§3) ***śrī-bhagavān*** (subj∘ **Lord; Lord Śrī Kṛṣṇa);** ***uvāća*** **(said).** ***kutaḥ:*** **(from where? whence?);** ***tvā*** **(=** त्वाम् obj∘ **to you; have you, did you);** ***kaśmalam*** (subj∘ **the timidity, the the cowardice, pusillanimity);**

idaṃ (adj1◦-subj◦ this); ***viṣame*** (in the wrong time and place, at the wrong moment, at the wrong juncture); ***samupasthitaṃ*** (adj2◦-subj◦ the one that has come); ***anāryajuṣṭaṃ*** (adj3◦-subj◦ that by which noble people are not pleased); ***asvargyaṃ*** (adj4◦-subj◦ the one that is not heavenly; that which is not divine); ***akīrtikaraṃ*** (adj5◦-subj◦ the one that causes infamy, which does not give credit); ***arjuna*** (O Arjuna!) (2.2)

(§4) arjuna idaṃ kaśmalaṃ anāryajuṣṭaṃ asvargyaṃ akīrtikaraṃ samupasthitaṃ tvā viṣame kutaḥ:

(§5) O Arjuna! this cowardice - that by which the noble men are not pleased,[99] that is not heavenly, that causes infamy has come[100] to you at the wrong juncture,[101] from where? (2.2)

अनुष्ठुप्-छन्दसि गीतोपनिषद् । 2.2 (श्रीभगवानुवाच)	व्याकुलः कातरो भूत्वा शोकयुक्तो रणे च त्वम् । एवं दीनः कथं पार्थ रोदकः परिदेवकः ।। 599/1110

2.3 क्लैब्यं मा स्म गमः पार्थ नैतत्त्वय्युपपद्यते ।
क्षुद्रं हृदयदौर्बल्यं त्यक्त्वोत्तिष्ठ परन्तप ।।

klaibyaṁ mā sma gamaḥ: pārtha naitattvayyupapadyate,
kṣudraṁ hṛdayadaurbalyaṁ tyaktvottiṣṭha parantapa. (2.3)

(§1) क्लैब्यम् मा स्म गमः पार्थ न एतत् त्वयि उपपद्यते । क्षुद्रम् हृदयदौर्बल्यम् त्यक्त्वा उत्तिष्ठ परन्तप । *klaibyaṃ* (r◦

---

[99] Elsewhere◦ *anāryajuṣṭaṃ* → practiced by anārya, unknown to men of noble mind, entertained by unenlightened, cherished by the unworthy ...etc.

📖 अनार्यजुष्टः, अनार्यः जुष्टः यस्मिन्, आर्यः अजुष्टः यस्मिन्, अनार्यः जुषते येन, आर्यः न जुषते येन ← √जुष् (आत्म◦) to be pleased, to be in favour; जुष्ट ppp◦ one who is pleased. अनार्यजुष्टः by which *anārya* is pleased, by which *ārya* (a noble man) is not pleased.

[100] Elsewhere◦ *samupasthitaṃ* → these have come upon you, you have got these, this has come to thee, has come on you, has come upon you, ...etc.

📖 समुपस्थित is not a present or past tense. it is not a verb. It is not plural. It is singular. It is a ppp◦ adj◦ for the noun कश्मलम् । It is the Subject in Nominative case.

[101] Elsewhere◦ *viṣame* → at this crisis, in this hour of crisis, during the crisis of war, in such a critical situation, in danger ...etc.

14/1) *mā sma gamaḥ:* (r◦ 22/3) *pārtha na* (r◦ 3/1) *etaṭ* (r◦ 1/10) *tvayi* (r◦ 4/3) *upapadyate kṣudram* (r◦ 14/1) *hṛdayadaurbalyam* (r◦ 14/1) *tyaktvā* (r◦ 2/4) *uttiṣṭha parantapa*

(§2) 📖*klaibyam* (2acc◦ sing◦ ←n◦ *klaibya* (cowardice) ←1◦√क्लीब् (to be weak); ***mā*** (opposition indicating ind◦ (don't) ←3◦√मा (to measure); *sma* (stress or certainty indicating ind◦ ←1◦√स्मि (to smile); *gamaḥ:* (2nd-per◦ sing◦ -pastind◦ लुङ् भूत parasmai◦ indicating an advice ←1◦√गम् (to go); *pārtha* (1.25); *na* (1.30); ***etaṭ*** (n◦ 1nom◦ sing◦ ←pron◦ *etad* (this) 1.3); *tvayi* (7loc◦ sing◦ ←pron◦ *yuṣmad* 1.3); ***upapadyate*** (3rd-per◦ sing◦ pres◦ वर्तमान्-लट् ātmane◦ ←4◦उप√पद् (to go); 📖*kṣudram* (n◦ 2acc◦ sing◦ ←adj◦ *kṣudra* (lowly) ←7◦√क्षुद् (to trample); *hṛdayadaurbalyam* (n◦ 2acc◦ ←tatpu◦ *hṛdaya-daurbalya,* हृदयस्य दौर्बल्यम् ←n◦ *hṛdaya* (heart) 1.19 + n◦ 📖*daurbalya* (weakness) ←5◦√दु (be bad); *tyaktvā* (1.33); 📖***uttiṣṭha*** (2nd-per◦ sing◦ imperative◦ लोट् parasmai◦ ←1◦उद्√स्था (to stay); ***parantapa*** (m◦ 8voc◦ sing◦ ←bahuvrī◦ *parantapa,* परान् तापयति यः ←adj◦ ***para*** (other) ←3◦√पॄ (to fill) + m◦ *tapa* ←1◦√तप् (to do penance, heat up) (2.3)

📖 klaibyam क्लैब्यम्, भीरुताम्, कातर्यम्, अपौरुषम्, कापुरुषत्वम्, क्लिबताम्, अवीर्यम्, निर्बलताम्, निःसत्त्वम्, असामर्थ्यम्, अपुंस्त्वम्, नपुंसकत्वम् ।

📖 kṣudram क्षुद्रम्, निकृष्टम्, नीचम्, कदर्यम्, अनार्यम्, जघन्यम्, हीनम्, अधमम् ।

📖 daurbalyam दौर्बल्यम्, असामर्थ्यम्, निष्पौरुषम्, शक्तिहीनताम्, अशक्तिम्, बलहीनताम्, दुर्बलताम्, शक्तिवैकल्यम् ।

📖 uttiṣṭha उत्तिष्ठ, सज्जः भव ।

📖 parantapa धृतराष्ट्र, कृष्ण, अर्जुन ।

(§3) ***klaibyam*** **(obj1◦ cowardice, impotence);** ***mā sma*** **(don't);** ***gamaḥ:*** **(you yield to -, you should go for);** ***pārtha*** **(O Son of Pṛthā! O Pārtha! O Arjuna!);** ***na*** **(not, does not);** ***etaṭ*** **(adj◦-obj◦ it, this);** ***tvayi*** **(on you);** ***upapadyate*** **(it becomes fit, it befits; it looks befitting);** ***kṣudram*** **(adj◦-obj2◦ the lowly, base, vile, ignoble);** ***hṛdayadaurbalyam*** **(obj2◦ weakheartedness);** ***tyaktvā*** **(having cast aside, having shaken off);** ***uttiṣṭha*** **(you please arise! you please stand up!);** ***parantapa*** **(O Parantapa! O Arjuna!)** (2.3)

(§4) pārtha mā sma gamaḥ: klaibyam etaṭ na upapadyate tvayi parantapa uttiṣṭha tyaktvā kṣudram hṛdayadaurbalyam

(§5) O Arjuna! don't you yield to cowardice. It does not look befitting on you. O Arjuna! please stand up, having shaken off the lowly weak heartedness. (2.3)

अनुष्टुप्-छन्दसि गीतोपनिषद् । 2.3	
अनुचिते स्थले काले नीचा बुद्धिः कथं त्वयि । दास्यति न च कीर्तिं सा न या श्रेष्ठं च शोभते ।। 600/1110	नास्त्येतस्यां किमप्यर्थस्त्यज दुर्बलतां सखे । त्यक्त्वा हृदयदौर्बल्यं सन्नद्धो भव भारत ।। 601/1110

Arjuna said (arjuna uvāća अर्जुन उवाच ।)

2.4 कथं भीष्ममहं सङ्ख्ये द्रोणं च मधुसूदन ।
इषुभिः प्रतियोत्स्यामि पूजार्हावरिसूदन ।।

kathaṁ bhīṣmamahaṁ saṅkhye droṇaṁ ća madhusūdana,
iṣubhiḥ: pratiyotsyāmi pūjārhāvarisūdana. (2.4)

(§1) कथम् भीष्मम् अहम् सङ्ख्ये द्रोणम् च मधुसूदन । इषुभिः प्रतियोत्स्यामि पूजार्हौ अरिसूदन । *arjunaḥ:* (r◦ 19/4) *uvāća. kathaṃ* (r◦ 14/1) *bhīṣmaṃ* (r◦ 8/16) *ahaṃ* (r◦ 14/1) *saṅkhye droṇaṃ* (r◦ 14/1, 24/3) *ća madhusūdana* (r◦ 23/1) *iṣubhiḥ:* (r◦ 22/3) *pratiyotsyāmi pūjārhau* (r◦ 5/5) *arisūdana*

(§2) *arjunaḥ:* (1.28); *uvāća* (1.25). *kathaṃ* (1.37); *bhīṣmaṃ* (1.11); *ahaṃ* (1.22); *saṅkhye* (1.47); ***droṇaṃ*** (m◦ 2acc◦ sing◦ ←prop◦ *droṇa* 1.25); *ća* (1.1); *madhusūdana* (1.35); *iṣubhiḥ:* (3inst◦ plu◦ ←m◦ *iṣu* (arrow) 1.4); *pratiyotsyāmi* (1st-per◦ sing◦ fut2◦ लृट् भविष्य◦ parasmai◦ ←4◦प्रति√युध् (to fight); 📖*pūjārhau* (m◦ 2acc◦ -dual ←tatpu◦ *pūjārha*, पूजायाः अर्हः ←f◦ ***pūjā*** (worship) ←10◦**√पूज्** (to worship) + adj◦ *arha* (worthy) ←1◦√अर्ह् (to deserve); *arisūdana* (m◦ 8voc◦ sing◦ ←bahuvrī◦ *ari-sūdana*, अरिणाम् सूदनः यः ←m◦ ***ari*** (enemy) ←1◦√ऋ (to attain) + adj◦ *sūdana* (destroyer) ←1◦√सूद् (to thrash) (2.4)

📖 pūjārhau पूजार्हौ, पूजनीयौ, आदरणीयौ, पूज्यौ, अर्चनीयौ, अर्चार्हौ, अर्हणीयौ, नमस्यौ, पूजीलौ, पूजनार्हौ, अर्चनार्हौ

(§3) ***kathaṃ*** (how?); ***bhīṣmaṃ*** (obj1◦ Bhīṣma); ***ahaṃ*** (subj◦ I); ***saṅkhye*** (on the battlefield); ***droṇaṃ*** (obj2◦ to Droṇa); ***ća*** (and); ***madhusūdana*** (O Madhusūdana! O Śrī Kṛṣṇa!); ***iṣubhiḥ:*** (with arrows); ***pratiyotsyāmi*** (I shall fight against); ***pūjārhau*** (adj◦-obj1,2◦ the two venerable-); ***arisūdana*** (O Arisūdana! O Śrī Kṛṣṇa!) (2.4)

(§4) arisūdana kathaṃ ahaṃ pratiyotsyāmi pūjārhau bhīṣmaṃ ća droṇaṃ iṣubhiḥ: saṅkhye arisūdana

(§5) O Śrī Kṛṣṇa! how shall I fight against the two venerable,[102] Bhīṣma and Droṇa, with arrows on the battlefield? O Arisūdana! (2.4)

अनुष्टुप्-छन्दसि गीतोपनिषद् । 2.4	(अर्जुन उवाच)
(अर्जुनस्य पुनः प्रजल्पः)	
योगेश्वरस्य तच्छ्रुत्वा कौन्तेयो वचनं ततः । पार्थः कृष्णं पुनर्ब्रूते ज्ञात्वाऽऽत्मानं स पण्डितम् ।। 602/1110	कथं शराश्रु क्षेप्स्यामि मुरारे भीष्मद्रोणयोः । पावनौ तौ गुरू द्वौ हि कथय मां जनार्दन ।। 603/1110

2.5 गुरूनहत्वा हि महानुभावाञ्श्रेयो भोक्तुं भैक्ष्यमपीह लोके ।
हत्वार्थकामांस्तु गुरूनिहैव भुञ्जीय भोगान्रुधिरप्रदिग्धान् ।।

gurūnahatvā hi mahānubhāvāñśreyo bhoktuṁ bhaikṣyamapīha loke,
hatvārthakāmānstu gurūnihaiva bhuñjīya bhogānrudhirapradigdhān.
(2.5)

(§1) गुरून् अहत्वा हि महानुभावान् श्रेयः भोक्तुम् भैक्ष्यम् अपि इह लोके । हत्वा अर्थकामान् तु गुरून् इह एव भुञ्जीय भोगान् रुधिरप्रदिग्धान् । *gurūn* (r∘ 8/11) *ahatvā hi mahānubhāvān* (r∘ 11/5) *śreyaḥ:* (r∘ 15/8) *bhoktum* (r∘ 14/1) *bhaikṣyam* (r∘ 8/16) *api* (r∘ 1/5) *iha loke hatvā* (r∘ 1/3) *arthakāmān* (r∘ 13/7) *tu gurūn* (r∘ 8/13) *iha* (r∘ 3/1) *eva bhuñjīya bhogān* (r∘ 13/18) *rudhirapradigdhān*

(§2) ***gurūn*** (2acc∘ plu∘ ←m∘ or adj∘ ***guru*** (guru) **←10∘√गृ** (to to know properly); *a-hatvā* (-ve∘ ipp∘ ←ind∘ *hatvā* 1.31); *hi* (because) (ind∘ ←5∘√हि (to impel) or 3∘√हा (to go)); *mahānubhāvān* (m∘ 2acc∘ plu∘ ←bahuvrī∘ *mahānubhāva* (noble) महान् अनुभवः यस्य ←adj∘ *mahā* 1.3 + m∘ *anubhava* (experience) ←1∘अनु√भू (to be, become); ***śreyaḥ:*** (1nom∘ sing∘ ←n∘ *śreyas* (better) 1.31); *bhoktum* (inf∘ ind∘ ←7∘√भुज् (to enjoy, experience); *bhaikṣyam* (1nom∘ sing∘ ←n∘ *bhaikṣya* (alms) ←1∘√भिक्ष् (to ask for, beg); *api* (1.26); ***iha*** (time or place indicating ind∘ ←pron∘ *idam* 1.10); ***loke*** (7loc∘ sing∘ ←aggregative m∘ ***loka*** (world) ←1∘√लोक् (to see, seek); *hatvā* (1.31); *arthakāmān* (m∘ 2acc∘ plu∘ ←bahuvrī∘ *artha-kāma*, अर्थम् कामयति यः ←m∘ *artha* (wealth)

---

[102] Elsewhere∘ *pūjārhau* → they are worthy to be worshipped, are worthy of worship, they both are venerable, who are worthy of respect, who are only worthy of, ...etc.
पूजार्हौ is not a present tense Nominative (1st) case dual verb (स्तः). It is not a verb. It is Accusative (2nd) case, dual, m∘ adjective of dual noun gurū (गुरू)→ the two venerable, the two venerable ones.

1.7 + m∘ or n∘ *kāma* (slave) 1.22); *tu* (1.2); *gurūn̦* (↑); *iha* (↑); *eva* (1.1); 📖*bhuñjīya* (1st-per∘ sing∘ - pot∘ ātmane∘ ←7∘√भुज् (to enjoy, experience); ***bhogān̦*** (2acc∘ plu∘ ←m∘ *bhoga* (pleasure) 1.32); *rudhirapradigdhān̦* (m∘ 2acc∘ plu∘ ←tatpu∘ 📖*rudhira-pradigdha* (tainted with blood) **रुधिरेण प्रदिग्धः** ←n∘ *rudhira* (blood) ←7∘**√रुधृ** (to stop) + ppp∘ adj∘ *pradigdha* (tainted) ←2∘प्र**√दिह** (to smear) (2.5)

📖 a-hatvā अहत्वा, अनिषूद्य, अनिहत्य

📖 mahānubhāvān̦ महानुभावन्, आर्यान्, महात्मनः, महामनांसि, महाशयान्, महाभागान्, श्रीमन्तः, महिमनः, शिष्टजनान्

📖 śreyaḥ: श्रेयः, अधिकतरः 12.5, श्रेयांसः, गुरुतरः, श्रेष्ठः, वरम् 1.37, भद्रतरम्, गरीयः 2.6, प्रशस्तम्, अर्हत्तरम्, साधीयः, ज्यायः 3.8, अतिरिक्तम्, ज्येष्ठः, प्रकृष्ठः, प्रधानः, परम् 2.12

📖 bhoktum̦ भोक्तुम्, उपभोक्तुम्, अनुभवितुम्, आस्वादितुम्, पोष्टुम्, निर्वोढुम्, भक्षयितुम् ।

📖 bhaikṣyam̦ भैक्षम्, भिक्षा, भिक्षान्न ।

📖 arthakāmān̦ अर्थकामान्, अर्थलोलुप्तान्, अर्थाभिलाषितान्, अर्थार्थिनः, अर्थपरान्, अर्थपरायणान्, अर्थस्पृहितान्, अर्थलोभितान्, अर्थवाञ्छितानः, अर्थदासान् ।

📖 bhuñjīya भुञ्जीय, भोक्तव्य, भोजनीय, भोज्य ।

📖 bhogān भोगान्, उपभोगान्, सुखानि, सौख्यानि, आनन्दान्, तुष्टीः, तोषान्, सन्तोषान्, मोदान्, आमोदान्, नन्दान्, रतीः, ह्लादान् ।

📖 rudhira-pradigdha रुधिरप्रदिग्ध, रक्ताक्त, शोणिताक्त, रक्तावलिप्त, रक्तसिक्त, रक्तक्लिन्न, रक्तावृत्त, रक्तदूषित, रक्तकलङ्कित ।

(§3) *gurūn̦* (obj1∘ the gurus); *ahatvā* (having not killed, not killing); *hi* (because); *mahānubhāvān̦* (adj1∘-obj1∘ the noble); *śreyaḥ:* (adj∘-subj∘ better, better is); *bhoktum̦* (for suffering; to suffer); *bhaikṣyam̦* (subj∘ alms, the life on alms); *api* (also); *iha* (here); *loke* (in this world); *hatvā* (having killed); *arthakāmān̦* (adj2∘-obj1∘ they who covet wealth; the ones who are the slaves of wealth); *tu* (indeed); *gurūn̦* (obj1∘ the gurus); *iha* (here, in this world); *eva* (only); *bhuñjīya* (I may experience); *bhogān̦* (obj2∘ the pleasures); *rudhirapradigdhān̦* (adj∘-obj2∘ tainted with blood) (2.5)

(§4) ahatvā mahānubhāvān̦ gurūn̦ iha loke, śreyaḥ: bhoktum̦ bhaikṣyam̦ api, hi iha hatvā gurūn̦ arthakāmān̦ tu bhuñjīya eva bhogān̦ rudhirapradigdhān̦

(§5) Having not killed the noble gurus here in this world, better is to suffer the life on alms also. Because,[103] in this world, having killed the *gurus*, (even) the ones who are the slaves of wealth,[104] indeed I may experience[105] only the pleasures tainted with blood. (2.5)

अनुष्टुप्-छन्दसि गीतोपनिषद् । 2.5	(नीतियुद्धस्य भेदं अर्जुनो विस्मृतवान्)
हत्या पूज्यगुरूणां तु भिक्षाया अपि पामरा ।	जयपराजयोर्नास्ति नीतियुद्धे तु चिन्तनम् ।
रक्तसिक्तांस्ततो भोगान्-भोक्ष्यामि खलु केशव ।। 604/1110	तथाऽपि भ्रमयुक्तः स क्षात्रधर्मं हि व्यस्मरत् ।। 605/1110

2.6 न चैतद्विद्मः कतरन्नो गरीयो यद्वा जयेम यदि वा नो जयेयुः ।
यानेव हत्वा न जिजीविषामस्तेऽवस्थिताः प्रमुखे धार्तराष्ट्राः ।।

na ćaitadvidmaḥ: kataranno garīyo yadvā jayema yadi vā no jayeyuḥ:,

---

[103] See the footnote in verse 2.15

[104] Elsewhere◦ *arthakāmāṇ* → my enjoyment, with desire for worldly gain, for the sake of worldly gains, we shall be enjoying pleasures of wealth, pleasures in the form of wealth and sense-enjoyments, for the pleasures derived from the acquisition of wealth and fulfillment of desires, I should enjoy the pleasures of wealth, ...etc. (noun purpose or adjective attached to 1st person subj◦ Arjuna or his folk).

📖 अर्थकामान् is the plural adjective qualifying plural obj◦ (acc◦ 2nd case) the gurus गरून्, same as *mahānubhāvāṇ* महानुभावान् । It does not qualify subj◦ Arjuna, which is neither the obj◦ nor a plural noun. It should mean → they (the gurus) who covet wealth; those who are the slaves of wealth. महानुभावान् अर्थकामान् गुरून् अहत्वा – रुधिरप्रदिग्धान् भोगान् भुञ्जीय ।

By saying so, Arjuna refers back to Droṇa's recent declaration to Yudhiṣṭhira (M. Bh◦ Bhi◦ 43:56). Just few moments earlier, when Yudhiṣṭhira asked Droṇa as to, why he was fighting on Kauravas' side when he clearly knows that it is the unrighteous behaviour of the Kauravas that has brought the war on the Pāṇḍavas? Guru Droṇa had replied : O Dharmaraja! I know that at the end the victory will be yours, for you are on the righteous side (सत्यमेव जयते). I have stationed myself on Pandavas' side and, still I am fighting on Kauravas' side because :

अर्थस्य पुरुषो दासो, दासस्त्वर्थो न कस्यचित् ।
इति सत्यं महाराज! बद्धोऽस्म्यर्थेन कौरवैः ।।

O King! Yudhiṣṭhira! Man is salve of wealth, wealth is slave of none. Bound by wealth, therefore, I am a monetary slave of the Kauravas.

[105] Elsewhere◦ *bhuñjīya* → I shall be enjoying, my enjoyments, we enjoy, we shall be enjoying, the pleasures would be, all my enjoyments will be, my enjoyment will be, my pleasures will be, we shall after all enjoy ...etc.

📖 भुञ्जीय is not a future tense or a gerund. It is 1st person, singular, potential mood of the verb √भुज् (to experience) : I may experience.

yāneva hatvā na jijīviṣāmaste'vasthitāḥ: pramukhe dhārtarāṣṭrāḥ:. (2.6)

(§1) न च एतत् विद्मः कतरत् नः गरीयः यद्वा जयेम यदि वा नः जयेयुः । यान् एव हत्वा न जिजीविषामः ते अवस्थिताः प्रमुखे धार्तराष्ट्राः । *na ća* (r∘ 3/1) *etat* (r∘ 9/11) *vidmaḥ:* (r∘ 22/1) *katarat* (r∘ 12/1) *naḥ:* (r∘ 15/2) *garīyaḥ:* (r∘ 15/10) *yat* (r∘ 9/11) *vā jayema yadi vā naḥ:* (r∘ 15/3) *jayeyuḥ:* (r∘ 22/8) *yān* (r∘ 8/15) *eva hatvā na jijīviṣāmaḥ:* (r∘ 18/1) *te* (r∘ 6/1) *avasthitāḥ:* (r∘ 22/3) *pramukhe dhārtarāṣṭrāḥ:* (r∘ 22/8)

(§2) *na* (1.30); *ća* (1.1); ***etat*** (this) (n∘ 2acc∘ sing∘ ←pron∘ *etat* 2.3); 📖*vidmaḥ:* (1st-per∘ plu∘ pres∘ वर्तमान्-लट् parasmai∘ ←2∘**√विद्** (to know); *katarat* (n∘ 1nom∘ sing∘ ←adj∘ *katarat* or *ktaras* ←pron∘ adj∘ *katara* (which one of two) ←pron∘ *kim* (what) 1.1); *naḥ:* (4dat∘ 1.33); *garīyaḥ:* (n∘ 1nom∘ sing∘ ←adj∘ 📖***garīyas*** (better) ←9∘**√गॄ** (to praise); *yat* (1.45); *vā* (1.32); *jayema* (1st-per∘ plu∘ potential∘ विधि∘ parasmai∘ ←1∘√जि (to win); *yadi* (if) (1.38); *vā* (or) (1.32); *naḥ:* (2acc∘ plu∘ ←pron∘ *asmad* 1.7); *jayeyuḥ:* (3rd-per∘ plu∘ des∘ potential∘ विधि∘ parasmai∘ ←1∘√जि (to win); *yān* (m∘ 2acc∘ plu∘ ←pron∘ *yad* 1.7); *eva* (1.1); *hatvā* (1.31); *na* (1.30); *jijīviṣāmaḥ:* (m∘ *ji* ←1∘√जि (to win) + *viṣāmaḥ:* 1st-per∘ plu∘ des∘ pres∘ वर्तमान्-लट् parasmai∘ ←3∘√विष् (to detach); *te* (1.33); *avasthitāḥ:* (1.11); 📖*pramukhe* (adv∘ or n∘ 7loc∘ sing∘ ←adj∘ *pramukha* (in front) 1.25); *dhārtarāṣṭrāḥ:* (1.46) (2.6)

📖 vidmaḥ: विद्मः, जानीमः, बोधामः, अवगच्छामः ।

📖 garīyas गरीयः, श्रेयः, अधिकतरः 12.5, श्रेयांसः, गुरुतरः, श्रेष्ठः, वरम् 1.37, भद्रतरम्, प्रशस्तम्, अर्हत्तरम्, साधीयः, ज्यायः 3.8, अतिरिक्तम्, ज्येष्ठः, प्रकृष्ठः, प्रधानः, परम् 2.12 ।

📖 pramukhe प्रमुखे, अग्रे, पुरतः, पुरः, प्रमुखतः see 1.25↑

(§3) ***na*** (do not); ***ća*** (and); ***etat*** (obj∘1 this); ***vidmaḥ:*** (we know); ***katarat*** (subj1∘ which one of the two?); ***naḥ:*** (for us); ***garīyaḥ:*** (adj∘-subj1∘ is better) ***yad-vā*** (whether); ***jayema*** (we should conquer); ***vā*** (or); ***naḥ:*** (obj∘2 to us); ***jayeyuḥ:*** (they should conquer); ***yān*** (adj1∘-obj3∘ to whom); ***eva*** (even); ***hatvā*** (having killed); ***na*** (do not); ***jijīviṣāmaḥ:*** (we wish to live); ***te*** (adj1∘-subj2∘ they); ***avasthitāḥ:*** (adj2∘-subj2∘ those who are arrayed in battle formation); ***pramukhe*** (adv∘ facing, in front); ***dhārtarāṣṭrāḥ:*** (subj2∘ the sons of Dhṛtarāṣṭra; the Kauravas) (2.6)

(§4) ća etat na vidmaḥ: katarat garīyaḥ: naḥ: yad-vā jayema vā jayeyuḥ: naḥ: te dhārtarāṣṭrāḥ: avasthitāḥ: yān hatvā na eva jijīviṣāmaḥ: (*santi*) pramukhe.

(§5) And this (also) we do not know (that) - which one of the two (is) better[106] for us. Whether we should conquer[107] (them) or should they conquer[108] us. They, the Kauravas, who are arrayed in battle formation,[109] to whom having killed[110] we do not even wish to live,[111] (are) in front. (2.6)

अनुष्टुप्-छन्दसि गीतोपनिषद् । 2.6	(तथैव पार्थ उवाच)
एतदपि न जानीमः किमस्मभ्यं शुभं भवेत् । जेष्यन्ति वा जयेयुर्नो जेष्यामो वा जयेम तान् ।। 606/1110	नास्ति जेतुं जिगीषा नो हत्वा यान्यदुनन्दन । अवस्थिता भटास्ते हि युद्धाय पुरतो रणे ।। 607/1110
अचेष्टन् ते गृहे तत्र हन्तुमस्मान्वने तथा । तत्र नैच्छमहं योद्धुं नेच्छाम्यत्रापि तैः सह ।। 608/1110	तत्रात्र वा वयं स्याम योद्धुमिच्छन्ति ते सदा । इतो गच्छेम कुत्रापि प्रत्यागम्यं पुनो मया ।। 609/1110
योद्धुमत्रागताः सर्वे गुरवो बान्धवास्तथा । शस्त्रयुक्ता रता योद्धुं मर्तुं मारयितुं तथा ।। 610/1110	त्यक्त्वा धनानि प्राणाँश्च हन्तुमस्मान्यथा तथा । येनकेनप्रकारेण जनाः सर्वे युयुत्सवः ।। 611/1110

---

[106] Elsewhere◦ *garīyaḥ:* → which will be better, which would be better.

[107] Elsewhere◦ *jayema* → We should slay, we shall win, we shall conquer, we conquer, conquering them ...etc.

📖 जयेम is not a future tense, present tense or gerund. It is a potential mood from verb 1◦√जि

[108] Elsewhere◦ *jayeyuḥ:* → they shall conquer us, they will conquer us, being conquered by them, they conquer us, they should slay us, ...etc.

📖 जयेयुः is not a future tense, present tense or gerund. It is a potential mood from verb 1◦√जि

[109] Elsewhere◦ *avasthitāḥ:* → are standing, they are now standing, they stand ...etc. (like a present tense)

📖 अवस्थित is not a tense. It is a ppp◦ adj◦ of the subj◦ धार्तराष्ट्र। Therefore, धार्तराष्ट्राः अवस्थिताः = the Kauravas, who are arrayed.

NOTE : In Sanskṛt, the verb *asti* (अस्ति) is not always actually written but it is understood; especially so, in the use of ppp◦ adjectives in active voice. For example, रामः गतः means Rāma (is or is the one who has) gone; where Rāma is a noun and gone is the adjective, not a verb; the verb 'is' is silent and understood. पाण्डवाः शूराः means the Paṇḍavas (are) brave. ते अवस्थिताः युद्धे means they (are) the ones present in the battle. Here अवस्थिताः is not a verb, it is adj◦ of subj◦ ते । The verb 'are (सन्ति),' is understood. NOTE : for a very clear understanding on the distinction between a past tense verb and a past participle adj◦ (ppp◦), or any other topic, please refer my handy book, '*Learn Sanskrit through English Medium.*'

[110] Elsewhere◦ *hatvā* → If we killed them, if we slew, by killing ...etc.

📖 हत्वा is not a conditional (लृङ्) mood; and it is also not Instrumental case.

[111] Elsewhere◦ *na jijīviṣāmaḥ:* → we should not desire to live, we would not like to live any longer, would result in our disinclination to continue, we should not care to live, we would not want to live ...etc.

📖 जिजीविषाम is not a potential mood. It is a desiderative present tense = we do not wish to live.

अचेष्टामहि सर्वं च सन्ध्या युद्धं निवर्तितुम् । विनश्य सन्धिमार्गान्-ते योद्धुमेव समागताः ।। 612/1110	हन्तुमस्मान्दृढाः सर्वे योद्धुमिच्छेम वा न वा । नाहं युध्येय तर्हि ते समुच्छेत्स्यन्ति पाण्डवान् ।। 613/1110
मयि सति कथं कृष्णैतज्जातु शक्यते प्रभो । वाञ्छामो तु वयं शान्तिं योद्धुमिच्छन्ति कौरवाः ।। 614/1110	योद्धुं यद्यपि नेच्छामः कौरवास्तु युयुत्सवः । वद गच्छाम्यहं कुत्र नागन्तव्यं यतो रणे ।। 615/1110

2.7 कार्पण्यदोषोपहतस्वभावः पृच्छामि त्वां धर्मसम्मूढचेताः ।
यच्छ्रेयः स्यान्निश्चितं ब्रूहि तन्मे शिष्यस्तेऽहं शाधि मां त्वां प्रपन्नम् ।।

kārpaṇyadoṣopahatasvabhāvaḥ: pṛcchāmi tvāṁ dharmasammūḍhacetāḥ:, yacchreyaḥ: syānniścitaṁ brūhi tanme śiṣyaste'haṁ śādhi māṁ tvāṁ prapannam; (2.7)

(§1) कार्पण्यदोषोपहतस्वभावः पृच्छामि त्वाम् धर्मसम्मूढचेताः । यच्छ्रेयः स्यात् निश्चितम् ब्रूहि तत् मे शिष्यः ते अहम् शाधि माम् त्वाम् प्रपन्नम् । *kārpaṇyadoṣopahatasvabhāvaḥ:* (r◦ 22/3) *pṛcchāmi tvāṃ* (r◦ 14/1) *dharmasammūḍhacetāḥ:* (r◦ 22/8) *yaṭ* (r◦ 11/4) *śreyaḥ:* (r◦ 22/7) *syāṭ* (r◦ 12/1) *niścitaṃ* (r◦ 14/1) *bruhi taṭ* (r◦ 12/2) *me śiṣyaḥ:* (r◦ 18/1) *te* (r◦ 6/1) *ahaṃ* (r◦ 14/1) *śādhi māṃ* (r◦ 14/1) *tvāṃ* (r◦ 14/1) *prapannaṃ* (r◦ 14/2) (2.7)

(§2) *kārpaṇyadoṣopahatasvabhāvaḥ:* (m◦ 1nom◦ sing◦ ←bahuvrī◦ *kārpaṇya-doṣopahata-svabhāva*, कार्पण्यस्य दोषेन उपहतः स्वभावः यस्य सः ←n◦ 📖*kārpaṇya* (pity) ←1◦√कृप् (to imagine) + m◦ *doṣa* (feebleness) 1.38 + adj◦ 📖*upahata* (impaired) 1.38 + m◦ s-karm◦ 📖***svabhāva*** ←pron◦ adj◦ *sva* (own) 1.28 + m◦ ***bhāva*** (nature) ←1◦√भू (to be, become); *pṛcchāmi* (1st-per◦ sing◦ pres◦ वर्तमान्-लट् parasmai◦ ←6◦√प्रच्छ् (to ask); ***tvāṃ*** (2acc◦ sing◦ ←pron◦ *yuṣmaḍ* 1.3); *dharmasammūḍhacetāḥ:* (m◦ 1nom◦ sing◦ ←bahuvrī◦ *dharma-sammūḍha-cetaṣ*, धर्मे सम्मूढम् चेतः यस्य ←m◦ *dharma* (righteousness) 1.1 + ppp◦ adj◦ 📖***sammūḍha*** (confused) ←4◦सम्√मुह् (to be deluded) + n◦ *cetaṣ* (mind) 1.38); *yaṭ* (1.45); *śreyaḥ:* (better) (2.5); *syāṭ* (may be) (1.36); ***niścitaṃ*** (certainly) (n◦ 1nom◦ = adj◦ ***niścita*** (certail) ←5◦निस्√चि (to gather); ***bruhi*** (2nd-per◦ sing◦ imperative◦ लोट् ←2◦√ब्रू (to speak); ***taṭ*** (that) (n◦ 2acc◦ sing◦ ←pron◦ *taḍ* 1.10); ***me*** (me) (4dat◦ sing◦ ←pron◦ *asmaḍ* 1.7); *śiṣyaḥ:* (m◦ 1nom◦ sing◦ ←m◦ *śiṣya* (disciple) 1.3); ***te*** (your) (m◦ 6pos◦ sing◦ ←pron◦ *yuṣmaḍ* 1.3); *ahaṃ* (I) (1.22); *śādhi* (2nd-per◦ sing◦ imperative◦ लोट् parasmai◦ ←2◦√शास् (to govern); *māṃ* (me) (1.46); *tvāṃ* (to you) (2.7); 📖*prapannaṃ* (m◦ 2acc◦ sing◦ ←ppp◦ adj◦ ***prapanna*** (suppliant) शरणागत ←4◦प्र√पद् (to go) (2.7)

📖 kārpaṇya कार्पण्यम्, दैन्यम्, अनुक्रोशः, करुणा, अनुकम्पा, अनुग्रहः 11.1

📖 upahata उपहत, क्षीणीभूत, अल्पीभूत, दुर्बलीभूत, ह्रसित, विकलित, विकलीभूत, क्षीण 5.25, विशीर्ण, हतबल ।

📖 svabhāvaḥ स्वभाव:, प्रकृति: 7.4, गुण;, धर्म:, शीलम् ।

📖 sammūḍha सम्मूढ, आकुलीभूत, सम्भ्रान्त, सक्कुल, आकीर्ण, अस्तव्यस्त, विक्लव, व्यग्र, पिञ्ज, विपन्न ।

📖 prapannam प्रपन्नम्, शरणागतम्, समर्पितम् ।

(§3) ***kārpaṇyadoṣopahatasvabhāvaḥ:*** **(adj1∘-subj∘ he whose nature is impaired by the feebleness of pity);** ***pṛćchāmi*** **(I ask, I am asking);** ***tvāṃ*** **(obj1∘ you);** ***dharmasammūḍhaćetāḥ:*** **(adj2∘-subj∘ he whose mind is confused in the matter of righteousness i.e. what is right and what is not);** ***yaṭ*** **(subj2∘ which, what);** ***śreyaḥ:*** **(adj∘-subj2∘ better);** ***syāṭ*** **(it may be, it should be);** ***niśćitaṃ*** **(certainly, decisively, specifically, for sure);** ***bruhi*** **(you please tell);** ***taṭ*** **(obj2∘ that);** ***me*** **(dat∘ to me);** ***śiṣyaḥ:*** **(adj3∘-subj∘ disciple, pupil);** ***te*** **(your);** ***ahaṃ*** **(subj∘ I; I am);** ***śādhi*** **(you please instruct);** ***māṃ*** **(obj3∘ me);** ***tvāṃ*** **(obj1∘ to you);** ***prapannaṃ*** **(adj4∘-subj∘ the one who is suppliant, fallen at feet) (2.7)**

(§4) kārpaṇyadoṣopahatasvabhāvaḥ: dharmasammūḍhaćetāḥ: pṛćchāmi tvāṃ taṭ bruhi me niśćitaṃ yaṭ syāṭ śreyaḥ: ahaṃ te śiṣyaḥ: prapannaṃ tvāṃ śādhi māṃ

(§5) Nature impaired by the feebleness of pity, mind confused in the matter of what is right and what is not,[112] I am asking you to please tell me decisively what may be better. I am your disciple, suppliant to you.[113] Please instruct me; (2.7)

HERE CONCLUDES THE "VISHAD YOGA." THE YOGA THAT OVERWHELMED AND HUMBLED ARJUNA.

अनुष्टुप्-छन्दसि गीतोपनिषद् । 2.7 (अर्जुन उवाच)	(अर्जुन: कृष्णं पृच्छति) **अधर्म: कश्च धर्मोऽपि कोऽस्मिन्स्थितौ नु ब्रूहि माम् ।**

---

[112] Elsewhere∘ *dharmasammūḍhaćetāḥ:* → my mind is confused, I have lost all composure, with my mind bewildered, my understanding is confused ...etc.

📖 धर्मसम्मुढचेतस् is not a *tatpuruṣa samāsa.* It is not a verb of perfect or any other tense. It is not in Instrumental case. It is Nominative masculine adjective of the subject I (i.e. Arjunaḥ). The word declines like m∘ चन्द्रमस् (चन्द्रमा:, चन्द्रमसौ, चन्द्रमस: । पु∘ ०चेता:, ०चेतसौ, ०चेतस:). Therefore, it is NOT 'my mind', but it is 'I' (Arjun).

[113] Elsewhere∘ *prapannaṃ* → I have surrendered myself, I have taken refuge, I surreeunder to you, I surrender at your feet, I am seeking ...etc.

📖 प्रपन्न is not a verb, it is an adj∘ qualifying the subject I, therefore → I, the one who is fallen at feet.

	किं नु पापं च पुण्यं किं करणीयं च कर्म किम् ।। 616/1110
रणयागत्य किं कार्यम्-अकार्यं किं च केशव । लाभालाभौ च कस्मिन्मे कृष्ण ब्रूहि सुनिश्चितम् ।। 617	अवशं मे मनो जातं भ्रमिता मे मतिस्तथा । शाधि शिष्यं प्रपन्नं मां धर्माधर्मौ च कौ हरे ।। 618/1110

2.8 न हि प्रपश्यामि ममापनुद्याद्यच्छोकमुच्छोषणमिन्द्रियाणाम् ।
अवाप्य भूमावसपत्नमृद्धं राज्यं सुराणामपि चाधिपत्यम् ।।

na hi prapaśyāmi mamāpanudyādyaććhokamuććhoṣaṇamindriyāṇām,
avāpya bhūmāvasapatnamṛddhaṁ rājyaṁ surāṇāmapi ćādhipatyam. (2.8)

(§1) न हि प्रपश्यामि मम अपनुद्यात् यत् शोकम् उच्छोषण् इन्द्रियाणाम् । अवाप्य भूमौ असपत्नम् ऋद्धम् राज्यम् सुराणाम् अपि च अधिपत्यम् । *na hi prapaśyāmi mama* (r◦ 1/1) *apanudyāt* (r◦ 9/9) *yat* (r◦ 11/4) *śokam* (r◦ 8/20) *uććhoṣaṇam* (r◦ 8/18, 24/3) *indriyāṇām* (r◦ 24/6, 14/2) *avāpya bhūmau* (r◦ 5/5) *asapatnam* (r◦ 8/21) *ṛddham* (r◦ 14/1) *rājyam* (r◦ 14/1) *surāṇām* (r◦ 24/6, 8/16) *api ća* (r◦ 1/1) *adhipatyam* (r◦ 14/2)

(§2) *na* (1.30); *hi* (because) (1.11); *prapaśyāmi* (1st-per◦ sing◦ pres◦ वर्तमान्-लट् parasmai◦ ←1◦प्र√दृश् (to see) 1.31); *mama* (1.7); *apanudyāt* (3rd-per◦ sing◦ -benedictive◦ आशि◦ parasmai◦ ←6◦अप√नुद् (to push); *yat* (1.45); 🕮***śokam*** (2acc◦ sing◦ ←m◦ *śoka* (grief) 1.47); 🕮*uććhoṣaṇam* (2acc◦ sing◦ ←n◦ *uććhoṣaṇa* (drying) ←4◦उद्√शुष् (to dry); ***indriyāṇām*** (6pos plu◦ ←n◦ ***indriya*** (organ) ←1◦√इन्द् (to be lofty); *avāpya* (past-participle lyp◦ ind◦ ←5◦अव√आप् (to attain, get); *bhūmau* (7loc◦ sing◦ ←f◦ ***bhūmi*** (earth) ←1◦√भू (to be, become); 🕮*a-sapatnam* (2acc◦ sing◦ n.tatpu◦ ←n◦ ***sapatna*** (obstruction) ←1◦√पत् (to fall); 🕮*ṛddham* (n◦ 2acc◦ sing◦ ←adj◦ *ṛddha* (affluent) ←3◦√ऋध् (to be pleaseed, grow); *rājyam* (kingdom) (obj◦ 1.32); *surāṇām* (6pos plu◦ ←m◦ ***sura*** (god) ←2◦सु√रा (to bestow); *api* (1.26); *ća* (1.1); 🕮*adhipatyam* (n◦ 2acc◦ sing◦ ←taddhita◦ *adhipatya* (sovereignty) ←m◦ ***adhipa*** (king) ←2◦अधि√पा (to protect) (2.8)

🕮 śokam शोकम्, खेदम्, सन्तापम्, क्लेशम्, व्यथाम्, दुःखम् 5.6

🕮 uććhoṣaṇam उच्छोषणम्, शुष्किकरणम्, शोषणम्, शोषः, परिशोषणम्, शुष्करणम् ।

🕮 asapatnam असपत्नम्, निरारिम्, शत्रुहीनम्, अस्पर्धितम्, अप्रतिद्वंद्वितम्, असङ्घर्षितम्, निरापदम् ।

🕮 ṛddham ऋद्वम्, उन्नतम्, वैभवयुक्तम्, समृद्धम् 5.18, ऐश्वर्ययुक्तम्, सम्पन्नम् 5.18, अभ्युदितम्, श्रीयुक्तम् ।

🕮 adhipatyam अधिपत्यम्, इन्द्रताम्, राज्यम् 2.8, प्रभुत्वम्, ईशत्वम्, स्वाम्यम्, मौख्यम् ।

RAJANI N. PHANSALKAR
Ratnakar Narale
Ratnakar Narale

(§3) ***na*** (not); ***hi*** (because); ***prapaśyāmi*** (I see, clearly see, think); ***mama*** (my); ***apanudyāt*** (it may remove, take away); ***yat*** (which, that); ***śokam*** (obj1∘ the grief, sorrow, pain); ***uććhoṣaṇam*** (obj2∘ the withering, the drying); ***indriyāṇām*** (of organs; or senses); ***avāpya*** (having gained, having obtained); ***bhūmau*** (on the earth, in the world); ***asapatnam*** (adj1∘-obj3∘ unrivalled, without enemies; unobstructed); ***ṛddham*** (adj2∘-obj3∘ extended, affluent); ***rājyam*** (obj3∘ kingdom); ***surāṇām*** (of the gods); ***api*** (also); ***ća*** (and); ***adhipatyam*** (obj4∘ the sovereignty, supremacy, authority) (2.8)

Correct Sanskrit Syntax is : न हि प्रपश्यामि यत् अवाप्य भूमौ असपत्नम् ऋद्धम् राज्यम् च सुराणाम् अधिपत्यम् च अपि अपनुद्यात् मम इन्द्रियाणाम् शोकम् च उच्छोषण् च ।

(§4) hi na prapaśyāmi yat avāpya asapatnam ṛddham rājyam bhūmau adhipatyam surāṇām api apanudyāt śokam ća uććhoṣaṇam mama indriyāṇām

(§5) Because,[114] I do not think that having gained unobstructed affluent kingdom on the earth (or)[115] the sovereignty of the gods, may also take away the grief and the drying[116] of my organs. (2.8)

अनुष्ठुप्-छन्दसि गीतोपनिषद् । 2.8	(पुनः प्रजल्पः)
असपत्नं च सम्पन्नं राज्यं भूमौ मिलेद्यदि । इन्द्रासनं च प्राप्याहं भवेयं द्युपतिस्तथा ।। 619/1110	राज्यं त्रिभुवनस्यापि लब्धं निष्कण्टकं मया । नाहं मन्ये विषादो मे गच्छेद्गात्रस्य शोषकः ।। 620/1110

Sanjaya said (sañjaya uvāća सञ्जय उवाच ।)

2.9 एवमुक्त्वा हृषीकेशं गुडाकेशः परन्तप ।

---

[114] See the footnote in verse 2.15

[115] Elsewhere∘ → with, and, also ...etc.

[116] Elsewhere∘ *uććhoṣaṇam* → which dries up, which burns up, which is drying up, parches, which is blasting, that is utterly drying up, which withers my senses, ...etc.

📖 उच्छोषणम् is neither a verb nor it is an adjective of the m∘ noun शोकः or n∘ noun इन्द्रियाणि । It is a n∘ noun, that has सम्बन्धः (genetive or possessive 6th case relationship) with n∘ इन्द्रियाणि । Thus, it should mean → n∘ noun उच्छोषणम् 'the drying' of the *indriya*s, इन्द्रियाणाम् उच्छोषणम् । NOTE : Correct Sanskrit Syntax is : न हि प्रपश्यामि यत् अवाप्य भूमौ असपत्नम् ऋद्धम् राज्यम् च सुराणाम् अधिपत्यम् च अपि अपनुद्यात् मम इन्द्रियाणाम् शोकम् च उच्छोषण् च ।

न योत्स्य इति गोविन्दमुक्त्वा तूष्णीं बभूव ह ॥

evamuktvā hṛṣīkeśaṁ guḍākeśaḥ: parantapa,

na yotsya iti govindamuktvā tūṣṇīṁ babhūva ha. (2.9)

(§1) एवम् उक्त्वा हृषीकेशम् गुडाकेश: परन्तप । न योत्स्ये इति गोविन्दम् उक्त्वा तूष्णीम् बभूव ह । *sañjayaḥ:* (r◦ 19/4) *uvāća. evaṃ* (r◦ 8/20) *uktvā hṛṣīkeśaṃ* (r◦ 14/1) *guḍākeśaḥ:* (r◦ 22/3) *parantapa na yotse* (r◦ 5/2) *iti govindaṃ* (r◦ 8/20) *uktvā tūṣṇīṃ* (r◦ 14/1) *babhūva ha*

(§2) *sañjayaḥ:* (1.2); *uvāća* (1.25). *evaṃ* (1.24); *uktvā* (1.47); *hṛṣīkeśaṃ* (1.20); *guḍākeśaḥ:* (1nom◦ sing◦ ←m◦ *guḍākeśa* 1.24); *parantapa* (in 2.3 = Arjuna; in 2.9 = Dhṛtarāṣṭra); *na* (1.30); ***yotse*** (1st-per◦ sing◦ fut2◦ लृट् भविष्य◦ ātmane◦ ←4◦√युध् (to fight); *iti* (1.25); *govindaṃ* (2acc◦ sing◦ ←m◦ *govinda* 1.32); *uktvā* (1.47); 📖*tūṣṇīṃ* (silently) (adv◦ ind◦ ←4◦**√तुष्** (to be content); *babhūva* (3rd-per◦ sing◦ past-perf◦ लिट् भूत◦ parasmai◦ ←1◦√भू (to be, become); *ha* (stress or certainty indicating ind◦ ←3◦√हा (to go) (2.9)

📖 tūṣṇīṃ तूष्णिम्, शान्तम्, शान्त्या, अचण्डम्, नि:शब्दम्, निभृतम्, मौनीभूय ।

(§3) ***sañjayaḥ:*** (Sañjaya); ***uvāća*** (said). ***evaṃ*** (in this manner); ***uktvā*** (having said); ***hṛṣīkeśaṃ*** (obj◦ to Hṛṣīkeśa; to Śrī Kṛṣṇa); ***guḍākeśaḥ:*** (subj◦ the Guḍākeśa; Arjuna); ***parantapa*** (O Parantapa! O Dhṛtarāṣṭra!); ***na*** (not); ***yotse*** (I shall fight); ***iti*** (that, thus); ***govindaṃ*** (obj◦ to Govinda; to Śrī Kṛṣṇa); ***uktvā*** (having said; saying); ***tūṣṇīṃ*** (silently, quietly, without speaking) ***babhūva ha*** (he stayed) (2.9)

(§4) guḍākeśaḥ: uktvā hṛṣīkeśaṃ evaṃ parantapa uktvā govindaṃ iti na yotse babhūva ha tūṣṇīṃ

(§5) Arjuna, having spoken to Śrī Kṛṣṇa in this manner, O Dhṛtarāṣṭra![117] (and then)

---

[117] परन्तप → arjuna, scorcher of enenies; Arjuna, the harasser of foes; Gudakesa (Arjuna), the scorcher of foes; Arjuna, the destroyer of the enemies; Gudakesha, the tormenter of; Gudakesa, the terror to the foes; ...etc

📖 In the Mahābhārata, while speaking to Dhṛtarāṣṭra, (सञ्जय उवाच) as customary, Sañjaya has always used some glorified expression to address his Master. Similarly in Gītā 2.9 also, Sañjaya has addressed Dhṛtarāṣṭra with an expression of *parantapa!* परन्तप!, and there is nothing odd about it.

However, some patronizing critics ideologically translate this परन्तप! (vocative) word as an adjective of Arjuna. They

saying to Śrī Kṛṣṇa[118] that "I shall not fight," he stayed silently.[119] (2.9)

अनुष्टुप्-छन्दसि गीतोपनिषद् । 2.9	(सञ्जय उवाच) इदमुक्त्वा हृषीकेशं विषण्णः स तदा रणे । भणित्वा च "न योत्स्येऽहं" तूष्णीं बभूव भारतः ।। 621/1110

2.10 तमुवाच हृषीकेशः प्रहसन्निव भारत ।
सेनयोरुभयोर्मध्ये विषीदन्तमिदं वचः ।।

tamuvāća hṛṣīkeśaḥ: prahasanniva bhārata,
senayorubhayormadhye viṣīdantamidaṁ vaćaḥ:; (2.10)

(§1) तम् उवाच हृषीकेशः प्रहसन् इव भारत । सेनयोः उभयोः मध्ये विषीदन्तम् इदम् वचः । *tam* (r◦ 8/20) *uvāća hṛṣīkeśaḥ:* (r◦ 22/3) *prahasanniva* (r◦ 13/3) *iva bhārata senayoḥ:* (r◦ 16/5) *ubhayoḥ:* (r◦ 16/12) *madhye viṣidantam* (r◦ 8/18) *idam* (r◦ 14/1) *vaćaḥ:* (r◦ 22/8)

---

argue, "as Dhṛtarāṣṭra was blind, he could not command his enemies. He was elder but could not become king. He was installed on the throne only as a result of Pāṇḍu's death. He was a weak king." Having intelligently argued so, they translate the vocative परन्तप as गुडाकेशः परन्तप अर्जुनः, but this conjecture can not be supported by Sanskrit gammar. Knowing this difficulty, some other critics have substituted the original word परन्तप with परन्तपः so that (with गुडाकेशः परन्तपः अर्जुनः) they could glorify Arjuna, who had become fainthearted at that time. But, even in this case, if you change परन्तप to परन्तपः, then the reference (to सञ्जय उवाच), to whom Sañjaya is talking, gets lost.

Thus, what Vyāsa has chosen in his poetry should be left alone, whether we favour the Kauravas or not. When Vyāsa has given epithet of महीपति in Sajnaya's mouth to address Dhṛtarāṣtra, in Gītā 1.21 and elswhere in the Mahābhārata he has addressed the blind King as भरतशार्दूल, भरतश्रेष्ठ, भरतर्षभ, भरतसत्तम, कुरुशार्दूल, कुरुश्रेष्ठ, then what is the problem if Sañjaya addressed his master as परन्तप in the Gītā 2.9?

The construction and the context of this line of this verse, with a four-way dialogue between Arjuna and Kriṣṇa and between Dhṛtarāṣtra and Sañjaya, is same as in the verses 1.24 (एवमुक्तो ...) and (तमुवाच ...) ; except that the vocative भारत! is replaced with परन्तप!

[118] Elsewhere◦ *govindam* → Govind! (vocative)

[119] Elsewhere◦ →*tūṣṇīm* → became silent, became calm, became quiet ...etc.

📖 तूष्णीम् is not a noun, verb or adjective. It is an ind◦ adverb, it must qualify a verb or an adj◦ or of another adverb = silently, calmly, quietly.

(§2) *taṃ* (2.1); *uvāća* (1.25); *hṛṣīkeśaḥ:* (1.15); *prahasan* (1nom◦ sing◦ śatṛ◦ adj◦ *prahasaṭ* (smiling) ←1◦प्र√हस् (to laugh)); *iva* (1.30); *bhārata* (1.24); *senayoḥ:* (1.21); *ubhayoḥ:* (1.21); *madhye* (1.21); *viṣidantaṃ* (2.1); *idaṃ* (1.10); ***vaćaḥ:*** (2acc◦ sing◦ ←n◦ *vacaṣ* (word) ←2◦√वच् (to speek)

prahasan प्रहसन्, सस्मित:, स्मेर:, adv◦ विहस्य ।

(§3) ***taṃ*** (obj1◦ to him, to Arjuna); ***uvāća*** (said); ***hṛṣīkeśaḥ:*** (subj◦ Hṛṣīkeśaḥ:; Śri Kṛṣṇa); ***prahasan*** (adj◦-subj◦ while smiling, smiling); ***iva*** (like, as if, as it were, so to speak); ***bhārata*** (O Bhātara! O King Dhṛtarāṣtra!); ***senayoḥ:*** (of the two armies); ***ubhayoḥ:*** (of the both, of the two opposing); ***madhye*** (in the middle); ***viṣidantaṃ*** (adj◦-obj1◦ to him who was lamenting, despairing); ***idaṃ*** (this); ***vaćaḥ:*** (obj2◦ word, a group of words, a speech) (2.10)

(§4) bhārata iva prahasan hṛṣīkeśaḥ: uvāća taṃ viṣidantaṃ madhye ubhayoḥ: senayoḥ: idaṃ vaćaḥ:

(§5) O King Dhṛtarāṣtra! as if smiling, Śri Kṛṣṇa said to him, who was lamenting[120] in the middle of the two opposing armies, this word;[121] (2.10)

The Lord said (śrībhagavānuvāća श्रीभगवानुवाच ।)

अनुष्टुप्-छन्दसि गीतोपनिषद् । 2.10	(तदा) आकर्ण्य वचनं तत्स विलक्षणं हि माधव: । स्नेहेनोवाच पार्थं तं विस्मित: केशवस्तत: ।। 622/1110

2.11 अशोच्यानन्वशोचस्त्वं प्रज्ञावादांश्च भाषसे ।
गतासूनगतासूंश्च नानुशोचन्ति पण्डिता: ।।
aśoćyānanvaśoćastvaṁ prajñāvādāṁśća bhāṣase,

---

[120] Elsewhere◦ →*viṣidantaṃ* → grief-striken, depressed, dejected one ...etc.

विषीदत् is not a past passive participle. Notice that in विषीदत् the ending त् is half (हलन्त). It is a present active participle, not a ppp◦ विषीदत । It is an adjective gerund. It means → he who was desponding or while desponding, lamenting, grieving, despairing.

[121] Elsewhere◦ →*idam vćaḥ:* → these words.

gatāsūnagatāsūṁśća nānuśoćanti paṇḍitāḥ:. (2.11)

(§1) अशोच्यान् अन्वशोचः त्वम् प्रज्ञावादान् च भाषसे । गतासून् अगतासून् च न अनुशोचन्ति पण्डिताः । *śrībhagavān* (r∘ 8/14) *uvāća. aśoćyān* (r∘ 8/11) *anvaśoćaḥ:* (r∘ 18/1) *tvam* (r∘ 14/1) *prajñāvādān* (r∘ 13/6) *ća bhāṣase gatāsūn* (r∘ 8/11) *agatāsūn* (r∘ 13/6) *ća na* (r∘ 1/1) *anuśoćanti paṇḍitāḥ:* (r∘ 22/8)

(§2) *śrībhagavān* (2.2); *uvāća* (1.25). *aśoćyān* (m∘ 2acc∘ plu∘ ←pot∘ adj∘ *aśoćya* (not worthy of grief) ←1∘अ√शुच् (to lament); *anvaśoćaḥ:* (अनु + अशोच्यः = अन्वशोच्यः 2nd-per∘ sing∘ -past-imper∘ लङ् भूत∘ parasmai∘ ←1∘अनु√शुच् (to lament); ***tvam*** (1nom∘ sing∘ ←pron∘ *yuṣmad* 1.3); *prajñāvādān* (m∘ 2acc∘ plu∘ ←tatpu∘ *prajñā-vāda* (word of wisdom) प्रज्ञावाद = प्रज्ञायाः वादः ←f∘ ***prajñā*** (wisdom) ←9∘प्र√ज्ञा (to know) + m∘ ***vāda*** (word) ←2∘√वच् (to speek); *ća* (1.1); *bhāṣase* (2nd-per∘ sing∘ pres∘ वर्तमान्-लट् ātmane∘ ←1∘√भाष् (to speak); *gatāsūn* (m∘ 2acc∘ plu∘ ←bahuvrī∘ ***gatāsu*** (dead) गतः असुः यस्य ←ppp∘ adj∘ ***gata*** (gone) ←1∘√गम् (to go) + m∘ *asu* (life) ←2∘√अस् (to be); *a-gatāsūn* (m∘ 2acc∘ plu∘ n.tatpu∘ ←adj∘ *gatāsu* ↑); *ća* (1.1); *na* (1.30); *anuśoćanti* (3rd-per∘ plu∘ pres∘ वर्तमान्-लट् parasmai∘ ←1∘अनु√शुच् (to lament); ***paṇḍitāḥ:*** (m∘ 1nom∘ plu∘ ←taddhita∘ ***paṇḍita*** (hte learned) पण्डा सञ्जाता यस्य ←f∘ *paṇḍā* (learning) ←10∘√पण्ड् (to collect, be learned) (2.11)

aśoćyān अशोच्यान्, अशोचनीयान्, अशोचितव्यान्, खेत्तव्यान्, खेदनीयान्, खेद्यान् ।

prajñā प्रज्ञा 2.57, मतिः 6.36, बुद्धिः 2.39, धीः, धिषणा, मनीषा, प्रेक्षा, ज्ञप्तिः ।

gatāsūn गतासून्, उद्गतासून्, उपरतान्, दिवङ्गतान्, परासून्, गतप्राणान्, प्रमीतान्, मृतान्, प्रेतान्, परेतान्, अतीतान्, व्यतीतान्, अपगतान्, विगतान्, अजीवान्, व्यापन्नान्, प्राप्तपञ्चत्वान् ।

agatāsūn अगतासून्, सचेतसान्, प्राणधारिनः, सजीवान्, जीवितान्, सचेतनान्, आयुष्मानान्, वर्तमानान् ।

paṇḍitaḥ पण्डितः, बुधः 5.22, विद्वान् 3.25, विचक्षणः 18.2, ज्ञानी 7.16, सज्ञानः, प्रज्ञः 2.57, प्रज्ञावान्, विवेकी, सुधीः, कृतधीः, कोविदः, सुबोधः, मर्मज्ञः, विद्वज्जनः ।

(§3) *śrībhagavān* (subj∘ Lord); *uvāća* (said). *aśoćyān* (obj1∘ to those who ought not to be grieved for); *anvaśoćaḥ:* (you have grieved); *tvam* (subj1∘ you); *prajñāvādān* (obj2∘ the words of wisdom); *ća* (and); *bhāṣase* (you speak, you are speaking); *gatāsūn* (obj3∘ those whose life has gone; those who are dead); *a-gatāsūn* (obj4∘ those whose life has not gone away; those who are alive); *ća* (and, as well as); *na* (do not); *anuśoćanti* (they grieve for); *paṇḍitāḥ:* (subj2∘ the wise, the learned ones) (2.11)

(§4) tvam anvaśoćaḥ: aśoćyān ća bhāṣase prajñāvādān paṇḍitāḥ: na anuśoćanti gatāsūn ća agatāsūn

(§5) You have grieved[122] (for) those who ought not to be grieved for and you are speaking[123] the words of wisdom. The learned ones do not grieve for those whose life has gone as well as for those who are alive. (2.11)

अनुष्ठुप्-छन्दसि गीतोपनिषद् । 2.11 (श्रीभगवानुवाच)	विषादो नोचितो येषां तेषां शोकं करोषि त्वम् । बाह्यतः पण्डितो भूत्वा ज्ञानप्रदर्शनं च माम् ।। 623/1110
नैतत्स्थानं न कालोऽपि जल्पितुं न च क्रन्दितुम् । ज्ञानेनानुपयुक्तेन हितं लेशो न लभ्यते ।। 624/1110	जीविताँश्च मृताँश्चैव नानुशोचन्ति पण्डिताः । जीविताजीवितौ देहौ विद्वद्भ्यस्तु समावुभौ ।। 625/1110

2.12 न त्वेवाहं जातु नासं न त्वं नेमे जनाधिपाः ।
न चैव न भविष्यामः सर्वे वयमतः परम् ।।[124]

na tvevāhaṁ jātu nāsaṁ na tvaṁ neme janādhipāḥ:,
na ćaiva na bhaviṣyāmaḥ: sarve vayamataḥ: param. (2.12)

(§1) न तु एव अहम् जातु न आसम् न त्वम् न इमे जनाधिपाः । न च एव न भविष्यामः सर्वे वयम् अतः परम् । *na tu* (r◦ 4/9) *eva* (r◦ 1/1) *aham* (r◦ 14/1) *jātu na* (r◦ 1/2) *āsam* (r◦ 14/1) *na tvam* (r◦ 14/1) *na* (r◦ 2/1) *ime janādhipāḥ:* (r◦ 22/8) *na ća* (r◦ 3/1) *eva na bhaviṣyāmaḥ:* (r◦ 22/7) *sarve vayam* (r◦ 8/16) *ataḥ:* (r◦ 22/3) *param* (r◦ 14/2)

(§2) *na* (1.30); *tu* (1.2); *eva* (1.1); *aham* (1.22); ***jātu*** (ever) (time indicating ind◦ ←4◦√जन् (to be born, give birth); *na* (1.30); *āsam* (1st-per◦ sing◦ -past-imper◦ लङ् भूत◦ parasmai◦ ←2◦√अस् (to be); *na* (1.30); *tvam* (2.11); *na* (1.30); *ime* (these) (1.33); *janādhipāḥ:* (m◦ 1nom◦ plu◦ ←tatpu◦ *janādhipa* (king) जनानाम् अधिपः ←m◦ *jana* (people) 1.28 + m◦ *adhipa* (lord) 2.8); *na* (1.30); *ća* (1.1); *eva* (1.1); *na* (1.30); *bhaviṣyāmaḥ:* (1st-per◦ plu◦ fut2◦ लृट् भविष्य◦ parasmai◦ ←1◦√भू (to be, become); *sarve* (1.6); *vayam* (we)

---

[122] Elsewhere◦ →*anvaśoćaḥ:* → thou grievest, you are lamenting, you are mourning, you grieve ...etc. (present tense लट् ।)
अन्वशोचः is लङ् past tense. It should mean → you have lamented, grieved, mourned ...etc.

[123] Elsewhere◦ →*bhāṣase* → while speaking, talking ...etc. (like a gerund)

[124] संयोगश्च वियोगश्च वर्तते न च ते न मे ।
न त्वं नाहं जगन्नेदं सर्वमात्मैव केवलम् ।। (avadhūtagītā 15)

(1.37); ***ataḥ:*** (= abstract ind◦ *ataṣ* ←pron◦ *idam* 1.10); ***param*** (ind◦ ←5◦√पॄ (to be pleased) (2.12)

📖 jātu जातु, कदाचित् 2.20, कदापि, कदाचन 2.47, कर्हिचित्; सदा 5.28, सर्वदा, नित्यम् 2.21, सर्वकालम् ।

📖 janādhipaḥ: जनाधिपः, पृथिवीपतिः 1.18, महीपतिः, भूपालः, भूपतिः, भूमिन्द्रः, धराधीशः, राजा 1.2, नृपतिः, नृपः, नरपतिः, पार्थः, भूमिपः, भूमिनाथः, महीक्षितः 1.25, महीपः, महीपालः, नरेश्वरः, नराधिपः 10.27, नरेशः, नरेन्द्रः, प्रजेश्वरः, प्रजापः, प्रजानाथः ।

(§3) ***na*** (not, not that); ***tu*** (verily); ***eva*** (also); ***aham*** (subj1◦ I); ***jātu*** (at anytime, ever); ***na*** (not there); ***āsam*** (I was); ***na*** (not that); ***tvam*** (subj2◦ you); ***na*** (not); ***ime*** (adj◦-subj3◦ these); ***janādhipāḥ:*** (subj3◦ kings); ***na*** (not, were not there); ***ća*** (and); ***eva*** (also); ***na*** (not that); ***bhaviṣyāmaḥ:*** (we shall be, we shall exist); ***sarve*** (adj◦-subj4◦ all); ***vayam*** (subj4◦ we); ***ataḥ: param*** (from here onwards, in the future) (2.12)

(§4) na tu aham āsam na jātu; eva na tvam ća ime janādhipāḥ: eva na; na vayam sarve na bhaviṣyāmaḥ: ataḥ: param

(§5) Not that verily I was not there at anytime; also not that you and these kings also were not there; (and) not that we all shall not exist, from here onwards. (2.12)

IN POSITIVE TERMS (by removing the double negative expressions) : I was there at all times; also that you and these kings also were there; (and) that we all shall exist, from here onwards.

अनुष्टुप्-छन्दसि गीतोपनिषद् । 2.12	
(किमुचितम्)	(अर्थात्)
नाहं नासं न त्वं नासीः-न नासनितरे जनाः ।	अहमासं त्वमासीश्चासनेते सकला जनाः ।
नच नाहं भविष्यामि न त्वं नैते जनाः पुनः ।। 626/1110	भविष्यसि भविष्यामि भविष्यन्तीतरे सदा ।। 627/1110

2.13 देहिनोऽस्मिन्यथा देहे कौमारं यौवनं जरा ।
तथा देहान्तरप्राप्तिर्धीरस्तत्र न मुह्यति ।।[125]

dehino'sminyathā dehe kaumāraṁ yauvanaṁ jarā,
tathā dehāntaraprāptirdhīrastatra na muhyati. (2.13)

(§1) देहिनः अस्मिन् यथा देहे कौमारम् यौवनम् जरा । तथा देहान्तरप्राप्तिः धीरः तत्र न मुह्यति । *dehinaḥ:* (r◦ 15/1) *asmin* (r◦ 13/17) *yathā dehe kaumāram* (r◦ 14/1) *yauvanam* (r◦ 14/1) *jarā tathā dehāntaraprāptiḥ:* (r◦ 16/6) *dhīraḥ:* (r◦ 18/1) *tatra na muhyati*

(§2) ***dehinaḥ:*** (6pos sing◦ ←m◦ ***dehin*** (embodied one) ←2◦√दिह् (to smear); *asmin* (1.22); *yathā* (just as) (1.11); ***dehe*** (7loc◦ sing◦ ←m◦ *deha* (body) ←2◦√दिह् (to smear); *kaumāram* (n◦ 1nom◦ sing◦ ←adj◦ *kaumāra* (childhood) ←10◦√कुमार् (to play as a child); *yauvanam* (1nom◦ sing◦ ←n◦ *yauvana* (youth) ←2◦√यु (to join); *jarā* (1nom◦ sing◦ ←f◦ ***jarā*** (old age) ←4◦√जॄ (to grow old); *tathā* (similarly) (1.11); *dehāntaraprāptiḥ:* (f◦ 1nom◦ sing◦ ←tatpu◦ *dehāntara-prāpti,* देहान्तरस्य प्राप्तिः । नवदेहस्य प्राप्तिः ←m◦ *deha* ↑ + n◦ ***antara*** (another) ←4◦√अन् (to move) + f◦ *prāpti* (attainment) ←5◦प्र√आप् (to attain, get); ***dhīraḥ:*** (1nom◦ sing◦ ←m◦ ***dhīra*** (self-possesses person) ←2◦धी√रा (to bestow); *tatra* (in that matter) (1.26); *na* (1.30); ***muhyati*** (3rd-per◦ sing◦ pres◦ वर्तमान्-लट् parasmai◦ ←4◦√मुह् (to be deluded) (2.13)

dehinaḥ: देहिनः, शरीरिणः 13.22, आत्मनः, ब्रह्मणः 11.37, प्राणस्य, जीवस्य ।

dehe देहे, शरीरे 1.29, काये, कायायाम्, गात्रे, विग्रहे, कलेवरे, तनौ ।

kaumāram कौमारम्, बाल्यम्, शैशवम्, कौमारकम्, बालावस्था, शिशुत्वम्, किशोरावस्था ।

yauvanam यौवनम्, तारुण्यम्, यौवनावस्था, शैशवम् ।

jarā जरा, परिणतिः, वार्धक्यम्, वृद्धावस्था, ज्यानिः, परिणामः, जीर्णिः ।

dhīraḥ: धीरः, आत्मयुक्तः, आत्मवान् 2.45, स्थिरः 6.13, स्थिरमनस्कः, स्थिरबुद्धिः 5.20, स्थिरवृत्तिः, स्थिरात्मा, धृतिमान्, अव्यग्रः, समबुद्धिः 6.9, समचित्तः, शान्तमनस्कः, समचेतसः ।

(§3) ***dehinaḥ:*** (of the embodied one); ***asmin*** (in this); ***yathā*** (as, just as); ***dehe*** (in the body); ***kaumāram*** (subj1◦ the childhood); ***yauvanam*** (subj2◦ the youth); ***jarā*** (subj3◦ the old age); ***tathā*** (adv◦ similarly, as well as); ***dehāntaraprāptiḥ:*** (subj4◦ the attainment of another body; the acquisition of a new body);

---

[125] अशरीरंशरीरेष्वनवस्थेष्ववस्थितम् । महान्तं विभुमात्मानं मत्वा धीरो न शोचति । (kaṭhopaniṣad 1:2.21)

dhīraḥ: **(subj5◦ the self-possessed, steadfast person);** ***tatra*** **(there, in that matter);** ***na*** **(not);** ***muhyati*** **(he does get deluded)** (2.13)

(§4) yathā asmin̨ dehe kaumāram̨ yauvanam̨ jarā tathā dehāntaraprāptiḥ: (santi) dehinaḥ:, tatra dhīraḥ: na muhyati

(§5) Just as in this body the childhood, the youth, the old age as well as the attainment[126] of another body are the experiences of the ātmā;[127] in that matter the self-possessed person[128] does not get deluded. (2.13)

अनुष्टुप्-छन्दसि गीतोपनिषद् । 2.13	(अपि च) **प्राप्नुमश्च वयं बाल्यं तारुण्यं च जरां यथा ।** **देही भुनक्ति देहे स तत्र धीरो न भ्राम्यति ।।** 628/**1110**

2.14 मात्रास्पर्शास्तु कौन्तेय शीतोष्णसुखदु:खदा: ।
आगमापायिनोऽनित्यास्तांस्तितिक्षस्व भारत ।।
mātrāsparśāstu kaunteya śītoṣṇasukhaduḥ:khadāḥ:,
āgamāpāyino'nityāstānstitikṣasva bhārata. (2.14)

(§1) मात्रास्पर्शा: तु कौन्तेय शीतोष्णसुखदु:खदा: । आगमापायिन: अनित्या: तान् तितिक्षस्व भारत । *mātrāsparśāḥ:* (r◦ 18/1) *tu kaunteya śītoṣṇasukhaduḥ:khadāḥ:* (r◦ 22/8) *āgamāpāyinaḥ:* (r◦ 15/1) *anityāḥ:* (r◦ 18/1) *tān̨* (r◦ 13/7) *titikṣasva bhārata*

---

[126] Elsewhere◦ देहान्तरप्राप्ति: → so does it attain, it attains, so it takes, ...etc.

📖 देहान्तरप्राप्ति: is not a verb, प्राप्नोति is a verb. देहान्तरप्राप्ति: (◦attainment) is a feminine Nominative noun SUBJECT, not the object. देही is NOT a subject. And कौमारम्, यौवनम्, जरा, देहान्तरप्राप्ति: are NOT the Accusative objects in this verse.

[127] *dehinaḥ* → As said above, please note that the देही is NOT a subject (कर्ताकारक) and कौमारम्, यौवनम्, जरा, देहान्तरप्राप्ति: are NOT the objects (कर्मकारक) in this verse. Please look at the grammar.

[128] Elsewhere◦ *dhīraḥ:* → the wise, the wise one, the intelligent, the sober person, the wise man ...etc.

📖 The adj◦ धीर: does not come from the word धी or बुद्धि (intellect, intelligence), with root 1◦√बुध् (to know, to understand). It comes from adj◦ धीर (courageous, enduring), with roots 1◦√ध्यै (to contemplate) and 2◦√रा (to bestow). Thus it should mean → courageous, brave, intrepid, valiant, chivalorous. Same holds good for 2.15↓

(§2) 📖 *mātrāsparśāḥ:* (m∘ 1nom∘ plu∘ ←tatpu∘ *mātrā-sparśa*, मात्राया: स्पर्श: ←f∘ *mātrā* (sense object) ←3∘√मा (to measure) + m∘ ***sparśa*** (contact) ←10∘√स्पर्श् (to touch); *tu* (1.2); ***kaunteya*** (8voc∘ sing∘ ←m∘ *kaunteya* 1.27); *śītoṣṇasukhaduḥ:khadāḥ:* (m∘ 1nom∘ plu∘ ←bahuvrī∘ *śītoṣṇa-sukha-duḥ:kha-da*, शीतं च उष्णं च सुखं च दु:खं च ददाति य: ←adj∘ *śīta* (pleasing) ←1∘√श्यै (to go, be conjested) + adj∘ *uṣṇa* (painful) ←1∘√उष् (to burn) + n∘ *sukha* (pleasure) 1.32 + n∘ ***duḥ:kha*** (pain) ←10∘√दु:ख् (to pain) + adj∘ *da* ←1∘√दा (to give); 📖 *āgamāpāyinaḥ:* (m∘ 1nom∘ plu∘ ←dvandva∘ आगम: च अपायी च ←m∘ ***āgama*** (coming) ←1∘आ√गम् (to go) + m∘ *apāyin* (departing) ←2∘अप्√इण् (to go); 📖 *anityāḥ:* (m∘ 1nom∘ plu∘ ←adj∘ n.tatpu∘ *a-nitya* (impermanent) ←adj∘ *nitya* 2.18↓); *tān* (1.7); 📖 *titikṣasva* (2nd-per∘ sing∘ -desi∘ imperative∘ लोट् ātmane∘ ←f∘ तितिक्षा[129] (endurance) ←1∘√तिज् (to endure); *bhārata* (1.24) (2.14)

📖 mātrāsparśāḥ: मात्रास्पर्शा:, इन्द्रियसंवेदनानि, इन्द्रियोपभोगा:, विषयसुखानि ।
📖 anityāḥ: अनित्या:, अचिरा:, अचिरस्थायिन:, अल्पा:, अस्थायिन:, अस्थिरा:, क्षणभङ्गुरा: ।
📖 āgamāpāyinaḥ: आगमापायिन:, आद्यन्ता:, सुभङ्गा:, भङ्गुरा:, अशाश्वता:, अल्पकालिका:, भिदुरा: ।
📖 titikṣā तितिक्षा, सहनम्, सहिष्णुता, सहनशीलता, क्षान्ति:, क्षमा, मर्ष:, याम:, सह: ।

(§3) *mātrāsparśāḥ:* (subj∘ the contacts of the senses; the experiences derived from the sense objects; the sensory perceptions); *kaunteya* (O Kaunteya! O Arjuna!); *śītoṣṇasukhaduḥ:khadāḥ:* (adj1∘-subj∘ the ones that give pleasure and pain); *āgamāpāyinaḥ:* (adj2∘-subj∘ the one which begin and end; the ones that come and go); *anityāḥ:* (adj3∘-subj∘ the ones which are temporary, impermanent); *tān* (obj∘ to them); *titikṣasva* (you please bear, endure); *bhārata* (O Bhārata! O Arjuna!) (2.14)

(§4) kaunteya śītoṣṇasukhaduḥ:khadāḥ: mātrāsparśāḥ: āgamāpāyinaḥ: anityāḥ:; bhārata titikṣasva tān

(§5) O Arjuna! the experiences derived from the sense objects (are) the ones that give pleasure and pain,[130] ones that come and go, ones which are impermanent. O

---

[129] सहनं सर्वदु:खानामप्रतीकारपूर्वकम् । चिन्ताविलापरहितं सा तितिक्षा निगद्यते ।

Tolerance for all sorrows without resistance, worry and crying about them, is *titikṣā.* (vivekchuḍāmani24)

[130] Elsewhere∘ दा: in *śītoṣṇa-sukha-duḥ:kha-dāḥ:* → produces, give rise to, give, results in ...etc. (like present tense)

📖 Suffix द when attached to a substantive, it does not produce a verb of present tense; it produces an adjective. Therefore, ∘दु:खद does not mean 'it gives' pain, but it means → the giver, the one that gives (द = giver). The same holds

Arjuna! you please endure them. (2.14)

अनुष्टुप्-छन्दसि गीतोपनिषद् । 2.14	
ते सुखदुःखदाः स्पर्शाः शैत्योष्णयोश्च दायकाः । आगच्छन्ति च गच्छन्ति सहनीया हि पार्थ ते ।। 629	सुखदुःखे समे दृष्ट्वा दृढस्तिष्ठति यो नरः । यत्किञ्चिदेव लब्ध्वाऽपि पयोवत्तं नरं पयः[131] ।। 630/1110

मात्रास्पर्शास्तु कौन्तेय शीतोष्णसुखदुःखदाः ।

good for the इन् suffix, in the taddhita word आगमापायिन् ।

[131] i. पयः = दुग्धम्, अमृतम् । ii. पयः = जलम् ।

2.15 यं हि न व्यथयन्त्येते पुरुषं पुरुषर्षभ ।
समदु:खसुखं धीरं सोऽमृतत्वाय कल्पते ।।[132]

yaṁ hi na vyathayantyete puruṣaṁ puruṣrṣabha,
samaduḥ:khasukhaṁ dhīraṁ so'mṛtatvāya kalpate. (2.15)

(§1) यम् हि न व्यथयन्ति एते पुरुषम् पुरुषर्षभ । समदु:खसुखम् धीरम् स: अमृतत्वाय कल्पते । *yam* (r◦ 14/1) *hi na vyathayanti* (r◦ 4/4) *ete puruṣam* (r◦ 14/1) *puruṣrṣabha samaduḥ:khasukham* (r◦ 14/1) *dhīram* (r◦ 14/1) *saḥ:* (r◦ 15/1) *amṛtatvāya kalpate*

(§2) ***yam*** (m◦ 2acc◦ sing◦ ←pron◦ *yad* 1.7); *hi* (1.11); *na* (1.30); *vyathayanti* (3rd-per◦ plu◦ pres◦ वर्तमान्–लट् parasmai◦ caus◦ ←1◦√**व्यथ्** (to be pained); *ete* (1.23); 🕮***puruṣam*** (2acc◦ sing◦ ←m◦ 🕮***puruṣa*** (person) ←6◦√**पुर्** (to fill); 🕮*puruṣrṣabha* (m◦ 8voc◦ sing◦ ←bahuvrī◦ *puruṣrṣabha*, पुरुषाणां वृषभ: इव य: ←m◦ *puruṣa* ↑ + m◦ *vṛṣabha* (bull) ←1◦√वृष् (to rain); *samaduḥ:khasukham* (m◦ 2acc◦ sing◦ ←bahuvrī◦ ***sama-duḥ:kha-sukha***, दु:खं च सुखं च समं यस्य स: ←adj◦ or ind◦ *sama* (equanimous) 1.4 + n◦ *duḥ:kha* (pain) 2.14 + n◦ *sukha* (pleasure) 1.32); *dhīram* (2acc◦ sing◦ ←m◦ *dhīra* (delf-controlled) 2.13); *saḥ:* (1.13); 🕮*amṛtatvāya* (4dat◦ sing◦ ←n◦ *amṛtatva* ←n.tatpu◦ adj◦ or n◦ ***amṛta*** (immortality) ←6◦√**मृ** (to die); ***kalpate*** (3rd-per◦ sing◦ pres◦ वर्तमान्–लट् ātmane◦ ←1◦√**क्लृप्** (to be fit, deserve) (2.15)

🕮 puruṣrṣabha पुरुषर्षभ, नरपुङ्गव 1.5

🕮 puruṣam पुरुषम्, पूरुषम्, नरम्, जनम्, मनुष्यम्, मानवम्, व्यक्तिम्, पुमांसम्, मानुषम्, मनुजम्, लोकम् 9.33

🕮 puruṣa see नर 1.5;

🕮 amṛtatvāya अमृतत्वाय, अमरत्वाय, अमर्त्याय, अमरतायै, आनन्त्याय ।

(§3) ***yam*** (adj1◦-obj◦ whom, to whom); ***hi*** (because); ***na*** (do not); ***vyathayanti*** (they cause distress; they cause to waver); ***ete*** (adj◦-subj1◦ these); ***puruṣam*** (obj◦ to a man, to a person); ***puruṣrṣabha*** (O Puruṣrṣabha! O Arjuna!); ***samaduḥ:khasukham*** (adj2◦-obj◦ to him who is equanimous to pain and pleasures); ***dhīram*** (adj3◦-obj◦ to the person who is self-controlled);[133] ***saḥ:*** (subj2◦ he, that person);

---

[132] समदु:खसुख: पूर्ण आषानैराश्ययो: सम: ।
समजीवितमृत्य: सन्नेवमेव लयं व्रज ।। (aṣṭāvakragītā 5.4)

[133] Elsewhere◦ *dhīram* → wise person.

amṛtatvāya (for immortality, for eternal life); ***kalpate*** (he is fit) (2.15)

(§4) hi puruṣṛṣabha samaduḥ:khasukham̦ dhīram̦ puruṣam̦ yam̦ ete na vyathayanti, saḥ: kalpate amṛtatvāya

(§5) Because,[134] O Arjuna! to him who is equanimous to pain and pleasures, to the person who is self-controlled,[135] to the person whom these (*mātrāsparśāḥ:*) do not cause distress,[136] he is fit for eternal life. (2.15)

अनुष्टुप्-छन्दसि गीतोपनिषद् । 2.15	शीतोष्णेषु च स्पर्शेषु निर्बद्धो यो नरः सदा । समः स सुखदुःखेषु धीरोऽमृतादवञ्चितः ॥ 631/1110

📖 see footnote in 2.14 धीरः

[134] Elsewhere◦ *hi* हि → indeed, certainly, truly ...etc. Same footnote is the footnote for *tasmāt* (तस्मात्)

📖 The translators who do not fully appreciate the foundation of Hindu ethos, do flatly treat the word हि as a filler word with meaningless expression such as indeed, certainly, truly, verily ...etc. However, otherwise, हि is a very important key word in the Gītā, as She is, in any other Hindu scripture. In the Gītā, it invirably means '**because**.' This word (along with *tasmāt* तस्मात्) actually separates the Hindu Scriptures from all other religious and dogmatic texts where reasoning has no place and no importance.

हि (because) always has तस्मात् (therefore) associated or understood with it. The Gītā, like any other typical Hindu scripture, is based on questioning, reasoning, understanding, seeing and then believing. In (2.14) the Lord says 'O Arjuna! you endure the pain and pleasures ...' not as I say, but (2.15) 'because (हि) the self-controlled person is equanimous to pain and pleasures... therefore (तस्मात्) you endure them .'

NOTE : Everywhere in Gītā, while giving any advice, the reasoning is given with expressions हि and (or) तस्मात् । By flatly translating हि and तस्मात् as 'indeed,' you take away this beautiful and unique quality of the Gītā and turn it into a dogmatic and ritualistic blind faith, which it is not.

[135] Elsewhere◦ *dhīram* → the wise person, who is wise, wise man, ...etc.

[136] Elsewhere◦ *yam na vyathayanti* → the person who is not disturbed by, the man who is not troubled by, he who is not afflicted with ...etc.

📖 व्यथयन्ति is a third person, plural, causative, active voice. It is an action applied to the obj◦ 'to him.' It is not a singular adj◦ of the subject 'he, a person'. It is *parasmaipadī* usage, not a (Sanskrit) passive voice with Instrumental case for subject.

2.16 नासतो विद्यते भावो नाभावो विद्यते सतः ।
उभयोरपि दृष्टोऽन्तस्त्वनयोस्तत्त्वदर्शिभिः ।।

nāsato vidyate bhāvo nābhāvo vidyate sataḥ:,
ubhayorapi dṛṣṭo'ntastvanayostattvadarśibhiḥ:. (2.16)

(§1) न असतः विद्यते भावः न अभावः विद्यते सतः । उभयोः अपि दृष्टः अन्तः तु अनयोः तत्त्वदर्शिभिः । *na* (r◦ 1/1) *asataḥ:* (r◦ 15/13) *vidyate bhāvaḥ:* (r◦ 15/6) *na* (r◦ 1/1) *abhāvaḥ:* (r◦ 15/13) *vidyate sataḥ:* (r◦ 22/8) *ubhayoḥ:* (r◦ 16/5) *api dṛṣṭaḥ:* (r◦ 15/1) *antaḥ:* (r◦ 18/1) *tu* (r◦ 4/6) *anayoḥ:* (r◦ 18/1) *tattvadarśibhiḥ:* (r◦ 22/8)

(§2) *na* (1.30); 📖*asataḥ:* (n◦ 6pos◦ sing◦ ←śatṛ◦ adj◦ with affix *aṭ* (अत्); ***asaṭ*** (non-existence)←2◦अ√अस् (to be); 📖***vidyate*** (3rd-per◦ sing◦ pres◦ वर्तमान्-लट् ātmane◦ ←4◦√विद् (to exist); 📖***bhāvaḥ:*** (m◦ 1nom◦ sing◦ ←m◦ *bhāva* (existence) 2.7); *na* (1.30); 📖***abhāvaḥ:*** (m◦ 1nom◦ sing◦ ←n.tatpu◦ *abhāva* (non-existence) ←1◦अ√भू (to be, become); *vidyate* (↑); 📖*sataḥ:* (n◦ 6pos◦ sing◦ ←śatṛ◦ adj◦ ***saṭ*** (existence) ←2◦√अस् (to be); *ubhayoḥ:* (of both) (1.21); *api* (1.26); 📖*dṛṣṭaḥ:* (m◦ 1nom◦ sing◦ ←ppp◦ adj◦ ***dṛṣṭa*** (perceived) ←1◦√दृश् (to see); ***antaḥ:*** (1nom◦ sing◦ ←m◦ or adj◦ ***anta*** (inference) ←1◦√अम् (to afflict); *tu* (1.2); *anayoḥ:* (of these two) (6pos◦ 2nd-per◦ ←m◦ pron◦ *idam* (this) 1.10); 📖*tattvadarśibhiḥ:* (m◦ 3inst◦ plu◦ ←adj◦ ***tattva-darśin*** (seer of truth) ←n◦ ***tattva*** (truth) ←8◦√तन् (to spread) + adj◦ *darśin* (seer) ←1◦√दृश् (to see) (2.16)

📖 asataḥ: असतः, अविद्यमानत्वस्य, अवर्तमानत्वस्य ।

📖 vidyate विद्यते, भवति 1.44, सम्भवति4.6, शक्यते 11.8, वर्तते 5.26, अस्ति 2.40

📖 bhāvaḥ: भावः, भवः 10.4, अस्तित्वम्, सत्ता, सम्भवः 14.3, सत्त्वम् 10.36

📖 abhāvaḥ: अभावः, असत्त्वम्, शून्यत्वम् ।

📖 sataḥ: सतः, अस्तित्वस्य, विद्यमानत्वस्य ।

📖 dṛṣṭaḥ: दृष्टः, ज्ञातः, विदितः, बुधितः, उपलब्धः, अवीक्षितः, अवलोकितः ।

📖 tattvadarśibhiḥ: तत्त्वदर्शिभिः, तत्त्वज्ञानिभिः, तत्त्ववेत्तैः, तत्त्वबुधैः ।

(§3) ***na*** **(does not);** ***asataḥ:*** **(of non-existence);** ***vidyate*** **(it becomes; it exists, it occurs);** ***bhāvaḥ:*** **(subj◦ existence, being);** ***na*** **(does not);** ***abhāvaḥ:*** **(subj2◦ non-existence, non-being);** ***vidyate*** **(↑);** ***sataḥ:*** **(of existence);** ***ubhayoḥ:*** **(of both);** ***api*** **(verily);** ***dṛṣṭaḥ:*** **(the one that is seen, known, perceived);** ***antaḥ:*** **(obj◦ the conclusion, inference);** ***tu*** **(indeed);** ***anayoḥ:*** **(of these two);** ***tattvadarśibhiḥ:*** **(subj◦3 by the**

seers, by the visionaries of truth, reality, facts) (2.16)

(§4) tu bhāvaḥ: asataḥ: na vidyate abhāvaḥ: sataḥ: na vidyate antaḥ: anayoḥ: ubhayoḥ: api dṛṣṭaḥ: tattvadarśibhiḥ:

(§5) Indeed, existence of non-existence[137] does not occur[138] (and) non-existence of existence[139] does not occur. The inference of both of these is verily perceived by the seers of truth. (2.16)

In other words: Existence of non-existence never existed, does not exist and will never exist; and non-existence of existence never existed, does not exist and will never exist.

अनुष्टुप्-छन्दसि गीतोपनिषद् । 2.16	अनस्तित्वं न जात्वासीत्-नास्ति न च भविष्यति । नासीन्न जातु चास्तित्वम्-अस्ति नित्यं भविष्यति ।। 632
तच्च सदसतः सत्यं सद्भिर्ज्ञातमशेषतः । अनस्तित्वं न जात्वस्त्यस्तित्वमेवास्ति शाश्वतम् ।। 633	आत्मा सनातनो ज्ञातो ज्ञानिभिरमरस्तथा । द्विविधाऽऽत्मानमेवं तं पश्यति बुद्धिमान् ।। 634/1110

2.17 अविनाशि तु तद्विद्धि येन सर्वमिदं ततम् ।
विनाशमव्ययस्यास्य न कश्चित्कर्तुमर्हति ।।

avināśī tu tadviddhi yena sarvamidaṁ tatam,
vināśamavyayasyāsya na kaścitkartumarhati. (2.17)

---

[137] Elsewhere◦ *asataḥ:* → of untruth, of non-truth, of false, of the unreal, ...etc.

[138] Elsewhere◦ नासतो विद्यते भाव: → there is no coming to be of the non-existent, of the non-existent there is no coming to be, ...etc.

If one says, 'of the non-existent,' then it means that there is such a **thing** as 'non-existence,' and thus it means non-existence has existence, which in itself is contradictory. Therefore, नासतो विद्यते भाव: = non-existence never existed, does not exist and will never exist. There is no such thing as non-existence. It is a false concept. It is often said that "at first there was nothing, and after destruction it will be back to nothing" which is not true. It is like saying 'beyond infinity or before zero. No such things, नासतो विद्यते भाव: everything was, is and will always be there, in some form or other.

[139] Elsewhere◦ *asataḥ:* → of truth, of the real, of brahma, of reality...etc.

(§1) अविनाशि तु तत् विद्धि येन सर्वम् इदम् ततम् । विनाशम् अव्ययस्य अस्य न कश्चित् कर्तुम् अर्हति । *avināśi tu taṭ* (r◦ 9/11) *viddhi yena sarvaṃ* (r◦ 8/18) *idaṃ* (r◦ 14/1) *tataṃ* (r◦ 14/2) *vināśaṃ* (r◦ 8/16) *avyayasya* (r◦ 1/1) *asya na kaściṭ* (r◦ 10/5) *kartuṃ* (r◦ 8/16) *arhati*

(§2) 📖*avināśi* (n◦ 2acc◦ sing◦ ←n.bahuvrī◦ *avināśiṇ* (imperishable) विनाश: नास्ति यस्य ←4◦अ-वि√नश् (to ruin); *tu* (1.2); *taṭ* (2.7); 📖***viddhi*** (2nd-per◦ sing◦ imperative◦ उपदेशार्थ लोट् parasmai◦ ←2◦√विद् (to know); ***yena*** (by which) (n◦ 3inst◦ sing◦ ←pron◦ *yad* 1.7); ***sarvaṃ*** (1nom◦ sing◦ ←pron◦ *sarva* (all) 1.6); *idaṃ* (this) (1.10); ***tataṃ*** (1nom◦ sing◦ ←ppp◦ adj◦ *tata* (spread) ←8◦√तन् (to spread); 📖*vināśaṃ* (2acc◦ sing◦ ←m◦ ***vināśa*** (destruction) ←4◦वि√नश् (to ruin); ***avyayasya*** (n◦ 6pos◦ sing◦ ←adj◦ n.bahuvrī◦ ***avyaya*** (indestructible) नास्ति व्यय: यस्य ←1◦अ-वि√इ (to enter, come, go); ***asya*** (n◦ 6pos◦ sing◦ ←pron◦ *idaṃ* 1.10); *na* (1.30); 📖***kaściṭ*** (anyone) (adj◦ m◦ pron◦ sing◦ ←pron◦ *kiṃ* + indeclinable affix ***ciṭ*** -one, any one, any person, any thing ←1◦√चित् (to percceive); *kartuṃ* (1.45); *arhati* (one is able) (3rd-per◦ sing◦ pres◦ वर्तमान्-लट् parasmai◦ ←1◦√अर्ह् (to deserve) (2.17)

📖 avināśi अविनाशि, अनश्वरम्, अविनश्वरम्, अक्षयि, अव्ययम् 2.21, अक्षरम् 8.3

📖 viddhi विद्धि, उपधारय 7.6, जानीहि 9.31, बोध, बोधतात्, बुध्यस्व, अवगच्छ, अवेहि, मनुष्व ।

📖 vināśam विनाशम्, नाशम्, प्रणाशम्, ध्वंसम्, विध्वंसम्, क्षयम् 18.25, संहारम्, उद्दलनम्, निषूदनम्, सूदनम्, वधम् ।

📖 kaściṭ कश्चित्, कोऽपि, कश्चन 3.18

(§3) *avināśi* (adj◦-obj1◦ imperishable, indestructible); *tu* (to be); *taṭ* (obj1◦ that); *viddhi* (you understand, know); *yena* (subj1◦ by which); *sarvaṃ* (adj1◦-obj2◦ all, everything); *idaṃ* (obj2◦ this); *tataṃ* (adj◦3-obj1◦ spread, evolved) *vināśaṃ* (obj3◦ destruction) *avyayasya* (of the indestructible); *asya* (of this); *na kaściṭ* (adj◦-subj2◦ no one); *kartuṃ* (for doing; to do); *arhati* (Subj2◦ he is able) (2.17)

(§4) viddhi taṭ tu avināśi yena idaṃ sarvaṃ tataṃ; na kaściṭ arhati kartuṃ vināśaṃ asya avyayasya

(§5) Know[140] THAT to be imperishable, by which this everything (is) spread.[141] No

---

[140] Elsewhere◦ विद्धि → should be recognized as ...etc.

📖 विद्धि is not a potential mood. It is not a third person verb. It is second person imperative mood.

[141] Elsewhere◦ येन सर्वम् इदं ततम् → That which pervades entire body, by which the body and things like it are pervaded,

one is able to do destruction[142] of THIS indestructible. (2.17)

अनुष्टुप्-छन्दसि गीतोपनिषद् । 2.17	(आत्मन: अमरत्वम्) विद्धि तमक्षरं यस्मात्-इदं कृत्स्नं हि निस्सृतम् । विनाशः शाश्वतस्यास्य कर्तुं केनाप्यसम्भवः ।। 635/1110

2.18 अन्तवन्त इमे देहा नित्यस्योक्ताः शरीरिणः ।
अनाशिनोऽप्रमेयस्य तस्माद्युद्ध्यस्व भारत ।।
antavanta ime dehāḥ: nityasyoktāḥ: śarīriṇaḥ:,
anāśino'prameyasya tasmādyuddhyasva bhārata. (2.18)

(§1) अन्तवन्तः इमे देहाः नित्यस्य उक्ताः शरीरिणः । अनाशिनः अप्रमेयस्य तस्मात् युद्धयस्व भारत । *antavantaḥ:* (r∘ 19/2) *ime dehāḥ:* (r∘ 20/10) *nityasya* (r∘ 2/2) *uktāḥ:* (r∘ 22/5) *śarīriṇaḥ:* (r∘ 24/2, 22/8) *anāśinaḥ:* (r∘ 15/1) *aprameyasya tasmāt* (r∘ 9/9) *yuddhyasva bhārata*

(§2) 📖*antavantaḥ:* (m∘ 1nom∘ plu∘ ←adj∘ **antavat** (impermanent) ←m∘ anta 2.16 + affix *vat* 1.5); *ime* (these) (1.33); 📖*dehāḥ:* (1nom∘ plu∘ ←m∘ *deha* (body) 2.13); *nityasya* (m∘ 6pos∘ sing∘ ←adj∘ **nitya** (eternal) ←1∘√नी (to carry); *uktāḥ:* (m∘ 1nom∘ plu∘ ←ppp∘ adj∘ *ukta* ←2∘√वच् (to speek) or 2∘√ब्रू (to speek); *śarīriṇaḥ:* (m∘ 6pos∘ sing∘ ←adj∘ or m∘ *śarīrin* (possessor of the body) ←9∘√शृ (to smash); 📖*anāśinaḥ:* (m∘ 6pos∘ sing∘ ←adj∘ or m∘ n.bahuvrī∘ *a-nāśin* (indestructible) नास्ति नाशः यस्य ←4∘अ√नश् (to destroy); *aprameyasya* (m∘ 6pos∘ sing∘ n.bahuvrī∘ ←adj∘ or n∘ **prameya** (unfathomable) ←3∘प्र√मा (to measure); *tasmāt* (1.37); **yuddhyasva** (2nd-

---

which pervades this universe, by which all this universe is pervaded, by which all this is pervaded, by which this entire body is pervaded ...etc.

📖 ततम् is not a verb. It is a ppp∘ adj∘ by which (येन) this everything is spread or from this everything is evolved (ततम्). Thus, सर्वम् ततम् → not only the 'body,' but everything, because THAT is everything. Also, That does not 'pervade,' it, but everything 'IS' that. When everything 'IS' THA,, how can it pervade Itself. If It did, then it will be separate from That, and That will not be It, and then तत्सर्वम्, सर्वं खल्विदं ब्रह्म, प्रज्ञानं ब्रह्म, तत्त्वमसि, अहं ब्रह्मास्मि, अयमात्मा ब्रह्म... will not hold good. Just as, the ring is not pervaded by gold, but the gold IS the ring, or the ring evolves from the gold or gold is spread or transformed in the shape of a ring.

[142] Elsewhere∘ *vināśam* → to destroy.

📖 विनाशम् is not a verb. It is a m∘ noun → destruction (obj∘).

per◦ sing◦ imperative◦ उपदेशार्थ लोट् ātmane◦ ←4◦√युध् (to fight); *bhārata* (1.24) (2.18)

📖 antavantaḥ: अन्तवन्तः, शेषवन्तः, नश्वराः, विनश्वराः, नाशाधीनाः, मरणाधीनाः, क्षयिष्णवः, भङ्गुराः, क्षयिनः, ध्वंसिनः. नाशशीलाः, क्षणिकाः, क्षणभङ्गुराः, क्षराः ।

📖 dehāḥ: देहाः, शरीराणि, कायाः, गात्राणि, विग्रहाः, कलेवराणि, तनवः ।

📖 anāśinaḥ: अनाशिनः, अनश्वरस्य, अक्षयिनः, अविनाशिनः, अक्षरस्य, अक्षयस्य ।

(§3) ***antavantaḥ:*** (adj1◦-obj◦ having an end; impermanent); ***ime*** (adj2◦-obj◦ these); ***dehāḥ:*** (obj◦ the bodies); ***nityasya*** (of the eternal one; possessed by the eternal one); ***uktāḥ:*** (adj◦3-obj◦ are called; are said to be); ***śarīriṇaḥ:*** (of the possessor-of-the-bodies, body bearer); ***anāśinaḥ:*** (of the indestructible one); ***aprameyasya*** (of the unfathomable; of the immeasurable); ***tasmāt*** (therefore); ***yuddhyasva*** (you join in the war); ***bhārata*** (O Bhārata! O Arjuna!) (2.18)

(§4) ime dehāḥ: anāśinaḥ: aprameyasya nityasya śarīriṇaḥ: uktāḥ: antavantaḥ: tasmāt bhārata! yuddhyasva.

(§5) These bodies possessed by the indestructible, unfathomable (and) eternal possessor-of-the-bodies, are said to be impermanent, therefore,[143] O Arjuna! you join in the war. (2.18)

अनुष्टुप्-छन्दसि गीतोपनिषद् । 2.18	अस्मादनश्वरात्सृष्टा देहाः सर्वे हि नश्वराः । एवं बुद्ध्वा त्वमात्मानं, योधनीयं त्वया सखे ।। 636/1110

2.19 य एनं वेत्ति हन्तारं यश्चैनं मन्यते हतम् ।
उभौ तौ न विजानीतो नायं हन्ति न हन्यते ।।[144]

---

[143] This is the key word. They are only "said to be" impermanent (by the laymen), because they are perpetually transforming, as part of THAT eternal. The laymen are the subject of this verse.

[144] हन्ता चेन्मन्यते हन्तुं हतःश्चेन्मन्यते हतम् ।
उभौ तौ न विजानितो नायं हन्ति न हन्यते ।। (kaṭhopaniṣad 1.2.19)
आत्मानं सततं विद्धि सर्वत्रैकं निरन्तरम् ।
अहं ध्याता परं ध्येयमखण्डं खण्ड्यते कथम् ।। (avadhūtagītā 12)

ya enaṁ vetti hantāraṁ yaścainaṁ manyate hatam,
ubhau tau na vijānito nāyaṁ hanti na hanyate. (2.19)

(§1) य एनम् वेत्ति हन्तारम् यः च एनम् मन्यते हतम् । उभौ तौ न विजानीतः न अयम् हन्ति न हन्यते । *yaḥ:* (r◦ 19/7) *enam* (r◦ 14/1) *vetti hantāram* (r◦ 14/1) *yaḥ:* (r◦ 17/1) *ća* (r◦ 3/1) *enam* (r◦ 14/1) *manyate hatam* (r◦ 14/2) *ubhau tau na vijānitaḥ:* (r◦ 15/6) *na* (r◦ 1/1) *ayam* (r◦ 14/1) hanti na hanyate

(§2) ***yaḥ:*** (he who) (m◦ 1nom◦ sing◦ ←pron◦ *yad* 1.7); ***enam*** (m◦ 2acc◦ sing◦ ←pron◦ *etad* (this) 1.3); 🕮***vetti*** (3rd-per◦ sing◦ pres◦ वर्तमान्-लट् parasmai◦ ←2◦√विद् (to know); 🕮*hantāram* (2acc◦ sing◦ ←adj◦ or m◦ *hantṛ* (slayer) ←2◦√हन् (to hurt); *yaḥ:* (↑); *ća* (1.1); *enam* (↑); 🕮***manyate*** (3rd-per◦ sing◦ pres◦ वर्तमान्-लट् ātmane◦ ←4◦√मन् (to think); 🕮*hatam* (m◦ 2acc◦ sing◦ ←ppp◦ adj◦ ***hata*** (slain) ←2◦√हन् (to hurt); ***ubhau*** (m◦ 2acc◦ dual◦ ←pron◦ ***ubha*** (both) ←6◦√उभ् (to join two); ***tau*** (m◦ 2acc◦ dual◦ ←pron◦ *tad* 1.2); *na* (1.30); 🕮*vijānitaḥ:* (3rd-per◦ dual◦ pres◦ वर्तमान्-लट् parasmai◦ ←9◦वि√ज्ञा (to know); *na* (1.30); ***ayam*** (m◦ 1nom◦ sing◦ ←pron◦ *idam* 1.10); ***hanti*** (3rd-per◦ sing◦ pres◦ वर्तमान्-लट् parasmai◦ ←2◦√हन् (to hurt); *na* (1.30); ***hanyate*** (3rd-per◦ sing◦ pres◦ वर्तमान्-लट् ātmane◦ ←2◦√हन् (to hurt) (2.19)

🕮 vetti वेत्ति, मन्यते 2.19, वेद 2.21, जानाति 15.19, बुध्यते, अवगच्छति, अवजानाति 9.11, बोधति, अवैति; पश्यति 2.29, ईक्ष्यते, लोकयति, लोचते, दृश्यते, लक्ष्यते, लक्षयति ।

🕮 hantāram हन्तारम्, घातकम्, नाशकम्, घातिनम् ।

🕮 hatam हतम्, नष्टम् ।

🕮 vijānitaḥ: विजानितः, बोधतः, बुध्यतः, बुध्येते ।

(§3) ***yaḥ:*** **(subj1◦ he who);** ***enam*** **(obj1◦ to this);** ***vetti*** **(he thinks; he imagines);** ***hantāram*** **(adj1◦-obj1◦ slayer);** ***yaḥ:*** **(subj2◦ he who);** ***ća*** **(and);** ***enam*** **(obj1◦ to this);** ***manyate*** **(he thinks);** ***hatam*** **(adj2◦-obj1◦ slain);** ***ubhau*** **(adj1◦-subj1,2◦ both);** ***tau*** **(adj2◦-subj1,2◦ they both);** ***na*** **(do not);** ***vijānitaḥ:*** **(they both know);** ***na*** **(neither);** ***ayam*** **(adj◦-subj3◦ this, he);** ***hanti*** **(he slays);** ***na*** **(not);** ***hanyate*** **(he is slain)** (2.19)

(§4) yaḥ: vetti enam hantāram ća yaḥ: manyate enam hatam tau ubhau na vijānitaḥ: na ayam hanti na hanyate

(§5) He who thinks this (ātmā to be a) slayer and he who thinks this (to be) slain; they both do not know,[145] neither he (ātmā) slays not he is slain. (2.19)

अनुष्टुप्-छन्दसि गीतोपनिषद् । 2.19	एनं हतं च हन्तारं मन्यते यो निरापदम् । एतत्स न विजानाति नात्मा हन्ति न हन्यते ।। 637/1110

2.20 न जायते म्रियते वा कदाचिन्नायं भूत्वा भविता वा न भूयः ।
अजो नित्यः शाश्वतोऽयं पुराणो न हन्यते हन्यमाने शरीरे ।।[146]

na jāyate mriyate vā kadāćinnāyaṁ bhūtvā bhavitā vā na bhūyaḥ:,
ajo nityaḥ: śāśvato'yaṁ purāṇo na hanyate hanyamāne śarīre. (2.20)

(§1) न जायते म्रियते वा कदाचित् न अयम् भूत्वा भविता वा न भूयः । अजः नित्यः शाश्वतः अयम् पुराणः न हन्यते हन्यमाने शरीरे । na jāyate mriyate vā kadāćit (r◦ 12/1) *na* (r◦ 1/1) *ayam* (r◦ 14/1) *bhūtvā bhavitā vā na bhūyaḥ:* (r◦ 22/8) *ajaḥ:* (r◦ 15/6) *nityaḥ:* (r◦ 22/5) *śāśvataḥ:* (r◦ 15/1) *ayam* (r◦ 14/1) *purāṇaḥ:* (r◦ 15/6) *na hanyate hanyamāne śarīre*

(§2) *na* (1.30); *jāyate* (1.29); *mriyate* (3rd-per◦ sing◦ pres◦ वर्तमान्-लट् ātmane◦ ←6◦√मृ (to die); *vā* (1.32); *kadāćit* (ever) (time indicating ind◦ ←pron◦ *kim* 1.1 + affix *da* (द) + affix *ćit* 2.17); *na* (1.30); *ayam* (2.19); ***bhūtvā*** (ipp◦ ind◦ ←1◦√भू (to be, become); ***bhavitā*** (3rd-per◦ sing◦ fut1◦ लुट् parasmai◦ ←1◦√भू (to be, become); *vā* (1.32); *na* (1.30); 📖***bhūyaḥ:*** (= ind◦ *bhūyas* (again) ←1◦√भू (to be, become); ***ajaḥ:*** (m◦ 1nom◦ sing◦ ←n.tatpu◦ adj◦ ***aja*** (birthless) न जायते इति ←m◦ *ja* 1.7); ***nityaḥ:*** (m◦ 1nom◦ sing◦ ←adj◦ or ind◦ *nitya* (perpetual) 2.18); *śāśvataḥ:* (m◦ 1nom◦ sing◦ ←adj◦ *śāśvata* (eternal) 1.43); *ayam* (2.19); 📖***purāṇaḥ:*** (m◦ 1nom◦ sing◦ ←adj◦ ***purāṇa*** (primeval) ←1◦पुरा√नी (to carry); na (1.30); *hanyate* (2.19); *hanyamāne* (7loc◦ sing◦ ←śānać◦ adj◦ *hanyamāna* ←2◦√हन् (to hurt); *śarīre* (1.29) (2.20)

---

[145] उभौ तौ न विजानितो → both are ignorant (adj◦), both of them are ignorant, are equally ignorant, both of them are wrong, both of them fail to perceive ...etc.

📖 विजानितौ is a verb not an adj◦, but 'ignorant' is an adj◦. It is not a verb.

[146] न जायते म्रियते वा विपश्चिन्नायं कुतश्चिन्नायं बभूव कश्चित् ।
अजो नित्यः शाश्वतोऽयं पुराणो न हन्यते हन्यमाने शरीरे ।। (kaṭhopaniṣad 1.2.18)
न जायते म्रियते न स वर्धते न क्षीयते नो विकरोति नित्यः ।
विलीयमानोऽपि वपुष्यमुष्मिन्न लीयते कुम्भ इवाम्बरं स्वयम् ।। (vivekachuḍāmaṇi 134)

📖 bhūyaḥ: भूयः, पुनः 8.26, पुनरपि, पुनर् 4.9, वारंवारम् ।

📖 purāṇaḥ: पुराणः, सनातनः 2.24, प्राचीनः, प्राक्तनः, प्राक्कालीनः, चिरन्तनः ।

(§3) ***na*** (neither); ***jāyate*** (he takes birth) ***mriyate*** (he dies); ***vā*** (or; not); ***kadāćiṭ*** (ever, at any time); ***na*** (not); ***ayaṃ*** (subj1◦ this, this ātmā); ***bhūtvā*** (having been); ***bhavitā*** (he will be); ***vā*** (either); ***na*** (not); ***bhūyaḥ:*** (again); ***ajaḥ:*** (adj◦-subj◦ birthless) ***nityaḥ:*** (adj2◦-subj◦ perpetual); ***śāśvataḥ:*** (adj3◦-subj◦ eternal); ***ayaṃ*** (subj◦ this; this ātmā); ***purāṇaḥ:*** (adj4◦-subj◦ primeval, primordial); na (not); ***hanyate*** (he is slain); ***hanyamāne*** (in being slain); ***śarīre*** (in the body) (2.20)

(§4) na jāyate vā mriyate kadāćiṭ na ayaṃ bhūtvā bhūyaḥ: na bhavitā ayaṃ ajaḥ: nityaḥ: śāśvataḥ: purāṇaḥ: hanyate na śarīre hanyamāne vā

(§5) Neither he takes birth[147] not he dies ever; not this *ātmā* having been,[148] again will not be. This birthless,[149] perpetual eternal, primeval (ātmā) is not slain in the body being slain either. (2.20)

अनुष्ठुप्-छन्दसि गीतोपनिषद् । 2.20	न भविता न भूत्वाऽयं म्रियते न च जायते । अमरः शाश्वतो नित्यो देहनाशे न नश्यति ।। 638/1110

2.21 वेदाविनाशिनं नित्यं य एनमजमव्ययम् ।
कथं स पुरुषः पार्थ कं घातयति हन्ति कम् ।

---

[147] Elsewhere◦ *na jāyate* → it is never born, He is not born, it is not born, neither born, ...etc. (ppp◦)

📖 जायते is not a ppp◦ It is a simple Present tense of Active voice (लट्, कर्तरिप्रयोगः).

न जायते = he-she-it does not take birth.

[148] Elsewhere◦ भूत्वा → being born.

[149] Elsewhere◦ *ajaḥ:* → unborn.

📖 Adjective 'unborn' is attached to one that is yet to be born, not yet born or not born (e.g. an unborn child). Adjective अज is attached to the one that is born, but not from a womb or not by a normal birth process. Originally this word was coined to describe Brahmā, who was born, not to Mahālakṣmi's womb, but to Mahāviṣṇu, the *puruṣa*, through his navel. So, Brahmā ब्रह्मा (the personified or manifest Brahma ब्रह्म), born from Viṣṇu, is अजः ।

vedāvināśinaṁ nityaṁ ya enamajamavyayam,
kathaṁ sa puruṣaḥ: pārtha kaṁ ghātayati hanti kam. (2.21)

(§1) वेद अविनाशिनम् नित्यम् य एनम् अजम् अव्ययम्। कथम् स: पुरुष: पार्थ कम् घातयति हन्ति कम् । *veda* (r◦ 1/1) *avināśinam* (r◦ 14/1) *nityam* (r◦ 14/1) *yaḥ:* (r◦ 19/7) *enam* (r◦ 8/16) *ajam* (r◦ 8/16) *avyayam* (r◦ 14/2) *katham* (r◦ 14/1) *saḥ:* (r◦ 21/2) *puruṣaḥ:* (r◦ 22/3) *pārtha kam* (r◦ 14/1) *ghātayati hanti kam* (r◦ 14/2)

(§2) ***veda*** (3rd-per◦ sing◦ pres◦ वर्तमान्-लट् parasmai◦ ←2◦√विद् (to know); *avināśinam* (m◦ 2acc◦ sing◦ ←adj◦ *avināśin* (indestructible) ←4◦अ-वि-√नश् (to destroy); ***nityam*** (m◦ 2acc◦ sing◦ ←adv◦ or adj◦ *nitya* (perpetual) 2.18); *yaḥ:* (2.19); *enam* (m◦ 2.19); ***ajam*** (m◦ 2acc◦ sing◦ ←adj◦ *aja* (birthless) 2.20); ***avyayam*** (m◦ 2acc◦ sing◦ ←adj◦ *avyaya* (imperishable) 2.17); *katham* (1.37); *saḥ:* (1.13); ***puruṣaḥ:*** (1nom◦ sing◦ ←m◦ *puruṣa* (person) 2.15); *pārtha* (1.25); ***kam*** (whom) (m◦ 2acc◦ sing◦ ←pron◦ *kim* 1.1); *ghātayati* (3rd-per◦ sing◦ pres◦ वर्तमान्-लट् parasmai◦ caus◦ ←2◦√हन् (to hurt); *hanti* (2.19); *kam* (↑) (2.21)

veda वेद, see वेत्ति 2.19

avināśinam अविनाशिनम्, अनश्वरम्, अक्षरम्, अव्ययम् ।

avyayam अव्ययम्, अनश्वरम्, अक्षरम्, अविनाशिनम् 2.21 ।

(§3) ***veda*** **(he knows);** ***avināśinam*** **(adj1◦-obj1◦ indestructible);** ***nityam*** **(adj2◦-obj1◦ perpetual);** ***yaḥ:*** **(adj1◦-subj◦ he who);** ***enam*** **(obj1◦ this; this ātmā);** ***ajam*** **(adj3◦-obj1◦ birthless);** ***avyayam*** **(adj4◦-obj1◦ imperishable);** ***katham*** **(how does?);** ***saḥ:*** **(adj2◦-subj◦ he, that person);** ***puruṣaḥ:*** **(subj◦ person);** ***pārtha*** **(O Pārtha! O Arjuna!);** ***kam*** **(obj2◦ anyone?);** ***ghātayati*** **(he causes to slay);** ***hanti*** **(he slays, does he slay);** ***kam*** **(obj3◦ whom?) (2.21)**

(§4) yaḥ: veda enam avināśinam nityam ajam avyayam pārtha katham saḥ: puruṣaḥ: ghātayati kam kam hanti?

(§5) He who knows this[150] indestructible, perpetual, birthless (and) imperishable *ātmā*,

---

[150] Elsewhere◦ *veda enam* → he who knows that it is, who knows this self to be, he who knows that the Soul is, he who knows this One as ..., who knows This to be ..., who recognizes the Atman as, knows Him as, ...etc.

enam एनम् is not Nominative. The soul is not the subject of this clause. *enam* is in Accusative. It is the object. Thus, it

O Arjuna! how does he causes to slay anyone (and) whom does he slay? (2.21)

अनुष्टुप्-छन्दसि गीतोपनिषद् । 2.21	एवमात्मानमेनं योऽवगच्छत्यविनाशिनम् । आत्मनः कथञ्चिद्वाऽपि न स हन्ता न घातकः ।। 639/1110

2.22 वासांसि जीर्णानि यथा विहाय नवानि गृह्णाति नरोऽपराणि ।
तथा शरीराणि विहाय जीर्णान्यन्यानि संयाति नवानि देही ।।

vāsāṁsi jīrṇāni yathā vihāya navāni gṛhṇāti naro'parāṇi,
tathā śarīrāṇi vihāya jīrṇānyanyāni saṁyāti navāni dehī. (2.22)

(§1) वासांसि जीर्णानि यथा विहाय नवानि गृह्णाति नरः अपराणि । तथा शरीराणि विहाय जीर्णानि अन्यानि संयाति नवानि देही । *vāsāṁsi jīrṇāni yathā vihāya navāni gṛhṇāti naraḥ:* (r◦ 15/1) *aparāṇi* (r◦ 24/7) *tathā śarīrāṇi* (r◦ 24/7) *vihāya jīrṇāni* (r◦ 4/1) *anyāni saṁyāti navāni dehī*

(§2) *vāsāṁsi* (2acc◦ plu◦ ←n◦ *vāsaṣ* (cloth) ←1◦√वस् (to stay); ***jīrṇāni*** (n◦ 2acc◦ plu◦ ←ppp◦ adj◦ 🕮*jīrṇa* (discardable) ←4◦√जॄ (to grow old); *yathā* (1.11); 🕮***vihāya*** (past-participle lyp◦ ind◦ ←3◦वि√हा (to go); 🕮***navāni*** (n◦ 2acc◦ plu◦ ←adj◦ *nava* (new) ←2◦√नु (to commend); *gṛhṇāti* (3rd-per◦ sing◦ pres◦ वर्तमान्-लट् parasmai◦ ←9◦√ग्रह (to take); ***naraḥ:*** (1nom◦ sing◦ ←m◦ *nara* (person) 1.5); *aparāṇi* (n◦ 2acc◦ plu◦ ←pron◦ adj◦ ***a-para*** (other) ←adj◦ or n◦ *para* 2.3); *tathā* (1.8); *śarīrāṇi* (2acc◦ plu◦ ←n◦ *śarīra* 1.29); *vihāya* (↑); *jīrṇāni* (↑); *anyāni* (n◦ 2acc◦ plu◦ ←adj◦ *anya* 1.9); ***saṁyāti*** (3rd-per◦ sing◦ pres◦ वर्तमान्-लट् parasmai◦ ←2◦सम्√या (to go); *navāni* (↑); 🕮***dehī*** (1nom◦ sing◦ ←m◦ *dehiṇ* (ātmā) 2.13) (2.22)

🕮 jīrṇāna जीर्ण, त्याज्य ।

🕮 vihāya विहाय, त्यक्त्वा 1.33

🕮 navāni नवानि, नवीनानि, नूतनानि; अपराणि 2.22

---

should NOT be 'he who knows that this soul (subj◦) is indestructible (adj◦-subj◦) ...,' instead it should be, 'he who knows this indestructible, eternal, undecaying, birthless (adj◦-obj◦) ... *ātmā* (obj◦).'

The difference is this : (i) The first case indicates that *ātmā* has only these four qualities. (ii) Whereas, in the second case : he who knows the true nature of *ātmā,* (in addition to being) the possessor these four qualities, as well as the qualities mentioned in 2.24, 2.25 etc. and much more), he ...

📖 dehī देही, आत्मा 6.5, देहधारी, देहभृत् 8.4, शरीरी 2.18

(§3) ***vāsāṁsi*** (obj1◦ the clothes); ***jīrṇāni*** (adj◦-obj1◦ the discardable ones); ***yathā*** (as, just as); ***vihāya*** (having cast off); ***navāni*** (adj1◦-obj2◦ new, aanaother); ***gṛhṇāti*** (he wares, he takes); ***naraḥ:*** (subj1◦ a man, a person); ***aparāṇi*** (adj2◦-obj2◦ other); ***tathā*** (so); ***śarīrāṇi*** (obj3◦ bodies); ***vihāya*** (having cast off); ***jīrṇāni*** (adj◦-obj3◦ the discardable, unwanted); ***anyāni*** (obj4◦ other); ***saṁyāti*** (he does get); ***navāni*** (adj◦-obj4◦ new); ***dehī*** (subj2◦ the embodied; the ātmā) (2.22)

(§4) yathā naraḥ: gṛhṇāti aparāṇi navāni vāsāṁsi vihāya jīrṇāni tathā dehī saṁyāti anyāni navāni śarīrāṇi vihāya jīrṇāni

(§5) Just as a person takes other new clothes, having cast off[151] the discardable[152] ones; so does the ātmā get new bodies, having cast off the discardable ones. (2.22)

अनुष्टुप्-छन्दसि गीतोपनिषद् । 2.22	त्यक्त्वा त्याज्यं, यथा वस्त्रं धारयति नवं नरः । त्यक्त्वा त्याज्यं, नवं देहं देही स धरते तथा ।। 640/1110

2.23 नैनं छिन्दन्ति शस्त्राणि नैनं दहति पावकः ।
न चैनं क्लेदयन्त्यापो न शोषयति मारुतः ।।

nainaṁ ćhindanti śastrāṇi nainaṁ dahati pāvakaḥ:,
na ćainaṁ kledayantyāpo na śoṣayati mārutaḥ:. (2.23)

(§1) न एनम् छिन्दन्ति शस्त्राणि न एनम् दहति पावकः । न च एनम् क्लेदयन्ति आपः न शोषयति मारुतः । *na* (r◦ 3/1) *enaṃ* (r◦ 14/1) *ćhindanti śastrāṇi* (r◦ 24/7) *na* (r◦ 3/1) *enaṃ* (r◦ 14/1) *dahati pāvakaḥ:* (r◦ 22/8) *na ća* (r◦ 3/1) *enaṃ* (r◦ 14/1) *kledayanti* (r◦ 4/2) *āpaḥ:* (r◦ 15/6) *na śoṣayati mārutaḥ:* (r◦ 22/8)

---

[151] Elsewhere◦ *vihāya* → casts off, gives up, discards, ...etc.

📖 विहाय is not a present लट् tense. It is a past participle gerund → having cast off.

[152] Elsewhere◦ *jirnaāni* → used, wor out.

(§2) *na* (1.30); *enam̦* (2acc∘ 2.19); *ćhindanti* (3rd-per∘ plu∘ pres∘ वर्तमान्-लट् parasmai∘ ←7∘√छिद् (to cut); *śastrāṇi* (1nom∘ plu∘ ←n∘ *śastra* (weapon) 1.9); *na* (1.30); *enam̦* (2.19); *dahati* (3rd-per∘ sing∘ pres∘ वर्तमान्-लट् parasmai∘ ←1∘√दह् (to burn); ***pāvakaḥ:*** (1nom∘ sing∘ ←m∘ *pāvaka* (fire) ←1∘√पू (to cleanse); *na* (1.30); *ća* (1.1); *enam̦* (2.19); *kledayanti* (3rd-per∘ plu∘ pres∘ वर्तमान्-लट् parasmai∘ caus∘ ←4∘√क्लिद् (to wet); ***āpaḥ:*** (1nom∘ -collective noun sing∘ ←n∘ *āpa* (water) ←10∘√आप् (to attain, get); *na* (1.30); *śoṣayati* (3rd-per∘ sing∘ pres∘ वर्तमान्-लट् parasmai∘ caus∘ ←4∘√शुष् (to dry); *mārutaḥ:* (1nom∘ sing∘ ←m∘ *māruta* (wind) ←6∘√मृ (to die) (2.23)

śastrāṇi शस्त्राणि, अस्त्राणि, आयुधानि ।

pāvakaḥ: पावकः, अग्निः 4.19, अनलः 7.4, वैश्वानरः 15.14, वह्निः 3.38, हुताशनः, शिखी, दहनः, कृशानुः ।

āpaḥ: आपः, जलम्, उदकम्, अम्भः, अम्बुः, वारि, सलिलम्, नीरम्, तोयम् 9.26, अप् 2.23

mārutaḥ: मारुतः, वातः, वायुः 2.67, पवनः 10.31, अनिलः, पवमानः, समीरः ।

(§3) *na* (do not); *enam̦* (adj∘-obj∘ this); *ćhindanti* (they cleave, cut); *śastrāṇi* (subj1∘ weapons); *na* (does not); *enam̦* (adj∘-obj∘ this, it); *dahati* (it burns); *pāvakaḥ:* (subj2∘ fire); *na* (does not); *ća* (and); *enam̦* (adj∘-obj∘ this, it); *kledayanti* (they make it wet); *āpaḥ:* (subj3∘ the waters; water); *na* (does not); *śoṣayati* (it dries it up); *mārutaḥ:* (subj4∘ wind) (2.23)

(§4) śastrāṇi na ćhindanti enam̦ pāvakaḥ: na dahati enam̦ āpaḥ: na enam̦ kledayanti ća mārutaḥ: na śoṣayati

(§5) Weapons do not cleave[153] this (ātmā), fire does not burn it, water does not make it wet, and wind does not dry it up. (2.23)

अनुष्टुप्-छन्दसि गीतोपनिषद् । 2.23	छिद्यते नायुधैरात्मा नाग्निना दह्यते कदा । न क्लिद्यते जलेनैष न शुष्यति च वायुना ।। 641/1110

[153] Elsewhere∘ *ćhindanti* → cannot cut, can never be cut by, can not be cleaved, ...etc.

छिन्दन्ति is a simple active habitual present tense. Same is the problem with दहति, क्लेदयन्ति and शोषयति ।

2.24 अच्छेद्योऽयमदाह्योऽयमक्लेद्योऽशोष्य एव च ।
नित्यः सर्वगतः स्थाणुरचलोऽयं सनातनः ।।[154]
aććhedyo'yamadāhyo'yamakledyo'śoṣya eva ća,
nityaḥ: sarvagataḥ: sthāṇuraćalo'yaṁ sanātanaḥ:; (2.24)

(§1) अच्छेद्यः अयम् अदाह्यः अयम् अक्लेद्यः अशोष्यः एव च । नित्यः सर्वगतः स्थाणुः अचलः अयम् सनातनः । *aććhedyaḥ:* (r◦ 15/1) *ayam* (r◦ 8/16) *adāhyaḥ:* (r◦ 15/1) *ayam* (r◦ 8/16) *akledyaḥ:* (r◦ 15/1) *aśoṣyaḥ:* (r◦ 19/7) *eva ća nityaḥ:* (r◦ 22/7) *sarvagataḥ:* (r◦ 22/7) *sthāṇuḥ:* (r◦ 16/3) *aćalaḥ:* (r◦ 15/1) *ayam* (r◦ 14/1) *sanātanaḥ:* (r◦ 22/8)

(§2) *aććhedyaḥ:* (m◦ 1nom◦ sing◦ ←adj◦ n.tatpu◦ -pot◦ adj◦ *a-ććhedya* (uncleavable) ←7◦अ√छिद् (to cut); *ayam* (this) (2.19); *adāhyaḥ:* (m◦ 1nom◦ sing◦ ←n.tatpu◦ -pot◦ adj◦ *a-dāhya* (incombustible) ←1◦अ√दह् (to burn); *ayam* (2.19); *akledyaḥ:* (m◦ 1nom◦ sing◦ ←n.tatpu◦ -pot◦ adj◦ *a-kledya* (non-wettable) ←4◦अ√क्लिद् (to be wet); *aśoṣyaḥ:* (m◦ 1nom◦ sing◦ ←n.tatpu◦ -pot◦ adj◦ *a-śoṣya* (non-dryable) ←4◦अ√शुष् (to dry); *eva* (1.1); *ća* (1.1); 🕮*nityaḥ:* (2.20); 🕮*sarvagataḥ:* (m◦ 1nom◦ sing◦ ←tatpu◦ ***sarva-gata*** (omnipresent) सर्वस्मिन् गतः ←pron◦ *sarva* 1.6 + adj◦ *gata* 2.11); 🕮*sthāṇuḥ:* (m◦ 1nom◦ sing◦ ←adj◦ *sthāṇu* (steady) ←1◦√स्था (to stay); 🕮*aćalaḥ:* (m◦ 1nom◦ sing◦ ←n.bahuvrī◦ adj◦ ***a-ćala*** (permanent) ←1◦अ√चल् (to walk, move); *ayam* (2.19); 🕮***sanātanaḥ:*** (m◦ 1nom◦ sing◦ ←adj◦ *sanātana* (eternal) 1.40) (2.24)

🕮 nityaḥ: नित्यः, सततः, शाश्वतः 2.20, अनन्तः, नैत्यिकः, ध्रुवः 2.27, निरपायः, अभीक्ष्णः, निरन्तरः, अविरतः ।
🕮 sarvagataḥ: सर्वगतः, सर्वगामी, सर्वत्रगः 9.6, सर्वव्यापी, सर्वव्याप्तः ।
🕮 sthāṇuḥ: स्थाणुः, स्थावरः, स्थिरः 6.13, दृढः, ध्रुवः 2.27
🕮 aćalaḥ: अचलः, स्थिरः 6.13, धीरः 2.13, अचरः, निश्चलः ।
🕮 sanātanaḥ: सनातनः, सनादनः, शाश्वतः 2.20, नित्यः 2.20, अनादिः 10.3, अनाद्यन्तः, अनाद्यनन्तः ।

(§3) ***aććhedyaḥ:*** **(adj1◦-subj◦ uncleavable; which can not be cut);** ***ayam*** **(subj◦ this);** ***adāhyaḥ:*** **(adj2◦-subj◦ incombustible; which can not be burnt);** ***ayam*** **(this);** ***akledyaḥ:*** **(adj3◦-subj◦ which can not be**

---

[154] अखण्डोऽहमनन्तोऽहं परिपूर्णोऽहमद्वयम् ।
सच्चिदानन्दरूपोऽहं ज्योतिषां ज्योतिरस्म्यहम् ।। (ramagītā 8.17)

wetted, soddened); ***aśoṣyaḥ:*** (adj4∘-subj∘ which can not be dried up); ***eva*** (also); ***ća*** (and); ***nityaḥ:*** (adj5∘-subj∘ perpetual); ***sarvagataḥ:*** (adj6∘-subj∘ all-encompassing); ***sthāṇuḥ:*** (adj7∘-subj∘ steady); ***aćalaḥ:*** (adj8∘-subj∘ permanent); ***ayam*** (subj∘ this); ***sanātanaḥ:*** (adj9∘-subj∘ eternal) (2.24)

(§4) ayam nityaḥ: sarvagataḥ: sthāṇuḥ: aćalaḥ: ayam sanātanaḥ: aććhedyaḥ: adāhyaḥ: akledyaḥ: ća ayam aśoṣyaḥ: eva;

(§5) This[155] perpetual, all-encompassing, steady, permanent (and) this eternal (ātmā) which can not be cut, which can not be burnt, which can not be soddened and this (ātmā) which can not be dried up also; (2.24)

अनुष्टुप्-छन्दसि गीतोपनिषद् । 2.24	अज्वाल्योऽयमवध्योऽयमक्लेद्योऽशोष्य एव च । अनादिः सर्वगामी च स्थिरो नित्यः सनातनः ।। 642/1110

2.25 अव्यक्तोऽयमचिन्त्योऽयमविकार्योऽयमुच्यते ।
तस्मादेवं विदित्वैनं नानुशोचितुमर्हसि ।।
avyakto'yamaćintyo'yamavikāryo'yamućyate,
tasmādevaṁ viditvainaṁ nānuśoćitumarhasi. (2.25)

(§1) अव्यक्तः अयम् अचिन्त्यः अयम् अविकार्यः अयम् उच्यते । तस्मात् एवम् विदित्वा एनम् न अनुशोचितुम् अर्हसि । *avyaktaḥ:* (r∘ 15/1) *ayam* (r∘ 8/16) *aćintyaḥ:* (r∘ 15/1) *ayam* (r∘ 8/16) *avikāryaḥ:* (r∘ 15/1) *ayam* (r∘ 8/20) *ućyate tasmāt* (r∘ 8/9) *evam* (r∘ 14/1) *viditvā* (r∘ 3/3) *enam* (r∘ 14/1) *na* (r∘ 1/1) *anuśoćitum* (r∘ 8/16) *arhasi*

(§2) 📖***avyaktaḥ:*** (m∘ 1nom∘ sing∘ ←ppp∘ adj∘ n.tatpu∘ ***avyakta*** (unmanifest) ←7∘अ-वि√अञ्ज् (to make); *ayam* (this) (2.19); 📖*aćintyaḥ:* (m∘ 1nom∘ sing∘ ←n.tatpu∘ -pot∘ adj∘ ***aćintya*** (incomprehensible) ←10∘अ√चिन्त् (to think); *ayam* (2.19); *avikāryaḥ:* (m∘ 1nom∘ sing∘ ←n.tatpu∘ adj∘ 📖*avikārya* (immutable) ←8∘अ-वि√कृ (to do); *ayam* (2.19); ***ućyate*** (pass∘ pres∘ वर्तमान्-लट् 3rd-per∘ sing∘ ātmane∘ ←2∘√वच् (to speek); *tasmāt* (therefore) (1.37); *evam* (in this manner) (1.24); 📖***viditvā*** (ipp∘ ind∘ ←2∘√विद् (to know); *enam* (2.19); *na* (1.30);

[155] Elsewhere∘ *ayam* → He, this individual soul, It, ...etc.

anuśocitum (inf◦ ind◦ ←1◦अनु√**शुच्** (to lament); ***arhasi*** (2nd-per◦ sing◦ pres◦ वर्तमान्-लट् parasmai◦ ←1◦√अर्ह् (to deserve, be fit) (2.25)

📖 avyaktaḥ: अव्यक्तः, अस्पष्टः, अप्रत्यक्षः, अप्रकाशः 14.13, अप्रकटः, अप्रादुर्भूतः, अनाविर्भूतः, अगोचरः, अदृश्यः, अदर्शनीयः, अलक्ष्यः, परोक्षः ।

📖 aćintyaḥ: अचिन्त्यः, अज्ञेयः, अगम्यः, दुर्बोधः, अतर्क्यः, इन्द्रियागोचरः, अग्राह्यः, अग्रहणीयः, अबोधगम्यः, अमनोगम्यः, बोधागम्यः, अबोधनीयः, अभावनीयः, अविभाव्यः, बोधातीतः ।

📖 avikārya अविकार्यः, अव्ययः 11.18, निर्विकारः 18.26, निविकल्पः, अक्षरः 8.21

📖 viditvā विदित्वा, ज्ञात्वा 4.15, बुधित्वा, बोधित्वा, सम्बुध्य ।

(§3) ***avyaktaḥ:*** (adj1◦-subj◦ unpersonified; unmanifest); ***ayam*** (subj◦ this); ***aćintyaḥ:*** (adj2◦-subj◦ incomprehensible); ***ayam*** (subj◦ this); ***avikāryaḥ:*** (adj3◦-subj◦ immutable); ***ayam*** (subj◦ this); ***ućyate*** (he is said to be); ***tasmāt*** (therefore); ***evam*** (in this manner; in this way); ***viditvā*** (having understood; having known); ***enam*** (obj◦ this); ***na*** (not); ***anuśocitum*** (for lamenting, to lament, to grieve); ***arhasi*** (you should, you ought to; you are worthy of) (2.25)

(§4) ayam avyaktaḥ: ayam aćintyaḥ: ayam ućyate avikāryaḥ: tasmāt viditvā enam evam arhasi na anuśocitum

(§5) This unmanifest, this incomprehensible, is said to be immutable, therefore,[156] having understood this (ātmā) in this manner, you ought not to grieve. (2.25)

अनुष्टुप्-छन्दसि गीतोपनिषद् । 2.25	
एवमेनममर्त्यं तम्-अचिन्त्यमविनाशिनम् । अव्यक्तमक्षरं ज्ञात्वा दुःखमेवं निरर्थकम् ।। 643/1110	भूते च वर्तमाने च नित्य आत्मा भविष्यति । अनन्तोऽयमिदं ज्ञात्वा नास्मैशोचितुमर्हसि ।। 644/1110

2.26 अथ चैनं नित्यजातं नित्यं वा मन्यसे मृतम् ।
तथापि त्वं महाबाहो नैवं शोचितुमर्हसि ।।[157]

---

[156] See the footnote in verse 2.15

[157] हन्ता चेन्मन्यते हन्तुं हतश्चेन्मन्यते हतम् ।
उभौ तौ न विजानीतो नायं हन्ति न हन्यते ।। (kaṭhopaniṣad 1.2.19)

atha ćainaṁ nityajātaṁ nityaṁ vā manyase mṛtam,
tathāpi tvaṁ mahābāho naivaṁ śoćitumarhasi. (2.26)

(§1) अथ च एनम् नित्यजातम् नित्यम् वा मन्यसे मृतम् । तथापि त्वम् महाबाहो न एवम् शोचितुम् अर्हसि । *atha ća* (r∘ 3/1) *enam* (r∘ 14/1) *nityajātam* (r∘ 14/1) *nityam* (r∘ 14/1) *vā manyase mṛtam* (r∘ 14/2) *tathāpi tvam* (r∘ 14/1) *mahābāho na* (r∘ 3/1) *evam* (r∘ 14/1) *śoćitum* (r∘ 8/16) *arhasi*

(§2) *atha* (ind∘ 1.20); *ća* (1.1); *enam* (2.19); *nitya* (2.18); 🕮*jātam* (m∘ 2acc∘ sing∘ ←ppp∘ adj∘ ***jāta*** (born) ←4∘√जन् (to be born, give birth); *nityam* (2.21); *vā* (1.32); ***manyase*** (2nd-per∘ sing∘ pres∘ वर्तमान्-लट् ātmane∘ ←4∘√मन् (to think) 2.19); *mṛtam* (m∘ 2acc∘ sing∘ ←ppp∘ adj∘ ***mṛta*** (dead) ←6∘√मृ (to die); *tathā* (1.8); *api* (1.26); *tvam* (2.11); ***mahābāho*** (m∘ 8voc∘ sing∘ ←bahuvrī∘ *mahābahu* 1.18); *na* (1.30); *evam* (adv∘ 1.24); *śoćitum* (inf∘ ind∘ ←1∘√शुच् (to lament) 2.25); *arhasi* (2.25) (2.26)

🕮jātam जातम्, जनितम्, उपजातम्, उत्पन्नम्, उत्पादितम्, सम्भूतम् 4.42, प्रसूतम्, उत्पतितम् ।

🕮 mṛtam मृतम्, उपरतम् 2.35, प्रेतम्, परेतम्, परासुम्, गतासुम् 2.11, विपन्नम्, गतप्राणम्, प्रमीतम्, विचेतनम्, प्राणहीनम्, प्रेतीभूतम्, अतीतम् 4.22, व्यतीतम् 4.5, विगतम् 11.1, अजीवम्, निर्जीवम्, व्यपन्नम्, संस्थितम्, वृत्तम्, अवसन्नम् ।

(§3) ***atha*** **(further, after this);** ***ća*** **(and);** ***enam*** **(obj∘ this);** ***nitya-jātam*** **(adj1∘-obj∘ that which is born again and again);** ***nityam*** **(ever);** ***vā*** **(or);** ***manyase*** **(you think);** ***mṛtam*** **(adj2∘-obj∘ that which is dead);** ***tathā api*** **(even then);** ***tvam*** **(subj∘ you);** ***mahābāho*** **(O Mahābahu!, O Arjuna!);** ***na*** **(not);** ***evam*** **(in this manner, like this);** ***śoćitum*** **(for grieving, to grieve);** ***arhasi*** **(you should; you are worthy)** (2.26)

(§4) ća atha manyase enam nitya jātam vā mṛtam nityam tathā api mahābāho tvam arhasi na śoćitum evam

(§5) And after this, (if) you think this (to be) that which is born again and again or that which is ever dead;[158] even then, O Arjuna! you should not grieve like this. (2.26)

---

[158] Elsewhere∘ *mṛtam* → dies, ever dying, subject to death, ...etc.

🕮 मृतम् is not a verb of present tense. It is a past passive participle adj∘ = dead; that which has already died.

जन्ममृत्युयुतं वाऽपि देहिनं मन्यसे यदि ।
तथाऽपि तु महाबाहो त्वयि शोको न शोभते ।। 645/1110

जातस्य हि ध्रुवो मृत्युर्ध्रुवं जन्म मृतस्य च।

2.27 जातस्य हि ध्रुवो मृत्युर्ध्रुवं जन्म मृतस्य च ।
तस्मादपरिहार्येऽर्थे न त्वं शोचितुमर्हसि ।।

jātasya hi dhruvo mṛtyurdhruvaṁ janma mṛtasya ća,
tasmādaparihārye'rthe na tvaṁ śoćitumarhasi. (2.27)

(§1) जातस्य हि ध्रुवः मृत्युः ध्रुवम् जन्म मृतस्य च । तस्मात् अपरिहार्ये अर्थे न त्वम् शोचितुम् अर्हसि । *jātasya hi dhruvaḥ:* (r◦ 15/9) *mṛtyuḥ:* (r◦ 16/8) *dhruvaṃ* (r◦ 14/1) *janma mṛtasya ća tasmāt* (r◦ 8/2) *aparihārye* (r◦ 6/1) *arthe na tvaṃ* (r◦ 14/1) *śoćitum* (r◦ 8/16) *arhasi*

(§2) *jātasya* (m◦ 6pos◦ sing◦ ←adj◦ *jāta* (born) 2.26); *hi* (1.11); 📖*dhruvaḥ:* (m◦ 1nom◦ sing◦ ←adj◦ ***dhruva*** (certain) ←1◦√धृ (to bear); ***mṛtyuḥ:*** (1nom◦ sing◦ ←m◦ ***mṛtyu*** (death) ←6◦√मृ (to die); ***dhruvaṃ*** (n◦ 1nom◦ sing◦ ←adj◦ *dhruva* ↑); 📖***janma*** (1nom◦ sing◦ ←n◦ ***janman*** (birth) ←4◦√जन् (to be born, give birth); *mṛtasya* (m◦ 6pos◦ sing◦ ←ppp◦ adj◦ *mṛta* (dead) 2.26); *ća* (1.1); *tasmāt* (therefore) (1.37); 📖*a-parihārye* (m◦ 7loc◦ sing◦ n.tatpu◦ ←pot◦ adj◦ *parihārya* (avoidable) ←1◦परि√हृ (to take); *arthe* (matter) (1.9); *na* (1.30); *tvaṃ* (2.11); *śoćitum* (2.26); *arhasi* (2.25) (2.27)

📖 dhruvaḥ: ध्रुवः, निश्चितः, असन्दिग्धः, नियतः, निर्णितः, अवश्यः, निर्दिष्टः, अपरिहार्यः, अवश्यगामी, अहार्यः, अवारणीयः ।

📖 janma जन्म, जननम्, जनिमा, उत्पत्तिः, उद्भवः 10.34, सम्भवः 14.3, भवः 10.4, जनुः, प्रसवनम्, प्रसवः, प्रभूतिः, जनिः, अवतारः ।

📖 aparihārye अपरिहार्ये, अवारणीये, अहार्ये, अनतिक्रमणीये, अनिवार्ये ।

(§3) ***jātasya*** **(of the born);** ***hi*** **(because);** ***dhruvaḥ:*** **(adj◦-subj1◦ certain, definite, inevitable);** ***mṛtyuḥ:*** **(subj1◦ the death);** ***dhruvaṃ*** **(adj◦-subj2◦ inevitable);** ***janma*** **(subj2◦ the birth);** ***mṛtasya*** **(of the dead);** ***ća*** **(and);** ***tasmāt*** **(therefore);** ***aparihārye*** **(in the unavoidable);** ***arthe*** **(in consequence; in matter);** ***na*** **(not);** ***tvaṃ*** **(subj3◦ you);** ***śoćitum*** **(for grieving, to grieve);** ***arhasi*** **(you ought to; you are worthy)** (2.27)

(§4) hi mṛtyuḥ: jātasya dhruvaḥ: ća janma mṛtasya dhruvaṃ tasmāt aparihārye arthe tvaṃ na arhasi śoćitum

(§5) Because[159] the death of the born (is) certain and the birth of the dead[160] (is) inevitable,[161] therefore,[162] in the unavoidable matter, you ought not to grieve.[163] (2.27)

अनुष्टुप्-छन्दसि गीतोपनिषद् । 2.27	(जन्ममरणयोः चक्रम्)
निश्चित उदितस्यास्तो म्लानो विकसितस्य च । आगताः प्रतिगच्छन्ति प्रत्यागच्छन्ति ये गताः ।। 646/1110	जीवितो म्रियते नूनं मृतश्च जायते ध्रुवम् । विवशे विषये तस्मात्-दुःखमेवं निरर्थकम् ।। 647/1110

2.28 अव्यक्तादीनि भूतानि व्यक्तमध्यानि भारत ।
अव्यक्तनिधनान्येव तत्र का परिदेवना ।।

avyaktādīni bhūtāni vyaktamadhyāni bhārata,
avyaktanidhanānyeva tatra kā paridevanā. (2.28)

(§1) अव्यक्तादीनि भूतानि व्यक्तमध्यानि भारत । अव्यक्तनिधनानि एव तत्र का परिदेवना । *avyaktādīni bhūtāni vyaktamadhyāni bhārata* (r◦ 23/1) *avyaktanidhanāni* (r◦ 4/4) *eva tatra kā paridevanā*

(§2) *avyaktādīni* (n◦ 1nom◦ plu◦ ←bahuvrī◦ adj◦ *avyaktādi,* अव्यक्तम् आदिम् यस्य तत् ←adj◦ *avyakta* (unmanifest) 2.25 + adj◦ ***ādi*** (begining) ←1◦आ√दा (to give); ***bhūtāni*** (1nom◦ plu◦ ←n◦ ***bhūta*** (being) ←1◦√भू (to be, become); *vyaktamadhyāni* (n◦ 1nom◦ plu◦ ←bahuvrī◦ adj◦ *vyakta-madhya,* व्यक्तम् मध्यम् यस्य तत् ←ppp◦ adj◦ *vyakta* (manifest) ←7◦वि√अञ्ज् (to make)+ adj◦ *madhya* (interim) 1.21); *bhārata* (1.24); *avyaktanidhanāni*

---

[159] See the footnote in verse 2.15

[160] Elsewhere◦ *mṛtasya* → to one who dies

📖 see footnote in 2.26

[161] सर्वं कृतं विनाशान्तं जातस्य मरणं ध्रुवम् ।
आशाश्वतं हि लोकेऽस्मिनसदा स्थावरजङ्गमम् ।। (anugītā 28.20)

[162] See the footnote in verse 2.15

[163] यथा जातानि जातानि चान्यान्यन्यानि कालतः । वृक्षात्पर्णानि शीर्यन्ते शरीराणि तथा नृणाम् ।
जायन्ते च म्रियन्ते च शरीराणि शरीरिणाम् । पादपानां च पर्णानि का तत्र परिदेवना ।।

Human bodies fade and fall away in time, like the withered leaves of tree. The bodies of all beings are equally doomed to be born and die in their time, as the leaves of tree, why then lament at the loss of what is surely to be lost (Yogavāsiṣṭha 3.6.32.49-50).

(n◦ 1nom◦ plu◦ ←bahuvrī◦ *avyakta-nidhana*, अव्यक्तम् निधनम् यस्य तत् ←adj◦ *avyakta* 2.25 + n◦ ***nidhana*** (death) ←3◦नि√धा (to put); *eva* (1.1); *tatra* (1.26); *kā* (1.36); *paridevanā* (1nom◦ sing◦ ←f◦ *paridevanā* (whimper) ←4◦परि√दिव् (to shine) (2.28)

paridevanā परिदेवना, आक्रोशः, विलापः, रोदनम्, रुदितम्, क्रन्दनम्, करुणस्वनः, विरावः, आतङ्कः, उत्क्रोशः, परितापः, वेदना, क्लेशः, आधिः, मनस्तापः, विबाधा, कृछ्रम्, तोदः, यातना ।

(§3) ***avyaktādīni*** (adj1◦-subj1◦ whose begining is the Unmanifest, Unpersonified, Invisible); ***bhūtāni*** (subj1◦ the beings); ***vyaktamadhyāni*** (adj2◦-subj1◦ whose interim state is manifest, personified, visible); ***bhārata*** (O Bharata! O Arjuna!); ***avyaktanidhanāni*** (adj3◦-subj1◦ after the death who are unmanifest, impersonified, invisible); ***eva*** (also, and again); ***tatra*** (there, in that matter); ***kā*** (what, what is?); ***paridevanā*** (subj2◦ the whimper, the grieving; the cry) (2.28)

(§4) bhārata bhūtāni avyaktādīni vyaktamadhyāni eva avyaktanidhanāni, tatra kā paridevanā?

(§5) O Arjuna! the beings[164] (are) whose begining is the Unmanifest; whose interim state is manifest and after the death who are again unmanifest, in that matter what is the whimper? (2.28)

अनुष्टुप्-छन्दसि गीतोपनिषद् । 2.28	भूतान्यव्यक्तमूलानि व्यक्तमध्यानि ते ततः । अव्यक्तानि च भूयस्ते तेषु दुःखमिदं कथम् ।। 648/1110
आदिरगोचरस्तेषां मध्यस्तु गोचरः खलु । अन्तोऽप्यगोचरः पार्थ तर्हि दुःखं कथं त्वयि ।। 649/1110	जन्ममरणयोर्मध्ये मध्यावस्थैव गोचरा । मध्या तु क्षणिकाऽवस्था मूलावस्था हि शाश्वता ।। 650
गोचरागोचराः सर्वे भूयो भूयो हि प्राणिनः । आगच्छन्ति च गच्छन्ति नभसि तारका यथा ।। 651/1110	अस्तं गतो यथा सूर्योऽदृष्टोऽव्यक्तोऽप्यविकृतः । तथा दिवंगतो देही निर्विकारो हि पूर्ववत् ।। 652/1110
यथा जले तरङ्गोस्त्यलङ्कारेषु च काञ्चनम् । तथा देहे स देही च सर्वे ब्रुवन्ति पण्डिताः ।। 653/1110	सिन्धुर्हिमालयो मेघः-तिस्त्रोऽवस्था जलस्य हि । जन्म मृत्युश्च मध्यं च सर्वमेकं हि चक्रवत् ।। 654/1110

[164] Elsewhere◦ *bhūtāni* → all that are created, all created beings ...etc.

Verb भू in भूत does not mean to "create" or created.

2.29 आश्चर्यवत्पश्यति कश्चिदेनमाश्चर्यवद्वदति तथैव चान्यः ।
आश्चर्यवच्चैनमन्यः शृणोति श्रुत्वाप्येनं वेद न चैव कश्चित् ।।

āśćaryavatpaśyati kaśćidenamāśćaryavadvadati tathaiva ćānyaḥ:,
āśćaryavaććainamanyaḥ: śṛṇoti śrutvāpyenaṁ veda na ćaiva kaśćit.
(2.29)

(§1) आश्चर्यवत् पश्यति कश्चित् एनम् आश्चर्यवत् वदति तथा एव च अन्यः । आश्चर्यवत् च एनम् अन्यः शृणोति श्रुत्वा अपि एनम् वेद न च एव कश्चित् । *āśćaryavat* (r◦ 10/6) *paśyati kaśćit* (r◦ 8/9) *enam* (r◦ 8/17) *āśćaryavat* (r◦ 9/11) *vadati tathā* (r◦ 3/3) *eva ća* (r◦ 1/1) *anyaḥ:* (r◦ 22/8) *āśćaryavat* (r◦ 11/1) *ća* (r◦ 3/1) *enam* (r◦ 8/16) *anyaḥ:* (r◦ 22/5) *śṛṇoti śrutvā* (r◦ 1/3) *api* (r◦ 4/4) *enam* (r◦ 14/1) *veda na ća* (r◦ 3/1) *eva kaśćit*

(§2) ***āśćaryavat*** (adv◦ ←adj◦ or n◦ ***āśćarya*** (wonder) ←1◦आ√चर् (to move) + ind◦ affix ***vat*** **वत्** indicating an equality or a simile ←√वा (to move); ***paśyati*** (3rd-per◦ sing◦ pres◦ वर्तमान्-लट् parasmai◦ ←1◦√दृश् (to see)1.31); *kaśćit* (2.17); *enam* (2.19); *āśćaryavat* (↑); *vadati* (3rd-per◦ sing◦ pres◦ वर्तमान्-लट् parasmai◦ ←1◦√**वच्** (to speek); *tathā* (1.8); *eva* (1.1); *ća* (1.1); ***anyaḥ:*** (m◦ 1nom◦ sing◦ ←adj◦ *anya* (someone else) 1.9); *āśćaryavat* (↑); *ća* (1.1); *enam* (2.19); *anyaḥ:* (↑); *śṛṇoti* (3rd-per◦ sing◦ pres◦ वर्तमान्-लट् parasmai◦ ←1◦√श्रु (to hear); ***śrutvā*** (ipp◦ ind◦ ←1◦√श्रु (to hear); *api* (1.26); *enam* (2.19); *veda* (2.21); *na* (1.30); *ća* (1.1); *eva* (1.1); *kaśćit* (2.17) (2.29)

āśćarya-vata आश्चर्य, विस्मय, स्मय, चमत्कार, विचित्रक, अद्भुत- इव ।
paśyati पश्यति, see वेत्ति 2.19

(§3) ***āśćaryavat*** (like a wonder; as if a surprise); ***paśyati*** (one sees, one perceives); ***kaśćit*** (subj1◦ someone); ***enam*** (adj◦-obj◦ this); ***āśćaryavat*** (like a wonder; as if a surprise); ***vadati*** (he speaks of); ***tathā eva ća*** (and similarly); ***anyaḥ:*** (subj2◦ someone else); ***āśćaryavat*** (like a wonder; as if a surprise); ***ća*** (and); ***enam*** (adj◦-obj◦ this); ***anyaḥ:*** (subj3◦ somebother person); ***śṛṇoti*** (one hears about); ***śrutvā*** (having heard about); ***api*** (even); ***enam*** (adj◦-obj◦ this); ***veda*** (one knows; they know); ***na*** (no); ***ća eva*** (and); ***kaśćit*** (subj4◦ someone, one) (2.29)

(§4) kaśćit paśyati enam āśćaryavat tathā eva ća anyaḥ: vadati āśćaryavat ća anyaḥ: śṛṇoti enam āśćaryavat eva ća api śrutvā enaṁ na kaśćit veda

(§5) Someone perceives this like a wonder; and similarly someone else speaks of (this) like a wonder; and some other person hears about this like a wonder; and even having heard about this, no one[165] (really) knows (this). (2.29)

अनुष्टुप्-छन्दसि गीतोपनिषद् । 2.29	(आत्मनः विस्मयाकुलता) आत्मानं पश्यति कश्चित्-विस्मयकारकं यथा । आश्चर्येण तथा कश्चित्-करोति वर्णनं महत् ।। 655/1110

2.30 देही नित्यमवध्योऽयं देहे सर्वस्य भारत ।
तस्मात्सर्वाणि भूतानि न त्वं शोचितुमर्हसि ।।[166]

**dehī nityamavadhyo'yaṁ dehe sarvasya bhārata,
tasmātsarvāṇi bhūtāni na tvaṁ śoćitumarhasi.** (2.30)

(§1) देही नित्यम् अवध्यः अयम् देहे सर्वस्य भारत । तस्मात् सर्वाणि भूतानि न त्वम् शोचितुम् अर्हसि । *dehī nityam* (r◦ 8/16) *avadhyaḥ:* (r◦ 15/1) *ayam* (r◦ 14/1) *dehe sarvasya bhārata tasmāt* (r◦ 10/7) *sarvāṇi* (r◦ 24/7) *bhūtāni na tvam* (r◦ 14/1) *śoćitum* (r◦ 8/16) *arhasi*

(§2) *dehī* (2.22); *nityaṁ* (2.21); **avadhyaḥ:** (m◦ 1nom◦ sing◦ ←pot adj. n.tatpu *avadhya* (inviolable) ←1◦अ√**वध्** (to kill); *ayam* (2.19); *dehe* (2.13); **sarvasya** (m◦ 6pos◦ sing◦ ←pron◦ *sarva* 1.6); *bhārata* (1.24); *tasmāt* (1.37); **sarvāṇi** (n◦ 2acc◦ plu ←pron◦ *sarva* 1.6); *bhūtāni* (2acc◦ ←n◦ pron◦ *bhūta* (being) 2.28); *na* (1.30); *tvam* (2.11); *śoćitum* (2.26); *arhasi* (2.25) (2.30)

avadhyaḥ: अवध्यः, अभेद्यः, अहन्तव्यः, अहननीयः, असूदनीयः ।

---

[165] Elsewhere◦ न एव कश्चित् → others, yet another, none are, some other, some other again, someone else, yet others, ...etc.
[166] यस्मिन्सर्वाणि भूतान्यात्मैवाभूद्विजानतः ।
तत्र को मोहः कः शोक एकत्वमनुपश्यतः ।।
When one sees the oneness of all beings with the ātmā, then for that wise parson where is attachment and what is sorrow for? (īśāvāsyopanishad 7)

(§3) ***dehī*** (subj1∘ the body bearer, the ātmā); ***nityam̥*** (adv∘ eternally); ***avadhyaḥ:*** (adj1∘-subj1∘ uncleavable, inviolable); ***ayam̥*** (adj2∘-subj1∘ this); ***dehe*** (in the body); ***sarvasya*** (of everyone); ***bhārata*** (O Bharata! O Arjuna!); ***tasmāt̥*** (therefore); ***sarvāṇi*** (adj∘-obj∘ to all, for all); ***bhūtāni*** (obj∘ beings); ***na*** (not); ***tvam̥*** (subj2∘ you); ***śocitum̥*** (for grieving, to grieve); ***arhasi*** (you should, you ought to) (2.30)

(§4) ayam̥ avadhyaḥ: dehī nityam̥ dehe sarvasya tasmāt̥ bhārata tvam̥ arhasi na śocitum̥ sarvāṇi bhūtāni

(§5) This ātmā (is) eternally[167] inviolable in the body of everyone, therefore,[168] O Arjuna! you ought not grieve for all beings.[169] (2.30)

अनुष्टुप्-छन्दसि गीतोपनिषद् । 2.30	
आकर्णयति कश्चिच्च वर्णनं तं रहस्यवत् । श्रुत्वाऽपि महिमानं तु नैनं जानन्ति केचन ।। 656/1110	स्थित: सर्वेषु देहेष्ववध्यो देही सनातन: । तस्माद्धि सर्वलोकेभ्य: शोको नास्ति यथोचित: ।। 657

2.31 स्वधर्ममपि चावेक्ष्य न विकम्पितुमर्हसि ।
धर्म्याद्धि युद्धाच्छ्रेयोऽन्यत्क्षत्रियस्य न विद्यते ।।

svadharmamapi ćāvekṣya na vikampitumarhasi,
dharmyāddhi yuddhāććhreyo'nyatkṣatriyasya na vidyate. (2.31)

(§1) स्वधर्मम् अपि च अवेक्ष्य न विकम्पितुम् अर्हसि । धर्म्यात् हि युद्धात् श्रेय: अन्यत् क्षत्रियस्य न विद्यते ।
svadharmam̥ (r∘ 8/16) *api ća* (r∘ 1/1) *avekṣya na vikampitum̥* (r∘ 8/16) *arhasi dharmyāt̥* (r∘ 9/12) *hi*

---

[167] Elsewhere∘ देही नित्यम् अवध्य: अयम् देहे → The self in everyone's body is indestructible (adj∘), the dweller in the body of every one is eternal (adj∘), the indweller is eternal and imperishable, ...etc.
📖 (i) नित्यम् is an adv∘ with Accusative form. It is not an adj∘ of Nominative m∘ देही । Nominative m∘ अवध्य: is adj∘ of m∘ देही । Therefore, नित्यम् is adv∘ of adj∘ अवध्य: । नित्यम् is not a m∘ nominative adjective, it can not be an adjective of m∘ nominative noun देही । (ii) अवध्य: does not imply imperishable (intransitive). The verb √वध् = to slay (transitive).

[168] See the footnote in verse 2.15

[169] Elsewhere∘ *sarvāṇi bhūtāni* → for any creature, for any living being, for the beings, ...etc.

yuddhāt (r◦ 11/4) *śreyaḥ:* (r◦ 15/1) *anyat* (r◦ 10/5) *kṣatriyasya na vidyate*

(§2) ***svadharmam*** (m◦ 2acc◦ sing◦ ←karmadhāray◦ ***sva-dharma**,* स्वस्य धर्मः ←pron◦ adj◦ *sva* (own) 1.28 + m◦ *dharma* (natural inclination) 1.1); *api* (1.26); *ća* (1.1); *avekṣya* (lyp◦ past-participle ind◦ ←1◦अव√ईक्ष् (to see); *na* (1.30); *vikampitum* (inf◦ ind◦ ←1◦वि√**कम्प्** (to tremble); *arhasi* (2.25); *dharmyāt* (n◦ 5abl◦ sing◦ ←pot◦ adj◦ ***dharmya*** (righteous) ←m◦ *dharma* 1.1); *hi* (1.11); *yuddhāt* (5abl◦ sing◦ ←n◦ *yuddha* (battle) 1.9); *śreyaḥ:* (1.31); ***anyat*** (1nom◦ sing◦ ←n◦ *anyat* ←adj◦ *anya* (else) 1.9); *kṣatriyasya* (m◦ 6pos◦ sing◦ ←taddhita◦ ***kṣatriya**,* क्षत्रे भावः । क्षत्त्राणात्ततः क्षत्रिय उच्यते । ←m◦ *kṣatra* ←√क्षण् (to injure, cause wound) + *bhāva* 2.7); *na* (1.30); *vidyate* (2.16)
(2.31)

avekṣya अवेक्ष्य, अवलोक्य, दृष्ट्वा 1.2

vikampitum विकम्पितुम्, क्षोभितुम्, आस्फालितुम्, आकम्पितुम्, कम्पितुम्, भेतुम्, कातर-आकुल-विह्वल-विलक-भवितुम् ।

dharmyāt → धर्म्यात्, धार्मिकात्, धर्ममयात्, धर्मबद्धात्, धर्मयुक्तात्, धर्मपरायणात्, धर्मपरात्, धर्मानुसारात्, धर्मपुरस्सरात्, कार्यात्, करणीयात्, कर्तव्यात् ।

(§3) ***svadharmam*** **(obj◦ your own guṇa; your own natural inclination; your own varṇa, your own class, your inherant properties, your inborn attributes);** ***api*** **(also);** ***ća*** **(and);** ***avekṣya*** **(having seen; beholding, considering);** ***na*** **(not);** ***vikampitum*** **(for wavering; to hesitate);** ***arhasi*** **(you should; you are obliged);** ***dharmyāt*** **(righteous than-);** ***hi*** **(because)** ***yuddhāt*** **(than battle);** ***śreyaḥ:*** **(better, more);** ***anyat*** **(subj◦ anything else);** ***kṣatriyasya*** **(of a warrior; for a Kṣatriya);** ***na*** **(does not);** ***vidyate*** **(it exists)** (2.31)

(§4) ća avekṣya svadharmam api arhasi na vikampitum hi kṣatriyasya anyat na vidyate śreyaḥ: dharmyāt yuddhāt

(§5) And, beholding your own natural inclination also, you should not hesitate, because[170] for a *Kṣatriya*[171] nothing else exists than a righteous battle.[172] (2.31)

---

[170] See the footnote in verse 2.15

[171] Elsewhere◦ (i) *svadharmam* → own caste duty, own religious principles, ...etc.
(ii) *kṣatriyasya* → member of warrior caste, ...etc.

बुद्धा सम्यक्स्वधर्मं तु चिन्ताया नास्ति कारणम् ।
श्रेयो हि धर्मयुद्धात्किमन्यत्क्षात्रस्य विद्यते ।। 658/1110

2.32 यदृच्छया चोपपन्नं स्वर्गद्वारमपावृतम् ।
सुखिनः क्षत्रिया: पार्थ लभन्ते युद्धमीदृशम् ।।
yadṛććhayā ćopapannaṁ svargadvāramapāvṛtam,
sukhinaḥ: kṣatriyāḥ: pārtha labhante yuddhamīdṛśam. (2.32)

(§1) यदृच्छया च उपपन्नम् स्वर्गद्वारम् अपावृतम् । सुखिनः क्षत्रिया: पार्थ लभन्ते युद्धम् इदृशम् । *yadṛććhayā ća* (r◦ 2/2) *upapannam* (r◦ 14/1) *svargadvāram* (r◦ 8/16) *apāvṛtam* (r◦ 14/2) *sukhinaḥ:* (r◦ 22/1) *kṣatriyāḥ:* (r◦ 22/3) *pārtha labhante yuddham* (r◦ 8/18) *īdṛśam* (r◦ 14/2)

(§2) 📖*yadṛććhayā* (adv◦ or 3inst◦ sing◦ ←f◦ ***yadṛćchā*** (own accord) ←6◦यद्√ऋच्छ् (to go); *ća* (1.1); 📖*upapannam* (n◦ 1nom◦ sing◦ ←ppp◦ adj◦ *upapanna* (stumbled) ←4◦उप√पद् (to go); *svargadvāram* (n◦ 1nom◦ sing◦ ←tatpu◦ *svarga-dvāra*, स्वर्गस्य द्वारम् ←m◦ *svarga* (heaven) 2.2 + n◦ ***dvāra*** (gate) ←1◦√द्वृ (to hinder); 📖*apāvṛtam* (n◦ -1mon◦ sing◦ ←ppp◦ adj◦ *apāvṛta* (opened) ←4◦अप-आ√वृत् (to choose); 📖*sukhinaḥ:* (1.37); *kṣatriyāḥ:* (1nom◦ plu◦ ←m◦ *kṣatriya* 2.31); *pārtha* (1.25); ***labhante*** (3rd-per◦ plu◦ pres◦ वर्तमान्-लट् ātmane◦ ←1◦√लभ् (to obtain); 📖*yuddham* (2acc◦ sing◦ ←n◦ *yuddha* (war) 1.9); *īdṛśam* (n◦ 2acc◦ sing◦ ←adj◦ *idṛśa* (like this), ***idam*** ←1◦इदम्√दृश् (to see)
(2.32)

📖 yadṛćchayā यदृच्छया, स्वेन, आत्मना 2.55, सौभाग्येन, दैवात्, दैवयोगात्, दिष्ट्या, भाग्यवशात् ।
📖 upapannam उपपन्नम्, उपलब्धम्, प्राप्तम्, आप्तम्, अधिगतम् ।

📖 स्वधर्म is not a caste. Caste is जातिः। *jāti* (caste) denotes which parents one is born to. Whereas स्वधर्मः refers to your own गुणः *(guṇaḥ:)*. धर्मः also means गुणः । and स्वधर्मः is स्वगुणः or स्वगुणाः collectively. People who have not understood Hindu philosophy and culture properly, do misunderstand the distinction between गुणः, जातिः, वर्णः, धर्मः, caste and class. Srī Kṛṣṇa talks about four classes or divisions based on one's natural inclination (गुणः), not about the castes. In Gītā, *dharma* (धर्मः) is not a religion. It is righteous duty (कर्तव्यम्) virtue, or *guṇaḥ:* (गुणः ।)

[172] Elsewhere◦ *dharmyāt yuddhāt* → than fighting on religious principles.

📖 apāvṛtam अपावृतम्, उद्घाटितम्, विवृतम्, अनावृत्तम्, असंवृत्तम्, व्यात्तम्, उन्मिषितम् ।

📖 sukhinaḥ: सुखिनः, सौभाग्यवन्तः, धन्याः, पुण्यवन्तः, दैवशालिनः, महाभागः, भाग्यवन्तः, श्रीयुक्ताः, सुभगाः, कृतिनः, सुकृतिनः ।

📖 yuddham युद्धम्, सङ्ग्रामम् 2.33, रणम्, संख्यम्, आहवम् ।

(§3) ***yadṛćchayā*** (subj◦ by its own accord; by itself); ***ća*** (and); ***upapannam*** (adj1◦-obj1◦ stumbled upon, discovered, found); ***svargadvāram*** (obj1◦ the gate to heaven); ***apāvṛtam*** (adj2◦-obj1◦ opened); ***sukhinaḥ:*** (adj◦-subj2◦ fortunate, lucky; happy); ***kṣatriyāḥ:*** (subj2◦ Kṣatriyas); ***pārtha*** (O pārtha! O Arjuna!); ***labhante*** (they get); ***yuddham*** (obj2◦ a war); ***īdṛśam*** (adj◦-obj2◦ like this) (2.32)

(§4) pārtha svargadvāram upapannam apāvṛtam yadṛćchayā ća yuddham īdṛśam sukhinaḥ: kṣatriyāḥ: labhante

(§5) O Arjuna! (to be) stumbled upon[173] the gate to heaven opened[174] by itself, and, a war like this, (only) fortunate *kṣatriyas*[175] get.[176] (2.32)

---

[173] Elsewhere◦ *yadṛćchayā upapannam* (in यदृच्छया अपावृतं स्वर्गद्वाराम् उपपन्नम्) → battle that comes unsought, battle which has come of its own, fighting opportunity comes unsought, war comes of its own accord, fighting opportunity comes unsought opening the doors..., such a war comes of its own accord, such a war that comes unsought, battle which has come of its own accord and is an open gateway, a battle which presents itself unsought, a war which has come of its own accord ...etc.

📖 (i) उपपन्नम् (nominative◦) is not a verb. It is not an adjective of obj◦ युद्धम् (accusative◦). It is adj◦ of the subj◦ स्वर्गद्वारम् (nominative◦). ईदृशम् (accusative◦) is the adjective of noun युद्धम् (accusative) । If you attach उपपन्नम् to युद्धम्, then ईदृशम् has no connection. (ii) उपपन्नम् is not a present tense verb (comes, presents). उपपन्नम् is a past passive participle adj◦ = found, obtained, attained, got.

[174] Elsewhere◦ स्वर्गद्वारम् अपावृतम् → is an open gateway to heaven, is a gate way to heaven, which would serve as a gateway to heaven, opening for them the doors of the heavenly planets, ...etc.

📖 अपावृतम् (nominative) is not a present or any other tense. It is a ppp◦ adj◦ of (nominative) स्वर्गद्वारम् = opened, the one that has opened.

[175] Elsewhere◦ *sukhinaḥ: kṣatriyāḥ:* → happy are the kṣatriyas to whom, happy are the kṣatriyas who, fortunate indeed are the kshatriyas, happy are those kṣatriyas whom, Fortunate are the warriors, ...etc.

📖 In order to translate this verse with these expressions, you need insertion of additional conjunctions such as : whom, to whom, who, for whom etc. सुखिनः is not a verb, is adjective of the noun क्षत्रियाः and लभन्ते is the verb.

[176] Elsewhere◦ *kṣatriyāḥ: labhante* → kṣatriyas who are called to fight, kṣatriyas who get such a battle, for whom such a war comes, to whom such war comes, Fortunate are the warriors who encounter, ...etc.

अनुष्टुप्-छन्दसि गीतोपनिषद् । 2.32

भवेद्भाग्यवशाद्वारं स्वर्गस्यापावृतं यदा ।
संयोगं धर्मयुद्धस्य क्षत्रियो लभते तदा ।। 659/1110

2.33 अथ चेत्त्वमिमं धर्म्यं सङ्ग्रामं न करिष्यसि ।
ततः स्वधर्मं कीर्तिं च हित्वा पापमवाप्स्यसि ।।

atha ćettvamimaṁ dharmyaṁ saṅgrāmaṁ na kariṣyasi,
tataḥ: svadharmaṁ kīrtiṁ ća hitvā pāpamavāpsyasi. (2.33)

(§1) अथ चेत् त्वम् इमम् धर्म्यम् सङ्ग्रामम् न करिष्यसि । ततः स्वधर्मम् कीर्तिम् च हित्वा पापम् अवाप्स्यसि । *atha ćet* (r◦ 1/10) *tvam* (r◦ 8/18) *imam* (r◦ 14/1) *dharmyam* (r◦ 14/1) *saṅgrāmam* (r◦ 14/1) *na kariṣyasi tataḥ:* (r◦ 22/7) *svadharmam* (r◦ 14/1) *kīrtim* (r◦ 14/1) *ća hitvā pāpam* (r◦ 8/16) *avāpsyasi*

(§2) *atha* (1.20); ***ćet*** (if) (ind◦ ←1◦√चित् (to percceive); *tvam* (2.11); *imam* (1.28); ***dharmyam*** (m◦ 2acc◦ sing◦ ←adj◦ *dharmya* (righteous) 2.31); *saṅgrāmam* (2acc◦ sing◦ ←m◦ *saṅgrāma* (battale) ←10◦**√सङ्ग्राम्** (to fight); *na* (1.30); ***kariṣyasi*** (2nd-per◦ sing◦ fut2◦ लृट् भविष्य◦ parasmai◦ ←8◦√कृ (to do); *tataḥ:* (1.13); *svadharmam* (2.31); *kīrtim* (2acc◦ sing◦ ←f◦ *kīrti* (honour) 2.2); *ća* (1.1); *hitvā* (ipp◦ ind◦ ←3◦√हा (to go); ***pāpam*** (2acc◦ sing◦ ←n◦ *pāpa* (sin) 1.36); ***avāpsyasi*** (2nd-per◦ sing◦ fut2◦ लृट् भविष्य◦ parasmai◦ ←5◦अव√आप् (to attain, get) (2.33)

ćet चेत्, यदि 1.46, यदाकदाचित् ।

dharmyam → धर्म्यम्, धार्मिकम्, धर्ममयम्, धर्मबद्धम्, धर्मयुक्तम्, धर्मपरायणम्, धर्मपरम्, धर्मानुसारम्, धर्मपुरस्सरम्, कार्यम्, करणीयम्, कर्तव्यम् ।

saṅgrāmam सङ्ग्रामम्, युद्धं see 2.32.

kīrtim कीर्तिम्, गौरवम्, मानम्, सम्मानम्, आदरम्, ख्यातिम्, प्रतिष्ठाम्, प्रतिपत्तिम् ।

pāpam पापम्, वृजिनम् 4.36, पातकम् 1.38, एनः, अघम्, दुरितम्, कल्मषम्, किल्बिषम् 4.21, पाप्मानम् 3.41, दुष्कृतम् ।

(i) *labhante* is not an adjective of *Kṣatriyas*. It is a verb. (ii) The verb लभन्ते (plural) is not performed by the war (singular). The doers (subject) of this verb are the Kṣatriyas (plural) . (iii) Therefore, it should be *sukninaḥ kṣatriyāḥ: labhante* = the fortunate Kṣatriyas get (the oppurtinity).

📖 avāpsyasi अवाप्स्यसि, आप्स्यसि, प्राप्स्यसि 2.37, अधिगच्छसि, उपपद्यसे ।

(§3) ***atha*** (now after this; and now); ***ćet*** (if); ***tvam*** (subj∘ you); ***imam*** (adj1∘-obj1∘ this, such); ***dharmyam*** (adj2∘-obj1∘ bound by righteousness); ***saṅgrāmam*** (obj1∘ battle); ***na*** (not); ***kariṣyasi*** (you will do); ***tataḥ:*** (then); ***svadharmam*** (obj2∘ your own righteous duty); ***kīrtim*** (obj3∘ honour); ***ća*** (and); ***hitvā*** (having forfeited); ***pāpam*** (obj4∘ sin), ***avāpsyasi*** (you will incur) (2.33)

(§4) atha ćet tvam kariṣyasi na imam dharmyam saṅgrāmam tataḥ: hitvā svadharmam ća kīrtim avāpsyasi pāpam

(§5) And now if[177] you will not[178] do such battle bound by righteousness,[179] then having forfeited your own righteous duty and honour, you will incur sin.[180] (2.33)

अनुष्टुप्-छन्दसि गीतोपनिषद् । 2.33	परन्तु धर्मयुद्धात्त्वं भवसि चेत्पराङ्मुखः । हित्वा कीर्तिं च धर्मं च पार्थ पापमवाप्स्यसि ।। 660/1110

2.34 अकीर्तिं चापि भूतानि कथयिष्यन्ति तेऽव्ययाम् ।
सम्भावितस्य चाकीर्तिर्मरणादतिरिच्यते ।।
akīrtiṁ ćāpi bhūtāni kathayiṣyanti te'vyayām,
sambhāvitasya ćākīrtirmaraṇādatiricyate. (2.34)

(§1) अकीर्तिम् च अपि भूतानि कथयिष्यन्ति ते अव्ययाम् । सम्भावितस्य च अकीर्तिः मरणात् अतिरिच्यते । *akīrtim* (r∘ 14/1) *ća* (r∘ 1/1) *api bhūtāni kathayiṣyanti* (r∘ 25/7) *te* (r∘ 6/1) *avyayām* (r∘ 14/2) *sambhāvitasya ća* (r∘ 1/1) *akīrtiḥ:* (r∘ 16/6) *maraṇāt* (r∘ 8/2) *atiricyate*

(§2) 📖*akīrtim* (2acc∘ sing∘ ←f∘ *akīrti* 2.2); *ća* (1.1); *api* (1.26); *bhūtāni* (2.28); *kathayiṣyanti* (3rd-per∘

---

[177] Elsewhere∘ अथ चेत → if however, if, but if, on the other hand if, ...etc.

[178] Elsewhere∘ *na kariṣyasi*→ do not perform, doest not, do not fight, don't participate ...etc.

📖 करिष्यसि is not present tense. It is a future tense.

[179] Elsewhere∘ *dharmyam* → as a religious duty.

[180] Elsewhere∘ *pāpam* → sins (pl∘).

plu∘ fut2∘ लृट् भविष्य॰ parasmai∘ ←10∘√कथ् (to tell); *te* (m∘ 6pos∘ sing∘ ←pron∘ *yuṣmad* 1.3); 📖*avyayām* (2acc∘ sing∘ ←n.tatpu∘ f∘ adj∘ *avyayā* ←1∘वि√इ (to enter, come, go); 📖*sambhāvitasya* (6pos sing∘ ←ppp∘ adj∘ *sambhāvita* (gentle) ←1∘सम्√भू (to be, become); *ća* (1.1); *akīrtiḥ:* (1nom∘ sing∘ ←f∘ *akīrti* 2.2); 📖*maraṇāt* (5abl∘ sing∘ ←n∘ **maraṇa** (death) ←6∘√मृ (to die); 📖*atirićyate* (3rd-per∘ sing∘ pres∘ वर्तमान्-लट् ātmane∘ ←7∘अति√रिच् (to leave) (2.34)

📖 akīrtim अकीर्तिम्, अपकीर्तिम्, अपमानम्, अवमानम्, अनादरम्, अख्यातिम्, कलङ्कम्, अप्रतिष्ठाम्, वाच्यताम्, अपकर्षम्, दुष्कीर्तिम् ।
📖 avyayām अव्ययाम्, चिरस्थायिनीम्, नित्याम्, अक्षयाम् ।
📖 sambhāvitasya सम्भावितस्य, महाजनस्य, महानुभावस्य, आर्यस्य, आर्यवृत्तस्य, सुजनस्य, सभ्यस, भद्रस्य, महापुरुषस्य, महात्मनः ।
📖 maraṇāt मरणात्, मृत्योः, निधनात्, पञ्चत्वात्, दिष्टान्तात्, अत्ययात् ।
📖 atirićyate अतिरिच्यते, विशिष्यते, अतिक्रामते, उद्रिच्यते ।

(§3) *akīrtim* (obj∘ infamy, dishonour); *ća* (and); *api* (also); *bhūtāni* (subj1∘ beings, people); *kathayiṣyanti* (they will talk, they will gossip); *te* (your); *avyayām* (adj∘-obj∘ undying); *sambhāvitasya* (of a respectable person, for an honourable person); *ća* (and); *akīrtiḥ:* (subj2∘ the infamy; dishonour); *maraṇāt* (than death); *atirićyate* (it excels; it feels worse) (2.34)

(§4) ća api bhūtāni kathayiṣyanti te avyayām akīrtim ća sambhāvitasya akīrtiḥ: atirićyate maraṇāt

(§5) And also, people will gossip your undying[181] dishonour. And, for an honourable person, the infamy excels death. (2.34)

| अनुष्टुप्-छन्दसि गीतोपनिषद् । 2.34 | अव्ययामपकीर्तिं ते गास्यन्ति तव वैरिणः । सज्जनेभ्योऽपकीर्तिस्तु मृत्योरधस्तरा हि सा ॥ 661/1110 |

---

[181] Elsewhere∘ *avyayām akīrtim kathayiṣyanti* → always speak of your infamy, ever recount thy ill-fame, ever speak of your infamy, ever recount your infamy, infamy for ever, infamy endlessly, ...etc.
📖 अव्ययाम् is not an adverb, and thus, it can not qualify the verb कथयिष्यन्ति । अव्ययाम् is feminine accusative adjective of the f∘ noun अकीर्ति (अव्ययाम् अकीर्तिम् Accusative 2nd case).

2.35 भयाद्रणादुपरतं मंस्यन्ते त्वां महारथाः ।
येषां च त्वं बहुमतो भूत्वा यास्यसि लाघवम् ।।

bhayādraṇāduparataṁ maṁsyante tvāṁ mahārathāḥ:,
yeṣaṁ ća tvaṁ bahumato bhūtvā yāsyasi lāghavam̜. (2.35)

(§1) भयात् रणात् उपरतम् मंस्यन्ते त्वाम् महारथाः । येषाम् च त्वम् बहुमतः भूत्वा यास्यसि लाघवम् । *bhayāt̜* (r◦ 9/10) *raṇāt̜* (r◦ 8/6) *uparatam̜* (r◦ 14/1) maṁsyante tvām̜ (r◦ 14/1) *mahārathāḥ:* (r◦ 22/8) *yeṣām̜* (r◦ 25/3, 14/1) *ća tvam̜* (r◦ 14/1) *bahumataḥ:* (r◦ 15/8) *bhūtvā yāsyasi lāghavam̜* (r◦ 14/2)

(§2) 🕮***bhayāt̜*** (5abl◦ sing◦ ←n◦ ***bhaya*** (fear) ←3◦√भी (to fear); *raṇāt̜* (5abl◦ sing◦ ←n◦ or m◦ *raṇa* 1.22); 🕮*uparatam̜* (2acc◦ sing◦ ←ppp◦ adj◦ *uparata* (ran away) ←1◦उप√रम् (to rejoice); 🕮*maṁsyante* (3rd-per◦ plu◦ fut2◦ लृट् भविष्य◦ ātmane◦ ←4◦√मन् (to think); *tvām̜* (2.7); *mahārathāḥ:* (1.6); *yeṣām̜* (1.33); *ća* (1.1); *tvam̜* (2.11); 🕮*bahumataḥ:* (1nom◦ sing◦ ←dvigu◦ *bahu-mata* (well respected) ←adj◦ *bahu* 1.9 + ppp◦ adj◦ ***mata*** ←4◦√मन् (to think); *bhūtvā* (2.20); ***yāsyasi*** (2nd-per◦ sing◦ fut2◦ लृट् भविष्य◦ parasmai◦ ←2◦√या (to go); 🕮*lāghavam̜* (2acc◦ sing◦ ←n◦ *lāghava* (contempt) ←1◦√लाघृ (to be short, be competent) (2.35)

🕮 bhayāt̜ भयात्, भीत्याः, भीरूताया:, त्रासात्, भीत्या, भीतेः ।
🕮 uparatam̜ उपरतम्, प्रपलायितम्, अपधावितम्, युद्धत्यागिनम्, रणविमुखम् ।
🕮 maṁsyante मंस्यन्ते, मनिष्यन्ते, ज्ञास्यन्ति, वेदिष्यन्ति ।
🕮 bahumataḥ: बहुमतः, गणयितः, प्रतीक्षितः, परिकल्पितः, बहुमानितः, सम्मानितः, पूजितः ।
🕮 lāghavam̜ लाघवम्, अवमानम्, अपमानम्, तिरस्कारम्, अनादरम्, अवगणनाम्, उपेक्षाम्, अवहेलनाम् ।

(§3) ***bhayāt̜*** (from fear, out of fear); ***raṇāt̜*** (from the battlefield); ***uparatam̜*** (adj◦-obj1◦ the one who ran away, a deserter); ***maṁsyante*** (they will think); ***tvām̜*** (obj1◦ you); ***mahārathāḥ:*** (subj1◦ the charioteers, the great warriors); ***yeṣām̜*** (of whom; among whom); ***ća*** (and); ***tvam̜*** (subj2◦ you); ***bahumataḥ:*** (adj◦-subj2◦ one who is looked upon with great respect); ***bhūtvā*** (having been); ***yāsyasi*** (you will come; you will become); ***lāghavam̜*** (obj2◦ a disgrace, contempt; a subject for contempt) (2.35)

(§4) mahārathāḥ: yeṣām̜ tvam̜ bhūtvā bahumataḥ: maṁsyante tvām̜ uparatam̜ raṇāt̜ bhayāt̜ ća yāsyasi lāghavam̜

(§5) The great warriors, among whom you having been looked upon with great respect, they will think you (as) one who has ran away[182] from the battlefield out of fear; and you will become[183] a matter for disgrace. (2.35)

अनुष्टुप्-छन्दसि गीतोपनिषद् । 2.35	रणात्पलायितं भीरुं मंस्यन्ते त्वां भटाः सखे । तुच्छेषु गणयिष्यन्ते यैर्गौरवान्वितोऽसि त्वम् ।। 662/1110

2.36 अवाच्यवादांश्च बहून्वदिष्यन्ति तवाहिताः ।
निन्दन्तस्तव सामर्थ्यं ततो दुःखतरं नु किम् ।।
avāćyavādāṁśća bahūnvadiṣyanti tavāhitāḥ:,
nindantastava sāmarthyaṁ tato duḥ:khataraṁ nu kiṃ. (2.36)

(§1) अवाच्यवादान् च बहून् वदिष्यन्ति तव अहिताः । निन्दन्तः तव सामर्थ्यम् ततः दुःखतरम् नु किम् । *avāćyavādān* (r◦ 13/6) *ća bahūn* (r◦ 13/19) *vadiṣyanti* (r◦ 25/7) *tava* (r◦ 1/1) *ahitāḥ:* (r◦ 22/8) *nindantaḥ:* (r◦ 18/1) *tava sāmarthyaṃ* (r◦ 14/1) *tataḥ:* (r◦ 15/4) *duḥ:khataraṃ* (r◦ 14/1) *nu kiṃ* (r◦ 14/2)

(§2) 📖*avāćyavādān* (m◦ 2acc◦ plu◦ ←n.tatpu◦ *avāćya-vāda,* अवाच्यः वादः ←adj◦ *avāćya* (unspeakable) ←2◦अव√वच् (to speek) + m◦ *vāda* 2.11); *ća* (1.1); 📖*bahūn* (m◦ 2acc◦ plu◦ ←adj◦ *bahu* 1.9); *vadiṣyanti* (3rd-per◦ plu◦ fut2◦ लृट् भविष्य◦ parasmai◦ ←1◦**√वद्** (to speak); *tava* (1.3); 📖***ahitāḥ:*** (m◦ 1nom◦ plu◦ ←n.tatpu◦ *ahita* (enemy) ←5◦अ√हि (to impel); *nindantaḥ:* (m◦ 1nom◦ plu◦ ←śatṛ◦ अपूर्णकालिक adj◦ *nindaṭ* (rediculing) ←1◦**√निन्द्** (to criticize); *tava* (1.3); 📖*sāmarthyaṃ* (2acc◦ sing◦ ←taddhi◦ n◦ *sāmarthya* (prowess) ←adj◦ 📖***samartha*** ←10◦सम्√अर्थ् (to want); *tataḥ:* (1.13); 📖*duḥ:khataraṃ* (1nom◦ sing◦ ←n◦ *duḥ:kha* 2.14 + comparative affix *tara* 1.46); *nu* (1.35); ***kiṃ*** (n◦ 2acc◦ ←pron◦ *kiṃ* 1.1) (2.36)

---

[182] Elsewhere◦ *uparataṃ* → you have withdrawn, you have left, thou hast abstained, thou hast withdrawn ...etc.

📖 उपरतं is not a verb. It is a ppp◦ adjective of pronoun त्वाम् ।

[183] Elsewhere◦ *yāsyasi* → you will be thought of lightly by those, they will make light of thee, they will consider you..., you will be lightly held by them, will look down on you, ...etc.

📖 The verb यास्यसि is for Second person Subject, i.e. an action performed by you (Arjuna), NOT by Third person : they, by them, by those ...etc. It is an active voice. It is not a Sanskrit passive voice.

📖 avāćyavādān अवाच्यवादान्, अकथनीयशब्दान्, अवक्तव्यवाक्यान् ।

📖 bahūn बहुन, बहुलान्, अनेकान्, प्रचुरान्, नैकान्, पुष्कलान्, नाना ।

📖 ahitāḥ: अहिता:, शत्रव:, अरय:, रिपव:, वैरिण:, अरातय:, सपत्ना:, दुहृद:, द्विषत:, द्वेषणा:, अमित्रा:, अमिता:, द्वेषिन:

📖 sāmarthyam सामर्थ्यम्, शक्तिम्, प्राबल्यम्, योग्यताम्, क्षमताम्, बलम्, पाटवम्, प्रभावम्, वीर्यम्, क्षमताम्, तेज: 7.9, प्रभुत्वम् ।

📖 samartha समर्थ, क्षम, शक्त, शक्तिमत्, बलवत्, उचित, योग्य ।

📖 duḥ:khataram दु:खतरम्, कष्टतरम्, क्लेशतरम् ।

(§3) ***avāćyavādān*** (obj1◦ unspeakable words); ***ća*** (and); ***bahūn*** (adj◦-obj1◦ many); ***vadiṣyanti*** (they will say); ***tava*** (your); ***ahitāḥ:*** (subj1◦ enemies); ***nindantaḥ:*** (adj◦-subj1◦ while rediculing); ***tava*** (your); ***sāmarthyam*** (obj2◦ prowess; power); ***tataḥ:*** (then, then after that); ***duḥ:khataram*** (subj2◦ greater pain); ***nu*** (truly); ***kim*** (adj◦-subj◦2 what; what could be?) (2.36)

(§4) ća tava ahitāḥ: vadiṣyanti bahūn avāćyavādān nindantaḥ: tava sāmarthyam tataḥ: kim nu duḥ:khataram?

(§5) And, your enemies will say many unspeakable words, while rediculing[184] your prowess; then after that what could truly be a greater pain? (2.36)

अनुष्टुप्-छन्दसि गीतोपनिषद् । 2.36	
त्वां ते कापुरुषं मत्वा निन्दिष्यन्ति तवारय: । महाबाहो समर्थं त्वां ततो गर्ह्यतरं नु किम् ।। 663/1110	कुत्रापीतोऽगमिष्यस्त्वं योद्धव्या एव तत्र ते । तर्हि किमर्थमत्रैव योद्धुं प्रतिकरोषि त्वम् ।। 664/1110

2.37 हतो वा प्राप्स्यसि स्वर्गं जित्वा वा भोक्ष्यसे महीम् ।
तस्मादुत्तिष्ठ कौन्तेय युद्धाय कृतनिश्चय: ।।

hato vā prāpsyasi svargaṁ jitvā vā bhokṣyase mahīm,

---

[184] Elsewhere◦ *nindantaḥ:* → will scorn, will slander, will ridicule, ...etc.

📖 निन्दन्त: is not a Future tense. It is a Present participle adjective of the subject अहिता: → ridiculing, while ridiculing.

tasmāduttiṣṭha kaunteya yuddhāya kṛtaniścayaḥ:. (2.37)

(§1) हत: वा प्राप्स्यसि स्वर्गम् जित्वा वा भोक्ष्यसे महीम् । तस्मात् उत्तिष्ठ कौन्तेय युद्धाय कृतनिश्चय: । *hataḥ:* (r◦ 15/13) *vā prāpsyasi svargaṃ* (r◦ 14/1) *jitvā vā bhokṣyase mahīṃ* (r◦ 14/2) *tasmāṭ* (r◦ 8/6) *uttiṣṭha kaunteya yuddhāya kṛtaniścayaḥ:* (r◦ 22/8)

(§2) 📖***hataḥ:*** (m◦ 1nom◦ sing◦ ←adj◦ *hata* (slain) 2.19); *vā* (1.32); ***prāpsyasi*** (2nd-per◦ sing◦ fut2◦ लृट् भविष्य◦ parasmai◦ ←5◦प्र√आप् (to attain, get); *svargaṃ* (2acc◦ sing◦ ←m◦ *svarga* 2.2); ***jitvā*** (ipp◦ ind◦ ←1◦√जि (to win); *vā* (1.32); *bhokṣyase* (2nd-per◦ sing◦ fut2◦ लृट् भविष्य◦ ātmane◦ ←7◦√भुज् (to enjoy, experience); *mahīṃ* (2acc◦ sing◦ ←f◦ *mahī* 1.21); *tasmāṭ* (1.37); *uttiṣṭha* (2.3); *kaunteya* (2.14); ***yuddhāya*** (4dat◦ sing◦ ←n◦ *yuddha* 1.9); 📖*kṛtaniścayaḥ:* (m◦ 1nom◦ sing◦ ←bahuvrī◦ *kṛta-niścaya*, कृत: निश्चय: येन ←adj◦ *kṛta* 1.35 + m◦ ***niścaya*** (resolve) ←5◦निर्√चि (to gather) (2.37)

📖 hataḥ: हत:, निहत:, विहत:, आहत:, अभिहत:, समाहत:, विनिहत:, व्यापादित:, व्यापन्न:, मारित:, सूदित:, निषूदित:, हतप्राण:, घातित: ।

📖 kṛtaniścayaḥ: कृतनिश्चय:, कृतसङ्कल्प:, सङ्कल्पित:, कृतबुद्धि:, प्रयतित:, व्यवसित:, निर्धारित: ।

(§3) *hataḥ:* (adj1◦-subj◦ slain, killed); *vā* (either); *prāpsyasi* (you will attain); *svargaṃ* (obj1◦ the heaven); *jitvā* (having won); *vā* (or); *bhokṣyase* (you will enjoy); *mahīṃ* (obj2◦ the earth); *tasmāṭ* (therefore); *uttiṣṭha* (please stand up; please arise); *kaunteya* (O Kaunteya! O Arjuna!); *yuddhāya* (for battle); *kṛta-niścayaḥ:* (adj2◦-subj◦ one who has done a resolve; one who is resolved; one who has made up his mind; one who is determined, resolved) (2.37)

(§4) vā hataḥ: prāpsyasi svargaṃ vā jitvā bhokṣyase mahīṃ tasmāṭ kaunteya uttiṣṭha kṛta-niścayaḥ: yuddhāya

(§5) Either, slain[185] you will attain the heaven, or, having won,[186] you will enjoy the

---

[185] Elsewhere◦ *hataḥ:* → being killed, you will be killed, by dying ...etc.

📖 हत: is not a gerund or future tense. It is a ppp◦ adj◦ of Arjuna. It should mean → killed, he who is killed, slain.

[186] Elsewhere◦ *jitvā* → you will conquer, by conquering, by winning ...etc.

earth; therefore,[187] O Arjuna! please arise, resolved for battle.[188] (2.37)

अनुष्टुप्-छन्दसि गीतोपनिषद् । 2.37	हतः प्राप्स्यसि स्वर्गं त्वं जित्वा भूमिं च भोक्ष्यसे । अनेन हेतुना योद्धुं पूर्णसज्जो भवार्जुन ।। 665/1110

हतो वा प्राप्स्यसि स्वर्गं जीत्वा वा भोक्ष्यसे महीम्।

2.38 सुखदुःखे समे कृत्वा लाभालाभौ जयाजयौ ।
ततो युद्धाय युज्यस्व नैवं पापमवाप्स्यसि ।।

sukhaduḥ:khe same kṛtvā lābhālābhau jayājayau,
tato yuddhāya yujyasva naivaṁ pāpamavāpsyasi. (2.38)

(§1) सुखदुःखे समे कृत्वा लाभालाभौ जयाजयौ । ततः युद्धाय युज्यस्व न एवम् पापम् अवाप्स्यसि । *sukhaduḥ:khe*

---

[187] See the footnote in verse 2.15

[188] Elsewhere◦ *yuddhāya* → you fight! (Imperative mood)

📖 युद्धाय is not imperative mood. उत्तिष्ठ is imperative mood.

same kṛtvā lābhālābhau jayājayau tataḥ: (r◦ 15/10) *yuddhāya yujyasva na* (r◦ 3/1) *evam* (r◦ 14/1) *pāpam* (r◦ 8/16) *avāpsyasi*

(§2) *sukha-duḥ:khe* (n◦ 2acc◦ dual◦ ←dvandva◦ सुखं च दुखं च ←n◦ *sukha* 1.32 + n◦ *duḥ:kha* 2.14); *same* (n◦ 2acc◦ dual◦ ←adj◦ *sama* 1.4); ***kṛtvā*** (ipp◦ ind◦ ←8◦√कृ (to do); *lābhālābhau* (m◦ 2acc◦ dual◦ ←dvandva◦ लाभ: च अलाभ: च ←m◦ ***lābha*** (gain) ←1◦√लभ् (to obtain)+ n.tatpu◦ *a-lābha* (loss) ←m◦ *lābha* ↑); *jayājayau* (m◦ 2acc◦ dual◦ ←dvandva◦ जय: च अजय: च ←m◦ *jaya* (victory) 1.8 + n.tatpu◦ *a-jaya* (defeat) ←m◦ *jaya* 1.8); *tataḥ:* (1.13); *yuddhāya* (2.37); ***yujyasva*** (2nd-per◦ sing◦ imperative◦ उपदेशार्थ लोट् ātmane◦ ←7◦√युज् (to unite); *na* (1.30); *evam* (1.24); *pāpam* (1.36); *avāpsyasi* (2.33) (2.38)

same समे, समाने, समीये, तुल्ये, सदृशे, अभिन्ने, एकम् ।

lābhaḥ लाभ:, हितम् 18.64, शुभम्, कुशलम्, कल्याणम्, लब्धि:, प्राप्ति:, आय:, क्षेम:, क्षेमम् ।

alābhaḥ अलाभ:, अहितम्, अशुभम्, अकुशलम्, अकल्याणम्, हानि: 2.65, अपाय:, अपचय:, उपक्षय:, संक्षय:, व्यय:, अत्यय:, वियोग: ।

(§3) ***sukha-duḥ:khe*** **(obj1◦ pleasure and pain);** ***same*** **(adj◦-obj1-3◦ both same; both alike, indifferent);** ***kṛtvā*** **(having made; having considered);** ***lābhālābhau*** **(obj2◦gain and loss);** ***jayājayau*** **(obj3◦ victory and defeat);** ***tataḥ:*** **(after that, with this mind-set);** ***yuddhāya*** **(for battle; for the sake of battle);** ***yujyasva*** **(you engage);** ***na*** **(not);** ***evam*** **(this way);** ***pāpam*** **(obj4◦ sin);** ***avāpsyasi*** **(you will incur)** (2.38)

(§4) kṛtvā sukha-duḥ:khe lābhālābhau jayājayau same tataḥ: yujyasva yuddhāya evam na avāpsyasi pāpam

(§5) Having considered pleasure and pain, gain and loss (and) victory and defeat both same,[189] with this mind-set, you engage for the battle. This way you will not incur sin. (2.38)

---

[189] Elsewhere◦ सुखदु:खे समे कृत्वा → making oneself same in pleasure and pain, having balanced mind in pleasure and pain, without condidering happiness or distress, staying even in pain and pleasure, being equal in pain and pleasure, ...etc.

Here in this *dvandva samāsa,* सुखदु:खे is (accusative case) सुखं च दु:खं च, not (locative case) सुखे च दु:खे च । In pain and pleasure (locative) = सुखदु:खयो: not सुखदु:खे । Here, the object (in accusative case) is सुखदु:खे not "oneself."

अनुष्टुप्-छन्दसि गीतोपनिषद् । 2.38	
(समबुद्धि:) लाभं हानिं सुखं दुःखं समौ कृत्वा जयाजयौ । यशोऽयश: समे धृत्वा युद्धे पापं न वर्तते ।। 666/1110	(अत:) त्यक्त्वा सुखं च दुःखं च पुरस्ताच्चल पाण्डव । नीतिबद्धं च धर्म्यं च युद्धं कर्तव्यमर्जुन ।। 667/1110

2.39 एषा तेऽभिहिता साङ्ख्ये बुद्धिर्योगे त्विमां शृणु ।
बुद्ध्या युक्तो यया पार्थ कर्मबन्धं प्रहास्यसि ।।[190]

eṣā te'bhihitā sāṅkhye buddhiryoge tvimāṁ śṛṇu,
buddhyā yukto yayā pārtha karmabandhaṁ prahāsyasi. (2.39)

(§1) एषा ते अभिहिता साङ्ख्ये बुद्धि: योगे तु इमाम् शृणु । बुद्ध्या युक्त: यया पार्थ कर्मबन्धम् प्रहास्यसि । *eṣā* (r◦ 25/2) *te* (r◦ 6/1) *abhihitā sāṅkhye buddhiḥ:* (r◦ 16/6) *yoge tu* (r◦ 4/8) *imāṃ* (r◦ 14/1) *śṛṇu buddhyā yuktaḥ:* (r◦ 15/10) *yayā pārtha karmabandhaṃ* (r◦ 14/1) *prahāsyasi*

(§2) ***eṣā*** (f◦ 1nom◦ sing◦ ←pron◦ *etad* 1.3); *te* (1.7); 🕮*abhihitā* (f◦ 1nom◦ sing◦ ←ppp◦ adj◦ *abhihita* (told) ←3◦अभि√धा (to put); ***sāṅkhye*** (m◦ 7loc◦ sing◦ ←adj◦ ***sāṅkhy*** (Sankhya Philosophy) ←2◦सम्√ख्या (to declare); ***buddhiḥ:*** (1nom◦ sing◦ ←f◦ *buddhi* (thinking) 1.23); *yoge* (7loc◦ sing◦ ←m◦ 🕮***yoga*** (buddhi-yoga) ←7◦√युज् (to unite); *tu* (1.2); ***imāṃ*** (f◦ 2acc◦ sing◦ ←pron◦ *idaṃ* 1.10); ***śṛṇu*** (2nd-per◦ sing◦ imperative◦ उपदेशार्थ लोट् parasmai◦ ←1◦√श्रु (to hear); ***buddhyā*** (3inst◦ sing◦ ←f◦ *buddhi* 1.23); 🕮***yuktaḥ:*** (1nom◦ sing◦ ←adj◦ *yukta* 1.14); ***yayā*** (f◦ 3inst◦ sing◦ ←pron◦ *yaḍ* 1.7); *pārtha* (1.25); *karmabandhaṃ* (m◦ 2acc◦ sing◦ ←tatpu◦ *karma-bandha,* कर्मण: बन्धम् ←n◦ *karmaṇ* 1.15 + m◦ 🕮*bandha* (bondage) 1.27); ***prahāsyasi*** (2nd-per◦ sing◦ fut2◦ लृट् भविष्य◦ jau◦ parasmai◦ ←3◦प्र√हा (to go) (2.39)

🕮 abhihitā अभिहिता, उक्ता, उदिता, कथिता, वर्णिता, निर्दिष्टा ।

🕮 yoga योग:, शासनम्, शिष्टि:, शास्ति:, नय:, सन्धि:, संयोग:, सम्भूति: ।

🕮 yuktaḥ: युक्त:, समायुक्त:, समन्वित:, संहित:, सन्नद्ध:, पिनद्ध:, अनुनीत:, सञ्जिकृत:, समाहित: 6.7, समायुक्त:, उपक्लृप्त:, उपपन्न: (see 2.61 also);

---

[190] बुद्धिर्योगे : → Please note that, it is not बुद्धियोगे । It is बुद्धिर्योगे । ति सि न्स्त ा समस. It is just a sandhi between बुद्धि: + योगे । । एषा ते साङ्ख्ये बुद्धि: अभिहिता = एषा बुद्धि: ते साङ्ख्ये अभिहिता, योगे तु इमाम् शृणु । योगे = बुद्धियोगे ।

📖 bandham बन्धम्, पाशम्, बन्धनम्, जालम्, निगडः, योक्रं, शृङ्खलः, यन्त्रणम्, दासत्वम् ।

(§3) ***eṣā*** (adj1∘-subj1∘ this); ***te*** (obj1∘ to you); ***abhihitā*** (adj2∘-subj1∘ spoken); ***sāṅkhye*** (in the way of ***Sāṅkhya*** discipline); ***buddhiḥ:*** (subj1∘ thinking); ***yoge*** (in the way of the ***yoga***, in the way of ***buddhi-yoga, in the way of the yoga of equanimity***); ***tu*** (now); ***imām*** (obj2∘ it); ***śṛṇu*** (please hear); ***buddhyā*** (with thinking, vision, knowledge; with equanimous thinking, with ***buddhi-yoga***); ***yuktaḥ:*** (adj∘-subj2∘ equipped); ***yayā*** (with which); ***pārtha*** (O Pārtha! O Arjuna!); ***karmabandham*** (obj3∘ the bondage, fetter or attachment to ***karma***); ***prahāsyasi*** (subj2∘ you will abandon, you will cast away)[191] (2.39)

(§4) pārtha eṣā buddhiḥ: te abhihitā sāṅkhye tu śṛṇu imām yoge yuktaḥ: yayā buddhyā prahāsyasi karmabandham

(§5) O Arjuna! this thinking, spoken to you, (was) in the way of *Sāṅkhya* discipline, now please hear it in the way of the *buddhi-yoga.*[192] Equipped with which (mind), you will abandon the attachment[193] to *(sakāma)karma.*[194] (2.39)

---

[191] Elsewhere∘ *prahāsyasi* → you can be released, you may be freed, you will free yourself ...etc.

📖 प्रहास्यसि is a future tense of the *parasmaipadī* transitive verb 3∘√हा (to abandon, to renounce something). Therefore, प्रहास्यसि → you will renounce, you will cast away. You is the subject, not the object. The object in Accusative case is कर्मबन्धम् (not ablative कर्मबन्धनात्). The same is true for the words जहाति in 2.50 and प्रजहाति in 2.55↓

[192] Elsewhere∘ (i) सांख्ये → through analytical study, ideal of self-knowledge, wisdom of self-knowledge, mental attitude towards the self, Yoga doctrine of practice, standpoint of self-realization, path of knowledge, ...etc.

(ii) बुद्धियोगे → in respect of the way of action, working without fruitive results, practice of self-knowledge, yoga of intelligence ...etc.

📖 The terms *Sāṅkhya* and *Yoga* are used in the Gītā (in this chapter) in a bit different sense than the systems known as Sākhya philosophy of Kapila and Yoga and Meditation system of Patañjalī. Here, *Sāṅkhya* refers to the knowledge (ज्ञानम्) of renunciation (संन्यासः) of desire for the authorship (कर्तृत्वम्) of *karma* i.e. the *yoga* of selfless *karma*. (1) Therefore, *Sāṅkhya* is also known as *Jñāna-yoga* or *Sanyasa-yoga.* (2) *Buddhi or Buddhiyoga* refers to the discipline (योगः) of equanimity of mind (बुद्धिः). However, (3) The *Yoga* or *Karma-yoga* or *Niṣkāma-karma-yoga* refers to the discipline (योगः) of **renunciation (त्यागः)** of the desire or MOTIVE (हेतुः, कामना, काम) behind the fruit (फलम्) of action (कर्म). Where *niṣ-kāma* refers to not-having-a-motive (निस्-कामना, निस्-काम); i.e. not pre-meditated towards fruit, but doing purely as a duty, **ACCEPTING** whatever the fruit may be. See answer to the Question 9 in previous section.

[193] तृष्णामात्रात्मको बन्धस्तन्नाशो मोक्ष उच्यते । (aṣṭāvakragītā 10.4)

अनुष्टुप्-छन्दसि गीतोपनिषद् । 2.39 | साङ्ख्यत्वेन यदुक्तं त्वां कर्मयोगेन तच्छृणु । कर्मयोगं पथं कृत्वा कर्मबन्धाद्विमोक्ष्यसे ।। 668/1110

2.40 नेहाभिक्रमनाशोऽस्ति प्रत्यवायो न विद्यते ।
स्वल्पमप्यस्य धर्मस्य त्रायते महतो भयात् ।।

nehābhikramanāśo'sti pratyavāyo na vidyate,
svalpamapyasya dharmasya trāyate mahato bhayāt. (2.40)

(§1) न इह अभिक्रमनाश: अस्ति प्रत्यवाय: न विद्यते । स्वल्पम् अपि अस्य धर्मस्य त्रायते महत: भयात् । *na* (r◦ 2/1) *iha* (r◦ 1/1) *abhikramanāśaḥ:* (r◦ 15/1) *asti pratyavāyaḥ:* (r◦ 15/6) *na vidyate svalpaṃ* (r◦ 8/16) *api* (r◦ 4/1) *asya dharmasya trāyate mahataḥ:* (r◦ 15/8) *bhayāt*

(§2) *na* (1.30); *iha* (2.5); *abhikramanāśaḥ:* (m◦ 1nom◦ sing◦ ←tatpu◦ *abhikrama-nāśa*, अभिक्रमस्य नाश: ←m◦ *abhikrama* (undertaking) ←1◦अभि√क्रम् (step) + m◦ ***nāśa*** ←4◦√नश् (to ruin); ***asti*** (3rd-per◦ sing◦ pres◦ वर्तमान्-लट् parasmai◦ ←2◦√अस् (to be); *pratyavāyaḥ:* (1nom◦ sing◦ ←m◦ *pratyavāya* (adverse reaction) ←1◦प्रति-अव√अय् (to go); *na* (1.30); *vidyate* (2.16); 📖*svalpaṃ* (1nom◦ sing◦ ←n◦ adj◦ *svalpa* (short) ←1◦सु√अल् (to prevent, make short); *api* (1.26); *asya* (2.17); ***dharmasya*** (6pos sing◦ ←m◦ *dharma* 1.1); ***trāyate*** (3rd-per◦ sing◦ pres◦ वर्तमान्-लट् ātmane◦ ←1◦√त्रै (to protect); ***mahataḥ:*** (n◦ 5abl◦ sing◦ ←adj◦ *mahat* 1.3); 📖*bhayāt* (2.35) (2.40)

📖svalpam स्वल्पम्, अल्पम् 7.23, श्लक्ष्णम्, किंचित् 4.20, स्तोकम् ।
📖 bhayāt भयात्, भीते:, सङ्कटात्, आपद:, विपद:, अनर्थात् ।

(§3) ***na*** **(not);** ***iha*** **(here, in this, in this** ***buddhiyoga*****);** ***abhikramanāśaḥ:*** **(subj1◦ fruitlessness or waste of the work that has been undertaken; fruitlessness for the effort that has been put in the work-);** ***asti*** **(is);** ***pratyavāyaḥ:*** **(subj2◦ contrary effect);** ***na*** **(does not);** ***vidyate*** **(it exists; it happens);** ***svalpaṃ*** **(subj3◦ a little, small practice);** ***api*** **(even);** ***asya*** **(of this);** ***dharmasya*** **(of the righteous way);** ***trāyate*** **(it protects);** ***mahataḥ:*** **(from great);** ***bhayāt*** **(from danger, hazard, peril) (2.40)**

---

[194] Elsewhere◦ karma → action. See : the footnote attached with verse 2.49, *karma*

(§4) iha abhikramanāśaḥ: asti na pratyavāyaḥ: na vidyate api svalpam asya dharmasya trāyate mahataḥ: bhayāt

(§5) In this (*buddhi-yoga*), fruitlessness for 'the effort that has been put in the work'[195] is not (there). Contrary effect[196] does not exist. Even a little[197] (practice) of this righteous way protects (us) from great peril.[198] (2.40)

अनुष्टुप्-छन्दसि गीतोपनिषद् । 2.40	अत्र बाधा न काप्यस्ति क्षयोऽपि न च कर्मणः । अल्पमेवास्य योगस्य दुःखं हरति सर्वथा ।। 669/1110
(पञ्चयोगव्याख्या) साङ्ख्योगो हि संन्यासो ज्ञानयोगस्तथा च सः । बुद्धियोगः समा बुद्धिः, कर्मयोगो विनेप्सया ।। 670/1110	(कतिपय व्याख्याः) कृतं किमपि कर्तव्यं तनुषा मनसा तथा । कर्तृभावस्य त्यागो हि साङ्ख्योगः स्मृतो बुधैः ।। 671/1110
न च कर्मफलस्यापि न त्यागः कर्मणस्तथा । कर्तृत्वस्यैव त्यागस्तु संन्यासः परिकीर्तितः ।। 672/1110	(बुद्धियोगः कर्मयोगः समबुद्धिश्च) निर्वासना क्रिया काऽपि मनसा क्रियते यदा । निष्कामना समा बुद्धिर्निष्कामबुद्धिरुच्यते ।। 673/1110
बुद्धियोगः समत्वस्य स्वल्पतो योग उच्यते । कृतः स वाञ्छया हीनो निष्कामकर्मयोग उत् ।। 674/1110	(बुद्धियोगः) बुद्धियोगे स्थिरा बुद्धिः स्मृता सा व्यवसायिका । समा निष्कामबुद्धिश्च मता सा निश्चयात्मिका ।। 675

---

[195] Fruitlessness or waste of efforts does not occur, because one is not motivated by the desire of the fruit in the first place. The effort can not be be fruitless when the fruit is not expected and the result of the work (loss or gain) is accepted with equanimity or indifference (बुद्धियोगः).

[196] Elsewhere◦ *pratyavāyaḥ:* → chance of incuring sin, transgression, ...etc.

[197] Elsewhere◦ *svalpam* → a little of this dharma, a little of this devotion, a little of this righteousness, even a modicum of this religion, even a small measuer of this Dharma, even the least bit of this religion, even a little of this righteousness, even a little of this discipline, even a little of this knowledge, ...etc.

📖 स्वल्पम् (सुष्ठु अल्पम्, प्रादि-समासः) is a nominative (1st case) adjective and it must be used as an adjective of a subject, and not as a noun (a little). स्वल्पम् is neuter gender Nominative case, and therefore, it qualifies a neuter gender nominative noun आचरणम्, which is not actually given, but is implied. स्वल्पम् आचरणम् is the subject performing the verb त्रायते । Here, धर्मस्य is not the subject in Nominative case in this verse. धर्मस्य has only an external (genitive 6th case) relationship with the subject स्वल्पम् आचरणम् (small practice), अस्य धर्मस्य स्वल्पम् आचरणम्, a little practice of this *dharma.* स्वल्पम् आचरणं अपि अस्य धर्मस्य त्रायते महतः भयात्

[198] Fear of loss or gain exists only when one works with a desire for gain only. With equanimous mind (बुद्धियोगः), one is indifferent to loss or gain, and it protects one from the great fear of loss automatically.

2.41 व्यवसायात्मिका बुद्धिरेकेह कुरुनन्दन ।
बहुशाखा ह्यनन्ताश्च बुद्धयोऽव्यवसायिनाम् ।।
vyavasāyātmikā buddhirekeha kurunandana,
bahuśākhā hyanantāśća buddhayo'vyavasāyinām̦. (2.41)

(§1) व्यवसायात्मिका बुद्धिः एका इह कुरुनन्दन । बहुशाखाः हि अनन्ताः च बुद्धयः अव्यवसायिनाम् । *vyavasāyātmikā* (r◦ 20/11) *buddhiḥ:* (r◦ 16/1) *ekā* (r◦ 2/3) *iha kurunandana bahuśākhāḥ:* (r◦ 20/18) *hi* (r◦ 4/1) *anantāḥ:* (r◦ 17/1) *ća buddhayaḥ:* (r◦ 15/1) *avyavasāyinām̦* (r◦ 14/2)

(§2) 📖***vyavasāyātmikā*** (f◦ 1nom◦ sing◦ ←adj◦ taddhita◦ *vyavasāyātmikā,* व्यवसायः आत्मा यया सा (resolute) ←m◦ ***vyavasāya*** ←4◦वि–अव√सो (to complete) + m◦ ***ātman̦*** ←1◦√अत् (to wandet constantly); *buddhiḥ:* (2.39); *ekā* (f◦ 1nom◦ sing◦ ←adj◦ ***eka*** ←1◦√इ (to enter, come, go); *iha* (2.5); ***kurunandana*** (m◦ 8voc◦ sing◦ ←bahuvrī◦ *kuru-nandana,* कुरुणां नन्दनः ←m◦ *kuru* 1.1 + adj◦ *nandna* (son) ←1◦√नन्द् (to rejoice); *bahuśākhāḥ:* (1nom◦ plu◦ ←f◦ bahuvrī◦ adj◦ *bahu-śākhā,* बहवः शाखाः यस्याः सा (diversified) ←adj◦ *bahu* 1.9 + f◦ ***śākhā*** (branch) ←1◦√शाख् (to branch); *hi* (1.11); 📖*anantāḥ:* (f◦ 1nom◦ plu◦ ←adj◦ ***ananta*** (unending) ←1◦√अम् (to afflict); *ća* (1.1); *buddhayaḥ:* (1nom◦ plu◦ ←f◦ *buddhi* 1.23); 📖*avyavasāyinām̦* (m◦ 6pos◦ plu◦ ←adj◦ n.tatpu◦ *a-vyavasāyin̦* (non-rosolute) ←m◦ *vyavasāya* ↑) (2.41)

📖 vyavasāyātmikā व्यवसायात्मिका, दृढा, कृतनिश्चया, सङ्कल्पिता, व्यवसिता, निश्चिता, निर्णिता, स्थिरा, ध्रुवा 18.78, अध्यवसायात्मिका, अभिनिवेशात्मिका ।

📖 anantāḥ: अनन्ताः, अनिश्चिताः, सन्दिग्धिताः ।

📖 avyavasāyinām̦ अव्यवसायिनाम्, अदृढानाम्, अस्थिराणाम्, अनिश्चितानाम्, असङ्कल्पितानाम्, अव्यवसितानाम्, अनिर्णितानाम् ।

(§3) ***vyavasāyātmikā*** **(adj1◦-subj1◦ the demeanour of firm determination; of the resolute nature; the resolute);** ***buddhiḥ:*** **(subj◦ the insight, the mind);** ***ekā*** **(adj2◦-subj1◦ one pointed; focused);** ***iha*** **(here, in this discipline);** ***kurunandana*** **(O Kurunandana! O Arjuna!);** ***bahuśākhāḥ:*** **(adj1◦-subj2◦ multi-pointed; non-pointed; non-focused);** ***hi*** **(whereas);** ***anantāḥ:*** **(adj2◦-subj2◦ endless, imprecise, indefinite, non-specific, uncertain);** ***ća*** **(and);** ***buddhayaḥ:*** **(subj2◦ the thoughts, the minds);** ***avyavasāyinām̦*** **(of the non-resolute ones)** (2.41)

(§4) kurunandana iha vyavasāyātmikā buddhiḥ: ekā hi buddhayaḥ: avyavasāyinām bahuśākhāḥ: ća anantāḥ:

(§5) O Arjuna! in this discipline, the resolute mind[199] (is) one pointed;[200] whereas the minds of the non-resolute ones (are) non-focused and imprecise. (2.41)

अनुष्टुप्-छन्दसि गीतोपनिषद् । 2.41	अव्यभिचारिणी बुद्धिः-निष्कामस्य हि योगिनः । बहुशाखा मता बुद्धिः सकामस्य नरस्य तु ।। 676/1110

2.42 यामिमां पुष्पितां वाचं प्रवदन्त्यविपश्चितः ।
वेदवादरताः पार्थ नान्यदस्तीति वादिनः ।।
yāmimām puṣpitām vāćam pravadantyavipaśćitaḥ:,
vedavādaratāḥ: pārtha nānyadastīti vādinaḥ:; (2.42)

(§1) याम् इमाम् पुष्पिताम् वाचम् प्रवदन्ति अविपश्चितः । वेदवादरताः पार्थ न अन्यत् अस्ति इति वादिनः । *yām* (r◦ 8/18) *imām* (r◦ 14/1) *puṣpitām* (r◦ 14/1) *vāćam* (r◦ 14/1) *pravadanti* (r◦ 4/1) *avipaśćitaḥ:* (r◦ 22/8) *vedavādaratāḥ:* (r◦ 22/3) *pārtha na* (r◦ 1/1) *anyat* (r◦ 8/2) *asti* (r◦ 1/5) *iti vādinaḥ:* (r◦ 22/8)

(§2) ***yām*** (f◦ 2acc◦ sing◦ ←pron◦ *yad* 1.7); *imām* (2.39); 📖*puṣpitām* (f◦ 2acc◦ sing◦ ←ppp◦ adj◦ *puṣpita* (flowery) ←4◦√पुष्प् (to blossom); *vāćam* (2acc◦ sing◦ ←f◦ ***vāć*** ←2◦√वच् (to speek); ***pravadanti*** (3rd-per◦ plu◦ pres◦ वर्तमान्-लट् parasmai◦ ←1◦प्र√वद् (to speak); 📖*avipaśćitaḥ:* (n.tatpu◦ m◦ 1nom◦ sing◦ ←adj◦ *vipaśćita* or 1nom◦ plu◦ ←adj◦ ***vipaśćit*** (descerning) ←10◦वि-प्र√चित् (to percceive); *vedavādaratāḥ:* (m◦ 1nom◦

---

[199] Elsewhere◦ *vyavasāyātmikā* → Those who are on this path are resolute, to the firm-in-mind, those who are resolute ... to them, ...etc.

📖 व्यवसायात्मिका (f◦ singular) is not an adjective of 'those people' (m◦ plural). It is f◦ adj◦ of the f◦ subject बुद्धिः । Therefore, व्यवसायात्मिका बुद्धिः = the resolute mind, the persistent thinking.

[200] Elsewhere◦ *ekā* → those who are resolute... their aim is one.

📖 Similar to व्यवसायात्मिका, एका is also f◦ singular and thus it can not qualify m◦ plural pronoun 'their.' In this clause, it talks about the 'mind' (एका बुद्धिः the one pointed thinking) of the people, not about people themselves. Then, the second clause of this verse talks about the minds of the people who have ...

plu◦ ←tatpu◦ *veda-vāda-rata*, वेदस्य वादे रत: ←m◦ **veda** ←2◦√विद् (to know)+ m◦ *vāda* (discussion) 2.11 + ppp◦ adj◦ ***rata*** (engaged) ←1◦√रम् (to rejoice); *pārtha* (1.25); *na* (1.30); *anyat* (2.31); *asti* (2.40); *iti* (1.25); 📖*vādinaḥ:* (1nom◦ plu◦ ←m◦ **vādin** (speaker) ←1◦√वद् (to speak) (2.42)

📖 puṣpitām पुष्पिताम्, अलंकृताम्, भूषिताम्, विभूषिताम्, सुप्रसाधिताम्, सुमण्डिताम्, सुभाषिताम्, सुशोभिताम्, कुसुमिताम्, शोभिताम् ।

📖 avipaśćitaḥ: अविपश्चिता:, मूढा: 7.25, निर्बुद्धय:, अज्ञा:, मन्दा:, अबुद्धा:, प्रज्ञाहीना:, जडा:, बर्बरा: ।

📖 vādinaḥ: वादिन:, वक्तार:, वाग्मिन: ।

(3) ***yām imām*** (adj1◦-obj◦ this); ***puṣpitām*** (adj2◦-obj◦ flowery, embellished); ***vāćam*** (obj◦ speech)' ***pravadanti*** (they say); ***a-vipaśćitaḥ:*** (subj◦ the undescerning ones); ***vedavādaratāḥ:*** (adj1◦-subj◦ those who rejoice in the words of the Veda); ***pārtha*** (O Pārtha! O Arjuna!); ***na anyat*** (nothing else); ***asti*** (is; there is); ***iti*** (that); ***vādinaḥ:*** (adj2◦-subj◦ those who say, ones who say) (2.42)

(§4) pārtha vedavādaratāḥ: avipaśćitaḥ: vādinaḥ: na anyat asti iti pravadanti yām imām puṣpitām vāćam

(§5) O Arjuna! those who rejoice in the words of the Veda, those undescerning ones who say[201] that "there is nothing else," they say this embellished speech;[202] (2.42)

अनुष्ठुप्-छन्दसि गीतोपनिषद् । 2.42	रतो यो वेदवादेषु भ्रान्त: स कर्मकारणै: । वदति मोहकै: शब्दै:-नास्ति किमप्यत: परम् ।। 677/1110

[201] Elsewhere◦ *vādinaḥ:* → they say, the unwise say, they declare that, declaring ...etc

📖 वादिन: is not a verb. वादिन् is an adjective (वादी, वादिनौ, वादिन:) of the subject. वादिन् = he who says, वादिन: = those who say, those people who say.

[202] Elsewhere◦ *imām puṣpitāṁ vāćam* → the flowery words of the Vedas.

📖 f◦ singular adjective पुष्पितां does not qualify the m◦ plural noun Vedas. It qualifies the utterance (f◦ वाचम्) of the अविपश्चित: । In अविपश्चित: प्रवदन्ति, what the unwise people say, that saying (f◦ वाचम्) is qualified by adj◦ पुष्पिताम् । In the next clause also, reference is made to those people (अविपश्चित: वादिन:) who debate the vedas (वेदवादरत:), not 'the Vedas say.' The अविपश्चित: people are the subject performing the verb प्रवदन्ति पुष्पितां वाचम्, not the Vedas. The flowery words are of the अविपश्चित: people, not of the Vedas. The flowery words of the people are given in the next verse which is in continuation with this verse. Therefore, प्रवदन्ति from 2.42 is the verb for the verse 2.43

2.43 कामात्मनः स्वर्गपरा जन्मकर्मफलप्रदाम् ।
क्रियाविशेषबहुलां भोगैश्वर्यगतिं प्रति ।।

kāmātmanaḥ: svargaparā janmakarmaphalapradām,
kriyāviśeṣabahulām bhogaiśvaryagatim prati; (2.43)

(§1) कामात्मनः स्वर्गपरा जन्मकर्मफलप्रदाम् । क्रियाविशेषबहुलाम् भोगैश्वर्यगतिम् प्रति । *kāmātmanaḥ:* (r◦ 22/7) *svargaparāḥ:* (r◦ 20/7) *janmakarmaphalapradām* (r◦ 14/2) *kriyāviśeṣabahulām* (r◦ 14/1) *bhogaiśvaryagatim* (r◦ 14/1) *prati*

(§2) *kāmātmanaḥ:* (m◦ 1nom◦ plu◦ ←bahuvrī◦ *kāmātman*, कामः आत्मा यस्य (covetous) ←m◦ *kāma* 1.22 + m◦ *ātman* 2.41); 📖*svargaparāḥ:* (m◦ 1nom◦ plu◦ ←bahuvrī◦ *svarga-para,* स्वर्गः परमः यस्य (heaven seeker) ←m◦ *svarga* 2.2 + adj◦ *para* 2.3); *janmakarmaphalapradām* (f◦ 2acc◦ sing◦ ←bahuvrī◦ *janma-karma-phala-prada,* जन्मनः च कर्मणः च फलं प्रददाति या ←n◦ *janman* 2.27 + n◦ *karman* 1.15 + n◦ ***phala*** (fruit, reward) ←1◦√फल् (to bare fruit) + 3rd-per◦ sing◦ v◦ *pradadāti* ←1◦प्र√दा (to give); *kriyāviśeṣabahulām* (f◦ 2acc◦ sing◦ ←bahuvrī◦ *kriyā-viśeṣa-bahulā,* क्रियायाः विशेषाः बहुलाः रीतयः यस्यां सा ←f◦ *kriyā* 1.42 + adj◦ ***viśeṣa*** (special) ←7◦वि√शिष् (to leave remainder) + adj◦ ***bahula*** (multitude) ←1◦√बंह् (to make firm); *bhogaiśvaryagatim* (f◦ 2acc◦ sing◦ ←tatpu◦ collective *bhogaiśvarya-gati,* भोगस्य च ऐश्वर्यस्य च गती ←m◦ *bhoga* (enjoyment) 1.32 + n◦ 📖***aiśvarya*** (opulence) ←2◦√ईश् (to prosper) + f◦ ***gati*** (state) ←1◦√गम् (to go); ***prati*** (ind◦ ←1◦√प्रथ् (to grow) (2.43)

📖 svargaparāḥ: स्वर्गपराः, स्वर्गपरायणाः, स्वर्गलम्पटाः, स्वर्गासक्ताः, स्वर्गप्रसक्ताः ।
📖 aiśvaryam ऐश्वर्यम्, समृद्धिः, विभवः, वैपुल्यम्, सम्पन्नता ।

(§3) ***kāmātmanaḥ:*** (subj◦ desire-ridden selves); ***svargaparāḥ:*** (adj◦-subj◦ those people for whom heaven is the highest aim); ***janmakarmaphalapradām*** (adj◦-obj1◦ the one that results in birth as a reult of ***karma***); ***kriyāviśeṣabahulām*** (obj1◦ the special rite of which there are of many varieties); ***bhogaiśvaryagatim*** (obj2◦ to the attainment of enjoyment and affluence); ***prati*** (towards, for) (2.43)

(§4) kāmātmanaḥ: svargaparāḥ: kriyāviśeṣabahulām bhogaiśvaryagatim janmakarmaphalapradām

(§5) Those desire-ridden selves, to whom heaven is the highest aim, (suggest) the special rite, of which there are many varieties[203] for the attainment of enjoyment and affluence (and), that results in birth as a result of *karma*;[204] (2.43)

अनुष्टुप्-छन्दसि गीतोपनिषद् । 2.43	स्वर्गपरायणास्ते च भोगिनश्च विलासिनः । कथयन्ति विशेषं ते जन्मदं फलदं विधिम् ।। 678/1110

2.44 **भोगैश्वर्यप्रसक्तानां तयाऽपहृतचेतसाम् ।**
व्यवसायात्मिका बुद्धिः समाधौ न विधीयते ।।
bhogaiśvaryaprasaktānāṃ tayāpahṛtaćetasām,
vyavasāyātmikā buddhiḥ: samādhau na vidhīyate. (2.44)

(§1) भोगैश्वर्यप्रसक्तानाम् तया अपहृतचेतसाम् । व्यवसायात्मिका बुद्धिः समाधौ न विधीयते । *bhogaiśvaryaprasaktānāṃ* (r◦ 14/1) *tayā* (r◦ 1/3) *apahṛtaćetasāṃ* (r◦ 14/2) *vyavasāyātmikā buddhiḥ:* (r◦ 22/7) *samādhau na vidhīyate*

(§2) *bhogaiśvaryaprasaktānāṃ* (m◦ 6pos◦ plu◦ ←tatpu◦ *bhogaiśvarya-prasakta*, भोगे च ऐश्वर्ये च प्रसक्तः ←m◦ *bhoga* 1.32 + n◦ *aiśvarya* 2.43 + ppp◦ adj◦ 🕮***prasakta*** (fond of) ←1◦प्र√सञ्ज् (to attach); ***tayā*** (f◦ 3inst◦ sing◦ ←pron◦ *tad* 1.2); 🕮*apahṛtaćetasāṃ* (m◦ 6pos◦ plu◦ ←tatpu◦ *apahṛta-ćetas*, अपहृतम् चेतः यस्य सः ←ppp◦ adj◦ ***apahṛta*** (stolen) ←1◦अप√हृ (to take) + n◦ *ćetas* 1.38); *vyavasāyātmikā* (2.41); *buddhiḥ:* (2.39); ***samādhau*** (7loc◦ sing◦ ←f◦ ***samādhi*** (concentration) ←3◦सम्√धा (to put); *na* (1.30); *vidhīyate* (3rd-per◦ sing◦ pres◦ वर्तमान्-लट् ātmane◦ ←3◦वि√धा (to put) (2.44)

---

[203] Elsewhere◦ *kriyāviśeṣabahulāṃ* → actions replete with specific rites, various fruitive activities, various specialized rites, words are laden with specific rites, full of various special rites ...etc.

🕮 क्रियाविशेषबहुला is (f◦ singular accusative noun) a special rite (क्रिया) of which there are many varieties.

[204] Elsewhere◦ *janmakarmaphalapradāṃ* → they utter words which lead to birth, these flowery words that result in rebirth, they offer birth as the fruit ...etc.

🕮 ◦प्रदाम् is f◦ singular adjective of f◦ singular noun क्रियाम् । Not the 'words,' but the "क्रिया" is विशेषबहुला and जन्मकर्मफलप्रदा ।

📖 prasaktānām प्रसक्तानाम्, आसक्तानाम्, लोलुप्तानाम्, लम्पटानाम् ।

📖 apahṛtaćetasām अपहृतचेतसाम्, च्युतचेतसाम्, विगतचेतसाम् ।

(§3) ***bhogaiśvaryaprasaktānām*** (of those who are devoted to enjoyment and affluence); ***tayā*** (f∘ adj∘-subj1∘ by that, by that flowery speech); ***apahṛtaćetasām*** (of those whose thinking is stolen away); ***vyavasāyātmikā*** (adj∘-obj∘ firm); ***buddhiḥ:*** (obj∘ the mind); ***samādhau*** (in concentration; in own self); ***na*** (does not); ***vidhīyate*** (it fixes, it establishes; it gets established) (2.44)

(§4) tayā buddhiḥ: bhogaiśvaryaprasaktānām apahṛtaćetasām na vidhīyate vyavasāyātmikā samādhau

(§5) By that flowery speech,[205] the mind of those who are devoted to enjoyment and affluence (and) whose thinking is stolen away, does not get established firm in own self. (2.44)

अनुष्ठुप्-छन्दसि गीतोपनिषद् । 2.44	एताञ्शब्दाननुश्रुत्य जना भोगविलासिनः । न शक्नुवन्ति कर्तुं तु स्वमतिं निश्चयात्मिकाम् ।। 679

2.45 त्रैगुण्यविषया वेदा निस्त्रैगुण्यो भवार्जुन ।
निर्द्वन्द्वो नित्यसत्त्वस्थो निर्योगक्षेम आत्मवान् ।।

traiguṇyaviṣayā vedā nistraiguṇyo bhavārjuna,
nirdvandvo nityasattvastho niryogakṣema ātmavān. (2.45)

(§1) त्रैगुण्यविषयाः वेदाः निस्त्रैगुण्यः भव अर्जुन । निर्द्वन्द्वः नित्यसत्त्वस्थः निर्योगक्षेमः आत्मवान् । *traiguṇyaviṣayāḥ:* (r∘ 20/17) *vedāḥ:* (r∘ 20/10) *nistraiguṇyaḥ:* (r∘ 15/8) *bhava* (r∘ 1/1) *arjuna nirdvandvaḥ:* (r∘ 15/6) *nityasattvasthaḥ:* (r∘ 15/6) *niryogakṣemaḥ:* (r∘ 19/1) *ātmavān*

---

[205] Elsewhere∘ *tayā* → by these words of the Veda; by such things, the mind of these ...etc.

📖 तया is f∘ singular pronominal adjective in the Instrumental case and does not relate to the *vāda* of Veda (m∘), these things (plu∘) or mind the *buddhi* (f∘ nominative 1st∘ case). In this context, the *kriyā-vishesha-bahulām* is the only f∘ sing∘ obj∘ that has just been referred in 2.43. Therefore, तया is the pronoun for the subject क्रिया, which is not actually given in 2.44, but is understood. See the footnotes given in 2.42 and 2.43. Please note that verses 2.43 and 2.44 are one continuous verse, connected by a semi-colon. (;)

(§2) *traiguṇyaviṣayāḥ:* (m∘ 1nom∘ plu∘ ←bahuvrī∘ *traiguṇya-viṣaya*, त्रैगुण्यं विषयः यस्य ←taddhita∘ n∘ *traiguṇya* ←num∘ adj∘ ***tri*** (three) ←1∘√तॄ (to swim across) + m∘ ***guṇa*** (attribute) ←10∘√गुण् (to multiply, possess a property) + m∘ ***viṣaya*** (subject) ←5∘वि√सि (to bind); ***vedāḥ:*** (1nom∘ plu∘ ←m∘ *veda* 2.42); *nistraiguṇyaḥ:* (indifferent to the effect of the three gunas = *guṇātītaḥ* 14.25 m∘ 1nom∘ sing∘ ←ind∘ with opposition indicating negative prefix ***niṣ*** (निस्); or ***nir*** (निर्) ←9∘√नॄ (to take away) + n∘ taddhita∘ *traiguṇya* ↑); ***bhava*** (2nd-per∘ sing∘ imperative∘ उपदेशार्थ लोट् parasmai∘ ←1∘√भू (to be, become); *arjuna* (2.2); ***nirdvandvaḥ:*** (m∘ 1nom∘ sing∘ ←n.tatpu∘ *nir-dvandva* ←ind∘ *nir* ↑ + n∘ ***dvandva*** (duality) ←1∘√द्वृ (to hinder); *nityasattvasthaḥ:* (m∘ 1nom∘ sing∘ ←s-tat∘ *nitya-sattvastha*, नित्यं सत्त्वे स्थितः ←adj∘ *nitya* 2.18 + n∘ ***sattva***, सतः भावः ←adj∘ or n∘ *sat* 2.16 + adj∘ ***stha*** (situated, steady) ←1∘√स्था (to stay); *niryogakṣemaḥ:* (1nom∘ sing∘ ←m∘ *nir-yoga-kṣema*, निर् योगः च क्षेमः च ←ind∘ *nir* ↑ + m∘ *yoga* 2.39 + adj∘ m∘ or n∘ *kṣema* 1.46); *ātmavān* (1nom∘ sing∘ ←adj∘ ***ātmavat*** (self-possessed) ←m∘ ātman 2.41 + affix ***vat*** वत् 1.5)
(2.45)

traiguṇya त्रैगुण्य, त्रिगुणमय, त्रिगुणयुक्त, त्रिगुणजन्य, त्रिगुणात्मक ।

nistraiguṇyaḥ: निस्त्रैगुण्यः, त्रिगुणातीतः, त्रिगुणाबाधितः,

sattvasthaḥ: सत्त्वस्थः, सत्त्वगुणस्थितः ।

viṣayaḥ: विषयः, अर्थः 2.46, उद्देशः, हेतुः 13.21, पदार्थः, द्रव्यम् ।

nirdvandvaḥ: निद्वन्द्वः, द्वन्द्वातीतः 4.22

(§3) ***traiguṇyaviṣayāḥ:*** (adj∘-subj∘ the derivatives of the three *guṇas* are the subject matter of); ***vedāḥ:*** (subj1∘ the Vedas); ***nistraiguṇyaḥ:*** (adj1∘-subj2∘ one who has controlled the balance of three guṇas, one who is unaffected by the three *guṇas*); ***bhava*** (you please be); ***arjuna*** (O Arjuna!); ***nirdvandvaḥ:*** (adj2∘-subj2∘ indifferent to the dualities); ***nityasattvasthaḥ:*** (adj3∘-subj2∘ ever established in the *sattva guṇa*); ***niryogakṣemaḥ:*** (adj4∘-subj2∘ free from the worry about acquisition; free from attachment and possession); ***ātmavān*** (adj5∘-subj2∘ self possessed, one who has controlled himself, self-controlled) (2.45)

(§4) traiguṇyaviṣayāḥ: vedāḥ: arjuna bhava nistraiguṇyaḥ: nirdvandvaḥ: nityasattvasthaḥ: niryogakṣemaḥ: ātmavān

(§5) The derivatives of the three *guṇas* are the subject matter of the *Vedas*. O Arjuna!

you please be the one who has controlled the balance of the three *guṇa*s,[206] indifferent to the dualities,[207] ever established in the *sattva guṇa*, free from the worry about acquisition, (and) be self possessed. (2.45)

अनुष्टुप्-छन्दसि गीतोपनिषद् । 2.45	विषयस्तस्य वादस्य गुणत्रयसमर्थकः । गुणेषु त्वं च द्वन्द्वेषु तटस्थो नु भवार्जुन ।। 680/1110

2.46 यावानर्थ उदपाने सर्वतः सम्प्लुतोदके ।
तावान्सर्वेषु वेदेषु ब्राह्मणस्य विजानतः ।।[208]

yāvānartha udapāne sarvataḥ: samplutodake,
tāvānsarveṣu vedeṣu brāhmaṇasya vijānataḥ:. (2.46)

(§1) यावान् अर्थः उदपाने सर्वतः सम्प्लुतोदके । तावान् सर्वेषु वेदेषु ब्राह्मणस्य विजानतः । *yāvān* (r◦ 8/11) *arthaḥ:* (r◦ 19/4) *udapāne sarvataḥ:* (r◦ 22/7) *samplutodake tāvān* (r◦ 13/20) *sarveṣu* (r◦ 25/5) *vedeṣu* (r◦ 25/5) *brāhmaṇasya vijānataḥ:* (r◦ 22/8)

(§2) ***yāvān*** (1nom◦ sing◦ ←adj◦ *yāvat* (as much) 1.22); *arthaḥ:* (1nom◦ sing◦ ←m◦ *artha* (meaning) 1.7);

---

[206] Elsewhere◦ निस्त्रैगुण्यः → free from from the triad of the gunas, free from the three gunas, without the three gunas, beyond the tri-giNa, ...etc.

📖 It is *nistraiguṇya* is not *nirguṇa*. Only the *brahma* (ब्रह्म) is निर्गुणम्, nothing else can be *nirguṇa* (निर्गुणं नेतरद्भवेत् ।) The Gītā says, 'there is no being on the earth or even in heaven or among Gods, who is free from the three guṇas (18.40).' Also, निस्त्रैगुण्यः is not above or transcendental to the three guṇas, because Gītā (3.27, 3.33) says everyone is helplessly caused to act by the guṇas. Guṇas are the doer (कर्ता). what one can do only is control the balance of the three guṇas in you to make your saṭ guṇa more dominant to make you act in a righteous manner. Therefore, the *taddhit* word *nistraiguṇya* is *guṇātīta* (गुणातीत), the one who has controlled the balance of the three *guṇas,* one who has supressed his *rajaṣ* and *tamaṣ guṇa*.

[207] Elsewhere◦ निर्द्वन्द्वः → free from all dualities, beyond the pairs of opposites, free from the pairs of opposites, free from the pairs of duality, ...etc. Previous footnote (निस्त्रैगुण्य) holds good for inaV√nV also. There is no such thing as free from or beyond dualities, just as there is no such thing as "One-sided-coin". All one can do is become indifferent to the dualities.

[208] यथाऽमृतेन तृप्तस्य पयसा किं प्रयोजनम् ।
एवं तत्परं ज्ञात्वा वेदे नास्ति प्रतोजनम् ।। (uttaragītā 1.17)

udapāne (7loc◦ sing◦ ←m◦ *udapān* (water tank) ←1◦उद्√पा (to drink); 🕮**sarvataḥ:** (= ind◦ *sarvataṣ* ←pron◦ *sarva* 1.6); *samplutodake* (n◦ 7loc◦ sing◦ ←tatpu◦ *samplutodaka*, सम्प्लुतं उदकम् (flooded) ←ppp◦ adj◦ *sampluta* ←1◦सम्√प्लु (to float) + n◦ *udaka* (water) 1.42); *tāvān* (1nom◦ sing◦ ←adj◦ *tāvat* (that much) ←pron◦ *tad* 1.2); *sarveṣu* (1.11); **vedeṣu** (7loc◦ plu◦ ←m◦ *veda* 2.42); 🕮*brāhmaṇasya* (6pos sing◦ ←adj◦ **brāhmaṇa** (brahma-knower) ब्रह्मज्ञानी ←1◦√बृंह् (to grow); 🕮*vijānataḥ:* (m◦ 6pos◦ sing◦ ←śatṛ◦ adj◦ *vijānat* (knowledgeable) ←9◦वि√ज्ञा (to know) (2.46)

🕮 sarvataḥ: सर्वतः, सर्वत्र 2.57, समन्ततः 6.24, परितः, विश्वतः, समन्तात् ।

🕮 brāhmaṇasya ब्राह्मणस्य, ब्रह्मसम्बन्धिनः, ब्रह्मसम्बन्धकस्य, ब्रह्मज्ञानिनः ।

🕮 vijānataḥ: विजानतः, ज्ञानिनः 3.39, सम्पन्नस्य, पण्डितस्य, विचक्षणस्य, बुधस्य, विज्ञस्य, कोविदस्य, विद्वस्य ।

(§3) ***yāvān*** (as much); ***arthaḥ:*** (subj◦ meaning; use; object); ***udapāne*** (in the water near a well); ***sarvataḥ:*** (at the time when the earth is flooded with water all over); ***tāvān*** (so much); ***sarveṣu*** (in all); ***vedeṣu*** (in the Veda, the scriptures); ***brāhmaṇasya*** (of the ***brahma***); ***vijānataḥ:*** (for a knower) (2.46)

(§4) yāvān arthaḥ: udapāne sarvataḥ: samplutodake tāvān sarveṣu vedeṣu vijānataḥ: brāhmaṇasya

(§5) As much meaning (is there) in a water tank near a well[209] at the time when the earth is flooded with water all over, so much (meaning is there) in all the scriptures, for a knower of the *brahma*. (2.46)

अनुष्टुप्-छन्दसि गीतोपनिषद् । 2.46	(निष्कामकर्म) यावज्जलप्लुते काले भवेत्कूपप्रयोजनम् । तावदन्येषु ज्ञानेषु भवति ब्रह्मज्ञानिनः ।। 681/1110

2.47 कर्मण्येवाधिकारस्ते मा फलेषु कदाचन ।
मा कर्मफलहेतुर्भूर्मा ते सङ्गोऽस्त्वकर्मणि ।।

[209] *udapān* (उद, water; पान drinking) is the small water pool that is built next to a well, and kept filled with water from that well, as a handy source of available water for animals and people.

karmaṇyevādhikāraste mā phaleṣu kadāćana,
mā karmaphalaheturbhūrmā te saṅgo'stvakarmaṇi. (2.47)

(§1) कर्मणि एव अधिकारः ते मा फलेषु कदाचन । मा कर्मफलहेतुः भूः मा ते सङ्गः अस्तु अकर्मणि । *karmaṇi* (r∘ 24/7, 4/4) *eva* (r∘ 1/1) *adhikāraḥ:* (r∘ 18/1) *te mā phaleṣu* (r∘ 25/5) *kadāćana mā karmaphalahetuḥ:* (r∘ 16/8) *bhūḥ:* (r∘ 16/9) *mā te saṅgaḥ:* (r∘ 15/1) *astu* (r∘ 4/6) *akarmaṇi* (r∘ 24/7)

(§2) ***karmaṇi*** (7loc∘ sing∘ ←n∘ *karmaṇ* 1.15); *eva* (1.1); 📖*adhikāraḥ:* (1nom∘ sing∘ ←m∘ *adhikāra* (right, authority) ←8∘अधि√कृ (to do)); *te* (2.7); *mā* (2.3); *phaleṣu* (7loc∘ plu∘ ←n∘ *phala* 2.43); ***kadāćana*** (time indicating ind∘ (ever) ←pron∘ *kiṃ* 1.1 + limit indicating ind∘ *ćana,* -not more ←1∘√चन् (to sound); *mā* (2.3); *karmaphalahetuḥ:* (m∘ 1nom∘ sing∘ ←bahuvrī∘ *karma-phala-hetu,* कर्मणः फले हेतुः यस्य ←n∘ *karmaṇ* 1.15 + n∘ *phala* 2.43 + m∘ *hetu* 1.35); *bhūḥ:* (2nd-per∘ sing∘ mood.sub∘ ←1∘√भू (to be, become); *mā* (2.3); *te* (6pos∘ 2.7); 📖***saṅgaḥ:*** (1nom∘ sing∘ ←m∘ ***saṅga*** (attachment) ←1∘√सञ्ज् (to attach); ***astu*** (3rd-per∘ sing∘ imperative∘ उपदेशार्थ लोट् parasmai∘ ←2∘√अस् (to be); ***akarmaṇi*** (7loc∘ sing∘ ←n∘ n.tatpu∘ ***akarmaṇ*** (non-performance of duty) ←8∘अ√कृ (to do) (2.47)

📖 adhikāraḥ: अधिकारः, कर्तव्यम् 3.22, नियोगः, प्रमाणम् 3.21, सत्ता ।
📖 saṅgaḥ: सङ्गः, अनुरागः, अभिनिवेशः, आसक्तिः, प्रीतिः, प्रसक्तिः, आसङ्गः, अनुरक्तिः, रक्तिः, सम्प्रीतिः, परायणता, तुरायणता, दास्यत्वम् ।

(§3) ***karmaṇi*** (in ***karma***; in the prescribed ***karma,*** in the righteous work); ***eva*** (only); ***adhikāraḥ:*** (subj1∘ duty, authority); ***te*** (your); ***mā*** (not); ***phaleṣu*** (in the fruit; in the fruit of ***karma***); ***kadāćana*** (ever); ***bhūḥ:*** (subj2∘ be, you be); ***mā*** (do not); ***karmaphalahetuḥ:*** (adj∘-subj2∘ the one who has motive in the fruit of the ***karma***); ***mā*** (do not); ***te*** (your); ***saṅgaḥ:*** (subj3∘ attachment); ***astu*** (let there be); ***akarmaṇi*** (in not performing the prescribed ***karma***) (2.47)

(§4) te adhikāraḥ: karmaṇi eva, mā kadāćana phaleṣu, mā bhūḥ: karmaphalahetuḥ:, mā astu te saṅgaḥ: akarmaṇi.

(§5) Your duty (is) in the 'prescribed *karma*'[210] only; not ever in the fruit of *karma*.[211] You do not be the one who has 'motive' in the fruit of the *karma*.[212] Do not let your attachment be in 'not performing' the prescribed *karma*.[213] (2.47)

अनुष्टुप्-छन्दसि गीतोपनिषद् । 2.47	कार्यमात्राधिकारस्ते न स कर्मफले कदा । न कर्मफलहेतुस्त्वं न हि चाकर्मको भव ।। 682/1110

2.48 योगस्थः कुरु कर्माणि सङ्गं त्यक्त्वा धनञ्जय ।
सिद्ध्यसिद्ध्योः समो भूत्वा समत्वं योग उच्यते ।।

yogasthaḥ: kuru karmāṇi saṅgaṁ tyaktvā dhanañjaya,
siddhyasiddhyoḥ: samo bhūtvā samatvaṁ yoga uc´yate. (2.48)

(§1) योगस्थः कुरु कर्माणि सङ्गम् त्यक्त्वा धनञ्जय । सिद्ध्यसिद्ध्योः समः भूत्वा समत्वम् योगः उच्यते । *yogasthaḥ:* (r◦ 22/1) *kuru karmāṇi* (r◦ 24/7) *saṅgam* (r◦ 14/1) *tyaktvā dhanañjaya siddhyasiddhyaoḥ:* (r◦ 22/7) *samaḥ:* (r◦ 15/8) *bhūtvā samatvam* (r◦ 14/1) *yogaḥ:* (r◦ 19/4) *uc´yate*

(§2) *yogasthaḥ:* (1nom◦ sing◦ ←ppp◦ adj◦ *yogastha*, कर्मयोगे स्थितः ←m◦ *yoga* 2.39 + adj◦ *sthita* 1.14 or *stha* 2.45); ***kuru*** (2nd-per◦ sing◦ imperative◦ उपदेशार्थ-लोट् parasmai◦ ←8◦√कृ (to do)); ***karmāṇi*** (2acc◦ plu◦

---

[210] Elsewhere◦ *karmaṇi* → in karma, in action, ...etc.

📖 any kind of action : good, bad and evil?

[211] Elsewhere◦ मा फलेषु कदाचन → never claim its result (imperative लोट्), but you are not entitled to the fruit of action, but lay not claim to its fruits (imperative◦), ...etc.

[212] Elsewhere◦ मा भूः कर्मफलहेतुः → let not results of action be your motive, let not the result of action be thy motive, let not the fruits of action be thy motive, let not the fruits of action be your motive, never allow the results to become the motive, be you not the producer of the fruits, ...etc.

📖 here the subject of verb भूः (be) is 2nd person 'you.' It is not 3rd person 'result or fruits' of action. you = you, the one who has motive in the fruit of action.

[213] Elsewhere◦ मा ते सङ्गः अस्तु अकर्मणि → never be attached to inaction, nor should you be attached to inaction, never be attached to not doing your duty, nor be attached to inaction, neither shall you lean towards inaction, nor be thou to inaction attached, ...etc.

📖 the verb अस्तु belongs to 3rd person subject सङ्गः, not 2nd person 'you.' Pronoun ते (your) is Possesive 6th case, not not Nominative 1st case (you, be). in ते सङ्गः the सङ्गः (attachment) is Nominative subject, it is not a verb (be attached).

←n◦ *karman* 1.15); ***saṅgam*** (2acc◦ sing◦ ←m◦ *saṅga* 2.47); *tyaktvā* (1.33); ***dhanañjaya*** (8voc◦ sing◦ ←m◦ *dhanañjaya* 1.15); ***siddhyasiddhyoḥ:*** (f◦ 7loc◦ dual◦ ←dvandva◦ सिद्धौ च असिद्धौ च ←f◦ ***siddhi*** (accomplishment, success) ←4◦√सिध् (to be successful)+ f◦ n.tatpu◦ ***a-siddhi*** (non-accomplishment) ←4◦अ√सिध् (to be successful); ***samaḥ:*** (1nom◦ sing◦ ←adj◦ *sama* 1.4); *bhūtvā* (2.20); *samatvam* (1nom◦ sing◦ ←n◦ *samatva* (equanimity) ←adj◦ *sama* 1.4); ***yogaḥ:*** (1nom◦ sing◦ ←m◦ *yoga* 2.39); *ucyate* (2.25) (2.48)

siddhiḥ: सिद्धिः, सफलता, सम्पद्, श्रीः, समाप्तिः, निष्पत्तिः, निवृत्तिः ।

samatvam समत्वम्, समचित्तत्वम्, समानवृत्तिः, समभावः, तटस्थता, उदासीनता, समबुद्धित्वम्, सर्वसमता ।

(§3) ***yogasthaḥ:*** (adj1◦-subj1◦ being established in yoga, disciplined); ***kuru*** (please do, perform); ***karmāṇi*** (obj1◦ righteous works, prescribed work, duties); ***saṅgam*** (obj2◦ motive, attachment, attachment to the desire for the fruit of the *karma*); ***tyaktvā*** (giving up; renouncing, leaving aside); ***dhanañjaya*** (O Dhanañjaya! O Arjuna!); ***siddhyasiddhyoḥ:*** (in success and non-success); ***samaḥ:*** (adj◦2-subj1◦ indifferent to); ***bhūtvā*** (having become); ***samatvam*** (subj2◦ the discipline of equanimity; the discipline of indifference); ***yogaḥ:*** (subj3◦ yoga; ***buddhi-yoga, sama-buddhi-yoga***); ***ucyate*** (this is called) (2.48)

(§4) dhanañjaya kuru karmāṇi yogasthaḥ: *tyaktvā* saṅgam bhūtvā samaḥ: siddhyasiddhyoḥ: samatvam ucyate yogaḥ:

(§5) O Arjuna! perform (your) duties[214] being established in yoga, renouncing attachment to the desire for the fruit of the *karma* (and) having become indifferent[215] to success and non-success. This 'discipline of indifference' is called *buddhi-yoga.*[216] (2.48)

---

[214] Elsewhere◦ कुरु कर्मणि → perform actions, perform action, undertake actions, ...etc.

[215] Elsewhere◦ समः भूत्वा → have no concern about (imperative◦), be balanced (imperative), with evenness (instrumental◦), unconcerned as to (instrumental◦), treating success and failure (gerund), ...etc.

भूत्वा is gerund participle = having become (√भू = to become + क्त्वा), adj◦ of the subject 'you.'

[216] *buddhiyoga* → see the footnotes in 2.39 and 3.3 and the Answer to Question 9 in Vol. I

any kind of action : good, bad and evil?

अनुष्टुप्-छन्दसि गीतोपनिषद् । 2.48	(योग:) निर्ममो बुद्धियोगेन कुरु निष्कामकर्म त्वम् । सिद्ध्यसिद्धी समे ज्ञात्वा समत्वं योग उच्यते ।। 683/1110
मुक्ताफलं विनायाञ्छां, याचित्वा तु न भिक्षणम् । निष्कामकर्म कर्तव्यं त्वया पार्थ सदैव हि ।। 684/1110	(अर्जुनस्य पुन: कतिपय प्रश्ना:) निष्कर्म किञ्च किं कर्म किमकर्म विकर्म किम् । को निष्काम: सकामश्च व्याख्यास्तेषां नु ख्याहि माम्।। 685
धर्माधर्मौ च कौ कृष्ण कौ धर्मौ स्वपरौ तथा । अकार्यं किञ्च कार्यं किं सर्वं मे वदतात्प्रभो ।। 686/1110	योनि: का भवनं किञ्च भोग: किं करणं च किम् । कानि फलानि सर्वेषामेतेषां वदताद्धरे ।। 687/1110
कर्मफलं च किं तस्मात्कानि के प्राप्नुवन्ति च । फलं प्राप्स्यति क: स्वादु कटूनि च मिलन्ति कम् ।। 688	को जानाति फलं किं कं मिलतीह परत्र च । करोति निर्णयं चास्य कृष्ण कुत्र च क: कदा ।। 689/1110
योगोऽस्ति कश्च योगी को भोगो भोगी च कौ सखे । त्यागस्त्यागी च कौ कृष्ण व्याख्या: श्रावय मां गुरो।।	(उत्तराणि – अकर्म कर्म कामश्च) फलस्य कामना कामो विषयवासना तथा । कृतिर्यस्या: फलं शीघ्रं श्वो वा मिलति कर्म तत्।।[217] 691
किमपि करणं कर्म न करणं च कर्म हि । कर्म चाकर्म यं स्पष्टं तथ्यं तमेव दृश्यते ।। 692/1110	विना कर्म न जीवन्ति क्षणमेकं नरा इह । शून्यत्वं कर्मणस्तस्मात्किञ्चिदपि न विद्यते ।। 696/1110
(कर्म च अकर्म च) कृता कृतिर्मता कर्माकृता कृतिरकर्म च । यत: काऽपि कृति: कर्माकृतिरपि च कर्म हि ।। 694/1110	(निष्कामकर्म सकामकर्म च) फलस्य हेतवे कर्म कृतं सकाम उच्यते । विना फलेच्छया कर्म निष्काम: कथ्यते बुधै: ।। 695/1110
विषयवासनां धृत्वा फलेच्छया च यत्कृतम् । निकृष्टं हेतुयुक्तं तत्-सकामं कर्म संज्ञितम् ।। 696/1110	(विहितकर्म) शरीरपोषणायैव यत्कृतं नियतं स्मृतम् । तदेव धार्मिकं नित्यं सविधं विहितं मतम् ।। 697/1110
(सुकर्म विकर्म कुकर्म च) सुकर्म सुकृतं कार्यं, विकर्म विकृता कृति: । कुकर्म दुष्कृतं कृत्यमकर्म चापि कर्म हि ।। 698	स्यादिष्टं स्यादनिष्टं वा स्याद्गोचरमगोचरम् । नास्ति कुत्रापि कर्मैवं यस्य नास्ति फलं खलु ।। 699/1110
कृत्वाऽपि कर्मवन्नास्ति तन्निष्कर्म मतं बुधै: । कर्मणोऽस्ति फलं यद्वत्-निष्कर्मणोऽपि निष्फलम् ।। 701	(धर्म:) यस्मिन्क्षणे स्थले कार्यं करणीयं च येन यत् । तस्मिन्काले च स्थाने च धर्मस्तस्य स एव हि ।। 701/1110
एष न सम्प्रदायोऽस्ति सदाचारस्य वर्त्म हि । [218] करणीयश्च कर्तव्य: कार्य: सत्कर्म भद्रता ।। 702/1110	(अधर्मश्च कर्म च कर्मफलं च) योग्ये स्थाने च काले च कृतं तद्धार्मिकं मतम् । अनुचिते स्थले काले तदेवाधार्मिकं भवेत् ।। 703/1110

[217] श्व: = भविष्यति ।

[218] एष: = एष धर्म: ।

(सूक्ति:) किं त्वयाऽऽनीतमस्तीह किमितस्त्वञ्च नेष्यसि । कर्मफलानि पूर्वाणि भुङ्क्षे च भोक्ष्यसे सदा ।। 704/1110	सञ्चितानि त्वया यानि पापपुण्यानि जीवने । तेषामेव फलान्यत्र भोक्ष्यसे जन्मजन्मनि ।। 705/1110
सुकृतानि च कर्माणि दास्यन्ते मधुराणि त्वाम् । दुकृतानि तु कर्माणि कटूनि च फलानि भो: ।। 706/1110	(धर्म: अधर्म: स्वधर्म: परधर्म: त्याग: त्यागी च) कर्तव्यं करणं धर्मो न करणमधर्म उत् । स्वधर्म: स्वगुणैर्युक्त: परधर्म: परार्थक: ।। 707/1110
फलत्यागो न निष्काम:–त्याज्या वाञ्छा फलस्य हि । वैकल्पिका फलापेक्षा फलं तु निश्चितं भवेत् ।। 708/1110	(त्याग:) नित्यं कर्म मतं कार्यं तन्नियमेन त्वाचरेत् । फलस्याशाञ्च सङ्गञ्च त्यजनं 'त्याग' उच्यते ।। 709/1110
(योगी च भोगी च) यं सुखेषु न सङ्गोस्ति न क्लेश: क्लिष्टकर्मसु । स सङ्गं फलाशां च त्यक्तस्त्यागी प्रकीर्तित: ।। 710/1110	(नियोगी च वियोगी च) सकामकारको 'भोगी' 'योगी' निष्कामपालक: । निग्रही यो 'नियोगी' स, 'वियोगी' परिव्राजक: ।। 711/1110
(यथा कर्म तथा फलम्) कश्चित्स्वपिति निश्चिन्त: कश्चिज्जागर्ति वा निशौ । कस्यचिदुज्ज्वलं भाग्यं कश्चिद्दुर्भाग्यपीडित: ।। 712/1110	कस्यचिज्जीवने सौख्यं कश्चिद्दु:खेन विह्वल: । वपते पापबीजं य: पुण्यं तेन न प्राप्यते ।। 713/1110
कृतं सत्कर्मभि: पुण्यं यान्ति सुखानि तं नरम् । दुष्कृतैरर्जितं पापं हन्ति दु:खानि तं जडम् ।। 714/1110	मधुरामधुरं वाऽपि साम्प्रतं वा भविष्यति । चक्रं कर्मफलस्यैवं संसारे शाश्वतं स्मृतम् ।। 715/1110

2.49 दूरेण ह्यवरं कर्म बुद्धियोगाद्धनञ्जय ।
बुद्धौ शरणमन्विच्छ कृपणा: फलहेतव: ।।

dūreṇa hyavaraṁ karma buddhiyogāddhanañjaya,
buddhau śaraṇamanviccha kṛpaṇāḥ: phalahetavaḥ:. (2.49)

(§1) दूरेण हि अवरम् कर्म बुद्धियोगात् धनञ्जय । बुद्धौ शरणम् अन्विच्छ कृपणा: फलहेतव: । *dūreṇa* (r◦ 24/1) *hi* (r◦ 4/1) *avaram* (r◦ 14/1) *karma buddhiyogāt* (r◦ 9/6) *dhanañjaya buddhau śaraṇam* (r◦ 8/16, 24/3) *anviccha kṛpaṇāḥ:* (r◦ 24/5, 22/4) *phalahetavaḥ:* (r◦ 22/8)

(§2) *dūreṇa* (adv◦ ←adj◦ ***dūra*** (far) ←5◦√दु (be bad); *hi* (1.11) *avaram* (n◦ 1nom◦ sing◦ ←adj◦ *avara* (inferior) ←2◦अव√रा (to bestow); ***karma*** (1nom◦ sing◦ ←n◦ *karman* 1.15); *buddhiyogat* (m◦ 5abl◦ sing◦ ←tatpu◦ ***buddhi-yoga***, समबुद्ध्या: योग: । तटस्थमनस: योग: ←f◦ *buddhi* 1.23 + m◦ *yoga* 2.39); *dhanañjaya* (2.48); *buddhau* (7loc◦ sing◦ ←f◦ *buddhi* 1.23); ***śaraṇam*** (2acc◦ sing◦ ←n◦ *śaraṇa* (refuge) ←9◦√शृ (to smash); *anviccha* (2nd-per◦ sing◦ imperative◦ उपदेशार्थ-लोट् parasmai◦ ←6◦अनु√इष् (to desire); *kṛpaṇāḥ:*

(m∘ 1nom∘ plu∘ ←adj∘ *kṛpaṇa* (wretched) ←1∘√कृप् (to imagine); *phalahetavaḥ:* (m∘ 1nom∘ plu∘ ←bahuvrī∘ *phala-hetu*, फले हेतुः यस्य ←n∘ *phala* 2.43 + m∘ *hetu* (objective) 1.35) (2.49)

dūreṇa दुरेण, अत्यन्तम्, भृशम्, सातिशयम्, सुतराम्, नितराम्, परम् 2.12, गाढम्, नितान्तम्, अतीव 12.20, अतिमात्रम् ।

avaram̱ अवरम्, ऊनम्, न्यूनम्, हीनम्, निकृष्टम्, अपकृष्टम्, अधरम्, जघन्यम् 14.18, अधमम् 7.15

śaraṇam̱ शरणम्, त्राणम्, निवासम्, रक्षणम्, आश्रयम्, संश्रयम्, गतिम् 6.37

kṛpaṇāḥ: कृपणाः, वराकाः, जघन्याः, नीचाः, हीनाः, निकृष्टाः, अनार्याः, कदर्याः, अधमाः, खलाः ।

phalahetavaḥ: फलहेतवः, फलप्रेरिताः, फलचलिताः, फलहेतुकाः, फलप्रेप्सवः, फलेप्सवः, फलेच्छुकाः, फलवाञ्छिनः, फलाकाङ्क्षिनः 18.34

(§3) ***dūreṇa*** **(greatly; in a high degree);** ***hi*** **(because);** ***avaram̱*** **(adj∘-subj1∘ inferior);** ***karma*** **(subj1∘ the** ***karma*****);** ***buddhiyogaṯ*** **(than the** ***samabuddhi-yoga*****; than the** ***yoga*** **or discipline of equanimity of mind);** ***dhanañjaya*** **(O Dhanañjaya! O Arjuna!);** ***buddhau*** **(in** ***samabuddhi-yoga*****; in equanimity of mind);** ***śaraṇam̱*** **(obj∘ refuge, shelter, support);** ***anvićcha*** **(you please seek, desire);** ***kṛpaṇāḥ:*** **(adj∘-subj2∘ wretched);** ***phalahetavaḥ:*** **(subj2∘ those who keep alterior motive in the fruit; who are driven by the desire of gain)** (2.49)

(§4) karma dūreṇa avaram̱ buddhiyogaṯ dhanañjaya anvićcha śaraṇam̱ buddhau hi phalahetavaḥ: kṛpaṇāḥ:

(§5) The *sakāma-karma*[219] (is) greatly inferior than (done with) the discipline of equanimity of mind *(buddhi-yoga)*.[220] O Arjuna! (therefore,) you please seek refuge

---

[219] Elsewhere∘ *karma* → action.

At this place *karma* does not refer to every action or all actions. *karma* कर्म could be *sakāma* or *niṣkāma*. A *sakāma-karma* सकामकर्म is work done with-a-motive (स-काम) in the fruit of action; *niṣkāma-karma* निष्कामकर्म is work done without-a-motive (निस्-काम) in the fruit. Therefore, here *karma* does not refer to all actions. It refers to a *sakāma karma* that is performed with a desire for the fruit. It does not refer to a *niṣkāma karma*, that is performed with equanimity of mind. Also, A *karma* could also be सुकर्म or कुकर्म । Karma could be नित्यकर्म or अनित्यकर्म.

[220] Elsewhere∘ *buddhiyogaḥ* → discipline of intelligence, yoga of wisdom, yoga of descrimination, yoga of mental determination, yoga of intuitive determination, mind undisturbed by thoughts of results, devotion in wisdom, action guided by wisdom, ...etc.

in *buddhi-yoga*, because[221] those who keep alterior motive in the fruit (are) wretched. (2.49)

अनुष्टुप्-छन्दसि गीतोपनिषद् । 2.49	(बुद्धियोगाचरणम्) निष्कामबुद्धियोगः स सकामाद्धि विशिष्यते । तस्मात्त्वं कामनां त्यक्त्वा कर्मयोगं समाचर ।। 716/1110

2.50 बुद्धियुक्तो जहातीह उभे सुकृतदुष्कृते ।
तस्माद्योगाय युज्यस्व योगः कर्मसु कौशलम् ।।
buddhiyukto jahātīha ubhe sukṛtaduṣkṛte,
tasmādyogāya yujyasva yogaḥ: karmasu kauśalam. (2.50)

(§1) बुद्धियुक्तः जहाति इह उभे सुकृतदुष्कृते । तस्मात् योगाय युज्यस्व योगः कर्मसु कौशलम् । *buddhiyuktaḥ:* (r◦ 15/3) *jahāti* (r◦ 1/5) *iha* (r◦ 2/2) *ubhe sukṛtaduṣkṛte tasmāt* (r◦ 9/9) *yogāya yujyasva yogaḥ:* (r◦ 22/1) *karmasu kauśalam* (r◦ 14/2)

(§2) *buddhiyuktaḥ:* (m◦ 1nom◦ sing◦ ←bahuvrī◦ ***buddhi-yukta***, बुद्ध्या युक्तः यः ←f◦ *buddhi* 1.23 + adj◦ *yukta* (equipped) 1.14); *jahāti* (3rd-per◦ sing◦ pres◦ वर्तमान्-लट् parasmai◦ ←3◦√हा (to go)); *iha* (2.5); *ubhe* (n◦ 2acc◦ dual◦ ←pron◦ *ubha* (both) 2.19); *sukṛta-duṣkṛte* (n◦ 2acc◦ -dvan◦, सुकृतं च दुष्कृतं च ←n◦ 🕮***sukṛta*** (merit) ←adj◦ *sukṛt* ←8◦सु√कृ (to do) + n◦ 🕮*duṣkṛta* ←adj◦ ***duṣkṛta*** (demerit) ←ind◦ *duṣ* or *dus* + affix ***kṛt*** ←8◦√कृ (to do); *tasmāt* (1.37); *yogāya* (4dat◦ sing◦ ←m◦ *yoga* 2.39); *yujyasva* (2.38); *yogaḥ:* (2.48); ***karmasu*** (7loc◦ plu◦ ←n◦ *karman* 1.15); 🕮*kauśalam* (1nom◦ sing◦ ←n◦ *kauśala* or *kauśalya* (skill) ←1◦√कु (to make sound) (2.50)

🕮 sukṛtam सुकृतम्, पुण्यम् 9.20

🕮 duṣkṛtam दुष्कृतम्, पापम् see 2.33↑

🕮 kauśalam कौशलम्, कौशल्यम्, नैपुण्यम्, पाटवम्, प्राविण्यम्, चातुर्यम्, वैदग्ध्यम्, युक्तिः ।

🕮 see the footnotes in 2.39 and 3.3 and the Answer to Question 9 in Vol. I

[221] See the footnote in verse 2.15

(§3) ***buddhiyuktaḥ:*** (subj1◦ the person equipped with the mind of equanimity; a person equipped with the buddhi-yoga); ***jahāti*** (he renounces, he casts away); ***iha*** (here; in this life itself); ***ubhe*** (adj◦-obj1◦ both); ***sukṛta-duṣkṛte*** (obj1◦ merit and demerit); ***tasmāt*** (therefore); ***yogāya*** (to the yoga; to the buddhi-yoga, to the yoga of equanimity); ***yujyasva*** (you please attach yourself, please make yoga your way of life); ***yogaḥ:*** (subj2◦ yoga); ***karmasu*** (in performing the karmas); ***kauśalam*** (subj3◦ the skill) (2.50)

(§4) buddhiyuktaḥ: jahāti ubhe sukṛta-duṣkṛte iha tasmāt yujyasva yogāya yogaḥ: kauśalam karmasu

(§5) The person equipped with the mind of equanimity[222] renounces (the passion for)[223] both merit and demerit (of *karma*) in this life itself. Therefore,[224] you please make *yoga* of equanimity your way of life. The skill in performing the *karmas* (equanimously)[225] is yoga. (2.50)

अनुष्टुप्-छन्दसि गीतोपनिषद् । 2.50	पापे पुण्ये तटस्थो हि बुद्धियोगाद्धनञ्जय । अस्मिन्योगयधिष्ठानं 'कौशल्यं कर्मण:' स्मृतम् ।। 717/1110

---

[222] Elsewhere◦ *buddhiyuktaḥ:* → united to pure reason, born of wisdom, united with knowledge, yolked his intelligence, engaged in devotional services, he who is endowed with wisdom, endowed with intelligence, ...etc.

📖 बुद्धियुक्त: is not a *sandhi* between two words बुद्धि: and युक्ता: (बुद्धिर्युक्ता:) । The word बुद्धि in this *tatpuruṣa samāsic* word बुद्धियुक्त: does not literally mean intelligence or intelligent person, but it logically means समबुद्धि: or more precisely the बुद्धियोग:, समबुद्धियोग: (बुद्धियोगयुक्त:). The same is true for the word बुद्धौ in 2.49

सङ्कल्पनं मनोविद्धि सङ्कल्पात्तन्न भिद्यते ।
यथा द्रवत्वात्सलिलं तथा स्पन्दो यथा निलात् ।।

Know the volition to be same as mind, which is nothing different from the thinking, just as fluidity is same as water and the air is same as wind (Yogavāsiṣṭha 3.6.3.11).

[223] जहाति सुकृतदुष्कृते → In Gita sense it is जहाति वासनां सुकृतदुष्कृतयो: । One can not renounce or remove his *pāpa* (demerit) or *puṇya* (merit) or the fruit thereof. If one is able to renounce his sins, one will be free to do sinful acts, keep on renouncing them and get away clean easily. It doesn't work that way, for a good reason.

[224] See the footnote in verse 2.15

[225] Elsewhere◦ योग: कर्मसु कौशलम् → Yoga is the skill in working, Yoga is skill in actions, Yoga is skill in work, Yoga is skill in works, Yoga is skillfulness in work, yoga is the art of all work, yoga is none other than skill in the field of activity, work done to perfection is verily yoga, yoga is truly a helthy approach to action, ...etc.

2.51 कर्मजं बुद्धियुक्ता हि फलं त्यक्त्वा मनीषिणः ।
जन्मबन्धविनिर्मुक्ताः पदं गच्छन्त्यनामयम् ।।

karmajaṁ buddhiyuktā hi phalaṁ tyaktvā manīṣiṇaḥ:,
janmabandhavinirmuktāḥ: padaṁ gaćchantyanāmayam. (2.51)

(§1) कर्मजम् बुद्धियुक्ताः हि फलम् त्यक्त्वा मनीषिणः । जन्मबन्धविनिर्मुक्ताः पदम् गच्छन्ति अनामयम् । *karmajam* (r◦ 14/1) *buddhiyuktā* (r◦ 20/18) *hi phalam* (r◦ 14/1) *tyaktvā manīṣiṇaḥ:* (r◦ 22/8) *janmabandhavinirmuktāḥ:* (r◦ 22/3) *padam* (r◦ 14/1) *gaćchanti* (r◦ 4/1) *anāmayam* (r◦ 14/2)

(§2) *karmajam* (n◦ 2acc◦ sing◦ ←bahuvrī◦ adj◦ ***karma-ja***, कर्मात् जायते यत् ←n◦ *karman* 1.15 + m◦ *ja* (born) 1.7); *buddhiyuktāḥ:* (m◦ 1nom◦ plu◦ ←m◦ *buddhi-yukta* 2.50); *hi* (1.11); ***phalam*** (2acc◦ sing◦ ←n◦ *phala* 2.43); *tyaktvā* (1.33); 📖*manīṣiṇaḥ:* (1nom◦ plu◦ ←adj◦ or m◦ ***manīṣin*** (wise) ←4◦√मन् (to think); *janmabandhavinirmuktāḥ:* (m◦ 1nom◦ plu◦ ←tatpu◦ adj◦ *janma-bandha-vinirmukta* ←जन्मनः बन्धात् विमुक्तः ←n◦ *janman* 2.27 + m◦ *bandha* (bondage) 1.27 + ppp◦ adj◦ *vinirmukta* (freed) ←6◦वि-निर्√**मुच्** (to liberate); ***padam*** (2acc◦ sing◦ ←n◦ ***pada*** (state, place) ←4◦√पद् (to go); ***gaćchanti*** (3rd-per◦ plu◦ pres◦ वर्तमान्-लट् parasmai◦ ←1◦√**गम्** (to go); 📖***anāmayam*** (n◦ 2acc◦ sing◦ ←adj◦ n.bahuvrī◦ *anāmaya*, नास्ति आमयं यस्मिन् तत् (blissful) ←m◦ ***āmaya*** (distemper) ←2◦आम√या (to go) (2.51)

📖 manīṣiṇaḥ: मनीषिणः, विज्ञाः, ज्ञानवन्तः, विद्वन्तः, ज्ञानिनः 3.39, प्राज्ञाः, मेधाविनः, सविवेकः, विचारवन्तः, सुबोधाः, सुधियः, मर्मज्ञाः, विद्वज्जनाः, ज्ञानप्रयुक्ताः, बुद्धियुक्ताः, पण्डिताः 2.11, धीमन्तः, विवेकिनः, बुद्धिमन्तः ।

📖 anāmayam अनामयम्, निरामयम्, सुखावहम्, कल्याणमयम्, आनन्दमयम्, सुखमयम्, शुभम्, भद्रम्, मङ्गलम्, अभीष्टम्, शिवम् ।

(§3) ***karmajam*** **(adj◦-obj1◦ the one that is born out of karma);** ***buddhiyuktāḥ:*** **(adj1◦-subj◦ endowed with the buddhi-yoga of equanimity);** ***hi*** **(because)** ***phalam*** **(obj1◦ the fruit, the desire for the fruit);** ***tyaktvā*** **(having renounced);** ***manīṣiṇaḥ:*** **(subj◦ the wise people);** ***janmabandhavinirmuktāḥ:*** **(adj2◦-subj◦ those who are freed from the cycle of rebirth, from the bondage of birth and death);** ***padam*** **(obj2◦ a state);** ***gaćchanti*** **(they attain);** ***anāmayam*** **(adj◦-obj2◦ blissful)** (2.51)

(§4) manīṣiṇaḥ: buddhiyuktāḥ: janmabandhavinirmuktāḥ: hi tyaktvā phalam karmajam gaćchanti anāmayam padam

(§5) The wise people,[226] endowed with the *buddhi-yoga* of equanimity[227] (are) freed from the cycle of rebirth,[228] because,[229] having renounced[230] the desire[231] for fruit that is born out of *karma,* they attain a blissful state. (2.51)

अनुष्टुप्-छन्दसि गीतोपनिषद् । 1.2	(समबुद्धे: योगी) **त्यक्त्वा कर्मफलाशां हि ज्ञानिन: समबुद्धय: ।** **जन्मबन्धाद्विनिर्मुक्ता भुञ्जन्तिपदमुत्तमम् ।।** 718/1110

2.52 यदा ते मोहकलिलं बुद्धिर्व्यतितरिष्यति ।
तदा गन्तासि निर्वेदं श्रोतव्यस्य श्रुतस्य च ।।
yadā te mohakalilaṁ buddhirvyatitariṣyati,
tadā gantāsi nirvedaṁ śrotavyasya śrutasya ća; (2.52)

(§1) यदा ते मोहकलिलम् बुद्धि: व्यतितरिष्यति । तदा गन्तासि निर्वेदम् श्रोतव्यस्य श्रुतस्य च । *yadā te mohakalilam* (r◦ 14/1) *buddhiḥ:* (r◦ 16/6) *vyatitariṣyati* (r◦ 25/6) *tadā gantāsi nirvedam* (r◦ 14/1) *śrotavyasya śrutasya ća*

---

[226] Elsewhere◦ मनीषिण: → attaining self-realization, people, humans, ...etc.

📖 मनीषिण: is not a gerund. It is noun or an adj◦ of a noun. Self realization is आत्मज्ञानम्, आत्मबोध: ।

[227] Elsewhere◦ *buddhiyuktāḥ:* → intelligent ones, equipped with knowledge, united to Pure Reason, being engaged in devotional service, devoted to wisdom, endowed with wisdom, disciplined in intuitive discrimination, one who has his intelligence with the Divine, men of wisdom, yoked in intelligence, ...etc.

📖 see the footnotes in 2.50

[228] Elsewhere◦ *janmabandhavinirmuktāḥ:* → they become free from .., having become free from ... renounce the fruit of, ...etc.

📖 विनिर्मुक्त: is not a gerund or a verb of present tense. It is a ppp◦ adj◦ → freed from.

[229] See the footnote in verse 2.15 हि ।

[230] Elsewhere◦ *tyaktvā* → they free themselves, who have abandoned, who have cast off ...etc.

📖 त्यक्त्वा is not a a present tense verb, or imperative or a ppp◦ adj◦ It is a past participle gerund → having renounced.

[231] Elsewhere◦ फलं त्यक्त्वा = कर्मफलं त्यक्त्वा → please see the footnote in verse 12.12 (in this volume) for the proper meaning of फलत्याग: ।

(§2) *yadā* (time indicating ind◦ ←pron◦ *yad* 1.7); *te* (2.34); 🕮*mohakalilam* (n◦ 2acc◦ sing◦ ←tatpu◦ *moha-kalila*, मोहरुपं कलिलम् ←m◦ 🕮*moha* (delusion) ←4◦√मुह् (to be deluded) + n◦ 🕮*kalila* (mire) ←1◦√कल् (to hold); *buddhiḥ:* (2.39); 🕮*vyatitariṣyati* (3rd-per◦ sing◦ fut2◦ लृट् भविष्य◦ parasmai◦ ←1◦वि–अति√तॄ (to swim across); *tadā* (1.2); *gantāsi* (2nd-per◦ sing◦ fut1◦ लुट् parasmai◦ ←1◦√गम् (to go); 🕮*nirvedam* (2acc◦ sing◦ ←m◦ *nirveda* (indifference) ←7◦निर√विद् (to think); *śrotavyasya* (6pos sing◦ ←pot◦ adj◦ *śrotavya* (to be heard) ←1◦√श्रु (to hear); *śrutasya* (6pos sing◦ ←ppp◦ adj◦ *śruta* (heard) ←1◦√श्रु (to hear); *ća* (1.1) (2.52)

🕮 mohaḥ: मोहः, भ्रमः, भ्रान्तिः, व्यामोहः, विभ्रमः, आभासः, मिथ्यामतिः, मोहनम्, माया, मतिभ्रमः, विवर्तः, सम्भ्रमः. वैकल्यम्, विप्लवः ।

🕮 kalilam कलिलम्, साङ्कर्यम्, संक्षोभः, अस्तव्यस्तता, कलुशता, कर्दमम्, मालिन्यम्, जटिलत्वम्, जबालम् ।

🕮 vyatitariṣyati व्यतितरिष्यति, अतितरिष्यति, सन्तरिष्यति, निस्तरिष्यति, पारं गमिष्यति ।

🕮 nirvedam निर्वेदम्, औदासिन्यम्, वैराग्यम् 13.9, अनीहाम्, ताटस्थ्यम् ।

(§3) ***yadā*** **(when);** ***te*** **(your);** ***mohakalilam*** **(obj1◦ the muddiness of the delusion);** ***buddhiḥ:*** **(subj◦ mind, thinking);** ***vyatitariṣyati*** **(it will cross over);** ***tadā*** **(then, at that time);** ***gantāsi*** **(you will attain);** ***nirvedam*** **(obj2◦ an indifference);** ***śrotavyasya*** **(what is to be heard);** ***śrutasya*** **(what is heard);** ***ća*** **(and)** (2.52)

(§4) yadā te buddhiḥ: vyatitariṣyati mohakalilam tadā gantāsi nirvedam śrutasya ća śrotavyasya

(§5) When your mind[232] will cross over the mire of the delusion,[233] at that time you will attain an indifference[234] (to) what is heard and what is to be heard.[235] (2.52)

अनुष्टुप्-छन्दसि गीतोपनिषद् । 2.52	अतीतं सा यदा गच्छेद्-बुद्धिस्ते मोहकर्दमम् । विरक्तः श्रुतशब्देभ्यः शान्तिं त्वं किल प्राप्स्यसि ।। 719/1110

---

[232] Elsewhere◦ बुद्धिः → intelligence, intellect, ...etc.

🕮 Intelligence is बुद्धिचातुर्यम्, चातुर्यम्, विज्ञता, कुशलता, कौशल्यम्, वैचक्षण्यम्, विदग्धता, वैदग्ध्यम् ...etc.

[233] Elsewhere◦ *mohakalilam* → forest, mist, thicket, turbidity, faint, mire, pile, heap, ...etc.

[234] Elsewhere◦ *nirvedam* → you will become become indefferent, ...etc.

🕮 निर्वेद is a m◦ noun (not an adj◦ or adv◦) → indifference, indifference in worldly objects, a feeling that gives rise to quietude = वैराग्यम् । Remember : inavae|dma` is an Accusative 2nd case object, not a Nominative 1st case subject.

[235] Elsewhere◦ श्रोतव्य → what is yet to be heard, whatever you are going to hear, ...etc.

2.53 श्रुतिविप्रतिपन्ना ते यदा स्थास्यति निश्चला ।
समाधावचला बुद्धिस्तदा योगमवाप्स्यसि ।।
śrutivipratipannā te yadā sthāsyati niśćalā,
samādhāvaćalā buddhistadā yogamavāpsyasi. (2.53)

(§1) श्रुतिविप्रतिपन्ना ते यदा स्थास्यति निश्चला । समाधावचला बुद्धिः तदा योगम् अवाप्स्यसि । *śrutivipratipannā te yadā sthāsyati niśćalā samādhau* (r∘ 5/5) *aćalā buddhiḥ:* (r∘ 18/1) *tadā yogam̧* (r∘ 8/16) *avāpsyasi*

(§2) *śrutivipratipannā* (f∘ 1nom∘ sing∘ ←tatpu∘ *śruti-vipratipannā*, श्रुतिभिः विप्रतिपन्ना ←f∘ ***śruti*** m∘ ***śruta*** (heard) ←1∘√श्रु (to hear) + ppp∘ adj∘ *vipratipanna* (bewildered) ←4∘वि-प्रति√पद् (to go); *te* (2.34); *yadā* (2.52); *sthāsyati* (3rd-per∘ sing∘ fut2∘ लृट् भविष्य∘ parasmai∘ -v-i∘ ←1∘√स्था (to stay); *niśćalā* (f∘ 1nom∘ sing∘ ←adj∘ *niśćala* (firm) ←1∘निर्√चल् (to move, walk); *samādhau* (2.44); *aćalā* (f∘ 1nom∘ sing∘ ←adj∘ *aćala* (unwavering) 2.24); *buddhiḥ:* (2.39); *tadā* (1.2); ***yogam̧*** (2acc∘ sing∘ ←m∘ *yoga* 2.39); *avāpsyasi* (2.33) (2.53)

vipratipanna विप्रतिपन्ना, सम्भ्रान्ता, किङ्कर्तव्यमूढा, सम्मोहिता, व्याकुलिता, विमोहिता, विमूढा, विमुग्धा, कातरा, विहरता ।

niśćalā निश्चला, अचला, प्रशान्ता, स्वस्था, स्थिरा, दृढा, अविचलिता, अक्षुब्धा, प्रशान्ता ।

aćalā अचला, निश्चला↑

avāpsyasi अवाप्स्यसि, आप्स्यसि, प्राप्स्यसि, अधिगच्छसि ।

(§3) ***śrutivipratipannā*** **(adj1∘-subj∘ distracted, perplexed, bewildered by whatever you have heard);** ***te*** **(adj2∘-sub∘ your);** ***yadā*** **(when);** ***sthāsyati*** **(will stay, it will stay);** ***niśćalā*** **(adj3∘-subj∘ unwavering; firm);** ***samādhau*** **(in concentration, in a focused state);** ***aćalā*** **(adj4∘-subj∘ tranquil; stable);** ***buddhiḥ:*** **(subj∘ mind);** ***tadā*** **(then, at that time);** ***yogam̧*** **(obj∘ yoga);** ***avāpsyasi*** **(you will attain)** (2.53)

(§4) yadā te buddhiḥ: śrutivipratipannā sthāsyati niśćalā aćalā samādhau tadā avāpsyasi yogam̧

(§5) When your mind, bewildered by whatever you have heard,[236] will stay[237] unwavering (and) tranquil in concentration, then you will attain[238] yoga. (2.53)

अनुष्टुप्-छन्दसि गीतोपनिषद् । 2.53	
विविधैः कारणैर्भ्रान्ता बुद्धिर्यदा शमिष्यति ।	उत्तराणि हरेः श्रुत्वा पार्थः स विस्मयावृतः ।
सिद्धिञ्च प्राप्य शुद्धिञ्च योगमाप्स्यसि त्वं तदा ।। 720	कुतूहलेन कृष्णञ्च नवान्प्रश्नांश्च पृष्टवान् ।। 721/1110

Arjuna said (arjuna uvāća अर्जुन उवाच ।)

2.54 स्थितप्रज्ञस्य का भाषा समाधिस्थस्य केशव ।
स्थितधीः किं प्रभाषेत किमासीत व्रजेत किम् ।।

shtitaprajñasya kā bhāṣā samādhisthasya keśava,
sthitadhīḥ: kiṁ prabhāṣeta kimāsīta vrajeta kiṃ. (2.54)

(§1) स्थितप्रज्ञस्य का भाषा समाधिस्थस्य केशव । स्थितधीः किम् प्रभाषेत किम् आसीत व्रजेत किम् । *arjunaḥ:* (r◦ 19/4) *uvāća. shtitaprajñasya kā bhāṣā samādhisthasya keśava sthitadhīḥ:* (r◦ 22/1) *kiṃ* (r◦ 14/1) *prabhāṣeta kiṃ* (r◦ 8/17) *āsīta vrajeta kiṃ* (r◦ 14/2)

(§2) *arjunaḥ:* (1.28); *uvāća* (1.25). 📖*shtitaprajñasya* (m◦ 6pos◦ sing◦ ←bahuvrī◦ ***shtitaprajña***, स्थिता प्रज्ञा यस्य ←adj◦ *sthita* 1.14 + f◦ *prajñā* (thinking, mind) 2.11); *kā* (1.36); 📖*bhāṣā* (1nom◦ sing◦ ←f◦ *bhāṣā* (definition) ←1◦√भाष् (to speak); *samādhisthasya* (m◦ 6pos◦ sing◦ ←tatpu◦ adj◦ *samādhistha*, समाधौ स्थितः, bahuvrī◦ समाधौ स्थीयते यः (concentrated) ←f◦ *samādhi* 2.44 + adj◦ *sthita* 1.14 or *sthīyate* 3rd-per◦ sing◦ pres◦ वर्तमान्-लट् ātmane◦ ←1◦√स्था (to stay); *keśava* (1.31); ***sthitadhīḥ:*** (m◦ 1nom◦ sing◦ ←bahuvrī◦ *sthitadhī*, स्थिता धीः यस्य ←adj◦ *sthita* (steady) 1.14 + f◦ *dhī* (thinking, mind) ←1◦√ध्यै (to meditate); *kiṃ* (1.1); *prabhāṣeta* (3rd-per◦ sing◦ potential◦ विधि◦ ātmane◦ ←1◦प्र√भाष् (to speak); *kiṃ* (1.1); ***āsīta*** (3rd-per◦ sing◦

---

[236] Elsewhere◦ श्रुतिविप्रतिपन्ना → disurbed by the flowery language of the Vedas, disregarding Vedic doctrine, perplexing things you may hear, ...etc.

[237] Elsewhere◦ *sthāsyati* → becomes, has become, it remains, stays, ...etc. (present tense)
📖 स्थास्यति is a लृट् future tense.

[238] Elsewhere◦ *avāpsyasi* → you will have attained, you attain, you have attained, ...etc.

potential◦ विधि◦ ātmane◦ ←2◦√आस् (to sit); *vrajeta* (3rd-per◦ sing◦ potential◦ विधि◦ ātmane◦ ←1◦√व्रज् (to go); *kim̧* (1.1) (2.54)

📖 shtitaprajñaḥ: स्थितप्रज्ञ:, धीर: 2.13, स्थितधी: 2.56;

📖 bhāṣā भाषा, परिभाषा, व्याख्या, आख्या; लक्षणम्, निर्वचनम्, निर्देश:, निदेश:, समुद्देश:, विवरणम्, सूचकम्, चिह्नम्, समीकरणम्, अभिज्ञानम्, निरुक्ति:, विवृत्ति: ।

(§3) ***shtitaprajñasya*** (of Shtitaprajña; of a person of sound thinking; of a stable minded person); ***kā*** (what, what is?); ***bhāṣā*** (subj1◦ the definition, meaning; description); ***samādhisthasya*** (of a person established in concentration); ***keśava*** (O Keśava! O Śrī Kṛṣṇa!); ***sthitadhīḥ:*** (subj2◦ a person of sound mind); ***kim̧*** (how?); ***prabhāṣeta*** (he may speak); ***kim̧*** (how?); ***āsīta*** (he may sit); ***vrajeta*** (he may walk); ***kim̧*** (how?) (2.54)

(§4) keśava kā bhāṣā shtitaprajñasya kim̧ sthitadhīḥ: samādhisthasya kim̧ prabhāṣeta āsīta kim̧ vrajeta

(§5) O Śrī Kṛṣṇa! what is the definition of *Shtitaprajña*? How a person of sound mind,[239] established in concentration, may speak?[240] How he may sit? How he may walk? (2.54)

अनुष्टुप्-छन्दसि गीतोपनिषद् । 2.54	(अर्जुन: पुन: पृच्छति) स्थिरमति: प्रशान्तश्च स्थितप्रज्ञ: क उच्यते । शीलं च वर्तनं तस्य माधव कीदृशं भवेत् ।। 722/1110

The Lord said - (śrībhagavānuvāca श्रीभगवानुवाच ।)

2.55 प्रजहाति यदा कामान्सर्वान्पार्थ मनोगतान् ।

---

[239] Elsewhere◦ स्थितप्रज्ञ: → man of steady wisdom, one whose consciousness is merged in transcendence, man of steadfast wisdom, man who has this firmly founded wisdom, deeply meditative man, ...etc.

[240] Elsewhere◦ प्रभाषेत → how does he talk, how does he speak, how does one, ...etc. (habitual present tense)

📖 प्रभाषेत is not a present tense. प्रभाषते is present tense. There is same problem with the other two potential verbs आसीत and व्रजेत in this verse.

आत्मन्येवात्मना तुष्टः स्थितप्रज्ञस्तदोच्यते ।।

prajahāti yadā kāmānsarvānpārtha manogatāṇ,

ātmanyevātmanā tuṣṭaḥ: sthitaprajñastadoćyate. (2.55)

(§1) प्रजहाति यदा कामान् सर्वान् पार्थ मनोगतान् । आत्मनि एव आत्मना तुष्टः स्थितप्रज्ञः तदा उच्यते । *śrībhagavāṇ* (r∘ 8/14) *uvāća. prajahāti yadā kāmāṇ* (r∘ 13/20) *sarvāṇ* (r∘ 13/13) *pārtha manogatāṇ* (r∘ 23/1) *ātmani* (r∘ 4/4) *eva* (r∘ 1/2) *ātmanā tuṣṭaḥ:* (r∘ 22/7) *shtitaprajñaḥ:* (r∘ 18/1) *tadā* (r∘ 2/4) *ućyate*

(§2) *śrībhagavāṇ* (2.2); *uvāća* (1.25). 🕮*prajahāti* (3rd-per∘ sing∘ pres∘ वर्तमान्-लट् parasmai∘ ←3∘प्र√हा (to go) 2.50); *yadā* (2.52); ***kāmāṇ*** (2acc∘ plu∘ ←m∘ *kāma* 1.22); *sarvāṇ* (1.27); *pārtha* (1.25); 🕮*manogatāṇ* (m∘ 2acc∘ plu∘ ←tatpu∘ *manogata*, मनसि आगत (arose in mind) ←n∘ *manaṣ* 1.30 + adj∘ *āgata* 4.10); ***ātmani*** (7loc∘ sing∘ ←m∘ *ātmaṇ* 2.41); *eva* (1.1); ***ātmanā*** (3inst∘ sing∘ ←m∘ *ātmaṇ* 2.41); *tuṣṭaḥ:* (m∘ 1nom∘ sing∘ ←ppp∘ adj∘ ***tuṣṭa*** (satisfied) ←4∘√तुष् (to be content); *shtitaprajñaḥ:* (1nom∘ sing∘ ←m∘ *shtitaprajña* 2.54); *tadā* (1.2); *ućyate* (2.25) (2.55)

🕮 prajahāti प्रजहाति, अस्वीकरोति, त्यजति 8.6, विसृजति, संन्यसति, प्रहास्यति, परित्यजति see footnote in verse 2.39↑

🕮 manogatāṇ मनोगतान्, मनोरथान्, मनोभावान्, मनोजान्, चित्तगतान् ।

🕮 tuṣṭaḥ: तुष्टः, तृप्तः, सन्तुष्टः 12.14, तोषितः, प्रीतः ।

(§3) ***prajahāti*** (one renounces); ***yadā*** (when); ***kāmāṇ*** (obj∘ the desires); ***sarvāṇ*** (adj1∘-obj∘ all); ***pārtha*** (O Pārtha! O Arjuna!); ***manogatāṇ*** (adj2∘-obj∘ arose in mind); ***ātmani*** (in self; in himself); ***eva*** (only); ***ātmanā*** (by self; by himself); 🕮***tuṣṭaḥ:*** (adj∘-subj∘ satisfied, contented); ***shtitaprajñaḥ:*** (subj∘ shtitaprajña; a person of sound mind); ***tadā*** (then; at that time); ***ućyate*** (he is called; he is said to be) (2.55)

(§4) pārtha yadā prajahāti sarvāṇ kāmāṇ manogatāṇ tuṣṭaḥ: ātmani eva ātmanā tadā ućyate shtitaprajñaḥ:

(§5) O Arjuna! when one renounces all the desires arose in mind,[241] contented in himself by himself only, then he is called *'shtitaprajña.'* (2.55)

अनुष्टुप्-छन्दसि गीतोपनिषद् । 1.2	(श्रीभगवानुवाच) **यो मनोवासनां त्यक्त्वा मनोनिग्रहमाचरेत् ।** **आत्मनि पूर्णतृप्तः स स्थितप्रज्ञस्तदोच्यते ।।** 723/**1110**

2.56 दुःखेष्वनुद्विग्नमनाः सुखेषु विगतस्पृहः ।
वीतरागभयक्रोधः स्थितधीर्मुनिरुच्यते ।।

duḥ:kheṣvanudvignamanāḥ: sukheṣu vigataspṛhaḥ:,
vītarāgabhayakrodhaḥ: sthitadhīrmunirućyate. (2.56)

(§1) दुःखेषु अनुद्विग्नमनाः सुखेषु विगतस्पृहः । वीतरागभयक्रोधः स्थितधीः मुनिः उच्यते । *duḥ:kheṣu* (r◦ 25/5, 4/6) *anudvignamanāḥ:* (r◦ 22/7) *sukheṣu* (r◦ 25/5) *vigataspṛhaḥ:* (r◦ 22/8) *vītarāgabhayakrodhaḥ:* (r◦ 22/7) *sthitadhīḥ:* (r◦ 16/7) *muniḥ:* (r◦ 16/1) *ućyate*

(§2) *duḥ:kheṣu* (7loc◦ plu◦ ←n◦ *duḥ:kha* 2.14); *anudvignamanāḥ:* (m◦ 1nom◦ sing◦ ←bahuvrī◦ *anudvigna-manaṣ*, नास्ति उद्विग्नं मनः यस्य (unagitated) ←ppp◦ adj◦ 🕮*udvigna* ←m◦ 🕮**udvega** (agitated) ←6◦उद्√विज् (to tremble) + n◦ *manaṣ* 1.30); *sukheṣu* (7loc◦ plu◦ ←n◦ *sukha* 1.32); ***vigataspṛhaḥ:*** (m◦ 1nom◦ sing◦ ←bahuvrī◦ *vigata-spṛha*, विगता स्पृहा यस्य ←adj◦ ***vigata*** (departed) ←1◦वि√गम् (to go) + f◦ 🕮***spṛhā*** (want, desire) ←10◦√स्पृह् (to want); *vītarāgabhayakrodhaḥ:* (m◦ 1nom◦ sing◦ ←bahuvrī◦ ***vīta-rāga-bhaya-krodha***, वीताः रागः च भयः च क्रोधः च यस्य ←ppp◦ adj◦ 🕮*vīta* (departed) ←1◦वि√इ (to enter, come, go) + m◦ 🕮***rāga*** (attachment) ←4◦√रञ्ज् (to be colourful) + n◦ *bhaya* (fear) 2.35 + m◦ 🕮**krodha** (anger) ←4◦√क्रुध् (to angry); 🕮*sthitadhīḥ:* (2.54); ***muniḥ:*** (1nom◦ sing◦ ←m◦ ***muni*** ←1◦√मन् (to think); *ućyate* (2.25) (2.56)

🕮 udvigna उद्विग्न, क्षुब्ध, पीडित, अकुलित, प्रमथित, उद्भ्रान्त, सम्भ्रान्त, विह्वल, विदुर, लोलित, कातर, विक्लव ।
🕮 udvegaḥ: उद्वेगः, उपप्लवः, क्षोभः, आकुलत्वम्, विमर्दः, पीडा ।

---

[241] Elsewhere◦ *manogatān* → emerging in mind, originating in mind, desires of mind, desires of the mind, emerging from mind, ...etc.

🕮 आगत is a ppp◦ → arose, emerged, come to, borne.

📖 sthitadhīḥ: धीर: 2.13, स्थितप्रज्ञ: 2.55, अविप्लव:, सुधीर: ।

📖 spṛhā स्पृहा, इच्छा 13.7, काम: 2.62, ईहा, वाञ्छा, अभिलाषा, लालसा, तृष्णा 14.7, लोभ: 14.12, ईप्सा ।

📖 vīta वीत, गत 2.11, अपगत, व्यपेत 11.49

📖 rāgaḥ: राग:, आसक्ति:, अनुराग:, अभिनिवेश:, प्रसक्ति:, आसङ्ग:, प्रीति: 1.36

📖 krodha क्रोध:, कोप:, आमर्ष: 12.15, रोष:, मन्यु:, सरम्भ: ।

(§3) ***duḥ:kheṣu*** (in the miseries); ***anudvignamanāḥ:*** (adj1∘-subj∘ he whose mind is not agitated); ***sukheṣu*** (in pleasures); ***vigataspṛhaḥ:*** (adj2∘-subj∘ he whose desire has gone away); ***vītarāgabhayakrodhaḥ:*** (adj3∘-subj∘ he whose attachment, fear and anger are departed); ***sthitadhīḥ:*** (adj4∘-subj∘ person of sound mind); ***muniḥ:*** (subj∘ a Muni, an ascetic); ***ućyate*** (he is called) (2.56)

(§4) anudvignamanāḥ: duḥ:kheṣu sukheṣu vigataspṛhaḥ: vītarāgabhayakrodhaḥ: sthitadhīḥ: ućyate muniḥ:

(§5) He whose mind is not agitated in the miseries, he whose desire in pleasures has gone away (and) he whose attachment, fear and anger are departed, (that) person of sound mind[242] is called a *'Muni.'* (2.56)

अनुष्टुप्-छन्दसि गीतोपनिषद् । 2.56	(मुनि: क:) **न भेद: सुखदु:खेषु रागक्रोधविवर्जित: । शान्तचित्त: स्थितप्रज्ञो योगी स हि मुनिर्मत:** ।। 724/1110

---

[242] Elsewhere∘ स्थितधीर्मुनिरुच्यते → is called a sage of steady mind, of steady wisdom, of setteld wisdom, that sage is said to be of ...etc.

📖 स्थितधीर्मुनि: is not a *sāmāsic* word. If it was tatpu∘ samās, the word would be स्थितधीमुनि: । But, स्थितधीर्मुनि: is just a *visarga-sandhiḥ:* between two nominative m∘ words *sthitadhīḥ:* and *muniḥ:* (स्थितधी: and मुनि:). Here, there is no possessive, genetive or accusative relationship between the words स्थितधी: and मुनि: । स्थितधी: is not an adjective of मुनि: । If at all, the word मुनि: is the adjective or a title of m∘ स्थितधी: । As अनुद्विग्नमना:, विगतस्पृह: and वीतराग: are the other three adjectives of the स्थितधी: । **Such a three way qualified स्थितधी: is called a मुनि:** । Therefore, such a स्थितधि: is called a *muni* = मुनि: उच्यते । ईदृश: स्थितधी: मुनि: उच्यते ।

Defination (भाषा) of a स्थितधि: is given in the earlier verse (2,55 स्थितप्रज्ञ:) and in the next verse 2.57 प्रतिष्ठितप्रज्ञ:). This verse (2.56) tells which स्थितधी: is called a मुनि: । It means a स्थितधी: or स्थितप्रज्ञ: or प्रतिष्ठितप्रज्ञ: (like Arjuna) may not be a मुनि:, but a *muni* (like Vyāsa) is a स्थितधी:, स्थितप्रज्ञ: as well as प्रतिष्ठितप्रज्ञ: ।

2.57 यः सर्वत्रानभिस्नेहस्तत्तत्प्राप्य शुभाशुभम् ।
नाभिनन्दति न द्वेष्टि तस्य प्रज्ञा प्रतिष्ठिता ।।
yaḥ: sarvatrānabhisnehastattatprāpya śubhāśubham,
nābhinandati na dveṣṭi tasya prajñā pratiṣṭhitā. (2.57)

(§1) यः सर्वत्र अनभिस्नेहः तत् तत् प्राप्य शुभाशुभम् । न अभिनन्दति न द्वेष्टि तस्य प्रज्ञा प्रतिष्ठिता । *yaḥ:* (r◦ 22/7) *sarvatra* (r◦ 1/1) *anabhisnehaḥ:* (r◦ 18/1) *tat* (r◦ 1/10) *tat* (r◦ 10/6) *prāpya śubhāśubham* (r◦ 14/2) *na* (r◦ 1/1) *abhinandati na dveṣṭi tasya prajñā pratiṣṭhitā*

(§2) *yaḥ:* (2.19); 📖***sarvatra*** (place or time indicating ind◦ (fully) ←pron◦ *sarva* 1.6); 📖*anabhisnehaḥ:* (1nom◦ sing◦ ←bahuvrī◦ adj◦ *anabhisneha* (unattached) ←4◦अन्-अभि√स्निह (to love); *tat* (2.7); *tat* (↑); 📖***prāpya*** (lyp◦ past-participle ind◦ ←10◦प्र√आप् (to attain, get); *śubhāśubham* (n◦ 2acc◦ sing◦ ←dvandva◦ शुभं वा अशुभं वा । शुभं च अशुभं च (good or bad) ←adj◦ 📖***śubha*** ←1◦√शुभ् (to look good) + n.tatpu◦ adj◦ 📖***aśubha*** ←1◦अ√शुभ् (to look good); *na* (1.30); 📖*abhinandati* (3rd-per◦ sing◦ pres◦ वर्तमान्-लट् parasmai◦ ←1◦अभि√नन्द् (to rejoice); *na* (1.30); 📖***dveṣṭi*** (3rd-per◦ sing◦ pres◦ वर्तमान्-लट् parasmai◦ ←2◦√द्विष् (to loath); *tasya* (1.12); *prajñā* (2.11); 📖***pratiṣṭhitā*** (f◦ 1nom◦ sing◦ ←ppp◦ adj◦ ***pratiṣṭhita*** (steady) ←1◦प्रति√स्था (to stay) (2.57)

📖 sarvatra सर्वत्र, सर्वथा 6.31, सर्वशः 2.46, सर्वतः, सर्वभावेन 15.19, साकल्येन, विश्वक्, समन्ततः । 6.24

📖 anabhisnehaḥ: अनभिस्नेहः, अनासक्तः, अनिरुद्धः ।

📖 prāpya प्राप्य, लब्ध्वा 4.39, आलभ्य, आप्त्वा ।

📖 śubham शुभम्, मङ्गलम्, शिवम्, भद्रम्, क्षेमम्, कल्याणम् ।

📖 aśubham अशुभम्, अहितम्, अमङ्गलम्, अभद्रम्, अकल्याणम् ।

📖 abhinandati अभिनन्दति, नन्दति, विनन्दति, ह्लादते, आह्लादति, लसति, मोदते, प्रीयते, हृष्यति ।

📖 dveṣṭi द्वेष्टि, गर्हते, घृणते, बीभत्सयते, जुगुप्स्यते, ऋतीयति, द्रुह्यति, कुत्सयति, द्वेषं करोति, घृणां करोति, अप्रीतिं करोति ।

📖 pratiṣṭhitā प्रतिष्ठिता, संस्थापिता, अधिष्ठिता, स्थिरीभूता, दृढीभूता, व्यवस्थिता ।

(§3) ***yaḥ:*** (subj1◦ he who); ***sarvatra*** (from all sides, in everything, in every way; totally);

anabhisnehaḥ: (adj∘-subj1∘ he who is free from attachment); ***tat tat*** (that and that; whatever); ***prāpya*** (having obtained); ***śubhāśubham*** (obj∘ auspicious and-or inauspicious); ***na*** (neither); ***abhinandati*** (he rejoices); ***na*** (nor, not); ***dveṣṭi*** (he hates; he dislikes); ***tasya*** (his, of that person); ***prajñā*** (subj2∘ the intellect, buddhi, mind, the judgement); ***pratiṣṭhitā*** (adj∘-subj2∘ established; steadfast) (2.57)

(§4) yaḥ: *anabhisnehaḥ:* sarvatra prāpya tat tat śubhāśubham na abhinandati na dveṣṭi prajñā tasya pratiṣṭhitā

(§5) He who is free from attachment in every way[243] (and) having obtained whatever auspicious or inauspicious, neither he rejoices nor he hates (it), the mind of that person (is) steadfast (in *sama-buddhi-yoga*); (2.57)

अनुष्टुप्-छन्दसि गीतोपनिषद् । 2.57	(स्थिरमतिः) आकर्षति न स्नेहो यं न लिम्पन्ति सुखानि च । शोकहर्षौ गतौ यस्य स्थिरमतिर्विशिष्यते ।। 725/1110

2.58 यदा संहरते चायं कूर्मोऽङ्गानीव सर्वशः ।
इन्द्रियाणीन्द्रियार्थेभ्यस्तस्य प्रज्ञा प्रतिष्ठिता ।।
yadā saṁharate cāyaṁ kūrmo'ṅgānīva sarvaśaḥ:,
indriyāṇīndriyārthebhyastasya prajñā pratiṣṭhitā; (2.58)

(§1) यदा संहरते च अयम् कूर्मः अङ्गानि इव सर्वशः । इन्द्रियाणि इन्द्रियार्थेभ्यः तस्य प्रज्ञा प्रतिष्ठिता । *yadā saṁharate ca* (r∘ 1/1) *ayam* (r∘ 14/1) *kūrmaḥ:* (r∘ 15/1) *aṅgāni* (r∘ 1/5) *iva sarvaśaḥ:* (r∘ 22/8) *indriyāṇi* (r∘ 24/7, 1/5) *indriyārthebhyaḥ:* (r∘ 18/1) *tasya prajñā pratiṣṭhitā*

(§2) *yadā* (2.52); 📖*saṁharate* (3rd-per∘ sing∘ pres∘ वर्तमान्-लट् ātmane∘ ←1∘सम्√हृ (to take); *ca* (1.1); *ayam* (2.19); 📖*kūrmaḥ:* (1nom∘ sing∘ ←m∘ *kūrma* (turtle) ←1∘√कु (to make sound); *aṅgāni* (2acc∘ plu∘ ←n∘ ***aṅga*** ←1∘√अङ्ग् (to count); *iva* (1.30); *sarvaśaḥ:* (1.18); ***indriyāṇi*** (2acc∘ plu∘ ←n∘ *indriya* (organ, limb) 2.8); ***indriyārthebhyaḥ:*** (m∘ 5abl∘ plu∘ ←tatpu∘ ***indriyārtha***, इन्द्रियस्य इन्द्रियाणां वा अर्थः ←n∘ *indriya* 2.8 + m∘

---

[243] Elsewhere∘ *sarvatra* → anywhere, on any side, whatever, ...etc.

artha 1.7); *tasya* (1.12); *prajñā* (2.11); *pratiṣṭhitā* (2.57) (2.58)

📖 *saṁharate* संहरते, अपाकृषते, अपाकर्क्ष्यते, अपाक्रक्षते ।

📖 kūrmaḥ: कूर्मः, कच्छपः, कमठः, कामठः, डुलिः, कठिनपृष्ठम्, चतुर्गतिः, क्रोडपादः, गूढाङ्गः, पञ्चाङ्गगुप्तः, पञ्चगुप्तः, उद्रटः ।

(§3) ***yadā*** **(when);** ***saṁharate*** **(he withdraws);** ***ća*** **(and);** ***ayaṃ*** **(adj◦-subj1◦ this);** ***kūrmaḥ:*** **(subj1◦ the turtle, tortoise);** ***aṅgāni*** **(obj1◦ limbs);** ***iva*** **(as, like);** ***sarvaśaḥ:*** **(from all sides, altogether);** ***indriyāṇi*** **(obj2◦ the sense organs; the senses);** ***indriyārthebhyaḥ:*** **(from their sense objects);** ***tasya*** **(his, of that person);** ***prajñā*** **(subj2◦ mind, the judgement);** ***pratiṣṭhitā*** **(adj◦-subj2◦ established; steadfast)**

(§4) ća yadā saṁharate sarvaśaḥ: indriyāṇi indriyārthebhyaḥ: iva ayaṃ kūrmaḥ: aṅgāni prajñā tasya pratiṣṭhitā

(§5) And, when he withdraws[244] altogether[245] the sense organs from their sense objects, as this tortoise (withdraws its) limbs, his mind (is) steadfast (*in buddhi-yoga*). (2.58)

अनुष्टुप्-छन्दसि गीतोपनिषद् । 1.2	(वासनाऽतीतः) सङ्कुच्चति स गात्राणि सर्वशः कच्छपो यथा । इन्द्रियाणीन्द्रियार्थेभ्यः स्थितप्रज्ञः प्रकर्षति ।। 726/1110

2.59 विषया विनिवर्तन्ते निराहारस्य देहिनः ।
रसवर्जं रसोऽप्यस्य परं दृष्ट्वा निवर्तते ।।

viṣayā vinivartante nirāhārasya dehinaḥ:,
rasavarjaṁ raso'pyasya paraṁ dṛṣṭvā nivartate. (2.59)

---

[244] Elsewhere◦ *saṁharate* → is able to withdraw, he can withdraw ...etc.

📖 संहरते is an *ātmanepadī* लट् present tense verb → he withdraws.

[245] Elsewhere◦ *sarvaśaḥ:* → all organs, all limbs ...etc.

📖 सर्वशः is not adjective. It is not the adjective of n◦ अङ्गानि । *sarvaśaḥ:* is an adverb. It is qualifying the verb संहरते → he withdraws limbs from all sides, altogether.

(§1) विषयाः विनिवर्तन्ते निराहारस्य देहिनः । रसवर्जम् रसः अपि अस्य परम् दृष्ट्वा निवर्तते । *viṣayāḥ:* (r∘ 20/17) *vinivartante nirāhārasya dehinaḥ:* (r∘ 22/8) *rasavarjam̦* (r∘ 14/1) *rasaḥ:* (r∘ 15/1) *api* (r∘ 4/1) *asya param̦* (r∘ 14/1) *dṛṣṭvā nivartate*

(§2) *viṣayāḥ:* (1nom∘ plu∘ ←m∘ *viṣaya* (sense object) 2.45); 🕮*vinivartante* (3rd-per∘ plu∘ pres∘ वर्तमान्-लट् ātmane∘ ←1∘वि-नि√**वृत्** (to be); 🕮*nirāhārasya* (6pos sing∘ ←tatpu∘ *nirāhāra* (abstinent) ←ind∘ *nir̦* 2.45 + m∘ ***āhāra*** ←1∘आ√हृ (to take); *dehinaḥ:* (2.13); *rasavarjam̦* (adv∘ रसः वर्जम्, रसः वर्जितः कृतः ←m∘ ***rasa*** (apetite) ←10∘√**रस्** (to taste) + m∘ *varja* ←2∘√**वृज्** (to shun); ***rasaḥ:*** (1nom∘ sing∘ ←m∘ *rasa* ↑); *api* (1.26); *asya* (2.17); *param̦* (2acc∘ sing∘ ←adj∘ ***para*** (Supreme) ←√पृ 2.12); *dṛṣṭvā* (1.2); 🕮*nivartate* (3rd-per∘ sing∘ pres∘ वर्तमान्-लट् ātmane∘ ←1∘नि√वृत् (to be) 1.39) (2.59)

🕮 vinivartante विनिवर्तन्ते, निवर्तन्ते, लुम्पन्ते ।

🕮 nirāhārasya निराहारस्य, अभोजिनः, जीतेन्द्रियस्य, संयतात्मनः ।

🕮 nivartate निवर्तते, विनिवर्तते 2.59

(§3) ***viṣayāḥ:*** **(subj1∘ the sense objects);** ***vinivartante*** **(they turn away);** ***nirāhārasya*** **(of the abstemious, abstinent, austere person);** ***dehinaḥ:*** **(of the embodied; of the person);** ***rasavarjam̦*** **(except the appetite; other than the thirst, craving, lust, passion, desire);** ***rasaḥ:*** **(subj2∘ the apetite);** ***api*** **(also);** ***asya*** **(his);** ***param̦*** **(obj∘ the Supreme);** ***dṛṣṭvā*** **(having seen, having realised);** ***nivartate*** **(it goes away)** (2.59)

(§4) viṣayāḥ: rasavarjam̦ nirāhārasya dehinaḥ: vinivartante asya rasaḥ: api nivartate dṛṣṭvā param̦

(§5) The sense objects, except the appetite,[246] of the austere person[247] turn away. His apetite also goes away, having realized the Supreme. (2.59)

---

[246] Elsewhere∘ *rasavarjam̦* → giving up the taste, abstaining from the taste, ceasing engageent ...etc.

🕮 रस = the sweetness, craving, lust, longing, thirst, apetite; वर्ज = except, other than. रसवर्जं is not a gerund or a verb. It is an adverb that qualifies the verb निवर्तते । रसवर्ज = other than the passion for it.

[247] Elsewhere∘ *nirāhārasya* → by negative restrictions, may be restricted from ...etc.

🕮 निर्-आहार → noun∘ non-indulgence; the non-indulging person.

2.60 यततो ह्यपि कौन्तेय पुरुषस्य विपश्चितः ।
इन्द्रियाणि प्रमाथीनि हरन्ति प्रसभं मनः ।।

yatato hyapi kaunteya puruṣasya vipaśćitaḥ:,
indriyāṇi pramāthīni haranti prasabhaṁ manaḥ:; (2.60)

(§1) यततः अपि कौन्तेय पुरुषस्य विपश्चितः । इन्द्रियाणि प्रमाथीनि हरन्ति प्रसभम् मनः । *yatataḥ:* (r∘ 15/14) *hi* (r∘ 4/1) *api kaunteya puruṣasya vipaśćitaḥ:* (r∘ 22/8) *indriyāṇi* (r∘ 24/7) *pramāthīni haranti prasabham* (r∘ 14/1) *manaḥ:* (r∘ 22/8)

(§2) 📖*yatataḥ:* (m∘ 6pos∘ sing∘ ←śatṛ∘ adj∘ ***yatat*** ←1∘√यत् (to strive); *hi* (1.11); *api* (1.26); *kaunteya* (2.14); *puruṣasya* (6pos sing∘ ←m∘ *puruṣa* 2.15); *vipaśćitaḥ:* (m∘ 6pos∘ sing∘ ←adj∘ *vipaśćit* (2.42); ***indriyāṇi*** (1nom∘ plu∘ ←n∘ *indriya* 2.8); 📖*pramāthīni* (n∘ 1nom∘ plu∘ ←adj∘ ***pramāthin*** (stimulating) ←1∘प्र√मथ् (to churn); *haranti* (3rd-per∘ plu∘ pres∘ वर्तमान्-लट् parasmai∘ ←1∘√हृ (to take); 📖***prasabham*** (adv∘ ind∘ ←s.prādi bah∘ *prasabha* (forcibly) ←2∘प्र-सह√भा (to shine); *manaḥ:* (2acc∘ 1.30) (2.60)

📖 yatataḥ: यततः, यत्नकुर्वतः, प्रयततः, चेष्टतः ।

📖 pramāthīni प्रमाथीनि, उत्तेजकानि, उद्दीपकानि, प्रोत्सहाकानि, रञ्जकानि ।

📖 prasabham प्रसभम्, बलात् 3.36, बलवत् 6.34, प्रसह्य ।

(§3) ***yatataḥ:*** (of the striving person); ***hi*** (because); ***api*** (also, even); ***kaunteya*** (O Kaunteya! O Arjuna!); ***puruṣasya*** (of a man, of a person); ***vipaśćitaḥ:*** (of wise); ***indriyāṇi*** (subj∘ the sense organs, the senses); ***pramāthīni*** (adj∘-subj∘ the arousing, stimulating, exciting); ***haranti*** (they overpower); ***prasabham*** (adv∘ forcibly; against the wishes); ***manaḥ:*** (obj∘ the mind) (2.60)

(§4) hi kaunteya pramāthīni indriyāṇi prasabham haranti manaḥ: api yatataḥ: vipaśćitaḥ: puruṣasya

(§5) Because,[248] O Arjuna! the arousing[249] sense organs forcibly overpower the mind even of the striving wise person;[250] (2.60)

अनुष्टुप्-छन्दसि गीतोपनिषद् । 2.60	यतन्तं योगिनं चापि सङ्क्षुभ्नन्तीन्द्रियाणि तम् । नियतान्यपि गात्राणि मोहयन्ति मनो बलात् ।। 728/1110

2.61 तानि सर्वाणि संयम्य युक्त आसीत मत्परः ।
वशे हि यस्येन्द्रियाणि तस्य प्रज्ञा प्रतिष्ठिता ।।

tāni sarvāṇi saṁyamya yukta āsīta matparaḥ:,
vaśe hi yasyendriyāṇi tasya prajñā pratiṣṭhitā. (2.61)

(§1) तानि सर्वाणि संयम्य युक्तः आसीत मत्परः । वशे हि यस्य इन्द्रियाणि तस्य प्रज्ञा प्रतिष्ठिता । *tāni sarvāṇi* (r◦ 24/7) *saṁyamya yuktaḥ:* (r◦ 19/1) *āsīta matparaḥ:* (r◦ 22/8) *vaśe hi yasya* (r◦ 2/1) *indriyāṇi* (r◦ 24/7) *tasya prajñā pratiṣṭhitā*

(§2) ***tāni*** (n◦ 2acc◦ plu◦ ←pron◦ *taḍ* 1.2); *sarvāṇi* (2acc◦ 2.30); 📖*saṁyamya* (lyp◦ past-participle ind◦ ←1◦सम्√यम् (to restrain); 📖*yuktaḥ:* (2.39); *āsīta* (pot◦ 2.54); 📖*matparaḥ:* (m◦ 1nom◦ sing◦ ←bahuvrī◦ *mat-para,* मयि परायणः यः (devoted to me) ←pron◦ *maṭ* 1.9 + adj◦ *para* 2.3); *vaśe* (7loc◦ sing◦ ←m◦ or n◦ 📖*vaśa* ←2◦√वश् (to control); *hi* (1.11); *yasya* (m◦ or n◦ 6pos◦ sing◦ ←pron◦ *yaḍ* 1.7); *indriyāṇi* (1nom◦ 2.60); *tasya* (1.12); *prajñā* (2.11); *pratiṣṭhitā* (2.57) (2.61)

📖saṁyamya संयम्य, सन्नियम्य 12.4, नियम्य 3.7, विजित्य, वशीकृत्य, विनिग्रह्य ।

📖 yuktaḥ: युक्तः, संयुक्तः, सञ्जीभूतः, समाहृतः, समायुक्तः, युतः, संयुतः, संश्लिष्टः, संलग्नः, लग्नः, संहितः, सङ्गतः, समेतः, सङ्घटितः, युक्तः see 2.39 also.

📖 matparaḥ: मत्परः, मत्परायणः 9.34

📖 vaśam वशम्, निग्रहः 3.33, संयमः, नियंत्रणा, निरोधः, दमनम् ।

---

[248] See the footnote in verse 2.15

[249] Elsewhere◦ *indriyāṇi pramāthīni* → The senses are so strong, dangerous senses, ...etc.

[250] Elsewhere◦ *yatataḥ:* → striving for perfection, striving after perfection, of the one who strives, ...etc.

(§3) ***tāni*** (adj1∘-obj∘ to them; to those arousing organs); ***sarvāṇi*** (adj2∘-obj∘ all); ***saṁyamya*** (having restrained); ***yuktaḥ:*** (subj1∘ the disciplined, the disciplined person, the ***yogī***); ***āsīta*** (should stay); ***matparaḥ:*** (adj∘-subj1∘ he for whom I am the ultimate goal; he who is devoted to me); ***vaśe*** (in control); ***hi*** (because) ***yasya*** (he whose); ***indriyāṇi*** (subj2∘ sense organs, senses); ***tasya*** (his, of that person); ***prajñā*** (subj3∘ mind, the judgement); ***pratiṣṭhitā*** (adj∘-subj3∘ established; steadfast) (2.61)

(§4) saṁyamya sarvāṇi tāni yuktaḥ: āsīta matparaḥ: hi yasya indriyāṇi vaśe prajñā tasya pratiṣṭhitā

(§5) Having restrained all those arousing organs, the disciplined person should stay[251] devoted to Me. Because,[252] he whose sense organs (are) under control, his mind (is) steadfast (in *buddhi-yoga*). (2.61)

अनुष्टुप्-छन्दसि गीतोपनिषद् । 2.61	य इन्द्रियाणि संयम्य मनसा मयि मत्परः । इन्द्रियाणां वशी नित्यः स्थिरमतिः स तत्परः ।। 729/1110

2.62 ध्यायतो विषयान्पुंसः सङ्गस्तेषूपजायते ।
सङ्गात्सञ्जायते कामः कामात्क्रोधोऽभिजायते ।।

dhyāyato viṣayānpuṁsaḥ: saṅgasteṣūpajāyate,
saṅgātsañjāyate kāmaḥ: kāmātkrodho'bhijāyate. (2.62)

(§1) ध्यायतः विषयान् पुंसः सङ्गः तेषु उपजायते । सङ्गात् सञ्जायते कामः कामात् क्रोधः अभिजायते । ***dhyāyataḥ:*** (r∘ 15/13) ***viṣayān*** (r∘ 13/13) ***puṁsaḥ:*** (r∘ 22/7) ***saṅgaḥ:*** (r∘ 18/1) ***teṣu*** (r∘ 25/5, 1/8) ***upajāyate saṅgāt*** (r∘ 10/7) ***sañjāyate kāmaḥ:*** (r∘ 22/1) ***kāmāt*** (r∘ 10/5) ***krodhaḥ:*** (r∘ 15/1) ***abhijāyate***

(§2) *dhyāyataḥ:* (6pos sing∘ ←śatṛ∘ adj∘ ***dhyāyat*** ←1∘√ध्यै (to meditate); ***viṣayān*** (2acc∘ plu∘ ←m∘ *viṣaya* 2.45); 📖*puṁsaḥ:* (6pos sing∘ ←m∘ ***puṁs*** (person) ←1∘√पू (to cleanse); *saṅgaḥ:* (2.47); ***teṣu*** (m∘ 7loc∘ plu∘ ←pron∘ *tad* 1.2); 📖***upajāyate*** (3rd-per∘ sing∘ pres∘ वर्तमान्-लट् ātmane∘ ←4∘उप√जन् (to beget); *saṅgāt*

---

[251] Elsewhere∘ *āsīta* → sits.

📖 आसीत is not a present tense. It is potential mood.

[252] See the footnote in verse 2.15

(5abl◦ sing◦ ←m◦ *saṅga* 2.47); ***sañjāyate*** (3rd-per◦ sing◦ pres◦ वर्तमान्-लट् ātmane◦ ←4◦सम्√जन् (to beget); ***kāmaḥ:*** (1nom◦ sing◦ ←m◦ *kāma* 1.22); *kāmāt* (5abl◦ sing◦ ←m◦ *kāma* 1.22); ***krodhaḥ:*** (1nom◦ sing◦ ←m◦ *krodha* 2.56); ***abhijāyate*** (3rd-per◦ sing◦ pres◦ वर्तमान्-लट् ātmane◦ ←4◦अभि√जन् (to beget) (2.62)

📖 puṁsaḥ: पुंसः, पुरुषः 2.21, पूरुषः 3.19, मानवः 3.17, नरः 2.22, मनुजः, मानुषः 4.12, मनुष्यः 1.44, मर्त्यः ।

📖 upajāyate उपजायते, अभिजायते 13.2, जायते 1.29, सञ्जायते 2.62, प्रसूयते, सूते, उद्भवति, भवति 1.44

(§3) ***dhyāyataḥ:*** (adj◦ while contemplating; while thinking of); ***viṣayān*** (obj◦ the sense objects); ***puṁsaḥ:*** (of a person); ***saṅgaḥ:*** (subj1◦ the attachment); ***teṣu*** (in those, in those sense objects); ***upajāyate*** (originates, develpos); ***saṅgāt*** (from the attachment); ***sañjāyate*** (arises, takes birth); ***kāmaḥ:*** (subj2◦ desire); ***kāmāt*** (from desire); ***krodhaḥ:*** (subj3◦ anger); ***abhijāyate*** (grows) (2.62)

(§4) dhyāyataḥ: viṣayān saṅgaḥ: puṁsaḥ: teṣu upajāyate saṅgāt sañjāyate kāmaḥ: kāmāt abhijāyate krodhaḥ:

(§5) While thinking of[253] the sense objects, the attachment of a person[254] in those sense objects develpos; from the attachment arises desire; from desire grows anger; (2.62)

अनुष्टुप्-छन्दसि गीतोपनिषद् । 2.62	मनसि विषयो यो यः सङ्गस्तस्माद्धि जायते । सङ्गाद्धि जायते कामः कामात्क्रोधश्च जायते ।। 730

2.63 क्रोधाद्भवति सम्मोहः सम्मोहात्स्मृतिविभ्रमः ।
स्मृतिभ्रंशाद्बुद्धिनाशो बुद्धिनाशात्प्रणश्यति ।।

---

[253] Elsewhere◦ *dhyāyataḥ:* → a person who dwells, when a man dwells, by musing, when a man thinks, ...etc.

📖 ध्यायत् is not a verb. It is not in Instrumental or Nominative case. It is a gerund. It is an adjective. It is in the Possessive 6th case because it qualifies the noun पुंसः which is in the Possessive case.

[254] Elsewhere◦ *puṁsaḥ: saṅgaḥ: (teṣu) upajāyate* → a person develops attachment, man develops attachment, man conceiveth an attachment ...etc.

📖 In पुंसः सङ्गः ... तेषु उपजायते, 'the man' (पुंसः) is not the subject or doer of verb उपजायते । Also, attachment (सङ्गः) Nominative case is not the object in the Accusative 2nd case. सङ्गः is the subject, that is performing the verb उपजायते । Ttherfore, it is in the Nominative 1st case. पुंसः has only an external (Ginitive 6th case) relationship with सङ्गः in this clause.

krodhādbhavati sammohaḥ: sammohātsmṛtivibhramaḥ:,
smṛtibhraṁśādbuddhināśo buddhināśātpraṇaśyati. (2.63)

(§1) क्रोधात् भवति सम्मोहः सम्मोहात् स्मृतिविभ्रमः । स्मृतिभ्रंशात् बुद्धिनाशः बुद्धिनाशात् प्रणश्यति । *krodhāt* (r◦ 9/8) *bhavati sammohaḥ:* (r◦ 22/7) *sammohāt* (r◦ 10/7) *smṛtivibhramaḥ:* (r◦ 22/8) *smṛtibhraṁśāt* (r◦ 9/7) *buddhināśaḥ:* (r◦ 15/7) *buddhināśāt* (r◦ 10/6) *praṇaśyati*

(§2) *krodhāt* (5abl◦ sing◦ ←m◦ *krodha* 2.56); *bhavati* (1.44); 📖*sammohaḥ:* (1nom◦ sing◦ ←m◦ ***sammoha*** (delusion) ←4◦सम्√मुह (to be deluded); *sammohāt* (5abl◦ sing◦ ←m◦ *sammoha* ↑); *smṛtivibhramaḥ:* (m◦ 1nom◦ sing◦ ←tatpu◦ *smṛti-vibhrama*, स्मृतेः विभ्रमः ←f◦ ***smṛti*** (thinking) ←1◦√स्मृ (to remember) + m◦ 📖*vibhrama* (confusion) ←1◦वि√भ्रम् (to be deluded); *smṛtibhraṁśāt* (m◦ 5abl◦ sing◦ ←tatpu◦ *smṛti-bhraṁśa*, स्मृतेः भ्रंशः ←f◦ *smṛti* ↑ + m◦ *bhraṁśa* (confusion) ←4◦√भ्रंश् (to fall) or 1◦√भ्रंस् (to fall); *buddhināśaḥ:* (m◦ 1nom◦ sing◦ ←tatpu◦ ***buddhi-nāśa***, बुद्धेः नाशः ←f◦ *buddhi* 1.23 + m◦ *nāśa* 2.40); *buddhināśāt* (5abl◦ sing◦ ←m◦ *buddhināśa* ↑); ***praṇaśyati*** (3rd-per◦ sing◦ pres◦ वर्तमान्-लट् parasmai◦ ←4◦प्र√नश् (to ruin) प्रादि-समासः 1.40) (2.63)

📖 sammohaḥ: सम्मोहः, मोहः 11.1, व्यामोहः, मोहनम् 14.8, विलोभः, प्रलोभना, प्रस्तारणा ।

📖 vibhramaḥ: विभ्रमः, आभासः, भ्रमः, सम्भ्रमः, मतिभ्रमः, भ्रान्तिः, परिभ्रमः, मिथ्यामतिः, विवर्त्तः, व्यतिरेकम्, वैकल्यम्

(§3) ***krodhāt*** **(from anger);** ***bhavati*** **(becomes, arises);** ***sammohaḥ:*** (subj1◦ **delusion);** ***sammohāt*** **(from delusion);** ***smṛtivibhramaḥ:*** (subj2◦ **the confusion of the mind);** ***smṛtibhraṁśāt*** **(from confusion of mind);** ***buddhināśaḥ:*** (subj3◦ **the loss of judgement, righteous thinking, discrimination, preception, comprehension, understanding);** ***buddhināśāt*** **(from the loss of comprehension);** ***praṇaśyati*** **(one gets destroyed totally)** (2.63)

(§4) krodhāt bhavati sammohaḥ: sammohāt smṛtivibhramaḥ: smṛtibhraṁśāt buddhināśaḥ: buddhināśāt praṇaśyati

(§5) From anger arises delusion, from delusion the confusion of the mind,[255] from

---

[255] Elsewhere◦ *smṛtivibhramaḥ:* → loss of memory, failure of memory, impairs memory, ...etc.

📖 verb 1◦√भ्रम् is to wander; वि√भ्रम् is to be deluded, confused; विभ्रमः is delusion, confusion, misapprehension, error, mistake, a misunderstanding, straying, deviation, wandering away ... स्मृतिविभ्रमः → delusion of mind.

confusion of mind the loss of righteous thinking, (and) from the loss of righteous thinking one gets destroyed totally. (2.63)

अनुष्टुप्-छन्दसि गीतोपनिषद् । 2.63	क्रोधात्तस्मान्मनोभ्रान्तिः-भ्रमात्स्मृतिश्च भ्राम्यति । भ्रष्टस्मृत्या जडाबुद्धिः-भ्रष्टबुद्धिर्विनश्यति ।। 731/1110

2.64 रागद्वेषवियुक्तैस्तु विषयानिन्द्रियैश्चरन् ।
आत्मवश्यैर्विधेयात्मा प्रसादमधिगच्छति ।।

rāgadveṣaviyuktaistu viṣayānindriyaiśćaran,
ātmavaśyairvidheyātmā prasādamadhigaććhati. (2.64)

(§1) रागद्वेषवियुक्तैः तु विषयान् इन्द्रियैः चरन् । आत्मवश्यैः विधेयात्मा प्रसादम् अधिगच्छति । *rāgadveṣaviyuktaiḥ:* (r◦ 18/1) *tu viṣayān* (r◦ 8/13) *indriyaiḥ:* (r◦ 17/1) *ćaran* (r◦ 23/1) *ātmavaśyaiḥ:* (r◦ 16/11) *vidheyātmā prasādam* (r◦ 8/16) *adhigaććhati*

(§2) *rāgadveṣaviyuktaiḥ:* (3inst◦ plu◦ ←tatpu◦ *rāga-dveṣa-viyukta,* रागेण च द्वेषेण च वियुक्तः ←m◦ *rāga* 2.56 + m◦ ***dveṣa*** (loath) ←2◦√द्विष् (to loath) 2.57 + adj◦ 📖***viyukta*** (freed) ←4◦वि√युज् (to unite); *tu* (1.2); *viṣayān* (2.62); ***indriyaiḥ:*** (3rd-per◦ plu◦ ←n◦ *indriya* 2.8); 📖*ćaran* (1nom◦ sing◦ ←śatṛ◦ adj◦ ***ćarat*** ←1◦√चर् (to move); 📖*ātmavaśyaiḥ:* (m◦ 3inst◦ plu◦ ←adj◦ *ātma-vaśya,* आत्मनः वशः ←m◦ *ātman* 2.41 + m◦ *vaśa* 2.61); 📖*vidheyātmā* (m◦ 1nom◦ sing◦ ←bahuvrī◦ *vidheyātman,* विधेयः आत्मा यस्य ←adj◦ *vidheya* ←3◦वि√धा (to put) + m◦ *ātman* 2.41); 📖*prasādam* (2acc◦ sing◦ ←m◦ ***prasāda*** (tranquility) ←1◦प्र√सद् (to sit); 📖***adhigaććhati*** (3rd-per◦ sing◦ pres◦ वर्तमान्-लट् parasmai◦ ←1◦अधि√गम् (to go) (2.64)

📖 *viyukta* वियुक्त, वर्जित, अतीत, मुक्त, विरक्त, विमुक्त, विमोचित, मोक्षित ।

📖 *ćaran* चरन्, आचरन्, अनुभवन्, अनुभुञ्जन्, उपगच्छन् ।

📖 *ātmavaśyaiḥ:* आत्मवष्यैः, आत्मसंयमितैः, आत्मनिग्रहितैः ।

📖 *vidheyātmā* विधेयात्मा, आत्मनिष्ठः, आत्मसंयमी, आत्मसंश्रितः ।

📖 *prasādam* प्रसादम्, मनःशान्तिम्, सोख्यः, सौख्यम्, स्वस्थताम्, समाधानम्, अन्तःसुखम्, शमम् 11.24

📖 *adhigaććhati* अधिगच्छति, प्राप्नोति , आप्नोति 2.70, समधिगच्छति 3.4, एति 4.9, ऋच्छति 2.72, विन्दति 4.37, लभते 4.39 ।

(§3) ***rāgadveṣaviyuktaiḥ:*** (adj1◦-inst◦ with ... freed from attachment and repugnance); ***tu*** (even); ***viṣayān*** (obj1◦ the objects of the senses); ***indriyaiḥ:*** (inst◦ with the sense organs); ***ćaran*** (adj◦-subj◦ while experiencing, performing functions) ***ātmavaśyaiḥ:*** (adj2◦-inst◦ with ... brought under control); ***vidheyātmā*** (subj◦ the self restrained person); ***prasādam*** (obj2◦ peace, tranquility); ***adhigaććhati*** (he attains) (2.64)

(§4) vidheyātmā tu ćaran viṣayān indriyaiḥ: rāgadveṣaviyuktaiḥ: ātmavaśyaiḥ: adhigaććhati prasādam

(§5) The self restrained person, even while experiencing the objects of the senses,[256] with the sense organs freed from attachment and repugnance[257] (as well as) brought under control, attains tranquility. (2.64)

अनुष्टुप्-छन्दसि गीतोपनिषद् । 2.64	(अस्थिरा बुद्धिः) **रागं द्वेषं च बध्नाति देहे यो निग्रही नरः ।** **विषयेऽपि ततः स्थित्वा शान्तचित्तो दृढः सदा ।।** 732/1110

2.65 प्रसादे सर्वदुःखानां हानिरस्योपजायते ।
प्रसन्नचेतसो ह्याशु बुद्धिः पर्यवतिष्ठते ।।

prasāde sarvaduḥ:khānāṁ hānirasyopajāyate,
prasannaćetaso hyāśu buddhiḥ: paryavatiṣṭhate. (2.65)

---

[256] Elsewhere◦ विषयान् चरन् → moving among sense sense objects, moves about amidst sense-objects, approaches objects, even as he engages, ...etc.

[257] Elsewhere◦ *rāgadveṣaviyuktaiḥ:* → by one who has become free from ..., the self controlled person without attachment and aversion, a person free from attachment and aversion, self-controlled, one who has eliminated, one who is free, a self-disciplined man with his, ...etc.

📖 रागद्वेषवियुक्तैः (Instrumental 3rd case, plural) is an adjective of इन्द्रियैः (Instrumental 3rd case, plural); it can not qualify विधेयात्मा (nominative, singular). Same is also true for आत्मवश्यैः in this *śloka.* Please note the inst◦, adj1◦-inst◦ and adj2◦-inst◦ remarks. (रागद्वेषवियुक्तैः आत्मवश्यैः इन्द्रियैः विषयान् चरन् विधेयात्मा प्रसादम् अधिगच्छति ।)

(§1) प्रसादे सर्वदु:खानाम् हानि: अस्य उपजायते । प्रसन्नचेतस: हि आशु बुद्धि: पर्यवतिष्ठते । *prasāde sarvaduḥ:khānām* (r◦ 14/1) *hāniḥ:* (r◦ 16/1) *asya* (r◦ 2/2) *upajāyate prasannaćetasaḥ:* (r◦ 15/14) *hi* (r◦ 4/2) *āśu buddhiḥ:* (r◦ 22/3) *paryavatiṣṭhate*

(§2) *prasāde* (7loc◦ sing◦ ←m◦ *prasāda* 2.64); *sarva* (1.6); *duḥ:khānām* (6pos plu◦ ←n◦ *duḥ:kha* 2.14); 📖*hāniḥ:* (1nom◦ sing◦ ←f◦ *hāni* (destruction) ←3◦√हा (to go)); *asya* (2.17); *upajāyate* (2.62); *prasannaćetasaḥ:* (6pos sing◦ ←bahuvrī◦ *prasanna-ćetas*, पसन्नं चेत: यस्य ←adj◦ 📖***prasanna*** (at peace) ←प्र√सद् (to sit) + n◦ *ćetas* (mind) 1.38); *hi* (1.11); 📖*āśu* (adv◦ (quickly) ←9◦√अश् (to eat); *buddhiḥ:* (2.39); 📖*paryavatiṣṭhate* (3rd-per◦ sing◦ pres◦ वर्तमान्-लट् ātmane◦ ←1◦परि-अव√स्था (to stay) (2.65)

📖 hāniḥ: हानि:, अपाय:, अपचय:, संक्षय:, अत्यय:, नाश:, विनाश: 6.40, प्रणाश:, विध्वंस:, ध्वंस:, क्षय: 18.25, उच्छेद:, संहार:, उत्पाटनम्, उद्दलनम्, निषूदनम्, संवर्त: ।

📖 prasanna प्रसन्न, सन्तुष्ट 12.14, तुष्ट 2.55, तोषित, तर्षित, तृप्त, सुखित, प्रमुदित, आह्लन्न, आनन्दित, नन्दित, प्रीत

📖 āśu आशु, शीघ्रम्, सत्वरम्, द्रुतम्, तूर्णम्, सहसा, अविलम्बितम्, क्षिप्रम्, अचिरेण, नचिरेण, सद्यम्, झटिति, सपदि, द्राक्, हठात्, अदूरात्, न चिरात्, त्वरितम् ।

📖 paryavatiṣṭhate पर्यवतिष्ठते, उपशाम्यति, शम्यते, विरमति, स्थिरीभवति ।

(§3) ***prasāde*** **(in tranquility, in peace);** ***sarva-duḥ:khānām*** **(of all miseries, woes, griefs);** ***hāniḥ:*** (subj◦ **non-existence; loss; destruction);** ***asya*** **(of his);** ***upajāyate*** **(it occurs);** ***prasannaćetasaḥ:*** **(of him whose mind is tranquil; of him whose heart is at peace);** ***hi*** **(because)** ***āśu*** **(rapidly, soon);** ***buddhiḥ:*** (subj◦ **the mind, thinking);** ***paryavatiṣṭhate*** **(it becomes stable, stabilizes)** (2.65)

(§4) prasāde upajāyate hāniḥ: sarva-duḥ:khānām asya hi buddhiḥ: prasannaćetasaḥ: paryavatiṣṭhate

(§5) In tranquility occurs destruction of all his woes. Because,[258] the thinking of him, whose mind is tranquil, becomes stable[259] rapidly. (2.65)

---

[258] See the footnote in verse 2,15

[259] Elsewhere◦ *paryavatiṣṭhate* → is established, is set, is anchored, ...etc.

📖 तिष्ठते is a present tense, it is not a perfect tense or a ppp◦ → it becomes steady, it stadies, it stands steady, it establishes, it anchors, it settles down, it sets ...etc.

अनुष्टुप्-छन्दसि गीतोपनिषद् । 2.65 | एति शान्तिर्यदा चित्ते दुःखानामन्त उच्यते । प्रशान्ते तादृशे चित्ते बुद्धिः सदा हि शाम्यति ।। 733/1110

2.66 नास्ति बुद्धिरयुक्तस्य न चायुक्तस्य भावना ।
न चाभावयतः शान्तिरशान्तस्य कुतः सुखम् ।।

nāsti buddhirayuktasya na ćāyuktasya bhāvanā,
na ćābhāvayataḥ: śāntiraśāntasya kutaḥ: sukham. (2.66)

(§1) नास्ति बुद्धिः अयुक्तस्य न च अयुक्तस्य भावना । न च अभावयतः शान्तिः अशान्तस्य कुतः सुखम् । *na* (r◦ 1/1) *asti buddhiḥ:* (r◦ 16/1) *ayuktasya na ća* (r◦ 1/1) *ayuktasya bhāvanā na ća* (r◦ 1/1) *abhāvayataḥ:* (r◦ 22/5) *śāntiḥ:* (r◦ 16/1) *aśāntasya kutaḥ:* (r◦ 22/7) *sukham* (r◦ 14/2)

(§2) *na* (1.30); *asti* (2.40); *buddhiḥ:* (2.39); 🕮***ayuktasya*** (6pos sing◦ ←adj◦ n.tatpu◦ ***ayukta*** (not-disciplined) ←4◦अ√युज् (to unite), see युक्तः 2.39); *na* (1.30); *ća* (1.1); *ayuktasya* (↑); *bhāvanā* (1nom◦ sing◦ ←f◦ 🕮*bhāvanā* (faith, feeling) ←1◦√भू (to be, become); *na* (1.30); *ća* (1.1); 🕮*abhāvayataḥ:* (m◦ 6pos◦ sing◦ n.tatpu◦ ←śatṛ◦ adj◦ ***abhāvayat*** (faithless) ←1◦√भू (to be, become); 🕮***śāntiḥ:*** (1nom◦ sing◦ ←f◦ ***śānti*** (peace) ←4◦√शम् (to be calm); 🕮*aśāntasya* (m◦ 6pos◦ sing◦ ←ppp◦ adj◦ n.tatpu◦ *aśānta* (disturbed) ←4अ√शम् (to be calm); *kutaḥ:* (2.2); ***sukham*** (1nom◦ sing◦ ←n◦ *sukha* (happiness) 1.32) (2.66)

🕮 ayuktasya अयुक्तस्य, असज्जस्य, असमायत्तस्य, असमन्वितस्य, असंहितस्य ।

🕮 bhāvanā भावना, आस्तिकत्वम् ।

🕮 abhāvayataḥ: अभावयतः, नास्तिकस्य ।

🕮 śāntiḥ: शान्तिः, शमः 6.3, सुखम् 2.66, सौख्यम्, स्वस्थता, निरुद्वेगः ।

🕮 aśāntasya अशान्तस्य, क्षुब्धस्य, क्षोभितस्य, अप्रसन्नस्य, उद्विग्नस्य, आकुलस्य, व्यग्रस्य, अस्वस्थस्य ।

(§3) ***na*** (no); ***asti*** (there is); ***buddhiḥ:*** (subj1◦ rational thinking, intuitive discrimination, soundness of mind, thoughtfullness); ***ayuktasya*** (of, for a person who is not equipped with discipline); ***na*** (there is no); ***ća*** (and); ***ayuktasya*** (↑); ***bhāvanā*** (subj◦ preception, imagination, thought, contemplation, feeling, faith); ***na*** (there is no); ***ća*** (and); ***abhāvayataḥ:*** (of, for one who is not keeping faith, for a faithless person); ***śāntiḥ:*** (subj2◦ peace); ***aśāntasya*** (of the unpeaceful person); ***kutaḥ:*** (subj◦3 from where? whence?); ***sukham*** (obj◦ the happiness) (2.66)

(§4) asti na buddhiḥ: ayuktasya ćca ayuktasya na bhāvanā ća abhāvayataḥ: na śāntiḥ: kutaḥ: sukhaṃ aśāntasya?

(§5) There is no rational thinking[260] for a person who is not equipped with discipline,[261] and for a person who is not disciplined there is no faith,[262] and for a faithless person[263] there is no peace. Whence (is) the happiness for the unpeaceful person? (2.66)

अनुष्टुप्-छन्दसि गीतोपनिषद् । 2.66	(स्थितप्रज्ञः) मतिर्नास्ति स्थिरा यस्य तस्य नास्ति हि भावना । न भावनां विना शान्तिः-तस्य नास्ति सुखं ततः ।। 734/1110

2.67 इन्द्रियाणां हि चरतां यन्मनोऽनुविधीयते ।
तदस्य हरति प्रज्ञां वायुर्नावमिवाम्भसि ।।
indriyāṇām hi ćaratām yanmano'nuvidhīyate,
tadasya harati prajñām vāyurnāvamivāmbhasi. (2.67)

(§1) इन्द्रियाणाम् हि चरताम् यत् मनः अनुविधीयते । तत् अस्य हरति प्रज्ञाम् वायुः नावम् इव अम्भसि । *indriyāṇāṃ* (r◦ 24/6, 14/1) *hi ćaratāṃ* (r◦ 14/1) *yaṭ* (r◦ 12/2) *manaḥ:* (r◦ 15/1) *anuvidhīyate taṭ* (r◦ 8/2) *asya harati prajñāṃ* (r◦ 14/1) *vāyuḥ:* (r◦ 16/8) *nāvaṃ* (r◦ 8/18) *iva* (r◦ 1/1) *ambhasi*

(§2) *indriyāṇāṃ* (2.8); *hi* (1.11); 📖*ćaratāṃ* (m◦ 6pos◦ plu◦ ←śatṛ◦ adj◦ *ćarat* 2.64); ***yaṭ*** (n◦ 1nom◦ sing◦ ←pron◦ *yaṭ* 1.45); *manaḥ:* (1nom◦ 1.30); 📖*anuvidhīyate* (3rd-per◦ sing◦ pres◦ वर्तमान्-लट् ātmane◦ ←3◦अनु-वि√धा (to put) 2.44); *taṭ* (1.10); *asya* (2.17); ***harati*** (3rd-per◦ sing◦ pres◦ वर्तमान्-लट् parasmai◦

[260] Elsewhere◦ अयुक्तस्य → of the uncontrolled person, for the unsteady man, for the uncontrolled, to the unsteady, ...etc.
[261] Elsewhere◦ नास्ति बुद्धिः → there is no knowledge, there is no intellect, ...etc.
[262] Elsewhere◦ न भावना → nor is there meditation, nor is there any meditation, there is no meditation, nor there is meditation in him, no focus, ...etc.
[263] Elsewhere◦ अभावयतः → for the unmeditative person, of the unmeditative, ...etc.

←1◦√हृ (to take) 2.60); 📖*prajñām* (2acc◦ sing◦ ←f◦ *prajñā* 2.11); 📖***vāyuḥ:*** (1nom◦ sing◦ ←m◦ ***vāyu*** (wind) ←2◦√वा (to move); 📖*nāvam* (2acc◦ sing◦ ←f◦ *nau* (boat) ←6◦√नुद् (to push); *iva* (1.30); 📖*ambhasi* (7loc◦ sing◦ ←n◦ ***ambhas*** (water) ←1◦√अम्भ् (to make sound) (2.67)

📖 ćaratām चरताम्, आचरताम्, अनुभवताम्, अनुभुञ्जाम् ।

📖 anuvidhīyate अनुविधीयते, विन्दति 4.38, आप्नोति 2.70, प्राप्नोति, लभते 4.39, संसिद्धति, प्रतिपद्यते 14.14, ऋच्छति 2.72, एति 4.9, समधिगच्छति 3.4

📖 prajñām प्रज्ञाम् 2.57, मतिम् 6.36, बुद्धिम् 2.39, धीम्, धिषणाम्, मनीषाम्, प्रेक्षाम्, ज्ञप्तिम् ।

📖 vāyuḥ: वायुः, पवनः 10.31, अनिलः, वातः, मारुतः 2.23, समीरः, समीरणः, पवमानः see 2.23

📖 nāvam नावम्, नौकाम्, तरणीम् ।

📖 ambhasi अम्भसि, जले, उदके, वारिणि, सलिले, नीरे, तोये, अप्सु 7.8 ।

(§3) ***indriyāṇām*** (of the sense organs); ***hi*** (because) ***ćaratām*** (of the wandering; of the enjoying); ***yat*** (adj◦-subj1◦ that which); ***manaḥ:*** (subj1◦ the mind); ***anuvidhīyate*** (follows, becomes a slave); ***tat*** (adj◦-subj◦ that, that mind); ***asya*** (his); ***harati*** (it carries away, it drives astray); ***prajñām*** (obj1◦ the judgement, discrimination, wisdom); ***vāyuḥ:*** (subj2◦ the wind); ***nāvam*** (obj2◦ a boat); ***iva*** (as); ***ambhasi*** (on the water) (2.67)

(§4) hi yat manaḥ: anuvidhīyate ćaratām indriyāṇām tat harati asya prajñām iva vāyuḥ: nāvam ambhasi

(§5) Because,[264] that mind which becomes a slave of the wandering sense organs,[265] that mind drives astray his wisdom, as the wind (drives astray) a boat on the water. (2.67)

अनुष्टुप्-छन्दसि गीतोपनिषद् । 2.67	विषयेषु रता यस्य मतिर्नरस्य सर्वदा । मतिर्भ्राम्यति सा तस्य नौर्वायुना यथाऽम्भसि ।। 735/1110

---

[264] See the footnote in verse 2.15

[265] Elsewhere◦ *indriyāṇām ćaratām* → the roaming senses on which the mind focuses, by the wandering senses,...etc.

📖 इन्द्रियाणाम् and चरताम् are in the Possessive 6th case, not in Nominative 1st, Accusative 2nd case, or Instrumental (3d) case.

2.68 तस्माद्यस्य महाबाहो निगृहीतानि सर्वशः ।
इन्द्रियाणीन्द्रियार्थेभ्यस्तस्य प्रज्ञा प्रतिष्ठिता ।।

tasmādyasya mahābāho nigṛhītāni sarvaśaḥ:,
indriyāṇīndriyārthebhyastasya prajñā pratiṣṭhitā. (2.68)

(§1) तस्मात् यस्य महाबाहो निगृहीतानि सर्वशः । इन्द्रियाणि इन्द्रियार्थेभ्यः तस्य प्रज्ञा प्रतिष्ठिता । *tasmāt* (r◦ 9/9) *yasya mahābāho nigṛhītāni sarvaśaḥ:* (r◦ 22/8) *indriyāṇi* (r◦ 24/7, 1/5) *indriyārthebhyaḥ:* (r◦ 18/1) *tasya prajñā pratiṣṭhitā*

(§2) *tasmāt* (1.37); *yasya* (2.61); *mahābāho* (2.26); 🕮*nigṛhītāni* (n◦ 1nom◦ plu◦ ←ppp◦ adj◦ *nigṛhīta* (controlled) ←9◦नि√ग्रह् (to take); *sarvaśaḥ:* (1.18); *indriyāṇi* (2.60); *indriyārthebhyaḥ:* (2.58); *tasya* (1.12); *prajñā* (2.51); *pratiṣṭhitā* (2.57) (2.68)

🕮 nigṛhītāni निगृहितानि, नियंत्रितानि, यतानि, संयतानि, प्रबन्धितानि, विजितानि, जितानि, निर्जितानि, उपार्जितानि, संयमितानि, वशीकृतानि, निरुद्धानि, प्रत्याहृतानि ।

(§3) ***tasmāt*** (therefore) ***yasya*** (whose); ***mahābāho*** (O Mahabāhu! O Arjuna!); ***nigṛhītāni*** (adj◦-subj1◦ restrained); ***sarvaśaḥ:*** (adv◦ from all sides); ***indriyāṇi*** (subj1◦ the sense organs); ***indriyārthebhyaḥ:*** (from the objects of the senses); ***tasya*** (his, of that person); ***prajñā*** (subj2◦ the discrimination, the judgement); ***pratiṣṭhitā*** (adj◦-subj2◦ established; steadfast) (2.68)

(§4) tasmāt mahābāho yasya indriyāṇi nigṛhītāni indriyārthebhyaḥ: sarvaśaḥ: tasya prajñā pratiṣṭhitā

(§5) Therefore,[266] O Arjuna! whose sense organs (are) restrained from the objects of the senses from all sides, his mind (is) steadfast (in *buddhi-yoga*). (2.68)

अनुष्टुप्-छन्दसि गीतोपनिषद् । 2.68	निरासक्तानि गात्राणि विषयेषु मतिस्तथा । संज्ञा तस्य स्थितप्रज्ञ इति वदन्ति पण्डिताः ।। 736/1110

[266] See the footnote in verse 2.15

2.69 या निशा सर्वभूतानां तस्यां जागर्ति संयमी ।
यस्यां जाग्रति भूतानि सा निशा पश्यतो मुनेः ।।
yā niśā sarvabhūtānām̐ tasyām̐ jāgarti sam̐yamī,
yasyām̐ jāgrati bhūtāni sā niśā paśyato muneḥ:. (2.69)

(§1) या निशा सर्वभूतानाम् तस्याम् जागर्ति संयमी । यस्याम् जाग्रति भूतानि सा निशा पश्यतः मुनेः । *yā niśā sarvabhūtānām* (r◦ 14/1) *tasyām* (r◦ 14/1) *jāgarti sam̐yamī yasyām* (r◦ 14/1) *jāgrati bhūtāni sā niśā paśyataḥ:* (r◦ 15/9) *mune* (r◦ 22/8)

(§2) ***yā*** (f◦ 1nom◦ sing◦ ←pron◦ *yad* 1.7); 📖***niśā*** (1nom◦ sing◦ ←f◦ *niśā* (obscurity) ←1◦√निश् (to be obscure, to concentrate); *sarva* (1.6); ***bhūtānām*** (6pos plu◦ ←n◦ *bhūta* 2.28); *tasyām* (f◦ 7loc◦ sing◦ ←pron◦ *tad* 1.2); *jāgarti* (3rd-per◦ sing◦ pres◦ वर्तमान्-लट् parasmai◦ ←2◦√जागृ (to stay awakw); 📖*sam̐yamī* (m◦ 1nom◦ sing◦ ←m◦ *sam̐yamin* ←1◦सम्√यम् (to restrain); *yasyām* (f◦ 7loc◦ sing◦ ←pron◦ *yad* 1.7); *jāgrati* (3rd-per◦ plu◦ pres◦ वर्तमान्-लट् parasmai◦ -vi◦ ←2◦√जागृ (to stay awake); *bhūtāni* (2.28); ***sā*** (f◦ sing◦ ←pron◦ *tad* 1.2); *niśā* (↑); *paśyataḥ:* (m◦ 6pos◦ sing◦ ←śatṛ◦ adj◦ ***paśyat*** ←1◦√दृश् (to see); 📖*muneḥ:* (6pos sing◦ ←m◦ *muni* 2.56) (2.69)

📖 niśā निशा, रात्रिः 8.25, रजनिः, रात्री, शर्वरी, यामिनी, तमः, अन्धकारः, अज्ञानम् 5.16

📖 sam̐yamī संयमी, निग्रही, यति, जितेन्द्रियः ।

📖 muneḥ: मुनेः, स्थितप्रज्ञस्य 2.56, ऋषेः, यतेः ।

(§3) ***yā*** (adj◦-subj1◦ that which); ***niśā*** (subj1◦ the darkness, obscurity); ***sarva-bhūtānām*** (of, for all beings); ***tasyām*** (in that); ***jāgarti*** (he stays sentient, awake, watchful, aware); ***sam̐yamī*** (subj2◦ the disciplined person); ***yasyām*** (in which, about which); ***jāgrati*** (they stay awake, they are vigilant);***bhūtāni*** (subj3◦ the beings); ***sā*** (adj◦-subj4◦ that); ***niśā*** (subj4◦ the night, darkness, obscurity); ***paśyataḥ: muneḥ:*** (for the quietly for fsdiscerning seer) (2.69)

(§4) yā niśā sarva-bhūtānām tasyām sam̐yamī jāgarti yasyām bhūtāni jāgrati sā niśā paśyataḥ: muneḥ:

(§5) That which (is) obscurity for all beings, in that the disciplined person stays sentient;

about which the beings are vigilant,[267] that (is) the obscurity for the quietly discerning seer. (2.69)

अनुष्टुप्-छन्दसि गीतोपनिषद् । 2.69	सन्ति सुप्ता जना यस्मिन्-तस्मिञ्जाग्रति योगिनः । यस्मिन्संसारिणो लग्ना मौनं तिष्ठन्ति योगिनः ।। 737/1110

2.70 आपूर्यमाणमचलप्रतिष्ठं समुद्रमापः प्रविशन्ति यद्वत् ।
तद्वत्कामा यं प्रविशन्ति सर्वे स शान्तिमाप्नोति न कामकामी ।।
āpūryamāṇamaćalapratiṣṭhaṁ samudramāpaḥ: praviśanti yadvat,
tadvatkāmā yaṁ praviśanti sarve sa śāntimāpnoti na kāmakāmi. (2.70)

(§1) आपूर्यमाणम् अचलप्रतिष्ठम् समुद्रमापः प्रविशन्ति यद्वत् । यद्वत् कामाः यम् प्रविशन्ति सर्वे सः शान्तिम् आप्नोति न कामकामी । *āpūryamāṇam* (r◦ 8/16, 24/3) *aćalapratiṣṭham* (r◦ 14/1) *samudram* (r◦ 8/17) *āpaḥ:* (r◦ 22/3) *praviśanti yadvat* (r◦ 1/10) *tadvat* (r◦ 10/5) *kāmāḥ:* (r◦ 20/14) *yam* (r◦ 14/1) *praviśanti sarve saḥ:* (r◦ 21/2) *śāntim* (r◦ 8/17) *āpnoti na kāmakāmī*

(§2) *āpūryamāṇam* (m◦ 2acc◦ sing◦ ←śānać◦ adj◦ *āpūryamāṇa* (becoming full) ←3◦आ√पू (to fill); *aćalapratiṣṭham* (m◦ 2acc◦ sing◦ ←bahuvrī◦ adj◦ *aćala-pratiṣṭha,* अचला प्रतिष्ठा यस्य (standing still) ←adj◦ *aćala* 2.24 + f◦ ***pratiṣṭā*** ←ppp◦ adj◦ 🕮*pratiṣṭha* ←1◦प्रति√स्था (to stay); ***samudram*** (2acc◦ sing◦ ←m◦ *samudra* (ocean) ←7◦सम्√उन्द् to make wet); *āpaḥ:* (1nom◦ 2.23); ***praviśanti*** (3rd-per◦ plu◦ pres◦ वर्तमान्-लट् parasmai◦ ←6◦प्र√विश् (to enter); *yadvat* (time indicating ind◦ (as) ←pron◦ *yad* 1.7 + suffix *vat* 2.29); *tadvat* (time indicating ind◦ (so) ←pron◦ *tad* 1.2); *kāmāḥ:* (1nom◦ plu◦ ←m◦ *kāma* 1.22); *yam* (2.15); *praviśanti* (↑); *sarve* (1.6); *saḥ:* (1.13); ***śāntim*** (2acc◦ sing◦ ←f◦ *śānti* 2.66); 🕮***āpnoti*** (3rd-per◦ sing◦ pres◦ वर्तमान्-लट् parasmai◦ ←5◦√आप् (to attain, get); *na* (1.30); 🕮*kāmakāmī* (m◦ 1nom◦ sing◦ ←bahuvrī◦ *kāma-kāmin,* कामानां कामी । कामनानां कामी । ←m◦ *kāma* 1.22 + adj◦ *kāmin* ←1◦√कम् (to desire) (2.70)

🕮 pratiṣṭha प्रतिष्ठ, स्थिर, स्थाणुः, स्थावरः, स्तब्धः, धीरः ।

🕮 āpnoti आप्नोति, see अधिगच्छति 2.64

[267] For a clear understanding of the difference between जागर्ति and जाग्रति, see the 'A Critical Dictionary of the Gītā,' by the same author.

kāmakāmī कामकामी, लम्पटः, कामुकः, लोलुभः. अभीप्सुः, जिघृक्षुः, लालसी, तृष्णकः ।

(§3) ***āpūrya-māṇam*** (adj1∘-obj1∘ the one that is filling completely, that is becoming full); ***aćalapratiṣṭham*** (adj2∘-obj1∘ the one that is ever unmoving and standing still); ***samudram*** (obj1∘ to the ocean); ***āpaḥ:*** (subj1∘ the waters); ***praviśanti*** (they enter, they flow into); ***yadvat*** (as); ***tadvat*** (in that manner); ***kāmāḥ:*** (subj2∘ the desires); ***yam*** (obj2∘ whom); ***praviśanti*** (they encounter); ***sarve*** (adj∘-subj2∘ all); ***saḥ:*** (subj3∘ he); ***śāntim*** (obj3∘ peace); ***āpnoti*** (he attains); ***na*** (not); ***kāmakāmī*** (subj4∘ the yearner of the passions; desirer of desires) (2.70)

(§4) yadvat āpaḥ: praviśanti samudram āpūrya-māṇam aćalapratiṣṭham tadvat yam sarve kāmāḥ: praviśanti saḥ: āpnoti śāntim na kāmakāmī

(§5) As the waters flow into the ocean that is filling completely[268] (but) ever unmoving and standing still; in the same manner, he whom all desires encounter,[269] (he) attains peace; not the yearner of the passions. (2.70)

अनुष्टुप्-छन्दसि गीतोपनिषद् । 2.70	
नदीनाञ्च प्रवेशेभ्यः सिन्धुः शान्तो यथा सदा । भोगान्भुक्त्वाऽपि गम्भीरः स शान्तिमधिगच्छति ।। 738/1110	मनुष्यः कामकामी यो विषयवासनायुतः । अशान्तं मानसं तस्य सरितासलिलं यथा ।। 739/1110

2.71 विहाय कामान्यः सर्वान्पुमांश्चरति निःस्पृहः ।
निर्ममो निरहङ्कारः स शान्तिमधिगच्छति ।।
vihāya kāmānyaḥ: sarvānpumāmśćarati niḥ:spṛhaḥ:,
nirmamo nirahankāraḥ: sa śāntimadhigaććhati. (2.71)

---

[268] Elsewhere∘ *āpūrya-māṇam* → which is full (perfect tense), being filled (passive), filled from all sides (perfect), which becomes filled, ...etc.

आपूर्यमाण is not a perfect or habitual tense and it is not a passive or *parasmaipadī* adj∘. It is *ātmanepadī* present active participle adjective of the object ocean (समुद्रम्) to which all waters (from rivers and rains) are filling.

[269] Elsewhere∘ *kāmā yam praviśanti* → a person who is not disturbed by (instrumental, passive) the desires, ...etc.

(§1) विहाय कामान् य: सर्वान् पुमान् चरति नि:स्पृह: । निर्मम: निरहङ्कार: स: शान्तिम् अधिगच्छति । *vihāya kāmān* (r० 13/17) *yaḥ:* (r० 22/7) *sarvān* (r० 13/13) *pumān* (r० 13/6) *ćarati niḥ:spṛhaḥ:* (r० 22/8) *nirmamaḥ:* (r० 15/6) *nirahaṅkāraḥ:* (r० 22/7) *saḥ:* (r० 21/2) *śāntim* (r० 8/16) *adhigaććhati*

(§2) *vihāya* (2.22); *kāmān* (2.55); *yaḥ:* (2.19); *sarvān* (1.27); *pumān* (1nom० sing० (person) ←m० *puṁs* 2.62); *ćarati* (3rd-per० sing० pres० वर्तमान्-लट् parasmai० ←1०√चर् (to move); *niḥ:spṛhaḥ:* (m० 1nom० sing० ←adj० *niḥ:-spṛha* ←10०नि√स्पृह (to want); *nirmamaḥ:* (m० 1nom० sing० ←adj० n.tatpu० *nir-mama* (without my-ness) ←ind० *nir* 2.45 + pron० *mama* 1.7); *nirahaṅkāraḥ:* (m० 1nom० sing० ←adj० n.tatpu० *nir-ahaṅkāra* ←m० *ahaṅkāra* (I-ness) ←ind० *aham* ←5०√अह (to pervade) + adj० *kāra* 2.2); *saḥ:* (1.13); *śāntim* (2.70); *adhigaććhati* (2.64) (2.71)

📖 vihāya विहाय, त्यक्त्वा 1.33, उत्सृष्ट्वा, उज्झित्वा ।
📖 pumān पुमान्, see पुरुष: 2.21
📖 niḥ:spṛhaḥ: नि:स्पृह:, निरिच्छ:, निष्काम:, निराभिलाषी ।
📖 nirmamaḥ: निर्मम:, ममताहीन: ।
📖 nirahaṅkāraḥ: निरहङ्कार:, अनहम्भावी ।
📖 ahaṅkāraḥ: अहङ्कार:, अहम्भावी ।

(§3) *vihāya* (having kept away, renounced); *kāmān* (obj1० passions, desires); *yaḥ:* (adj1०-subj० who); *sarvān* (adj०-obj1० all); *pumān* (subj० a person); *ćarati* (he lives; he carries on his life); *niḥ:spṛhaḥ:* (adj2०-subj० free from desires); *nirmamaḥ:* (adj3०-subj० free from 'my'-ness); *nirahaṅkāraḥ:* (adj4०-subj० he who is free from 'I'-ness *saḥ:* (adj5०-subj० he); *śāntim* (obj2० peace); *adhigaććhati* (he attains) (2.71)

(§4) pumān niḥ:spṛhaḥ: nirmamaḥ: nirahaṅkāraḥ: saḥ: yaḥ: ćarati vihāya sarvān kāmān adhigaććhati śāntim

(§5) A person free from desires,[270] free from 'my'-ness (and) free from 'I'-ness, and

---

[270] Elsewhere० *niḥ:spṛhaḥ: nirmamaḥ: nirahaṅkāraḥ:* → lives free from desires, moves about without attachment, abandons all desires, lives devoid of longing, lives without feeling of 'I' ...etc.
📖 नि:स्पृह:, निर्मम: and निरहङ्कार: are not adverbs, and therefore, can not be the adjectives of verb चरति (lives). They all are

carries on his life having kept away all passions, he attains peace. (2.71)

अनुष्टुप्-छन्दसि गीतोपनिषद् । 2.71	विषयवासनां त्यक्त्वा सर्वदा यः सदाचरेत् । निर्ममश्चानहङ्कारी शान्तिमाप्नोति नैष्ठिकीम् ।। 740/1110

2.72 एषा ब्राह्मी स्थितिः पार्थ नैनां प्राप्य विमुह्यति ।
स्थित्वास्यामन्तकालेऽपि ब्रह्मनिर्वाणमृच्छति ।।

eṣā brāhmī sthitiḥ: pārtha naināṁ prāpya vimuhyati,
sthitvāsyāmantakāle'pi brahmanirvāṇamṛććhati. (2.72)

(§1) एषा ब्राह्मी स्थितिः पार्थ न एनाम् प्राप्य विमुह्यति । स्थित्वा अस्याम् अन्तकाले अपि ब्रह्मनिर्वाणम् ऋच्छति । *eṣā* (r◦ 25/2) *brāhmī sthitiḥ:* (r◦ 22/3) *pārtha na* (r◦ 3/1) *enām* (r◦ 14/1) *prāpya vimuhyati sthitvā* (r◦ 1/3) *asyām* (r◦ 8/16) *antakāle* (r◦ 6/1) *api brahmanirvāṇam* (r◦ 8/21, 24/3) *ṛććhati*

(§2) *eṣā* (2.39); *brāhmī* (1nom◦ sing◦ ←taddhita◦ f◦ *brāhmī,* ब्रह्मणः या सा ←n◦ ***brahman*** ←1◦√बृंह् (to grow); 📖***sthitiḥ:*** (1nom◦ sing◦ ←f◦ ***sthiti*** (state) ←1◦√स्था (to stay); *pārtha* (1.15); *na* (1.30); *enām* (f◦ 2acc◦ sing◦ ←pron◦ *etad* 1.3); *prāpya* (2.57); 📖*vimuhyati* (3rd-per◦ sing◦ pres◦ वर्तमान्-लट् parasmai◦ ←4◦वि√मुह् (to be deluded) 2.13); 📖*sthitvā* (ipp◦ ind◦ ←1◦√स्था (to stay); *asyām* (f◦ 7loc◦ sing◦ ←pron◦ *idam* 1.10); 📖***antakāle*** (m◦ 7loc◦ sing◦ ←tatpu◦ *anta-kāla,* अन्तस्य कालः (at the end) ←m◦ *anta* 2.16 + m◦ ***kāla*** ←1◦√कल् (to count); *api* (1.26); ***brahmanirvāṇam*** (2acc◦ sing◦ ←m◦ *brahma-nirvāṇa* ←tatpu◦ ब्रह्मणः निर्वाणम् ←n◦ *brahman* ↑ + m◦ ***nirvāṇa*** (final release) ←2◦निर्√वा (to move); 📖 ***ṛććhati*** (3rd-per◦ sing◦ pres◦ वर्तमान्-लट् parasmai◦ ←6◦√ऋच्छ् (to go) (2.72)

📖 sthitiḥ: स्थितिः, अवस्था, पदम् 2.51, गतिः, भावः ।

📖 vimuhyati विमुह्यति, मुह्यति 2.13

📖 sthitvā स्थित्वा, ।

📖 antakāle अन्तकाले, अन्तक्षणे, अन्तिमवेलायाम्, मृत्युसमये, शेषावस्थायाम्, शेषे ।

---

adjectives of m◦ noun पुमान् (nominative 1st case). Even if the word निःस्पृहः, निर्ममः and निरहङ्कारः come right after चरति, they must qualify पुमान्, not चरति ।

📖 ṛććhati ऋच्छति, see अधिगच्छति 2.64 ।

(§3) ***eṣā*** (adj1◦-subj◦ this); ***brāhmī*** (adj2◦-subj◦ brahmic, pertaining to ***brahma***); ***sthitiḥ:*** (subj◦ the state); ***pārtha*** (O Pārtha! O Arjuna!); ***na*** (does not); ***enām*** (adj◦-obj1◦ this, to this state); ***prāpya*** (having attained); ***vimuhyati*** (one confuses, baffles); ***sthitvā*** (having established); ***asyām*** (in it); ***antakāle*** (at the last moment); ***api*** (even); ***brahmanirvāṇam*** (obj2◦ oneness, unision with ***brahma***); ***ṛććhati*** (one attains) (2.72)

(§4) pārtha eṣā sthitiḥ: brāhmī prāpya enām na vimuhyati sthitvā asyām api antakāle ṛććhati brahmanirvāṇam

(§5) O Arjuna! this (is) the *brahmic* state. Having attained this,[271] one does not beffle.[272] Having established[273] in it even at the last moment, one attains unision with *brahma*.[274] (2.72)

अनुष्टुप्-छन्दसि गीतोपनिषद् । 2.72	एतां ब्राह्मीं गतिं प्राप्य नरः पार्थ न मुह्यति । अन्तकालेऽपि तां प्राप्य ब्रह्ममोक्षं स गच्छति ।। 741/1110

इति श्रीमद्भगवद्गीतासूपनिषत्सु ब्रह्मविद्यायां योगशास्त्रे
श्रीकृष्णार्जुनसंवादे साङ्ख्ययोगो नाम द्वितीयोऽध्यायः ।

---

[271] Here, स्थितिम् is the object (obj1◦), though not actually mentioned, but it is understood.

[272] Elsewhere◦ *vimuhyati* → is deluded, is confused, is ever confused, ...etc.

📖 deluded is a ppp◦ adjective. विमुह्यति is लट् present tense → he confuses, he baffles, he errs ...etc.

[273] Elsewhere◦ *sthitvā* → being established, situated ...etc.

📖 'Being' indicates present existence. स्थित्वा is a past participle gerund attached to a subordinate action that is already completed, before the primary verb (ऋच्छति) begins. Therefore, स्थित्वा = after establishing he attains, having established he attains, first establishes and then after that he attains ...etc.

[274] Elsewhere◦ *brahmanirvāṇam* → nirvāṇa of Brahman, Beatitude of Brahman, felicity of Brahman, ...etc.

📖 ब्रह्मनिर्वाणम् n◦ noun, being a तत्पुरुष-समासः, the last word निर्वाणम् is the primary target of expression in this word. This तत्पुरुष compound word is not taking about ब्रह्म, the secondary word, but it is aiming at निर्वाणम्, the primary operative. निर्वाणम् n◦ is final liberation, dissolution, extinction, death; i.e. emancipation from worldly existence and reunion with external bliss. And thus, ब्रह्मनिर्वाणम् n◦ (nominative subject or accusative object) is reunion with ब्रह्म । The operative word is निर्वाणम् reunion, reunion with, libreration to.

iti śrīmadbhagavadgītāsūpaniṣatsu brahmavidyāyāṁ yogaśāstre
śrīkṛṣṇārjunasaṁvāde sāṅkhyayogo nāma dvitīyo'dhyāyaḥ:.

(§1) *iti śrīmadbhagavadgītāsu* (r∘ 1/8) *upaniṣatsu brahmavidyāyāṃ* (r∘ 14/1) *yogaśāstre śrīkṛṣṇārjunasaṁvāde sāṅkhyayogaḥ:* (r∘ 15/6) *nāma dvitīyaḥ:* (r∘ 15/1) *adhyāyaḥ:* (r∘ 22/8)

(§2) *iti* (1.25); *śrīmadbhagavadgītāsu* (f∘ 7loc∘ plu∘ tatpu∘ *śrīmad-bhagavad-gītā* ←adj∘ *śrīmaṭ* 6.41 + adj∘ *bhagavaṭ* 10.14 + f∘ *gītā* ←5∘√गै (to sing); *upaniṣatsu* (7loc∘ plu∘ ←f∘ *upaniṣaḍ* ←6∘उप–नि√सद् (to sit); *brahmavidyāyāṃ* (f∘ 7loc∘ sing∘ ←tatpu∘ *brahma-vidyā,* ब्रह्मण: विद्या ←n∘ *brahmaṇ* 2.72 + *vidyā* 5.18); *yogaśāstre* (n∘ 7loc∘ sing∘ ←tatpu∘ *yoga-śāstra,* योगानां शास्त्रम् । योगस्य शास्त्रम् । ←m∘ *yoga* 2.39 + n∘ *śāstra* 15.20); *śrīkṛṣṇārjunasaṁvāde* (m∘ 7loc∘ sing∘ ←tatpu∘ *śrī-kṛṣṇārjuna-saṁvāda,* श्रीकृष्णस्य च अर्जुनस्य च संवाद: ←adj∘ *śrī* 10.34 + m∘ prop∘ *kṛṣṇa* 1.28 + m∘ prop∘ *arjuna* 1.4 + m∘ *saṁvāda* 18.70); *sāṅkhyayogaḥ:* (m∘ 1nom∘ sing∘ ←tatpu∘ *sāṅkhya-yoga,* ←prop∘ *sāṅkhya* ←2∘सम्√ख्या (to declare) + m∘ *yoga* 2.39); *nāma* (1nom∘ sing∘ ←n∘ *nāmaṇ* ←1∘√म्ना (to remember); *dvitīyaḥ:* (m∘ 1nom∘ sing∘ ←num∘ adj∘ *dvitīya* ←1∘√द्वृ (to hinder); *adhyāyaḥ:* (1nom∘ sing∘ ←m∘ *adhyāya* ←1∘अधि√इ (to enter, come, go))

(§3) ***iti*** (thus); ***śrīmadbhagavadgītāsu upaniṣatsu*** (among the upaniṣads of the Śrīmad-Bhagavadgītā); ***brahmavidyāyāṃ*** (of the knowledge of self, knowledge of self realization, yoga of the eternal wisdom); ***yogaśāstre*** (in the science of *yoga*); ***śrīkṛṣṇārjunasaṁvāde*** (in the dialogue between Śrī Kṛṣṇa and Arjuna); ***sāṅkhyayogaḥ:*** (adj1∘-subj∘ Sāṅkhya-yoga); ***nāma*** (called, named); ***dvitīyaḥ:*** (adj2∘-subj∘ the second); ***adhyāyaḥ:*** (subj∘ discourse; chapter)

(§4) śrīmadbhagavadgītāsu upaniṣatsu yogaśāstre brahmavidyāyāṃ iti dvitīyaḥ: adhyāyaḥ: nāma sāṅkhyayogaḥ: śrīkṛṣṇārjunasaṁvāde

(§5) Among the upaniṣads of the Śrīmad-Bhagavadgītā, in the science of '*yoga* of self realization,' thus (is) the second discourse called *sāṅkhyayoga,* in the dialogue between Śrī Kṛṣṇa and Arjuna.

CHAPTER 12

dvādaśo'dhyāyaḥ:
द्वादशोऽध्याय: ।

YOGA OF DEVOTION

bhaktiyogopanishat
भक्तियोगोपनिषत् ।

Arjuna said (arjuna uvāća अर्जुन उवाच ।)

12.1 **एवं सततयुक्ता ये भक्तास्त्वां पर्युपासते ।**
ये चाप्यक्षरमव्यक्तं तेषां के योगवित्तमा: ।।
evaṁ satatayuktā ye bhaktāstvāṁ paryupāsate,
ye ćāpyakṣaramavyaktaṁ teṣāṁ ke yogavittamāḥ:. (12.1)

(§1) एवम् सततयुक्ता: ये भक्ता: त्वाम् पर्युपासते । ये च अपि अक्षरम् अव्यक्तम् तेषाम् के योगवित्तमा: ।। *dvādaśaḥ:* (r◦ 15/1) *adhyāyaḥ:* (r◦ 22/8). *bhaktiyogaḥ:* (r◦ 22/8). *arjunaḥ:* (r◦ 19/4) *uvāća. evaṃ* (r◦ 14/1) *satatayuktāḥ:* (r◦ 20/14) *ye bhaktāḥ:* (r◦ 18/1) *tvāṃ* (r◦ 14/1) *paryupāsate ye ća* (r◦ 1/1) *api* (r◦ 4/1) *akṣaraṃ* (r◦ 8/16) *avyaktaṃ* (r◦ 14/1) *teṣāṃ* (r◦ 25/3, 14/1) *ke yogavittamāḥ:* (r◦ 22/8)

(§2) *dvādaśaḥ:* (m◦ 1nom◦ sing◦ ←sequence indicating num◦ adj◦ *dvādaśa* ←num◦ adj◦ *dvi* 1.7 + num◦ adj◦ *daśa* 13.6); *adhyāyaḥ:* (1nom◦ sing◦ ←m◦ *adhyāya* ←1◦अधि√इ (to enter, come, go). *bhaktiyogaḥ:* (m◦ 1nom◦ sing◦ ←tatpu◦ *bhakti-yoga* भक्ते: योग: 14.26). *arjunaḥ:* (1.28); *uvāća* (1.25). *evaṃ* (1.24); *satatayuktāḥ:* (m◦ 1nom◦ plu◦ ←s-karm◦ *satata-yukta* 10.10); *ye* (1.7); *bhaktāḥ:* (9.33); *tvāṃ* (2.7); *paryupāsate* (4.25); *ye* (1.7); *ća* (1.1); *api* (1.26); *akṣaraṃ* (8.3); *avyaktaṃ* (7.24); *teṣāṃ* (5.16); *ke* (m◦ 1nom◦ plu◦ ←pron◦ *kiṃ* 1.1); *yogavittamāḥ:* (m◦ 1nom◦ plu◦ ←bahuvrī◦ adj◦ *yoga-vittama*, योगस्य वित्तम: । योगाचरिषु वित्तम: । योगिषु वित्तम: । भक्तियोगिषु वित्तम: । भक्तियोगज्ञानिषु उत्तम: । भक्तियोगवेत्तासु उत्तम: । य: ←m◦ *yoga* 2.39 + superlative adj◦ *vittama* ←adj◦ *vid* 3.29 + affix *tama* 1.7) (12.1)

(§3) ***dvādaśaḥ:*** (adj◦-subj◦ twelfth) ***adhyāyaḥ:*** (subj◦ chapter) ***bhaktiyogaḥ:*** (bhakti-yoga; the Yoga of

Devotion). ***arjunaḥ:*** (Arjuna) ***uvāća*** (said). ***evam*** (in this manner) ***satatayuktāḥ:*** (adj1∘-subj1∘ ever-equipped, disciplined, steadfast) ***ye*** (adj2∘-subj1∘ those who) ***bhaktāḥ:*** (subj1∘ devotees) ***tvām*** (obj1∘ you) ***paryupāsate*** (they worship) ***ye*** (subj2∘ those who) ***ća api*** (and) ***akṣaram*** (adj1∘-obj2∘ the Indestructible) ***avyaktam*** (obj2∘ the Unmanifest) ***teṣām*** (among them, among those devotees) ***ke*** (adj1∘-subj1,2∘ who, who are?) 🕮***yogavittamāḥ:*** (adj1∘-subj1,2∘ the best knowers of the bhakti-yoga) (12.1)

🕮*yogavittamāḥ:* योगविशारदा:, योगविदितवरा:, योगज्ञानिन:, योगाभिज्ञा:, योगविज्ञा:, योगज्ञा:, योगबुधा:, योगवेत्ता:, योगपण्डिता:, भक्तियोगविद्वांस: ।

(§4) satatayuktāḥ: ye bhaktāḥ: paryupāsate tvām evam ća api ye akṣaram avyaktam teṣām ke yogavittamāḥ:

(§5) Those ever-equipped devotees who worship you in this manner, and those who (worship) the Indestructible Unmanifest (brahma) - among them who are the best knowers of the *bhakti-yoga*?[275] (12.1)

अनुष्टुप्-छन्दसि गीतोपनिषद् । 12.1	
रत्नाकर उवाच (निर्गुणब्रह्म च सगुणब्रह्म च) **ब्रह्मैव निर्गुणं ज्ञातं जीवात्मा जीवकारणम् ।** **मूलं तद्विश्वबीजं च; सगुणात्मक ईश्वर: ।।** 838/1110	(अर्जुन उवाच) **इत्थं भक्ता: सदा युक्ता: सगुणं त्वामुपासते ।** **अक्षरं च निराकारं निर्गुणं ये, तु के वरा: ।।** 839/1110

[275] Elsewhere∘ *yogavittamāḥ:* → more perfect, have greater knowledge, better versed ...etc.

🕮 तम् suffix attached to the verb √विद् produces a superlative adjective (most, greatest, best), where as the adjectives more, greater, better etc. are comparative expressions formed from the suffix तर । The verb √*vid* indicates knowledge, rather than perfection. Also, the adjective perfect implies superlative state not a comparative state. The thing is either imperfect or it is imperfect, but not less perfect or more perfect. The thing is 'imperfect' until it is perfect. For a Gītā student, the only thing that is 'perfect' is *brahma.*

The Lord said (śrībhagavānuvāća श्रीभगवानुवाच ।)

ते मे युक्ततमाः मताः।

12.2 मय्यावेश्य मनो ये मां नित्ययुक्ता उपासते ।
श्रद्धया परयोपेतास्ते मे युक्ततमा मताः ।।

mayyāveśya mano ye mām nityayuktā upāsate,
śraddhayā parayopetāste me yuktatamāḥ: matāḥ:. (12.2)

(§1) मयि आवेश्य मनः ये माम् नित्ययुक्ताः उपासते । श्रद्धया परया उपेताः ते मे युक्ततमाः मताः ।।*śrībhagavāṇ* (r◦ 8/14) *uvāća. mayi* (r◦ 4/2) *āveśya manaḥ:* (r◦ 15/10) *ye māṃ* (r◦ 14/1) *nityayuktāḥ:* (r◦ 20/4) *upāsate śraddhayā parayā* (r◦ 2/4) *upetāḥ:* (r◦ 18/1) *te me yuktatamāḥ:* (r◦ 20/13) *matāḥ:* (r◦ 22/8)

(§2) *śrībhagavāṇ* (2.2); *uvāća* (1.25). *mayi* (3.30); *āveśya* (8.10); *manaḥ:* (2acc◦ 1.30); *ye* (1nom◦ 1.7); *māṃ* (1.46); *nityayuktāḥ:* (9.14); *upāsate* (9.14); *śraddhayā* (6.37); *parayā* (1.27); 📖*upetāḥ:* (m◦ 1nom◦ plu◦ ←adj◦ *upeta* 6.37); *te* (1.33); *me* (2.7); *yuktatamāḥ:* (m◦ 1nom◦ plu◦ ←adj◦ *yukta-tama* 6.47); *matāḥ:* (m◦ 1nom◦ plu◦ ←adj◦ *mata* 6.32) (12.2)

📖 *matāḥ:* मताः, स्वीकृताः, गृहिताः, विज्ञाताः, ज्ञाताः, विदिताः, अवगताः, बोधिताः. अनुभूताः, विभाषिताः, स्थाताः, विश्रुताः, विख्याताः, प्रसिद्धाः, प्रतिपादिताः, विचिन्तिताः, विवेचिताः ।

📖 upetāḥ: उपेताः, उद्युक्ताः, अभिनिविष्टाः, नित्यप्रवृत्ताः, प्रसिताः, अभ्यस्ताः, युक्ताः, सम्पन्नाः, समृद्धाः, आढ्याः, सधनाः, स्कायाः, समाकुलाः, आकीर्णाः, सम्भूताः, आवृत्ताः, पूरिताः, सङ्कुलाः ।

(§3) *mayi* (in me) *āveśya* (having ingressed; having anchored); *manaḥ:* (obj◦ mind) *ye* (subj◦ those who) *māṃ* (obj◦ me) *nityayuktāḥ:* (adj1◦-subj◦ the ever-equipped, disciplined, steadfast ones) *upāsate* (they worship) *śraddhayā* (with faith, with devotion) *parayā* (with supreme, deep) *upetāḥ:* (adj2◦-subj◦ diligent ones) *te* (adj3◦-subj◦ those) *me* (to me, for me, in my opinion) *yuktatamāḥ:* (adj4◦-subj◦ the best equipped) *matāḥ:* (adj5◦-subj◦ considered as) (12.2)

(§4) ye nityayuktāḥ: āveśya manaḥ: mayi upāsate māṃ parayā śraddhayā me te upetāḥ: matāḥ: yuktatamāḥ:

(§5) Those steadfast ones, who, having ingressed[276] their mind in me, worship me with deep devotion, in my opinion those diligent ones (are) the ones who are considered as[277] the best equipped. (12.2)

अनुष्टुप्-छन्दसि गीतोपनिषद् । 12.2 (श्रीभगवानुवाच)	भक्ताञ्श्रेष्ठानहं मन्ये नित्यं ये मत्परा मयि । एकचित्ता भजन्ते मां सन्तुष्टा ये सदाऽऽत्मनि ।। 840/1110
भजन्तः सगुणं रूपं भक्तास्ते खलु मे प्रियाः । अभीप्सिता मया ते ये योगिनो मत्परायणाः ।। 841/1110	तेषां नयामि नौकां तां तारयित्वाऽपरे तटे । कृपाश्रयञ्च भक्तेभ्यो ददे जन्मनिजन्मनि ।। 842/1110

12.3 ये त्वक्षरमनिर्देश्यमव्यक्तं पर्युपासते ।
सर्वत्रगमचिन्त्यं च कूटस्थमचलं ध्रुवम् ।।
ye tvakṣaramanirdeśyamavyaktaṁ paryupāsate,
sarvatragamaćintyaṁ ća kūṭasthamaćalaṁ dhruvam; (12.3)

(§1) ये तु अक्षरम् अनिर्देश्यम् अव्यक्तम पर्युपासते । सर्वत्रगम् अचिन्त्यम् च कूटस्थम् अचलम् ध्रुवम् ।। *ye tu* (r∘ 4/6) *akṣaram* (r∘ 8/16) *anirdeśyam* (r∘ 8/16) *avyaktam* (r∘ 14/1) *paryupāsate sarvatragam* (r∘ 8/16) *aćintyam* (r∘ 14/1) *ća kūṭastham* (r∘ 8/16) *aćalam* (r∘ 14/1); *dhruvam* (r∘ 14/2)

(§2) *ye* (1.7); *tu* (1.2); *akṣaram* (2acc∘ 8.3); 🕮*anirdeśyam* (n∘ 2acc∘ sing∘ ←pot∘ adj∘ *anirdeśya* (explainable) न निर्देश्यम् ←ind∘ *a* 1.10 + 6∘निर्√दिश् (to point out); 🕮*avyaktam* (2acc∘ 7.24); *paryupāsate* (4.25); 🕮*sarvatragam* (n∘ 2acc∘ sing∘ ←adj∘ *sarvatraga* (omnipresent) 9.6); 🕮*aćintyam* (n∘ 2acc∘ sing∘

---

[276] Elsewhwre∘ *āveśya* → those who fix, who have fixed, by fixing ...etc.

🕮 आवेश्य is a past indeclinable lyp∘ gerundive, with a function of *having done.* It is applied when two actions are performed by the same person or persons, and second (the main) action is contingent upon completion of the first (the subordinate) action. In this case, the first action (√विश् to enter) is completed, i.e. first they are ingressed in me (perfect tense) and then begins main action of पर्युपासते (they worship).

[277] Elsewhere∘ *te me matāḥ:* → them do I consider, them I consider, I regard them, these in my opinion ...etc.

🕮 *te* (सः तौ ते) those, (not - these or them); *me* (मे, आवाभ्याम्, अस्मभ्यः) to me, for me (not - by me, do I or I); *matāḥ:* (मतः मतौ मताः) a plural ppp∘ adjective of the subject devotees → the devotees who are regarded as ... (not - I consider; considered by me; or in my opinion). मताः is not a verb, it is a plural ppp∘ adjective. Thus, *te me matāḥ:* → for me, im my opinion, they are the ones who are regarded as ...

←pot∘ adj∘ *aćintya* 2.25); *ća* (1.1); 🕮*kūṭastham* (n∘ 2acc∘ sing∘ ←ppp∘ adj∘ *kūṭastha* 6.8); *aćalam* (6.13); *dhruvam* (2acc∘ sing∘ ←adj∘ *dhṛva* 2.27) (12.3)

🕮anirdeśyam अनिर्देश्यम्, अश्याख्येयम्, अगम्यार्थम्, दुर्बोधम्, अकथ्यम्, अतिकथम्, वाग्विभवातिवृत्तम्, वर्णनातीतम्, अवर्णनीयम्, अनिर्वाच्यम् ।

🕮 avyaktam अव्यक्तम् 7.24, अप्रत्यक्षम्, अदृष्टिगोचरम् ।

🕮 sarvatragam सर्वत्रगम्, सर्वगतम् 3.15, सर्वगम्, सर्वात्मकम्, सर्वव्यापिनम्, सर्वगामिनम्, सर्वव्यापकम्, विश्वव्यापिनम्, विश्वात्मानम्, विश्वात्मकम्, विश्वरूपम् 11.16

🕮 aćintyam अचिन्त्यम्, अचिन्तनीयम्, बोधागम्यम्, कल्पनातीतम्, अतर्क्यम् ।

🕮 kūṭastham कूटस्थम्, शिखरस्थम्, तुङ्गतमम्, परमम् 8.3 ।

(§3) ***ye*** (subj∘ those who) ***tu*** (however) ***akṣaram*** (adj1∘-obj∘ the immutable) ***anirdeśyam*** (adj2∘-obj∘ inexplicable) ***avyaktam*** (adj3∘-obj∘ impersonal; unmanifest) ***paryupāsate*** (they worship) ***sarvatragam*** (adj4∘-obj∘ omnipresent) ***aćintyam*** (adj5∘-obj∘ inconceivable) ***ća*** (and) ***kūṭastham*** (adj6∘-obj∘ inaccessible) ***aćalam*** (adj7∘-obj∘ immovable) ***dhruvam*** (adj8∘-obj∘ invariable; steady) (12.3)

(§4) tu ye paryupāsate akṣaram anirdeśyam avyaktam sarvatragam aćintyam kūṭastham aćalam ća dhruvam;

(§5) However, those who worship the immutable, inexplicable, impersonal, omnipresent, inconceivable, inaccessible, immovable and invariable; (12.3)

अनुष्ठुप्-छन्दसि गीतोपनिषद् । 12.3 (परन्तु)	भजन्ति तु निराकारमव्यक्तमचलं ध्रुवम् । अचिन्त्यमक्षरं ब्रह्म भक्ता ये सर्वगामिनम् ।। 843/1110

12.4 सन्नियम्येन्द्रियग्रामं सर्वत्र समबुद्धयः ।
ते प्राप्नुवन्ति मामेव सर्वभूतहिते रताः ।।
sanniyamyendriyagrāmaṁ sarvatra samabuddhayaḥ:,
te prāpnuvanti māmeva sarvabhūtahite ratāḥ:. (12.4)

(§1) सन्नियम्य इन्द्रियग्रामम् सर्वत्र समबुद्धयः । ते प्राप्नुवन्ति माम् एव सर्वभूतहिते रताः ।। *sanniyamya* (r∘ 2/1) *indriyagrāmam̩* (r◦ 14/1) ***sarvatra samabuddhayaḥ:*** (r◦ 22/8) ***te prāpnuvanti mām̩*** (r◦ 8/22) ***eva sarvabhūtahite ratāḥ:*** (r◦ 22/8)

(§2) 🕮*sanniyamya* (lyp◦ past-participle ind◦ ←1◦सम्-नि√यम् (to restrain); *indriyagrāmam̩* (6.24); *sarvatra* (2.57); 🕮*samabuddhayaḥ:* (m◦ 1nom◦ plu◦ ←bahuvrī◦ *samabuddhi* (equanimity) 6.9); *te* (1.33); *prāpnuvanti* (3rd-per◦ plu◦ pres◦ वर्तमान्-लट् parasmai◦ ←5◦प्र√आप् (to attain, get); *mām̩* (1.46); *eva* (1.1); *sarvabhūtahite* (5.25); 🕮*ratāḥ:* (5.25) (12.4)

🕮 sanniyamya सन्नियम्य, निरुध्य 8.12, निबध्य, प्रतिबध्य, संयम्य 2.61, नियम्य 3.7, निगृह्य, विनियन्त्र्य ।

🕮 samabuddhayaḥ: समबुद्धय:, समचेतस:, समभावा:, समानवृत्तय:, समचित्ता: ।

🕮 ratāḥ: (5.25) रता: 5.25, निरता:, व्यापृता:, प्रवृत्ता:, सव्यापारा:, कार्यनिष्ठा:, कर्मोद्युक्ता:, उद्यमसक्ता:, मग्ना:, व्यग्रा:, तत्परा:, परा:, समाकुला:, तन्द्रिता:, अभिनिविष्टा:, समाहिता: 6.7, निविष्ठा:, निवेशिता:, निष्ठा:, निष्ठिता:, आस्थिता: 3.20, अवस्थिता: 1.11 ।

(§3) ***sanniyamya*** **(having controlled, controlling);** ***indriyagrāmam̩*** **(obj◦ the group of sense organs; all sense organs - collectively)** ***sarvatra*** **(from all sides; in all respects)** ***samabuddhayaḥ:*** **(adj1◦-subj◦ the ones with equanimous mind; the even minded);** ***te*** **(subj◦ they)** ***prāpnuvanti*** **(attain, they attain);** ***mām̩*** **(obj◦ me)** ***eva*** **(too; only)** ***sarvabhūtahite*** **(in the welfare of all beings)** ***ratāḥ:*** **(adj2◦-subj◦ those who are engaged)** (12.4)

(§4) samabuddhayaḥ: ratāḥ: sarvabhūtahite te eva sanniyamya indriyagrāmam̩ sarvatra prāpnuvanti mām̩

(§5) Those who possess equanimous mind[278] (and) are engaged in the welfare of all beings, they too, having controlled[279] all sense organs in all respects,[280] attain[281]

---

[278] Elsewhere◦ *samabuddhayaḥ:* → with the cognition of sameness, being even-minded ...etc.

🕮 समबुद्धय: is not singular, instrumental case or a gerund. It is not a *tatpuruṣa samāsa*, and therefore, it does not refer to *buddhi*, mind or cognition. It is a plural *bahuvrīhi* adj◦ of those people who possess equanimous mind, the *buddhi-yogīs*, as already explained in the Chapter two 2.49.

[279] Elsewhere◦ *sanniyamya* → by controlling, by fully controlling, by restraining ...etc.

🕮 सन्नियम्य is a lyp◦ prefixed past participle adj◦ → having restrained, restraining. See the first footnote in 12.2 for lyp gerundive.

me. (12.4)

अनुष्टुप्-छन्दसि गीतोपनिषद् । 12.4 (तर्हि)	सर्वेन्द्रियमनोबुद्धीः सन्नियम्य समानतः । तयाप्नुवन्ति मां पार्थ भूतहिते रताः सदा ।। 844/1110

12.5 क्लेशोऽधिकतरस्तेषामव्यक्तासक्तचेतसाम् ।
अव्यक्ता हि गतिर्दुःखं देहवद्भिरवाप्यते ।।
kleśo'dhikatarasteṣāmavyaktāsaktaćetasām,
avyaktā hi gatirduḥ:khaṁ dehavadbhiravāpyate. (12.5)

(§1) क्लेशः अधिकतरः तेषाम् व्यक्तासक्तचेतसाम् । अव्यक्ता हि गतिर्दुःखं देहवद्भिरवाप्यते ।। ***kleśaḥ:*** (r◦ 15/1) ***adhikataraḥ:*** (r◦ 18/1) ***teṣām*** (r◦ 25/3, 8/16) ***avyaktāsaktaćetasām*** (r◦ 14/2) ***avyaktā hi gatiḥ:*** (r◦ 16/6) ***duḥ:kham*** (r◦ 14/1) ***dehavadbhiḥ:*** (r◦ 16/1) ***avāpyate***

(§2) 📖*kleśaḥ:* (1nom◦ sing◦ ←m◦ ***kleśa*** ←4◦√क्लिश् (to be distressed); *adhikataraḥ:* (m◦ 1nom◦ sing◦ ←comparative adj◦ *adhika-tara* ←adj◦ *adhika* 6.22 + comparitive affix *tara* 1.46); *teṣām* (5.16); *avyaktāsaktaćetasām* (m◦ 6pos◦ plu◦ ←bahuvrī◦ *avyaktāsakta-ćetas*, अव्यक्ते आसक्तं चेतः यस्य ←adj◦ *avyakta* 2.25 + adj◦ *āsakta* 7.1 + n◦ *ćetas* 1.38); 📖*avyaktā* (f◦ 1nom◦ sing◦ ←adj◦ *avyakta* (unpersonified) 2.25); *hi* (1.11); 📖*gatiḥ:* (4.17); 📖*duḥ:kham* (adv◦ ind◦ (with difficulty) ←n◦ *duḥ:kha* 2.14); 📖*dehavadbhiḥ:* (m◦ 3inst◦ plu◦ ←bahuvrī◦ *dehavat* ←m◦ *deha* 2.13 + taddhita◦ affix *vat* 1.5); *avāpyate* (3rd-per◦ sing◦ pres◦ वर्तमान्-लट् ātmane◦ ←5◦अव्√आप् (to attain, get) (12.5)

📖 kleśaḥ: क्लेशः, दुःखम् 5.6, पीडा, व्यथा 11.49, यातना, कष्टम्, कृच्छ्रम्, उद्वेगः, तापः, सन्तापः, आयासः, प्रयासः, बाधा, आपद्, उपरोधः, शल्यम् ।

📖 avyaktā अव्यक्ता, अगोचरा, निर्वेद्या, अप्रत्यक्षा, अस्पष्टा, अविभावनीया, अविभाव्या, अदृश्या, अलक्ष्या, अदृष्टिगोचरा, अदृग्गोचरा, परोक्षा, अगम्या, अतीन्द्रिया, इन्द्रियगोचरा, इन्द्रियागम्या, इन्द्रियातीता, अदर्शनीया, अविज्ञेया, अप्रेक्ष्या ।

---

[280] Elsewhere◦ सर्वत्र समबुद्धयः → even-minded everywhere, sameness at all times, always being even-minded, functioning uniformly everywhere, regarding everything equally, ...etc.

[281] Elsewhere◦ *prāpnuvanti* → they come to, come unto, come in ...etc.

📖 gatiḥ: गति:, स्थिति:, भाव: 2.16, वृत्ति: ।

📖 duḥ:kham adv∘ दु:खम्, सदु:खम्, सव्यथम्, सोद्वेगम्, सायासम्, कष्टम्, कष्टेन, कृच्छ्रेण, पीडया 17.19, सक्लेश, क्लेशम्, आयासेन ।

📖 dehavadbhiḥ: देहवद्भि:, देहिभि:, देहधारिभि:, शरीरिभि:, मूर्तै:, मूर्तिमद्भि:, शरीरबद्धै:, प्राणिभि:, जीविभि:, म्रियमाणै:, जीवभूतै:, जीवन्तै: ।

(§3) ***kleśaḥ:*** (subj1∘ **the difficulty, the pain);** ***adhikataraḥ:*** (adj∘-subj1∘ **greater);** ***teṣām*** **(of those)** ***avyaktāsaktaćetasām*** **(of those whose minds which are fixed on the Unmanifest)** ***avyaktā*** (adj∘-obj∘ **the imperceptible, the indiscernible);** ***hi*** **(because)** ***gatiḥ:*** (obj∘ **the state; the course; the refuge; the path)** ***duḥ:kham*** **(adv∘ with difficulty)** ***dehavadbhiḥ:*** (subj∘ **by the embodied ones; by the living beings);** ***avāpyate*** **(it is attained)** (12.5)

(§4) kleśaḥ: teṣām avyaktāsaktaćetasām adhikataraḥ: hi avyaktā gatiḥ: avāpyate duḥ:kham dehavadbhiḥ:

(§5) The pain[282] of those whose minds which are fixed on the Unmanifest, (is) greater;[283] because[284] the imperceptible[285] state is attained with difficulty by the embodied ones.[286] (12.5)

---

[282] क्लेश: (defination), अविद्यास्मितारागद्वेषाभिनिवेशा: क्लेशा: ।। (pātañjalayogadarśanam 2.3)

[283] Elsewhere∘ *adhikataraḥ:* → very, very much, very hard ...etc. (as an adverb)

📖 अधिकतर: is a comparative adjective of the noun क्लेश: । It is not an adverb.

[284] see the footnote in verse 2.15

[285] Elsewhere∘ *avyaktā* → toward the unmanifest, toward the unmanifested, path of unmanifest, goal of unmanifest, of the Unmanifest, अव्यक्त, अव्यक्तब्रह्म ...etc.

📖 अव्यक्ता does not qualify the neuter noun unmanifest (ब्रह्म). It is a feminine adj∘ of the f∘ subject *gatiḥ:* (गति:). A feminine adjective (अव्यक्ता) can not qualify the neuter noun (ब्रह्म, अव्यक्तब्रह्म, Unmanifest) that is referred in previous word *avyakta-āsakta-ćetasam* (अव्यक्त-आसक्त-चेतसाम् ।). These two expressions are separate form each other. There is no genitive or possessive relation between the adj∘ अव्यक्ता and the object गति: । Both these words are in the Nominative case. Note that, in this Sanskrit passive voice, गति: is the object (nominative 1st case) and देहवद्भि: is the subject (Instrumental 3rd case), Because, प्रयोगे कर्मवाच्यस्य तृतीया स्यात्तु कर्तरि (देहवद्भि:), कर्मणि प्रथमा (गति:) चैव, क्रिया (अवाप्यते) कर्मानुसारिणि ।

[286] Elsewhere∘ *dehavadbhiḥ:* → for the embodied.

📖 देहवद्भि: is not a Dative 4th case (for the embodied), it is Instrumental 3rd case subject = by the embodied (passive construction)

अनुष्ठुप्-छन्दसि गीतोपनिषद् । 12.5
(स्मरत)
निर्गुणस्य मता क्लिष्टा निराकारस्य साधना ।
नरः कष्टेन प्राप्नोति गतिं निर्गुणब्रह्मणः ।। 845/1110

12.6 ये तु सर्वाणि कर्माणि मयि संन्यस्य मत्पराः ।
अनन्येनैव योगेन मां ध्यायन्त उपासते ।।

ye tu sarvāṇi karmāṇi mayi sannyasya matparāḥ:,
ananyenaiva yogena māṁ dhyāyanta upāsate; (12.6)

(§1) ये तु सर्वाणि कर्माणि मयि संन्यस्य मत्पराः । अनन्येन एव योगेन माम् ध्यायन्तः उपासते ।। *ye tu sarvāṇi* (r◦ 24/7) *karmāṇi* (r◦ 24/7) *mayi sannyasya matparāḥ:* (r◦ 22/8) *ananyena* (r◦ 3/1) *eva yogena māṃ* (r◦ 14/1) *dhyāyantaḥ:* (r◦ 19/4) *upāsate*

(§2) *ye* (1.7); *tu* (1.2); *sarvāṇi* (2.30); *karmāṇi* (2.48); *mayi* (3.30); *sannyasya* (3.30); *matparāḥ:* (m◦ 1nom◦ plu◦ ←bahuvrī◦ *matpara* 2.61); *ananyena* (m◦ 3inst◦ sing◦ ←adj◦ *ananya* (singular) 8.14); *eva* (1.1); *yogena* (10.7); *māṃ* (1.46); *dhyāyantaḥ:* (m◦ 1nom◦ plu◦ ←adj◦ *dhyāyaṭ* 2.62); *upāsate* (9.14) (12.6)

📖 ananyena अनन्येन, एकाग्रेण, प्रणीतेन, समर्पितेन, केन्द्रितेन, एकत्र समाक्षिप्तेन, समुपचितेन, एकाग्रतया, अद्वितीयेन
📖 dhyāyantaḥ: ध्यायन्तः, चिन्तयन्तः, मनसा विचरन्तः, विमर्शयन्तः ।

(§3) ***ye*** (subj◦ those who) ***tu*** (however) ***sarvāṇi*** (adj◦-obj1◦ all) ***karmāṇi*** (obj1◦ ***karmas***, works) ***mayi*** (in me) ***sannyasya*** (having relinquished, submitted, surrendeed) ***matparāḥ:*** (adj1◦-subj◦ those for whom I am the supreme goal); 📖***ananyena*** (with unwavering; with a singular) ***eva*** (only) ***yogena*** (with discipline; with the ***bhakti***-yoga) ***māṃ*** (obj2◦ me) 📖***dhyāyantaḥ:*** (adj2◦-subj◦ while contemplating, while concentrating) ***upāsate*** (they worship) (12.6)

(§4) tu ye matparāḥ: sannyasya sarvāṇi karmāṇi mayi upāsate māṃ dhyāyantaḥ: eva ananyena yogena;

(§5) However, those for whom I am the supreme goal,[287] having relinquished all *karmas* in me, they worship me while contemplating[288] only with a singular *bhakti-yoga.* (12.6)

अनुष्टुप्-छन्दसि गीतोपनिषद् । 12.6	भक्ता: सर्वाणि कर्माणि परित्यज्य तु ये मयि । एकचित्तेन मामेव ध्यायन्ति मत्परायणा: ।। 846/1110

12.7 तेषामहं समुद्धर्ता मृत्युसंसारसागरात् ।
भवामि नचिरात्पार्थ मय्यावेशितचेतसाम् ।।

teṣāmahaṁ samuddhartā mṛtyusaṁsārasāgarāt,
bhavāmi naćirātpārtha mayyāveśitaćetasām. (12.7)

(§1) तेषाम् अहम् समुद्धर्ता मृत्युसंसारसागरात् । भवामि नचिरात् पार्थ मयि आवेशितचेतसाम् ।। *teṣām* (r◦ 25/3, 8/16) *aham* (r◦ 14/1) *samuddhartā mṛtyusaṁsārasāgarāt* (r◦ 23/1) *bhavāmi naćirāt* (r◦ 10/6) *pārtha mayi* (r◦ 4/2) *āveśitaćetasām* (r◦ 14/2)

(§2) *teṣām* (5.16); *aham* (1.22); 🕮*samuddhartā* (m◦ 1nom◦ sing◦ ←bahuvrī◦ *samuddhartṛ* ←1◦सम्-उद्√धृ (to bear); 🕮*mṛtyusaṁsārasāgarāt* (m◦ 5abl◦ sing◦ ←tatpu◦ *mṛtyu-saṁsār- sāgara*, मृत्युमयस्य संसारस्य सागर: ←m◦ *mṛtyu* (death) 2.27 + m◦ *saṁsāra* (ocean) 9.3 + m◦ *sāgara* 10.24); *bhavāmi* (1st-per◦ sing◦ pres◦ वर्तमान्-लट् parasmai◦ ←1◦√भू (to be, become); 🕮*naćirāt* (adv◦ ←adj◦ *naćira* 5.6); *pārtha* (1.25); *mayi* (3.30); 🕮*āveśitaćetasām* (m◦ 6pos◦ plu◦ ←bahuvrī◦ *āveśita-ćetas*, आवेशितं चेत: यस्य ←ppp◦ adj◦ *āveśita* ←6◦आ√विश् (to enter) + n◦ *ćetas* 1.38) (12.7)

🕮 samuddhartā समुद्धर्ता, उद्धारी, निस्तारी, त्राता, मोचक:, मुक्तिदाता, तारक:, परित्राता, उद्धारक:, तारणकर्ता, निस्तारक:, त्रायक: ।

🕮 mṛtyusaṁsārasāgarāt मृत्युसंसारसागरात्, मृत्युसागरात्, भवसागरात्, इहसंसारात्, मर्त्यलोकात्, ऐहिकसागरात् ।

🕮 naćirāt नचिरात्, अचिरात्, अविलम्बितम्, द्राक्, सद्य:, सपद्येव, सपदि, तत्क्षणात्, तत्काल, झटिति, शीघ्रम्,

---

[287] Elsewhere◦ *matparāḥ:* → regarding Me, being attached to Me ...etc.

🕮 मत्परा: is not a gerund or a verb. मत्परा: is an adjective of the subj◦ those who *ye* (ये) are मयि परायणा: ।

[288] Elsewhere◦ ध्यायन्त: → through meditation, meditate by thinking...etc.

त्वरितम्, क्षिप्रम् 4.12, द्रुतम्, तूर्णम्, समनन्तरमेव, आशु (2.65). mayyāveśitaćetasām मय्यावेशितचेतसाम्, मत्परायणानाम्, मत्पराणाम् ।

(§3) ***teṣām*** (of them) ***aham*** (subj◦ I) ***samuddhartā*** (adj◦-subj◦ the deliverer, the one who delivers, uplifts) ***mṛtyusaṁsārasāgarāt*** (from the mundane ocean beset with birth and death) ***bhavāmi*** (I become); ***naćirāt*** (adv◦ without delay; quickly); ***pārtha*** (O Pārtha! O Arjuna!); ***mayi*** (in me, on me) ***āveśitaćetasām*** (Of those whose minds are fixed, of those whose minds have entered) (12.7)

(§4) āveśitaćetasām mayi pārtha teṣām aham naćirāt bhavāmi samuddhartā mṛtyusaṁsārasāgarāt

(§5) Of those, whose minds are fixed[289] on me, O Arjuna! I quickly[290] become[291] the deliverer[292] from the mundane ocean beset with birth and death. (12.7)

अनुष्टुप्-छन्दसि गीतोपनिषद् । 12.7 (योगसिद्धेः चत्वारः मार्गाः)	इत्थं निरन्तरं धृत्वा हृदये चिन्तनं मम । तरन्ति कृपया मे ते मृत्युसंसारसागरम् ।। 847/1110

12.8 मय्येव मन आधत्स्व मयि बुद्धिं निवेशय ।
निवसिष्यसि मय्येव अत ऊर्ध्वं न संशयः ।।

mayyeva mana ādhatsva mayi buddhiṁ niveśaya,
nivasiṣyasi mayyeva ata ūrdhvaṁ na saṁśayaḥ:. (12.8)

---

[289] Elsewhere◦ *āveśita* → having fixed.

📖 आवेशित is not a gerund, it is a ppp◦ adj◦ → the one that has entered.

[290] Elsewhere◦ *naćirāt* → swift deliverer.

📖 नचिरात् is not an adjective, and therefore, it does not qualify the m◦ noun deliverer. It is an adverb, and thus, it qualifies the verb भवामि → I quickly become.

[291] Elsewhere◦ *bhavāmi* → I shall be.

📖 भवामि is not a future tense, it is वर्तमान्-लट् present tense from √भू (to become) → I become.

[292] Elsewhere◦ *ahaṁ samuddhartā* → I deliver, I shall be up-lifter, I quickly redeem, ...etc.

📖 समुद्धर्ता is not a verb. समुद्धर्तु the deliverer, is a m◦ sing◦ nominative adjective of subject अहम्, the one who delivers from... If we say समुद्धर्ता = I deliver, then the verb भवामि has no connection. Therefore, it should be अहं समुद्धर्ता भवामि, I become the deliverer.

(§1) मयि एव मनः आधत्स्व मयि बुद्धिम् निवेशय । निवसिष्यसि मयि एव अतः ऊर्ध्वम् न संशयः ।। *mayi* (r◦ 4/4) *eva manaḥ:* (r◦ 19/1) *ādhatsva mayi buddhiṃ* (r◦ 14/1) *niveśaya nivasiṣyasi mayi* (r◦ 4/4) *eva* (ārsh excеprion to r◦ 1/1) *ataḥ:* (r◦ 19/5) *ūrdhvaṃ* (r◦ 14/1) *na saṁśayaḥ:* (r◦ 22/8)

(§2) *mayi* (3.30); *eva* (1.1); *manaḥ:* (2acc◦ 6.12); *ādhatsva* (2nd-per◦ sing◦ imperative◦ लोट् ātmane◦ ←3◦आ√धा (to put); *mayi* (3.30); *buddhiṃ* (3.2); *niveśaya* (2nd-per◦ sing◦ imperative◦ लोट् parasmai◦ caus◦ ←6◦नि√विश् (to enter); 📖*nivasiṣyasi* (2nd-per◦ sing◦ fut2◦ लृट् भविष्य◦ parasmai◦ ←1◦नि√वस् (to stay); *mayi* (3.30); *eva* (1.1); *ataḥ:* (2.12); ***ūrdhvaṃ*** (adv◦ ←adj◦ ***ūrdhva*** (ahead) ←3◦उद्√हा (to go); *na* (1.30); *saṁśayaḥ:* (8.5) (12.8)

📖 ādhatsva आधत्स्व, स्थिरीकुरु, विरम, विश्रम, स्थापय, निवेशय 12.8

📖 nivasiṣyasi निवसिष्यसि, अधिवसिष्यसि, अधिस्थास्यसि ।

📖 ata ūrdhvaṃ अतः ऊर्ध्वम्, अतः परम् 2.12, इतः परम्, परतः, परस्तात् 8.9, पश्चात्, उत्तरतः, उत्तरत्र, अग्रे 18.37, उपरिष्टात्, अद्यप्रभृति, अद्यावधि, अद्यारभ्य, अनन्तरम् 2.12

(§3) ***mayi*** **(in me)** ***eva*** **(only)** ***manaḥ:*** **(obj1◦ mind)** ***📖ādhatsva*** **(you please anchor)** ***mayi*** **(in me)** ***buddhiṃ*** **(obj2◦ the cognizance, understanding, contemplation, thinking, mind)** ***niveśaya*** **(you please place)** ***📖nivasiṣyasi*** **(you will dwell, abide)** ***mayi*** **(on me)** ***eva*** **(only)** ***ataḥ: ūrdhvaṃ*** **(hereafter, henceforth)** ***na*** **(no)** ***saṁśayaḥ:*** **(subj◦ doubt)** (12.8)

(§4) ādhatsva manaḥ: mayi eva niveśaya buddhiṃ mayi ataḥ: ūrdhvaṃ mayi eva na saṁśayaḥ:

(§5) You please anchor (your) mind in me only (and) you please place (your) contemplation on me, henceforth you will dwell in me, no doubt. (12.8)

अनुष्टुप्-छन्दसि गीतोपनिषद् । 12.8	मय्यादाय मनो पार्थ बुद्धिं च मयि त्वं सदा । अधिगच्छसि मद्भावं कुरुनन्दन निश्चितम् ।। 848/1110

12.9 अथ चित्तं समाधातुं न शक्नोषि मयि स्थिरम् ।
अभ्यासयोगेन ततो मामिच्छाप्तुं धनञ्जय ।।

atha ćittam̐ samādhātum̐ na śaknoṣi mayi sthiram,
abhyāsayogena tato māmiććhāptum̐ dhanañjaya. (12.9)

(§1) अथ चित्तम् समाधातुम् न शक्नोषि मयि स्थिरम् । अभ्यासयोगेन ततः माम् इच्छ आप्तुम् धनञ्जय ।। *atha ćittam* (r◦ 14/1) *samādhātum* (r◦ 14/1) *na śaknoṣi* (r◦ 25/4) *mayi sthiram* (r◦ 14/2) *abhyāsayogena tataḥ:* (r◦ 15/9) *mām* (r◦ 8/18) *ićcha* (r◦ 1/2) *āptum* (r◦ 14/1) *dhanañjaya*

(§2) *atha* (1.7); *ćittam* (2acc◦ sing◦ ←n◦ *ćitta* 6.14); *samādhātum* (inf◦ ind◦ ←3◦सम्-आ√धा (to put); *na* (1.30); *śaknoṣi* (2nd-per◦ sing◦ pres◦ वर्तमान्-लट् parasmai◦ ←5◦√शक् (to be able); *mayi* (3.30); *sthiram* (adv◦ (steadily) adj◦ 6.11); *abhyāsayogena* (m◦ 3inst◦ sing◦ ←tatpu◦ *abhyāsa-yoga*, अभ्यासस्य योगः ←m◦ *abhyāsa* 6.35 + m◦ *yoga* 2.39); *tataḥ:* (1.13); *mām* (1.46); *ićcha* (2nd-per◦ sing◦ imperative◦ उपदेशार्थ-लोट् parasmai◦ ←6◦√इष् (to desire) 2.49); *āptum* (5.6); *dhanañjaya* (2.48) (12.9)

📖 samādhātum समाधातुम्, एकत्रिकर्तुम्, केन्द्रिकर्तुम्, समाहर्तुम् 11.32
📖 āptum आप्तुम्, प्राप्तुम्, लब्धुम्, अधिगन्तुम्, प्रतिपादितुम् ।
📖 sthiram स्थिरम्, दृढम् 6.34, धीरम् 2.15, निश्चलम् ।

(§3) ***atha*** (now; now if, in case, but if, if) ***ćittam*** (obj◦ mind) 📖***samādhātum*** (for concentrating; to focus) ***na*** (not) ***śaknoṣi*** (you can, you are able) ***mayi*** (in me, on me) 📖***sthiram*** (adv◦ unwaveringly, steadily) ***abhyāsayogena*** (with the *yoga* of continual practice) ***tataḥ:*** (then) ***mām*** (obj◦ me) ***ićcha*** (you please desire) 📖***āptum*** (for attaining, to attain) ***dhanañjaya*** (O Dhanañjaya! O Arjuna!) (12.9)

(§4) atha śaknoṣi na samādhātum ćittam sthiram mayi tataḥ: dhanañjaya ićcha āptum mām abhyāsayogena

(§5) O Arjuna! now if you are not able to focus (your) mind unwaveringly on me, then, you please desire to attain me with the *yoga* of continual practice. (12.9)

अनुष्टुप्-छन्दसि गीतोपनिषद् । 12.9	एवं चित्तं समाधातुं स्थिरं त्वं चेन्न न शक्ष्यसि । योगाभ्यासेन मां प्राप्तुं कुरु यत्नं धनञ्जय ।। 849/1110

12.10 अभ्यासेऽप्यसमर्थोऽसि मत्कर्मपरमो भव ।
मदर्थमपि कर्माणि कुर्वन्सिद्धिमवाप्स्यसि ।।

abhyāse'pyasamartho'si matkarmaparamo bhava,
madarthamapi karmāṇi kurvansiddhimavāpsyasi. (12.10)

(§1) अभ्यासे अपि अयसमर्थः असि मत्कर्मपरमः भव । मदर्थम् अपि कर्माणि कुर्वन् सिद्धिम् अवाप्स्यसि ।। *abhyāse* (r◦ 6/1) *api* (r◦ 4/1) *asamarthaḥ:* (r◦ 15/1) *asi matkarmaparamaḥ:* (r◦ 15/8) *bhava madarthaṃ* (r◦ 8/16) *api karmāṇi* (r◦ 24/7) *kurvaṇ* (r◦ 13/20) *siddhiṃ* (r◦ 8/16) *avāpsyasi*

(§2) *abhyāse* (7loc◦ sing◦ ←m◦ *abhyāsa* 6.35); *api* (1.26); 📖*asamarthaḥ:* (1nom◦ sing◦ n.tatpu◦ ←adj◦ *samartha* (able) 2.36); *asi* (4.3); *matkarmaparamaḥ:* (m◦ 1nom◦ sing◦ ←bahuvrī◦ *mat-karma-parama*, मम कर्म परमं यस्य ←pron◦ *mat* 1.9 + n◦ *karmaṇ* 1.15 + adj◦ *parama* 1.17); *bhava* (2.45); *madarthaṃ* (m◦ 2acc◦ sing◦ ←m◦ *madartha* 1.9); *api* (1.26); *karmāṇi* (2.48); *kurvaṇ* (4.21); *siddhiṃ* (success) (3.4); *avāpsyasi* (2.33) (12.10)

📖 *asamarthaḥ:* असमर्थः, अक्षमः, अशक्तः, अनीशः ।

(§3) ***abhyāse*** (in the continual practice) ***api*** (but however, but if, if; even, also) ***asamarthaḥ:*** (adj1◦-subj◦ unable, weak) ***asi*** (subj◦ you are) ***matkarmaparamaḥ:*** (adj2◦-subj◦ the one whose supreme goal is my service) ***bhava*** (you please be) ***madarthaṃ*** (for my service) ***api*** (even, also) ***karmāṇi*** (obj1◦ the ***karmas***) ***kurvaṇ*** (while performing); ***siddhiṃ*** (obj2◦ accomplishment, success) ***avāpsyasi*** (you will attain) (12.10)

(§4) api asi asamarthaḥ: abhyāse bhava matkarmaparamaḥ: api kurvaṇ karmāṇi madarthaṃ avāpsyasi siddhiṃ

(§5) But if you are weak in the continual practice, please be the one whose supreme goal is my service. (Because,) even while performing[293] the *karmas* for my service, you

---

[293] Elsewhere◦ *kurvaṇ* → by doing, by performing ...etc. (instrumental◦)
📖 कुर्वन् is is present participle adj◦ = while doing, performing.

will attain success.[294] (12.10)

अनुष्टुप्-छन्दसि गीतोपनिषद् । 12.10	अक्षम: साधनायै चेन्मदर्थं कुरु कर्म त्वम् । कार्यं मयि परित्यज्य सिद्धिमापय पाण्डव ।। 850/1110

12.11 अथैतदप्यशक्तोऽसि कर्तुं मद्योगमाश्रित: ।
सर्वकर्मफलत्यागं तत: कुरु यतात्मवान् ।।
athaitadapyaśakto'si kartuṁ madyogamāśritaḥ:,
sarvakarmaphalatyāgaṁ tataḥ: kuru yatātmavān. (12.11)

(§1) अथ एतत् अपि अयशक्त: असि कर्तुम् मद्योगम् आश्रित: । सर्वकर्मफलत्यागम् तत: कुरु यतात्मवान् ।। *atha* (r∘ 3/1) *etat* (r∘ 8/2) *api* (r∘ 4/1) *aśaktaḥ:* (r∘ 15/1) *asi kartum* (r∘ 14/1) *madyogam* (r∘ 8/17) *āśritaḥ:* (r∘ 22/8) *sarvakarmaphalatyāgam* (r∘ 14/1) *tataḥ:* (r∘ 22/1) *kuru yatātmavān*

(§2) *atha* (1.7); *etat* (2.6); *api* (1.26); 🕮*aśaktaḥ:* (m∘ 1nom∘ sing∘ ←ppp∘ adj∘ *aśakta* (unable, weak) ←5∘अ√शक् (to be able); *asi* (4.3); *kartum* (1.45); 🕮*madyogam* (m∘ 2acc∘ sing∘ ←tatpu∘ *madyoga*, मम योग: ←pron∘ *mat* 1.9 + m∘ *yoga* 2.39); ***āśritaḥ:*** (m∘ 1nom∘ sing∘ ←adj∘ *āśrita* 7.15); ***sarvakarmaphalatyāgam*** (m∘ 2acc∘ sing∘ ←tatpu∘ *sarva-karma-phala-tyāga*, सर्वेषां कर्मणां फलानां वासनाया: त्याग: ←pron∘ *sarva* 1.6 + n∘ *karman* 1.15 + n∘ *phala* (desire of the fruit) 2.43 + m∘ ***tyāga*** (renunciation) ←1∘√त्यज् (to renounce); *tataḥ:* (1.13); *kuru* (2.48); *yatātmavān* (m∘ 1nom∘ sing∘ ←adj∘ *yatātmavat* (self controlled) ←ind∘ *yat* ←1∘√यत् (to strive) + adj∘ *ātmavat* 1.5) (12.11)

🕮 aśaktaḥ: अशक्त:, असमर्थ 12.10

🕮 madyogam मद्योगम्, मम योगम्, मम भक्तियोगम्, ममभक्ति-योगम्, ममप्राप्ति-योगम्, माम्-प्राप्तुम्-भक्ति-योगम् ।

(§3) ***atha*** (now; now if, in case, but if, if) ***etat*** (obj1∘ this) ***api*** (also, even) ***aśaktaḥ:*** (adj1∘-subj∘ unable,

---

[294] Elsewhere∘ सिद्धिम् → perfection

🕮 see सिद्धिम् in 4.12. Perfection may come, if at all, only after attaining success. Same is true for verses 3.4 and 16.23. In Gita, only *brahma* is perfect, nothing else. See the word सिद्धि is translated is 'success' in verses 18.13 and 18.26 in the same sources.

weak) ***asi*** (you are) ***kartum̧*** (for doing, to do) ***madyogam̧*** (obj2◦ my yoga, my ***bhakti-yoga***); ***āśritaḥ:*** (adj2◦-subj◦ sheltered in); ***sarvakarmaphalatyāgam̧*** (obj3◦ renunciation of the desire in the fruit of all ***karmas***); ***tataḥ:*** (thereupon, then) ***kuru*** (you please do) ***yatātmavāņ*** (adj3◦-subj◦ self restrained); (12.11)

(§4) atha api asi aśaktaḥ: kartum̧ etaţ tataḥ: āśritaḥ: madyogam̧ yatātmavāņ kuru sarvakarmaphalatyāgam̧

(§5) But if, you are unable to do even this, then, sheltered in[295] my *(bhakti) yoga*[296] (and) self restrained,[297] you please do renunciation of the desire[298] in the fruit of all

---

[295] Elsewhere◦ *āśritaḥ:* → taking refuge, having resorted ...etc.

📖 आश्रित is not a present participle gerund, it is past passive participle adj◦ → sheltered, one who has taken refuge; It is one of the two ppp◦ adjectives attached to Arjuna, मद्योगम्-आश्रित: and कर्तुम् अशक्त: असि ।

[296] *madyogaḥ:* → my yoga, my-bhakti-yoga, the yoga of devotion, the yoga for my devotee. 41-signs of a devotee (the subject of verse 12.20) are described in verses 12.13-20, some of which are similar to the signs of the स्थितप्रज्ञ: described in Chapter Two.

[297] Elsewhere◦ *yatātmavāņ* → with self control, with the self subdued, by becoming controlled ...etc.

📖 यतात्मवान् is not an Instrumental case noun, it is a Nominative case adjective attached to the subj◦ Arjuna.

[298] Elsewhere◦ *sarvakarmaphalatyāgam̧* → giving up all results of your work, abandoning the fruit of all actions, renounce the fruit ...etc.

📖 Every action, good as well as bad, has a fruit. Whether you want it or not, everyone gets it unevitably. You have no choice. The fruit of any work is a success or failure, which is abstract. It is unavoidable (अनिवार्य, अनतिक्रमणीय, अपरिहार्य अर्थ:) and not to be renounced. What one can, however, renounce is only the desire or the motive behind the fruit.

If you do सुकर्म, the fruit is पुण्यम्, which you will get, whether you want it or not, you can not renounce it. All you can do is renounce the desire for the fruit before doing that *su-karma.* If you do कुकर्म, the fruit is पापम्, which you can not abandon. If you do कुकर्म, then you can not renounce the fruit of it. If one could do it, there would be no such thing as sin or crime.

There is no such thing as renunciation or abandoning of the fruits of all actions. The Lord says, Arjuna! as a *kṣatriya,* perform the war as a duty, without looking at the future outcome (success or failure, the fruit) i.e. treat the loss or gain equal. But , after doing the duty, if you loose, enjoy the reward, i.e. the स्वर्गं (2.37↑) and if you win, enjoy the fruit of success and the reward of kingdom, do not abandon or renounce it (शत्रून् जीत्वा समृद्धं राज्यं भुङ्क्ष्व 11.33↑). What you must renounce is, not the fruit itself, but renounce the motive of victory before starting the duty and the desire for the reward (प्रतिफलम्) that may follow the sucess (फलम्).

NOTE :फलत्याग: is not a *sandhi* between two dictionary words फल and त्याग: । It is a *samāsa,* joining the words फलं and त्याग: with a logical defination. In Gita, फलत्याग: is not simply a त्याग: of फलम्, but it is logically the त्याग: of the desire (कामना) of फलम्, the result, i.e. नि:-कामना-कर्म, निष्-काम-कर्म, निष्कामकर्म ।

karmas (karma-yoga). (12.11)

अनुष्टुप्-छन्दसि गीतोपनिषद् । 12.11 (फलेच्छत्यागः सर्वश्रेष्ठः)	एतदप्यसमर्थोसि मद्योगमाश्रितो भव । लिप्सां फलेषु त्यक्त्वा त्वं भुङ्क्ष्वादर्जुन तत्फलम् ।। 851

12.12 श्रेयो हि ज्ञानमभ्यासाज्ज्ञानाद्ध्यानं विशिष्यते ।
ध्यानात्कर्मफलत्यागस्त्यागाच्छान्तिरनन्तरम् ।।
śreyo hi jñānamabhyāsājjñānāddhyānaṁ viśiṣyate,
dhyānātkarmaphalatyāgastyāgācchāntiranantaram. (12.12)

(§1) श्रेयः हि ज्ञानम् अभ्यासात् ज्ञानात् ध्यानम् विशिष्यते । ध्यानात् कर्मफलत्यागः त्यागात् शान्तिः अनन्तरम् ।। ***śreyaḥ:*** (r◦ 15/14) ***hi jñānam*** (r◦ 8/16) ***abhyāsāt*** (r◦ 11/2) ***jñānāt*** (r◦ 9/6) ***dhyānam*** (r◦ 14/1) ***viśiṣyate*** (r◦ 25/8) ***dhyānāt*** (r◦ 10/5) ***karmaphalatyāgaḥ:*** (r◦ 18/1) ***tyāgāt*** (r◦ 11/4) ***śāntiḥ:*** (r◦ 16/1) ***anantaram*** (r◦ 14/2)

(§2) 🕮*śreyaḥ:* (2.5); *hi* (1.11); *jñānam* (3.39); ***abhyāsāt*** (5abl◦ sing◦ ←m◦ *abhyāsa* (practice) 6.35); *jñānāt* (5abl◦ sing◦ ←n◦ *jñāna* 3.3); 🕮*dhyānam* (1nom◦ sing◦ ←n◦ ***dhyāna*** (concentration) ←1◦√ध्यै (to meditate); *viśiṣyate* (3.7); *dhyānāt* (5abl◦ sing◦ ←n◦ *dhyāna* ↑); *karmaphalatyāgaḥ:* (m◦ 1nom◦ sing◦ ←tatpu◦ *karma-phala-tyāga*, कर्मफलस्य कामनायाः त्यागः ←n◦ *karma-phala* 4.14 + m◦ *tyāga* 12.11); *tyāgāt* (5abl◦ sing◦ ←m◦ *tyāga* 12.11); *śāntiḥ:* (2.67); 🕮*anantaram* (adj◦ or adv◦ ←n.bahuvrī◦ ***anantara*** (unending) नास्ति अन्तरं यस्मात्, निरन्तरम्, अखण्डम् ←4◦अन्√अन् (to move) (12.12)

🕮 śreyaḥ: श्रेयः, गरीयः 2.6, साधीयः, भद्रतरः, वरम् ।

🕮 dhyānam ध्यानम्, अवधानम्, अवेक्षा, अभिनिवेशः, मनोनिधानम् ।

🕮 anantaram पश्चात्, उत्तरतः, ऊर्ध्वम् (12.8); अखण्डम्, शाश्वतम्, चिरम्, नित्यस्थायी, नित्यम् 2.2, अक्षयम् 5.21.

(§3) ***śreyaḥ:*** (adj◦-subj1◦ better) ***hi*** (because) ***jñānam*** (subj1◦ knowledge) ***abhyāsāt*** (than practice) ***jñānāt*** (than knowledge) ***dhyānam*** (subj2◦ contemplation, concentration) ***viśiṣyate*** (it is superior) ***dhyānāt*** (than contemplation) ***karmaphalatyāgaḥ:*** (subj3◦ renunciation of the motive in the fruit of the karma) ***tyāgāt*** (from the renunciation of the motive in the fruit of karma) ***śāntiḥ:*** (subj4◦ peace) ***anantaram*** (adv◦ steadily, unceasingly; adj◦ everlasting) (12.12)

(§4) jñānam̧ śreyaḥ: abhyāsāţ dhyānam̧ viśiṣyate jñānāţ karmaphalatyāgaḥ: dhyānāţ hi tyāgāţ śāntiḥ: anantaram̧

(§5) Knowledge (is) better than practice; contemplation is superior than knowledge (and) renunciation of the motive in the fruit of the *karma* (is better) than contemplation. Because,[299] from the renunciation of the motive in the fruit of *karma*, (comes) everlasting prace; peace (comes) steadily.[300] (12.12)

अनुष्टुप्-छन्दसि गीतोपनिषद् । 12.12	अभ्यासाद्धि वरं ज्ञानं ध्यानं ज्ञानाद्वरं सदा । ध्यानात्कर्मफलेच्छायाः-त्यागो दत्ते चिरं सुखम् ।। 852/1110

12.13 अद्वेष्टा सर्वभूतानां मैत्रः करुण एव च ।
निर्ममो निरहङ्कारः समदुःखसुखः क्षमी ।।
adveṣṭā sarvabhūtānām maitraḥ: karuṇa eva ća,
nirmamo nirahankāraḥ: samaduḥ:khasukhaḥ: kṣamī; (12.13)

(§1) अद्वेष्टा सर्वभूतानाम् मैत्रः करुणः एव च । निर्ममः निरहङ्कारः समदुःखसुखः क्षमी ।। *adveṣṭā sarvabhūtānām̧* (r॰ 14/1) *maitraḥ:* (r॰ 22/1) *karuṇaḥ:* (r॰ 19/7) *eva ća nirmamaḥ:* (r॰ 15/6) *nirahankāraḥ:* (r॰ 22/7)

---

[299] See footnote in verse 2.15

[300] Elsewhere॰ *anantaram̧* → immediately, instantly, quickly, without delay ...etc.

(1) If we say peace comes instantly or immediately, it means if you listen to the Lord, the peace will come immediately. If you don't listen then the peace will not come immediately. It will come with a delay or slowly.

(2) If we say peace comes steadily, it will mean that if you follow the *yoga*, then everlasting peace will come, it may not come instantly but it will come for ever. And, on the other hand, if you do not follow the *yoga*, the peace may come temporarily or it may possibly not come. What is the use of that peace which comes instantly but does not last, as against the one that comes with time but is everlasting? In fact, progress of the attainment of *karma-yoga* is slow and its result is realised even slowly but steadily, as you progress in success (सिद्धिः). When it truly takes a life time to attain the *nishkam-karmayoga,* how and at what point will you get the result instantly? Therefore, अनन्तरम् → अन् अन्तरम्, न खण्डम्, अखण्डम्, continuous, everlasting; unceasingly, steadily; but not विना-अन्तरम् quickly, instantly, immediately. Same meaning we have seen in in śloka 5.12 for the adj॰ नैष्ठिकीम् । (शान्तिम् आप्नोति नैष्ठिकीम् । he attains everlasting peace)

samaduḥ:khasukhaḥ: (r◦ 22/1) kṣamī

(§2) *a-dveṣṭā* (1nom◦ sing◦ ←m◦ *a-dveṣṭṛ* ←2◦अ√द्विष् (to loath, dislike); *sarva* (1.6); *bhūtānāṃ* (2.69); 📖*maitraḥ:* (m◦ 1nom◦ sing◦ ←adj◦ *maitra* ←m◦ *mitra* 1.38); *karuṇaḥ:* (m◦ 1nom◦ sing◦ ←adj◦ *karuṇa* ←8◦√कृ (to do); *eva* (1.1); *ća* (1.1); 📖*nirmamaḥ:* (2.71); *nirahaṅkāraḥ:* (2.71); ***samaduḥ:khasukhaḥ:*** (m◦ 1nom◦ sing◦ ←bahuvrī◦ *sama-duḥ:kha-sukha* 2.15); *kṣamī* (m◦ 1nom◦ sing◦ ←adj◦ *kṣamiṇ* (forgiving) ←1◦√क्षम् (to forgive) (12.13)

📖 adveṣṭā अद्वेष्टा, अगर्ही ।

📖 maitraḥ: मैत्रः, सहृद्, स्निग्धः, स्नेही, सखा, बन्धुः, वयस्यः, सहायः, हितः ।

📖 karuṇaḥ: करुणः, कृपालुः, दयालुः, करुणार्द्रः, दयार्द्रः, अनुकम्पी, सदयः, सानुक्रोपः, वत्सलः, कारुणिकः, दयावान्, कृपावान्, दयाशीलः, कृपाशीलः, सकरुणः, करुणाशीलः, सानुकम्पः, अनुकम्पी, सानुक्राशः, हृदयालुः, दयामयः, करुणामयः, कृपाकरः, दयायुक्तः ।

📖 nirmamaḥ: निर्ममः, अलगितः, अलग्नः, अप्रसक्तः, नानुरक्तः, असक्तः, अनासक्तः, निरासक्तः ।

📖 nirahaṅkāraḥ: निरहङ्कारः, निरहम्भावः, निरहम्भावी ।

📖 kṣamī क्षमी, सहिष्णुः, क्षमावान्, क्षमाशीलः, तितिक्षुः, क्षान्तः, क्षमितः ।

(§3) 📖***adveṣṭā*** (adj1◦-subj1◦ one who does not hate, one who is non-hater) ***sarva*** (all) ***bhūtānāṃ*** (of beings) ***maitraḥ:*** (adj2◦-subj1◦ one who possesses feeling of friendliness) 📖***karuṇaḥ:*** (adj3◦-subj1◦ one who is merciful) ***eva ća*** (and) ***nirmamaḥ:*** (adj4◦-subj1◦ one who does not possess 'mine'-ness) 📖***nirahaṅkāraḥ:*** (adj5◦-subj1◦ one who does not possess 'I'-ness) ***samaduḥ:khasukhaḥ:*** (adj6◦-subj1◦ one who is equanimous to pain and pleasures) 📖***kṣamī*** (adj7◦-subj1◦ one who is forgiving;) (12.13)

(§4) adveṣṭā sarva bhūtānāṃ maitraḥ: karuṇaḥ: samaduḥ:khasukhaḥ: kṣamī nirmamaḥ: eva ća nirahaṅkāraḥ:;

(§5) One who is non-hater of all beings, one who possesses feeling of friendliness, one who is merciful, one who is equanimous to pain and pleasures, one who is forgiving, one who does not possess 'mine'-ness and 'I'-ness; (12.13)

अनुष्टुप्-छन्दसि गीतोपनिषद् । 12.13	प्रीतिदयाक्षमायुक्तः समो दुःखसुखेषु यः । स्नेही च सर्वभूतानां दम्भी मानी न यो नरः ।। 853/1110

12.14 सन्तुष्टः सततं योगी यतात्मा दृढनिश्चयः ।
मय्यर्पितमनोबुद्धिर्यो मद्भक्तः स मे प्रियः ।।

santuṣṭaḥ: satataṁ yogī yatātmā dṛḍhaniśćayaḥ:,
mayyarpitamanobuddhiryo madbhaktaḥ: sa me priyaḥ:; (12.14)

(§1) सन्तुष्टः सततम् योगी यतात्मा दृढनिश्चयः । मयि अर्पितमनोबुद्धिः यः मद्भक्तः सः मे प्रियः ।। *santuṣṭaḥ:* (r◦ 22/7) *satatam̱* (r◦ 14/1) *yogī yatātmā dṛḍhaniśćayaḥ:* (r◦ 22/8) *mayi* (r◦ 4/1) *arpitamanobuddhiḥ:* (r◦ 16/6) *yaḥ:* (r◦ 15/9) *madbhaktaḥ:* (r◦ 22/7) *saḥ:* (r◦ 21/2) *me priyaḥ:* (r◦ 22/8);

(§2) *santuṣṭaḥ:* (3.17); *satatam̱* (3.19); *yogī* (5.24); *yatātmā* (m◦ 1nom◦ sing◦ ←bahuvrī◦ *yatātmaṉ* 5.25); *dṛḍhaniśćayaḥ:* (m◦ 1nom◦ sing◦ ←bahuvrī◦ *dṛḍha-niśćaya,* दृढः निश्चयः यस्य ←adj◦ *dṛḍha* 6.34 + m◦ *niśćaya* 2.37); *mayi* (3.30); *arpitamanobuddhiḥ:* (8.7); *yaḥ:* (2.19); *madbhaktaḥ:* (9.34); *saḥ:* (1.13); *me* (1.21); *priyaḥ:* (7.17) (12.14)

📖 dṛḍhaniśćayaḥ: दृढनिश्चयः, स्थिरधीः, स्थिरमतिः 12.19, दृढसङ्कल्पः, स्थितधीः 2.54

(§3) ***santuṣṭaḥ:*** (adj8◦-subj1◦ he who is contented) ***satatam̱*** (adv◦ always) ***yogī*** (adj9◦-subj1◦ the yogi) ***yatātmā*** (adj10◦-subj1◦ he who is self-controlled) 📖***dṛḍhaniśćayaḥ:*** (adj11◦-subj1◦ he who is resolute); ***mayi*** (in me) ***arpitamanobuddhiḥ:*** (adj12◦-subj1◦ he who has devoted his mind) ***yaḥ:*** (adj◦-subj1◦ he who) ***madbhaktaḥ:*** (adj13◦-subj1◦ my devotee); ***saḥ:*** (adj14◦-subj1◦ he) ***me*** (for me) ***priyaḥ:*** (adj15◦-subj1◦ dear) (12.14)

(§4) yogī santuṣṭaḥ: satatam̱ yatātmā dṛḍhaniśćayaḥ: arpitamanobuddhiḥ: mayi yaḥ: madbhaktaḥ: saḥ: priyaḥ: me;

(§5) The *yogi* who is always contented, he who is self-controlled, he who is resolute,[301] he who has devoted his mind and thought in me, (and) he who is my devotee,[302] - he

[301] Elsewhere◦ *dṛḍhaniśćayaḥ:* → steady in meditation.

[302] Elsewhere◦ *yaḥ madbhaktaḥ* → that devotee, he my devotee ...etc.

(is) dear to me; (12.14)

अनुष्टुप्-छन्दसि गीतोपनिषद् । 12.14 (श्रीभगवतः प्रीयः कः)	तटस्थः संयमी तुष्टो निरन्तरदृढव्रती । मत्परश्च मनोबुद्ध्या मद्भक्तो यः स मे प्रियः ।। 854/1110

12.15 यस्मान्नोद्विजते लोको लोकान्नोद्विजते च यः ।
हर्षामर्षभयोद्वेगैर्मुक्तो यः स च मे प्रियः ।।
yasmannodvijate loko lokānnodvijate ća yaḥ:,
harṣāmarṣabhayodvegairmukto yaḥ: sa ća me priyaḥ:; (12.15)

(§1) यस्मात् न उद्विजते लोकः लोकात् न उद्विजते च यः । हर्षामर्षभयोद्वेगैः मुक्तः यः सः च मे प्रियः ।। *yasmaṭ* (r◦ 12/1) *na* (r◦ 2/2) *udvijate lokaḥ:* (r◦ 15/12) *lokāṭ* (r◦ 12/1) *na* (r◦ 2/2) *udvijate ća yaḥ:* (r◦ 22/8) *harṣāmarṣabhayodvegaiḥ:* (r◦ 16/11) *muktaḥ:* (r◦ 15/10) *yaḥ:* (r◦ 22/7) *saḥ:* (r◦ 21/2) *ća me priyaḥ:* (r◦ 22/8)

(§2) ***yasmaṭ*** (m◦ or n◦ 5abl◦ sing◦ ←pron◦ *yaḍ* 1.7); *na* (1.30); ***udvijate*** (3rd-per◦ sing◦ pres◦ वर्तमान्-लट् ātmane◦ ←6◦उद्√विज् (to tremble) 5.20); *lokaḥ:* (3.9); *lokāṭ* (5abl◦ sing◦ ←m◦ *loka* 2.5); *na* (1.30); *udvijate* (↑); *ća* (1.1); *yaḥ:* (2.19); *harṣāmarṣabhayodvegaiḥ:* (3inst◦ plu◦ dvandva◦ हर्षेण च आमर्षेण च भयेन च उद्वेगेन च ←m◦ *harṣa* 1.12 (joy) + m◦ *āmarṣa* (pain) ←1◦आ√मृष् (to endure) + n◦ *bhaya* (fear) 2.35 + m◦ *udvega* (distress) 2.56); *muktaḥ:* (5.28); *yaḥ:* (2.19); *saḥ:* (1.13); *ća* (1.1); *me* (1.21); *priyaḥ:* (7.17) (12.15)

(§3) *yasmaṭ* (from whom) *na* (not) *udvijate* (it is agitated, pertrubed) *lokaḥ:* (subj2◦ the world; people collective) *lokāṭ* (from people, from the world) *na* (not) *udvijate* (he is agitated) *ća* (and) *yaḥ:* (adj1◦-subj1◦ he who) *harṣāmarṣabhayodvegaiḥ:* (with pleasure, pain, fear and distress) *muktaḥ:* (adj16◦-subj1◦ he who has become detached) *yaḥ:* (adj1◦-subj1◦ he who) *saḥ:* (adj14◦-subj1◦ he) *ća* (and) *me* (for me) *priyaḥ:* (adj15◦-subj1◦ dear) (12.15)

(§4) yasmaṭ lokaḥ: na udvijate ća yaḥ: na udvijate lokāṭ ća yaḥ: muktaḥ: harṣāmarṣabhayodvegaiḥ: saḥ: priyaḥ: me

---

📖 यः (he who) → he who is मद्भक्तः (my devotee) सः मे प्रियः (he is dear to me). Not यः मे प्रियः or सः मद्भक्तः मे प्रियः ।

(§5) From whom the world is not agitated, and he who is not agitated from the world, and he who has become detached with[303] pleasure, pain, fear and distress - he (is) dear to me; (12.15)

अनुष्टुप्-छन्दसि गीतोपनिषद् । 12.15	यस्मान्नोद्विजते कोऽपि किञ्चिन्नोद्विजते च यम् । मोदः क्रोधश्च लोभश्च येन त्यक्ताः स मे प्रियः ।। 855/1110

12.16 अनपेक्षः शुचिर्दक्ष उदासीनो गतव्यथः ।
सर्वारम्भपरित्यागी यो मद्भक्तः स मे प्रियः ।।

anapekṣa śućirdakṣa udāsīno gatavyathaḥ:,
sarvārambhaparityāgī yo madbhaktaḥ: sa me priyaḥ:; (12.16)

(§1) अनपेक्षः शुचिर्दक्षः उदासीनः गतव्यथः । सर्वारम्भपरित्यागी यः मद्भक्तः सः मे प्रियः ।। *anapekṣaḥ:* (r◦ 22/5) *śućiḥ:* (r◦ 16/6) *dakṣaḥ:* (r◦ 19/4) *udāsīnaḥ:* (r◦ 15/2) *gatavyathaḥ:* (r◦ 22/8) *sarvārambhaparityāgī yaḥ:* (r◦ 15/9) *madbhaktaḥ:* (r◦ 22/7) *saḥ:* (r◦ 21/2) *me priyaḥ:* (r◦ 22/8)

(§2) 📖*anapekṣaḥ:* (m◦ 1nom◦ sing◦ ←n.bahuvrī◦ *anapekṣa* ←1◦अन्-अप√ईक्ष् (to see); 📖 *śućiḥ:* (m◦ 1nom◦ sing◦ ←adj◦ *śući* 6.11); 📖*dakṣaḥ:* (m◦ 1nom◦ sing◦ ←adj◦ *dakṣa* (prompt) ←1◦√दक्ष् (to be prompt, be competent); *udāsīnaḥ:* (m◦ 1nom◦ sing◦ ←adj◦ *udāsīna* (indifferent) 6.9; *gatavyathaḥ:* (m◦ 1nom◦ sing◦ ←bahuvrī◦ *gata-vyatha*, गताः व्यथाः यस्य ←adj◦ *gata* 2.11 + f◦ *vyathā* 11.49); ***sarvārambhaparityāgī*** (m◦ 1nom◦ sing◦ ←tatpu◦ *sarvārambha-parityāgi*, सर्वेषाम् आरम्भाणाम् परित्यागी ←pron◦ *sarva* 1.6 + m◦ *ārambha* 3.4 + adj◦ ***parityāgin*** ←1◦परि√त्यज् (to renounce); *yaḥ:* (2.19); *madbhaktaḥ:* (9.34); *saḥ:* (1.13); *me* (1.21); *priyaḥ:* (7.17) (12.16)

📖 anapekṣaḥ: अनपेक्षः, निर्लोलुपः, निराभिलाषी, अनीप्सुः, तृप्तः, अगृध्नुः, निर्लोभी, अलालसी, निस्पृहः 2.71, अवांञ्छी, अगर्द्धनः, अतृष्णकः ।

📖 śućiḥ: सुचिः, निर्मलः 14.16, विमलः, अमलिनः, अकल्कः, अकल्मषः 6.27, श्लक्ष्णः, परिष्कृतः, पवित्रः 4.38, पुण्यः 7.9, शुद्धः, विशुद्धः, स्वच्छः, अच्छः ।

---

[303] Elsewhere◦ *udvegaiḥ muktḥ* → equipoised in, free from ...etc.

📖 dakṣaḥ: दक्षः, सत्वरः, क्षिप्रः, अविलम्बितः, अविलसितः, सुप्रस्तुतः, प्रगल्भः, अदीर्घसूत्रः, उद्यतः, उद्युक्तः, उद्यमी, आशुकारी ।

(§3) ***anapekṣaḥ:*** (adj17∘-subj1∘ he who does not expect anything from anyone) ***śuciḥ:*** (adj18∘-subj1∘ he who is pure) ***dakṣaḥ:*** (adj19∘-subj1∘ he who is peompt) ***udāsīnaḥ:*** (adj20∘-subj1∘ he who is indifferent) ***gatavyathaḥ:*** (adj∘21-subj1∘ he whose susceptibility to anguish has gone away) ***sarvārambhaparityāgī*** (adj22∘-subj1∘ he who relinquishes the attachment or authorship of anything that he undertakes, starts); ***yaḥ:*** (adj1∘-subj∘ he who) ***madbhaktaḥ:*** (adj13∘-subj1∘ he who is my devotee) ***saḥ:*** (adj14∘-subj1∘ he) ***me*** (for me) ***priyaḥ:*** (adj15∘-subj1∘ dear) (12.16)

(§4) anapekṣaḥ: śuciḥ: dakṣaḥ: udāsīnaḥ: gatavyathaḥ: sarvārambhaparityāgī yaḥ: madbhaktaḥ: saḥ: priyaḥ: me;

(§5) He who he who does not expect anything from anyone,[304] he who is pure, he who is peompt, he who is indifferent, he whose susceptibility to anguish has gone away, he who relinquishes the attachment or authorship[305] of anything that he starts, and he who is my devotee he (is) dear to me; (12.16)

अनुष्टुप्-छन्दसि गीतोपनिषद् । 12.16	निःस्पृहो निर्ममो युक्तो निर्विषादो निरामयः । विहीनः कर्तृभावस्य भक्तः सोऽतीव मे प्रियः ।। 856/1110

12.17 यो न हृष्यति न द्वेष्टि न शोचति न काङ्क्षति ।
शुभाशुभपरित्यागी भक्तिमान्यः स मे प्रियः ।।
yo na hṛṣyati na dveṣṭi na śocati na kāṅkṣati,
śubhāśubhaparityāgī bhaktimānyaḥ: sa me priyaḥ:; (12.17)

---

[304] Elsewhere∘ अनपेक्षः → Independent, He who has no wants, he who is free from wants, ...etc.

[305] Elsewhere∘ *sarvārambhaparityāgī* → renouncing, one who has renounced ...etc.

📖 The कृत् suffixes णिनि and घिनुण् when attached to a root they produce an adjective indicating → the one who does or the one who is doer of that verb or a possessor of that nature, e.g. √युज् + घिनुण् = योगिन् the performer of yoga or doer of yoga; the one who practices yoga; or the one who possesses a yogic nature.

(§1) यः न हृष्यति न द्वेष्टि न शोचति न काङ्क्षति । शुभाशुभपरित्यागी भक्तिमान्यः सः मे प्रियः ।। *yaḥ:* (r◦ 15/6) *na hṛṣyati* (r◦ 25/6) *na dveṣṭi na śocati na kāṅkṣati śubhāśubhaparityāgī bhaktimān* (r◦ 13/17) *yaḥ:* (r◦ 22/7) *saḥ:* (r◦ 21/2) *me priyaḥ:* (r◦ 22/8)

(§2) *yaḥ:* (2.19) *na* (1.30); *hṛṣyati* (3rd-per◦ sing◦ pres◦ वर्तमान्-लट् parasmai◦ ←1◦√हृष् (to be joyful); *na* (1.30); *dveṣṭi* (2.57); *na* (1.30); ***śocati*** (3rd-per◦ sing◦ pres◦ वर्तमान्-लट् parasmai◦ ←1◦√शुच् (to lament); *na* (1.30); *kāṅkṣati* (5.3); *śubhāśubhaparityāgī* (m◦ 1nom◦ sing◦ ←bahuvrī◦ *śubhāśubha-parityāgin*, शुभम् च अशुभम् च परित्यजति यः ←adj◦ *śubha* 2.57 + adj◦ *āśubha* 2.57 + adj◦ *parityāgin* (12.16); ***bhaktimān*** (m◦ 1nom◦ sing◦ ←adj◦ *bhaktimat* ←1◦√भज् (to adore, worship); *yaḥ:* (2.19); *saḥ:* (1.13); *me* (1.21); *priyaḥ:* (7.17) (12.17)

bhaktimān भक्तिमान्, निष्ठः, श्रद्धः 17.3, अव्याजः, आस्तिकबुद्धिः, विश्रब्धः, भक्तः 4.3, परायणः, परायणशीलः, श्रद्धान्वितः, भक्तिपुरस्सरः, धर्मनिरतः, श्रद्धानः (12.20).

(§3) ***yaḥ:*** (adj1◦-subj1◦ he who) ***na*** (neither) ***hṛṣyati*** (he gets filled with joy) ***na*** (not) ***dveṣṭi*** (he develops hate) ***na*** (not) ***śocati*** (he laments) ***na*** (not) ***kāṅkṣati*** (he goes after wants) ***śubhāśubhaparityāgī*** (adj23◦-subj◦ he who forsakes the sentiments in pleasant as well as unpleasent things); ***bhaktimān*** (adj24◦-subj1◦ he who is full of devotion) ***yaḥ:*** (adj1◦-subj1◦ he who) ***saḥ:*** (adj14◦-subj1◦ he) ***me*** (for me) ***priyaḥ:*** (adj15◦-subj1◦ dear) (12.17)

(§4) yaḥ na hṛṣyati na dveṣṭi na śocati na kāṅkṣati śubhāśubhaparityāgī yaḥ: bhaktimān saḥ priyaḥ me;

(§5) He who neither gets filled with joy not he develops hate, not he laments, not he goes after wants, he who forsakes the sentiments in pleasant as well as unpleasent things[306] (and) he who is full of devotion he (is) dear to me; (12.17)

---

[306] Elsewhere◦ *śubhāśubhaparityāgī* → renouncing good and evil...

One can not renounce good and evil that comes to you. But, what one can do only is to be indifferent to the sentiments of whatever good and evil comes to you. They are beyond your control.

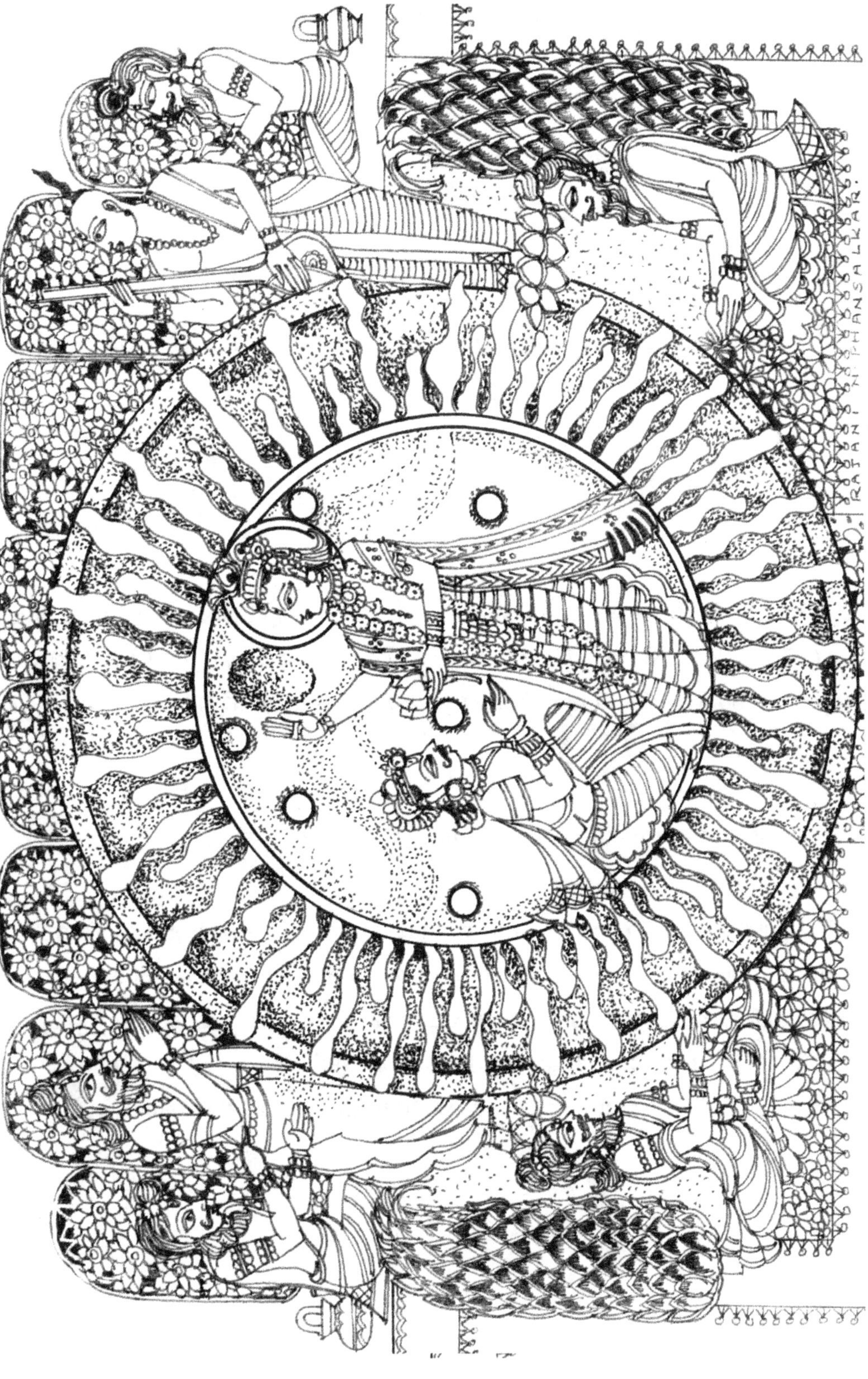

तेषामहं समुद्धर्ता मृत्युसंसारसागरात्। भावामि नचिरात्पार्थ मय्यावेशितचेतसाम्।।

अनुष्टुप्-छन्दसि गीतोपनिषद् । 12.17 | निर्मलो निरहङ्कारः शोकदोषविवर्जितः ।
शुभाशुभे समे यस्य भक्तिनिष्ठः स मे प्रियः ।। 857/1110

12.18 समः शत्रौ च मित्रे च तथा मानापमानयोः ।
शीतोष्णसुखदुःखेषु समः सङ्गविवर्जितः ।।
samaḥ: ś́atrau ć́a mitre ć́a tathā mānāpamānayoḥ:,
ś́ītoṣṇasukhaduḥ:kheṣu samaḥ: saṅgavivarjitaḥ:; (12.18)

(§1) समः शत्रौ च मित्रे च तथा मानापमानयोः । शीतोष्णसुखदुःखेषु समः सङ्गविवर्जितः ।। *samaḥ:* (r◦ 22/5) *ś́atrau ć́a mitre ć́a tathā mānāpamānayoḥ:* (r◦ 22/8) *ś́ītoṣṇasukhaduḥ:kheṣu* (r◦ 25/5) *samaḥ:* (r◦ 22/7) *saṅgavivarjitaḥ:* (r◦ 22/8)

(§2) *samaḥ:* (2.48); *ś́atrau* (7loc◦ sing◦ ←m◦ *ś́atru* (enemy) 3.43); *ć́a* (1.1); *mitre* (7loc◦ sing◦ ←m◦ *mitra* (friend) 1.38); *ć́a* (1.1); *tathā* (1.8); *mānāpamānayoḥ:* (6.7); *ś́ītoṣṇasukhaduḥ:kheṣu* (6.7); *samaḥ:* (2.48); *saṅgavivarjitaḥ:* (m◦ 1nom◦ sing◦ ←tatpu◦ *saṅga-vivarjita*, सङ्गात् विवर्जितः ←m◦ *saṅgaḥ:* (attachment) 2.47 + ppp◦ adj◦ *vivarjita* (freed) 7.11) (12.18)

📖 saṅga-vivarjitaḥ: सङ्ग- विवर्जितः, हीनः, वर्जितः, वीतः, मुक्तः 5.28, रहितः ।

(§3) ***samaḥ:*** (adj25-subj1◦ equanimous; he who is equanimous or indifferent to) ***ś́atrau*** (between one who considers himself an enemy) ***ć́a*** (and) ***mitre*** (between one who considers him a friend) ***ć́a*** (and) ***tathā*** (as well as) ***mānāpamānayoḥ:*** (in honour and dishonour) ***ś́ītoṣṇasukhaduḥ:kheṣu*** (in cold and warm feelings and in pleasure and pain) ***samaḥ:*** (adj◦26-subj1◦ he who is equanimous) ***📖saṅgavivarjitaḥ:*** (adj27◦-subj1◦ he who has freed himself from attachments) (12.18)

(§4) samaḥ: ś́atrau ć́a mitre tathā mānāpamānayoḥ: ć́a samaḥ: ś́ītoṣṇasukhaduḥ:kheṣu saṅgavivarjitaḥ:;

(§5) He who is equanimous between one who considers him an enemy and one who considers him a friend[307] as well as in honour and dishonour; and he who is equanimous in cold and warm feelings[308] and in pleasure and pain; he who has freed himself from attachments; (12.18)

अनुष्टुप्-छन्दसि गीतोपनिषद् । 12.18	यस्य शत्रुर्न कोऽप्यस्ति सर्वेऽपि मित्रवज्जनाः । जीवनसुखदुःखेषु शीतोष्णेषु न बाधितः ।। 858
यस्य नास्ति रिपुः कोऽपि सर्वैः सह च मित्रवत् । नारिं तमपि जानाति यस्तं जानाति शत्रुवत् ।। 859	तत्स करोति सर्वेभ्यो यद्रोचते तमात्मने । एवं शत्रौ च मित्रे यः सद्भक्तः स च मे प्रियः ।। 860/1110

12.19 तुल्यनिन्दास्तुतिर्मौनी सन्तुष्टो येन केनचित् ।
अनिकेतः स्थिरमतिर्भक्तिमान्मे प्रियो नरः ।।
tulyanindāstutirmaunī santuṣṭo yena kenaćit,
aniketaḥ: sthiramatirbhaktimānme priyo naraḥ:. (12.19)

(§1) तुल्यनिन्दास्तुतिर्मौनी सन्तुष्टः येन केनचित् । अनिकेतः स्थिरमतिः भक्तिमान् मे प्रियः नरः ।। *tulyanindāstutiḥ:* (r◦ 16/6) *maunī santuṣṭaḥ:* (r◦ 15/10) *yena kenaćit* (r◦ 23/1) *aniketaḥ:* (r◦ 22/7) *sthiramatiḥ:* (r◦ 16/6) *bhaktimān* (r◦ 13/16) *me priyaḥ:* (r◦ 15/6) *naraḥ:* (r◦ 22/8)

(§2) *tulyanindāstutiḥ:* (m◦ 1nom◦ sing◦ ←bahuvrī◦ *tulya-nindā-stuti*, तुल्ये निन्दा च स्तुतिः च यस्य ←adj◦ ***tulya*** ←10◦√तुल् (to weigh) + f◦ ***nindā*** (criticism) ←1◦√निन्द् (to criticize)+ f◦ *stuti* (praise) 11.21); *maunī* (1nom◦ sing◦ ←m◦ *maunin* ←4◦√मन् (to think); *santuṣṭaḥ:* (3.17); *yena* (2.17); *kenaćit* (3inst◦ sing◦ ←pron◦ *kaśćit* 2.17); *aniketaḥ:* (m◦ 1nom◦ sing◦ ←bahuvrī◦ *a-niketa*, नास्ति निकेते आसक्ति यस्य सः ←negative affix *a* अ 1.10 + m◦ *niketa* ←1◦नि√कित् (to examine); *sthiramatiḥ:* (m◦ 1nom◦ sing◦ ←bahuvrī◦ *sthira-mati*, स्थिरा मतिः

---

[307] Elsewhere◦ शत्रौ च मित्रे च → your enemy and friend, to foe and friend, ...etc.

📖 Here the thing to remember is that 'you' should not be anyone's enemy and no one should be enemy to 'you.' Other people may think you an enemy or a friend, that is their way. That is not your way. 'Your' should be warm hearted (सुहृद्) to everyone regardless of whether he considers you a his friend or his enemy, and thus being equanimous, you can be समशत्रौ च मित्रे च । See answer to Question 11

[308] Elsewhere◦ शीतोष्णसुखदुःखेषु → cold and heat, cold and hot, winter and summer, cold and warmth, ...etc.

📖 Here शीत and उष्ण are not to be translated in their literal meanings. They mean : the cold and warm feelings, the good and bad times, favourable and unfavourable events, the ups and downs in the life, ...etc.

यस्य ←adj∘ *sthira* (steady) 1.16 + f∘ *mati* (mind) 6.36); *bhaktimān* (12.17); *me* (1.21); *priyaḥ:* (7.17); *naraḥ:* (2.22) (12.19)

(§3) ***tulyanindāstutiḥ:*** (adj28∘-subj1∘ he who is equanimous to criticism and praises) ***maunī*** (adj29∘-subj1∘ he who is quiet) ***santuṣṭaḥ:*** (adj30∘-subj1∘ he who is contented); ***yena kenaćit*** (with anything whatever may come) ***aniketaḥ:*** (adj31∘-subj1∘ one who is detached from his abode); ***sthiramatiḥ:*** (adj32∘-subj1∘ he whose mind is stable) ***bhaktimān*** (adj33∘-subj∘ he who is full of devotion) ***me*** (for me) ***priyaḥ:*** (adj15∘-subj∘ dear) ***naraḥ:*** (subj1∘ a person) (12.19)

(§4) tulyanindāstutiḥ maunī santuṣṭaḥ yena kenaćit aniketaḥ sthiramatiḥ: bhaktimān priyaḥ: naraḥ me;

(§5) He who is equanimous to criticism and praises, he who is quiet, he who is contented[309] with anything whatever may come, one who is detached from his abode,[310] he whose mind is stable (and) he who is full of devotion (is) a dear person to me; (12.19)

अनुष्टुप्-छन्दसि गीतोपनिषद् । 12.19	श्रुत्वाऽपि यो स्तुतिं निन्दां समो मानापमानयोः । आत्मयुक्तो घृणामुक्तः स्थिरमतिः स मे प्रियः ।। 861/1110

---

[309] Elsewhere∘ *santuṣṭaḥ:* → content (noun or noun used as an adj∘)

📖 सन्तुष्ट is a past participle ppp∘ adj∘ → one who is contented, satisfied, not desiring anything more or different; where contented (सन्तुष्टः) is a pp∘ of content (सन्तोषः), the noun that is contained.

[310] *aniketaḥ:* अनिकेतः is not a person who has lost his home, sold his house, can not buy a house, or has become homeless, but a it is he who is detached from (unattached to) his abode. To be अनिकेतः is to take upone of the four stages (चतुराश्रमाः) in the life of a righteous person.

12.20 ये तु धर्म्यामृतमिदं यथोक्तं पर्युपासते ।
श्रद्दधाना मत्परमा भक्तास्तेऽतीव मे प्रियाः ॥

ye tu dharmyāmṛtamidaṁ yathoktaṁ paryupāsate,
śraddadhānā matparamā bhaktāste'tīva me priyaḥ:. (12.20)

(§1) ये तु धर्म्यामृतम् इदम् यथोक्तम् पर्युपासते । श्रद्दधानाः मत्परमाः भक्ताः ते अतीव मे प्रियाः ॥ *ye tu dharmyāmṛtam* (r◦ 8/18) *idam* (r◦ 14/1) *yathā* (r◦ 2/4) *uktam* (r◦ 14/1) *paryupāsate śraddadhānāḥ:* (r◦ 20/13) *matparamāḥ:* (r◦ 20/12) *bhaktāḥ:* (r◦ 18/1) *te* (r◦ 6/1) *atīva me priyaḥ:* (r◦ 22/8)

(§2) *ye* (1nom◦ 1.7); *tu* (1.2); *dharmyāmṛtam* (n◦ 2acc◦ sing◦ ←tatpu◦ *dharmyāmṛta*, धर्ममयम् अमृतम् ←adj◦ *dharmya* (righteous) or m◦ *dharma* 1.1 + n◦ *amṛta* (nectar) 2.15); *idam* (2acc◦ 1.10); *yathā* (1.11); *uktam* (2acc◦ 11.1); *paryupāsate* (4.25); *śraddadhānāḥ:* (1nom◦ plu◦ ←m◦ *śraddadhāna* (faithful) ←3◦श्रत्√धा (to put); *matparamāḥ:* (m◦ 1nom◦ plu◦ ←adj◦ *matparama* 11.55); *bhaktāḥ:* (9.33); *te* (1.33); *atīva* (extent indicating adv◦ ind◦ *atīva* ←1◦√अत् (to wander); *me* (1.21); *priyaḥ:* (m◦ 1nom◦ sing◦ ←adj◦ *priya* 1.23)
(12.20)

📖*śraddadhānāḥ:* श्रद्धानः, भक्तिमान् (12.17) 📖*atīva* अतीव, सातिशयम्, अत्यन्तम्, नितराम्, सुतराम्, भूरि, प्रगाढम्, अतिमात्रम् ।

(§3) ***ye*** (adj◦-subj2◦ those who) ***tu*** (certainly) ***dharmyāmṛtam*** (obj◦ the righteous, virtuous, pious nectar of immortality); ***idam*** (adj1◦-obj◦ this) ***yathā*** (in this manner) ***uktam*** (adj2◦-obj◦ described) ***paryupāsate*** (they revere) 📖***śraddadhānāḥ:*** (adj◦1-subj2◦ those who are faithful); ***matparamāḥ:*** (adj2◦-subj2◦ those for whom I am the supreme goal); ***bhaktāḥ:*** (subj2◦ devotees) ***te*** (adj3◦-subj2◦ those) 📖***atīva*** (adv◦ very) ***me*** (for me) ***priyaḥ:*** (adj3◦-subj2◦ dear) (12.20)

(§4) tu ye paryupāsate idam dharmyāmṛtam uktam yathā śraddadhānāḥ: matparamāḥ: te bhaktāḥ: atīva priyaḥ: me

(§5) Certainly, those who revere this pious nectar of immortality[311] described in this manner, those who are faithful,[312] those for whom I am the supreme goal,[313] those devotees (are) very dear for me. (12.20)

अनुष्टुप्-छन्दसि गीतोपनिषद् । 12.20	धर्म्यामृतमिदं पार्थ भक्तो यः पर्युपासते । श्रद्धालुर्मत्परो भक्तो निरासक्तः स मे प्रियः ।। 862/1110

इति श्रीमद्भगवद्गीतासूपनिषत्सु ब्रह्मविद्यायां योगशास्त्रे
श्रीकृष्णार्जुनसंवादे भक्तियोगो नाम द्वादशोऽध्यायः ।
iti śrīmadbhagavadgītāsūpaniṣatsu brahmavidyāyāṁ yogaśāstre
śrīkṛṣṇārjunasaṁvāde bhaktiyogo nāma dvādaśo'dhyāyaḥ:.

(§1) इति श्रीमद्भगवद्गीतासु उपनिषत्सु ब्रह्मविद्यायां योगशास्त्रे श्रीकृष्णार्जुनसंवादे भक्तियोगः नाम द्वादशः अध्यायः । *iti śrīmadbhagavadgītāsu* (r∘ 1/8) *upaniṣatsu brahmavidyāyāṃ* (r∘ 14/1) *yogaśāstre śrīkṛṣṇārjunasaṁvāde bhaktiyogaḥ:* (r∘ 15/6) *nāma dvādaśaḥ:* (r∘ 15/1) *adhyāyaḥ:* (r∘ 22/8)

(§2) *iti* (1.25); *śrīmadbhagavadgītāsu* (f∘ 7loc∘ plu∘ tatpu∘ *śrīmad-bhagavad-gītā* ←adj∘ *śrīmaṭ* 6.41 + adj∘ *bhagavaṭ* 10.14 + f∘ *gītā* ←5∘√गै (to sing); *upaniṣatsu* (7loc∘ plu∘ ←f∘ *upaniṣaḍ* ←6∘उप–नि√सद् (to sit); *brahmavidyāyāṃ* (f∘ 7loc∘ sing∘ ←tatpu∘ *brahma-vidyā*, ब्रह्मणः विद्या ←n∘ *brahmaṇ* 2.72 + *vidyā* 5.18); *yogaśāstre* (n∘ 7loc∘ sing∘ ←tatpu∘ *yoga-śāstra*, योगानां शास्त्रम् । योगस्य शास्त्रम् । ←m∘ *yoga* 2.39 + n∘ *śāstra* 15.20); *śrīkṛṣṇārjunasaṁvāde* (m∘ 7loc∘ sing∘ ←tatpu∘ *śrī-kṛṣṇārjuna-saṁvāda*, श्रीकृष्णस्य च अर्जुनस्य च संवादः ←adj∘ *śrī* 10.34 + m∘ prop∘ *kṛṣṇa* 1.28 + m∘ prop∘ *arjuna* 1.4 + m∘ *saṁvāda* 18.70);

---

[311] Elsewhere∘ *dharmyāmṛtaṃ* → immortal virtues, immortalwisdom, immortal dharma ...etc.

📖 In this *karmadhāraya tatpuruṣa samāsa*, धर्म्य righteous, virtuous, pious is the adjective; and अमृतम्, the nectar of immortality, is the noun; not other way around. In this *sāmāsic* word *amṛtam* (the divine message) being the second (प्रधान) word, this compound word is referring to the *amṛta* of which *dharma* is a qualifier, not the other way around.

[312] Elsewhere∘ *śraddadhānāḥ:* → with faith.

📖 श्रद्दधान is an adjective formed from ind∘ prefix श्रत् (faith, truth, belief) attached to the root √धा (to bear, hold; दधाति) श्रत् + √धा → adj∘ he who bears faith, the faithful. श्रद्दधानाः is Nominative case plural adjective, not the Instrumental case singular noun.

[313] Elsewhere∘ *matparamāḥ:* → holding, looking upon, making, taking, having taken Me ...etc.

📖 मत्परमः is not a gerund or क्त्वा participle. It is a simple adj∘ → he, for whom I am परमः ।

bhaktiyogaḥ: (m◦ 1nom◦ sing◦ ←tatpu◦ *bhakti-yoga* भक्तेः योगः ←f◦ *bhakti* (devotion) 7.17 + m◦ *yoga* 2.39); *nāma* (1nom◦ sing◦ ←n◦ *nāman* ←1◦√म्ना् (to remember); *dvādaśaḥ:* (m◦ 1nom◦ sing◦ ←num◦ adj◦ *dvādaśa* (twelfth) ←1◦√द्दृ (to hinder) + 1◦√दंश् (to hinder); *adhyāyaḥ:* (1nom◦ sing◦ ←m◦ *adhyāya* (chapter) ←1◦अधि√इ (to enter, come, go) (12.20)

(§3) ***iti*** (thus) ***śrīmadbhagavadgītāsu upaniṣatsu*** **(among the upaniṣads of the Śrīmad-Bhagavadgītā)** ***brahmavidyāyām*** **(of the eternal wisdoms)** ***yogaśāstre*** **(in the science of Yoga)** ***śrīkṛṣṇārjunasaṁvāde*** **(in the dialogue between Śrī Kṛṣṇa and Arjuna)** ***bhaktiyogaḥ:*** **(Bhaktiyoga)** ***nāma*** **(called, named)** ***dvādaśaḥ:*** (obj◦-subj◦ **the twelfth)** ***adhyāyaḥ:*** (subj◦ **discourse; chapter)** (12.20)

(§4) śrīmadbhagavadgītāsu upaniṣatsu yogaśāstre brahmavidyāyām iti dvādaśaḥ: adhyāyaḥ: nāma bhaktiyogaḥ: śrīkṛṣṇārjunasaṁvāde

(§5) Among the upaniṣads of the Śrīmad-Bhagavadgītā, in the science of Yoga of self realization, thus (is) the twelfth discourse called 'Bhaktiyoga,' in the dialogue between Śrī Kṛṣṇa and Arjuna.

REFERENCES

आधारसूचिः ।

Apte, Vaman Shivram; *The Practical Sanskrit English Dictionary*; MLBD Pubulishers. Pvt. Ltd, Dehli, 1998.

Kale, M.R.; *A Higher Sanskrit Grammar*; Motilal Banarasidas, Delhi, 1995

Monir-Williams, Sir Monir; *A Sanskrit-English Dictionary*; Motilal Banarasidass Pvt. Ltd, Dehli, 1993.

Monir-Williams, Sir Monir; *A Practical Grammar of Sanskrit Language*; Oriental Books Reprint Co., New Dehli, 1978

Narale, Ratnakar; *Sanskrit Grammar and Reference Book,* Books-India, Toronto, 2013.

Whitney, William Dwight; *The Roots Verb-forms And Primary Derivatives of the Sanskrit Language*; MLBD, Delhi 1997

Wilson, Prof. H.H.; *An Introduction to the Grammar of Sanskrit Language*; Choukhamba Sanskrit Series XI., Varanasi, 1979

आप्टे, वामन शिवराम; संस्कृत हिन्दी कोश, मोतीलाल बनारसीदास पब्लिशर्स, प्रा॰ लि॰, दिल्ली, 1997.

झा, पं. रामचंद्र व्याकरणाचार्य; रूपचन्द्रिका; हरिदास संस्कृत ग्रंथमाला 156; चौखंबा संस्कृत सीरीज, वाराणसी, सं 2051.

द्विवेदी, पद्मश्री डॉ. आचार्य कपिलदेव; संस्कृत–व्याकरण एवं लघुसिद्धान्तकौमुदी; विश्वविद्यालय प्रकाशन, वाराणसी, 1996.

नराले, रत्नाकर; गीता दर्शन, प्रभात प्रकाशन, नई दिल्ली, 2005.

पाण्डेय, पण्डितरामनरायणदत्त शास्त्री; महाभारत (हिंदी) : 1–4 खण्ड; गीताप्रेस, गोरखपुर, सं. 2051.

मिश्र, पं. गोमतीप्रसादशास्त्री; श्री वरदाचार्यकृत लघुसिद्धान्तकौमुदी, चौखम्बा सुरभारती प्रकाशन, वाराणसी, 1999

शर्मा, चतुर्वेदी द्वारकाप्रसाद; झा, पण्डित तारिणीश; संस्कृत–शब्दार्थ–कौस्तुभ; रामनारायणलाल बेनीप्रसाद; इलाहाबाद 1928

सोमयाजी, पं. धन्वाडगोपलकृष्णाचार्य; तिङन्तार्णवतरणि; कृष्णदास संस्कृत सी. 31; कृष्णदास अकादमी, वाराणसी, 1980

www.ingramcontent.com/pod-product-compliance
Lightning Source LLC
Chambersburg PA
CBHW081103080526
44587CB00021B/3437